Zu diesem Buch

Wenn der Begriff «Recht» fällt, denkt man spontan an das Bürgerliche Gesetzbuch. Und tatsächlich können die Gesetze des fünfbändigen BGB als «Hit» unseres Sozialwesens verstanden werden. Sie regulieren den gesellschaftlichen Verkehr auf allen Ebenen: vom Verbraucherrecht über das Familien-, Vertrags- und Erbrecht bis hin zum Schadensrecht. Die Literatur zu dieser Grundlage unseres Zusammenlebens ist zweigeteilt: Fachliteratur, die einen breiten Überblick bietet, wendet sich in der Regel an juristische Profis und solche, die es werden wollen, und ist für ein breites Publikum oft nicht recht verständlich. Ratgeberliteratur wendet sich immer nur Ausschnitten zu und reicht oft für den Fachmann oder Studenten nicht aus. Wolfgang Däubler hat es unternommen, beide Bedürfnisse zugleich zu befriedigen.

Dieses Taschenbuch wendet sich gleichermaßen an Studenten der Rechtswissenschaft sowie an alle, die es «immer schon wissen wollten» – weil sie ein konkretes Problem mit ihrem Vermieter oder einem Versandhaus haben oder weil sie einfach mehr über unsere Gesellschaft und das in Deutschland so wichtige Recht wissen wollen. Nach einer Einführung in das «Handwerkszeug» der Juristen geht es insbesondere um folgende Probleme:

- Was ist ein rechtsfähiger Verein, welche anderen Größen sind rechtsfähig?
- Was sagt das BGB zum Eigentum und zu anderen subjektiven Rechten?
- Sind alle Güter «vermarktungsfähig», auch der Mensch oder Straßen und Wege?
- Wie kommen Verträge zustande, wann ist ihr Inhalt unzulässig? Darf der eine den anderen beliebig «über den Tisch ziehen»?
- Wie werden Grundstücksgeschäfte abgewickelt?

Der vorliegende 1. Band enthält die Materien, die üblicherweise in Lehrbüchern des Allgemeinen Teils, des Allgemeinen Schuldrechts und zum Teil im Sachenrecht behandelt werden.

Hinweise auf den Inhalt von «Das Zivilrecht 2» finden sich auf Seite 35.

Wolfgang Däubler, geb. 1939; Professor für deutsches und europäisches Arbeitsrecht, Bürgerliches Recht und Wirtschaftsrecht an der Universität Bremen. Weitere Veröffentlichungen u. a. Das Arbeitsrecht 1 (rororo aktuell 13673), Das Arbeitsrecht 2 (rororo aktuell 13674), Ratgeber Arbeitsrecht (rororo aktuell 13957); Gewerkschaftsrechte im Betrieb, 8. Aufl. 1994; Tarifvertragsrecht, 3. Aufl. 1993; Haftung für gefährliche Technologien, 1988; Gläserne Belegschaften? Datenschutz für Arbeiter, Angestellte und Beamte, 3. Aufl. 1993; Kommentar zum BDSG, 1996 (mit anderen); Kommentar zum BetrVG, 5. Aufl. 1996 (mit anderen); Rechtsexport 1996.

WOLFGANG DÄUBLER

DAS ZIVILRECHT 1

Ein Leitfaden durch das BGB

Rowohlt

rororo

rororo aktuell
Herausgegeben von Frank Strickstrock

Originalausgabe

Veröffentlicht im Rowohlt Taschenbuch Verlag GmbH,
Reinbek bei Hamburg, März 1997

Umschlaggestaltung Susanne Heeder / Philipp Starke
(Foto: Benser / ZEFA)
Satz aus der Bembo und Futura (Linotronic 500)
Gesamtherstellung Clausen & Bosse, Leck
Printed in Germany
2690-ISBN 3 499 22173 x

Inhaltsübersicht

Inhalt

Kap. 3: Das Zivilrecht als Teil des Rechtssystems

Kap. 4: Das BGB: Entstehung, innerer Aufbau und Fortentwicklung

TEIL II: RECHTSSUBJEKTE UND RECHTSVERHÄLTNISSE

Kap. 5: Das Rechtssubjekt: Der Mensch und andere Personen

TEIL III: RECHTLICHE REGELUNG DES MARKTES

Kap. 7: Die Vermarktungsfähigkeit

Kap. 8: Grundelemente des Handelns auf dem Markt

Kap. 10: Willensmängel

Kap. 14: Der Inhalt von Verträgen und anderen Rechtsgeschäften

Kap. 16: Die planmäßige Erbringung der Leistung

Kap. 19: Die Einbeziehung Dritter in das Schuldverhältnis

Inhaltsübersicht von Band 2

Abkürzungsverzeichnis

a. A.	anderer Ansicht
a. a. O.	am angegebenen Ort
ABl	Amtsblatt
AcP	Archiv für die civilistische Praxis (Band, Jahr und Seite)
a. E.	am Ende
a. F.	alter Fassung
AG	Amtsgericht
AG	Aktiengesellschaft
AGB	Allgemeine Geschäftsbedingungen
AGBG	Gesetz über Allgemeine Geschäftsbedingungen
AiB	Arbeitsrecht im Betrieb (Jahr und Seite)
AktG	Aktiengesetz
AK	Alternativkommentar (s. Literaturverzeichnis)
ALR	Allgemeines Landrecht für die preußischen Staaten
AMG	Arzneimittelgesetz
Anm.	Anmerkung
AP	Arbeitsgerichtliche Praxis (Entscheidungssammlung)
Art.	Artikel
AT	Allgemeiner Teil (des BGB)
AtomG	Atomgesetz
AuR	Arbeit und Recht (Jahr und Seite)
BAG	Bundesarbeitsgericht
BayObLG	Bayerisches Oberstes Landesgericht
BayObLGZ	Entscheidungen des Bayerischen Obersten Landesgerichts in Zivilsachen
BB	Betriebs-Berater (Jahr und Seite)
Bd.	Band
BDSG	Bundesdatenschutzgesetz
BetrVG	Betriebsverfassungsgesetz

BGBl	Bundesgesetzblatt
BGH	Bundesgerichtshof
BGHSt	Entscheidungen des Bundesgerichtshofs in Strafsachen (Band und Seite)
BGHZ	Entscheidungen des Bundesgerichtshofs in Zivilsachen (Band und Seite)
BImSchG	Bundesimmissionsschutzgesetz
BörsG	Börsengesetz
BRAGO	Bundesrechtsanwaltsgebührenordnung
BRAO	Bundesrechtsanwaltsordnung
BSG	Bundessozialgericht
BT-Dr.	Bundestags-Drucksache
BVerfGE	Entscheidungen des Bundesverfassungsgerichts (Band und Seite)
BVerwGE	Entscheidungen des Bundesverwaltungsgerichts (Band und Seite)
CR	Computer und Recht (Jahr und Seite)
DB	Der Betrieb (Jahr und Seite)
Dig.	Digesten
DJT	Verhandlungen des Deutschen Juristentags
DR	Deutsches Recht (Jahr und Seite)
DRiG	Deutsches Richtergesetz
DuR	Demokratie und Recht (Jahr und Seite)
EFZG	Entgeltfortzahlungsgesetz
EG	Europäische Gemeinschaft
EGBGB	Einführungsgesetz zum BGB
EGV	EG-Vertrag
Einf	Einführung
EMRK	Europäische Menschenrechtskonvention
EU	Europäische Union
EuGH	Gerichtshof der Europäischen Gemeinschaften
EuGRZ	Europäische Grundrechte-Zeitschrift (Jahr und Seite)
FamRZ	Ehe und Familie im privaten und öffentlichen Recht. Zeitschrift für das gesamte Familienrecht (Jahr und Seite)
Fn	Fußnote
FS	Festschrift
GewO	Gewerbeordnung
GG	Grundgesetz
GmbH	Gesellschaft mit beschränkter Haftung

GmbHG	Gesetz betreffend die Gesellschaften mit beschränkter Haftung
GVG	Gerichtsverfassungsgesetz
GWB	Gesetz gegen Wettbewerbsbeschränkungen
HGB	Handelsgesetzbuch
hM	herrschende Meinung
HPflG	Haftpflichtgesetz
Hrsg.	Herausgeber
idF	in der Fassung
JA	Juristische Arbeitsblätter (Jahr und Seite)
JMBlNRW	Justizministerialblatt Nordrhein-Westfalen (Jahr und Seite)
JR	Juristische Rundschau (Jahr und Seite)
Jura	Juristische Ausbildung (Jahr und Seite)
JuS	Juristische Schulung (Jahr und Seite)
JW	Juristische Wochenschrift (Jahr und Seite)
JZ	Juristen-Zeitung (Jahr und Seite)
Kap.	Kapitel
KG	Kammergericht
KG	Kommanditgesellschaft
KJ	Kritische Justiz (Jahr und Seite)
KritV	Kritische Vierteljahresschrift für Gesetzgebung und Rechtsprechung (Jahr und Seite)
LG	Landgericht
LM	Lindenmeier-Möhring (Entscheidungssammlung des BGH)
LS	Leitsatz
LuftVG	Luftverkehrsgesetz
MDR	Monatsschrift für Deutsches Recht (Jahr und Seite)
Mot.	Motive zum BGB (Band und Seite)
MüKo	Münchener Kommentar (s. Literaturverzeichnis)
mwN	mit weiteren Nachweisen
n. F.	neuer Fassung
NJW	Neue Juristische Wochenschrift (Jahr und Seite)
NJW-RR	Neue Juristische Wochenschrift-Rechtsprechungsreport
NVwZ	Neue Zeitschrift für Verwaltungsrecht (Jahr und Seite)
NZA	Neue Zeitschrift für Arbeitsrecht (Jahr und Seite)
OHG	Offene Handelsgesellschaft
OLG	Oberlandesgericht
OVG	Oberverwaltungsgericht

ProdHG	Produkthaftungsgesetz
RabelsZ	Rabels Zeitschrift für ausländisches und internationales Privatrecht (Band, Jahr und Seite)
RdA	Recht der Arbeit (Jahr und Seite)
RG	Reichsgericht
RGBl	Reichsgesetzblatt
RGZ	Entscheidungen des Reichsgerichts in Zivilsachen (Band und Seite)
RIW	Recht der Internationalen Wirtschaft (Jahr und Seite)
Rn	Randnummer
Rspr	Rechtsprechung
RVO	Reichsversicherungordnung
SGB	Sozialgesetzbuch
StGB	Strafgesetzbuch
StV	Der Strafverteidiger (Jahr und Seite)
StVG	Straßenverkehrsgesetz
StVollzG	Strafvollzugsgesetz
UmweltHG	Umwelthaftungsgesetz
UmwG	Umwandlungsgesetz
UWG	Gesetz gegen den unlauteren Wettbewerb
VerbrKrG	Verbraucherkreditgesetz
VersR	Versicherungsrecht (Jahr und Seite)
VG	Verwaltungsgericht
VO	Verordnung
Vorbem	Vorbemerkung
VVG	Gesetz über den Versicherungsvertrag
WEG	Wohnungseigentumsgesetz
WHG	Wasserhaushaltsgesetz
WM	Wertpapier-Mitteilungen (Jahr und Seite)
ZEV	Zeitschrift für Erbrecht und Vermögensnachfolge (Jahr und Seite)
ZfA	Zeitschrift für Arbeitsrecht (Jahr und Seite)
ZHR	Zeitschrift für das gesamte Handelsrecht (Jahr, Band und Seite)
ZIP	Zeitschrift für Wirtschaftsrecht und Insolvenzpraxis (Jahr und Seite)
ZPO	Zivilprozeßordnung
ZRP	Zeitschrift für Rechtspolitik (Jahr und Seite)
ZRSoz	Zeitschrift für Rechtssoziologie (Jahr und Seite)
ZZP	Zeitschrift für Zivilprozeß (Band, Jahr und Seite)

Literaturverzeichnis

Alternativkommentar zum BGB, bearb. von Gert Brüggemeier, Reinhard Damm u. a., Band 1 Allgemeiner Teil, Neuwied 1987; Band 2, Allgemeines Schuldrecht, Neuwied 1980; Band 3, Besonderes Schuldrecht, Neuwied 1979; Band 4 Sachenrecht, Neuwied 1983; Band 5 Familienrecht, Neuwied 1981; Band 6 Erbrecht, Neuwied 1990. Zitierweise: AK-Bearbeiter

Baumbach, Adolf, und Hopt, Klaus J.: Handelsgesetzbuch, Kommentar, 29. Aufl., München 1995

Baur, Fritz; Baur, Jürgen F., und Stürner, Rolf: Lehrbuch des Sachenrechts, 16. Aufl., München 1992 (Zitierweise: Baur-Stürner)

Brox, Hans: Allgemeiner Teil des Bürgerlichen Gesetzbuchs, 20. Aufl., Köln–Berlin u. a. 1996

Brox, Hans: Allgemeines Schuldrecht, 21. Aufl., München 1993

Brox, Hans: Besonderes Schuldrecht, 20. Aufl., München 1995

Brüggemeier, Gert: Deliktsrecht. Ein Hand- und Lehrbuch, Baden-Baden 1986

Bülow, Peter: Recht der Kreditsicherheiten. Sachen und Rechte, Personen. Ein Lehrbuch, 3. Aufl., Heidelberg 1993

Däubler, Wolfgang: Das Arbeitsrecht 1, 14. Aufl., Reinbek 1995; Das Arbeitsrecht 2, 10. Aufl., Reinbek 1995

Däubler, Wolfgang: Haftung für gefährliche Technologien. Das Beispiel Atomrecht, Heidelberg 1988

Däubler, Wolfgang; Klebe, Thomas; Wedde, Peter: Kommentar zum BDSG, Köln 1996

Deutsch, Erwin: Unerlaubte Handlungen, Schadensersatz und Schmerzensgeld, 3. Aufl., Köln–Berlin u. a. 1995

Enneccerus, Ludwig, und Nipperdey, Hans Carl: Allgemeiner Teil des Bürgerlichen Rechts, 2 Bände, 15. Aufl., Tübingen 1959/1960

Erman: Handkommentar zum BGB, 2 Bände, 9. Aufl. Münster 1993

Esser, Josef, und Schmidt, Eike: Schuldrecht Band I Allgemeiner Teil

Teilband 1, 8. Aufl., Heidelberg 1995, Teilband 2, 7. Aufl., Heidelberg 1993
Esser, Josef, und Weyers, Hans-Leo: Schuldrecht Band II Besonderer Teil, 7. Aufl., Heidelberg 1991
Fastrich, Lorenz: Richterliche Inhaltskontrolle im Privatrecht, München 1992
Flume, Werner: Allgemeiner Teil des Bürgerlichen Rechts, Band I/1, Berlin-Heidelberg u. a. 1977; Band I/2, Berlin-Heidelberg u. a. 1985; Band II, 4. Aufl., Berlin-Heidelberg u. a. 1992
Fuchs, Maximilian: Deliktsrecht, Berlin–Heidelberg u. a. 1995
Gerlach, Johann W.: Privatrecht und Umweltschutz im System des Umweltrechts, Berlin 1989
Gerlach, Johann W.: Radikalenfrage und Privatrecht. Zur politischen Freiheit in der Gesellschaft, Tübingen 1978
Giesen, Dieter: Familienrecht, Tübingen 1994
Habersack, Mathias: Vertragsfreiheit und Drittinteressen. Eine Untersuchung zu den Schranken der Privatautonomie unter besonderer Berücksichtigung der Fälle typischerweise gestörter Vertragsparität, Berlin 1992
Henssler, Martin: Risiko als Vertragsgegenstand, Tübingen 1994
Hesse, Konrad: Grundzüge des Verfassungsrechts der Bundesrepublik Deutschland, 20. Aufl., Heidelberg 1995
Hübner, Heinz: Allgemeiner Teil des Bürgerlichen Gesetzbuchs, 2. Aufl., Berlin–New York 1996
Joerges, Christian (Ed.): Das Recht des Franchising. Konzeptionelle, rechtsvergleichende und europarechtliche Analysen, Baden-Baden 1991
Klunzinger, Eugen: Einführung in das Bürgerliche Recht, 6. Aufl., München 1995
Knieper, Rolf: Gesetz und Geschichte. Ein Beitrag zu Bestand und Veränderung des Bürgerlichen Gesetzbuchs, Baden-Baden 1996
Köhler, Helmut: BGB, Allgemeiner Teil, 18. Aufl., München 1995
Kötz, Hein: Deliktsrecht, 7. Aufl., Neuwied–Kriftel–Berlin 1996
Larenz, Karl: Allgemeiner Teil des deutschen Bürgerlichen Rechts, 7. Aufl., München 1989
Larenz, Karl: Lehrbuch des Schuldrechts, Zweiter Band Besonderer Teil, 1. Halbband, 13. Aufl., München 1986
Larenz, Karl, und Canaris, Claus-Wilhelm: Lehrbuch des Schuldrechts, Zweiter Band Besonderer Teil, 2. Halbband, 13. Aufl., München 1994

Lytras, Theodor: Zivilrechtliche Haftung für Umweltschäden, Berlin 1995

Martinek, Michael: Moderne Vertragstypen. Band I: Leasing und Factoring, München 1991; Band II: Franchising, Know-how-Verträge, Management- und Consultingverträge, München 1992; Band III: Computerverträge, Kreditkartenverträge sowie sonstige moderne Vertragstypen, München 1993

Medicus, Dieter: Allgemeiner Teil des BGB. Ein Lehrbuch, 6. Aufl., Heidelberg 1994

Medicus, Dieter: Bürgerliches Recht, 17. Aufl., Köln-Berlin u. a. 1995

Medicus, Dieter: Grundwissen zum Bürgerlichen Recht, 2. Aufl., Köln–Berlin u. a., 1995

Münchener Kommentar zum BGB, herausgegeben von Säcker, Franz-Jürgen, und Rebmann, Kurt, Allgemeiner Teil, 3. Aufl., München 1993; Schuldrecht Allgemeiner Teil, 3. Aufl., München 1994; Schuldrecht Besonderer Teil Band 1, 3. Aufl., München 1995; Besonderer Teil Band 2, 2. Aufl., München 1986; Sachenrecht, 2. Aufl., München 1986; Familienrecht, Band I, 3. Aufl., München 1993; Familienrecht Band II, 3. Aufl., München 1992; Erbrecht, 2. Aufl., München 1989

Nagel, Bernhard: Wirtschaftsrecht I. Grundrechte und Einführung in das Bürgerliche Recht, München-Wien 1987; Wirtschaftsrecht II. Eigentum, Delikt, Vertrag, mit einer Einführung in die ökonomische Analyse des Rechts, 2. Aufl., München–Wien 1993; Wirtschaftsrecht III Unternehmens- und Konzernrecht, München–Wien 1994

Oetker, Hartmut: Das Dauerschuldverhältnis und seine Beendigung, Tübingen 1992

Palandt, Otto (Begründer): BGB, Kommentar, 55. Aufl., München 1996

Prümm, Hans Paul: Umweltschutzrecht, Frankfurt/Main 1989

Raiser, Ludwig: Die Aufgabe des Privatrechts. Aufsätze zum Privat- und Wirtschaftsrecht aus drei Jahrzehnten, Kronberg/Ts. 1977

Raiser, Thomas: Das lebende Recht. Rechtssoziologie in Deutschland, 2. Aufl., Baden-Baden 1995

Reich, Norbert: Markt und Recht. Theorie und Praxis des Wirtschaftsrechts in der Bundesrepublik Deutschland, Neuwied und Darmstadt 1977

Rosenberg, Leo; Schwab, Karl Heinz; Gottwald, Peter: Zivilprozeßrecht, 15. Aufl., München 1993

Rüthers, Bernd: Allgemeiner Teil des BGB, 9. Aufl., München 1993
Rüthers, Bernd: Die unbegrenzte Auslegung. Zum Wandel der Privatrechtsordnung im Nationalsozialismus, 4. Aufl., Heidelberg 1991
Salje, Peter: Bürgerliches Vermögensrecht. Ein Grundkurs im Bürgerlichen Recht, Göttingen 1992
Schmidt, Eike, und Brüggemeier, Gert: Zivilrechtlicher Grundkurs, 4. Aufl., Neuwied u. a. 1991
Schmidt, Karsten: Gesellschaftsrecht, 2. Aufl., Köln–Berlin u. a. 1991
Schwab, Dieter: Einführung in das Zivilrecht. Einschließlich BGB-Allgemeiner Teil, 12. Aufl., Heidelberg 1995
Schwark, Eberhard: Börsengesetz. Kommentar, 2. Aufl., München 1994
Singer, Reinhard: Selbstbestimmung und Verkehrsschutz im Recht der Willenserklärungen, München 1995
Soergel, Theodor, und Siebert, Wolfgang (Begründer): Kommentar zum BGB, 12. Aufl., Allgemeiner Teil, Stuttgart u. a. 1988; Schuldrecht I, Stuttgart u. a. 1990; Schuldrecht II, Stuttgart u. a. 1991; Sachenrecht, Stuttgart u. a. 1989; Erbrecht, Stuttgart u. a. 1992
Staudinger, Julius v. (Begründer): Kommentar zum BGB mit Einführungsgesetz und Nebengesetzen, 13. Aufl., Berlin, Allgemeiner Teil §§ 1–12 (1995), §§ 21–103 (1995), 134–163 (1996), 164–240 (1995); Recht der Schuldverhältnisse, Einl. und §§ 241–243 (1995), §§ 255–292 (1995), §§ 293–327 (1995), §§ 328–361 (1995), §§ 326–396 (1995), §§ 433–534 (1995), §§ 535–563 (1995), §§ 581–606 (1995); §§ 620–630 (1995); §§ 631–651 (1994), §§ 652–704 (1995), §§ 812–822 (1994); Sachenrecht §§ 854–882 (1995), §§ 883–902 (1996), §§ 903–924 (1996), §§ 925–984 (1995), §§ 985–1011 (1994); Familienrecht §§ 1363–1563 (1994); Erbrecht §§ 1922–1966 (1994), §§ 1967–2086 (1996), §§ 2197–2264 (1994); EG Internationales Privatrecht (1993)
Walter, Gerhard: Kaufrecht, Tübingen 1987
Wernecke, Frauke: Die Gesamtschuld – ihre Befreiung von irrationalen Merkmalen und ihre Rückführung in die Gesetzessystematik, Berlin 1990
Wesel, Uwe: Fast alles, was Recht ist. Jura für Nicht-Juristen, Frankfurt / Main 1992
Westermann, Harm Peter; Eickmann, Dieter; Gursky, Karl-Heinz; Pinger, Winfried: Sachenrecht. Ein Lehrbuch, begründet von Harry Westermann, Band I Grundlagen und Recht der beweglichen Sachen,

6. Aufl., Heidelberg 1990, Band II Immobiliarsachenrecht, 6. Aufl., Heidelberg 1988

Weyers, Hans-Leo: Versicherungsvertragsrecht, 2. Aufl., Neuwied-Kriftel-Berlin 1995

Wieacker, Franz: Industriegesellschaft und Privatrechtsordnung, Frankfurt/Main 1974

Wieacker, Franz: Privatrechtsgeschichte der Neuzeit, 2. Aufl., Göttingen 1967

Wieling, Hans-Josef: Bereicherungsrecht, Berlin-Heidelberg u. a. 1993

Wieling, Hans-Josef: Sachenrecht. Band I: Sachen, Besitz und Rechte an beweglichen Sachen, Berlin-Heidelberg u. a. 1990

Wiethölter, Rudolf: Rechtswissenschaft. Unter Mitarbeit von Rudolf Bernhardt und Erhard Denninger, Frankfurt/Main 1968

Wilhelm, Jan: Sachenrecht, Berlin–New York 1993

Wolf, Manfred: Sachenrecht, 13. Aufl., München 1996

Wolff, Hans J.; Bachof, Otto; Stober, Rolf: Verwaltungsrecht I, 10. Aufl., München 1994

Wolff, Martin, und Raiser, Ludwig: Lehrbuch des Bürgerlichen Rechts, III. Band: Sachenrecht, 10. Bearb. Tübingen 1957

Zweigert, Konrad, und Kötz, Hein: Einführung in die Rechtsvergleichung, 3. Aufl., Tübingen 1996

Vorwort

Die drei Buchstaben «BGB» sind fast allen bekannt, doch was sich dahinter im einzelnen verbirgt, wissen meist nur die Fachleute. Der hier vorgelegte Leitfaden will Orientierung im «Paragraphengestrüpp» vermitteln. Er konzentriert sich auf das Wesentliche. Beide Bände sind dennoch nicht besonders schmal geworden – dies hängt damit zusammen, daß die Rechtsprechung viele eigene Grundsätze entwickelt hat, die unsere Realität nicht weniger prägen als der Gesetzestext selbst.

Das Buch wendet sich an alle, die sich für Zivilrecht interessieren. Dies sind auch (aber nicht nur) Studenten, die im Laufe ihrer Ausbildung mit diesem Bereich mehr oder weniger intensiv in Berührung kommen. Die Sprache ist so gewählt, daß bei der Lektüre keine Probleme entstehen. Das Manuskript ist im Entwurf von zahlreichen Studenten gerade auf Verständlichkeit hin gelesen worden. Zu danken habe ich deshalb insbesondere Michael Zeimet sowie Heike Fangmeier, Marianne Carl, Sascha Breitscheidel und Peter Däubler. Meiner wissenschaftlichen Assistentin, Frau Dr. Dagmar Schiek, verdanke ich außerdem eine Reihe wichtiger inhaltlicher Anregungen.

Das BGB ist im Jahre 1996 einhundert Jahre alt geworden. Für manche sicherlich ein Grund zum Feiern, für andere eher ein Anlaß zu kritischer Bilanz. «Zivilrecht 1» und «Zivilrecht 2» wollen nicht nur umfassend informieren, sondern den Leser auch zu einem eigenen Urteil befähigen.

Die technische Betreuung des Manuskripts lag in den Händen von Frau Margret Reinhold und Frau Annelore Ramke; auch ihnen möchte ich an dieser Stelle herzlich danken.

Bremen, September 1996 Wolfgang Däubler

KAPITEL 1: Zur Einführung

1 Das Ziel: Grundstrukturen verstehen

Dieses Taschenbuch wendet sich an alle, die sich mit der Materie «Zivilrecht» befassen wollen. Dies sind einmal Jura-Studenten, die vom ersten Semester an mit dem BGB konfrontiert werden, das für manche zu einer Art Lebensinhalt wird. Zum zweiten sind dies Studenten anderer Fachrichtungen an Universitäten wie an Fachhochschulen, die in ihrem Studium Grundkenntnisse des BGB erwerben müssen. Dies gilt insbes. für Volks- und Betriebswirte. Schließlich gibt es Interessierte, die «es immer schon mal wissen wollten» – weil sie ein konkretes Problem mit ihrem Vermieter oder einem Versandhaus haben oder weil sie einfach mehr über unsere Gesellschaft und das in Deutschland so wichtige Recht wissen wollen. 1

Ein breiter **Adressatenkreis**, gewiß. Aber alle sind gleichermaßen in der Situation, die Grundstrukturen des Zivilrechts verstehen zu wollen. Wie kann man sich **in jenen 2385 Paragraphen des BGB** und in einer Reihe anderer Gesetze **zurechtfinden**? Ersichtlich kann es nicht darum gehen, daß man jeden Paragraphen (= §) kennt oder gar auswendig weiß – wäre dem so, müßten alle etablierten Juristen Gedächtnisgenies sein. Es reicht völlig aus, wenn man ein bestimmtes Grundwissen besitzt und im übrigen in der Lage ist, die für ein konkretes Problem (wahrscheinlich) maßgebenden Vorschriften zu finden. Bezogen auf die Tätigkeit eines Kfz-Mechanikers, würde dies bedeuten: Man muß wissen, wie ein Automotor funktioniert und dies auch mal an einem VW durchgespielt haben. Die Besonderheiten von Fiat, Opel, BMW und Trabbi wird man deshalb noch nicht kennen, aber 2 mit einigen Zusatzinformationen wird man sie durchaus in den Griff bekommen.

3 Um die Vermittlung eines solchen **«Grundwissens»** soll es hier gehen. Jura-Studenten werden am Ende ihres Studiums natürlich mehr Details wissen und vieles spontan beurteilen können, was man nach der Lektüre dieses Buches erst durch Nachdenken und Nachschlagen herausbekommt. Dennoch: Wer die Strukturen des Zivilrechts verstanden hat, verliert jene Hilflosigkeit, die den «Laien» gegenüber der juristischen «Geheimwissenschaft» manchmal beschleicht.

4 Der Leitfaden versteht sich als «kritischer». Es gibt eine alte **Juristentradition**, Rechtsvorschriften und Gerichtsurteile nur **«nachzubeten»**. Dahinter steckt das Bedürfnis, nicht aufzufallen, sich gewissermaßen stromlinienförmig zu bewegen und nirgends anzuecken. Die Angst, später mal keinen Job zu finden, wenn man irgendwie «auffällig» ist, tut ein übriges. Außerdem scheint «Nachbeten» arbeitssparend zu sein: Wer dem Bundesgerichtshof (abgekürzt: BGH) zustimmt, steht in guten Schuhen; die Bezugnahme auf eine solche Autorität ersetzt in den Augen vieler die Begründung. Wer abweichende Auffassungen vertritt, hat demgegenüber die «Argumentationslast», er muß gute Gründe für seine Position angeben, und dies kann ganz schön aufwendig sein.

5 Eine solche Selbstbeschränkung soll hier nicht praktiziert werden. Natürlich ist es völlig unabdingbar, das geltende Recht in allen seinen wesentlichen Ausprägungen zu kennen; darauf zu verzichten würde bedeuten, zu einem unsoliden Spekulierer und Räsonnierer zu werden, der am Ende Dinge als große Neuigkeiten verkündet, die längst im Gesetz stehen. Man darf dabei jedoch nicht stehenbleiben. Notwendig ist immer auch die Frage nach dem «Warum». Welcher Gedanke steckt hinter einer Regelung oder einer Entscheidung des BGH? Welche Interessen werden beachtet, welche sind «nicht so wichtig»? Dies kann im Einzelfall zu einer «kritischen» Einschätzung in dem Sinne führen, daß man geschriebenes Recht wie auch Richtersprüche nicht richtig, vielleicht nicht mal akzeptabel findet. Dabei darf es allerdings beileibe nicht um «Kritik um jeden Preis» gehen. In den allermeisten Fällen wird – auf der Grundlage des bestehenden Wirtschaftssystems – das bisher Geltende als folgerichtig akzeptiert. Es geht nicht um ein «alternatives Zivilrecht» (das sich auszudenken sicher reizvoll wäre), sondern schlicht darum, **das eigene Denken** nicht unter der (künftigen) Anwaltsrobe oder dem (künftigen) Richtertalar **verschwinden zu lassen**.

Die **Einbeziehung der «Philosophie»**, die hinter Vorschriften und Richtersprüchen steht, ist außerdem – und dies mag manchen überraschen – **viel arbeitsökonomischer** als das Lernen einer Unzahl von Einzelheiten: Auch wenn man nicht genau weiß, wie die Rechtsprechung ein konkretes Problem entschieden hat, und dies – z. B. in der Klausur – auch nicht nachschauen kann, wird man – wenn man die Grundstrukturen kennt – aller Wahrscheinlichkeit nach zu einem «systemkonformen», zumindest zu einem vertretbaren Ergebnis kommen. 6

Als Prüfer begegnen einem im mündlichen Staatsexamen des öfteren Studenten, die zwar die Lösung einzelner Fragen nicht kennen, die aber «intuitiv» in die richtige Richtung gehen. Diese «Intuition» gewinnt man am besten, wenn man den «Geist» des geltenden Rechts, eben seine Grundstrukturen und seine wichtigsten Anliegen, verstanden hat.

2 Fünf Hindernisse, sich den Rechtsstoff in Vorlesungen anzueignen...

Sich das Zivilrecht (wie auch andere Rechtsmaterien) wirklich anzueignen, stößt in der Praxis des Studierenden auf mindestens fünf gravierende Hindernisse. 7

(1) Anders als in der Schule hat man **keine direkte «Rückmel dung»**, aus der man schließen könnte, ob man das in der Lehrveranstaltung Dargestellte auch tatsächlich verstanden hat. Man sitzt in einer «Großgruppe» von hundert bis achthundert Personen, wo man nur ganz wenige andere kennt. In dieser Anonymität wird man den Nachbarn oder die Nachbarin nur selten fragen, wie denn nun wohl eine bestimmte Aussage des Professors gemeint gewesen ist. Eine Diskussion findet häufig überhaupt nicht statt. Soweit sie der Hochschullehrer initiiert, hat sie oft «Schlagseite» in dem Sinne, daß sich immer dieselben Personen melden.

Wenn man in einem 300-Personen-Auditorium 30 Leute aktiviert, ist dies aus Hochschullehrersicht ein wirklich erfreuliches Ergebnis.

Diese «Aktiven» sind nun häufig Leute, die aus irgendwelchen Gründen mehr als der Durchschnitt wissen: Sie haben eine Banklehre hinter sich oder eine Tätigkeit als Polizeibeamter; möglich ist auch, daß sich höhere Semester in eine Anfängerveranstaltung verirren. Dies hat nun den ärgerlichen Effekt, daß sich die 90%, die nicht zu Wort kommen, als dumm und unwissend empfinden; schließlich haben der Mitstudent und die Mitstudentin (im Hochschulslang «Kommilitone» – wörtlich: Mitstreiter – bzw. «Kommilitonin» genannt) etwas gesagt, was sie selbst nicht gewußt hätten. Auch in anderen Situationen wird man sich dann nicht mehr trauen zu fragen; man könnte sich ja durch Unwissenheit blamieren.

Dazu kommt, daß es im Hochschulbereich nicht wenige Menschen gibt, die sich hervorragend aufs Bluffen verstehen. Man wird sie insbes. unter den 10% «Aktiven» finden.[1]

8 **(2)** Die Rechtswissenschaft verfügt wie andere Wissenschaftsdisziplinen über eine **Fachsprache**. Diese war bis 1900 sogar eine Fremdsprache in dem Sinne, daß man sich in der Regel mit lateinischen Texten auseinandersetzen mußte. Heute ist dies anders, aber viele **lateinische Begriffe** sind geblieben.

Statt «Verschulden beim Vertragsschluß» sagt man «culpa in contrahendo».

Viel gravierender ist, daß die Sprache des Gesetzgebers, oft auch die des einzelnen Juristen, sehr abstrakt ist.

Die Annahme eines Vertragsangebots, die Errichtung eines Testaments und die Kündigung einer Wohnung sind gleichermaßen «Willenserklärungen». Im BGB findet man viele Regelungen, die sich auf diesen Begriff beziehen.

Schließlich gibt es Juristen, die sich **komplizierter** ausdrücken, **als dies vom Gegenstand her notwendig** ist. Die einfache Tatsache, daß ein Vertrag durch ein Angebot der einen und eine darauf bezogene Annahme der anderen Seite zustande kommt, wird etwa in einem «Grundkurs» zum Zivilrecht wie folgt umschrieben:

«Überdies ist natürlich klar, daß auch Verträge ein – freilich auf Korrespondenz angewiesenes – Konstrukt aus zunächst ‹einseitiger› Aktivität sind, nur daß diese eben nicht hinreicht, um Rechtsverbindlichkeit zu erzeugen.»

---

1 Dazu die lesenswerte Studie von Wolf Wagner, Uni-Angst und Uni-Bluff. Wie studieren und sich nicht verlieren, überarbeitete Neuauflage, Berlin 1994

Spötter haben gesagt: Was dem Pfau seine Feder ist dem Wissenschaftler seine Schreibe.[2]

(3) **Professoren** sind **nicht immer gute Didaktiker**. Bei ihrer Be- 9
rufung spielt die Fähigkeit, einen Stoff anschaulich und lebendig zu vermitteln, eine eher untergeordnete Rolle. Verbreiteter Einschätzung nach kann der Ruf, bei Studenten besonders gut anzukommen, sogar hinderlich sein: Die Fakultätskollegen haben vielleicht ein wenig Angst, selbst im Schatten des künftigen «Stars» zu stehen. Dazu kommt bei manchen ein gewisser Überdruß; zum zehnten Mal den Allgemeinen Teil des BGB lesen zu müssen, schafft eher Frustration als Arbeitsfreude.

An einer bayerischen Universität soll es einen Professor des öffentlichen Rechts geben, der den Begriff «Vorlesung» wörtlich nimmt und sein (durchaus nicht schlechtes) Buch beginnend mit S. 1 vorliest. Nach spätestens drei Sitzungen ist die Zahl der Zuhörer von 300 auf 20 geschrumpft.

Auf der anderen Seite sind auch **Studenten nicht immer gute Zuhörer**. Wer mit Fernsehsendungen aufgewachsen ist, erwartet klare und knappe Informationen und auch eine Menge Unterhaltung. Der Hochschullehrer gerät so unversehens in eine Art Konkurrenz zu Thomas Gottschalk oder Alfred Biolek. Fällt er da ein wenig ab,

es fällt ihm beim besten Willen kein guter Witz zum Hypothekenrecht ein

so entsteht in größeren Gruppen eine allgemeine «Geräuschkulisse», die es für die Interessierten schwermacht, das «vorne» Gesagte auch nur akustisch voll aufzunehmen. Manche Studenten laufen raus, um sich einen Kaffee oder ein Brötchen zu holen, was für zusätzliche Unruhe sorgt.

(4) Der **Zeithaushalt** zahlreicher Studenten ist sehr knapp bemes- 10
sen. Viele sind aus wirtschaftlichen Gründen gezwungen, irgendeine Aushilfstätigkeit anzunehmen, die pro Woche bis zu 20 Stunden ausmachen kann. Noch schlimmer ist es, wenn Studentinnen eine Doppelbelastung durch Kindererziehung und Studium zu bewältigen haben.

Männliche Studenten sind sehr selten in dieser Lage, weil sich auch im aufgeklärten Milieu immer wieder das alte Verhaltensmuster durchsetzt, daß die Frau «für das Kind da» ist. Die in der Verfassung verankerte Gleichberechtigung ist das eine, doch die Wirklichkeit...

---

2 Zur Kritik der Sprache der Juristen s. etwa Wesel, S. 12ff.

Die zeitlichen Beschränkungen führen dazu, daß man in einzelnen Lehrveranstaltungen fehlt, müde ist oder jedenfalls nicht die Zeit zum Nacharbeiten hat.

11 **(5)** Wer sich in seinem Studium mit Zivilrecht befaßt, kann in der Regel **nicht auf Vorkenntnissen aufbauen**. Wer Mathematik, Chemie oder Geschichte studiert, bringt eine Menge Informationen aus der Schule mit. Auch ein Medizinstudent, der seinen Zivildienst beim Roten Kreuz oder in einem Krankenhaus absolviert hat, weiß in etwa, was Ärzte tun. Nicht so bei denen, die sich mit Recht befassen: Die Praxis des Rechtsanwalts, des Richters, des Verwaltungsbeamten usw. ist allenfalls aus familiären Zusammenhängen heraus ein wenig bekannt. Dies schafft insbes. dann, wenn das Studium nicht wie gewünscht läuft, erhebliche **Motivationsprobleme**. Sie erschweren wiederum das Lernen; wer im Grunde nicht mehr so recht weiß, warum er sich mit einer Materie befassen soll, wird sich weniger leicht bestimmte rechtliche Regelungen oder Gerichtsentscheidungen einprägen können.

3 ... und was man dagegen tun kann

12 Eine Reihe der hier geschilderten Schwierigkeiten läßt sich objektiv auch bei gutem Willen aller Beteiligten nicht aus der Welt schaffen. Es gibt nun mal Großveranstaltungen und eine juristische Fachsprache; manche Professoren sind keine guten Didaktiker, und manche Studenten leiden an Konzentrationsproblemen oder Zeitmangel. Und viele wissen nicht, was sie in einer künftigen Praxis als Jurist tun werden. Dennoch gibt es keinen Grund zur Resignation.

13 – **Zum einen** kann man auch an den Lehrveranstaltungen einiges ändern. In fast allen juristischen Fakultäten und Fachbereichen gibt es **Arbeitsgemeinschaften und Tutorien**, wo man sich die Methode des juristischen Arbeitens aneignen und ggfs. auch offengebliebene Fragen einbringen kann. Die **Fachsprache läßt sich lernen**, nicht anders als Englisch oder Französisch: Während man dort ein paar tausend Vokabeln braucht, um sich sinnvoll unterhalten zu können, reichen unter Juristen schon drei- bis vierhundert. Auch in großen Lehrveranstaltungen kann man manchmal seine Scheu überwinden und Fragen

stellen. Nützlich ist es weiter, wenn man das Gehörte **mitschreibt**: Man bekämpft damit Ermüdungserscheinungen und übt auch ein wenig die Fachterminologie ein.

Niemand kann es Studenten verübeln, wenn sie deshalb beim Professor eine klare Gliederung einfordern und mit Unruhe reagieren, wenn er statt dessen vom Hölzchen aufs Stöckchen kommt.

– **Zweites** und wichtigeres **Gegenmittel** ist m. E. das **Selbststudium**. Wenn man den Stoff in einigermaßen leicht verständlicher Form zu Hause nachlesen kann, ist es auch keine Katastrophe, wenn man eine Lehrveranstaltung versäumt oder wenn man den Eindruck hat, daß sie einem überhaupt nichts bringt. Es gibt durchaus Menschen, die sehr viel besser aus Büchern lernen als durch Zuhören in einem großen Saal. 14

Der Verfasser gehört in diese Kategorie, hat aber in seinem Studium gut zwei Jahre gebraucht, bis es ihm bewußt wurde. Die Erinnerung an die Vorlesungen über römisches Recht oder besonderes Schuldrecht ähnelt der an das Nachsitzen-Müssen in der Schule...

Auch **bei der Lektüre** sollte man einige **Faustregeln** beachten. Das bloße Lesen führt im Regelfall nicht dazu, daß man das Gelesene auch nach einer Woche noch weiß. Besser scheint es daher, wenn man einzelne Begriffe oder Textpassagen farbig anstreicht. Noch sinnvoller ist es nach meiner Auffassung, sich während des Lesens Stichworte herauszuschreiben und ein bis zwei Tage später anhand dieser Stichworte zu versuchen, das Gelesene zu rekonstruieren. 15

Wenn es nicht gleich klappt, ist dies kein Grund zur Frustration. Nach der zweiten Lektüre sitzt es dann ziemlich gut.

Wo man liest, spielt im Prinzip keine Rolle. Wer täglich eine halbe Stunde mit dem Bus oder der Bahn fährt, kann diese Zeit durchaus nutzen.

Ob man auch das Warten beim Zahnarzt auf diese Weise verkürzt[3], hängt ein wenig davon ab, ob man angesichts des Bohrers über ein «dickes Fell» verfügt.

Im übrigen muß sich jeder Gedanken über seine **«Zeitökonomie»** machen (der eine arbeitet besser morgens, der andere besser abends); auch muß man Situationen vermeiden, in denen man dauernd durch das Telefon gestört wird. 16

3 Vgl. Klunzinger, S. XLIII

Wer zu Hause arbeitet, unterscheidet sich vom Rest der Menschheit, bei dem Arbeitsplatz und Wohnung getrennt sind. Er oder sie wird als «verfügbar» angesehen; am Arbeitsplatz würden die lieben Freunde niemals anrufen.

17 Noch ein letzter, ganz **wichtiger Tip**: Wenn man sich für einige Stunden ein bestimmtes **Pensum** vornimmt, so sollte dieses immer ein wenig hinter dem zurückbleiben, was man effektiv leisten kann. Wer schon um vier statt um fünf mit seinen 20 Seiten fertig ist, wird entweder gute Stimmung haben oder weiterlesen: Zwei gleichermaßen erfreuliche Alternativen.

Nimmt man sich statt dessen für einen Nachmittag 100 Seiten vor, wird man um sechs auf Seite 17 das Zeug in die Ecke werfen und der Überzeugung sein, es nie zu packen.

18 Selbststudium, wie es gerade auch mit dem vorliegenden Buch möglich sein soll, muß **nicht allein** betrieben werden. Es ist sehr sinnvoll, sich mit Freunden zu treffen und gemeinsam das Gelesene zu diskutieren. Manchmal kann man auch «Leseaufgaben» verteilen, doch haben Studenten erfahrungsgemäß kein volles Vertrauen in das, was der Mitstudent als «Lesefrucht» zum besten gibt.

4 Weitere Arbeitsmittel

19 Will man sich die Grundstrukturen des Zivilrechts im hier beschriebenen Sinne aneignen, braucht man zusätzlich nur den Gesetzestext. Wer lediglich einmal in die Situation gerät, ein oder zwei BGB-Kurse besuchen zu müssen, kann sich eine Taschenbuchausgabe des BGB kaufen. Wer sich dagegen längerfristig mit diesem Gegenstand beschäftigen will, sollte sich «den **Schönfelder**» kaufen. Er enthält nicht nur das Zivilrecht, sondern auch das Strafgesetzbuch (StGB) sowie zahlreiche Verfahrensgesetze. Es handelt sich um eine Loseblattsammlung; etwa zweimal pro Jahr erhält man eine (leider nicht immer ganz billige) Ergänzungslieferung, die die inzwischen eingetretenen Gesetzesänderungen wiedergibt. Der «Schönfelder» verfügt auch über ein recht nützliches Stichwortregister.

Im Stadtbild kleinerer Universitätsstädte wie Tübingen und Marburg sind Jurastudenten schon äußerlich am mitgeführten «Schönfelder» zu erkennen.

Will man einzelne Teile des hier Gelesenen vertiefen, sollte man insbes. versuchen, die in den Fußnoten genannten (= zitierten) Entscheidungen nachzulesen. Man findet sie in jeder Universitätsbibliothek, in der Fachbibliothek der Juristen (oft «Juristisches Seminar» genannt) und in Gerichtsbibliotheken.

Die obersten Bundesgerichte geben sog. **Amtliche Sammlungen** 20
heraus, die üblicherweise in abgekürzter Form zitiert werden. So bedeutet etwa «BGHZ 20, 88», daß man auf die Amtliche Sammlung des BGH in Zivilsachen Bezug nimmt und es einem auf eine Entscheidung im 20. Band ankommt, die dort auf Seite 88 beginnt.

«BVerfGE 4, 96, 104» bedeutet, daß man sich auf eine Entscheidung in der Amtlichen Sammlung des Bundesverfassungsgerichts im 4. Band bezieht, die auf Seite 96 beginnt und bei der man die entscheidende Passage auf Seite 104 findet. «RGZ 80, 275» verweist auf eine Entscheidung aus der Amtlichen Sammlung des Reichsgerichts in Zivilsachen im 80. Band auf Seite 275.

Entscheidungen kann man auch in **Fachzeitschriften** nachlesen, die 21
sie allerdings manchmal nur in abgekürzter Form bringen. Interessant sind Zeitschriften primär wegen der in ihnen veröffentlichten **Aufsätze**, bei denen Rechtsprobleme in komprimierter Form (und manchmal unter Entwicklung neuer Ideen) abgehandelt werden. Grob gesprochen, gibt es für die am Zivilrecht Interessierten drei Gruppen von Zeitschriften.

– Die Neue Juristische Wochenschrift (abgekürzt: **NJW**) ist die unter Praktikern verbreitetste Zeitschrift. Wie der Name sagt, erscheint sie jede Woche; sie bringt sehr viel schneller als die Amtlichen Sammlungen die neuesten Entscheidungen und wird durch meist praxisrelevante Aufsätze ergänzt. Eine Reihe speziellerer Entscheidungen findet sich im NJW-Rechtsprechungsreport (NJW-RR).

– Grundsatzfragen des Zivilrechts werden vorwiegend in vier Zeitschriften angesprochen:

Archiv für die civilistische Praxis (abgekürzt: **AcP**, die Schreibweise stammt aus der Zeit vor der Rechtschreibreform Anfang des Jahrhunderts);
Juristen-Zeitung (abgekürzt: **JZ**)
Kritische Vierteljahresschrift für Gesetzgebung und Rechtsprechung (abgekürzt: **KritV**)
Kritische Justiz (abgekürzt: **KJ**).

– Speziell auf die **Bedürfnisse der Studierenden** sind drei Zeitschriften zugeschnitten, die zahlreiche zivilrechtliche Entscheidungen und Aufsätze veröffentlichen:

Juristische Schulung (abgekürzt: **JuS**)
Juristische Arbeitsblätter (abgekürzt: **JA**)
Juristische Ausbildung (abgekürzt: **Jura**)

Eine Zeitschrift sollte man erst dann abonnieren, wenn man sie sich in der Bibliothek sehr genau angesehen und das Gefühl hat, daß einem die dort veröffentlichten Entscheidungen und Aufsätze wirklich «etwas bringen».

Im ersten Semester ist es dafür in aller Regel zu früh. Beim Verfasser hat es bis zum fünften Semester gedauert, ehe er mit Aufsätzen wirklich etwas anfangen konnte.

Zeitschriften werden üblicherweise nach Jahr und Seite zitiert.

22 Hat man – etwa in einer juristischen Übung – einen einigermaßen komplizierten Fall zu lösen, so greift man üblicherweise zu den **Kommentaren**. Diese sind nach Gesetzesparagraphen geordnete Erläuterungswerke, die den Stand der Gesetzgebung, der Rechtsprechung und der juristischen Literatur im Zeitpunkt ihres Erscheinens (genauer: einige Monate vorher) wiedergeben. Als wichtigste seien genannt:

Palandt, BGB, bearbeitet von Bassenge u. a., 55. Aufl., München 1996

Münchener Kommentar zum BGB, herausgegeben von Säcker und Rebmann; die zweite Auflage erschien von 1984 bis 1990, die dritte Auflage erscheint – je nach Band unterschiedlich – seit 1992

Erman, Handkommentar zum BGB, 2 Bde., 9. Aufl., Münster 1993

Soergel (+ Bearbeiter), BGB mit Einführungsgesetz und Nebengesetzen, 10 Bde., 12. Aufl., Stuttgart u. a. 1988 ff.

Alternativkommentar zum BGB (AK-BGB + Bearbeiter), 6 Bde., Neuwied 1979 bis 1990

RGRK (+ Bearbeiter), Das BGB mit besonderer Berücksichtigung der Rechtsprechung des Reichsgerichts und des Bundesgerichtshofes, 12. Aufl., Berlin 1974 bis 1994 («RGRK» ist die Abkürzung für «Reichsgerichtsräte-Kommentar»)

Staudinger (+ Bearbeiter), Kommentar zum BGB, 13. Aufl., Berlin 1993 ff.

Der «Palandt» ist bei weitem am verbreitetsten und findet sich auf dem Schreibtisch praktisch jedes Rechtsanwalts. Er erscheint jährlich im

Dezember neu (die Anwälte können die 194 DM noch im laufenden Jahr von der Steuer absetzen) und dokumentiert die Rechtsprechung mit bemerkenswerter Vollständigkeit. Eigene Meinungen sind in der Regel nur angedeutet, so daß man in die vielbändigen Großkommentare einsteigen muß, um das Meinungsbild zu einer Frage einigermaßen vollständig zu erfassen.

Neben den Kommentaren finden sich **Lehrbücher** zu einzelnen 23
Teilen des BGB; auf sie wird im einzelnen zu gegebener Zeit hingewiesen. Je dicker ihr Einband, desto höher ihr Sozialprestige. Dasselbe gilt für «**Monographien**», die häufig besonders gute Dissertationen oder Habilitationsschriften sind. Hier werden bestimmte Problembereiche bis ins letzte Detail erörtert.

Als Anfänger holt man sich meist eine blutige Nase, wenn man sich durch eine solche Monographie «hindurchkämpfen» will. Auch die Lehrbücher setzen häufig schon einen recht «gelehrten» Leser voraus.

Zur Vorbereitung auf das juristische Staatsexamen dienen **Examinatorien** und Gesamtdarstellungen; am verbreitetsten ist das «Bürgerliche Recht» von Medicus (17. Aufl., Köln u. a. 1996).

Neben der vorliegenden gibt es selbstredend auch andere «**Einführungen ins Zivilrecht**». Sie besitzen jeweils einen spezifischen Charakter, der hier nicht kommentiert werden soll. Deshalb nur in alphabetischer Aufzählung:

Klunzinger, Einführung in das Bürgerliche Recht, 6. Aufl., München 1995, 480 S., 49 DM

Musielak, Grundkurs BGB, 4. Aufl., München 1994, 553 S., 48 DM

Ramm, Einführung in das Privatrecht / Allgemeiner Teil des BGB, 3 Bde., 2. Aufl., München 1974 (vergriffen)

Schmidt-Brüggemeier, Zivilrechtlicher Grundkurs, 4. Aufl., Neuwied u. a. 1991, 400 S., 39,80 DM

Schwab, Einführung in das Zivilrecht. Einschließlich BGB – Allgemeiner Teil, 12. Aufl., Heidelberg 1995, 382 S., 36 DM

Daneben gibt es zahlreiche Einführungen in die Rechtswissenschaft, die auch viele der hier angesprochenen Fragen behandeln. Erwähnenswert insbes.

Wesel, Fast alles was Recht ist. Jura für NichtJuristen, Frankfurt / M. 1992

Rehbinder, Einführung in die Rechtswissenschaft, 8. Aufl., Berlin-New York 1995

Wiethölter, Rechtswissenschaft, Frankfurt/M. 1968

Mayer-Maly, Einführung in die Rechtswissenschaft, Berlin u. a. 1993

Haase-Keller, Grundlagen und Grundformen des Rechts, 10. Aufl., Stuttgart u. a. 1995

Im Einzelfall kann es auch hilfreich sein, ein **Lehrbuch des Allgemeinen Teils des BGB** zu Rate zu ziehen. Erwähnt seien – in alphabetischer Reihenfolge –

Brox, Allgemeiner Teil des Bürgerlichen Gesetzbuchs, 20. Aufl., Köln-Berlin u. a. 1996

Enneccerus-Nipperdey, Allgemeiner Teil des Bürgerlichen Rechts, 15. Aufl., 2 Bde., Tübingen 1959/1960 (weithin veraltet)

Flume, Allgemeiner Teil des Bürgerlichen Rechts, Band I/1, Berlin u. a. 1977, Band I/2, Berlin u. a. 1982; Band II, 4. Aufl., Berlin u. a. 1992

Hübner, Allgemeiner Teil des Bürgerlichen Gesetzbuchs, 2. Aufl., Berlin-New York 1996

Köhler, BGB, Allgemeiner Teil, 18. Aufl., München 1995

Larenz, Allgemeiner Teil des deutschen Bürgerlichen Rechts, 7. Aufl., München 1989

Rüthers, Allgemeiner Teil des BGB, 9. Aufl., München 1993

Es geht – wohlgemerkt – nicht darum, dies alles zu lesen, sondern es im Einzelfall als Nachschlagewerk zu benutzen.

5 Die Lösung von «Fällen» – der praktisch wichtigste Teil der juristischen Arbeit

24 Wer als Jurist, aber auch als Personalleiter oder Betriebsrat mit dem Recht konfrontiert wird, hat es in aller Regel mit konkreten Konflikten zu tun. Verkehrsunfälle, Streitigkeiten aus Kaufverträgen, Ehescheidungen sind Beispiele aus dem Zivilrecht. Die Technik der Fallösung spielt deshalb in der Ausbildung eine wichtige Rolle. Wie man an einen «Fall» herangeht, sei an einem kleinen Beispiel gezeigt.

Im schwäbischen Dorf D wohnt Frau E in einem Haus mit Garten. Seit Januar gehört ihr eine Tigerkatze, auf die sie sehr stolz ist. Im Laufe des Juli geht die Katze immer häufiger zur Nachbarsfrau N, wo sie eine ausgesucht gute Katzennahrung und viele Streicheleinheiten erhält. Etwa ab Anfang August bleibt sie bei N. Als E sie Anfang September abholen will, klettert sie schnell auf einen Nußbaum. N erklärt, sie sehe keine Möglichkeit, das Tier zu fangen; schließlich wolle es bei ihr bleiben. Die E meint, so schnell könne man in unserer Gesellschaft sein Eigentum doch nicht verlieren, und will vom Juristen J wissen, wie sie wieder zu ihrer Katze kommen kann.

Als Jurist weiß man (und als «Normalmensch» kann man es sich denken), daß der Einzelne gegen den Entzug seines Eigentums durch andere geschützt ist. In der Tat sagt § 985 BGB:

«Der Eigentümer kann von dem Besitzer die Herausgabe der Sache verlangen.»

Besitzer ist, wer – wie § 854 Abs. 1 BGB sagt – die **«tatsächliche Gewalt»** über eine Sache ausübt. § 985 BGB enthält also einen Rechtssatz: Unter der Voraussetzung, daß jemand Eigentümer einer Sache ist, kann er von jedem anderen die Herausgabe der Sache verlangen (Rechtsfolge). Die abstrakt beschriebenen Voraussetzungen für den Eintritt einer Rechtsfolge nennt man den **«Tatbestand»** einer Vorschrift.

25 Im «Fall» wird dem Bearbeiter ein tatsächliches Geschehen vorgegeben, hier: die rückkehrunwillige Katze. Dieses nennt man üblicherweise **«Sachverhalt»**. Der Jurist hat nun zu prüfen, ob der Sachverhalt die Voraussetzungen der Rechtsnorm erfüllt, also unter den Tatbestand «paßt». Dies nennt man **«Subsumtion»**, was aus dem Lateinischen kommt und wörtlich «darunterlegen» bedeutet.

Im konkreten Fall ergibt sich aus dem Sachverhalt, daß E Eigentümerin der Katze ist (die phantasielose Abkürzung deutet es an) und daß N nur die tatsächliche «Gewalt», d. h. Einwirkungsmöglichkeit auf die Katze hat. Der Anspruch auf Herausgabe dürfte also zu bejahen sein.

26 Zwei kleine Komplikationen kommen allerdings hinzu. Ist die Katze als Tier überhaupt möglicher Gegenstand des Eigentums, so wie ein Tisch oder ein Buch? Nach dem seit 1990 ins BGB aufgenommenen § 90a sind **Tiere keine Sachen** mehr (sondern sog. Mitgeschöpfe). Sie unterliegen insbes. dem Tierschutzgesetz, doch sind – so § 90a Satz 3 BGB – auf sie «die für Sachen geltenden Vorschriften entsprechend anzuwenden, soweit nicht etwas anderes bestimmt ist». Wie man in

jedem Kommentar nachlesen kann, sind solche anderen Bestimmungen nicht vorhanden, so daß die Katze genau wie eine andere Sache verschenkt, verkauft, übereignet und zurückverlangt werden kann. Es ändert sich also nichts an dem vorläufigen Ergebnis.

27 Zum zweiten muß man sich fragen, ob die geänderte Katzengewohnheit nicht vielleicht zum «Untergang» (so bezeichnen Juristen das Verlieren eines Rechts) des Eigentums der E geführt hat. Wer im Stichwortregister unter dem Begriff «Tier» nachschaut, wird auf § 960 BGB verwiesen. Dort ist bestimmt, daß bei «gezähmten» Tieren das **Eigentum verlorengeht**, wenn sie die Gewohnheit ablegen, an den ihnen bestimmten Ort zurückzukehren. Haustiere sind aber nicht «gezähmt», sondern von Natur aus «zahm», so daß diese Bestimmung hier nicht eingreift. Es bleibt daher bei dem allgemeinen Grundsatz des § 985 BGB.

E kann von N daher tatsächlich Herausgabe der Katze verlangen; deren Vorliebe spielt keine Rolle.

28 Der Fall macht deutlich, daß die **Schwierigkeiten auf der rechtlichen Ebene**, d. h. bei der Lösung der Frage liegen, wer Eigentümer im Sinne des § 985 BGB ist. Um die beiden dabei zu behandelnden Fragen zu erkennen, muß man ein gewisses «Problembewußtsein» besitzen. Wer nicht weiß, daß Tiere nicht mehr einfach wie Sachen behandelt werden, oder wer den § 960 BGB nicht entdeckt, wird einige Schwierigkeiten haben. Klausurfälle in Übungen würden dann noch eins draufsetzen und beispielsweise den Fall so variieren, daß der Eigentümer der Katze unbekannt und diese der E nur zugelaufen war (für ganz Neugierige: § 1007 BGB).

29 Einer Schwierigkeit entgeht man allerdings in der Regel während der Ausbildung an Universitäten und Fachhochschulen. Man erhält **nur «unstreitige» Sachverhalte**, während im tatsächlichen Leben oft Behauptung gegen Behauptung steht.

N würde z. B. geltend machen, E habe ihr die Katze geschenkt.

In solchen Fällen ist nach den Grundsätzen über die **Beweislast** zu entscheiden. Dabei gilt die Faustregel: Wer aus einer Tatsache für sich vorteilhafte Rechtsfolgen herleiten will, muß ihre Existenz beweisen.

Die E muß deshalb ihr Eigentum, die N müßte die Schenkung beweisen.

Sich ganz **auf Fallösungen zu beschränken**, wäre **nicht ganz unge-** 30
fährlich. Nicht nur, daß man vor lauter Bäumen u. U. den Wald nicht mehr sehen würde – die Arbeit mit dem Recht verlangt in der Praxis auch, Konflikte präventiv zu vermeiden und Rechtsbeziehungen so zu gestalten, daß alle Beteiligten damit leben können. Auch besteht das Risiko, daß man angesichts «synthetischer» Fälle völlig außer acht läßt, daß man später **als Richter über Menschenschicksale** entscheidet, und es deshalb nicht nur darum geht, eine möglichst folgerichtige und unangreifbare Argumentation vorzulegen.

TEIL I RAHMENBEDINGUNGEN DES ZIVILRECHTS

KAPITEL 2: Recht als soziales Phänomen

1 Übersicht

Bevor wir richtig ins Zivilrecht einsteigen, sind noch **eine Reihe wichtiger Vorfragen** zu klären, die sich auf das Recht insgesamt beziehen. Würde man sie ausklammern, müßte man in späteren Kapiteln immer wieder «Exkurse» machen oder von der ein wenig arroganten Annahme ausgehen, ein «gebildeter Mensch» würde einfach bestimmte Dinge über das Recht wissen. 31

Zunächst soll es darum gehen, das **Phänomen Recht** zu beschreiben und es von bloßen Üblichkeiten und von moralischen Vorstellungen **abzugrenzen** (unten 2). Anschließend werden uns die sog. **Rechtsquellen** beschäftigen, d. h. die Erscheinungsformen, in denen uns Recht entgegentritt (z. B. Gesetze, Verfassung, Gewohnheitsrecht usw. – dazu unten 3).

Recht ist unbestrittenermaßen in unserem Gemeinwesen eine wichtige Größe. Doch ist es nicht vielleicht im Laufe der letzten Jahrzehnte ein wenig zu bedeutsam geworden? Müssen wirklich überall der Richter und der Gerichtsvollzieher im Hintergrund stehen? Gemeint ist mit diesen Fragen das Problem der sog. **Verrechtlichung sozialer Beziehungen** (dazu unten 4).

Eine eher gegenläufige Tendenz dazu, die auch im Zivilrecht von Bedeutung ist, betrifft das **Auseinandergehen von «Recht» und «Rechtswirklichkeit»**. Ist das Recht überhaupt in der Lage, das Verhalten von Individuen, Organisationen und staatlicher Instanzen zu steuern oder bleibt es nicht oft nur eine Ansammlung frommer Wünsche? (Dazu unten 5)

Die bisher gestellten Fragen betreffen im Grunde nur die Form

«Recht». Doch wonach bestimmt sich **sein Inhalt**? Wie ist es beispielsweise zu erklären, daß der Mieterschutz zu verschiedenen Zeiten sehr unterschiedlich ausgeprägt war oder daß bestimmte Fragen wie die Sorgfaltspflichten eines Arztes nicht immer dasselbe Maß an Aufmerksamkeit fanden?

Oder ein anderes Beispiel: Wie kommt es, daß man in den USA für eine entstellende Narbe im Gesicht von den Gerichten 1 Mio Dollar zugesprochen bekommt, während ein deutsches Gericht vielleicht 50000 DM als angemessen betrachten würde?

Vermutlich werden hier keine endgültigen Antworten möglich sein, aber es lassen sich **Faktoren** benennen, die **für die Rechtsentwicklung** maßgeblich sind (unten 6).

Schließlich soll ein «Grenzfall» des Rechts kurz zum Thema gemacht werden: Gibt es **Rechtsnormen**, die **so ungerecht** sind, daß man ihnen die Verbindlichkeit absprechen muß? Sind sie vielleicht dennoch gültig, ist es jedoch gerechtfertigt, ihnen den Gehorsam zu verweigern? (Dazu unten 7)

2 Recht, Üblichkeiten und Moral

2.1 Recht als Verhaltensnorm

32 Die Rechtsordnung schreibt dem Einzelnen, den Organisationen wie dem Staat ein bestimmtes Verhalten vor. Es besteht daher aus «Sollenssätzen».

Beispiel: Niemand darf einen anderen vorsätzlich oder fahrlässig in seiner Gesundheit schädigen.

Dabei kann vom Einzelnen nicht nur wie im Beispiel ein Unterlassen, sondern auch ein aktives Tun («positives Tun» genannt) verlangt werden.

Die Gemeinde verpflichtet durch Satzung die Hauseigentümer, im Winter den Bürgersteig vor ihrem Grundstück von Schnee und Eis freizuhalten und erforderlichenfalls Salz zu streuen.

Die Besonderheit des Rechts liegt nun darin, daß **Zuwiderhandlungen mit Sanktionen belegt** werden, deren Verhängung notfalls der Staat in die Hand nimmt. 33

§ 823 Abs. 1 BGB bestimmt u. a.: «Wer vorsätzlich oder fahrlässig ... die Gesundheit ... eines anderen widerrechtlich verletzt, ist dem anderen zum Ersatze des daraus entstehenden Schadens verpflichtet.» Zahlt der andere nicht, kann ihn der Geschädigte verklagen. Aus dem Urteil findet dann die Zwangsvollstreckung statt: Im Hause des Schädigers erscheint z. B. der Gerichtsvollzieher und pfändet eine teure Stereoanlage.

Dem Recht geht es dabei immer **um das äußere Verhalten von Menschen**. Gute oder schlechte Absichten zählen grundsätzlich nicht. Ob der Eigentümer seiner Streupflicht unwillig oder mit Vergnügen nachkommt, ist für das Recht ohne Bedeutung.

Nun zu einigen wichtigen «technischen» Details. **Rechtsnormen** 34
in dem beschriebenen Sinne finden sich häufig **nicht in einem einzelnen Gesetzesparagraphen**. Es gibt zwar «Grundsatzbestimmungen» wie den eben erwähnten § 823 Abs. 1 BGB oder den im vorigen Kapitel erwähnten § 985 BGB[1], doch existieren daneben viele flankierende Vorschriften, die Definitionen geben

Beispiel: § 90 BGB bestimmt, was eine Sache ist.

oder die **festlegen**, wann ein bestimmter Rechtszustand eintritt, an den dann eine «Grundsatz-» oder «Anspruchsnorm» konkrete Rechtsfolgen knüpft.

Beispiel: § 960 Abs. 3 BGB bestimmt, daß das Eigentum an gezähmten wilden Tieren verlorengeht, wenn sie die Gewohnheit ablegen, an den ihnen bestimmten Ort zurückzukehren. Damit entfällt der Anspruch aus § 985 BGB.

Speziell das Zivilrecht enthält außerdem zahlreiche Bestimmungen, 35
die nichts anderes als **«Angebote» an die Vertragspartner** sind. Diese können davon ausdrücklich Gebrauch machen oder Abweichendes vereinbaren. Haben sie keine Abrede getroffen, weil sie z. B. gar nicht an das Problem gedacht haben, greifen hilfsweise («subsidiär» sagen die Juristen) die gesetzlichen Bestimmungen ein.

1 Oben Kap. 1 unter 5 (Rn 24)

Beispiel: Ist eine verkaufte Sache mangelhaft, hat der Käufer nach § 462 BGB die Wahl: Er kann den Kauf rückgängig machen (sog. Wandelung) oder die Herabsetzung des Kaufpreises (sog. Minderung) verlangen. Dies kann man ausdrücklich so übernehmen, man kann aber auch vereinbaren, daß der Käufer lediglich Reparatur verlangen kann (sog. Recht auf Nachbesserung nach § 476a BGB). Ist gar nichts vereinbart, bleibt es bei der Grundregel des § 462 BGB.

36 Weiter muß man beachten, daß der Gesetzgeber oft zahlreiche Bestimmungen erläßt, die das **Funktionieren bestimmter Einrichtungen** zum Gegenstand haben, und daß er erst irgendwo am Ende des Gesetzes auch eine Aussage darüber trifft, was eigentlich passiert, wenn sich die Betroffenen nicht daran halten.

Beispiel: In Altersheimen müssen nach § 5 Abs. 3 des Heimgesetzes Heimbeiräte gebildet werden, die ein Mitspracherecht gegenüber dem Inhaber des Heimes haben. In der «Heimmitwirkungsverordnung» vom 16. 2. 1992 (BGBl I 1341) sind Wahl und Befugnisse dieser Beiräte geregelt; erst § 34 der Verordnung sieht ein Bußgeld u. a. dann vor, wenn die Arbeit des Beirats behindert wird.

37 Schließlich kann es vorkommen, daß sich das Recht mit einer programmatischen Vorschrift begnügt, deren Nichtbefolgung keine Konsequenzen hat.[2] Derartiges findet sich in erster Linie im Verfassungsrecht.

Beispiel: Ausländische Verfassungen garantieren häufig ein «Recht auf Wohnung». Dies wird in der Regel so ausgelegt, daß der Staat eine wirksame Wohnungsbaupolitik betreiben soll. Unterläßt er dies, mag das ein Argument in Wahlkämpfen sein, die Regierung wird deshalb nicht schadensersatzpflichtig (und wird erst recht nicht ins Gefängnis gesteckt).

Recht ist also – abstrakt gesprochen – **staatlich sanktionierte Verhaltensnorm**. Ausnahmen bestätigen die Regel.

38 Im Rechtsstaat besitzt der **Staat ein Gewaltmonopol**: Von wenigen Ausnahmen wie Notwehr abgesehen, ist allein er befugt, die bei Rechtsverletzungen vorgesehenen Sanktionen zu verhängen. In manchen Gesellschaften ist dies anders: Bestimmte Städte oder Stadtteile verselbständigen sich und bilden ihre eigene Ordnung einschließlich eigener Sanktionsgewalt.

2 Th. Raiser (Das lebende Recht, S. 264) spricht hier von Normen mit symbolischer Geltung

Über positive Beispiele dieser Art, bei denen die «rechtliche Subkultur» freiheitlicher war als das staatliche Recht, wird gelegentlich berichtet.[3]

In der Regel sind diese «partikularen Ordnungen» allerdings autoritär und werden von wenigen Personen oder Familien beherrscht.[4] Die dort bestehenden Verhaltensregeln werden hier nicht als «Recht» qualifiziert, doch ist auch eine andere Sicht denkbar.[5] Manche Autoren stellen etwa darauf ab, welche Ordnung sich im offenen Konfliktsfall gegen die andere Zwangsordnung durchsetzt.[6]

2.2 Üblichkeiten als Verhaltensnormen

Im menschlichen Zusammenleben gibt es nicht nur Rechtsregeln. Da- 39
neben existieren sog. **soziale Normen**, die man normalerweise als «Übung», «Brauch» oder «Sitte» bezeichnet. Aus Vereinfachungsgründen wird hier der Begriff «Üblichkeiten» gewählt.

Im schwäbischen Dorf D ist es üblich, morgens zwischen 6 und 8 Uhr aufzustehen. Wenn der dort wohnende Professor P um 10 Uhr den Postboten im Morgenmantel empfängt, verursacht dies Kopfschütteln. Die Irritation der Nachbarn ist erst beseitigt, als einer berichtet, im Arbeitszimmer des Professors würde auch noch nachts um 12 Uhr das Licht brennen: Der Hauptvorwurf «Faulheit» ist so ausgeräumt.

Verstößt man gegen das «Übliche», ist die **Sanktion** keine staatliche, sondern **eine soziale**.

Wer am Dreikönigstag den jugendlichen Sängern nichts gibt, erscheint als Geizhals, kann aber nicht verklagt werden.

Auch hier kommt es wie beim Recht auf das **äußere Verhalten** an: Ob 40
man mit Begeisterung das Straßenfest mitorganisiert oder dies nur als Pflichtübung betrachtet, spielt keine Rolle, solange man nicht einen mürrischen Gesichtsausdruck besitzt, der anderen auffällt.

3 S. etwa Münster KJ 1993, 278, 287ff.

4 Zur «Anatomie» der sizilianischen Mafia s. die eingehende Untersuchung von Hess KJ 1994, 23

5 Der große Rechtssoziologe Eugen Ehrlich entwickelte etwa die Kategorie des «gesellschaftlichen Rechts» (Grundlegung der Soziologie des Rechts, München und Leipzig 1913, S. 34–62), unter die die beschriebenen Phänomene einzuordnen wären. Zum Versagen des Rechts wegen fehlender staatlicher Sanktionsmacht in Nachfolgestaaten der Sowjetunion s. Däubler, in: Gestalten und Dienen. Fortschritt mit Vernunft, Festschrift für Hans-Jochen Vogel, Baden-Baden 1996, S. 79ff.

6 Dazu Hoerster JuS 1987, 184

Die **sozialen Sanktionen** können – nicht anders als die rechtlichen – **sehr unterschiedlich** sein. Sie reichen vom schlichten Unverständnis über Unfreundlichkeiten («den grüße ich auch nicht mehr») bis hin zur Ausgrenzung aus sozialen Beziehungen.

Man redet nicht mehr mit bestimmten Personen; werden sie überdies auch noch gezielt schikaniert, spricht man im Arbeitsleben von «Mobbing»[7]. Die Grenze zu Rechtsverstößen ist in solchen Fällen fließend.

2.3 Moral als Verhaltensnorm

41 Neben Recht und Üblichkeiten gibt es auch zahlreiche Verhaltensnormen, die moralisch fundiert sind. Dies bedeutet, daß sie sich **an den Kategorien «gut» und «böse» orientieren**; Basis sind in der Regel bestimmte ethische oder religiöse Überzeugungen.

Andere Leute anzulügen ist unmoralisch; rechtlich bedeutsam ist es nur, wenn es beispielsweise bei Vertragsverhandlungen geschieht.

42 Die Moral knüpft nicht nur am äußeren Verhalten an, sondern verlangt auch eine **bestimmte innere Überzeugung**. Verstöße führen zu einer **Mißbilligung** durch die Umwelt, manchmal (aber nicht notwendigerweise) auch zu sozialen Sanktionen im eben beschriebenen Sinne.

43 In einer pluralistischen Gesellschaft herrschen sehr vielfältige Moralvorstellungen.

Das Zusammenleben ohne Trauschein mag auch heute noch in manchen bayerischen Dörfern als unmoralisch angesehen werden, während es in mittleren und größeren Städten zur Selbstverständlichkeit geworden ist.

2.4 Überschneidungen

44 In vielen Bereichen decken sich **Recht und «Üblichkeiten»**. Daß man beispielsweise geschlossene Verträge einhalten muß, ist nicht nur ein rechtliches Gebot, sondern entspricht auch dem Üblichen. Hier sind gewissermaßen beide «Sollensordnungen» auf dasselbe Ergebnis ausgerichtet. Dies ist allerdings nicht immer so; die obengenannten

---

7 Dazu zuletzt Leymann (Hrsg.), Der neue Mobbing-Bericht, Reinbek 1995, wo auch die rechtliche Dimension behandelt wird

Beispiele betrafen Verhaltensweisen, die wie das späte Aufstehen rechtlich unbedenklich, aber eben «unüblich» waren. Recht und Üblichkeiten sind so zwei sich schneidende Kreise.

45 Ähnliches gilt für das Verhältnis zwischen **Recht und Moral**. Zahlreiche Rechtsnormen stimmen mit moralischen Geboten überein, ja beziehen von daher ihre eigentliche Rechtfertigung. Dies gilt etwa für das Verbot, andere Leute umzubringen oder zu betrügen, aber auch für die Pflicht eines Arztes, einen Notfallpatienten zu behandeln.

46 Andererseits gibt es Rechtsnormen, die bloße politische «Setzungen» sind, ohne daß «gut» und «böse» irgendwie im Spiele wären.

Daß man auf dem Kontinent rechts und in Großbritannien links fährt, hat nichts mit unterschiedlich gestrickten Moralvorstellungen zu tun.

Auch das Verhältnis von Recht und Moral läßt sich deshalb mit zwei sich schneidenden Kreisen (mit großer «Schnittmenge») vergleichen.

47 Nicht selten ist die Situation so, daß Recht und Üblichkeiten bzw. Moral nicht einfach inhaltlich übereinstimmende Regelungen enthalten. Vielmehr verweist das Recht an einzelnen Stellen ausdrücklich auf diese anderen «Sollensordnungen». Dies gilt einmal für **«Üblichkeiten»**; es übernimmt sie (oder wie die Juristen sagen: Es «rezipiert» sie) und verschafft ihnen auf diese Weise die Qualität einer staatlich durchsetzbaren Verhaltensregel.

Nach § 157 BGB sind Verträge so auszulegen, «wie Treu und Glauben mit Rücksicht auf die Verkehrssitte» es erfordern.
Beispiel: Beim Kauf einer Möbelgarnitur wird ein Preis von 9000 DM vereinbart. Mit der Lieferung kommt die Rechnung: Sie lautet auf 9000 DM plus 15 % Mehrwertsteuer gleich 10 350 DM. Der Kunde meint, so hätte man nicht gewettet. Der BGH entschied zu Recht, nach der Verkehrssitte sei die Mehrwertsteuer im Preis enthalten, sofern man nicht ausdrücklich etwas anderes vereinbart hätte (NJW 1991, 2454). Der Käufer hatte nur 9000 DM zu bezahlen.

48 Dasselbe geschieht im Verhältnis zur **Moral**. § 138 Abs. 1 BGB erklärt **Verträge** für nichtig, **die gegen die «guten Sitten» verstoßen**. Darunter versteht man herkömmlicherweise alle Vereinbarungen, die das «Anstandsgefühl aller billig und gerecht Denkenden» verletzen[8], also in einem sehr pauschalen Sinne «unmoralisch» sind.

8 So schon RGZ 80, 221

Als Beispiel siehe den Fall BGH NJW 1994, 187: X hatte sich gegenüber Y zur Zahlung von 125000 US-Dollar verpflichtet, wenn dieser ihn zum Honorargeneralkonsul von Sierra Leone in Ungarn machen würde.

49 **Moralvorstellungen können sich** – wie gesagt – **wandeln**. Dementsprechend sind Dinge bisweilen für sittenwidrig erklärt worden, die später durchaus akzeptabel erschienen.

Beispiel: Verkauf einer Anwaltspraxis. Da der Rechtsanwalt «Organ der Rechtspflege» und kein Gewerbetreibender ist, erklärte das Reichsgericht den Praxisverkauf für sittenwidrig.[9] Anders (und realistischer) der Bundesgerichtshof: Wenn die Bedingungen nicht so sind, daß der Erwerber sich mit dem letzten Ganoven einlassen muß, ist gegen einen solchen Kaufvertrag nichts einzuwenden.[10]

2.5 Die verbleibende Freiheit

50 Das bisher Gesagte konnte den Eindruck erwecken, der Einzelne sei ständig mit Verhaltensnormen konfrontiert. Überall stehe gewissermaßen entweder ein rechtliches oder ein soziales oder ein moralisches Stoppschild. Ob dies wirklich zutrifft, soll uns im nächsten Abschnitt beschäftigen. Hier deshalb nur zwei vorläufige Bemerkungen.

51 – Insbes. den Normen der «**Üblichkeit**» ist man nur dann wirklich unterworfen, wenn man **in einer überschaubaren Gemeinschaft** lebt. In der Anonymität einer Großstadt liegen die Dinge häufig anders: Die Wohnungsbaugesellschaft will als Vermieter nur die Miete sehen, der Lebensstil interessiert sie nicht. Die Einkäufe werden im Supermarkt getätigt, die Informationen bezieht man aus dem Fernsehen. Derlei soziale Isolation, die wirkliche Kontakte nur innerhalb der Kleinfamilie, mit einigen Freunden und am Arbeitsplatz ermöglicht, befreit zwar von «Verpflichtungen», läßt aber auch den Rückhalt entfallen, den man in früheren Zeiten hatte (und den man auch heute noch auf dem Dorf und in der Kleinstadt besitzt).

52 – Niemand kann sicher sein, durch sein Verhalten nicht andere zu schädigen. Auch ein sehr sorgfältiger Kraftfahrer kann einen Autounfall verursachen; wer eine Erkältung hat, kann andere anstecken. Würde man in solchen Fällen immer das Verbot der Körperverletzung eingreifen lassen, wäre der Einzelne mit enormen Risiken konfrontiert, die er nicht beherrschen kann. Für den Straßenverkehr hat

9 RGZ 66, 139, 142; 161, 153, 155
10 BGHZ 42, 46, 47ff.

deshalb der BGH den Grundsatz aufgestellt, daß «verkehrsrichtiges» Verhalten niemals rechtswidrig ist und deshalb auch nicht zum Schadensersatz verpflichtet.[11] In anderen Lebensbereichen spricht man von **«erlaubtem Risiko»** oder auch von sozialadäquatem Verhalten, was dazu führt, daß es von der Rechtsordnung her nicht beanstandet wird, wenn ein Erkälteter einen Mitmenschen ansteckt. Auch soziale Sanktionen sind in einem solchen Fall nicht zu erwarten, desgleichen wird es kaum jemanden geben, der dieses Verhalten für unmoralisch erklärt.

Knobelfrage für Juristen: Ändert sich dadurch etwas, daß der erkältete A seinen ihm wenig sympathischen Arbeitskollegen K bewußt anstecken möchte? In der juristischen Literatur wird dies abgelehnt[12], in der Praxis wird man kaum einen «Täter» finden, der so dumm ist, seine böse Absicht offenzulegen, und dem später auch keine halbwegs plausible Ausrede («nur Spaß gemacht») einfällt.

Der Bereich des erlaubten Risikos ist selbstredend überschritten, wenn ein HIV-Infizierter in Kenntnis seiner Ansteckung mit einer anderen Person ohne Schutzmittel sexuell verkehrt – aber auch hier hat man diese Frage aufgeworfen.[13]

2.6 Recht als subsidiäre Ordnung

Entsteht ein Konflikt zwischen zwei Menschen oder auch zwei Grup- 53
pen, wird im Regelfall nicht sofort das Recht bemüht. Typischerweise unternimmt man erst den **Versuch, Meinungsverschiedenheiten auszuräumen** und zu einer einvernehmlichen Lösung zu kommen. Unter Nachbarn oder Bewohnern desselben Hauses wird dies fast immer der Fall sein.

Der Student S hat eine Kellerwohnung gemietet, wo er abends des öfteren recht lautstarke Mitstudenten empfängt. Der Vermieter verweist auf die Nachtruhe ab 22 Uhr. Erst als dies nichts fruchtet, wird er etwas deutlicher und sagt dem Studenten, wenn das so weitergehe, werde er ihm den «Schönfelder-Marsch» blasen, also kündigen.

Im Geschäftsverkehr wird demgegenüber eine «Regelung im Kulanzwege» keineswegs immer in Erwägung gezogen.

11 BGHZ 24, 21
12 Herzberg NJW 1987, 1462 und JR 1986, 6ff.
13 BGH NJW 1989, 781 = StV (= Der Strafverteidiger) 1989, 61; dazu Prittwitz StV 1989, 123. Zur Gesamtproblematik s. auch Deutsch, FS Welzel, S. 236ff.

A kann die Raten für den gekauften Geschirrspüler nicht bezahlen. Der V wird im Zweifel nicht viele Gespräche führen, sondern versuchen, unmittelbar «zu seinem Recht» zu kommen.

54 Wird im «Nahbereich» des unmittelbaren Zusammenlebens **gleich mit dem Kadi gedroht**, ist dies Anhaltspunkt für **gestörte soziale Beziehungen**.

Im vornehmen Stuttgarter Wohnviertel R. ärgert sich der Gewerbeoberlehrer O über seinen Nachbarn, den Unternehmensberater U, der seine Hecke drei Meter hoch wachsen läßt. Da er eh «mit diesem eingebildeten Schnösel» nicht redet, schickt er ihm einen Brief, worin er ihn auffordert, die Hecke dem württembergischen Nachbarrecht entsprechend auf 1,50 Meter zu stutzen. Durch den Schatten würde nämlich sein Kirschbaum leiden.

Als U nicht reagiert, erhebt O Klage vor dem Amtsgericht. Der Richter nimmt Hecke samt Kirschbaum in Augenschein. Bei der Messung der Entfernung der Hecke vom Zaun stellt U sein Metermaß zur Verfügung. O akzeptiert dies nicht, das könne ein gefälschtes Exemplar sein. Übrigens eine wahre Begebenheit.

55 Für das überkonsequente Beharren auf Rechtspositionen gibt es viele literarische Vorbilder wie die Figur des Shylock in Shakespeares Kaufmann von Venedig oder den Michael Kohlhaas von Kleist. Auch solche Menschen muß man ertragen, wenngleich es richtig ist, im Regelfall das Recht zunächst im Hintergrund zu lassen und nach anderen Wegen des Interessenausgleichs zu suchen. Selbst wenn eine Straftat vorliegt, muß nicht immer gleich der Staatsanwalt bemüht werden.

3 Erscheinungsformen des Rechts

56 Das geltende Recht tritt uns in verschiedenen Formen entgegen, für die sich der Ausdruck «Rechtsquellen» eingebürgert hat.[14]

14 Zur Mehrdeutigkeit dieses Begriffs s. Merten Jura 1981, 169

3.1 Das geschriebene Recht

3.1.1 Erscheinungsformen und Rang

Wichtigste Rechtsquelle ist noch immer das vom Parlament beschlossene **Gesetz**. Auf Bundesebene kommt es unter Beteiligung des Bundesrats durch Mehrheitsbeschluß des Bundestags zustande. 57

Einzelheiten – etwa zur Frage, wann ein Gesetz die Zustimmung des Bundesrats benötigt und wann dieser nur ein Einspruchsrecht besitzt – gehören ins Verfassungsrecht.[15]

Landesgesetze, die vom einzelnen Landesparlament beschlossen werden, spielen im Bereich des Zivilrechts nur eine untergeordnete Rolle.

Ein Gesetz kann die Bundesregierung, einen Bundesminister oder 58
die Landesregierungen ermächtigen, **Verordnungen** zu erlassen. Einzelheiten sind in Art. 80 des Grundgesetzes (= GG) geregelt.

Auf der Grundlage von § 6 Abs. 1 des Straßenverkehrsgesetzes (Schönfelder Nr. 35) wurde die StVO (Schönfelder Nr. 35a) erlassen.

Verordnungen binden den Bürger in gleicher Weise wie Gesetze, doch stehen sie im Rang unter diesen: Im Falle eines Widerspruchs geht das Gesetz vor.

Neben Gesetzen und Verordnungen existiert sog. **autonomes** 59
Recht, das z. B. von Gemeinden erlassen werden kann.

S. das o. g. Beispiel, wonach die Reinigung des Bürgersteigs durch Gemeindesatzung den einzelnen Grundeigentümern auferlegt wird.

In diesen Bereich gehören auch die von Gewerkschaften und Arbeitge- 60
bern abgeschlossenen **Tarifverträge**, die insbes. Löhne und Arbeitsbedingungen für eine größere Zahl von Beschäftigten festlegen: Zwar ist der Staat am Zustandekommen solcher Normen nicht beteiligt, doch stellt er für ihre Durchsetzung seinen «Sanktionsapparat» zur Verfügung: Wird ein Tarifvertrag nicht eingehalten, kann der einzelne Arbeitnehmer seine tariflichen Rechte einklagen und so **mit Hilfe der Arbeitsgerichte durchsetzen**.[16]

Alle diese Rechtsquellen müssen mit dem **GG** übereinstimmen, das 61

---

15 Dazu Hesse, Rn 502ff.

16 Zu den faktischen Grenzen der Klageerhebung durch einen Arbeitnehmer gegen seinen Arbeitgeber s. Däubler, Arbeitsrecht 2, unter 17.2.1

als geschriebene Rechtsquelle den **höchsten Rang** genießt. Verstößt eine Verordnung oder verstößt autonomes Recht gegen die Verfassung, wendet sie der Richter nicht an. Gesetze, die nach Inkrafttreten des Grundgesetzes erlassen wurden, kann nur das Bundesverfassungsgericht für verfassungswidrig erklären – es soll sich nicht jeder Richter über Entscheidungen des Parlaments hinwegsetzen können.

62 Ein direkter Konflikt mit höherrangigem Recht, insbes. mit dem Grundgesetz, wird häufig dadurch vermieden, daß diejenige Auslegung gewählt wird, die mit der höherrangigen Norm in Einklang steht.

Nach allgemeinen mietrechtlichen Grundsätzen ist der Vermieter verpflichtet, dem Mieter den Empfang von Fernsehprogrammen zu ermöglichen. Stellt er einen Kabelanschluß bereit, muß er nicht auch noch eine Parabolantenne («Salatschüssel») auf dem Dach anbringen lassen.

Anders bei einem **türkischen Mieter**, der Programme in seiner Muttersprache empfangen möchte, die er über Kabel nicht bekommt: Hier muß nach einer Entscheidung des BVerfG (JZ 1995, 152) der **Vermieter das Anbringen der Parabolantenne dulden**, da insoweit das Grundrecht der Informationsfreiheit des Mieters nach Art. 5 Abs. 1 Satz 1 GG den Vorrang vor seinem Eigentum hat. Der Mieter hat allerdings alle Kosten zu tragen und muß sich auch den konkreten Ort vorschreiben lassen, wo die Antenne angebracht wird, soweit dadurch der Empfang der Programme nicht gestört wird.

Ein solcher mittelbarer Einfluß des Grundgesetzes auf die Handhabung des Zivilrechts ist in den vergangenen 20 Jahren immer stärker geworden; dies wird uns im Laufe der Darstellung noch verschiedentlich beschäftigen.

63 In der jüngsten Vergangenheit ist auch das **EG-Recht** immer häufiger in Erscheinung getreten und hat insbes. im Bereich des Rechts der Handelsgesellschaften (AG, GmbH usw.) und im Versicherungsrecht erhebliche praktische Bedeutung erlangt. Im eigentlichen Zivilrecht[17] sind bislang nur einzelne «Inseln» europäisiert, d. h. inhaltlich durch EG-Richtlinien beeinflußt.[18]

Auch hier kann genau wie beim Einfluß des Grundgesetzes die konkrete Reichweite erst bestimmt werden, wenn man einen Überblick über das Gebiet «Zivilrecht» gewonnen hat.

17 Zur begrifflichen Abgrenzung s. unten Kap. 3 unter 1 (Rn 115ff.) und 2 (Rn 126ff.)
18 Rittner JZ 1995, 849

3.1.2 Zwingendes und nachgiebiges Recht

Vorschriften können **«zwingenden» Charakter** in dem Sinne haben, daß von ihnen auch durch Vertrag nicht abgewichen werden kann. 64

Beispiel: Nach § 550a BGB darf bei der Miete von Wohnraum nicht vereinbart werden, daß der Mieter bei Vertragsverletzungen (z. B. häufige Störung der Nachtruhe) eine Vertragsstrafe zu bezahlen hat.

Man spricht hier von «zwingendem Recht» oder (lateinisch) von **ius cogens**.

«Nachgiebiges» Recht liegt demgegenüber vor, wenn man im Vertrag etwas anderes vereinbaren kann. 65

S. das o. g. Beispiel, wonach bei einem Fehler einer verkauften Sache statt der Wandelung und Minderung eine sog. Nachbesserung vorgesehen werden kann.

Um die Gelehrtheit des Juristenstandes zu unterstreichen, gebraucht man traditionellerweise hier auch den Begriff «dispositives» Recht oder **ius dispositivum**.

Weniger bedeutsam ist demgegenüber die Unterscheidung in **«striktes»** und **«billiges» Recht**: Zur ersten Kategorie gehören Vorschriften ohne jeden Wertungsspielraum (z. B. Verjährungsfristen), zur zweiten Bestimmungen, die dem Rechtsanwender von vornherein Auslegungsmöglichkeiten gewähren. 66

Beispiel: § 823 Abs. 1 BGB schützt nicht nur Leben, Gesundheit, Freiheit und Eigentum gegen rechtswidrige und schuldhafte Eingriffe, sondern auch «sonstige Rechte». Wie ist dieser Begriff im einzelnen auszufüllen?

3.2 Das Gewohnheitsrecht

Unbestrittenermaßen kann neben dem geschriebenen Recht auch sog. Gewohnheitsrecht existieren. Es setzt ein **«gleichförmiges Verhalten»** während längerer Zeit sowie die **Überzeugung** der Beteiligten voraus, **«daß es so sein müsse»**, daß die geübte Praxis Verbindlichkeit beanspruche (sog. opinio necessitatis).[19] Bildet es sich lediglich auf örtlicher Ebene heraus, spricht man von **Observanz**. In einer Stadt existiert z. B. kraft lokaler Tradition ein zusätzlicher Feiertag. 67

Angesichts umfassender gesetzlicher und anderer ausdrücklicher Re- 68

19 S. etwa Klunzinger, S. 4; Enneccerus-Nipperdey §§ 38, 39

gelungen ist der Bereich des Gewohnheitsrechts immer weiter zurückgedrängt worden[20]. Praktische Fälle zu finden wird immer schwieriger.

Beispiele: In öffentlich zugänglichen Wäldern dürfen z. B. Beeren gepflückt werden.

Nach der Rechtsprechung des BVerfG beruht die Pflicht des Rechtsanwalts, vor Gericht in Robe zu erscheinen, gleichfalls auf Gewohnheitsrecht.[21]

69 Eine **moderne Form des Gewohnheitsrechts** kann sich dadurch ergeben, daß die Rechtsprechung und die (veröffentlichte) Meinung der Juristen bestimmte Normen entwickeln, die in das allgemeine Rechtsbewußtsein übergehen und von den «Rechtsunterworfenen» als selbstverständlich betrachtet und akzeptiert werden.

Daß man wegen «Verschuldens beim Vertragsschluß» haften kann (wenig lebensnahes Beispiel: Bei den Vertragsverhandlungen fällt dem anderen eine Lampe auf den Kopf), ist als Grundsatz von der Rechtsprechung entwickelt worden[22], entspricht jedoch heute allgemeiner Rechtsüberzeugung.[23]

3.3 Das sog. Richterrecht

3.3.1 Ursachen

70 Auch ein sorgfältiger Gesetzgeber kann häufig nicht alle denkbaren Konstellationen voraussehen; auf diese Weise entstehen ungewollt **Lücken im gesetzlichen «Regelungsprogramm»**.

Beispiel: Nach § 2077 Abs. 1 Satz 1 BGB wird ein Testament, in dem ein Ehegatte den anderen zum Erben eingesetzt hat, automatisch unwirksam, wenn die Ehe geschieden wird. Dies leuchtet unmittelbar ein, weil mit der Scheidung die Basis für die «Zuwendung» entfallen ist. Was geschieht aber, wenn die alte Liebe doch nicht ganz gerostet ist und die beiden wieder heiraten?

Das Bayerische Oberste Landesgericht (BayObLG) hatte in der Tat über einen solchen Fall zu entscheiden und kam zu dem Ergebnis, das Testament würde nicht wieder zum Leben erweckt.[24] Im Gesetzestext findet man dazu (selbstredend) nichts.

---

20 Dazu Raisch ZHR 150 (1986), 120ff.
21 BVerfGE 28, 21, 28
22 Grundlegend RGZ 120, 249ff.
23 Wenig einleuchtende Skepsis gegenüber dieser Form der Bildung von Gewohnheitsrecht bei Raisch 150 (1986), 125ff.
24 BayObLG ZEV 1995, 331

Manche Vorschriften lassen dem Richter von vornherein **weite Spielräume**. Dies gilt insbes. für die sog. **Generalklauseln**, also sehr allgemein formulierte Bestimmungen wie § 138 Abs. 1 BGB, wonach sittenwidrige Verträge nichtig sind.[25] 71

S. das o. g. Beispiel der Veräußerung einer Anwaltspraxis, wo die Rechtsprechung zu unterschiedlichen Ergebnissen kam.

In vielen Fällen tauchen **neue Probleme** auf, die der Gesetzgeber zu seiner Zeit noch gar nicht im Blick haben konnte. 72

Nach § 130 Abs. 1 Satz 1 BGB geht eine Erklärung (z. B. ein Vertragsangebot) einem anderen dann zu, wenn sie in dessen Machtbereich gelangt. Dies wird etwa angenommen, wenn der Brief in den Briefkasten des Empfängers geworfen ist. Wie ist jedoch die Situation, wenn man dem anderen ein **Fax** schickt, das Empfangsgerät die Impulse zwar aufnimmt, infolge eines **technischen Defekts** jedoch nicht ausdruckt? Kommt es darauf an, ob die Störung für den Absender erkennbar war oder nicht?[26]

Schließlich kann sich die **Vorstellung von einer «gerechten Ordnung» ändern**. Auch wenn der Gesetzgeber nichts unternimmt, sehen sich Gerichte häufig veranlaßt, im Wege der Rechtsfortbildung eine neue Lösung zu entwickeln. 73

Beispiel: Der Druckereibesitzer D benötigt dringend einen Kredit. Die Bank verlangt jedoch eine Sicherheit. Hierfür kommt allein die ihm gehörende wertvolle Druckmaschine in Betracht.

Nach dem Text des BGB könnte er sie der Bank lediglich verpfänden in der Weise, daß diese «Besitz» (= tatsächliche Sachherrschaft) an der Maschine bekommt. Daran sind beide nicht interessiert: Der D könnte nicht weiterarbeiten, die Bank hätte für das Ungetüm keinen Stellplatz.

Die Rechtsprechung hat deshalb die sog. **Sicherungsübereignung** entwickelt, wonach D im Besitz der Maschine bleibt und die Bank ein «gebundenes» Eigentum erhält.[27]

Bei der Handhabung des geltenden Rechts sind die **Gerichte** relativ frei. Nach Art. 20 Abs. 3 GG sind sie zwar **an «Gesetz und Recht» gebunden**, doch bestehen faktisch **erhebliche Spielräume** beim «Erkennen» und «Weiterbilden» des Rechts. 74

25 Zur Funktion von Generalklauseln, die hier nicht im einzelnen ausgeführt werden kann, s. Franz Neumann, Der Funktionswandel des Gesetzes im Recht der bürgerlichen Gesellschaft, in: Ders., Demokratischer und autoritärer Staat, Frankfurt/Main 1967, S. 31 ff.

26 Zu Fragen dieser Art im einzelnen Burgard AcP 195 (1995), 74 ff.

27 Einzelheiten Bd. 2 Kap. 3 unter 4.1 (Rn 537 ff.)

Die **rechtsfortbildende Funktion** der Gerichte ist nicht etwa ein verdecktes Stück Amtsanmaßung, sondern in § 132 Abs. 4 Gerichtsverfassungsgesetz (GVG – Schönfelder Nr. 95) **ausdrücklich anerkannt**.

3.3.2 Methodisches Vorgehen

75 Bei der Bestimmung dessen, was geltendes Recht ist, haben die Gerichte eine **nachvollziehbare Methode** zu befolgen, die unter Juristen als **zumindest «vertretbar»** eingeschätzt wird. Die wichtigsten Vorgehensweisen sind:

– Die **grammatische Auslegung**, die nach dem Wortlaut einer Bestimmung fragt.

– Die **historische Auslegung**, die darauf abstellt, welche konkreten Absichten der Gesetzgeber mit einer bestimmten Vorschrift verfolgt hat.

– Die **systematische Auslegung**, der es darauf ankommt, wie eine Bestimmung im Rahmen einer Gruppe von Vorschriften oder eines gesamten Gesetzeswerks aufzufassen ist. Daß sie völlig aus dem Rahmen fällt, wird nicht vermutet.

– Die **teleologische Auslegung**, die nach dem Zweck einer Vorschrift fragt. Da dieser in der Regel nicht ausdrücklich in den Normtext aufgenommen ist, besteht hier der größte Spielraum.

Spötter sprechen auch von «theologischer» Auslegung. Man legt als Zweck das in eine Vorschrift hinein, was man anschließend triumphierend als «wissenschaftlichen Fund» wieder herausholt.

76 Führt die Auslegung zu keinem Ergebnis (weil z. B. der betreffende Fall vom Gesetzgeber nicht bedacht wurde), so erwägt man eine **analoge Anwendung** bestehender Vorschriften. Umgekehrt ist es auch denkbar, daß das Fehlen einer bestimmten Regelung vom Gesetzgeber bewußt gewollt war, daß er also gerade nicht anderwärts getroffene Regelungen auf einen solchen Fall übertragen wollte. Man spricht in einem solchen Fall von einem «Gegenschluß» oder von einem **«argumentum e contrario»**.

Beispiel: Weil es nur eine bestimmte gesetzlich festgelegte Zahl von Fällen gibt, in denen eine verschuldensunabhängige Gefährdungshaftung besteht, kann man diese nicht auf jedes «gefährliche Tun» erstrecken.

Diese gewissermaßen «klassischen» Auslegungsmethoden sind **kein abschließender Katalog**. Sie werden durch andere plausible Überlegungen ergänzt. Zu beachten ist insbesondere das Gebot verfassungskonformer Auslegung; 77

S. etwa den oben (Rn 62) mitgeteilten Fall mit der Parabolantenne

soweit ein Gesetz EG-Recht ausführt, ist auch eine EG-rechtskonforme Interpretation geboten.[28]

Weit verbreitet ist die Praxis, bei der Ausfüllung relativ allgemein gehaltener Vorschriften auf die **legitimen Interessen der Beteiligten** abzustellen und auch die **Folgen für die Allgemeinheit** zu bedenken. Das Gericht überlegt so, ob es durch sein Urteil gerechte oder ungerechte Lösungen schafft.

Beispiel: Der Text des BGB sagt nichts zu der Frage, ob und zu welchen Zeiten ein Mieter oder Untermieter Besuch empfangen darf. Bei der näheren Bestimmung der ungeschriebenen Rücksichtspflichten der Vertragsparteien ist zu beachten, daß der Mieter durch ein «Besuchsverbot» oder einen «Genehmigungsvorbehalt» erheblich in seiner Lebensführung beeinträchtigt wäre, während der Vermieter durch eine «Freiheit des Besuchs» nicht in nennenswerter Weise in seinen Interessen betroffen ist. Deshalb wird heute allgemein die zweite Lösung akzeptiert.

Wollte man beispielsweise Verträge als wirksam behandeln, durch die jemand ein menschliches Organ wie z. B. eine Niere für 30000 DM erwirbt, so wäre auch das Allgemeininteresse betroffen, den menschlichen Körper nicht zum «Ersatzteillager» werden zu lassen.[29] Niemand könnte es schließlich einem Gericht verbieten, einzelne **Vorschriften des ausländischen Rechts** heranzuziehen und darauf zu verweisen, daß sich dort keine Unzuträglichkeiten ergeben haben – allerdings ist ein solches Vorgehen eher die Ausnahme.

Wie Richter hier vorgehen, bestimmt sich nach ihrem **«Vorverständnis»**, nach den bewußten oder unbewußten Vorstellungen von 78
sozialer Gerechtigkeit, die sie in ihr Amt mitbringen.[30] Wer überkommene Strukturen schon deshalb für gut hält, weil sie nun einmal da sind (man nennt solche Leute **«strukturkonservativ»**), wird vermutlich das geltende Recht eher in einem Sinn interpretieren, wie dies schon

28 EuGH (= Europäischer Gerichtshof) JZ 1995, 149
29 Unten Kap. 7 unter 2.2.3 (Rn 476ff.)
30 Grundlegend dazu Esser, Vorverständnis und Methodenwahl in der Rechtsfindung. Rationalitätsgrundlagen richterlicher Entscheidungsprozesse, 2. Aufl., Frankfurt/Main 1972

das Reichsgericht getan hat. Wer von bestimmten überkommenen Werten wie der Selbstbestimmung der Person ausgeht (man nennt solche Leute «**wertkonservativ**»), wird eher zu innovativer Rechtsprechung bereit sein, wenn sich diese Werte angesichts einer veränderten Umwelt nicht mehr ohne weiteres durchsetzen lassen. Schließlich gibt es einzelne Richter, die sich als «**progressiv**» in dem Sinne verstehen, daß sie nicht nur überkommene Werte wahren, sondern die Gesellschaft ein Stück verbessern wollen.

Exkurs: Auch wer in seiner Ausbildung Fälle lösen muß, sollte sich tunlichst an dieser Methodik orientieren. Ein beträchtlicher Teil des Jurastudiums besteht darin, dies im einzelnen (und oft bis zum Überdruß) einzuüben. Dabei sollten tolerante Veranstalter alle vertretbar begründeten Lösungen zulassen, auch wenn sie von einem Vorverständnis her geschrieben sind, das überhaupt nicht mit dem ihren übereinstimmt.

3.3.3 Ein weiteres Beispiel

79 Wie groß der Spielraum der Gerichte ist, sei an einem bekannten **Urteil des Bundesgerichtshofs** dargelegt.[31]

Der Sachverhalt war relativ einfach: Der Brauereibesitzer B war ein begeisterter Reiter und nahm auch an Turnieren teil. Als er mit seinem Pferd elegant über eine Hürde setzte, wurde ein Foto geknipst, was ihn nicht weiter störte. «Sauer» wurde er erst, als er dieses Foto auf Plakaten entdeckte, wo es den Untertitel bekommen hatte: «Mit Okasa über alle Hindernisse». Da Okasa ein potenzstärkendes Mittel war, sah er sich in seinem Bekanntenkreis hämischem Grinsen ausgesetzt. Ob er wirklich das Zeug braucht? Einige meinten auch, es sei weit mit ihm gekommen, daß er sich schon als Werbeobjekt zur Verfügung stelle. Er verlangte von der Firma Okasa nicht nur, daß sie die Plakate abnehme, sondern daß sie ihm auch als Schadensersatz ein angemessenes Schmerzensgeld bezahle.

Als Vorschrift, die einen **Schadensersatzanspruch** rechtfertigen könnte, kam im konkreten Fall nur der bereits erwähnte § 823 Abs. 1 BGB in Betracht. Die erste Schwierigkeit bestand jedoch darin, daß B sich zwar geärgert hatte, aber ersichtlich nicht in seiner Gesundheit beeinträchtigt war. In Frage kam daher nur die **Verletzung eines «sonstigen Rechts»** im Sinne dieser Bestimmung. In einer früheren Entscheidung hatte der BGH bereits entschieden, daß das sog. **allge-**

31 BGHZ 26, 349 ff.

meine Persönlichkeitsrecht ein «sonstiges Recht» sei.[32] Unter «allgemeinem Persönlichkeitsrecht» verstand man dabei in Übernahme des Art. 2 Abs. 1 GG das Recht auf «freie Entfaltung der Persönlichkeit». Daran konnte der B anknüpfen. Es war klar, daß nach der bisherigen Rechtsprechung insbes. die Herabwürdigung einer Person in der Öffentlichkeit genauso zum Schadensersatz verpflichtete wie die Verletzung der Gesundheit oder des Eigentums.

Nun kam aber das eigentliche Problem des Falles. § 847 Abs. 1 BGB 80
sieht ein **Schmerzensgeld** nur bei Verletzung von Körper und Gesundheit sowie im Falle der Freiheitsentziehung vor, nicht aber bei einer Verletzung des allgemeinen Persönlichkeitsrechts. Die grammatische Auslegung war insoweit eindeutig, auch aus der Entstehungsgeschichte ließ sich kein Anhaltspunkt für eine abweichende Beurteilung gewinnen. Könnte man vielleicht § 847 Abs. 1 analog auf unseren Fall anwenden? Dem stand die Vorschrift des § 253 BGB entgegen. Sie bestimmt, daß für einen sog. immateriellen Schaden (der – wie hier – nicht in einer Vermögenseinbuße besteht) nur dann Ersatz verlangt werden kann, wenn das Gesetz dies ausdrücklich vorsieht. Auch von der Systematik des BGB her schien daher der B keine Chance zu haben.

Der BGH entschied gleichwohl zu seinen Gunsten: Die im Grundgesetz als höchster Wert verankerte Menschenwürde (Art. 1 Abs. 1 GG) und die in Art. 2 Abs. 1 GG garantierte freie Entfaltung der Persönlichkeit würden gebieten, den **Schutz des Einzelnen gegen Eingriffe zu erweitern**. Um den von der Verfassung gewollten Zustand herzustellen, müsse § 847 Abs. 1 BGB entsprechende Anwendung finden.

Die Firma Okasa mußte daher 10000 DM Schmerzensgeld bezahlen, was im Jahr 1958 ein relativ hoher Betrag war.

Später hat das BVerfG in einem andern Fall diese Rechtsprechung ausdrücklich als verfassungskonform bestätigt.[33]

Der Richter als Mann mit der Zaubertüte? In der Tat kann man 81
diesen Eindruck gewinnen, doch sollte man nicht übersehen, daß «Kunststücke» dieser Art die Ausnahme sind. Richter, die ihre Aufgabe verantwortungsvoll wahrnehmen, pflegen sich zu überlegen, ob ihre Entscheidungen unter Juristen, aber auch in der allgemeinen Öf-

32 BGHZ 13, 334ff.
33 BVerfG NJW 1973, 1221

fentlichkeit voraussichtlich Zustimmung finden werden. Im Falle des allgemeinen Persönlichkeitsrechts war diese Bedingung erfüllt; z. T. wird der Rechtsprechung deshalb sogar gewohnheitsrechtliche Bedeutung beigemessen.[34]

3.3.4 Richterrecht als Rechtsquelle?

82 Entscheidungen oberster Bundesgerichte sind zwar keine Rechtsquellen[35], doch haben sie **faktisch eine ähnliche Wirkung**. Da es sehr selten vorkommt, daß oberste Bundesgerichte ihre Rechtsprechung ändern, gehen realistischerweise untere Gerichte wie auch die rechtlich informierten Bürger davon aus, daß ein künftiger Rechtsstreit um dieselbe Frage in gleicher Weise entschieden würde. Man stellt sich also z. B. als Presseorgan darauf ein, daß eine Verletzung des allgemeinen Persönlichkeitsrechts zu einer Schadensersatzforderung führen kann.

Ebenso stellt man sich auf die Grundsätze über die Haftung für Verschulden beim Vertragsschluß oder auf die Zulässigkeit der Sicherungsübereignung ein.

Man kann insoweit von einer **«faktischen Rechtsquelle»** sprechen[36], deren praktische Bedeutung in vielen Bereichen – etwa im Deliktsrecht – erheblich größer als die des Gesetzestextes geworden ist. Im angloamerikanischen Rechtskreis geht man noch ein Stückchen weiter und spricht den Gerichtsentscheidungen auch formelle Bindungswirkung für künftige gleichgelagerte Fälle zu.

83 Das «Richterrecht» hat den **Vorzug hoher Flexibilität und Praxisnähe**; es entsteht notwendigerweise im Zusammenhang mit einem konkreten Konflikt. Dennoch sind auch Nachteile nicht zu übersehen.

84 – Die Orientierung am Einzelfall kann dazu führen, daß **Wertungswidersprüche** entstehen, die der Gesetzgeber – weil er eine Vielzahl von Fällen im Blick hat – möglicherweise vermeiden würde.

---

34 Larenz, FS Schima, Wien 1969, S. 247ff.

35 Eine Ausnahme gilt nach § 31 BVerfGG u. a. dann, wenn ein Gesetz vom Bundesverfassungsgericht für verfassungswidrig erklärt wird

36 Th. Raiser ZRP 1985, 115

Beispiel: Wird mein Auto von einem anderen schuldhaft beschädigt, so kann ich auch dann die Reparaturkosten ersetzt verlangen, wenn ich gar keine Reparatur vornehmen lasse und statt dessen mit zerbeultem Kotflügel fahre.[37]

Erleide ich bei demselben Unfall eine Gesichtsverletzung, die zu einer Narbe führt, bekomme ich die Kosten für einen Chirurgen nur dann, wenn ich die Narbe auch effektiv beseitigen lasse.[38] Diese Differenzierung leuchtet jedenfalls nicht auf den ersten Blick ein.

– **Richter** sind **nicht in gleicher Weise demokratisch legitimiert** 85
wie Abgeordnete. Zwar werden die am BGH tätigen Richter nach Art. 95 Abs. 2 GG vom Bundesjustizminister zusammen mit einem Richterwahlausschuß bestimmt (der sich aus den 16 Landesjustizministern und 16 vom Bundestag benannten Personen zusammensetzt), doch steht dieser Wahl durch (mittelbar) demokratisch legitimierte Instanzen keine Abwahlmöglichkeit, ja nicht einmal ein Recht zur Nichtwiederwahl gegenüber: Die gemäß §§ 10 Abs. 1, 28 Abs. 1 Deutsches Richtergesetz (DRiG) «auf Lebenszeit» berufenen Richter scheiden erst im Alter von 65 Jahren wieder aus ihrem Amt aus. Konkret bedeutet dies, daß ein mit 43 Jahren Gewählter 22 Jahre lang die Rolle eines «Mitgesetzgebers» spielen kann, auch wenn die ihn bei der Wahl tragende Mehrheit längst zur Minderheit geworden ist und wenn seine Wertvorstellungen nur noch von geringen Teilen der Bevölkerung gebilligt werden. «Recht» wird so faktisch durch eine einzelne Berufsgruppe gesetzt.[39]

Würde sich ein Oberstes Bundesgericht in einer wesentlichen Frage 86
allzuweit vom allgemeinen Rechtsbewußtsein entfernen, käme allerdings eine Korrektur durch den parlamentarischen Gesetzgeber in Betracht.

3.4 Wissenschaftlerrecht

Solange keine gefestigte, in mehreren Urteilen höherer Gerichte bestä- 87
tigte Rechtsprechung zu einem Problem vorliegt, orientiert sich die Praxis meist an den **Auffassungen, die von «anerkannten» Rechtswissenschaftlern** in Lehrbüchern, Kommentaren, Monographien

37 BGHZ 61, 56, ständ. Rspr.
38 BGHZ 97, 14; zustimmend Kötz Rn 515
39 Vgl. auch Säcker ZRP 1971, 145, 149, und Lamprecht, Vom Mythos der Unabhängigkeit. Über das Dasein und Sosein der deutschen Richter, Baden-Baden 1995

und Aufsätzen **vertreten werden**. Die von einer relativ kleinen Zahl von Personen – Professoren, hohen Richtern, Justitiaren, bekannteren Rechtsanwälten und in führender Stellung tätigen Verwaltungsjuristen – erarbeiteten Auslegungsergebnisse gewinnen auf diese Weise **Quasi-Gesetzeskraft**. Dies gilt jedenfalls dann, wenn sich die Juristen einig sind oder sich jedenfalls eine **«herrschende Meinung»** herausgebildet hat.

88 **Wie sich die «hM»** im einzelnen **bildet**, läßt sich nicht immer aufklären, doch haben Verbände, Unternehmen und Einzelpersonen mit viel Geld die Möglichkeit, Rechtsgutachten in Auftrag zu geben und so an der Entstehung einer hM «mitzustricken».[40] Auch dürfte sicherlich eine Rolle spielen, welches Vorverständnis von juristischem Arbeiten und sozialen Problemen einzelne Mitglieder der «schreibenden Zunft» mitbringen. In den 70er Jahren wurde die politische Einstellung von Jura-Professoren empirisch erhoben; die große Mehrheit war sowohl in ihrer parteipolitischen Präferenz wie auch bei Sachfragen dem konservativen Teil des politischen Spektrums zuzuordnen.[41]

89 Die schon beim Richterechtt auftauchende **Frage der demokratischen Legitimation** stellt sich hier noch ungleich schärfer. Hochschullehrer oder Ministerialdirektor wird man nicht durch Wahl, sondern durch Ernennung, wobei ausschließlich die fachliche Qualifikation, nicht jedoch die Übereinstimmung mit den Auffassungen der Parlaments- oder gar der Bevölkerungsmehrheit maßgebend sein soll. Es fehlt somit selbst die durch die Richterwahl begründete (schwache) Legitimation. Dies wird man bedauern. Dennoch darf dieses Defizit niemanden davon abhalten, trotz aller struktureller Nachteile am juristischen Diskurs teilzunehmen, kann doch auch eine Minderheitsmeinung in gewissem Umfang Maßstäbe setzen.[42] Auch macht die Erarbeitung von Auslegungsergebnissen (gerne «Rechtsdogmatik» genannt) die Handhabung des Rechts einigermaßen voraussehbar.[42a]

---

40 Eingehend dazu Rita Zimmermann, Die Relevanz der herrschenden Meinung für Anwendung, Fortbildung und wissenschaftliche Erforschung des Rechts, Berlin 1983; Wesel, hM, Kursbuch 56 (1979), 88ff. Zu den spezifischen Bedingungen im Arbeitsrecht s. Dubischar RdA 1990, 83ff.; Däubler WSI-Mitt. 1985, 70ff.

41 Klausa, Deutsche und amerikanische Rechtslehrer. Wege zu einer Soziologie der Jurisprudenz, Baden-Baden 1981, S. 241ff.

42 Zur leichten terminologischen Abqualifizierung als «Mindermeinung» s. die Glosse von Vietor JZ 1996, 291f.

42a Reich S. 42

4 Wachsende Verrechtlichung des menschlichen Lebens?

Verbreiteter Auffassung nach wächst die Rolle des Rechts in der Ge- 90
sellschaft. Was früher einvernehmlich und ggfs. unter Rückgriff auf Üblichkeiten und Moral[43] geregelt wurde, sei heute Gegenstand von Rechtsnormen. Man kann vermuten, daß Juristen mit Rücksicht auf den Schwerpunkt ihrer beruflichen Tätigkeit einer solchen Sicht besonders leicht etwas abgewinnen können.

Ein Kritiker fragt deshalb: Was sieht ein Jurist, wenn er auf einen Turm steigt und herabschaut? Natürlich Rechtssubjekte und Rechtsobjekte

In den 80er Jahren war diese Einschätzung Anlaß für die Forderung 91
nach einem umfassenden Abbau von Recht (**«Deregulierung»**). Eine von der Bundesregierung eingesetzte Kommission hat dazu detaillierte Vorschläge präsentiert.[44] Ziel war insbes. die Beseitigung von «marktfremden» Normierungen, was mit einer Vergrößerung individueller Freiheit in eins gesetzt wurde.

Wirft man mehr als einen Blick auf die soziale Wirklichkeit, muß man differenzieren.

4.1 Die quantitative Seite: Mehr «Rechtsstoff»?

Eine rechtssoziologische Untersuchung, die Mitte der 80er Jahre ver- 92
öffentlicht wurde[45], hatte die **quantitative Seite des Verrechtlichungsprozesses** zum Gegenstand. Die Zahl der Vorschriften war in den Jahren von 1950 bis 1983 kaum höher als in der Weimarer Zeit; lediglich die durchschnittliche Länge der Normativakte (Gesetze, Verordnungen usw.) war deutlich gestiegen. Die Eingänge bei den Zivilgerichten (also das «Anhängig-Machen» von Prozessen) waren im

43 S. oben 2 (Rn 32ff.)
44 Deregulierungskommission (Hrsg.), Marktöffnung und Wettbewerb, Stuttgart 1991
45 Rottleuthner ZRSoz (= Zeitschrift für Rechtssoziologie) 1985, 214ff.

Vergleich zur Zeit vor dem Ersten Weltkrieg – auf jeweils 100 Einwohner bezogen – kaum höher geworden.[46]

93 Mit diesen Feststellungen allein läßt sich allerdings **nicht belegen, daß das Recht** in den vergangenen 100 Jahren **keinen Bedeutungszuwachs** erfahren habe. Dies gilt schon bei einer etwas umfassenderen quantitativen Betrachtung: Die jedes Jahr erlassenen Gesetze und Verordnungen heben nur zu einem kleineren Teil früheres Recht auf. Auch müßte man das EG-Recht und zahlreiche internationale Abkommen mit einbeziehen, die seit Ende der 50er Jahre neu hinzugekommen sind. Bei der Rechtsprechung ist der «Zuwachs» noch deutlicher; das Netz des «Richterrechts» ist immer feinmaschiger geworden, jedes Jahr werden neue Probleme für eine Vielzahl von Fällen entschieden.[47]

Mittelbar wird dies darin deutlich, daß die Erläuterungswerke, die die Rechtsprechung einigermaßen vollständig dokumentieren wollen, immer voluminöser werden.

94 Allerdings sollte man sich hüten, bestimmte Sachgebiete als völlig neuartig und «erst jetzt vom Recht erschlossen» zu qualifizieren. Dies ist unrichtig für das gerne genannte Beispiel des Datenschutzes[48], stimmt aber genausowenig für das noch häufiger genannte **Umweltschutzrecht**. So hatte etwa – um nur ein kleines Beispiel zu nennen – das Reichsgericht am 4. Oktober **1922** über die Schadensersatzklage eines Gärtnereibesitzers zu entscheiden, dessen Pflanzen «durch Zuführung von schwefliger Säure oder Ruß» seitens des benachbarten Fabrikbetriebs eingegangen waren.[49] Auch hier unterscheidet sich der heutige Rechtszustand nur durch ein ungleich **höheres Maß an Ausdifferenzierung und Konkretisierung** von den relativ groben und allgemeinen Regeln der Vergangenheit.

46 Rottleuthner, a. a. O., S. 239
47 Th. Raiser, Das lebende Recht, S. 239
48 Zu seinen recht wichtigen Vorläufern s. Däubler, in: Däubler-Klebe-Wedde, Einl. Rn 10ff.
49 RGZ 105, 213

4.2 Die qualitative Seite: Freiheit durch Recht oder Reglementierung?

Auf der anderen Seite ist ersichtlich Rechtsnorm nicht gleich Rechtsnorm. Geht man **«qualitativ»** vor und nimmt die Freiheit des Einzelnen zum Maßstab, so kann «Verrechtlichung» zur Einschränkung und «Gängelung» führen, doch muß dies keineswegs so sein. Wenn beispielsweise bestimmte den Verbraucher besonders belastende Klauseln im Kleingedruckten für unzulässig erklärt werden, sollte von einem **Freiheitsgewinn** die Rede sein.[50] 95

Trotz aller «Verdichtung» des rechtlichen Normensystems war mit der **«Entrümpelung» des Strafrechts** in den 70er Jahren gleichfalls eine Liberalisierung verbunden, die durch etwas präzisere Reglementierung auf anderen Gebieten keineswegs ausgeglichen wurde. Als Übertretung strafbar war bis dahin z. B. der sog. Grobe Unfug gemäß § 360 Nr. 11 StGB.[51] Nach dieser Vorschrift war das Umdrehen eines Wegweisers, die Demonstration gegen eine Filmaufführung sowie das Singen provozierender Lieder strafbar[52] – alles Handlungen, die heute auch nicht als Ordnungswidrigkeit verfolgt würden.[53] Erst recht gilt dies für die gleichzeitig aufgehobene Strafbarkeit aller homosexuellen Handlungen unter erwachsenen Männern. 96

Ein **«Rückzug des Rechts»** hat sich **in verdeckter**, aber nichtsdestotrotz wirksamer **Form auch in bezug auf die Ehe** ergeben. Die in § 1353 BGB niedergelegte beiderseitige Pflicht zur ehelichen Lebensgemeinschaft wird zwar weiterhin mit bemerkenswerter Deutlichkeit beschworen. So hat etwa der BGH am 2. 11. 1966 wörtlich ausgeführt:[54] 97

> «Die Frau genügt ihren ehelichen Pflichten nicht schon damit, daß sie die Beiwohnung (juristischer Ausdruck für Beischlaf – W. D.) teilnahmslos geschehen läßt. Wenn es ihr infolge ihrer Veranlagung oder aus anderen Gründen, zu denen die Unwissenheit der Eheleute gehören kann, versagt bleibt, im ehelichen Verkehr Befriedigung zu finden, so fordert die Ehe von ihr doch eine Gewährung in ehelicher Zuneigung und Opferbereitschaft und verbietet es, Gleichgültigkeit oder Widerwillen zur Schau zu tragen.»

---

50 Näher zum Recht der Allgemeinen Geschäftsbedingungen s. unten Kap. 12 unter 2.4 (Rn 829 ff.) und Kap. 15 unter 4 (Rn 1389 ff.)

51 Aufgehoben durch EGStGB v. 2. 3. 1974, BGBl I, 469

52 Nachweise bei Schönke-Schröder, StGB, 17. Aufl. München 1974, § 360 (Rn 53)

53 S. die «Nachfolgevorschriften» der §§ 117–119 OWiG

54 BGH NJW 1967, 1079

Notfalls ist die Frau daher zum Vorheucheln verpflichtet. Dies wird zwar auch nach der Reform des Eherechts im Jahre 1976 noch zustimmend zitiert[55], doch hat die Rechtsprechung mittlerweile ihren Schrecken verloren: Während früher die «völlige Gleichgültigkeit im ehelichen Verkehr» eine schwere Eheverfehlung darstellte und nach § 43 EheG zur Scheidung berechtigen konnte, ist damit nunmehr Schluß: Scheidungsgrund ist allein die in der Trennung der Ehegatten zum Ausdruck kommende Zerrüttung der Ehe. Die ehelichen Beziehungen sind so nur noch dem äußeren Anschein nach verrechtlicht; in Wirklichkeit ist das aus § 1353 Abs. 1 BGB Hergeleitete zu einem «zahnlosen Tiger» geworden.

98 Die Beispiele ließen sich vermehren. Man könnte etwa darauf verweisen, daß im Mittelalter zahlreiche Formen von «aufmüpfigem Verhalten» wie Verbreiten «unnützer Worte» oder «heimliches Zusammenschlüpfen» als Gewaltdelikt bestraft wurden[56] und daß in der jüngsten Vergangenheit Scharren und Buhrufen im Hörsaal gleichfalls als **«Gewalt»** qualifiziert wurden[57], ehe das Bundesverfassungsgericht dann eine Einengung auf den Fall der Anwendung körperlicher Kraft vornahm.[58] Vergleichsweise harmlos, wenngleich nur mit einer unkritischen Freude an Verrechtlichung erklärbar, ist dann die Aussage desselben Gerichts, auch das Reiten im Walde sei Ausübung des Grundrechts auf freie Entfaltung der Persönlichkeit nach Art. 2 Abs. 1 GG.[59]

4.3 Ergebnis

99 Als Ergebnis läßt sich festhalten, daß das Netz der Rechtsnormen immer dichter geworden ist, daß dies aber nicht mit einem Freiheitsabbau gleichgesetzt werden kann, weil zum Recht auch freiheitsschützende Normen gehören und weil es in ganz zentralen Teilen der menschlichen Existenz in den 70er Jahren wichtige gegenläufige Tendenzen gab.

55 Diederichsen NJW 1977, 218
56 Vgl. Brink-Keller KJ 1983, 109
57 BGH NStZ (= Neue Zeitschrift für Strafrecht) 1981, 218
58 BVerfG NJW 1995, 1141
59 BVerfGE 80, 137ff. mit zutreffender Kritik im abweichenden Votum von Grimm S. 164ff.

5 Recht und Rechtswirklichkeit

Zwischen den Rechtsnormen und dem tatsächlichen Verhalten der Menschen («Rechtswirklichkeit») besteht häufig eine große Distanz. Dies ist dann unbedenklich, wenn sich die Beteiligten in voller Freiheit dafür entscheiden, ihre Konflikte nicht auf rechtlichem Wege, sondern anders zu lösen (wobei die Anwendung physischer Gewalt natürlich ausgeschlossen bleiben muß). Ungleich gravierender sind **«Vollzugsdefizite»** des Rechts dort, wo zwischen den beteiligten Personen **ein Machtgefälle** besteht; wagt es der vom Recht an sich geschützte schwächere Teil nicht, seine Ansprüche effektiv geltend zu machen, muß man für Abhilfe sorgen. 100

Der Käufer ist der Auffassung, die Rückgabe der mangelhaften Ware bringe ihm nur Scherereien und werde dazu führen, daß er auch in Zukunft schlecht behandelt werde.

Möglich ist weiter, daß z. B. Verkehrsvorschriften systematisch mißachtet werden, weil sie die Kraftfahrer für «unsinnig» halten.

Die **rechtssoziologische Forschung** hat verschiedene Faktoren herausgearbeitet, die für die relative oder völlige Unwirksamkeit von Rechtsvorschriften maßgebend sind, die aus einer realen eine scheinbare Verrechtlichung machen.[60] 101

– Die **Vorschrift** ist als solche **mangelhaft**, weil sie beispielsweise widersprüchlich formuliert ist (politischer Kompromiß!) oder weil sie eine Sprache benutzt, die für den Bürger schlechthin unverständlich ist.

– Es ist **keine Vorsorge** dafür getroffen, **daß** bei Verstößen gegen die Norm **Sanktionen** verhängt werden. So führte etwa das Bankgeheimnis in der Vergangenheit dazu, daß Einkünfte aus festverzinslichen Wertpapieren nur dann besteuert wurden, wenn ihr Inhaber ein ehrlicher Mensch war und sie in seiner Steuererklärung selbst angab. Verschwieg er als weniger ehrlicher Zeitgenosse sein Wertpapierdepot, machte er sich zwar der Steuerhinterziehung schuldig, doch war er vor Entdeckung praktisch immer geschützt, da die Finanzbehörden keine Möglichkeit hatten, ohne konkreten Verdacht auf die bei den Banken liegenden Daten zuzugreifen. Das BVerfG hat darin zu Recht eine gleichheitswidrige Begünstigung der Einkünfte aus Kapi-

60 Hierzu und zum folgenden Th. Raiser, Das lebende Recht, S. 268 ff.

talvermögen gesehen.[61] Seither gibt es die sog. Zinsabschlagsteuer in Höhe von 30%, die direkt bei der Auszahlung durch die Bank einbehalten wird.

– Die von einer Vorschrift geschützte Personengruppe verfügt nicht über die **Ressourcen, um ihr Recht durchzusetzen**. Der einzelne kennt z. B. keinen Anwalt, der ihn vertreten könnte.

– Die **Adressaten einer Norm lehnen diese inhaltlich ab** und entwickeln «Unterlaufungsstrategien».

Beispiel: Taxifahrer warnen sich wechselseitig vor Verkehrskontrollen.

102 Wie man diese Defizite vermeiden und so Recht und Rechtswirklichkeit wieder zusammenführen kann, läßt sich nur am Beispiel einzelner Problembereiche diskutieren. Nicht anders als beim Problem der Verrechtlichung ist vor einer pauschalen Betrachtung zu warnen, die das Recht mit der Realität gleichsetzt oder – so das andere Extrem – ihm jede praktische Bedeutung abspricht. Festzuhalten ist jedenfalls, daß **Zivilrecht nicht einfach nur als «Gesetzes- und Rechtsprechungskunde» betrieben** werden darf, sondern daß man immer auch einen Blick auf die soziale Realität werfen muß.

6 Rahmenbedingungen für den Inhalt des Rechts

103 Das bisher Gesagte behandelte gewissermaßen das Recht schlechthin, ohne anders als in Beispielen auf seinen Inhalt einzugehen. In Wirklichkeit ist sein Inhalt alles andere als «beliebig». Gesetzgebung und richterliche Rechtsfortbildung müssen vielmehr zwei Grundvoraussetzungen beachten, gewissermaßen einen Rahmen, dessen Überschreitung rechtlich bzw. faktisch unmöglich ist.

61 BVerfG JZ 1991, 1133

6.1 Die unübersteigbare verfassungsrechtliche Schranke

Nach **Art. 79 Abs. 3 GG** ist es auch einer verfassungsändernden 104
Zweidrittelmehrheit im Bundestag und Bundesrat nicht möglich, die Gliederung des Bundes in Länder, die grundsätzliche Mitwirkung der Länder bei der Gesetzgebung oder die in den Artikeln 1 und 20 GG niedergelegten Grundsätze zu verändern. Art. 1 GG betrifft die Menschenwürde; unantastbar ist für den Gesetzgeber damit gleichzeitig der Wesensgehalt aller übrigen Grundrechte, soweit in ihm der Gedanke des Schutzes der Menschenwürde zum Ausdruck kommt. Art. 20 GG betrifft das Prinzip der Volkssouveränität und der Demokratie, die Gewaltenteilung, das Widerstandsrecht, aber auch das Rechtsstaats- und das Sozialstaatsprinzip.

6.2 Elementare Anforderungen der sozialen Marktwirtschaft

Zweite Grenze sind die Funktionsprinzipien der sozialen Marktwirt- 105
schaft. Diese genießt zwar keinen Verfassungsrang.[62] Gleichwohl ist es aber in absehbarer Zukunft politisch nicht machbar, die soziale Marktwirtschaft durch ein System umfassender staatlicher Steuerung oder (umgekehrt) durch eine reine Marktwirtschaft ohne soziale Korrekturen zu ersetzen.

62 Grundlegend BVerfGE 4, 7, 17, seither ständ. Rspr., wonach das Grundgesetz «wirtschaftspolitisch neutral» ist. Zu beachten ist allerdings die wachsende Überlagerung durch das EG-Recht, das sehr viel weniger «offen» ist. So bestimmt etwa Art. 102a S. 2 des EG-Vertrages: «Die Mitgliedstaaten und die Gemeinschaft handeln im Einklang mit dem Grundsatz einer offenen Marktwirtschaft mit freiem Wettbewerb, wodurch ein effizienter Einsatz der Ressourcen gefördert wird, und halten sich dabei an die in Art. 3a genannten Grundsätze.»

6.3 Konsequenzen

106 Aus diesen beiden zentralen Vorgaben ergeben sich bestimmte – noch sehr abstrakte – Konsequenzen für die Ausgestaltung des geltenden Rechts.

– Der Einzelne muß als selbstverantwortliche Person, als **Rechtssubjekt** verstanden werden. Dies umfaßt nicht nur das Verbot persönlicher Abhängigkeitsverhältnisse, sondern verpflichtet auch den Staat, für die körperliche und geistige Integrität des Einzelnen zu sorgen.

107 – Zur selbstverantwortlichen Person gehört auch die **Verfügung über ein Minimum an materiellen Gütern** wie Essen, Kleidung und Wohnung. In der Marktwirtschaft muß jedoch weit über diesen Bereich hinaus **Privateigentum** an den Gütern der Außenwelt möglich sein. Man muß also auch ein Grundstück kaufen oder eine Ferienreise buchen können.

108 – Das Recht muß nicht nur Instrumente bereitstellen, um die demokratische Staatsform einigermaßen funktionsfähig zu machen (Beispiel Wahlrecht, Pressefreiheit usw.). Es muß vielmehr auch dafür sorgen, daß **Märkte funktionieren** können. Deshalb muß es beispielsweise den Grundsatz «abgeschlossene Verträge sind einzuhalten» ebenso geben wie z. B. Bestimmungen, die Preisabsprachen zwischen Unternehmen zumindest beschränken.

109 – Der Gesetzgeber ist außerdem von Verfassungs wegen wie auch aus wirtschaftlichen Gründen verpflichtet, **wirtschaftlich oder intellektuell unterlegene Vertragsparteien zu schützen**. Unter anderem damit rechtfertigt sich der Verbraucher-, der Mieter- und der Arbeitnehmerschutz.

110 – In neuerer Zeit ist die **ökologische Komponente** hinzugekommen. Nach dem 1994 ins GG eingefügten Art. 20a «schützt der Staat auch in Verantwortung für die künftigen Generationen die natürlichen Lebensgrundlagen im Rahmen der verfassungsmäßigen Ordnung».

6.4 Spielräume im politischen Prozeß

Wie die Ausfüllung dieses Rahmens erfolgt, ist eine Frage des politischen Prozesses. Dieser «überlagert» insoweit den Markt.[62a] Politik ist nicht mit den Wahlen in Bund und Ländern identisch, sondern umfaßt die Aktivitäten von Verbänden bis hin zur Lobby sowie das Aufgreifen von Problemen in der Öffentlichkeit. Die Beteiligungschancen der Einzelnen sind hier sehr unterschiedlich verteilt.[63] Ein Großkonzern kann sich ggfs. Fernsehzeiten kaufen, ein formuliergewandter Professor der Ökonomie wird als Interviewpartner bei Funk und Fernsehen geschätzt sein, während der Durchschnittsbürger auf die Zuschauerrolle begrenzt ist. Demonstrationen und Aktionen des zivilen Ungehorsams können diese «Spielregeln» vorübergehend modifizieren oder gar außer Kraft setzen, doch haben sich solche Erscheinungen in der Geschichte der Bundesrepublik eher als Ausnahmeerscheinungen erwiesen. 111

7 Ungerechtes Recht

Die im hier skizzierten Rahmen entwickelten Rechtsnormen können im Einzelfall gegen das GG verstoßen; sie werden dann in der Regel durch das BVerfG aufgehoben. 112

Was könnte geschehen, wenn die Gerichte einschließlich des BVerfG das GG nicht mehr ernst nehmen würden? Das GG läßt uns hier im Stich; Anfang der 80er Jahre ist in der Friedensbewegung aus diesem Anlaß viel über das Widerstandsrecht nach Art. 20 Abs. 4 GG diskutiert worden, doch wurde der Rückgriff auf diese Vorschrift in der Regel abgelehnt.

Im Zusammenhang mit der Zeit zwischen 1933 und 1945 stellte sich die Frage, ob bestimmte Vorschriften wie z. B. Anordnungen zur physischen Vernichtung von Minderheiten überhaupt noch als «Recht» zu qualifizieren waren.[64] Anerkannt ist die von Gustav Radbruch, einem Rechtsphilosophen und sozialdemokratischen Justizminister der Weimarer Zeit, geprägte Formel: 113

62a Reich S. 48 ff. unter Berufung auf L. Raiser und Kübler.

63 Ebenso Schmidt-Brüggemeier S. 2

64 Dazu etwa Baumann NJW 1964, 1398 ff.

«Wo Gerechtigkeit nicht einmal angestrebt wird, wo die Gleichheit, die den Kern der Gerechtigkeit ausmacht, bei der Setzung positiven Rechts bewußt verleugnet wurde, da ist das Gesetz nicht etwa nur ‹unrichtiges Recht›, sondern entbehrt es überhaupt der Rechtsnatur. Denn man kann Recht, auch positives Recht, überhaupt nicht anders definieren, denn als eine Ordnung und Satzung, die ihrem Sinn nach bestimmt ist, der Gerechtigkeit zu dienen.»[65]

Mordbefehle waren daher ohne Rücksicht auf ihre Form unwirksam.[66] Im Zusammenhang mit den Schüssen an der Mauer stellte sich in gewissem Umfang dasselbe Problem, doch vertrat der BGH die Auffassung, schon das DDR-Recht habe keine ausreichende Rechtsgrundlage gegeben, und die Staatspraxis als solche hätte keine rechtfertigende Wirkung entfalten können.[67]

114 Was geschieht, wenn der deutsche Richter **ausländisches Recht** anwenden muß, das mit grundlegenden Entscheidungen unserer Rechtsordnung in Widerspruch steht? In diesen Fällen greift Art. 6 des Einführungsgesetzes zum BGB (EGBGB – Schönfelder Nr. 21) ein, wonach eine ausländische Rechtsnorm nicht anzuwenden ist, wenn dies zu einem Ergebnis führen würde, das mit wesentlichen Grundsätzen des deutschen Rechts «offensichtlich unvereinbar» ist. Dies wurde vom BVerfG mit Recht bei den «punitive damages» des US-amerikanischen Rechts verneint, wonach der Schädiger bei böswilligem oder rücksichtslosem Verhalten auf ein **Mehrfaches des angerichteten Schadens** haftet: Zwar kennt unser Recht etwas Derartiges grundsätzlich nicht, doch respektieren wir insoweit die von anderen getroffene Entscheidung.[68]

65 Radbruch SJZ (= Süddeutsche Juristenzeitung) 1946, 107
66 Zur zivilrechtlichen Praxis im Dritten Reich s. unten Kap. 4 unter 5 (Rn 184ff.)
67 BGH JZ 1995, 45
68 BVerfG NJW 1995, 649

KAPITEL 3: Das Zivilrecht als Teil des Rechtssystems

1 Die Zweiteilung in öffentliches Recht und Privatrecht

1.1 Erscheinungsformen

Einer sehr langen Tradition entsprechend, wird das gesamte Recht in 115
die beiden Großgebiete «Öffentliches Recht» und «Privatrecht» eingeteilt. Das erste betrifft im Kern das Verhältnis des Bürgers zum Staat, das zweite die Beziehungen der Bürger untereinander. Die Trennung entspricht so der Unterscheidung von Staat und Gesellschaft.

In der Gegenwart hat sich eine gewisse «Vermischung» ergeben. 116
Zum einen «regiert» der Staat mit vielerlei hoheitlichen Mitteln in die Beziehungen zwischen den einzelnen Bürgern «hinein», indem er beispielsweise die Übertragung bestimmter Grundstücke von seiner Genehmigung abhängig macht. Zum zweiten bedient er sich oft zur Verwirklichung seiner Ziele privatrechtlicher Formen. Wird beispielsweise für den Straßenbau ein privates Grundstück benötigt, bemüht sich die öffentliche Hand zunächst um einen Kauf; erst wenn sich keine Einigung erzielen läßt, kommt die (hoheitliche) Enteignung in Betracht.[1] An der begrifflichen Zweiteilung ändert dies allerdings nichts.

---

1 Baur AcP 176 (1976), 97, 102

1.2 Anwendungsprobleme

117 In der Praxis stellen sich zwei Fragen:
- Welche Teile der Rechtsordnung werden dem öffentlichen, welche dem Privatrecht zugeordnet?
- Wann unterliegt eine Rechtsbeziehung dem öffentlichen, wann dem privaten Recht?

Beispiel[2]: Im Bundeskanzleramt findet ein Gespräch zwischen dem Bundeskanzler und den Vertretern der Koalitionsparteien über die künftige Außenpolitik statt. Es wird vereinbart, daß alle Gesprächsbeiträge auf Tonband aufgenommen und überdies von einem Stenografen mitstenografiert werden. Jeder Teilnehmer soll nach Ende des Gesprächs eine Abschrift erhalten.

Der Bundeskanzler weigert sich, den Vertretern des kleineren Koalitionspartners ein vollständiges Protokoll zu geben, das auch seine eigenen Ausführungen wiedergibt, und beruft sich dabei auf «außenpolitische Rücksichten». Welche Rechtsnatur haben die getroffenen Abmachungen?

1.3 Zuordnung einzelner Gesetze und Rechtsnormen

118 Die Zuordnung bestimmter Teile der Rechtsordnung zum einen oder anderen Großbereich macht meist keine Schwierigkeiten. Daß das Polizeirecht zum öffentlichen Recht gehört und das Recht der Kaufverträge zum Privatrecht, ist auch dem Nichtjuristen vertraut. Wäre es anders, würden sich zahlreiche Probleme bei der Bestimmung der zuständigen Gerichte ergeben: Über bürgerlich-rechtliche Streitigkeiten entscheiden nach § 13 GVG die ordentlichen Gerichte, bei öffentlich-rechtlichen Streitigkeiten sind nach § 40 Verwaltungsgerichtsordnung (VwGO) die Verwaltungsgerichte zuständig. Dennoch gibt es hin und wieder Unsicherheiten, die sich trefflich für Kontroversen eignen.

Noch in den 70er Jahren gab es rote Bahnbusse und gelbe Postbusse. Bei der Bahn wurde unterstellt, daß sie sich im Rahmen des Privatrechts bewegte (man zahlte also ein Beförderungsentgelt), während die Post aus Gründen der Tradition hoheitlich tätig war (man zahlte also strenggenommen eine Beförderungsgebühr).

In Klausuren hatten sich Studenten u. a. mit der spannenden Frage auseinanderzusetzen, was eigentlich passierte, wenn die Post der Bahn oder die Bahn der Post

2 Nach BGH JZ 1959, 499

einen Fahrer auslieh: Kam es für die Qualifizierung des Fahrens als öffentlich-rechtlich oder privatrechtlich mehr auf die Farbe des Busses oder mehr auf das Anstellungsverhältnis des Fahrers an?

1.4 Die Theorien zur Abgrenzung

Beflügelt durch solche die Phantasie anregenden Fragestellungen ent- 119
wickelte man eine Unzahl von Theorien, wie öffentliches Recht und Privatrecht abzugrenzen seien.[3] Dabei wird ein **recht bescheidener Theoriebegriff** zugrunde gelegt, der wenig mit Gesellschaftstheorie im Sinne der Soziologie oder mit Funktionentheorie im Sinne der Mathematik zu tun hat. «Theorie» meint nichts anderes als die Zusammenfassung bestimmter Gesichtspunkte oder Kriterien, nach denen die Abgrenzung vorzunehmen ist. In der Gegenwart sind drei Theorien noch von Bedeutung.

– Die sog. **Interessentheorie**, die auf das römische Recht zurück- 120
geht[4], fragt danach, ob eine Norm oder ein Verhalten primär dem öffentlichen oder primär dem Individualinteresse dient. Damit steht sie jedoch im Widerspruch zur unstreitigen Zuordnung bestimmter Vorschriften zum einen oder anderen Bereich. Hoheitliche Mittel wie z. B. eine Enteignung können auch im Individualinteresse eingesetzt werden[5]; umgekehrt kann sich der Staat rein privatrechtlicher Mittel bedienen, um damit einem öffentlichen Interesse Rechnung zu tragen.[6]

– Die sog. **Subjektions- oder Unterordnungstheorie** (auch «Sub- 121
ordinationstheorie» genannt) geht davon aus, daß öffentliches Recht durch die Unterordnung des Bürgers gegenüber dem Staat charakterisiert sei, während das Privatrecht Gleichordnungsbeziehungen zum Gegenstand habe. Auch hier würden völlig unbestrittene und seit Jahrzehnten praktizierte Zuordnungen rückgängig gemacht, wollte man diese Theorie konsequent anwenden. So kann etwa der Staat nicht nur durch einseitigen Befehl («Verwaltungsakt»), sondern auch durch öffentlich-rechtlichen Vertrag handeln, was im Verwaltungsverfahrens-

3 Zusammenstellung bei Wolff-Bachof-Stober, § 22 Rn 14ff., die von 20 bis 30 «Theorie-Angeboten» sprechen

4 Ulpian Digesten 1, 1, 1, 2

5 BVerfGE 74, 264, 285 (Boxberg), ein öffentliches «Fernziel» muß aber immer verfolgt werden.

6 S. das Beispiel bei Fn 1

gesetz (VwVfG) ausdrücklich festgelegt ist.[7] Auf der anderen Seite gibt es im Privatrecht Unterordnungsverhältnisse; als Beispiel läßt sich das Verhältnis von Eltern und Kindern anführen.

122 – Die sog. **Subjektstheorie** stellte in ihrer ursprünglichen Form darauf ab, ob eine Vorschrift notwendigerweise an den Staat oder eine seiner Untergliederungen bis hin zu den Kommunen adressiert ist (dann öffentliches Recht). Dies schafft aber Probleme, weil der Staat auch wie ein normales Privatrechtssubjekt handeln kann (Beispiel: Das Innenministerium kauft einen neuen Dienstwagen für den Minister), so daß sich daraus, daß er als Adressat auftaucht, noch keine sicheren Schlüsse ziehen lassen. Die (heute herrschende) «modifizierte» Subjektstheorie stellt daher darauf ab, ob eine Rechtsnorm den Staat oder einen anderen Träger öffentlicher Gewalt gerade in dieser Eigenschaft anspricht und ihm Rechte gewährt oder Pflichten auferlegt.[8]

Zum öffentlichen Recht gehört beispielsweise nicht nur das Polizeirecht, sondern auch das Recht der Sozialversicherung, aber auch die Regeln über die Schaffung sog. Zweckverbände mehrerer Gemeinden, die auf der Basis der Gleichordnung gegründet werden (Beispiel: gemeinsame Abfallentsorgung).

123 Die Subjektstheorie gibt eine rein formale Abgrenzung, doch führt sie unter den gegebenen Umständen am ehesten zu einer klaren Zuordnung. Zu eng wäre es allerdings, würde man entgegen dem hier Vertretenen nur solche Normen dem öffentlichen Recht zuordnen, die zum Erlaß einseitiger Akte ermächtigen: Die Verwaltung bedient sich in manchen Fällen des öffentlich-rechtlichen Vertrages oder trifft andere Abmachungen mit dem Bürger. In allen diesen Fällen bewegt sie sich im Bereich des öffentlichen Rechts. Zu diesem zählen beispielsweise auch das Strafrecht und die **Prozeßordnungen**.[9] Auch hier wird nicht nur einseitig-anordnend entschieden.

Der Verfasser hatte als Gerichtsreferendar im Jahre 1964 einen Zweiundzwanzigjährigen zu verteidigen, der wegen Raubüberfalls angeklagt war. Die Chancen für einen Freispruch waren minimal. Am Nachmittag vor der Hauptverhandlung war

7 Die §§ 54 ff. VwVfG enthalten insoweit Sonderregeln, die vom BGB abweichen. Vom öffentlich-rechtlichen Vertrag macht die Verwaltung beispielsweise Gebrauch, wenn jemand eine Baugenehmigung für ein Gebäude mit Gaststätte oder ein Bürohaus haben will und nun festgelegt wird, wie viele Stellplätze für Autos bereitzustellen sind.

8 Eingehend zum Diskussionsstand Wolff-Bachof-Stober, aaO., § 22 Rn 24 ff. Die Subjektstheorie wird auch «Sonderrechtstheorie» oder «Zuordnungstheorie» genannt.

9 Zu letzteren s. unten 3 (Rn 137 ff.)

der Angeklagte immer noch nicht an dem Ort eingetroffen, wo verhandelt werden sollte. Erst abends gegen 21 Uhr war mit seinem Kommen zu rechnen.

Als Verteidiger sprach ich beim Berichterstatter (d. h. dem innerhalb der Kammer für den Fall zuständigen Richter) vor, der meinte, 1 ½ Jahre Gefängnis seien wohl nicht zu vermeiden. Dies entsprach auch meiner Einschätzung, doch verwies ich auf die unzumutbar kurze Zeit der Vorbereitung. Ja, das verstehe er, ich könne natürlich eine Vertagung verlangen. Wenn ich dies nicht tue, würde er sich erfolgreich dafür einsetzen, daß nicht mehr als 1 Jahr verhängt würde.

Die Verhandlung fand selbstredend am nächsten Tag statt; die Strafe wurde auf 1 Jahr festgesetzt.[10]

Privatrecht liegt auch dann vor, wenn die öffentliche Hand angesprochen ist, es aber ausschließlich um die von ihr abzuschließenden zivilrechtlichen Verträge geht.

1.5 Einordnung bestimmter Verhaltensweisen

Im Einzelfall kann zweifelhaft sein, ob das Verhalten staatlicher Instanzen unter öffentlich-rechtliche oder unter privatrechtliche Vorschriften fällt. Im oben mitgeteilten Fall aus dem Bundeskanzleramt[11] nahm der BGH einen öffentlich-rechtlichen Vertrag an und verwies den Rechtsstreit an die Verwaltungsgerichtsbarkeit. Soweit Sozialversicherungsträger sich auf dem Markt bestimmte Hilfsmittel beschaffen, die für die Versicherten bestimmt sind, handeln sie privatrechtlich.[12] 124

Das Beispiel mit den Post- und den Bahnbussen ist inzwischen überholt, doch ergeben sich ähnliche Probleme, wenn sich ein Bürger gegen ein Hausverbot bei einer Behörde wehrt: Wird dieses im Zusammenhang mit einer öffentlich-rechtlichen Rechtsbeziehung (z. B. einen Bauantrag) ausgesprochen, kann der Betroffene vor den Verwaltungsgerichten dagegen angehen, wird ein Besucher nicht in den (kirchlichen oder kommunalen) Kindergarten gelassen, sind die ordentlichen Gerichte zuständig.[13]

10 Zu Absprachen im Strafprozeß s. umfassend Schünemann, 58. DJT, S. B 18ff. Es dürfte sich dabei um eine Unterlaufungsstrategie im Sinne des oben Kap. 2 unter 5 (Rn 101) Gesagten handeln. Zur «Tauschförmigkeit» des Rechts s. Winter KJ 1978, 254

11 S. Fn 2

12 Ein weiteres Beispiel ist der Vertrag eines Kassenarztes mit einer Gesetzlichen Krankenkasse

13 BVerwG NVwZ 1987, 677

1.6 Anwendung öffentlich-rechtlicher und privatrechtlicher Vorschriften auf ein Rechtsverhältnis

125 In vielen Fällen wird ein und derselbe Lebenssachverhalt sowohl von Normen des Privatrechts wie auch von solchen des öffentlichen Rechts gestaltet.

Wer ein Grundstück kauft, schließt einen zivilrechtlichen Vertrag, doch bedarf er einer staatlichen Genehmigung nach dem Grundstücksverkehrsgesetz, wenn dieses bisher landwirtschaftlich genutzt wurde.

Gestattet ihm die Behörde in der Baugenehmigung, bis an den Rand des Grundstücks zu bauen, kann sich der Nachbar ggfs. dagegen vor den Verwaltungsgerichten wehren (weil eben hoheitlich auch in seine Sphäre eingegriffen wurde). Auf der anderen Seite entscheiden die Zivilgerichte, wenn er durch eine überhohe Hecke oder ein Übermaß an Lärm den Nachbarn im Genuß seines Eigentums stört.

Auch «große Fragen» wie die Bewältigung der Risiken moderner Techniken lassen sich nur durch koordinierten Einsatz öffentlich-rechtlicher und privatrechtlicher Instrumente (ansatzweise) bewältigen.[13a]

2 Das Zivilrecht als Kern des Privatrechts

2.1 Zivilrecht und «Sonderprivatrechte»

126 **«Zivilrecht»** ist **nicht** mit «Privatrecht» identisch. Nach herrschendem Sprachgebrauch enthält es die allgemeinen Regeln (z. B. über Verträge), während einzelne Lebensbereiche Gegenstand spezifischer «Sonderprivatrechte» sind. **Gleichbedeutend** mit «Zivilrecht» wird der **Ausdruck «bürgerliches Recht»** verwendet.[14] Beides geht auf den lateinischen Begriff des «civis» zurück, was «Bürger» bedeutet;

13a Damm, in: Hoffmann-Riem/Schmidt-Aßmann (Hrsg.), Öffentliches Recht und Privatrecht als wechselseitige Auffangordnungen, Baden-Baden 1995, S. 85ff.

14 Zu dieser Terminologie s. Medicus, AT, Rn 12ff.; Schwab, Einf., Rn 1

primär geht es also um die Rechtsbeziehungen zwischen einzelnen Bürgern.

Das **Zivilrecht** ist im BGB und seinen sog. Nebengesetzen niedergelegt. 127
Es ist nicht nur äußerlich in einem großen Gesetzeswerk (samt einzelner «Satelliten») zusammengefaßt, sondern auch inhaltlich nach einheitlichen Prinzipien aufgebaut. Man spricht deshalb von einer **Kodifikation**, wie sie etwa auch in Frankreich, Italien oder Österreich existiert.

2.2 Inhaltliche Schwerpunkte des Zivilrechts

Was sind die inhaltlichen Schwerpunkte des Zivilrechts? Auf einer zu- 128
nächst recht abstrakten Ebene geht es um sechs «Problemkomplexe»:

– Wer ist ein **«Rechtssubjekt»**, also eine Person, die Rechte haben und mit Pflichten belegt werden kann? In Kap. 5 wird dazu Näheres gesagt.

– Wie ist das **Verhältnis der Personen zu Sachen und anderen wirtschaftlichen Werten** beschaffen? Was bedeuten Eigentum und vergleichbare andere subjektive Rechte? Dazu Näheres in Kap. 6.

– Wie gestaltet sich das **Verhalten der Rechtssubjekte auf dem Markt**? Wie ist der Tausch Ware oder Dienstleistung gegen Geld – um den wichtigsten Fall zu nennen – organisiert? Oder, juristisch gesprochen: Wie kommen Verträge zustande, und auf welche Weise werden sie abgewickelt? Hier tauchen die meisten Rechtsfragen auf, weshalb ein großer Teil der folgenden Darstellung, d. h. die Kap. 7 bis 19 und in Bd. 2 die Kap. 1–6, dem Vertragsrecht gewidmet sind.

– Wie ist **der Einzelne gegen Eingriffe** in die ihm zustehenden Güter, aber auch in seine persönliche Integrität **geschützt**? Während das BGB hier grundsätzlich nur eine Haftung für Verschulden vorsieht, ist in zahlreichen Nebengesetzen (wie z. B. im Straßenverkehrsgesetz – StVG) eine sog. Gefährdungshaftung festgelegt. Dies ist der zweitgrößte «Brocken»; er wird uns in Kap. 7 bis 16 von Bd. 2 beschäftigen.

– Wie gestalten sich die Rechtsbeziehungen, die durch Ehe, Abstammung und Adoption geschaffen werden? Darüber soll **in den familienrechtlichen Kapiteln** (17 bis 21 in Bd. 2) ein kurzer Überblick gegeben werden.

– Schließlich regelt das Zivilrecht die Frage, was nach dem Tode eines

Menschen mit seinem Vermögen geschieht. Dies ist Gegenstand des **Erbrechts** und kann hier aus Raumgründen nur relativ kurz in den Kap. 22 bis 26 von Bd. 2 skizziert werden.

2.3 Sonderprivatrechte

129 Die «Sonderprivatrechte» sind nicht nur selbständige Gesetze, sondern unterscheiden sich oft auch inhaltlich vom BGB. Gleichwohl greift man häufig auf dieses zurück, wenn zu einer bestimmten Sachfrage keine spezifischen Vorschriften ersichtlich sind. Im einzelnen geht es insbes. um folgende Gebiete:

130 – Das **Handelsrecht** regelt die Rechtsbeziehungen unter Kaufleuten und weist von allen «Sonderprivatrechten» die größte Verwandtschaft mit dem BGB auf. Das **«Gesellschaftsrecht»** meint das Recht der Handelsgesellschaften wie AG oder GmbH, insbes. ihren inneren Aufbau und ihr Handeln nach außen.

131 – Um die rechtliche Anerkennung geistiger Leistungen des Menschen geht es im **Urheberrecht** sowie im **gewerblichen Rechtsschutz**, zu dem beispielsweise das Patentrecht gehört. Auch hier könnte man sich unschwer einen «Einbau» in die Zivilrechtskodifikation vorstellen.

132 – Eine stärkere Eigenständigkeit weist das **Verbraucherrecht** auf, wie es beispielsweise im Gesetz über den Widerruf von Haustürgeschäften und ähnlichen Geschäften («Haustürwiderrufsgesetz» – Schönfelder Nr. 24a) und im Verbraucherkreditgesetz (VerbrKrG – Schönfelder Nr. 24) seinen Niederschlag gefunden hat. Anders als im BGB, geht es hier um kompensatorisches Recht, das die Schwäche einer Vertragspartei prinzipiell ausgleichen möchte; dasselbe tut das «Gesetz zur Regelung des Rechts der Allgemeinen Geschäftsbedingungen» (**AGB-Gesetz** – Schönfelder Nr. 26), das jedoch nicht nur auf den Letztverbraucher, sondern auch auf andere Menschen einschließlich der Kaufleute (eingeschränkt) anwendbar ist.

133 – Sehr stark durch öffentlich-rechtliche Elemente geprägt ist das sog. **Wirtschaftsrecht**. Sein Gegenstandsbereich wird unterschiedlich beschrieben: Bezieht man die «gesamte Wirtschaft» ein, ist auch das BGB erfaßt, da es ja wesentliche Teile des Wirtschaftens, wie den Abschluß von Verträgen, regelt. Üblich ist jedoch, den Begriff enger zu fassen und nur solche Regeln einzubeziehen, mit denen der Staat die Steuerung des Wirtschaftsgeschehens durch Eingriff in die Märkte be-

treibt.[15] Dazu gehört insbes. das Gesetz gegen Wettbewerbsbeschränkungen (**GWB**, umgangssprachlich oft als «Kartellgesetz» bezeichnet – Schönfelder Nr. 74). Auch das Gesetz gegen den unlauteren Wettbewerb (**UWG** – Schönfelder Nr. 73) gehört im wesentlichen hierher. Mitumfaßt ist schließlich der weite Bereich des Subventionsrechts und der Technologieförderung.

– Aus öffentlich- und privatrechtlichen Elementen besteht auch das 134
Versicherungsrecht. Zivilrechtlichen Mustern folgt das Versicherungsvertragsgesetz (VVG – Schönfelder Nr. 62), während das Pflichtversicherungsgesetz, das den Halter eines Kraftfahrzeugs zum Abschluß einer Haftpflichtversicherung verpflichtet (PflVG – Schönfelder Nr. 63), und das Versicherungsaufsichtsgesetz (VAG) primär dem öffentlichen Recht zuzuordnen sind.

– Noch nicht recht als eigene Disziplin ausgebildet ist das «**Kapital-** 135
marktrecht». Dennoch gibt es spezifische Regelungen, die sich auf den Kapitalmarkt beziehen und die beispielweise im Börsengesetz[16] und im Kreditwesengesetz[17] niedergelegt sind.

– Die stärkste Eigenständigkeit weist das **Arbeitsrecht** auf. Neben 136
öffentlich-rechtlichen Elementen, die sich insbes. im Arbeitsschutzrecht finden, hat es ein eigenständiges Instrumentarium ausgebildet, wie sich Arbeitnehmer mit Hilfe von Gewerkschaften, Betriebsräten und der Vertretung im Aufsichtsrat großer Unternehmen (im weitesten Sinne) selbst helfen können. Ziel ist die Verbesserung der konkreten Existenz des einzelnen Arbeitnehmers.[18]

---

15 S. zuletzt Engel JZ 1995, 214

16 in der Fassung (= idF) der Bekanntmachung vom 27. Mai 1908, zuletzt geändert durch Art. 41 EWR-Ausführungsgesetz v. 27. 4. 1993, BGBl I, 12

17 Kreditwesengesetz (= KWG) idF v. 1. 1. 1985, BGBl I, 1472

18 Zur Spezifik des Arbeitsrechts s. Däubler, NZA 1988, 857, 862 ff.; Gamillscheg AcP 176 (1976), 197 ff. Für eine größere Annäherung an das Zivilrecht Richardi ZfA 1974, 21 ff.

3 Materielles Recht und Prozeßrecht

3.1 Inhaltliche Unterscheidung

137 Von «materiellem Recht» spricht man immer dann, wenn Vorschriften bestimmte Rechtsfolgen anordnen.

§ 433 Abs. 1 BGB bestimmt z. B., daß der Verkäufer einer Sache verpflichtet ist, sie dem Käufer zu übergeben und ihm das Eigentum daran zu verschaffen.

Das Prozeßrecht – niedergelegt z. B. in der Zivilprozeßordnung (ZPO – Schönfelder Nr. 100) – regelt demgegenüber, wie die **Durchsetzung der durch das materielle Recht geschaffenen Positionen** in einem gerichtlichen Verfahren erfolgen kann.

§ 253 ZPO sagt beispielsweise, welche Angaben eine Klage mindestens enthalten muß; an anderer Stelle ist z. B. die Vernehmung von Zeugen und Sachverständigen, in den §§ 803 ff. ZPO ist die Zwangsvollstreckung z. B. durch den Gerichtsvollzieher geregelt.

138 Regeln über die **Beweislast** [19] sind in der Regel im materiellen Recht zu finden, obwohl es der Sache nach um ein Problem der Durchsetzung geht. § 282 BGB bestimmt beispielsweise:

«Ist streitig, ob die Unmöglichkeit der Leistung die Folge eines von dem Schuldner zu vertretenden Umstandes ist, so trifft die Beweislast den Schuldner.»

Der Möbelverkäufer kann nicht liefern, weil das verkaufte Stück einem Brand zum Opfer gefallen ist («Unmöglichkeit der Leistung»). Er muß beweisen, daß ihn an dem Brand keine Schuld trifft, daß dieser also kein von ihm «zu vertretender» Umstand ist. Gelingt ihm dies, ist er von der Leistungspflicht frei (§ 275 BGB), gelingt es ihm nicht, muß er Schadensersatz bezahlen.

139 Die Trennung in materielles und Prozeßrecht findet sich nicht in allen Rechtsordnungen; so ist etwa im angloamerikanischen Rechtskreis das «Recht zur Klage» automatisch mit dem «Anspruch» verbunden. [20]

19 Dazu Rosenberg-Schwab-Gottwald § 117. Zu Beweislastfragen im Vertragsrecht s. etwa unten Kap. 17 unter 2.5 (Rn 1531 f.); 3.1.4 (Rn 1541) und 5.3 (Rn 1573); im Deliktsrecht Bd. 2 Kap. 7 unter 3.5 (Rn 910)

20 Zum angloamerikanischen Prozeß s. Zweigert-Kötz S. 265 ff.

3.2 Der Aufbau der Gerichte

Die Durchsetzung von Rechten liegt in der Bundesrepublik in der Hand staatlicher Gerichte. Wenn die Parteien sich einig sind, können sie allerdings in den meisten vermögensrechtlichen Streitigkeiten ein **Schiedsgericht** einsetzen, dessen Entscheidung dann nur noch sehr eingeschränkt überprüft wird, wenn es um die Zwangsvollstreckung geht (Einzelheiten in §§ 1025 ff. ZPO). 140

Insbes. Wirtschaftsunternehmen, die in vertraglichen Beziehungen stehen, machen sehr häufig von dieser Möglichkeit Gebrauch: Man verständigt sich auf Schiedsrichter, die sich in dem betreffenden Lebensbereich recht gut auskennen; außerdem lassen sich Schiedsverfahren u. U. in wenigen Wochen abwickeln, während ein gerichtliches Verfahren u. U. Jahre in Anspruch nimmt. Besonders weit verbreitet sind Schiedsgerichte im internationalen Handelsverkehr.[21] 141

Wird von dieser Möglichkeit kein Gebrauch gemacht, sind Klagen zur Durchsetzung zivilrechtlicher Ansprüche bis zur Höhe von 10000 DM bei den **Amtsgerichten** (abgekürzt: AG) einzureichen (§ 23 GVG). Dort entscheidet ein einzelner Richter. Geht es um einen höheren Betrag, sind nach § 71 Abs. 1 GVG die **Landgerichte** (abgekürzt: LG) zuständig, wo eine aus drei Berufsrichtern bestehende «Kammer» entscheidet. 142

Bei Familienstreitigkeiten gibt es Sonderregelungen nach §§ 23 a, 23 b GVG.

Wer beim Amtsgericht bzw. beim Landgericht in «erster Instanz» ganz oder teilweise unterliegt, kann das Rechtsmittel der **Berufung** einlegen. Voraussetzung ist, daß das Urteil um mehr als 1500 DM vom Antrag einer Partei zu ihren Lasten abweicht. 143

Beispiel: A klagt gegen B auf Zahlung von 8000 DM vor dem Amtsgericht. B beantragt Klageabweisung. Der Amtsrichter spricht 1000 DM zu und weist die Klage in Höhe von 7000 DM ab. Hier kann der Kläger in die Berufung gehen, nicht aber der Beklagte.

Über die Berufung entscheidet die **«zweite Instanz»**. Dies ist das LG für alle Streitigkeiten, für die in erster Instanz das AG zuständig war; 144

21 Vgl. Schlosser, Das Recht der internationalen privaten Schiedsgerichtsbarkeit, 2. Aufl. 1989. Weiterführend und die Ausbildung eines transnationalen Handelsrechts durch Schiedsgerichte thematisierend U. Stein, Lex mercatoria, Frankfurt/M. 1995

hatte das LG selbst in erster Instanz zu entscheiden, ist nunmehr das **Oberlandesgericht** (abgekürzt: OLG) zuständig.

In der Berufungsinstanz wird der ganze Fall nochmals in vollem Umfang aufgerollt.

A kann also nochmals Zeugen präsentieren, die Stein und Bein schwören, daß B ein Darlehen in Höhe von 8000 DM erhalten hat, das jederzeit fällig sein sollte.

Beim LG entscheidet eine Kammer, beim OLG ein «Senat».

145 Gegen das Urteil eines OLG ist **Revision** an den **Bundesgerichtshof** (BGH) zulässig, wenn sie ausdrücklich zugelassen ist oder wenn das Urteil um mehr als 60000 DM zu Lasten einer Partei von ihren Anträgen abweicht. Gegen zweitinstanzliche Entscheidungen der Landgerichte ist keine Revision möglich; sie sind endgültig.

In der Revisionsinstanz wird lediglich überprüft, ob die vom «Revisionsführer» gerügten Verfahrensmängel vorliegen oder ob das Urteil auf einem Verstoß gegen materielles Recht beruht. Die Tatsachenfeststellungen, die das OLG getroffen hat, können grundsätzlich nicht mehr in Frage gestellt werden.

Berufung und Revision werden als «Rechtsmittel» bezeichnet. Den Weg vom unteren zum höheren Gericht nennt man «**Instanzenzug**».

146 Ist eine unterlegene Partei der Auffassung, sie sei durch ein rechtskräftiges (also nicht mehr mit Rechtsmitteln angreifbares) Urteil **in ihren Grundrechten verletzt**, kann sie binnen einer Frist von einem Monat **Verfassungsbeschwerde** einlegen. Über sie entscheidet das Bundesverfassungsgericht. Statistisch gesehen sind die Erfolgsaussichten außerordentlich gering.

3.3 Individualklage und Verbandsklage

147 Der Normallfall eines gerichtlichen Verfahrens in Zivilsachen ist so beschaffen, daß ein Rechtssubjekt (z. B. ein Mensch oder eine GmbH) gegen ein anderes Rechtssubjekt klagt.

Das Unfallopfer nimmt den Kfz-Halter auf Zahlung von Heilungskosten und Verdienstausfall in Anspruch.

Dies entspricht dem liberalen Modell einer Gesellschaft, in der sich potentiell gleich starke Individuen gegenüberstehen. In der Realität sieht dies anders aus. Ein Versandhaus beschäftigt beispielsweise zahlreiche qualifizierte Juristen, die ganz genau beurteilen können, ob der Käufer bei nicht ganz korrekter Lieferung die Zahlung des Kaufpreises verweigern darf. Auch kennen sie bestens die Rechtsprechung des BGB und wissen, welche den Käufer belastenden Klauseln «gerade noch» akzeptiert werden. Für die Schreibkraft A und den Ingenieur B ist dies eine relativ fremde Welt; sie müssen sich der Hilfe eines Anwalts bedienen, der erstmal einen Kostenvorschuß verlangen wird und überdies auch nicht notwendigerweise über dieselben Spezialkenntnisse wie die Juristen der Gegenseite verfügt.

Die Pflicht zur Zahlung eines Vorschusses hat ihre Grundlage in § 17 der Bundesrechtsanwaltsgebührenordnung (BRAGO – Schönfelder Nr. 117); es geht also alles mit Recht und Gesetz zu. Es gilt der Grundsatz «ohne Schuß kein Jus».

Um diese **strukturelle Unterlegenheit einzelner Parteien** auszugleichen, gibt es in manchen Bereichen eine sog. Verbandsklage: Außer dem Einzelnen kann zusätzlich z. B. ein Verbraucherverband Klage erheben, der dann seinerseits über die nötigen «Ressourcen» verfügt.[22] 148

Beispiele sind die Klagebefugnisse der Verbraucherverbände nach § 13 Abs. 2 AGB-Gesetz sowie nach § 13 Abs. 2 UWG.

In den USA kann sich sogar eine größere Zahl von Personen, die von einer bestimmten Maßnahme betroffen sind, zusammenschließen und im Gerichtswege gegen sie vorgehen. Man spricht hier von einer sog. **class action**, die das deutsche Recht jedoch (leider) nicht kennt.[23] 149

Einige durch ein mangelhaftes Produkt geschädigte Bürger verklagen den Hersteller auf Schadensersatz. Auf ein positives Urteil können sich auch diejenigen berufen, die am Verfahren gar nicht teilgenommen haben.

Durch den erleichterten Zugang zu Gerichten besteht eine erhöhte Wahrscheinlichkeit, daß auf zivilrechtlichem Gebiet Recht und Rechtswirklichkeit übereinstimmen.

---

22 Grundlegend M. Wolf, Die Klagebefugnis der Verbände, Tübingen 1971. Weitere Nachweise bei Rosenberg-Schwab-Gottwald § 47.

23 Zur class action s. etwa Schlachter, Wege zur Gleichberechtigung. Vergleich des Arbeitsrechts der Bundesrepublik Deutschland und der Vereinigten Staaten, München 1993, S. 357ff.; W. Lüke, Die Beteiligung Dritter im Zivilprozeß, Tübingen 1993, S. 168ff. Einen guten Überblick gibt insbesondere Gottwald ZZP 91 (1978), 1ff. Zur Übertragung ins Arbeitsrecht s. Däubler, AuR 1995, 305, 311

KAPITEL 4: Das BGB: Entstehung, innerer Aufbau und Fortentwicklung

1 Die zivilrechtliche Situation bei der Reichsgründung 1871

150 Im Jahre 1871 bestand im Gebiet des neugeschaffenen Reiches ein ganz ungewöhnliches Maß an Rechtszersplitterung. In Preußen galt das sog. Allgemeine Landrecht von 1794 **(ALR)**, in Sachsen das Sächsische BGB von 1863, in vielen linksrheinischen Gebieten (auch solchen, die zu Preußen gehörten) galt der französische **Code civil**, und im großen «Rest», zu dem u. a. Bayern, Württemberg, Hessen und Mecklenburg gehörten, galt das sog. **Gemeine Recht**. Dieses war der Sache nach römisches Recht, das im Laufe der Jahrhunderte überarbeitet und systematisiert worden war, das jedoch im Prinzip weiter in der Originalsprache maßgebend war.[1] Dazu kamen das Badische Landrecht von 1808/1809 sowie zahlreiche **Partikularrechte**, also Gesetzgebungsakte oder Gewohnheitsrechtsnormen von Einzelstaaten, die sowohl im Bereich des ALR wie auch im Bereich des gemeinen Rechts existierten. In einigen kleineren Randbezirken galt schließlich dänisches bzw. österreichisches Recht.[2]

151 Einheitliche Regelungen gab es nur in Form der Wechselordnung von 1848 **(WO)** und des Allgemeinen Deutschen Handelsgesetzbuchs von 1861 **(ADHGB)** für den Bereich des Handelsverkehrs.

Die beiden wichtigsten Einzelrechte – das ALR und das Gemeine Recht – unterschieden sich beträchtlich.

---

1 Zum Gemeinen Recht s. sogleich im Text

2 Umfassender Überblick bei MüKo-Säcker, Einl. zu Bd. 1, Rn 9

1.1 Insbesondere: ALR

Das ALR war ein monumentales Werk von ca. 19000 Paragraphen, das die gesamte Rechtsordnung, nicht nur das Zivilrecht kodifizieren wollte.[3] In seiner ursprünglichen Fassung schrieb es die Schollengebundenheit des Bauern, die Zunftverfassung in den Städten und andere feudalistische Rechtsinstitute bis hin zum Züchtigungsrecht des Gutsherrn gegenüber seinem «Gesinde» fest[4], war insoweit jedoch durch die Stein-Hardenbergschen Reformen nach 1815 gegenstandslos geworden. 152

Von durchaus aktuellem Interesse ist der **Versuch, die Entstehung von «Richterrecht» und «Juristenrecht»[5] zu verhindern**: Durch die §§ 46–52 der Einleitung zum ALR war den Richtern jede Rechtsfortbildung strikt untersagt. Art. 18 des «Publikationspatents» zum ALR erstreckte dies sogar auf eine den Zweck und die Absicht des Gesetzes in den Vordergrund stellende Auslegung.[6] Auch auf die «Meinungen der Wissenschaft» durfte gem. § 6 Einl. ALR keine Rücksicht genommen werden; dementsprechend existierten auch keine Kommentare. Der Richter war ausschließlich auf den ja sehr detaillierten Text verwiesen.[7] Ließ dieser Unklarheiten, war vor einer Entscheidung eine vom König beauftragte Gesetzgebungskommission bzw. dieser selbst einzuschalten. Schon 4 Jahre später wurde dies allerdings zu einer bloßen Informationspflicht herabgestuft[8], da man erkannt hatte, daß die ursprüngliche Regelung eine Überforderung des «monarchischen» Gesetzgebers war. 153

Der Gedanke, dem Gesetzgeber absolute Priorität bei der Rechtsetzung einzuräumen, lag auch der Praxis des DDR-Rechts zugrunde, wo bei Zweifelsfragen (nicht veröffentlichte) sog. Standpunkte erarbeitet wurden, die dann für alle Gerichte maßgebend waren. Eine innovative Weiterentwicklung der Rechtsordnung wird so verhindert.

3 Eingehend Ihnen JA 1994, 166ff.
4 Teil II Abschnitt 7 § 227. Diese Teile werden bei Ihnen, a. a. O., nicht erwähnt. Eingehend jedoch Wagner, Die politische Pandektistik, S. 116ff.
5 Zu diesen Begriffen s. oben Kap. 2 unter 3.3 (Rn 70ff.) und 3.4 (Rn 87ff.)
6 Ihnen JA 1994, 168
7 Beispiel bei Haase-Keller Rn 197
8 Ihnen JA 1994, 169

1.2 Insbesondere: Gemeines Recht

154 **Völlig anders** als das ALR war **das Gemeine Recht** strukturiert. Seine zentrale Quelle waren die sog. Pandekten (eine aus dem Griechischen stammende Bezeichnung, die soviel wie «allumfassende Sammlung» bedeutet). Mindestens genauso gebräuchlich ist das aus dem Lateinischen stammende Wort «Digesten» mit identischer Bedeutung. Dabei handelte es sich vorwiegend nicht um in Paragraphenform gegossene Rechtstexte, sondern um – knapp formulierte – Fallösungen, aus denen allgemeinere Aussagen abgeleitet wurden. Ähnlich wie heute im anglo-amerikanischen Recht läßt sich auf der Grundlage derartiger «Versatzstücke» trefflich streiten; die «Interpretationskunst» des Juristen wird geschult.

Manche Universitäten verlangen von angehenden Doktoren eine sog. Digestenexegese, also eine Auslegung einer bestimmten Stelle und ihre Harmonisierung mit anderen Aussagen im selben Werk, die möglicherweise zu anderen Schlußfolgerungen führen könnte.[9]

155 Aufgrund dieser Struktur war das gemeine Recht ein bevorzugter **Gegenstand wissenschaftlicher Untersuchungen**. Man konnte sich dabei nicht nur auf die Arbeit der Glossatoren und Postglossatoren im 12. und 13. Jahrhundert stützen (diese waren – modern gesprochen – recht einfallsreiche Kommentatoren), sondern auch auf die «Weiterentwicklung durch Interpretation», die die Pandekten nach ihrer Aufnahme in Deutschland als subsidiär geltende Rechtsquelle im 15. Jahrhundert erfahren hatten (sog. Usus modernus pandectarum).[10]

156 Zum Zeitpunkt der Reichsgründung dominierte in der Rechtswissenschaft allerdings ein «positivistischer» Umgang mit den Pandekten. Der «Rechtsstoff» wurde als vorgegeben angesehen; die Hauptaufgabe lag darin, ihn zu systematisieren und aus einem so geschaffenen System heraus evtl. auftauchende Lücken zu schließen. Dies war insofern von besonderem Interesse, als das römische Recht in seiner ursprünglichen wie in der ins 19. Jahrhundert überkommenen Form sehr «marktwirtschaftlich» war: Es baute auf Privateigentum, Vertragsfreiheit und Testierfreiheit auf.[11] Insoweit paßte es nahtlos zum «Zeitgeist» der Jahre nach 1871.

---

9 Zur Digestenexegese s. Wesel, Die Hausarbeit in der Digestenexegese. Eine Einführung für Studenten und Doktoranden, 2. Aufl. München 1973

10 Dazu Wieacker, Privatrechtsgeschichte der Neuzeit, S. 204ff.

11 Vgl. Schmidt-Brüggemeier S. 80: In Rechtsform gegossener antiker Liberalismus

Ohne Bedeutung war, daß die antike Marktwirtschaft nur für freie Bürger gegolten hatte und Sklaven im wesentlichen wie Sachen behandelt wurden. Für die Rechte des Käufers muß es ja nicht unbedingt einen Unterschied machen, ob er einen Sklaven, eine Kuh oder ein Grundstück gekauft hat, die im einen oder anderen Punkt nicht den Erwartungen entsprechen.

2 Die Vorbereitungsarbeiten zum BGB

Nach der Reichsgründung bestand schnell Übereinstimmung unter allen politisch relevanten Kräften, die Rechtszersplitterung zu beseitigen und ein einheitliches Zivilrecht zu schaffen. Dies ließ sich mit den Notwendigkeiten des deutschen «Binnenmarkts», aber auch damit rechtfertigen, daß ein für alle geltendes Gesetzbuch die Identifikation mit der neuen politischen Einheit stärken würde. 157

Zunächst war allerdings eine **Verfassungsänderung** nötig, da dem Reich 1871 nur eine Zuständigkeit für das Recht der Schuldverhältnisse verliehen worden war. Die Erweiterung auf das gesamte Zivilrecht **im Jahre 1873** stieß auf keine wesentlichen Schwierigkeiten.[12] 158

Anfang 1874 wurde dann eine aus 5 Personen bestehende sog. **Vorkommission** eingesetzt, die die Arbeit der «eigentlichen Kommission» vorstrukturieren sollte.[13] Ihr führender Kopf – Levin Goldschmidt – war Handelsrechtler und von daher den Bedürfnissen gut funktionierender Märkte gegenüber sehr aufgeschlossen. Recht schnell wurde Übereinstimmung in der Richtung erzielt, daß «im wesentlichen das Gegebene zu kodifizieren sei». Soweit die vorhandenen Rechte Unterschiede aufwiesen, sollten in erster Linie «Bedürfnis und Zweckmäßigkeit» berücksichtigt werden.[14] 159

Die noch im Jahre 1874 eingesetzte sog. **erste Kommission** bestand aus elf Juristen, von denen sechs Richter, drei Ministerialbeamte und zwei Professoren waren. Zu den letzteren gehörte der wichtigste Vertreter der Pandektenwissenschaft, Bernhard Windscheid. Die Kommission ließ sich ein wenig Zeit; erst nach 13 Jahren legte sie einen 160

12 Dazu Laufs JuS 1973, 740
13 Zur Arbeit der Vorkommission s. Benöhr JuS 1977, 79
14 Benöhr JuS 1977, 80

Entwurf vor, der einschließlich der «**Motive**» genannten Begründung 1888 veröffentlicht wurde. Er orientierte sich in fast allen Einzelfragen an den Erkenntnissen der Pandektenwissenschaft. Kritik kam deshalb insbesondere von zwei Seiten.

161 **Otto von Gierke** vertrat die «germanistische» Position, die dem in den Partikularrechten weiterlebenden deutschen Gewohnheitsrecht eine höhere Bedeutung beimessen wollte. In seiner bekannten Schrift[15] erhob er aber auch zahlreiche Forderungen, die man heute unter dem Stichwort eines «sozialstaatlichen» Zivilrechts abhandeln würde. Dazu gehörte etwa ein verstärkter Schutz von sozial Schwachen oder – wie man damals sagte – mehr «soziale Fürsorge».

162 Der Kathedersozialist **Anton Menger**[16] kritisierte in seinem Buch «Das BGB und die besitzlosen Volksklassen»[17] die völlige Ausklammerung der sozialen Frage und sah in der Beschränkung auf den «reinen Markt» ein Mittel, um die Starken noch stärker und die Schwachen noch schwächer zu machen.

163 Insbes. mit Rücksicht auf die Kritik von Gierkes setzte die Reichsregierung eine sog. **zweite Kommission** ein, der neben Juristen auch Nationalökonomen und Repräsentanten der großen Wirtschaftsverbände angehörten. Sie trat 1890 zusammen und legte nach 5 Jahren einen sog. zweiten Entwurf vor, dessen Begründung üblicherweise als «**Protokolle**» bezeichnet wird. Einzelne Kritikpunkte wurden aufgegriffen, ohne daß sich allerdings das Gesamtkonzept verändert hätte.

164 Dieser zweite Entwurf wurde im Bundesrat diskutiert und in einzelnen Punkten verändert. Zusammen mit einer **Denkschrift** des Reichsjustizamtes (damalige Bezeichnung für das Reichsjustizministerium) wurde er dem **Reichstag** zugeleitet. Dieser **nahm am 1.7.1896** mit 222 gegen 48 Stimmen **das BGB an** und bestimmte, daß es am 1.1.1900 in Kraft treten sollte. Sozialdemokratische Initiativen zugun-

15 Otto v. Gierke, Der Entwurf eines bürgerlichen Gesetzbuchs und das Deutsche Recht, Leipzig 1889. Seine wichtigsten Argumente sind zusammenfassend referiert und kommentiert bei Knieper, S. 32ff.

16 Zu ihm Kästner, Anton Menger. Leben und Werk, Tübingen 1974; Willrodt-v. Westernhagen, Recht und soziale Frage. Die Sozial- und Rechtsphilosophie Anton Mengers, Hamburg 1975

17 Das bürgerliche Recht und die besitzlosen Volksklassen. Eine Kritik des Entwurfs eines bürgerlichen Gesetzbuchs für das Deutsche Reich, Tübingen 1890. Dazu Knieper, S. 30f., der mit Recht darauf hinweist, daß Mengers eigene Vorschläge auf «Bewahrung des sozialen Friedens» zielten, also nach damaligem Verständnis alles andere als «sozialistisch» waren.

sten einer verstärkten Berücksichtigung sozialer Elemente wurden mit großer Mehrheit zurückgewiesen.[18]

3 Aufbau und Systematik des BGB

Das BGB ist in einer relativ abstrakten Sprache formuliert. 165

S. etwa die grundlegende Bestimmung des § 305: «Zur Begründung eines Schuldverhältnisses durch Rechtsgeschäft sowie zur Änderung des Inhalts eines Schuldverhältnisses ist ein Vertrag zwischen den Beteiligten erforderlich, soweit nicht das Gesetz ein anderes vorschreibt.»

Dies hängt damit zusammen, daß die Gesetzesverfasser die **Technik des «Vor-die-Klammer-Ziehens»** praktiziert haben: Zuerst werden die allgemeinsten, dann die weniger allgemeinen Regeln formuliert. Dies zeigt sich schon in der äußeren Gliederung.

Im **Allgemeinen Teil** (§§ 1–240) sind diejenigen Fragen geregelt, 166 die für jedes rechtserhebliche Verhalten von Bedeutung sind. In den §§ 1–89 finden sich deshalb Bestimmungen darüber, wer eine «Person» ist, die §§ 90–103 enthalten Regelungen über «Sachen». Der dritte Abschnitt betrifft «Rechtsgeschäfte», also solche Handlungen, mit denen der Einzelne bewußt bestimmte Rechtsfolgen herbeiführen kann. Wir finden in diesem Teil Regeln über die Geschäftsfähigkeit (§§ 104–113), über die Wirksamkeit von Willenserklärungen (§§ 116–144) und über das Zustandekommen von Verträgen (§§ 145–157). Was dies im einzelnen bedeutet, kann hier noch nicht erklärt werden: Deutlich wird nur der für das BGB charakteristische Weg vom Allgemeinen zum Besonderen.

Im zweiten Buch, dem sog. **Schuldrecht** (korrekter «Recht der 167 Schuldverhältnisse» genannt – der einzelne «schuldet» etwas), geht es um die Rechtsbeziehungen zwischen zwei Personen. Sie können unterschiedliche Entstehungsgründe haben: Man schließt einen Vertrag, man erhält irrtümlich eine Leistung, oder man wird bei einem Verkehrsunfall geschädigt. Auch hier wird zunächst in einem «Allgemeinen Teil des Schuldrechts» festgelegt, was z. B. dann zu geschehen hat,

18 Eingehende Dokumentation bei Vormbaum (Hrsg.), Sozialdemokratie und Zivilrechtskodifikation, Berlin-New York 1977

wenn die Erfüllung einer Leistungspflicht unmöglich wird. Im «Besonderen Teil» werden dann die einzelnen Vertragstypen wie Kauf, Miete usw. abgehandelt.

168 Demselben Aufbauprinzip folgt das dritte Buch, das sog. **Sachenrecht**. Es bezieht sich auf die Zuordnung von «Sachen» zu bestimmten Personen und regelt insbes. Inhalt und Übertragung des Eigentums. Der deutschrechtlichen Tradition entsprechend wird zwischen sog. beweglichen Sachen und Grundstücken unterschieden. Vorangestellt ist jedoch ein Abschnitt über den «Besitz» (§§ 854–872), da die damit bezeichnete «tatsächliche Sachherrschaft» sowohl bei beweglichen Sachen wie auch bei Grundstücken bestehen kann.

169 Das **Familienrecht** als viertes Buch regelt die Rechtsbeziehungen, die im Zusammenhang mit der Ehe, der Abstammung und der Adoption entstehen. Die Gliederung folgt demselben Muster.

170 Im fünften Buch, dem **Erbrecht**, wird schließlich festgelegt, was mit dem Vermögen verstorbener Personen geschieht. Eine wichtige Rolle spielt dabei die Frage, inwieweit durch Testament und Erbvertrag Vorsorge für diesen Fall getroffen werden kann. Auch hier wird derselbe Aufbau wie in den anderen Büchern praktiziert.

171 Wer ohne Vorkenntnisse einen Fall durch schlichten «Blick ins Gesetz» lösen wollte, käme auch als Mensch mit hohem IQ unter diesen Umständen in erhebliche Schwierigkeiten.

Die bestellten 30 Flaschen Bordeaux werden zum vereinbarten Zeitpunkt nicht geliefert. Ich will mich woanders eindecken und deshalb die Bestellung rückgängig machen.

Liest man die Bestimmungen über den Kaufvertrag in den §§ 433 ff. BGB, findet man nichts, was «passen» würde. Schaut man im Allgemeinen Schuldrecht unter dem Stichwort «Verzug» nach, entdeckt man in § 286 BGB eine Schadensersatzpflicht des in Verzug geratenen Schuldners, also hier meines Weinhändlers. Ich will aber gar keinen Schadensersatz, sondern vom Vertrag zurück: Hier ist § 326 BGB einschlägig, der bei den Sonderregeln über «gegenseitige Verträge» steht, zu denen auch der Kaufvertrag («Ware gegen Geld») gehört.

§ 326 verlangt allerdings von mir, daß ich dem Schuldner eine sog. Nachfrist setze, also ihn nochmals «unter Fristandrohung» zur Leistung auffordere.

Im ersten Augenblick erscheint dies außerordentlich kompliziert. Wenn man in etwa weiß, was wo steht, ist die Sache vielleicht kein Kinderspiel, aber doch mit etwas Nachdenken unschwer zu bewältigen.

172 Daß man sich ein schöner formuliertes Gesetzbuch vorstellen könnte, liegt auf der Hand. Bis auf weiteres müssen wir mit dem BGB

leben. Manche Leute empfinden auch klammheimliche Freude angesichts der Tatsache, daß der «Laie» auf diese Weise dem Juristen nicht so ohne weiteres in die Karten gucken kann. Ein solcher Berufs-Egoist ist allerdings eine wenig demokratische Figur, denn das Recht soll im Prinzip das Recht der ganzen Bevölkerung sein.

Zu ergänzen bleibt, daß die fünf Bücher des BGB durch ein **«Einführungsgesetz»** (= EG) ergänzt werden, das zwei wichtige inhaltliche Schwerpunkte hat. 173

– Zum einen regelt es das sog. **internationale Privatrecht** (Art. 3–38). Es enthält diejenigen Regeln, die bestimmen, wann bei Sachverhalten mit «Auslandsberührung» deutsches und wann ausländisches Recht Anwendung findet. Man spricht insoweit auch von «Kollisionsrecht», was an sich korrekter ist, da es sich um nationales Recht handelt, das man in vergleichbarer Weise (aber mit manchmal unterschiedlichen Inhalten) in allen Staaten findet. Angesichts der Globalisierung der Produktion und der Märkte in der Gegenwart wird die Bedeutung dieses Rechtsgebiets immer größer.[19]

– Zum zweiten bestimmt das EGBGB eine Reihe von Sachgebieten, 174
die dem **Landesrecht** vorbehalten sind, also im Jahre 1900 nicht kodifiziert wurden (Art. 55 bis Art. 152 EGBGB).[20] Ebenso sind nunmehr Übergangsvorschriften für die neuen Bundesländer enthalten.

Die Systematik des BGB entspricht bis in die Einzelheiten dem in 175
der Pandektenwissenschaft Erarbeiteten.[21]

19 Darstellungen bei Firsching-v. Hoffmann, Internationales Privatrecht, 4. Aufl., München 1995; Kegel, Internationales Privatrecht, 7. Aufl., München 1995

20 Gewissermaßen die «Verlustliste» der Rechtseinheit. Zum Gliederungsprinzip des BGB s. auch Brox, AT, Rn 37ff.; Schwab, Einf., Rn 35ff.

21 MüKo-Säcker, Einl. zu Bd. 1, Rn 18

4 Das BGB als liberale Marktverfassung

176 Der Text des BGB ist von einer liberalistischen, individualistischen Grundhaltung geprägt.[22] Das «politische Systemmodell» des Liberalismus liegt seinen Regelungen zugrunde[23], das Sozialmodell des Besitzbürgertums jener Zeit war seine ausschließliche Richtschnur.[24] Dies zeigt sich nicht nur darin, daß alle notwendigen Voraussetzungen einer marktwirtschaftlichen Ordnung wie Privateigentum (§ 903 BGB) und Vertragsfreiheit (§ 305 BGB) enthalten sind.[25] Vielmehr **fehlen** im Geiste eines «reinen» Liberalismus naheliegende und z. T. vorher bestehende **Korrektive für ungerechte Verträge**: Daß ein auffälliges Mißverständnis von Leistung und Gegenleistung einen Vertrag unwirksam machen kann, hatte zwar das gemeine Recht unter dem Stichwort der sog. laesio enormis anerkannt[26], doch ist das BGB insoweit noch «marktwirtschaftlicher» als sein Vorbild. Wird ein Vertrag durch Veränderung der Umstände sinnlos oder grob ungerecht, so war zu früherer Zeit eine Anpassung an die veränderten Umstände, ggfs. eine Auflösung möglich[27]; nicht so nach dem Text des BGB. Dieses enthält keine materiale (inhaltliche) Vertragsethik.[28] Im **Deliktsrecht** werden die Gefahren auch der zeitgenössischen industriellen Produktion ausgeblendet; die §§ 823 ff. sehen eine Haftung nur bei Verschulden vor und machen lediglich zu Lasten des Tierhalters eine Ausnahme.[29]

177 Das sog. **Personenrecht**, d. h. die nicht oder kaum vom Warentausch beeinflußten persönlichen Beziehungen von Individuen, hat nur eine sehr bescheidene Regelung gefunden.[30] Eine Ausnahme gilt ledig-

---

22 So auch Brox, AT, Rn 24; ebenso Klunzinger, Einf., S. 10

23 So ausdrücklich Schwab, Einf., Rn 59. Kritisch dazu Knieper, S. 43 ff.

24 Schmidt-Brüggemeier S. 81. Ebenso der Sache nach Wieacker, Das Sozialmodell der klassischen Privatrechtsgesetzbücher, in: Ders., Industriegesellschaft und Privatrechtsordnung, S. 16

25 Zu den notwendigen Voraussetzungen eines marktwirtschaftlichen Zivilrechts s. oben Kap. 2 unter 6.3 (Rn 106 ff.)

26 Dazu Christoph Becker, Die Lehre von der laesio enormis in der Sicht der heutigen Wucherproblematik: Ausgewogenheit als Vertragsinhalt und § 138 BGB, Köln 1993

27 Sog. clausula rebus sic stantibus

28 Wieacker, a. a. O., S. 15

29 Vgl. Schmidt-Brüggemeier S. 81

30 Brox, AT, Rn 30

lich für das Familienrecht, das allerdings ausschließlich nach patriarchalischen Mustern strukturiert war.

Die Orientierung am «freien Marktsubjekt» hat zur Folge, daß die 178
sozialen Voraussetzungen von Freiheit ungeregelt bleiben. Die schwächeren Vertragspartner haben das Nachsehen. Wer sich als abhängig Beschäftigter verdingen muß oder wer als Bauer oder Handwerker der Konkurrenz der Großen nicht mehr gewachsen ist, bleibt auf der Strecke und muß sich mit schlechten Lebensbedingungen begnügen.[31] Lediglich dem beträchtlichen politischen Einfluß besitzenden **Großgrundbesitz** gelang es, seine **Interessen einigermaßen zu sichern**: So blieben etwa die aus dem Feudalismus stammenden Familienfideikommisse nach Maßgabe der Landesgesetzgebung erhalten.[32]

Ein Fideikommiß (wörtlich: zur Treue überlassen) war in der Regel ein Landgut oder ein anderer Grundbesitz; kraft einer vom «Stifter» meist vor Jahrhunderten erlassenen «Satzung» standen sie notwendigerweise den Mitgliedern einer bestimmten Familie zu, waren unveräußerlich und konnten auch nicht von Gläubigern gepfändet werden. Sie waren gewissermaßen (dem Rechtsverkehr entzogene) Reservate, die die wirtschaftliche Macht bestimmter Familien über Generationen hinweg sicherten.

Weitere Einzelheiten hier darzustellen ist verfrüht und könnte als Ab- 179
qualifizierung des Gesetzestextes mißverstanden werden. So wird etwa die These, daß das BGB sich an einer durch Kleinproduzenten bestimmten Marktgesellschaft orientiert, erst dann nachvollziehbar, wenn man zahlreiche Einzelregelungen wie z. B. § 831 BGB kennt.[33]

31 Zutreffend Wieacker, aaO., S. 16: Für diese Berufe und Klassen «waren Vertrags-, Eigentums- und Testierfreiheit, die eine so entschiedene Vorgabe für Handel und Gewerbe der Unternehmerklasse wurden, im günstigsten Falle kein vitales Interesse, regelmäßig aber weithin eine Bedrohung der ihnen eigentümlichen Lebensbedingungen».

32 Dazu Däubler JZ 1969, 499ff. sowie Staudinger-Promberger-Schreiber, Erl. zu Art. 59 EGBGB (1985)

33 Zu dieser s. Bd. 2 Kap. 9 unter 2. (Rn 1105ff.) Zusammenfassend Wieacker, a. a. O., S. 16ff.

5 Die Weiterentwicklung des BGB

180 Das BGB wurde 1996 100 Jahre alt. In dieser langen Zeit haben sich ausdrückliche Änderungen seines Textes in engem Rahmen bewegt. Der Allgemeine Teil ist fast unverändert geblieben, das Schuldrecht ist durch den Mieterschutz und das Reisevertragsrecht (§ 651 a bis 651 l) ergänzt worden. Im Sachenrecht sind die Vorschriften über das Erbbaurecht schon 1919 grundlegend umgestaltet und auf die Erbbaurechtsverordnung (Schönfelder Nr. 41) ausgelagert worden. Im Erbrecht ist die prinzipielle (wenn auch nicht vollständige) Gleichbehandlung der nichtehelichen Kinder hinzugekommen.

181 **Grundlegende Änderungen** waren lediglich **im Familienrecht** zu verzeichnen. Wie weit das BGB in seiner ursprünglichen Fassung vom heutigen Gleichberechtigungsgebot des Art. 3 Abs. 2 GG entfernt war, zeigen schon einige wenige Beispiele. So bestimmte etwa § 1354:

«Dem Manne steht die Entscheidung in allen, das gemeinschaftliche eheliche Leben betreffenden Angelegenheiten zu; er bestimmt insbes. Wohnort und Wohnung.»

Eine Art **«Rückholrecht» an Heim und Herd** räumte § 1358 BGB dem Ehemann ein:

«Hat sich die Frau einem Dritten gegenüber zu einer von ihr in Person zu bewirkenden Leistung verpflichtet, so kann der Mann das Rechtsverhältnis ohne Einhaltung einer Kündigungsfrist kündigen, wenn er auf seinen Antrag von dem Vormundschaftsgerichte dazu ermächtigt worden ist. Das Vormundschaftsgericht hat die Ermächtigung zu erteilen, wenn sich ergibt, daß die Tätigkeit der Frau die ehelichen Interessen beeinträchtigt.»

Auch bei der Kindererziehung war alles klar; der Vater hatte kraft der «elterlichen Gewalt» das Recht und die Pflicht, für die Person und das Vermögen des Kindes zu sorgen (§ 1627 BGB a. F.), die Frau durfte sich nach § 1634 um die Person des Kindes kümmern, konnte es jedoch nicht nach außen vertreten. Gab es bei der Sorge für die Person (welcher Kindergarten? Arzt holen oder nicht?) Meinungsverschiedenheiten zwischen den Eltern, so ging – wie § 1634 am Ende bestimmte – die Meinung des Vaters vor.

182 Sieht man einmal vom Familienrecht ab, so ist die **«Beständigkeit» des Gesetzestextes** um so erstaunlicher, als dieser **in fünf** recht **unterschiedlichen politischen Systemen** galt: Er wurde im Kaiserreich, einer konstitutionellen Monarchie, erlassen, galt in der Weima-

rer Republik fast unverändert weiter, wurde – von einigen später wieder aufgehobenen Regelungen im Erbrecht abgesehen – auch im Faschismus nicht angetastet, blieb bis 1. 1. 1976 in der DDR erhalten und gilt seit ihrer Gründung in der Bundesrepublik.

Der Eindruck, daß dies eigentlich nicht sein kann, trifft durchaus zu. 183
In der jeweiligen Epoche haben sich in der Tat im Zivilrecht **wesentliche Veränderungen** ergeben, doch erfolgten diese **außerhalb des Gesetzestextes**: Neben Sondergesetzen (Beispiel: Verbraucherschutz) hat insbes. die Rechtsprechung für eine Anpassung an veränderte Umstände gesorgt. Dem BGB wurde – wie Wieacker zutreffend bemerkte[34] – ein neues Sozialmodell unterlegt. Dies im einzelnen hier darzustellen, ist verfrüht, da man zahllose Einzelregelungen des Gesetzes aufgreifen und ihre jeweiligen Deutungen gegenüberstellen müßte. Es sollen deshalb lediglich einige **Beispiele** gegeben werden, wie das **BGB während des Faschismus** gehandhabt wurde, die die weiten Möglichkeiten der «Umdeutung» ein wenig klarer machen sollen.

Auf unterschiedlichen Wegen, nicht zuletzt auch mit allerlei tech- 184
nischen Kunstgriffen, wurde das BGB für die Ausgrenzungs- (und später Vernichtungs-)politik gegenüber Juden und anderen Fremdrassigen in Dienst genommen.[35] So entschied das **Reichsgericht** beispielsweise am 18. 8. 1938[36], die Tatsache, daß **Juden** im Haus wohnen würden, sei eine **«Belästigung und Störung»**. Das AG Nürnberg[37] gab dem Vermieter sogar das Recht zur fristlosen Kündigung, das es wie folgt begründete:

«An sich ist im BGB dem Vermieter das Recht zur fristlosen Kündigung des Mietverhältnisses nur in den Fällen der §§ 553, 554 eingeräumt. Beide treffen hier nicht zu. Allein die Rechtsprechung hat seit langem den Grundsatz entwickelt, daß der in den Bestimmungen der §§ 553, 626, 723 BGB zum Ausdruck gebrachte Rechtsgedanke ganz allgemein für Dauerschuldverhältnisse Geltung habe. Danach können Dauerverhältnisse fristlos gekündigt werden, wenn ein wichtiger Grund vorliegt... Jeder Deutsche findet die Anwesenheit von Juden in

34 a. a. O. S. 24

35 Überblick bei Graue, Das Zivilrecht im Nationalsozialismus, in: Säcker (Hrsg.), Recht und Rechtslehre im Nationalsozialismus, Baden-Baden 1992, S. 103ff. Speziell zur Ausgrenzung s. Tarab-Maslaton, Rechtliche Strukturen der Diskriminierung der Juden im Deutschen Reich, Berlin 1993; umfangreiche Dokumentation bei Diemut Majer, «Fremdvölkische» im Dritten Reich, Boppard 1981

36 DR (= Deutsches Recht) 1938, 512

37 JW 1938, 3243

dem von ihm bewohnten Haus als lästig; es ist ihm peinlich, mit ihm zusammenzutreffen oder gar mit ihm in Verbindung treten zu müssen. Diese Einstellung hat sich durch die Ereignisse der letzten Wochen (gemeint war die sog. Reichskristallnacht vom 9./10. 11. 1938 – W. D.) ganz bedeutend verstärkt. Die Entwicklung hat gezeigt, daß ein Zusammenwohnen von Deutschen und Juden unerträglich geworden ist. Die Durchführung des Mietvertrages ist durch die Person des Mieters, durch seine Zugehörigkeit zur jüdischen Rasse gefährdet...»

Ein Angestellter des öffentlichen Dienstes konnte fristlos entlassen werden, wenn **Familienangehörige in einem jüdischen Kaufhaus einkauften**; dem Betroffenen half es im konkreten Fall auch nichts, daß er durchaus wohlgelittenes Mitglied von NSDAP und SA war.[38]

185 Das sog. **Blutschutzgesetz** vom 15.9.1935[39], das Teil der sog. **Nürnberger Rassengesetze** war, verbot die Ehe zwischen Deutschen und Juden. Früher geschlossene Ehen blieben zwar erhalten, doch bemühte sich die Rechtsprechung nach Kräften, eine Scheidung zu erleichtern.[40]

S. weiter Stuckart-Globke, Kommentare zur deutschen Rassengesetzgebung: Reichsbürgergesetz, Gesetz zum Schutze des deutschen Blutes und der deutschen Ehre, Gesetz zum Schutze der Erbgesundheit des deutschen Volkes, München-Berlin 1936.

Die nüchtern sachliche Sprache des Kommentars unterscheidet sich kaum von einer beliebigen Erläuterung der StVO oder des StGB. Es gibt Juristen, die zu jedem Gesetzestext einen Kommentar schreiben – beliebig einsetzbare «Kreaturen», die gerade deshalb gefährlicher sind als viele Überzeugungstäter. Der zweite Autor war im übrigen nach 1945 längere Zeit Staatssekretär im Bundeskanzleramt.[41]

186 Das OLG Breslau[42] erleichterte 1942 die Scheidung von einem Polen, der sich vor 1939 führend im «nationalpolnischen Sinne» betätigt hatte, und andere Gerichte betrachteten **«polenfreundliches Verhalten»** als schwere Eheverfehlung, die ggfs. die Scheidung rechtfertigte.[43]

187 Dies mag als Anschauungsmaterial zunächst genügen. Die sehr abstrakten Regeln des BGB lassen dem Gesetzesanwender einen beson-

38 RAG DJ (= Deutsche Justiz) 1937, 1989. Die Kündigung stützte sich auf § 626 BGB
39 RGBl I 1146
40 Nachweise bei Rüthers, Die unbegrenzte Auslegung, S. 410
41 Zur Rolle der Juristen s. insbes. Ingo Müller, Furchtbare Juristen. Die unbewältigte Vergangenheit unserer Justiz, München 1987
42 DR 1943, 84
43 Nachweise bei Diemut Majer, a. a. O., S. 839/840

ders großen Spielraum, der nach 1933 in dem beschriebenen Sinne genutzt wurde. Niemand wird heute an einen Rückfall in Sprache und Inhalt der NS-Machthaber denken. Gleichwohl sind die «Sicherungen» dagegen nicht im BGB, sondern im politischen System angelegt.

Daß auch **sozialstaatliche Weiterentwicklungen** im Sinne von 188
mehr realer Freiheit für den Einzelnen möglich sind und von der Rechtsprechung heute **verstärkt praktiziert** werden, wird in den folgenden Kapiteln deutlich.[44] Im vorliegenden Zusammenhang soll es zunächst bei der Feststellung bleiben, daß sich das Zivilrecht einer bestimmten Epoche eben nicht allein aus dem Gesetzestext bestimmen läßt, sondern daß man zumindest das Richterrecht «hinzulesen» muß.[45]

44 Überblick bei Eichenhofer JuS 1996, 857; Medicus JuS 1996, 761 ff.; Stürner JZ 1996, 741 ff.; Kern JuS 1996, 1 ff.

45 Zu diesen s. bereits oben Kap. 2 unter 3.3 (Rn 70 ff.)

TEIL II RECHTSSUBJEKTE UND RECHTSVERHÄLTNISSE

KAPITEL 5: Das Rechtssubjekt: Der Mensch und andere Personen

1 Das Grundprinzip: Universelle Rechtsfähigkeit der natürlichen Person

1.1 Der Begriff

Nach allgemeiner Auffassung ist jeder Mensch «rechtsfähig». Dies bedeutet, daß er Träger von Rechten und Pflichten sein kann.[1] Im Bereich des Zivilrechts ist **jedes Recht** für den Einzelnen **erwerbbar**; dementsprechend können ihn auch alle (legalen) Pflichten treffen. Dieser Grundsatz schien den Verfassern des BGB so selbstverständlich, daß sie ihn gar nicht ausdrücklich erwähnt haben.[2] Sie haben sich vielmehr damit begnügt, den Beginn der Rechtsfähigkeit festzulegen. 189

§ 1 BGB: «Die Rechtsfähigkeit des Menschen beginnt mit der Vollendung der Geburt.»

Gäbe es diese Universalität der Rechtsfähigkeit nicht, hätte man sich von vornherein für die Existenz verschiedener Kategorien von Menschen entschieden: solche, die beispielsweise Grundstücke erwerben und Mietverträge abschließen dürfen, und solche, denen dies von 190

1 So die traditionelle Umschreibung; s. etwa Palandt-Heinrichs, Überblick vor § 1 Rn 1; Hübner, AT, Rn 123. Inhaltlich übereinstimmend spricht Larenz, AT, § 5 I davon, der Einzelne sei «Inhaber von Rechten und Adressat von Pflichten».

2 MüKo-Gitter § 1 Rn 3

vornherein verweigert wird. Es geht daher um die elementare Gleichheit der Rechtssubjekte insbes. im Wirtschaftsverkehr.[3] Mit Recht wird deshalb betont, die allgemeine Rechtsfähigkeit habe ihre **Grundlage in der Menschenwürde** des Art. 1 Abs. 1 GG.[4]

191 Rechtsfähig ist der einzelne Mensch ohne Rücksicht auf Alter, Geschlecht und Staatsangehörigkeit. Praktische Bedeutung hat dies insbes. in bezug auf **alle vermögensrechtlichen Beziehungen**, während unmittelbar die Person ergreifende (personenrechtliche) Rechtsverhältnisse ggfs. bestimmte persönliche Eigenschaften voraussetzen.

Um zu heiraten, muß man nach § 1 Ehegesetz (= EheG) volljährig sein. Wenn das Vormundschaftsgericht zustimmt, ist man jedoch bereits mit 16 «ehefähig», sofern der andere Ehepartner volljährig ist.

192 Erst recht gelten **Ausnahmen im** Anwendungsbereich des **öffentlichen Rechts**. So muß man mindestens 35 Jahre alt sein, um Bundesrichter zu werden, und § 45 StGB sieht vor, daß bestimmte Straftäter während einiger Jahre keine öffentlichen Ämter mehr bekleiden und nicht an Wahlen teilnehmen dürfen. Die weitergehende Sanktion einer «Aberkennung der bürgerlichen Ehrenrechte», die u. a. auch die Fähigkeit, Vormund zu sein, beseitigte, wurde 1969 abgeschafft.[5]

Keine Einschränkungen ergeben sich in dem (zum öffentlichen Recht gehörenden) Prozeßrecht: Nach § 50 ZPO kann jedes rechtsfähige Subjekt Kläger oder Beklagter in einem Zivilprozeß sein. Man spricht insoweit von «**Parteifähigkeit**».

193 Von der Rechtsfähigkeit ist die sog. **Handlungsfähigkeit** zu unterscheiden; darunter versteht man die Eigenschaft, durch eigenes Handeln Rechtswirkungen hervorzurufen.[6]

Ein neugeborenes Kind ist zwar rechtsfähig, jedoch nicht selbst zum Abschluß von Verträgen in der Lage.

Die Handlungsfähigkeit ist differenziert geregelt. Der Abschluß von Rechtsgeschäften (insbes. von Verträgen) setzt Geschäftsfähigkeit nach Maßgabe der §§ 104 bis 113 BGB voraus[7]; wegen einer unerlaubten Handlung wie z. B. der Schädigung fremden Eigentums ist der

---

3 Schwab, Einf., Rn 121

4 Larenz, AT, § 5 I; Medicus, AT, Rn 1043; Gerlach, Radikalenfrage, S. 32. Z. T. wird auch auf Naturrecht zurückgegriffen, doch ergeben sich daraus keine zusätzlichen praktischen Konsequenzen, so daß die Frage, ob es ein überpositives (= dem geltenden Recht übergeordnetes) Naturrecht gibt, hier dahinstehen kann.

5 Schwab, Einf., Rn 121

6 Palandt-Heinrichs, Überblick vor § 1 Rn 3

7 Dazu unten Kap. 11 (Rn 697ff.)

Einzelne nur verantwortlich, wenn er «deliktsfähig» nach §§ 827, 828 BGB ist.[8] Nach dem Gesetz über die religiöse Kindererziehung vom 15. Juli 1921[9] kann man mit 14 Jahren selbst über die Zugehörigkeit zu einer Konfession entscheiden («**Religionsmündigkeit**»).

Wer als Nichtkaufmann an der Terminbörse spekulieren möchte, bedarf nach § 53 des Börsengesetzes der sog. **Termingeschäftsfähigkeit**, die durch eingehende Information seitens der Bank erworben wird.[10]

Für **Personen, die nicht selbst handlungsfähig** sind, müssen in vermögensrechtlicher Hinsicht **andere handeln**: Kinder werden z. B. durch ihre Eltern vertreten. Gefährlich wäre es, wollte man die Rechtsfähigkeit von der Handlungsfähigkeit abhängen lassen, da man damit bestimmte Personen von vornherein aus dem Rechtsverkehr ausschließen würde.[11] 194

Die hier skizzierte **Rechtsfähigkeit** beschreibt eine **abstrakte Möglichkeit**; ob ein Mensch tatsächlich in der Lage ist, bestimmte Verträge abzuschließen oder eine Erbschaft zu machen, interessiert das BGB grundsätzlich nicht.[12] Dennoch besitzt auch eine solche «abstrakte Chance» einen hohen Eigenwert, wie nicht zuletzt an der historischen Entwicklung und den noch heute drohenden Ausnahmen deutlich wird.[13] 195

1.2 Historische und aktuelle Ausnahmen

1.2.1 Geschichte

Ein antiker Sklave und ein an die Scholle gebundener mittelalterlicher 196
Bauer waren offensichtlich nicht rechtsfähig im hier umschriebenen Sinn. Ausnahmen von der universellen Rechtsfähigkeit hat es jedoch auch in der bürgerlich-marktwirtschaftlichen Ordnung gegeben. Sie betrafen insbesondere Frauen, denen der Zugang zu bestimmten Tä-

8 Dazu Bd. 2 Kap. 8 unter 2.3.3.4. (Rn 1051 ff.)
9 RGBl 939, 1263
10 Für Interessierte Kleinschmitt, Das Informationsmodell bei Börsentermingeschäften, Berlin 1992; Arno Lehmann, Börsentermingeschäfte als Bankdienstleistung, Diss. Bremen 1995, S. 144 ff.; Schwark, Börsengesetz. Kommentar, 2. Aufl., München 1994
11 Medicus, AT, Rn 1040
12 Vgl. Schwab, Einf., Rn 123. Dazu auch oben Kap. 4 unter 4. (Rn 178)
13 Knieper S. 57

tigkeiten (und damit der Abschluß der entsprechenden Verträge) verschlossen war. Zwei spezifische «Rechtsinstitute» bedürfen der Erwähnung.

197 Bis 1854 enthielt der französische Code civil Vorschriften über den sog. **bürgerlichen Tod**. Ihn erlitten diejenigen, die zu lebenslänglicher Freiheitsstrafe oder in Abwesenheit zum Tode verurteilt wurden (Art. 22ff. Code civil a. F.). Das Vermögen ging auf die Erben über, die Ehe galt als aufgelöst, eine neue konnte nicht geschlossen werden. Erwerb war nur noch in bezug auf solche Güter möglich, die der Betroffene unmittelbar für seinen Lebensunterhalt benötigte.

198 Bis zum Jahre 1900 sah das preußische ALR den sog. **Klostertod** vor. Ausdrücklich war bestimmt, daß «nach abgelegtem Klostergelübde Mönche und Nonnen, in Ansehung aller weltlichen Geschäfte, als verstorben angesehen» wurden (Teil II Abschnitt 11 § 1199). Es lag nahe, vor dem Eintritt ins Kloster ein Testament zu machen und dabei die Kirche oder den das Kloster tragenden Orden nicht zu vergessen.

199 Besonders gravierende Ausnahmen gab es in der Zeit des **Faschismus** in Deutschland.

Nach dem Reichserbhofgesetz vom 29. 9. 1933 [14] konnte Bauer und damit **Eigentümer eines Erbhofs** nur werden, wer die deutsche Staatsangehörigkeit besaß. Weiter mußte man **«rassisch einwandfrei»** sein, was § 13 des Gesetzes wie folgt umschrieb:

«(1) Bauer kann nur sein, wer deutschen oder stammesgleichen Blutes ist.

(2) Deutschen oder stammesgleichen Blutes ist nicht, wer unter seinen Vorfahren väterlicher- oder mütterlicherseits jüdisches oder farbiges Blut hat.

(3) Stichtag für das Vorhandensein der Voraussetzungen des Abs. 1 ist der 1. Januar 1800. Ist zweifelhaft, ob die Voraussetzungen des Abs. 1 gegeben sind, so entscheidet hierüber auf Antrag des Eigentümers oder des Kreisbauernführers das Anerbengericht.»

Juden und Menschen mit «farbigem Blut» (?) waren so von vornherein vom Erwerb ausgeschlossen. Dasselbe galt für Sinti und Roma, da nach der wichtigsten Kommentierung «stammesgleich» nur solche Völker waren, die in geschlossener Volkstumssiedlung seit geschichtlicher Zeit in Europa beheimatet waren.[15]

200 Durch das **Blutschutzgesetz** von 1935 [16] waren Angehörige der jüdischen Minderheit von der Eheschließung mit Deutschen ausgenom-

14 RGBl I 685

15 Wöhrmann, Das Reichserbhofrecht, 3. Aufl., Berlin 1939, § 13 Anm. 2

16 Dazu oben Kap. 4 unter 5. (Rn 185)

men. Im Jahre 1938 wurde **jüdischen Mitbürgern der Erwerb von Grundstücken untersagt**.[17] Der Abschluß eines Mietvertrags blieb zwar theoretisch möglich, doch wurde in Fortführung entsprechender Ansätze in der Rechtsprechung[18] im Jahre 1939 durch Gesetz[19] der **Mieterschutz für unanwendbar erklärt**. Ein Arbeitsverhältnis einzugehen blieb zwar zulässig, doch unterlag dieses praktisch keinerlei Schutzvorschriften mehr.[20] Die Zusammenhänge verdeutlicht eine **Entscheidung des Reichsgerichts** vom 27. Juni 1936.[21]

Im konkreten Fall war mit einem jüdischen Regisseur im Februar 201
1933 ein Vertrag abgeschlossen worden, der dann hinfällig sein sollte, wenn dieser durch «Krankheit, Tod oder ähnlichem Grund» seine Regietätigkeit nicht ausüben konnte. Das Reichsgericht meinte, daß angesichts der Ereignisse im Frühjahr 1933 die Zugehörigkeit zur jüdischen Rasse als ein solcher «ähnlicher Grund» anzusehen sei. In bemerkenswerter Eindeutigkeit erfolgte eine **Distanzierung von der universellen Rechtsfähigkeit** und eine Anknüpfung an historische Vorbilder:[22]

> «Die frühere (‹liberale›) Vorstellung vom Rechtsinhalte der Persönlichkeit machte unter den Wesen mit Menschenantlitz keine grundsätzlichen Wertunterschiede nach der Gleichheit oder Verschiedenheit des Blutes; sie lehnte deshalb eine rechtliche Gliederung und Abstufung der Menschen nach Rassegesichtspunkten ab. Der nationalsozialistischen Weltanschauung dagegen entspricht es, im Deutschen Reiche nur Deutschstämmige (und gesetzlich ihnen Gleichgestellte) als rechtlich vollgultig zu behandeln. Damit werden grundsätzliche Abgrenzungen des früheren Fremdenrechts erneuert und Gedanken wieder aufgenommen, die vormals durch die Unterscheidung zwischen voll Rechtsfähigen und Personen minderen Rechts anerkannt waren. Den Grad völliger Rechtlosigkeit stellte man ehedem, weil die rechtliche Persönlichkeit ganz zerstört sei, dem leiblichen Tode gleich; die Gebilde des ‹bürgerlichen Todes› und des ‹Klostertodes› empfingen ihre Namen aus dieser Vergleichung.»

Der von der Akademie für Deutsches Recht im Jahre 1942 vorgelegte 202
Teilentwurf eines neuen «Volksgesetzbuches» beschränkte die Rechtsfähigkeit bewußt auf «Volksgenossen».[23]

17 VO über den Einsatz des jüdischen Vermögens vom 3. 12. 1938, RGBl I, 1709
18 Dazu oben Kap. 4 unter 5. (Rn 184ff.)
19 Gesetz über Mietverhältnisse mit Juden v. 30. 4. 1939, RBGl I 864
20 S. die Bestimmungen über die Beschäftigung von Juden, Polen und Zigeunern, abgedruckt bei Hueck-Nipperdey-Dietz, Gesetz zur Ordnung der nationalen Arbeit, Kommentar, 4. Aufl., München–Berlin 1943, S. 949ff.
21 JW 1936, 2529ff.
22 JW 1936, 2530
23 Dazu Hattenhauer, FS Gmür, S. 255ff. Zur Arbeit der Akademie für Deutsches Recht s. den lesenswerten Beitrag von Hattenhauer in JuS 1986, 680ff.

1.2.2 Gegenwartsprobleme

203 Unter der Ordnung des Grundgesetzes haben die beschriebenen Einschränkungen der Rechtsfähigkeit keinen Platz. Der Wegfall des «bürgerlichen Todes» bedeutet jedoch nicht, daß **Strafgefangene** in gleichem Maße wie andere Menschen ihre Rechte tatsächlich ausüben können. So ist zwar der Insasse einer «Justizvollzugsanstalt» in der Lage, zu erben oder beschenkt zu werden, doch kann er ein solches «Eigengeld» nicht für Einkäufe im Knast und damit zur Befriedigung seiner Bedürfnisse verwenden.[24] In vergleichbarer Weise ist das Recht auf Eheschließung unbestritten; ob der Strafgefangene mit seinem Partner aber auch unbeaufsichtigt zusammen sein darf, stellt sich als großes Problem dar.[25] Auch auf der rein rechtlichen Ebene sind wir von möglichen Einschränkungen nicht ganz frei.

204 Der **Erwerb von landwirtschaftlichen Grundstücken** ist heute relativ unproblematisch. Zwar bedarf es nach dem Grundstücksverkehrsgesetz (Schönfelder Nr. 40) einer staatlichen Genehmigung, doch wird diese praktisch immer erteilt, es sei denn, durch den Verkauf würde eine wirtschaftliche Einheit zerschlagen. Art. 88 EGBGB enthält eine Ermächtigung an die Länder, den **Grundstückserwerb durch Ausländer** zu beschränken, doch ist davon – soweit ersichtlich – kein Gebrauch gemacht worden. Gegenüber Angehörigen von Mitgliedstaaten der EU ist etwas Derartiges sowieso nicht mehr möglich.

Bemerkenswert ist in diesem Zusammenhang, daß der Maastrichter Vertrag ein Protokoll enthält, wonach Dänemark seine geltenden Rechtsvorschriften für den Erwerb von Zweitwohnungen beibehalten kann: Die berechtigte Befürchtung, als kleines Land von anderen «aufgekauft» zu werden, macht dies verständlich.

Sehr viel gravierender als diese Fälle ist ein Ausschluß von Verträgen, die man zur Sicherung des Lebensunterhalts benötigt.

205 – **Nicht-EU-Ausländer** benötigen nach § 19 Abs. 1 Arbeitsförderungsgesetz (= AFG) eine Arbeitserlaubnis. Wird diese nicht erteilt, so bleibt der Abschluß eines Arbeitsvertrags zwar möglich[26], doch ist seine Erfüllung ausgeschlossen. Praktisch läuft dies auf ein Arbeitsverbot hinaus; im Notfall bleibt zur Sicherung eines menschenwürdigen Daseins nur die Sozialhilfe.

---

24 Näher § 52 Strafvollzugsgesetz (= StVollzG) und dazu die Kommentierung von Däubler-Pécic, in: AK-StVollzG, 3. Aufl., Neuwied 1990

25 Nachweise zum Diskussionsstand bei Joester, in: AK-StVollzG, § 24 Rn 21

26 BAG DB 1990, 2373

– In den 70er Jahren gab es in der Rechtsprechung einzelne Ansätze, sog. **Radikalen** den Abschluß bestimmter zivilrechtlicher Verträge unmöglich zu machen. So hatte etwa das AG Berlin-Charlottenburg über die Frage zu entscheiden, ob die an einer Wohnungseigentümergemeinschaft Beteiligten die Vermietung einer Wohnung an eine FDJ-Gruppe verhindern konnten. Ein «wichtiger Grund», auf den sich ein solches Veto nur stützen konnte, wurde mit folgenden Erwägungen bejaht:[27] 206

«Der Richter gewann in der Verhandlung den Eindruck, daß viele Eigentümer tatsächlich voller Angst sind und daß durch die Anwesenheit dieses Mieters in ihrem Hause ihr Seelenfrieden schwer beeinträchtigt ist... Ungewollt und irrational steigt die Angst aus der Tiefe ihres Unbewußten... (es) lebt in ihrer Seele die Vorstellung, daß es von ihrem Wohlverhalten gegenüber diesem Mieter abhängt, ob sie im Falle einer Eingliederung West-Berlins in die DDR am Leben bleiben oder in Konzentrationslagern vernichtet werden... Die Versagung der Genehmigung ist also für die beteiligten Wohnungseigentümer tatsächlich lebenswichtig.»

In der Berufungsinstanz wurde dies anders gesehen; wegen des Verbots der Diskriminierung aus politischen Gründen nach Art. 3 Abs. 3 GG könne das Urteil keinen Bestand haben.[28] Bekannter ist eine Entscheidung des LG Berlin[29], die keine Korrektur, dafür aber heftige Kritik erfuhr[30]

Im konkreten Fall hatte eine wissenschaftliche Mitarbeiterin im Rahmen eines Werkvertrags an der Erstellung einer «Handlungsanleitung zur betrieblichen Personalplanung» mitgewirkt und einen Teil des Textes verfaßt. Dieser gab auch zu keinerlei inhaltlichen Beanstandungen Anlaß. Nach Ablieferung ihrer Arbeit hatte sie jedoch einen Wahlaufruf zugunsten der (maoistischen) KPD unterzeichnet. Die Klage auf Zahlung des Honorars wurde mit dem Argument abgewiesen, die Leistung sei nachträglich «unbrauchbar» geworden. Dem Auftraggeber (Bundesrepublik Deutschland) sei es nicht zuzumuten, die Arbeit einer solchen Person zu veröffentlichen.

Damit wird der **Abschluß bestimmter Verträge** letztlich **von einem persönlichen Merkmal** (fehlende politische «Radikalität») **abhängig** gemacht, was nach dem Grundkonzept der universellen 207

27 AG Berlin-Charlottenburg KJ 1976, 299 mit kritischer Anm. Schubert
28 Mitgeteilt bei Gerlach, Radikalenfrage, S. 12, Fn 21
29 NJW 1977, 251
30 Gerlach, Radikalenfrage, a. a. O.; E. Schmidt, Demokratie und Recht (= DuR) 1977, 55ff.

Rechtsfähigkeit nicht zulässig ist.[31] Eher Schmunzeln erweckt demgegenüber ein Rechtsstreit, in dem eine bekannte Maschinenbaufirma **(KSB)** einem kommunistischen Studentenbund, der die gleiche Abkürzung verwandte, die Führung dieser drei Buchstaben untersagen lassen wollte.[32]

1.3 Der Beginn der Rechtsfähigkeit und die Stellung des Embryos

208 Die Rechtsfähigkeit beginnt – wie der oben im Wortlaut wiedergegebene § 1 BGB sagt – mit der «Vollendung» der Geburt. Darunter versteht man herkömmlicherweise den vollständigen Austritt aus dem Mutterleib; eine Trennung der Nabelschnur ist nicht erforderlich.[33] In diesem Zustand muß das Neugeborene wenigstens einen Moment lang gelebt haben, wobei schon eine Lebensfunktion wie Atmen, Herzschlag, Hirnströme usw. ausreichen soll.[34]

Die Frage ist dann von praktischer Bedeutung, wenn die Mutter bei der Geburt (aber vor dem Kind) stirbt, da dieses dann vorübergehend Erbe wird. Auch kann dies wegen Ersatzansprüchen aufgrund vorgeburtlicher Schädigung von Bedeutung sein.[35]

209 Dem eindeutigen Wortlaut des § 1 BGB nach ist der Embryo nicht rechtsfähig. Dennoch wird er schon im Gesetzestext an verschiedenen Stellen einem lebenden Menschen gleichgesetzt. Außerdem ist er aufgrund der Rechtsprechung in einem nicht genau geklärten Umfang gegen Eingriffe in seine körperliche Integrität geschützt.

31 Zutreffend E. Schmidt DuR 1977, 59: Die «Entpersonalisierung» ist eine Grundvoraussetzung für den privaten Tauschverkehr

32 Ablehnend BGH MDR 1976, 291. Obwohl ein geschäftliches Interesse der Firma nicht ersichtlich war, da beide nicht verwechselt werden konnten, hatte die Vorinstanz ein «persönliches Interesse» bejaht, «daß ein Bund, der auch sie beseitigen wolle, nicht unter ihrem Namen öffentlich auftrete»

33 So schon Mot. I, 8f. Aus der heutigen Literatur s. MüKo-Gitter § 1 Rn 13; Palandt-Heinrichs § 1 Rn 2

34 MüKo-Gitter § 1 Rn 13

35 Dazu sogleich im Text

1.3.1 Anwartschaft auf künftige Vermögensrechte

Nach § 1923 Abs. 2 BGB wird der **Embryo**, im Juristensprachgebrauch meist «nasciturus» (lateinisch: der in Zukunft geboren Werdende) genannt, **wie ein geborenes Kind** behandelt, wenn es zu einem **Erbfall** kommt. 210

Lehrbuchfall: Der bei einem Verkehrsunfall verunglückte V hinterläßt seine schwangere Frau und ein Kind. Nach der Geburt des zweiten Kindes steht der Nachlaß zur Hälfte der überlebenden Ehefrau und zu je einem Viertel den beiden Kindern zu.

Nach § 844 Abs. 2 Satz 1 BGB muß ein schuldhaft handelnder Schädiger, der den Tod eines anderen verursacht hat, **den Hinterbliebenen den Unterhalt** bezahlen, den sie von dem Getöteten erhalten hätten. Nach Satz 2 dieser Vorschrift wird **der nasciturus gleichgestellt**: Auch für seine nach der Geburt entstehenden Unterhaltsansprüche hat der Schädiger aufzukommen. 211

Nach § 328 Abs. 1 kann durch einen Vertrag eine außenstehende Person (ein «Dritter» – wie die Juristen sagen) begünstigt werden. § 331 Abs. 2 läßt dies in bezug auf einen nasciturus zu. 212

Beispiel: Die G legt ein Sparbuch an; die Auszahlung des Guthabens soll (auch) der künftige Erdenbürger verlangen können.

Nach § 1615 o BGB haben nichteheliche Kinder Anspruch darauf, daß ihr Vater den **für die ersten drei Monate** ihres Lebens zu bezahlenden **Unterhalt** sofort gewährt. Dieses Recht kann auch schon vor der Geburt in der Weise durchgesetzt werden, daß die Mutter oder ein für diesen Zweck bestellter Pfleger eine entsprechende einstweilige Verfügung beim Gericht erwirkt. 213

Nach § 1912 BGB ist es Sache der **Eltern**, die «künftigen Rechte» des noch nicht Geborenen wahrzunehmen. Soweit sie dazu rechtlich nicht in der Lage sind, 214

Beispiel: Ihre eigene Erbquote würde wegen des Hinzutritts des nasciturus geschmälert

ist vom Vormundschaftsgericht ein **Pfleger** zu bestellen, der in etwa mit einem Vormund zu vergleichen ist. Er hat sich um die Interessen des nasciturus zu kümmern.

Die genannten Regelungen werden zu dem Grundsatz zusammen- 215 gefaßt, der nasciturus werde immer dann wie ein geborener Mensch behandelt, wenn dies für ihn vorteilhaft sei.[36]

Im römischen Recht wurde dies mit den Worten umschrieben: «**Nasciturus pro iam nato habetur** quotiens de commodis eius agitur.» Diesen Spruch auswendig zu lernen, kann ein Mittel sein, anderen Menschen zu imponieren; verstehen sollte man ihn aber schon («der Embryo wird wie ein Geborener behandelt, wann immer es um seine Vorteile geht»).

216 Einig ist man sich darüber, daß die genannten Rechte zunächst nur als **aufschiebend bedingte** existieren[37] und **erst mit der** Vollendung der **Geburt effektiv entstehen**.[38]

Auch im **öffentlichen Recht** finden sich im übrigen vergleichbare Vorschriften. Der schon vor der Flucht oder Aussiedlung gezeugte nasciturus erhält den Status des Vertriebenen[39]; wirkte sich eine kriegsbedingte Schädigung der Mutter auch auf den Embryo aus, besaß dieser nach seiner Geburt eigene Ansprüche aus dem Bundesversorgungsgesetz.[40] Wird durch einen Arbeitsunfall oder eine Berufskrankheit der Mutter das werdende Leben geschädigt, steht dem Kind nach § 555 a Reichsversicherungsordnung (= RVO) ein eigener Anspruch gegen die gesetzliche Unfallversicherung zu. Die ursprünglich bestehende gegenteilige Regelung wurde vom BVerfG wegen Verstoßes gegen den im Lichte des Sozialstaatsprinzips interpretierten Gleichheitsgrundsatz des Art. 3 Abs. 1 GG für verfassungswidrig erklärt.[41]

1.3.2 Schutz der körperlichen Integrität des nasciturus

217 Wird der **Embryo** dadurch **gesundheitlich geschädigt**, daß die Mutter bei einem Unfall verletzt wird[42] oder durch Verschulden eines andern einen schweren psychischen Schock erleidet[43], kann das geborene Kind den Schädiger auf Ersatz in Anspruch nehmen.[44] Dasselbe gilt auch dann, wenn die Mutter bereits vor der Empfängnis – etwa durch eine fehlerhafte Bluttransfusion – mit einer Krankheit angesteckt wurde, die sich auf das Kind übertrug.[45]

36 Medicus, AT, Rn 1045
37 MüKo-Gitter § 1 Rn 26
38 BGHZ 58, 48 51 = NJW 1972, 1126; Larenz, AT, S. 94; Schwab, Einf., Rn 125
39 BVerwGE 14, 43
40 BSG NJW 1964, 470 ff.
41 BVerfG NJW 1978, 207
42 So der Fall BGHZ 58, 48 = NJW 1972, 1126
43 So der Fall BGH NJW 1985, 1390
44 Zustimmend MüKo-Gitter § 1 Rn 60; Schwab, Einf., Rn 127
45 BGHZ 8, 243 ff. Im konkreten Fall ging es um Lues, doch gilt z. B. bei Aids nichts anderes

Problematisch ist die Ersatzpflicht bei den sog. **wrongful-life-Fällen**, die in den USA wie auch bei uns viel diskutiert wurden. Ein Kind wird mit schweren Behinderungen geboren; hätte der behandelnde Arzt pflichtgemäß auf die drohende Behinderung hingewiesen, wäre es zu einem Schwangerschaftsabbruch gekommen. Kann das Kind den Arzt nun auf Schadensersatz in Anspruch nehmen? Der BGH lehnt dies im Ergebnis zu Recht ab[46], gibt jedoch den Eltern Anspruch auf **Ersatz des** von ihnen aufzuwendenden **Unterhalts**.[47] Dem wird man im Ergebnis zustimmen müssen, da Nichtexistenz und Existenz mit schweren Behinderungen nicht vergleichbar sind und sich das letztere deshalb nicht als wirtschaftlicher «Nachteil» qualifizieren läßt.[48] 218

Der im Verhältnis zu Dritten bestehende Schutz des Ungeborenen legt es nahe, auch die **Mutter zu verpflichten**, im Rahmen ihrer Möglichkeiten eine **Schädigung des nasciturus zu verhindern**.[49] Dies wird durch die Aussage des BVerfG unterstrichen, wonach «rechtlicher Schutz» dem Ungeborenen auch «gegenüber seiner Mutter» gebührt.[50] Die Fortschritte der Medizin machen es möglich, die Lebensvoraussetzungen des Embryos genau zu kontrollieren und ggfs. durch Eingriffe zu verbessern; auch ist mittlerweile in weiten Kreisen bekannt, daß etwa Alkohol- oder Drogenkonsum der Mutter das werdende Leben schädigt.[51] Ist sie deshalb rechtlich verpflichtet, ihre **Lebensführung umzustellen** mit der Folge, daß sie bei einer Verletzung dieser Pflicht auf Schadensersatz haften würde? Gibt es vielleicht sogar die Möglichkeit, nach § 1912 BGB einen Pfleger zu bestellen, der im Interesse des Ungeborenen bei Gericht eine **einstweilige Verfügung** erwirkt, die die Mutter unter Strafandrohung zu einer Entziehungskur oder zur Duldung eines bestimmten chirurgischen Eingriffs zwingt? 219

46 BGHZ 86, 240 und BGHZ 89, 95

47 Ob diese Rechtsprechung angesichts der Aussage des BVerfG (NJW 1993, 1751 Leitsatz 14), eine rechtliche Qualifizierung des Daseins eines Kindes als Schadensquelle komme von Verfassungs wegen nicht in Betracht, noch Bestand hat, soll hier offen bleiben. M. E. liegt der Schaden nicht in der Existenz des Kindes, sondern im Unterhaltsaufwand.

48 Vgl. auch Medicus, AT, Rn 1049

49 van den Daele KJ 1988, 22

50 BVerfG NJW 1993, 1751 Leitsatz (= LS) 3

51 van den Daele KJ 1988, 17ff.

In den **USA** hat es schon vor längerer Zeit zahlreiche Gerichtsentscheidungen mit solchem Inhalt gegeben.[52] So wurde etwa eine Mutter verpflichtet, durch Kaiserschnitt zu entbinden, weil eine natürliche Geburt nach Urteil der Mediziner mit hinreichender Sicherheit zum Tod des Embryos geführt hätte.

220 Die im Zusammenhang mit dem Schwangerschaftsabbruch deutlich werdende Kollision zwischen dem Schutz des Embryos und den Grundrechten der Mutter wird im vorliegenden Zusammenhang gleichfalls deutlich. Die Tatsache, daß der Gesetzgeber den Schwangerschaftsabbruch in den ersten drei Monaten unter bestimmten, unschwer zu erfüllenden Voraussetzungen straflos läßt[53], macht deutlich, daß er dem **Selbstbestimmungsrecht der Mutter einen relativ hohen Rang** einräumt. Dies bedeutet, daß die Mutter zwar eindringlich auf die Gefahren für das Kind hingewiesen werden muß, daß **staatliche Sanktionen** (Beugestrafen, Haftung auf Schadensersatz) jedoch **nur in Extremfällen** in Betracht kommen. Lehnt etwa die Mutter eine medikamentöse Behandlung ab, die eine Behinderung des nasciturus ausschließen und ihr praktisch kein gesundheitliches Risiko auferlegen würde, wäre eine solche Situation gegeben.[54]

221 Wird ein Kind in dem Bewußtsein gezeugt, daß es mit hoher Wahrscheinlichkeit eine **Erbkrankheit** haben wird, tritt keine Ersatzpflicht der Eltern ein;[55] insoweit gelten die gleichen Grundsätze wie in den wrongful-life-Fällen[56].

1.3.3 Tendenz zur Subjektivierung von Rechten?

222 Weshalb sind diese Fragen erst in den vergangenen zehn Jahren aufgeworfen worden? Ein Grund ist sicherlich der **Fortschritt der Medizin**, die zahlreiche Interventionen ermöglicht, die früher undenkbar waren. Aus schicksalhafter Entwicklung ist so ein beeinflußbares Geschehen geworden. Weiter spielt aber auch der Trend zur **Individualisierung** eine wichtige Rolle: Die Rechte des Einzelnen werden ver-

52 van den Daele KJ 1988, 16f.
53 BVerfG NJW 1993, 1751 ff.
54 Ähnlich van den Daele KJ 1988, 29. Für «unangemessen» erklärt jede Sanktion MüKo-Mertens § 823 Rn 61, ohne allerdings auf die Ausführungen van den Daeles einzugehen
55 Dahingestellt in BGHZ 8, 243, 249
56 Medicus, AT, Rn 1050; MüKo-Mertens § 823 Rn 61; a. A. MüKo-Gitter § 1 Rn 37, der § 1664 Abs. 1 BGB entsprechend anwenden will

stärkt, neue Rechte entwickelt, weil dies die flexiblere Form ist, um bestimmte Lebenssachverhalte zu ordnen.[57]

Dies versteht man vermutlich nicht auf Anhieb. Deshalb ein **Beispiel**: Der Staat könnte Verhaltensregeln für Schwangere erlassen und ihre Einhaltung durch ein flächendeckendes Gesundheitssystem überwachen. Dies wäre sehr aufwendig und würde als Beschränkung der individuellen Freiheit empfunden. Statt dessen kann man auch über ein Gesetz oder die Rechtsprechung bestimmte Verhaltenspflichten der Mutter entwickeln, deren Durchsetzung der Initiative der unmittelbar Betroffenen überlassen bleibt: Der Vater oder ein Familienangehöriger stellt beim Gericht den Antrag, die nötigen Maßnahmen zu ergreifen, um das Recht des Embryos auf Schutz seiner Integrität zu sichern. In beiden Alternativen wird allerdings vorausgesetzt, daß das Recht der Mutter, über ihre Lebensführung zu entscheiden, einen relativ geringen Rang einnimmt. Wenn man dies – wie hier – anders sieht, kommt von vornherein allenfalls der weniger reglementierende zweite Weg in Betracht, wobei gleichzeitig eine gerichtliche Intervention auf Extremfälle beschränkt wird.

Die «Individualisierung» hat als soziales Phänomen aber auch zur 223
Folge, daß der Einzelne immer häufiger aus größeren Lebenszusammenhängen herausgelöst wird, in denen beispielsweise soziale Normen zu einem schwangerschaftskonformen Verhalten der Mutter führen.[58]

In der Familie würde der Alkoholkonsum der Schwangeren mit Unverständnis und Vorhaltungen beantwortet. Wer sich völlig abkapselt oder gar zu den Obdachlosen gehört, ist von solchen «Zwängen» frei.

Sowohl bei der vermögensrechtlichen Stellung des nasciturus wie auch 224
bei dem Schutz seiner Integrität hat die Rechtsprechung bislang eine klare Aussage darüber vermieden, ob er denn nun eigentlich zumindest in beschränktem Umfang «Träger von Rechten» ist. Im Zusammenhang mit dem Schwangerschaftsabbruch hat das BVerfG den Grundsatz aufgestellt, Menschenwürde im Sinne des Art. 1 Abs. 1 GG komme schon dem ungeborenen menschlichen Leben zu.[59] Dem ist nur dann Rechnung getragen, wenn man eine **«Teilrechtsfähigkeit»** annimmt[60], die sich von der Vollrechtsfähigkeit geborener Menschen dadurch unterscheidet, daß mit Rücksicht auf die biologischen Gegebenheiten keine Teilnahme am Wirtschaftsverkehr möglich ist.[61]

---

57 Vgl. Damm KritV 1991, 279ff.

58 Zu sozialen Normen im Gegensatz zu Rechtsnormen s. oben Kap. 2 unter 2.2. (Rn 39)

59 BVerfG NJW 1993, 1751 LS 1. Kritisch wegen des faktisch geringeren Lebensschutzes der Embryonen Lübbe KritV 1993, 313

60 Ebenso MüKo-Gitter § 1 Rn 26; Palandt-Heinrichs, Überblick vor § 1 Rn 1

61 Vgl. MüKo-Gitter § 1 Rn 31: Keine Verpflichtungsfähigkeit

1.3.4 Embryonenschutzgesetz

225 Nur mittelbar gehört in den vorliegenden Zusammenhang das Embryonenschutzgesetz vom 13. Dezember 1990[62] Es enthält im wesentlichen strafrechtliche Verbote bestimmter gentechnischer Manipulationen. So verbietet etwa § 6 das «Klonen» von Embryonen, d. h. die künstliche Schaffung von Zwillingen mit identischen Erbanlagen, und § 7 stellt die Kombination menschlicher und tierischer Ei- und Samenzellen unter Strafe. Praktisch wichtiger ist das an Ärzte gerichtete Verbot des § 1 Abs. 1 Nr. 7, einen Embryo einer Ersatzmutter einzusetzen.[63]

1.4 Das Ende der Rechtsfähigkeit und der Persönlichkeitsschutz nach dem Tode

226 Daß die Rechtsfähigkeit mit dem Tode eines Menschen endet, war den Verfassern des BGB so evident, daß sie eine zunächst geplante Vorschrift wieder fallenließen.[64] Man schließt deshalb diese Selbstverständlichkeit heute aus der Vorschrift des § 1922 Abs. 1, wonach mit dem Tode eines Menschen sein Vermögen auf den oder die Erben übergeht.[65]

227 Wann tritt der Tod ein? Bis Anfang der 70er Jahre ging man vom sog. **Herztod** aus: Der Mensch war tot, wenn das Herz zu schlagen aufhörte und der Kreislauf zusammenbrach. Die Fortschritte der Medizin, die heute eine «Reanimation» innerhalb enger zeitlicher Grenzen möglich macht, führte zu einer Änderung der Perspektive: Derzeit stellt man auf den sog. **Hirntod** ab,[66] der dann angenommen wird, wenn ein «irreversibler Funktionsverlust» des Gehirns vorliegt.[67] Zwei Problembereiche bedürfen der Hervorhebung:

62 BGBl I 2746; es ist nach seinem § 13 am 1. 1. 1991 in Kraft getreten

63 Übersicht bei Deutsch NJW 1991, 725. Eingehend dazu Bd. 2, Kap. 19 unter 1.3. (Rn 1701 ff.)

64 Vgl. Mot. I, 28

65 Medicus, AT, Rn 1051

66 Über die Entwicklung eingehend Höfling JZ 1995, 26 ff.

67 OLG Köln NJW-RR 1992, 1481; MüKo-Gitter § 1 Rn 16; Palandt-Heinrichs § 1 Rn 3; kritisch Höfling JZ 1995, 26 ff., der auf das Erlöschen jeder Lebensfunktion abstellt

1.4.1 Persönlichkeitsrecht nach dem Tode?

Trotz des Erlöschens der Rechtsfähigkeit ist ein **nachwirkender Persönlichkeitsschutz** des Verstorbenen mittlerweile allgemein anerkannt.[68] Rechtswidrig ist etwa die nachträgliche Entstellung des Lebensbildes. 228

In einem Roman von Klaus Mann wurde der Schauspieler Gustaf Gründgens unter einem leicht entschlüsselbaren Pseudonym als widerlicher Opportunist beschrieben, der während des Dritten Reichs andere ans Messer geliefert hatte[69]

sowie der Versuch, einem bekannten Maler Bilder zuzuschreiben, die er nicht gemalt hat.[70] Dieser Schutz dauert so lange, wie noch eine Erinnerung an den Betreffenden besteht; dies kann durchaus auch **noch nach Ablauf von 30 Jahren** der Fall sein.[71] Das nachwirkende Persönlichkeitsrecht wirkt sich auch auf den Umfang einer fortbestehenden **ärztlichen Schweigepflicht** aus.[72]

Da es gesetzliche Regelungen über das fortwirkende Persönlichkeitsrecht nicht gibt, geht die Rechtsprechung davon aus, der Betroffene könne **«Wahrnehmungsberechtigte»** bestimmen, die seine Interessen nach seinem Tode schützen. Habe er davon keinen Gebrauch gemacht, könne diese Funktion jedenfalls von den nächsten Angehörigen ausgeübt werden.[73] 229

Die Rechtsprechung hat sich auch hier nicht geäußert, ob man eine postmortale (= nach dem Tode bestehende) **Teilrechtsfähigkeit** annehmen kann, sondern sich mit der Aussage begnügt, der Persönlichkeitsschutz «dauere fort»[74]. Dies läßt sich damit rechtfertigen, daß es für die Praxis völlig ausreicht, wenn Konsens über die Existenz bestimmter Verhaltenspflichten und über diejenigen Personen besteht, die diese notfalls gerichtlich durchsetzen können. Wer gerne Klarheit hätte, kann sich durchaus mit der Konzeption einer Teilrechtsfähigkeit anfreunden[75] und eine Parallele zur Stiftung ziehen: Auch im vorliegenden Zusammenhang geht es darum, einen 230

68 BGHZ 50, 133, 136 mwN; BVerfGE 30, 194
69 BGHZ 50, 133 – Mephisto
70 BGH NJW 1990, 1987 – Emil Nolde
71 So im Fall Emil Nolde (oben Fn 70)
72 BGH NJW 1983, 2627; kritisch Stein FamRZ (= Familienrechtszeitschrift) 1986, 10 ff.
73 Zusammenfassend BGH NJW 1990, 1987
74 BGH NJW 1990, 1987
75 Dafür MüKo-Gitter § 1 Rn 58

bestimmten Zweck nach dem Tode des «Stifters» weiterzuverfolgen und zu erreichen.[76]

1.4.2 Organentnahme zu Zwecken der Transplantation

231 Wichtig und seit gut 15 Jahren diskutiert ist das Problem der Organentnahme zu Zwecken der Transplantation. Sie kommt ersichtlich erst dann in Betracht, wenn der Tod eingetreten ist.[77] Über die Zulässigkeit entscheidet in erster Linie der Wille des Verstorbenen.[78] Fehlt es daran, müssen die Angehörigen entscheiden. Verweigern sie ihre Zustimmung oder werden sie gar nicht gefragt, so kommt eine Verantwortlichkeit des Arztes wegen Störung der Totenruhe nach § 168 StGB in Betracht.[79]

232 Eine **gesetzliche Regelung** ist verschiedentlich versucht worden.[80] Je nachdem, wie man den Todeszeitpunkt bestimmt, wird die Transplantationsmedizin gefördert oder behindert. Auch ist sicherzustellen, daß nicht eine Person allein darüber entscheidet, ob ein anderer tot ist oder nicht.[81]

1.4.3 Todeserklärung

233 Eine Art «Tod bis auf Widerruf» stellt die Todeserklärung nach dem **Verschollenheitsgesetz** (Schönfelder Nr. 22) dar. Sie begründet lediglich die Vermutung, daß der Verschollene in dem vom Gericht festgestellten Zeitpunkt gestorben ist (§ 9 Abs. 1 Satz 1 des Gesetzes), doch kann diese durch Wiederauftauchen des Betroffenen widerlegt werden. Zunächst wird allerdings der für tot Erklärte beerbt; **kommt er** aus der Ferne **zurück**, kann er nach § 2031 BGB von den «Erben» die Rückgewähr der Erbschaft verlangen.

234 «Verschollen» ist jemand dann, wenn keine Nachricht mehr über ihn verfügbar ist. Je nach den Umständen gelten unterschiedliche **Fristen**, die bis zur Todeserklärung zu beachten sind: Im Normalfall sind es nach § 3 des Gesetzes 10 Jahre, bei Untergang eines Schiffes auf ho-

---

76 Zur Stiftung s. im einzelnen unten 4.1 (Rn 327ff.)
77 Dazu oben 1.4. (Rn 227)
78 S. die Nachw. bei AK-BGB-Däubler, Einl. zum Erbrecht, Rn 120
79 So schon Samson NJW 1974, 2030
80 Vgl. BR-Drucks. 395/78
81 Zu den Sonderfragen des Organhandels s. unten Kap. 7 unter 2.2.3. (Rn 476)

her See 6 Monate (§ 5) und bei Absturz eines Flugzeugs 3 Monate (§ 6).[82]

2 Die juristische Person

Neben den Menschen als natürlichen existieren sog. juristische Personen, die ihre Rechtsfähigkeit ausschließlich einer «bewußten Setzung» des geltenden Rechts verdanken. Inhaltlich geht es um **Organisationen** im weitesten Sinne, die rechtlich verselbständigt, **«personifiziert»** sind. Wichtigste Anwendungsfälle sind im BGB der eingetragene Verein (e. V.) und die Stiftung. Im Wirtschaftsleben dominieren GmbH und AG, eine Art «Sonderform» eines Vereins, die in Spezialgesetzen geregelt sind. 235

Zunächst sollen einige allgemeine Informationen über das Phänomen «juristische Person» gegeben werden, ehe dann unter 3. die Personenzusammenschlüsse und unter 4. die verselbständigten «Sondervermögen», insbes. die Stiftung, behandelt werden.

2.1 Funktion und Bedeutung

Die Anerkennung selbständiger juristischer Personen ist in ihrer sozialen Nützlichkeit im Grundsatz unbestritten. 236

Der große Sportverein Werder will für 5 Mio DM einen Fußballspieler der Spitzenklasse verpflichten. Die ca. 3000 Vereinsmitglieder sind nicht alle daran interessiert oder in der Lage, über die Verpflichtung des Spielers in einer Versammlung mitzubestimmen. Auch würden sie in Panik geraten, müßten sie für die 5 Mio selbst geradestehen.

Im wesentlichen hat die juristische Person vier **Vorteile**: 237
– Sie macht es möglich, bestimmte Vermögenswerte einem spezifischen Zweck (z. B. der Förderung des Sports) zu widmen und dabei insbes. die bei vielen Interessierten vorhandenen **Ressourcen zu poolen**.
– Die **Teilnahme am Rechtsverkehr** wird dadurch **erleichtert**, daß

82 Überblick über die Regelung bei Medicus, AT, Rn 1053 ff.

auch bei einer Vielzahl von Beteiligten ein einheitliches Auftreten nach außen hin möglich ist.

– Die beteiligten Vereinsmitglieder oder Gesellschafter riskieren nur, daß bei schlechtem Geschäftsgang oder wirtschaftlichen Fehldispositionen ihr Beitrag bzw. ihre Einlage verlorengeht. Eine weitergehende **Haftung** ist ausgeschlossen, so daß sich die Risiken eines Engagements in überschaubarem Rahmen halten.

– Die juristische Person ist von dem Wechsel ihrer Mitglieder unabhängig. Soweit sie nicht mit Dreiviertelmehrheit aufgelöst wird, ist sie «**unsterblich**» und kann alle ihre Gründer überleben. Dies ist insbes. für Unternehmen wichtig, die als Einheit erhalten bleiben, auch wenn einzelne Gesellschafter ausscheiden oder sterben und von anderen Personen beerbt werden.

238 Juristische Personen sind aus der modernen arbeitsteiligen Gesellschaft nicht hinwegzudenken. Einen ersten Eindruck vermittelt die Tatsache, daß es am 31. 12. 1993 in Deutschland insgesamt 543 444 GmbHs gab.[83]

2.2 Wie wird die Rechtsfähigkeit erlangt?

239 Eine juristische Person kann auf drei verschiedenen Wegen entstehen.

– Nach dem sog. **Konzessionssystem** wird die Rechtsfähigkeit im Einzelfall vom Staat verliehen. Zu Beginn der Industrialisierung war dies in Deutschland die dominierende Form.[84] Heute finden wir Entsprechendes noch in § 22 BGB, wonach ein Verein, «dessen Zweck auf einen wirtschaftlichen Geschäftsbetrieb gerichtet ist», unter bestimmten Voraussetzungen die Rechtsfähigkeit durch staatliche Verleihung erlangt. Auch die Stiftung wird nur auf diesem Wege rechtsfähig.

240 – Absolut beherrschend ist heute das sog. **System der Normativbedingungen**. Danach muß eine juristische Person bestimmte gesetzlich vorgeschriebene Voraussetzungen erfüllen und erlangt die Rechtsfähigkeit erst dann, wenn in einem staatlichen Verfahren geprüft wurde, ob den gesetzlichen Vorgaben Rechnung getragen ist.

83 Statist. Jahrbuch 1995, 134

84 Vgl. Brüggemeier, Entwicklung des Rechts im organisierten Kapitalismus, Band 1, Frankfurt/Main 1970, S. 99ff.

Nach § 7 Aktiengesetz (= AktG) muß eine AG mindestens ein Grundkapital in Höhe von 100000 DM besitzen. Sie wird daher nur dann ins Handelsregister eingetragen (und erwirbt damit die Rechtsfähigkeit), wenn diese Voraussetzung erfüllt ist.

Haben die Beteiligten die gesetzlichen Anforderungen in vollem Umfang erfüllt, besitzen sie einen **Anspruch auf Zuerkennung der Rechtsfähigkeit**, d. h. in der Regel auf Eintragung in das vorgesehene Register.

– Denkbar ist schließlich der **Grundsatz der freien Verbandsbil-** 241
dung: Die Rechtsfähigkeit entsteht automatisch und ohne jedes staatliche Verfahren, soweit bestimmte gesetzliche Voraussetzungen erfüllt sind. In der Bundesrepublik existiert dies nur ganz ausnahmsweise. Allerdings gibt es – und diese Feststellung sei im Vorgriff auf später Ausgeführtes erlaubt – eine Reihe von Personenzusammenschlüssen, die weithin wie eine juristische Person behandelt werden und die ihren Status auch ohne Einschaltung eines staatlichen Registers erhalten.

Beispiel: Herr Buck und Herr Beck treten unter der Firmenbezeichnung «Buck & Beck» auf und organisieren zahlreiche Reisen in die Karibik sowie in die Südsee. Sie haben zehn Beschäftigte und drehen ein großes Rad; im vergangenen Jahr haben sie 600000 DM allein für Werbung ausgegeben. Auch wenn ihre Firma nicht ins Handelsregister eingetragen ist, werden sie als Offene Handelsgesellschaft (= OHG) behandelt, weil ihre Geschäftspartner davon ausgehen und in diesem Vertrauen geschützt werden müssen. Ob die OHG eine juristische Person ist, wird unterschiedlich beurteilt.[85]

Ähnlich ist die Situation bei den Gewerkschaften: Soweit die Voraussetzungen des Gewerkschaftsbegriffs erfüllt sind[86], ist die Organisation als solche existent, doch ist eine volle Gleichstellung mit den juristischen Personen noch nicht erreicht.

85 Bejahend K. Schmidt, Gesellschaftsrecht, § 8 III 4a; verneinend Baumbach-Hopt § 124 HGB Rn 1. Weitere Nachw. bei Soergel-Hadding. Vorbem. vor § 21 Rn 3

86 Dazu Däubler, Arbeitsrecht 1, Rn 115 ff.

2.3 Die Rechtsnatur der juristischen Person

242 Die Existenz von rechtlich verselbständigten Organisationen, die zwischen dem Einzelnen und dem Staat (sowie seinen Untergliederungen) stehen, ist von beträchtlicher politischer Bedeutung. Für ein radikal verstandenes liberales Gesellschaftsmodell sind sie ein Fremdkörper, weil es dort nur den Staat und das Individuum gibt.[87] Für diejenigen, die ein eher ständisches Gesellschaftsmodell im Auge haben, kommt eine Stärkung der juristischen Person sowohl gegenüber dem Staat als auch gegenüber den Mitgliedern in Betracht. Schließlich kann man einen pragmatischen Ansatz wählen und die Frage, welche «Einheiten» rechtsfähig werden und was dies im einzelnen bedeutet, dem politischen Prozeß und damit dem Gesetzgeber überlassen.

243 Mit diesen groben Strichen sind zugleich die drei wichtigsten **Theorien zum «Wesen» der juristischen Person** skizziert. Dem ersten Ansatz entspricht am ehesten die von Savigny begründete sog. Fiktionstheorie, wonach die verselbständigte Einheit nur so behandelt wird, als wäre sie ein eigenes Rechtssubjekt.[88] Die zweite Position wurde von Otto von Gierke vertreten, wonach die Vereinigung in gleicher Weise «Realität» besitzt wie der einzelne Mensch (sog. Theorie der realen Verbandspersönlichkeit)[89]. Die dritte Position ist die heute herrschende; die juristische Person wird als rechtstechnisches Instrument begriffen.[90] Schließt man sich der dritten Auffassung an, so sind damit allein allerdings noch keine Problemlösungen vorprogrammiert; in der Gegenwart muß es insbes. darum gehen, eine ausreichende Kontrolle der Macht von Großorganisationen sicherzustellen.[91] Auch die anderen Auffassungen bezeichnen im übrigen nur «Tendenzen», geben aber keine bestimmten Auslegungsergebnisse vor.

---

87 Zur französischen Loi Le Chapelier, die 1791 Vereinigungen aller Art verbot, s. Simitis KJ 1989, 157ff.

88 Savigny, System des heutigen Römischen Rechts. Bd. II, Berlin 1840, S. 236f.

89 Von Gierke, Deutsches Privatrecht, Bd. I, 1895, S. 471ff.

90 Vgl. BGHZ 25, 134, 144; weitere Nachw. zum Diskussionsstand bei Medicus, AT, Rn 1104; AK-BGB-Ott vor § 21 Rn 27ff. Schwer zu lesen, aber viele neue Einsichten vermittelnd Wieacker, FS für E. R. Huber, Göttingen 1973, S. 339ff. S. nunmehr Knieper S. 61ff.

91 Dazu Schwab, Einf., Rn 151ff.

2.4 Teilrechtsfähige Gebilde

In der juristischen Literatur wird immer häufiger die These vertreten, auch solche Vereinigungen, die keine juristischen Personen sind, seien in mehr oder weniger großem Umfang rechtsfähig, hätten also als solche einen großen Teil der Rechte, die einem Menschen oder einer (echten) juristischen Person zustehen. Dies gilt etwa auch für die **Gesellschaft des bürgerlichen Rechts** nach §§ 705 ff.[92], die nach Auffassung des BGH[93] ursprünglich als reines Vertragsverhältnis zwischen den Gesellschaftern gedacht war, heute jedoch «als – jedenfalls teilweise – verselbständigte Organisation» anzusehen ist. Insoweit wiederholt sich der oben festgestellte Prozeß der Ausbildung neuer teilrechtsfähiger Einheiten.[94] Auf Einzelheiten ist unter 3.2.4. einzugehen. 244

2.5 Herauslösung der Unternehmensformen aus dem allgemeinen Zivilrecht

Im BGB sind als juristische Personen lediglich der **eingetragene Verein** (§§ 21 ff.) und die **Stiftung** (§§ 80 ff.) geregelt. Außerdem findet sich in § 89 ein Hinweis auf Körperschaften, Stiftungen und Anstalten des öffentlichen Rechts, die gleichfalls als juristische Personen qualifiziert werden. Daneben sind lediglich in § 54 der sog. nichtrechtsfähige Verein sowie in den §§ 705 ff. die sog. Gesellschaft bürgerlichen Rechts geregelt. Alle wichtigen **Unternehmensformen** sind **ins «Gesellschaftsrecht» ausgelagert** und dort einer sondergesetzlichen Regelung unterworfen worden. Die BGB-Vorschriften über den Verein bzw. die Gesellschaft finden allenfalls dann Anwendung, wenn im Gesellschaftsrecht eine Lücke auftaucht. 245

Beispiel: § 31 BGB bestimmt, daß der Verein für den Schaden verantwortlich ist, den ein «verfassungsmäßig berufener Vertreter» wie z. B. ein Vorstandsmitglied in Ausübung seiner Funktion einem anderen zugefügt hat, soweit er dabei die Voraussetzungen einer unerlaubten Handlung (z. B. nach § 823 Abs. 1 BGB) erfüllt. Da es

---

92 S. unten 3.8. (Rn 316 ff.)
93 NJW 1992, 1617 li. Spalte
94 S. oben 1.3.3. (Rn 222)

insoweit keine gesellschaftsrechtlichen Sonderbestimmungen gibt, findet § 31 auch auf AG, GmbH, OHG usw. Anwendung.[95]

Auch das Gesellschaftsrecht darzustellen, sprengt den Rahmen eines Leitfadens durch das BGB. Insoweit muß auf die einschlägige Literatur verwiesen werden.[96] Im folgenden soll deshalb nur ein knapper Überblick über die verschiedenen Formen von Personenzusammenschlüssen gegeben werden. Anschließend soll etwas eingehender auf die drei im BGB geregelten Formen – e. V., nichtrechtsfähiger Verein und Gesellschaft des bürgerlichen Rechts – eingegangen werden. In Abschnitt 4. geht es dann um die rechtlich verselbständigten Sondervermögen.

3 Zusammenschlüsse von Personen – Überblick

246 Personenzusammenschlüsse werden herkömmlicherweise in rechtlich voll verselbständigte «**Körperschaften**» (auch «Vereine» genannt) sowie in sog. **Gesamthandsgemeinschaften** eingeteilt – letztere eine deutsche Besonderheit, hinter der sich jedoch keine wirklichen Geheimnisse verbergen.

3.1 Die «Körperschaften»

247 Die Körperschaften sind juristische Personen im oben skizzierten Sinne. Sie sind vom Wechsel der Mitglieder unabhängig, verfügen in der Regel über ein eigenes Vermögen und besitzen «Organe», durch die sie handeln. Diese müssen nicht Gesellschafter, sondern können auch Außenstehende sein (sog. Fremdorganschaft)[97].

95 Einzelheiten bei Palandt-Heinrichs § 31 Rn 3

96 Am gewichtigsten (im wörtlichen wie im übertragenen Sinne) sind die Lehrbücher des Gesellschaftsrechts von Kübler (4. Aufl., Heidelberg 1994), Karsten Schmidt (2. Aufl., Köln u. a. 1991) und Wiedemann (Gesellschaftsrecht I, Grundlagen, München 1980). Einen guten Überblick verschaffen Hopt-Hehl (Gesellschaftsrecht. Juristischer Studienkurs, 3. Aufl. 1987), Klunzinger (Grundzüge des Gesellschaftsrechts, 8. Aufl., München 1993) und Kraft-Kreutz (Gesellschaftsrecht, 9. Aufl., Neuwied u. a. 1992)

97 Zur körperschaftlichen Struktur s. etwa AK-BGB-Ott §§ 21, 22 Rn 1

3.1.1 Einzelne Erscheinungsformen

– der **eingetragene Verein** (dazu näher unten 3.5.);

– die **AG**. Ihre Mitglieder sind die Aktionäre, die in der Regel einmal 248 pro Jahr zu einer «Hauptversammlung» zusammentreten. Kleinaktionäre sind dort typischerweise von den Banken oder gar nicht vertreten. Die Hauptversammlung wählt einen Aufsichtsrat, der wiederum den Vorstand bestimmt und seine Tätigkeit überwacht (daher der Name). Der Vorstand leitet die Gesellschaft in eigener Verantwortung und kann Rechte und Pflichten für sie begründen. Alles Nähere ergibt sich aus dem AktG (Schönfelder Nr. 51); beschäftigt die AG mindestens 500 Arbeitnehmer, sind diese im Aufsichtsrat vertreten.[98]

– Die **GmbH**. Sie kann schon mit einem sog. Stammkapital von 249 50000 DM gegründet werden und ist – wie ihre weite Verbreitung beweist[99] – in sehr vielfältiger Weise einsetzbar. Sie besitzt Gesellschafter, die bei Bedarf zu einer Gesellschafterversammlung zusammentreten. Diese bestimmt die Geschäftsführung und kann dieser auch Weisungen erteilen. Der oder die Geschäftsführer vertreten die GmbH nach außen und begründen Rechte und Pflichten für sie. In GmbHs mit mehr als 500 Beschäftigten muß ein Aufsichtsrat gebildet werden, in dem auch die Arbeitnehmer in gleicher Weise wie bei der AG vertreten sind.[100] Einzelheiten des GmbH-Rechts sind im GmbH-Gesetz (Schönfelder Nr. 52) geregelt, doch bedarf das hier besonders reichhaltige Richterrecht besonderer Berücksichtigung.

– Die **eingetragene Genossenschaft** (e. G.). Sie unterscheidet sich 250 von anderen Körperschaften dadurch, daß sie einen spezifischen Zweck, nämlich die «Förderung des Erwerbes oder der Wirtschaft ihrer Mitglieder mittels gemeinschaftlichen Geschäftsbetriebes», verfolgt. Ihre Mitglieder nennen sich «Genossen», die zu einer «Generalversammlung» zusammentreten. Diese wählt sowohl den Aufsichtsrat als auch den Vorstand. Letzter kann die e. G. nach außen hin vertreten. Alles Nähere findet sich im Genossenschaftsgesetz (GenG).[101] Sind die entsprechenden Größenordnungen erreicht, muß auch hier eine Arbeitnehmervertretung im Aufsichtsrat eingerichtet werden.

– Der **Versicherungsverein auf Gegenseitigkeit** (VVaG). Er baut 251

98 Einzelheiten bei Däubler, Arbeitsrecht 1, Rn 1282ff. (Montanmitbestimmung), Rn 1304ff. (§§ 76ff. BetrVG 1952), Rn 1324ff. (Mitbestimmungsgesetz 1976)

99 S. oben Fn 83

100 S. oben Fn 98

101 In der Fassung vom 9. 10. 1973, BGBl I, 1451

auf den Grundgedanken auf, daß die Versicherten eine «Gefahrengemeinschaft» gründen, die aus den Beiträgen der Mitglieder Vermögen ansammelt, um im Ernstfall einspringen zu können. Einzelheiten sind im Versicherungsaufsichtsgesetz (VAG) geregelt.[102]

252 Für alle diese Organisationsformen gilt das **System der Normativbedingungen**; sie erwerben daher die Rechtsfähigkeit mit der Eintragung in ein Register.[103] Ob «Rechtsfähigkeit» hier in jeder Hinsicht dasselbe bedeutet wie bei natürlichen Personen, kann allerdings zweifelhaft sein.

3.1.2 Persönlichkeitsrecht für juristische Personen?

253 Zum einen können juristische Personen zwar unzweifelhaft Vermögensrechte aller Art besitzen, doch ist ebenso eindeutig, daß sie beispielsweise keine familienrechtlichen Befugnisse wahrnehmen können. Bei **Persönlichkeitsrechten** wie z. B. dem Recht am eigenen Namen differenziert die Rechtsprechung und stellt darauf ab, ob die juristische Person in ihrer Betätigungsfreiheit betroffen ist.[104]

Beispiel: Ein Professor der Wirtschaftswissenschaften führt im Auftrag der Bundessteuerberaterkammer bundesweit ein Seminar mit dem Titel «Jahresabschlußanalyse aus der Sicht der Banken» durch. Es wurde vierundzwanzigmal in 16 Städten veranstaltet. Dabei wurde als «Fallstudie» der Jahresabschluß 1987 eines mittelständischen Bauunternehmens analysiert, der vollständig im «Bundesanzeiger» veröffentlicht worden war. Den Seminarunterlagen wurde eine kritische Würdigung des Jahresabschlusses beigefügt, wonach die finanzielle Situation der Firma negativ zu beurteilen sei. Diese verlangte, daß der Professor in Zukunft entsprechende Aussagen zu unterlassen habe und ihr außerdem Schadensersatz bezahlen müsse; sie sei in ihrem allgemeinen Persönlichkeitsrecht verletzt. Der BGH (NJW 1994, 1281) gab dem Unterlassungsbegehren statt. Dies war berechtigt, zumal der Professor die Unterlagen hätte anonymisieren können. Ein Schmerzensgeld wie im «Herrenreiter-Fall»[105] wäre allerdings nicht in Betracht gekommen.

102 Übersichtliche Darstellung bei K. Schmidt, Gesellschaftsrecht § 42
103 Zur Ausnahme des wirtschaftlichen Vereins s. § 22 BGB
104 BGH MDR 1976, 290 (zum Namensrecht des § 12 BGB). Aus der Literatur s. insbes. Schwab, Einf., Rn 138
105 Dazu oben Kap. 2 unter 3.3.3. (Rn 79ff.)

3.1.3 Die ultra-vires-Lehre

Zum zweiten taucht die Frage auf, ob ein e. V., eine AG, GmbH usw. eigentlich auch rechtsfähig ist, wenn es um **Handlungen** geht, die **außerhalb des Gesellschaftszwecks** liegen. 254

Beispiel: Die GmbH soll sich lt. Satzung mit dem Import und Export von Lebensmitteln befassen. Der Geschäftsführer wird namens der GmbH als Grundstücksmakler tätig und schließt insoweit Verträge. Sind diese gültig?

Im anglo-amerikanischen Recht legt man in solchen Fällen die sog. **ultra-vires-Theorie** zugrunde (ultra vires = «jenseits der eigenen Kräfte»). Sie bedeutet, daß die Gesellschaft nur innerhalb ihres satzungsmäßigen Zwecks handeln kann; wird dieser Rahmen verlassen, können keine Rechte und Pflichten mit Wirkung für sie begründet werden.[106] Das **deutsche Recht lehnt diese Konstruktion ab** und räumt der juristischen Person jedenfalls in vermögensrechtlicher Hinsicht eine universelle Rechtsfähigkeit ein.[107] Dies darf auch nicht dadurch wieder zunichte gemacht werden, daß man den Organen eine auf den Verbandszweck beschränkte Vertretungsbefugnis einräumt; nur dann, wenn der Geschäftsführer weiß, daß der Vorstand oder der Geschäftsführer seine Befugnisse mißbraucht oder ein solcher Schluß jedenfalls sehr nahe lag, wird der Verein bzw. die Gesellschaft nicht verpflichtet.[108]

Im obengenannten Beispielfall sind die Maklerverträge daher gültig, es sei denn, es hätte für die Geschäftspartner auf der Hand gelegen, daß Derartiges nicht von den Aufgaben der GmbH gedeckt sein konnte.

---

106 S. Merkt, US-amerikanisches Gesellschaftsrecht, Heidelberg 1991, Rn 245ff., der auch schildert, daß in der Praxis weiteste Formulierungen («any lawful purpose») gewählt und von den Gerichten akzeptiert werden

107 MüKo-Reuter Vor § 21 Rn 13a; Soergel-Hadding Vor § 21 Rn 22; Wiedemann, Gesellschaftsrecht, S. 209f.

108 Einzelheiten bei K. Schmidt AcP 184 (1984), 529ff.

3.2 Die Gesamthandsgemeinschaften

3.2.1 Das gesetzliche Grundmodell

255 Die Figur der «Gemeinschaft zur gesamten Hand» stammt aus dem (alt-)deutschen Recht. Sie ist – folgt man dem gesetzlichen Normalmodell – durch folgende Züge charakterisiert, die eine besonders intensive Bindung der Beteiligten herbeiführen:

– Ein einzelner Mitberechtigter («**Gesamthänder**» genannt) kann **nicht über seinen Anteil** an der Gemeinschaft **verfügen**. Ob er an den einzelnen Vermögensgegenständen überhaupt eine «Mitberechtigung» hat, ist zweifelhaft, doch ist insoweit erst recht jede Verfügung über den Anteil ausgeschlossen.

– Die Gesamthand ist grundsätzlich **vom Bestand ihrer Mitglieder abhängig**. Will einer nicht mehr mitmachen, kommt nur eine Kündigung in Betracht, die zur Auflösung und «Liquidierung», d.h. zur Verteilung des vorhandenen Vermögens unter den Gesamthändern führt.

– Die **Mitglieder** der Gesamthand **haften** grundsätzlich mit ihrem persönlichen Vermögen für die durch die Gemeinschaft begründeten Verbindlichkeiten. Damit wird ein Ausgleich dafür geschaffen, daß anders als bei AG und GmbH keine Gläubigerschutzvorschriften etwa im Sinne der Beibringung eines bestimmten Mindestkapitals vorhanden sind.

– **Nur ein Gesamthänder** kann für die Gemeinschaft als **Organ** handeln (sog. Selbstorganschaft). Die Einsetzung eines Geschäftsführers, der nach Art des Vorstands einer AG im Prinzip beliebige Verbindlichkeiten eingehen könnte, ist ausgeschlossen.[109]

Man vergleiche im Gegensatz dazu die eingangs des Abschnitts 3.1 geschilderten Merkmale einer Körperschaft.

109 Zur aktuellen Diskussion um die Begriffserfordernisse der Gesamthand s. Th. Raiser AcP 194 (1994), 505 ff. mwN

3.2.2 Die konkreten Formen im BGB

Das BGB kennt drei Formen der Gesamthandsgemeinschaft, die sich in einigen Nuancen unterscheiden.

Die **Gesellschaft bürgerlichen Rechts** (GbR) entspricht zwar völlig den geschilderten Begriffserfordernissen, 256

s. insbes. § 719 Abs. 1 BGB: «Ein Gesellschafter kann nicht über seinen Anteil an dem Gesellschaftsvermögen und an den einzelnen dazu gehörenden Gegenständen verfügen; er ist nicht berechtigt, Teilung zu verlangen.»

doch kann durch entsprechende Ausgestaltung des Gesellschaftsvertrags jederzeit vorgesehen werden, daß über den Anteil an der Gemeinschaft frei verfügt werden kann.[110] Auch kann mit Geschäftspartnern vereinbart werden, daß sich die Haftung auf das Vermögen der Gesellschaft beschränkt.[111]

Weniger Spielräume bietet demgegenüber die **eheliche Gütergemeinschaft** nach §§ 1415 ff. BGB, die nur aufgrund eines Ehevertrags zustandekommt.[112] Bei ihr ist jede einvernehmliche Abweichung von den genannten «Wesenserfordernissen» ausgeschlossen. 257

Die **Erbengemeinschaft** nach §§ 2032 ff. BGB ist insofern ein sehr viel lockererer Verband, als der einzelne Miterbe über seinen Anteil am Nachlaß grundsätzlich frei verfügen kann. 258

Der Verstorbene A wurde durch seine drei Söhne X, Y und Z zu gleichen Teilen beerbt. Diese bilden automatisch eine Erbengemeinschaft. Verträgt sich Z nicht so schrecklich gut mit seinen Brüdern, kann er sein Erbteil an einen anderen verkaufen.

Die Miterben besitzen allerdings nach § 2034 ein Vorkaufsrecht, können also im Normalfall das Eindringen eines «Fremden» verhindern.

Verschenkt Z seinen Erbanteil, kann allerdings § 2034 nicht eingreifen. Das BGB vertraut auf den Eigennutz des Einzelnen, der ein solches Verhalten zur Ausnahmeerscheinung werden läßt.

---

110 Nachw. bei Palandt-Thomas § 719 Rn 3. Über den Anteil an den einzelnen Vermögensgegenständen kann jedoch niemals verfügt werden

111 Eine Beschränkung im Gesellschaftsvertrag muß für Dritte erkennbar sein: BGH NJW 1985, 619

112 Näheres Bd. 2. Kap. 18 unter 4.2.3. (Rn 1612)

3.2.3 Handelsgesellschaften

259 Die Gesamthandsgemeinschaft der **GbR** ist **«Grundform» für** die Offene Handelsgesellschaft **(OHG)** und die Kommanditgesellschaft **(KG)**. Dies bedeutet, daß – wie § 105 Abs. 2 HGB für die OHG klarstellt – die §§ 705 bis 740 BGB auch auf die OHG Anwendung finden, soweit das HGB keine Sonderregeln enthält. Für die KG verweist § 161 Abs. 2 HGB auf das Recht der OHG und damit mittelbar gleichfalls auf die §§ 705 ff. BGB. Der Hervorhebung bedarf die Vorschrift des § 128 HGB, wonach **jeder OHG-Gesellschafter** für die Schulden der Gesellschaft **mit seinem persönlichen Vermögen haftet**. Bei der KG muß man insoweit unterscheiden: Kommanditisten setzen nur ihre Einlage ein, während persönlich haftende Gesellschafter («Komplementäre» genannt) dieselbe Rechtsstellung wie ein OHG-Gesellschafter besitzen.

260 Für Angehörige Freier Berufe ist durch das **Partnerschaftsgesellschaftsgesetz** vom 25. Juli 1994[113] eine neue Rechtsform geschaffen worden, die der OHG weithin angenähert ist. Dasselbe gilt für die sog. Europäische Wirtschaftliche Interessenvereinigung (abgekürzt: **EWIV**), die auf einer EG-Verordnung beruht und grundsätzlich nicht dem deutschen, sondern dem EG-Recht untersteht.[114] Schließlich ist als weitere Form der Gesamthandsgemeinschaft die **Partenreederei** nach § 489 HGB zu nennen.

3.2.4 Rechtsfähigkeit?

261

Umstritten ist, ob eine **Gesamthandsgemeinschaft** nicht doch in größerem oder kleinerem Umfang **Rechtsfähigkeit** besitzt, **oder** ob es sich – so die traditionelle Auffassung – nur um ein **«Sondervermögen»** handelt, das den Gesamthändern gemeinschaftlich zusteht.[115] Insbes. OHG und KG werden von einer wachsenden Zahl von Autoren als rechtsfähige «Personengesellschaften» qualifiziert, wofür § 124 Abs. 1 HGB eine ausreichende Grundlage darstellt.[116]

113 BGBl I, 1744, Schönfelder Nr. 53

114 Der Text der EG-VO ist abgedruckt bei Däubler-Kittner-Lörcher, Internationale Arbeits- und Sozialordnung, unter Nr. 461. Dort auch Nachw. zur Literatur

115 Überblick über den Diskussionsstand bei K. Schmidt, Gesellschaftsrecht, § 8 III

116 Dafür insbes. Flume, AT, Bd. I/1, § 4; Th. Raiser AcP 194 (1994), 504; K. Schmidt, Gesellschaftsrecht, § 8 III 4 (auch für die Partenreederei)

§ 124 Abs. 1 HGB bestimmt: «Die Offene Handelsgesellschaft kann unter ihrer Firma Rechte erwerben und Verbindlichkeiten eingehen, Eigentum und andere dingliche Rechte an Grundstücken erwerben, vor Gericht klagen und verklagt werden.»

Bei unvoreingenommener Lektüre dieses Textes kann man an sich kaum mehr zweifeln, daß die OHG eine juristische Person ist. Die Gegenauffassung leugnet dies und spricht statt dessen von einem «Sondervermögen der Gesamthänder mit der Fähigkeit der selbständigen Rechtsträgerschaft»[117]. Dies erinnert an ein Spiel um Worte oder deutlicher: an einen Streit um Kaisers Bart; bislang ist kein Fall bekannt geworden, in dem die Geltendmachung eines Rechts an der fehlenden Rechtsfähigkeit der OHG gescheitert wäre.

Manchmal machen sich Juristen – insbes. im Wissenschaftsbetrieb – das Leben unnötig schwer. Je kunstvoller die Konstruktion, desto höher die erwartete wissenschaftliche Bewunderung. Der Bundesgerichtshof pflegt sich auf solche «Kontroversen» in aller Regel nicht einzulassen.

Bei der **GbR** fehlt eine dem § 124 Abs. 1 HGB entsprechende Vor- 262
schrift. Zwar gibt es eine Formulierung des BGH, die ihr eine gewisse Eigenständigkeit gegenüber ihren Gesellschaftern zuspricht[118], doch ist sie bislang nicht befugt, Rechte in eigenem Namen gerichtlich geltend zu machen.[119] Das neue **Umwandlungsgesetz** vom 28. 10. 1994[120] hat den Trend zur Rechtsfähigkeit von OHG, KG und GbR dadurch verstärkt, daß sich nicht nur z. B. eine OHG in eine GmbH oder eine GmbH in eine OHG verwandeln kann; möglich ist vielmehr auch, daß der neue Rechtsträger die Form einer GbR annimmt:[121] es erscheint denkbar unplausibel, daß sich z. B. eine GmbH auf diese Weise in ein juristisches Nichts auflösen könnte.

117 Nachw. bei Baumbach-Hopt § 124 Rn 1
118 S. oben Fn 93
119 So BGHZ 109, 15 ff. für den nichtrechtsfähigen Verein
120 BGBl I, 3210, Schönfelder Nr. 52 a
121 § 191 Abs. 2 Nr. 1 UmwG. Auf den Einfluß des Umwandlungsrechts verweist auch Th. Raiser AcP 194 (1994), 495 ff. Näher zur Umwandlung von Rechtsträgern unten 6 (Rn 344 ff.)

3.2.5 Exkurs: Bruchteilsgemeinschaft

263 Der Vollständigkeit halber sei darauf verwiesen, daß es neben der Gesamthand auch die sog. Bruchteilsgemeinschaft gibt, die eine gesetzliche Regelung in den §§ 741 ff. BGB erfahren hat. Sie betrifft den Fall, daß **ein konkreter Gegenstand** zwei oder mehreren Personen zusteht.

A und B erwerben ein Grundstück oder ein Auto; über die bloße gemeinsame Nutzung hinausgehende Zwecke werden nicht verfolgt.

264 Jeder Beteiligte hat entsprechend den vereinbarten Bruchteilen einen «**ideellen Anteil**» an dem Gegenstand, den er grundsätzlich auch auf Dritte übertragen kann.

«Ideell» bedeutet, daß er nicht etwa auf dem Grundstück mit Sägemehl eine Grenze markieren und die dadurch umschlossene Fläche als sein Alleineigentum deklarieren kann (dies wäre eine «Realteilung»). Vielmehr ist er zu einer Quote von ½ Mitinhaber des Eigentumsrechts.

265 Eine nicht unkomplizierte Sonderform der Bruchteilsgemeinschaft ist die **Wohnungseigentümergemeinschaft**; das einzelne Mitglied ist Alleineigentümer an der Wohnung («Sondereigentum» genannt) und Miteigentümer an den gemeinschaftlichen Gegenständen (Grundstück, Treppenhäuser, tragende Wände usw. – «Gemeinschaftseigentum» genannt). Die Verwaltung des Gemeinschaftseigentums ist eingehend im Wohnungseigentumsgesetz (**WEG** – Schönfelder Nr. 37) geregelt, das viele Elemente des Gesellschaftsrechts aufgegriffen hat.

3.3 Mischformen

Die Aufteilung in juristische Personen und Gesamthandsgemeinschaften hat weder den Gesetzgeber noch die Praxis daran gehindert, Mischformen zu entwickeln.

266 – Die **Kommanditgesellschaft auf Aktien** (KGaA) ist nach § 278 Abs. 1 AktG dadurch charakterisiert, daß sie «eigene Rechtspersönlichkeit» besitzt, daß jedoch mindestens ein Gesellschafter den Gesellschaftsgläubigern unbeschränkt haftet und die übrigen an dem in Aktien zerlegten Grundkapital beteiligt sind, ohne persönlich zu haften.

Der Großkaufmann N braucht Kapital für einige größere Investitionen. Er will dafür ungefähr 30 % seines Firmenvermögens veräußern, sucht aber keinen Mitgesellschafter, sondern will an die Börse: Von dort verspricht er sich einen höheren Erlös und keine störenden Einflüsse, weil der Einzelaktionär niemals über eine nennenswerte Anzahl von Stimmen in der Hauptversammlung verfügt. Die fortbestehende persönliche Haftung soll die Gläubiger beruhigen und deutlich machen, daß N «mit vollem Risiko» arbeitet.

– Die **GmbH & Co KG** charakterisiert sich dadurch, daß alleiniger 267
persönlich haftender Gesellschafter der KG eine GmbH ist, die in der Regel den Kommanditisten gehört. Obwohl man die Vorteile einer Personengesellschaft genießt, vermeidet man doch die an sich vom Gesetz vorgesehene persönliche Haftung einer natürlichen Person.[122] Dies sieht zwar eindeutig nach Gesetzesumgehung aus, doch hat schon das Reichsgericht im Jahre 1922 eine entsprechende rechtliche Gestaltung akzeptiert.[123] Inzwischen hat auch der Gesetzgeber diese von der Praxis entwickelte Form übernommen. Sie hat eine sehr weite Verbreitung.

– Die GmbH kann dadurch der OHG angenähert werden, daß nur 268
wenige Gesellschafter vorhanden sind, die sich jedoch intensiv um das Unternehmen kümmern und z. T. auch mit ihrem eigenen Vermögen für die Verbindlichkeiten der Gesellschaft einstehen. Man spricht in einem solchen Fall von einer **«personalistischen GmbH»**. Umgekehrt gibt es die **Publikums-KG**; ein Initiator, der eine Wohnanlage oder ein Krankenhaus errichten will, wirbt 5000 oder 10 000 Kommanditisten ein, die mit kleinen Beiträgen das Vorhaben möglich machen und als «Mitunternehmer» zugleich steuerliche Vorteile genießen.

3.4 Der abhängige Rechtsträger

3.4.1 Das Problem

GmbHs und AGs können von einer anderen natürlichen oder juristi- 269
schen Person abhängig sein. Erwirbt diese die Mehrheit der Anteilsrechte, kann sie den Vorstand bzw. die Geschäftsführung auswählen und die Politik des Unternehmens bestimmen. Besitzt sie gar alle An-

122 Dazu K. Schmidt, Gesellschaftsrecht, § 56 I 4. Der Vorteil der KG liegt u. a. darin, durch Eintritt neuer Kommanditisten neues Kapital einwerben zu können. Früher kamen noch steuerrechtliche Vorteile hinzu

123 RGZ 105, 111 ff.

teile, kann sie tun und lassen, was sie will. Die abhängige Gesellschaft ist zu einhundert Prozent fremdgesteuert. Wie Kronstein schon 1931 feststellte, gibt es deshalb in der modernen Wirtschaft «Personen höherer und niederer Ordnung»[124].

270 Sind solche Gestaltungen überhaupt zulässig? Eine natürliche Person könnte sich nicht in eine vergleichbare Abhängigkeit begeben; dies würde gegen die guten Sitten nach § 138 Abs. 1 BGB verstoßen.[125] Auch kann kaum mehr von einer «Körperschaft» oder «Gesellschaft» die Rede sein, wenn als Gesellschafter nur noch eine einzige Person vorhanden ist.

3.4.2 Erste Lösungsansätze

271 In der Weimarer Zeit hat man versucht, den Gedanken der Autonomie der natürlichen Person auf die GmbH zu übertragen.

Das Reichsgericht hat deshalb einen Vertrag zwischen der amerikanischen ESSO Inc. und ihrer deutschen Tochtergesellschaft für sittenwidrig erklärt, in dem sich letztere in vollem Umfang den Weisungen der amerikanischen Mutter unterstellt hatte.[126] Dabei mag auch ein wenig deutsches Nationalgefühl mitgespielt haben...

272 In der Folgezeit setzte sich die Praxis über diese Entscheidung hinweg. Das Steuerrecht akzeptierte ausdrücklich das Faktum, daß eine Gesellschaft in totaler Abhängigkeit zu einer anderen stand.[127] Auch die **«Einmanngesellschaft»** fand Anerkennung. Mit Verboten und der Unwirksamkeitssanktion wäre auch nicht viel auszurichten gewesen: Der Vorstand einer Gesellschaft, die im Mehrheitsbesitz einer anderen steht, wird auch dann «Folgsamkeit» praktizieren, wenn keine vertragliche Verpflichtung hierzu existiert. Selbst ein Verbot der Einmanngesellschaft wäre unschwer zu umgehen gewesen, da sich allemal (ordentlich bezahlte) Strohmänner finden, die die Rolle der Mitgesellschafter spielen.

---

124 Kronstein, Die abhängige juristische Person, München – Berlin – Leipzig 1931, S. 1
125 Dazu unten Kap. 15 unter 3.2.1. (Rn 1339 ff.)
126 RGZ 81, 308
127 Zum ganzen auch MüKo-Reuter Vor § 21 Rn 17

3.4.3 Ausbildung eines Konzernrechts

Schon im Aktiengesetz 1937, erst recht aber in der Bundesrepublik folgte man deshalb einem anderen Ansatz: Man akzeptierte die abhängige juristische Person in vollem Umfang, bemühte sich jedoch um einen Schutz der evtl. noch vorhandenen Mitgesellschafter und der Gläubiger. Soweit eine AG von einem anderen Unternehmen beherrscht wird oder soweit diese ihrerseits herrschendes Unternehmen ist, gilt das sog. Konzernrecht der §§ 291 ff. AktG. Seine Eckpunkte sehen wie folgt aus: 273

– Ist die Abhängigkeit eines Unternehmens insbes. von den Weisungen eines anderen vertraglich festgeschrieben, spricht man von einem **Vertragskonzern**. Bei ihm wird für die Interessen der Gläubiger wie der Minderheitsaktionäre bzw. -gesellschafter dadurch gesorgt, daß die herrschende Gesellschaft nach § 302 AktG am Ende des Geschäftsjahres alle Verluste übernehmen muß. Außerdem ist den Minderheitsaktionären nach § 304 AktG eine Ausgleichszahlung zu gewähren, die in der Regel die Form einer Dividendengarantie besitzt. 274

– Besteht kein die Abhängigkeit regelnder Vertrag, liegt ein sog. **faktischer Konzern** vor. Entsteht der abhängigen Gesellschaft aufgrund einer Weisung der herrschenden ein wirtschaftlicher Nachteil, ist dieser nach § 311 AktG auszugleichen. Dies läßt sich in der Praxis schwer handhaben und zwar insbes. dann, wenn die abhängige Gesellschaft nach Art einer Betriebsabteilung geführt wird: Hier ist unklar, wie sie sich als unabhängige Einheit entwickelt hätte, es fehlt also an der Bezugsgröße für die Bestimmung des «Nachteils». Bei einer solchen engen Anbindung spricht man von einem sog. **qualifizierten faktischen Konzern**. Bei ihm sind die Gläubiger dadurch geschützt, daß ihnen unter bestimmten Voraussetzungen ein **«Durchgriff»** auf das Vermögen der herrschenden Gesellschaft möglich ist.[128] Einzelheiten können hier nicht dargestellt werden. 275

Soweit ein **Konzern aus GmbHs** oder anderen Unternehmensformen besteht, sind die §§ 291 ff. AktG nicht anwendbar. Im Rahmen von Vertragskonzernen wird die Verlustübernahmepflicht nach § 302 276

128 Die Voraussetzungen sind vom BGH nicht immer einheitlich bestimmt worden. Grundlegend BGHZ 95, 330 = NJW 1986, 188 – Autokran; BGHZ 107, 7 = NJW 1989, 1800 – Tiefbau; BGHZ 115, 187 = NJW 1991, 3142 – Video; BGH NJW 1993, 1200 – TBB. Zusammenfassende Darstellung und kritische Würdigung bei Kübler, Gesellschaftsrecht, § 30 III 3 a

AktG auf die abhängige GmbH entsprechend angewandt.[129] Wird die Abhängigkeit nur durch Mehrheitsbeteiligung (und nicht durch einen speziellen Unternehmensvertrag) geschaffen, gelten andere Grundsätze als im Aktienrecht: Der Mehrheitsgesellschafter ist nach Treu und Glauben verpflichtet, auf die Interessen der Minderheitsgesellschafter Rücksicht zu nehmen.[130] Der Schutz der Gläubiger wird ausschließlich mit Hilfe der Durchgriffshaftung bewerkstelligt, soweit ein sog. qualifizierter faktischer Konzern besteht.[131]

277 Die Stellung der Arbeitnehmer einer abhängigen Gesellschaft ist an anderer Stelle beschrieben worden.[132]

Wer dies alles auf Anhieb verstanden hat, ist ein begabter Jurist und kann sich bald zum Examen melden. Wer Schwierigkeiten hatte, sollte trotzdem weiterlesen – künftige Kapitel sind nicht schwieriger, sondern einfacher...

3.5 Insbes.: Der eingetragene Verein

3.5.1 Die ursprüngliche Konzeption des BGB

278 Bei der Schaffung der vereinsrechtlichen Regelungen der §§ 21 ff. BGB gingen die Gesetzesverfasser von überschaubaren und beherrschbaren Zusammenschlüssen aus: Eine Reihe von Bürgern schließt sich aufgrund freier Entscheidung zu geselligen, kulturellen oder wissenschaftlichen Zwecken zusammen.[133] Vereine, deren Zweck auf einen wirtschaftlichen Geschäftsbetrieb gerichtet ist, sollten nur kraft besonderer staatlicher Verleihung rechtsfähig werden können[134]. Viel gravierender war, daß § 61 Abs. 2 BGB der zuständigen **Verwaltungsbehörde** ein **Vetorecht** gegen die Eintragung eines Vereins in das Vereinsregister u. a. dann gewährte, «wenn er einen politischen, sozialpolitischen oder religiösen Zweck verfolgt». Damit waren **Gewerkschaften, politische Organisationen und kirchliche Vereinigungen**, insbesondere Sekten, gemeint. Diese waren darauf verwiesen, **als**

129 BGHZ 103, 1, 5 f. Zu den Anforderungen an einen Unternehmensvertrag im GmbH-Konzern s. BGHZ 105, 324 – Supermarkt

130 BGHZ 65, 15 – ITT

131 Die oben Fn 128 genannten Entscheidungen beziehen sich sämtlich auf eine abhängige GmbH, haben aber selbstredend auch für die abhängige AG Gültigkeit

132 Däubler, Arbeitsrecht 2, S. 657–676 mwN

133 Kübler, Gesellschaftsrecht, § 33 I

134 § 22 BGB. Zu seiner heutigen Handhabung s. unten 3.5.3 (Rn 286)

«nichtrechtsfähige Vereine» im Sinne des § 54 BGB **zu existieren**, wobei sie sich mit den völlig unpassenden Bestimmungen des Rechts der GbR arrangieren mußten.[135]

Die Garantie der Vereinigungsfreiheit durch die Weimarer Reichsverfassung hat diese Beschränkung dann hinfällig gemacht; mit Rücksicht auf das Grundrecht der Vereinigungsfreiheit nach **Art. 9 Abs. 1 GG** wurde die alte Fassung im Jahre 1953 auch formal aufgehoben. 279

3.5.2 Die heutige Vereinsrealität

Gegenüber den Bedingungen, die der BGB-Gesetzgeber zugrunde gelegt hatte, haben sich drei Dinge geändert: 280

– Die durch die Anerkennung der Vereinigungsfreiheit eingetretene Liberalisierung hat den **potentiellen Tätigkeitsbereich von Vereinen deutlich erweitert**. Diese können jeden erlaubten Zweck verfolgen; nur für erwerbswirtschaftliche Betätigungen gilt die Sondervorschrift des § 22. Auf politische Parteien finden die §§ 21 ff. allerdings nur insoweit Anwendung, als nicht das Parteiengesetz[136] etwas anderes bestimmt. Die Gewerkschaften haben bis heute nicht den Versuch unternommen, durch Eintragung ins Vereinsregister Rechtsfähigkeit zu erlangen, doch werden sie in der Praxis weitestgehend wie eine rechtsfähige Größe behandelt.[137]

– Die zweite, nicht weniger wichtige Änderung besteht darin, daß 281
Vereine in weiten Bereichen **öffentliche Aufgaben wahrnehmen** oder **bei der politischen Willensbildung** (etwa in Form von Lobbyismus) **mitwirken**. In den ersten Bereich gehören etwa die Verbände der freien Wohlfahrtspflege oder die Deutsche Forschungsgemeinschaft (DFG) und das Deutsche Rote Kreuz (DRK), zur zweiten Kategorie zählen Interessenverbände wie der Bundesverband der Deutschen Industrie (BDI) oder der Bankenverband. Dazu kommen (Groß-)-Vereine, die in beträchtlichem Umfang unternehmerische Aktivitäten entfalten; der Berufsfußball und der Boxsport mögen hier als Beispiel stehen.

– Die Expansion der von Vereinen wahrgenommenen Aufgaben führt 282

135 Dazu MüKo-Reuter §§ 61–63 Rn 1: Verkapptes Konzessionssystem

136 in der Fassung (= idF) der Bekanntmachung vom 31. 1. 1994, BGBl I, 149 (Sartorius I Nr. 58)

137 Dazu Däubler, Arbeitsrecht 1, Rn 142 ff.

zur **Entstehung von Machtpositionen**, denen der Einzelne relativ hilflos ausgeliefert ist.

Beispiel: Die Präsidenten der deutschen Bundesligaclubs haben beschlossen, die vom Europäischen Gerichtshof für geboten erklärte Gleichbehandlung von EU-Ausländern nicht zu praktizieren; «auf freiwilliger Grundlage» will man nicht mehr als drei Ausländer pro Spiel einsetzen. Da Fußballspielen ein Beruf und die Spieler Arbeitnehmer sind, ist der Bereich der Freizeitbeschäftigung längst verlassen. Doch was kann ein Ausländer tun, wenn der zuständige Trainer ihn für «nicht in Form befindlich» erklärt? Auch ein Arbeitsplatzwechsel würde angesichts eines solchen «Kartells» nichts nützen.

283 Von der Änderung des § 61 Abs. 2 abgesehen, hat das gesetzliche **Vereinsrecht** noch heute **dieselbe Gestalt wie im Jahre 1900**. Es war daher wieder einmal Sache der Rechtsprechung, die nötigen Anpassungen vorzunehmen.

3.5.3 «Idealvereine» und wirtschaftliche Vereine

284 Der sog. Idealverein, der durch Eintragung ins Vereinsregister Rechtsfähigkeit erlangt, charakterisiert sich nach § 21 BGB dadurch, daß sein Zweck «nicht auf einen wirtschaftlichen Geschäftsbetrieb gerichtet ist». Spiegelbildlich dazu definiert § 22 BGB den wirtschaftlichen Verein, der nur durch staatliche Verleihung Rechtsfähigkeit erlangen kann, als einen, dessen Zweck auf einen wirtschaftlichen Geschäftsbetrieb gerichtet ist.

285 Die Bestimmung dieses Kriteriums hat einige Schwierigkeiten bereitet. Nach herrschender Auffassung ist damit eine **eigene unternehmerische Betätigung** gemeint, wobei es nach der Rechtsprechung ausreicht, wenn die Mitglieder Unternehmer sind und einen Teil ihrer Funktion auf den Verein auslagern.

Beispiel (BGHZ 45, 395): Taxizentrale.

Die Tatsache, daß ein Verein wirtschaftliche Ziele verfolgt, ist für sich allein ohne Bedeutung, sofern damit auch nicht teilweise ein eigener «Geschäftsbetrieb» verbunden ist.[138] Werden umgekehrt ideelle Zwecke wie die Förderung der schönen Künste oder des Sports verfolgt, ist es unschädlich, wenn daneben auch kommerzielle Tätigkeiten wie der Betrieb eines Restaurants entfaltet werden. Mit diesem sog.

138 Kübler, Gesellschaftsrecht, § 10 II 3 b

Nebenzweckprivileg versucht man beispielsweise die sehr ausgedehnte wirtschaftliche Betätigung bestimmter Sportvereine noch mit § 21 BGB in Einklang zu bringen.[139]

Liegen die Voraussetzungen eines «wirtschaftlichen Geschäftsbetriebs» vor, so besteht praktisch **keine Aussicht, die Rechtsfähigkeit nach § 22 verliehen zu erhalten**. 286

Die Rechtsprechung steht auf dem Standpunkt, wer sich wirtschaftlich betätigen wolle, müsse sich in erster Linie der vom Gesellschaftsrecht bereitgestellten Formen bedienen. Nur wo dies unzumutbar sei, komme der Weg über § 22 in Betracht.[140] Dies ist auch berechtigt: Andernfalls könnten die im Gesellschaftsrecht vorgesehenen Bestimmungen zum Schutz von Gläubigern und Kapitalanlegern beliebig umgangen werden.[141]

Wer die 50000 DM für die Gründung einer GmbH nicht aufbringen könnte, würde einfach einen wirtschaftlichen Verein gründen.

In der Praxis beschränkt sich diese Rechtsform daher auf wenige Ausnahmefälle.[142]

3.5.4 Die Gründung eines e.V.

Zur Gründung eines Vereins benötigt man nach § 56 BGB mindestens sieben Mitglieder. Diese werden in der Regel natürliche Personen sein, doch sind auch juristische Personen nicht ausgenommen. 287

Über den Vorgang der Gründung bis hin zur Anmeldung beim Vereinsregister enthält das BGB keine Bestimmungen. Notwendig ist, daß die **Gründer sich einig** sind[143], und daß sie sich über eine Satzung verständigen. Diese muß nach § 57 Abs. 1 den Zweck, den Namen und den Sitz des Vereins enthalten sowie ergeben, daß der Verein eingetragen werden soll. § 58 BGB enthält in Form einer Sollvorschrift weitere Erfordernisse (z. B. Bestimmungen über den Eintritt und Austritt der Mitglieder), denen sinnvollerweise Rechnung zu tragen ist. Ihre Ein- 288

139 Näher Larenz, AT, § 10 Ib mwN (Fn 17); kritisch zu Recht Medicus, AT, Rn 1112, der für eine einschränkende Handhabung plädiert. Ähnlich K. Schmidt, Gesellschaftsrecht, § 23 III 3 d

140 BVerwG NJW 1979, 2261 ff.; zustimmend MüKo-Reuter §§ 21, 22 Rn 44. Ähnlich BGHZ 22, 240, 244

141 Kübler, Gesellschaftsrecht, § 10 II 1 c; Medicus, AT, Rn 1109

142 Dazu K. Schmidt, Gesellschaftsrecht, § 24 II 2 b

143 Zur Rechtsnatur dieses Vertrags s. Larenz, AT, § 10 I a 1

haltung wird normalerweise vom Registergericht verlangt; ist dieses aber großzügig oder unaufmerksam, ist die erfolgte Eintragung dennoch gültig («Soll-Vorschriften» sind weniger verbindlich als zwingende «Muß-Vorschriften»). Aufgrund der beschlossenen Satzung muß ein Vorstand bestimmt werden, der den Verein zur Eintragung anmeldet (§ 59 BGB). Die Erklärungen des Vorstands (d. h. aller seiner Mitglieder) sind nach § 77 in öffentlich beglaubigter Form abzugeben.[144]

289 Hat man sich über die Gründung des Vereins geeinigt und eine Satzung beschlossen, existiert ein sog. **Vorverein**. Werden in seinem Namen Verpflichtungen eingegangen oder Rechte begründet,

Beispiel: Das künftige Vereinslokal wird gemietet, die Gründungsmitglieder verpflichten sich ab sofort, monatlich 30 DM zu bezahlen

so gehen diese automatisch auf den durch Eintragung ins Vereinsregister rechtsfähig werdenden Verein über. Vorverein und e. V. werden als identisch angesehen.[145]

290 Das **Vereinsregister** wird beim Amtsgericht geführt. Die dort vom Vorstand eingereichte Anmeldung wird zunächst in formeller Hinsicht geprüft; führt dies zu einem positiven Ergebnis, so wird die zuständige **Verwaltungsbehörde** eingeschaltet. Diese kann nach der heute geltenden Fassung des § 61 Abs. 2 BGB gegen die Eintragung Einspruch erheben, «wenn der Verein nach dem öffentlichen Vereinsrecht unerlaubt ist oder verboten werden kann». Ob diese Voraussetzung ausnahmsweise gegeben ist, richtet sich nach dem **Vereinsgesetz** vom 5. 8. 1964[146]; dort sind die Verbotsgründe des Art. 9 Abs. 2 GG übernommen, wonach Vereinigungen unerlaubt sind, deren Zwecke oder deren Tätigkeit den Strafgesetzen zuwiderlaufen oder die sich gegen die verfassungsmäßige Ordnung oder gegen den Gedanken der Völkerverständigung richten.

Ein Verein «zur Förderung des Terrorismus» beantragt seine Eintragung. Zum Fall der Hell's Angels, eines Motorradclubs, in dessen Rahmen sich seine Mitglieder bei zahlreichen Straftaten unterstützten, s. BVerwG NJW 1989, 993

Ist ein solcher Ausnahmetatbestand nicht gegeben, **muß der Registerrichter den Verein eintragen**; ihm steht insoweit kein eigener Entscheidungsspielraum zu.

---

144 Zu dieser Form s. unten Kap. 12 unter 2.3.4. (Rn 819)
145 Flume, AT, Bd. I/2, § 5 III 4; Larenz, AT, § 10 I c; Medicus, AT, Rn 1113
146 BGBl I, 593 (Sartorius I Nr. 425)

Wer sich mit der Absicht trägt, einen Verein zu gründen, kann sich über die Einzelheiten in verschiedenen Anleitungsbüchern Rat holen. Zu nennen sind insbes.: 291

Sauter-Waldner-Röseler, Der eingetragene Verein. Eine gemeinverständliche Erläuterung des Vereinsrechts unter besonderer Berücksichtigung der neuesten Rechtsprechung, 15. Aufl., München 1994

Stöber, Vereinsrecht. Grundriß mit Kurzkommentar, Rechtsprechung, Beispielen und Formularmustern. 6. Aufl., Baden-Baden 1992

Reichert-Dannecker, Handbuch des Vereins- und Verbandsrechts, 5. Aufl., Neuwied 1993

3.5.5 Mitgliederversammlung und Vorstand

Der e. V. hat notwendigerweise zwei Organe: Eine Mitgliederversammlung und einen Vorstand. Letzteres ergibt sich bereits aus den Vorschriften über die Anmeldung, ersteres daraus, daß die Vorschriften über die Einberufung der Mitgliederversammlung (§§ 36, 37 BGB) nicht im Katalog der Bestimmungen auftauchen, die gem. § 40 durch die Satzung abbedungen werden können.[147] Daneben können andere Organe wie z. B. ein **Beirat** gebildet werden, durch den wichtige Interessen oder Personen an den Verein gebunden werden können. 292

Die **Mitgliederversammlung** ist das **oberste Organ** und entscheidet in allen Angelegenheiten, die von der Satzung nicht einem anderen Organ zugewiesen sind.[148] Sie wählt insbes. den Vorstand und entscheidet nach § 33 über Satzungsänderungen. Diese bedürfen einer **Dreiviertelmehrheit** der erschienenen Mitglieder; soll der Zweck des Vereins geändert werden, müssen alle, auch die nichterschienenen Mitglieder, zustimmen (§ 33 Abs. 1 BGB). 293

Wie sind Enthaltungen zu werten? Sie sind sicherlich keine Zustimmung, so daß jede Enthaltung eine Zweckänderung blockiert. Doch wie errechnet sich die Dreiviertelmehrheit der Erschienenen? Nach herrschender Rechtsprechung werden die Enthaltungen nicht mitgezählt, die Betroffenen also wie nichterschienene Personen behandelt.[149]

Was geschieht, wenn einige Unzufriedene die Korrektheit der Abstimmung nachträglich bestreiten? Hier wird häufig Aussage gegen Aus-

147 MüKo-Reuter § 32 Rn 1 mwN
148 Larenz, AT, § 10 II
149 BGHZ 83, 35; ebenso Larenz, AT, § 10 II a; Medicus, AT, Rn 1125

sage stehen. In solchen Fällen muß die Beschlußfassung wiederholt werden. Sinnvoller ist es daher, ein **Protokoll** anzufertigen; wird dieses genehmigt, muß ein anderer Ablauf von demjenigen bewiesen werden, der ihn behauptet.[150]

294 Sind einige Mitglieder nicht zur Mitgliederversammlung eingeladen worden (hier liegt «immer» ein Irrtum zugrunde!), so sind die gefaßten **Beschlüsse unwirksam**, es sei denn, es bestehe kein Zweifel daran, daß sie auch bei Teilnahme der Vergessenen in gleicher Weise gefaßt worden wären.[151]

295 Der **Vorstand vertritt den Verein** nach außen hin, kann also beispielsweise für diesen Kauf- und Mietverträge abschließen (§ 26 Abs. 2 BGB). Gibt es mehrere Vorstandsmitglieder und hat die Satzung keine speziellen Regelungen zur Vertretung getroffen, so können sie nur gemeinsam für den Verein handeln; notfalls muß ein Mehrheitsbeschluß herbeigeführt werden.

3.5.6 Rechte und Pflichten des einzelnen Mitglieds

296 Mitglied wird man entweder dadurch, daß man den Verein zusammen mit anderen gründet, oder durch späteren Beitritt.

297 Mit der Mitgliedschaft sind in der Regel **zwei Arten von Rechten** verbunden. Zum einen kann man an der Willensbildung des Vereins teilnehmen, also etwa in der Mitgliederversammlung sprechen und abstimmen oder für eine bestimmte Position kandidieren. Zum anderen hat man in der Regel sog. «Genußrechte», also die Befugnis, die Einrichtungen des Vereins zu nutzen.

Wer einem Tennisclub beitritt, darf im Rahmen der dafür geltenden Regeln die Tennisplätze benutzen, wer sich einem Kleintierzüchterverein anschließt, kann seine Kaninchen bei der dafür vorgesehenen Gelegenheit präsentieren.

298 **Mitglieder** müssen grundsätzlich **gleichbehandelt** werden; es wäre unzulässig, beispielsweise bestimmten Personen – und sei es mit satzungsändernder Mehrheit – das Stimmrecht in der Mitgliederversammlung zu entziehen. Umgekehrt ermöglicht jedoch § 35 die Einräumung von **Sonderrechten**; einem besonders angesehenen oder -

150 Kübler, Gesellschaftsrecht, § 10 III 2 c
151 BGHZ 59, 369, 373

aktiven Mitglied kann z. B. ein dauernder Sitz im Vorstand eingeräumt werden.

Riskiert man auch beim e. V., daß man ggf. **von Gläubigern des Vereins persönlich in Anspruch genommen** wird? Ein solcher «Durchgriff»[152] ist grundsätzlich nicht zu besorgen, doch hat die Rechtsprechung dann eine Ausnahme gemacht, wenn es gegen Treu und Glauben verstoßen würde, sich hinter einem vermögenslosen Verein zu «verstecken». 299

Der e. V. hatte ein Gelände gepachtet, das von seinen Mitgliedern eifrig genutzt wurde. Den vereinbarten Pachtzins blieb man allerdings schuldig; statt dessen wurde nach einiger Zeit der vermögenslose Verein aufgelöst. Der BGH[153] bejahte einen Durchgriff, weil es nicht angehe, sich auf der einen Seite die Vorteile anzueignen und auf der anderen Seite nichts für die Erfüllung der übernommenen Verpflichtungen zu tun. Schließlich war der Verein ja nur deshalb vermögenslos, weil ihn die Mitglieder nicht mit den nötigen Mitteln ausgestattet hatten.

Die **Mitgliedschaft** ist **«höchstpersönlich»**, also nicht übertragbar 300
und nicht vererblich (§ 38 BGB). Die Satzung kann jedoch etwas anderes vorsehen (§ 40 BGB). Jedes Mitglied kann aus dem Verein austreten, doch darf die Satzung eine Kündigungsfrist von bis zu zwei Jahren vorsehen. Liegt ein «wichtiger Grund» vor, der dem Mitglied das Verbleiben im Verein für eine solche Zeit unzumutbar macht, ist ein **Austritt mit sofortiger Wirkung** möglich.[154] Der Austretende erhält jedoch keinerlei Abfindung aus dem Vereinsvermögen; dieses steht vielmehr den verbliebenen Vereinsmitgliedern zu.

Sehr viel mehr Probleme wirft der **Ausschluß** auf. Dies gilt insbes. 301
dann, wenn das Mitglied auf die Leistungen des Vereins angewiesen ist oder sich seine berufliche Betätigung im Rahmen des Vereins vollzieht. Die hierfür geltenden Grundsätze können erst später dargestellt werden, wenn Fragen der Kontrolle wirtschaftlicher Macht erörtert werden.[155] Dies gilt auch für das Problem weniger weitreichender «Vereinsstrafen».[156]

---

152 Dazu oben 3.4.3. (Rn 273 ff.)
153 BGHZ 54, 222
154 BGHZ 9, 157, 162
155 Unten Kap. 12 unter 4.4. (Rn 906 ff.)
156 Zu diesen insbes. Schwab, Einf., Rn 153 ff.

3.5.7 Auflösung des Vereins

302 Der Verein kann sich **selbst auflösen**; soweit die Satzung nichts anderes bestimmt, reicht hierfür ein mit Dreiviertelmehrheit der erschienenen Mitglieder gefaßter Beschluß der Mitgliederversammlung (§ 41). Verwandelt sich der e. V. in einen wirtschaftlichen Verein, kann ihm nach § 43 Abs. 2 BGB die **Rechtsfähigkeit entzogen** werden. Dasselbe gilt nach näherer Maßgabe des § 43 Abs. 1 BGB dann, wenn aufgrund eines gesetzwidrigen Beschlusses der Mitgliederversammlung oder durch gesetzwidriges Verhalten des Vorstands «das Gemeinwohl gefährdet» wird. Dies ist eine außerordentlich weite und deshalb rechtsstaatlich bedenkliche Ermächtigung für den Staat – ein gewisser Trost liegt darin, daß sie keinerlei praktische Bedeutung besitzt.[157] **Kommen dem Verein sämtliche Mitglieder abhanden**, gilt er automatisch als aufgelöst;[158] ist noch Vermögen vorhanden, ist entsprechend § 29 (nachlesen!) ein Not-Liquidator zu bestellen, der die nötigen Abwicklungsmaßnahmen vornimmt.

3.6 Ausländische Vereine

303 Hat ein Verein seinen **«tatsächlichen Verwaltungssitz» im Ausland**, richtet sich seine Rechtsfähigkeit nach dem dort bestehenden Recht. Dies gilt in gleicher Weise für Handelsgesellschaften und dürfte mittlerweile gewohnheitsrechtlichen Charakter besitzen.

Man kann also mit der argentinisch-deutschen Juristen-Vereinigung, die ihren Sitz in Buenos Aires hat, ohne Probleme einen Vertrag schließen. Dasselbe gilt für eine amerikanische Fluglinie, sofern sie jedenfalls nach US-Recht unbeanstandet am Wirtschaftsverkehr teilnimmt.[159]

304 Ist ein ausländischer Verein nach dortigem Recht nicht rechtsfähig, so könnte ihm nach § 23 BGB im Inland durch Entscheidung des Bundesinnenministers die Rechtsfähigkeit zuerkannt werden.[160]

305 Hat ein im Ausland registrierter Verein seinen **«tatsächlichen Verwaltungssitz» im Inland**, richtet sich seine Rechtsfähigkeit allein nach deutschem Recht. Solange er hier nicht eingetragen ist, wird er

157 Palandt-Heinrichs §§ 43, 44 Rn 1
158 BGHZ 19, 51, 61
159 Vgl. BGHZ 53, 183
160 Palandt-Heinrichs § 23 Rn 1

nicht als rechtsfähig behandelt. Dasselbe gilt für Handelsgesellschaften[161].

Der Ausdruck «tatsächlicher Verwaltungssitz» meint den Ort, von dem aus der Vorstand die Geschäfte des Vereins leitet.

Verlegt ein deutscher Verein seinen so verstandenen Sitz ins Ausland, 306
verliert er die Rechtsfähigkeit.[162]

3.7 Insbesondere: Der nichtrechtsfähige Verein

3.7.1 Die ursprüngliche Konzeption des BGB

Der nichtrechtsfähige unterscheidet sich vom rechtsfähigen Verein nur 307
dadurch, daß er **nicht ins Vereinsregister eingetragen** ist. Seine Existenz ist vom Wechsel der Mitglieder unabhängig. Gleichwohl hat ihn der Gesetzgeber in § 54 Satz 1 den Vorschriften über die GbR unterstellt. Dies ist – wie schon bei der Entstehung des BGB deutlich war – insbes. bei größeren Zusammenschlüssen evident sachwidrig.

So können etwa nach § 709 Abs. 1 BGB nur alle «Gesellschafter» gemeinschaftlich handeln; außerdem haften grundsätzlich alle Mitglieder für die Verbindlichkeiten der GbR. Die Neuaufnahme eines Mitglieds setzt eine Änderung des Gesellschaftsvertrages voraus, der Austritt eines Einzelnen führt zur Auflösung und anschließenden Liquidation.[163]

Hintergrund dieser Regelung war es einerseits, einen Anreiz für die Eintragung ins Vereinsregister zu schaffen. Andererseits ging es um eine bewußte Diskriminierung von Parteien, Gewerkschaften und religiösen Vereinigungen, denen in der Praxis des Kaiserreichs der Zugang zum Register mit Rücksicht auf § 61 Abs. 2 a. F. verschlossen war.[164]

161 BGHZ 53, 181, 183 für eine Anstalt liechtensteinischen Rechts; ArbG Wesel AiB 1996, 126 für eine portugiesische Gesellschaft
162 Kübler, Gesellschaftsrecht, § 10 V 1 e
163 Vgl. Kübler, Gesellschaftsrecht, § 11 I 1 a
164 Dazu oben 3.5.1. (Rn 278 f.)

3.7.2 Korrektur durch die Rechtsprechung

308 Mit Rücksicht auf die Bedürfnisse der Praxis hat die Rechtsprechung die Verweisung auf das Gesellschaftsrecht nie wirklich akzeptiert. Vielmehr hat schon das Reichsgericht[165] den nichtrechtsfähigen Verein weithin nach Vereinsrecht behandelt. Auch wenn die Satzung nicht ausdrücklich von den §§ 705 ff. BGB abwich, wurden Lücken mit Hilfe des Vereinsrechts geschlossen. Der Sache nach handelt es sich dabei um einen deutlich in Erscheinung tretenden Akt der **richterlichen Rechtsfortbildung**[166], der heute auch damit gerechtfertigt wird, die zwangsweise Unterstellung einer Vereinigung unter Bestimmungen, die für sie nicht passen, verstoße gegen das Grundrecht der Vereinigungsfreiheit nach Art. 9 Abs. 1 GG.[167]

309 Dies gilt allerdings nur für Idealvereine; liegt ein **wirtschaftlicher Geschäftsbetrieb** vor, bleibt es bei der Anwendung der §§ 705 ff. sowie dem Recht der OHG.[168] Für den Idealverein soll es genügen, auf die (noch) vorhandenen Unterschiede hinzuweisen.

3.7.3 Verbliebene Unterschiede

310 Der nichtrechtsfähige Verein kann **keinen Wechsel** zeichnen, da dies vom Reichsgericht so gesehen wurde[169] und in der Zwischenzeit keine neuen Entscheidungen ergangen sind.[170]

311 Der nichtrechtsfähige Verein kann als solcher **nicht ins Grundbuch eingetragen** werden.[171] Grund hierfür ist die Vorschrift des § 47 Grundbuchordnung (= GBO), wonach bei Berechtigung mehrerer jeder einzelne Beteiligte namhaft zu machen ist. Bei Großorganisationen wie Parteien und Gewerkschaften führt dies zu einem faktischen Ausschluß vom Grundbuch.[172] Die Betroffenen greifen deshalb zu Hilfskonstruktionen der Art, daß eine **«Vermögensverwaltungs-GmbH»** gegründet wird, die als juristische Person eintragungsfähig ist und deren Anteile bestimmten Treuhändern und / oder Vorstandsmitgliedern zustehen.

165 RGZ 78, 101
166 K. Schmidt, Gesellschaftsrecht, § 25 II 2a
167 Palandt-Heinrichs § 54 Rn 1
168 Kübler, Gesellschaftsrecht, § 11 I 2; K. Schmidt, Gesellschaftsrecht, § 25 I 2b; vgl. auch BGH NJW 1979, 2304
169 RGZ 112, 124
170 Kritisch zu dieser Praxis MüKo-Reuter § 54 Rn 18
171 So zuletzt OLG Zweibrücken NJW-RR 1986, 181
172 Kritisch dazu in bezug auf politische Parteien mit Recht Morlok / Schulte-Trux NJW 1992, 2058, die sich insbes. auf Art. 21 Abs. 1 GG stützen

Nach § 54 Satz 2 BGB **haftet** der für den nichtrechtsfähigen Verein **Handelnde den Geschäftspartnern persönlich**. Für letztere ist dies recht komfortabel, da sie so besser stehen als hätten sie mit einem e. V. einen Vertrag geschlossen.[173] Ohne praktische Bedeutung ist, ob man dem nichtrechtsfähigen Verein selbst die Qualität als Vertragspartner beimißt oder ob man diese nur den Mitgliedern «in ihrer Verbundenheit» zuspricht, da diese jedenfalls nicht mit ihrem persönlichen Vermögen haften.[174] 312

Umstritten ist, ob der nichtrechtsfähige Verein **erben** kann.[175] Auch hier kann man dahinstehen lassen, ob der Verein als solcher oder die Mitglieder in ihrer Verbundenheit erwerben; an der Möglichkeit als solcher sollte kein Zweifel bestehen. 313

Nach § 50 Abs. 2 ZPO können nichtrechtsfähige Vereine verklagt werden; ihnen steht – wie man sagt – die **passive Parteifähigkeit** zu. Daraus ist vom Wortlaut her zu schließen, daß ihnen die «aktive Parteifähigkeit» fehlt, daß sie also nicht in eigenem Namen klagen können. Anders als im Rahmen des § 54 Satz 1 BGB war die Rechtsprechung hier sehr viel weniger innovativ. Noch heute wird vom BGH[176] entgegen der weit überwiegenden Auffassung in der Literatur[177] dem nichtrechtsfähigen Verein **das Recht zu klagen abgesprochen**. Mit Rücksicht auf die Koalitionsfreiheit des Art. 9 Abs. 3 GG wird lediglich für die **Gewerkschaften eine Ausnahme** gemacht.[178] Der Gesetzgeber hat allein zugunsten der **politischen Parteien** eingegriffen und ihnen volle Klagerechte zuerkannt[179]; im übrigen besteht weiter der Zwang, Rechte an einen Treuhänder abzutreten, der sie dann im eigenen Namen, aber im Interesse des nichtrechtsfähigen Vereins geltend macht. 314

Die lange Liste der Ausnahmen kann nicht darüber hinwegtäuschen, daß ein Prozeß der Angleichung des nichtrechtsfähigen an den rechtsfähigen Verein stattfindet. Viele sprechen ihm deshalb **«Teilrechtsfähigkeit»** zu.[180] 315

---

173 Zur Abgrenzung des Kreises der «Handelnden» s. K. Schmidt, Gesellschaftsrecht, § 25 III 3 a mwN

174 Kübler, Gesellschaftsrecht, § 11 III 3; Schwab, Einf., Rn 147

175 K. Schmidt, Gesellschaftsrecht, § 25 II 1 a

176 BGHZ 109, 15 ff.

177 S. die Nachw. in BGHZ 109, 15, 17 f.

178 BGHZ 50, 325 ff.

179 § 3 Parteiengesetz. Ebenso für die Fraktionen auf Bundesebene. Zur Situation in den Ländern s. OLG Schleswig JuS 1996, 664

180 MüKo-Reuter § 54 Rn 10; Schwab, Einf., Rn 148

3.8 Insbes.: Die Gesellschaft bürgerlichen Rechts (GbR)

316 Die GbR gehört zu den Gesamthandsgemeinschaften[181] und entsteht durch Vertrag. Entscheidend ist, daß mindestens zwei Beteiligte einen **«gemeinsamen Zweck»** verfolgen wollen; das schlichte gemeinsame Innehaben bestimmter Rechte reicht nicht aus.[182] Eine besondere Form ist nicht vorgeschrieben, so daß ein Vertrag auch stillschweigend zustande kommen kann.

3.8.1 Erscheinungsformen in der Praxis

317 Die «gemeinsamen Zwecke» können die verschiedensten Dinge umfassen, weshalb der **Anwendungsbereich der GbR weit** ist. Dies wird an den praktisch wichtigsten Erscheinungsformen deutlich.[183]

– Die GbR greift in der Regel dann ein, wenn mehrere Personen ein **gemeinsames Geschäft** betreiben, **ohne Kaufleute zu sein**. Dies gilt etwa für den von zwei Brüdern betriebenen Handwerksbetrieb[184], aber auch für den Zusammenschluß von Freiberuflern wie z. B. Ärzten und Rechtsanwälten. Ihnen steht nunmehr auch die Partnerschaftsgesellschaft als neue Rechtsform zur Verfügung[185]

Rechtsanwalt A und Rechtsanwalt B haben ein gemeinsames Büro gemietet und führen auch eine gemeinsame Kasse, aus der die angestellte Anwaltsgehilfin, aber auch die zu kaufenden Bücher bezahlt werden. Ist A gerade verhindert, nimmt B seine Gerichtstermine wahr (und umgekehrt). Die «Einspielergebnisse» werden 50 zu 50 aufgeteilt.

– Ganz andere Größenordnungen werden erreicht, wenn sich **einzelne Firmen zu einem konkreten Zweck** zusammentun. Bekanntestes Beispiel ist die sog. **Arge** (= Arbeitsgemeinschaft) im Baugewerbe; um ein großes Vorhaben durchzuziehen, ist die Bündelung der Kräfte zahlreicher Beteiligter sinnvoll.

---

181 Dazu oben 3.2. (Rn 255ff.)

182 Hier liegt nur eine sog. Bruchteilsgemeinschaft vor. Zu dieser oben 3.2.5. (Rn 263)

183 Dazu Kübler, Gesellschaftsrecht, § 6 I 2

184 S. BGHZ 45, 311: Kfz-Werkstätte

185 S. oben 3.2.3. (Rn 260)

Wollen Banken neue Aktien an der Börse plazieren oder einen Großkredit vergeben, so bilden sie zu diesem Zweck gleichfalls eine GbR, die üblicherweise «**Konsortium**» genannt wird.

– Im Erfahrungsbereich des Durchschnittsbürgers kommt es am häufigsten zur sog. **Gelegenheitsgesellschaft**. Häufig ist man sich dabei überhaupt nicht bewußt, «Gesellschafter» geworden zu sein.

Beispiel: Der beliebte Kollege K wird 60 Jahre alt. In seiner Abteilung wird für ein Geburtstagsgeschenk gesammelt; 10 Mitarbeiter spenden insgesamt 150 DM. Man ist sich einig, daß A für das Geld einen guten Bordeaux kaufen und ihn dem K schenken soll. Genauso wird verfahren. Auch hier sind alle Voraussetzungen der GbR erfüllt.

3.8.2 Die dispositiven Gesetzesbestimmungen

Wiederholungsfrage: Was sind dispositive Normen? S. dazu Kap. 2 unter 3.1.2. (Rn 65)

Die Erfassung so unterschiedlicher Phänome durch dieselben recht- 318
lichen Vorschriften führt nur dann zu halbwegs vernünftigen Resultaten, wenn man den Beteiligten **große Spielräume** zur Ausgestaltung ihrer Rechtsbeziehungen läßt. Die Bestimmungen der §§ 705 ff. BGB sind deshalb in weitem Umfang abdingbar und können durch eine den spezifischen Bedürfnissen des Einzelfalls entsprechende Regelung ersetzt werden. In bezug auf das gesetzliche «Normalmodell» ist hervorzuheben:

– Jeder Gesellschafter ist zur Förderung des gemeinsamen Zwecks, 319
insbesondere **zur Leistung von Beiträgen verpflichtet**. Wie § 706 Abs. 3 BGB ausdrücklich hervorhebt, kann der Beitrag auch in der Leistung von Diensten bestehen.

Der A, der das Geburtstagsgeschenk kaufen soll und dabei einige Mühe hat, beteiligt sich selbst nicht mit einem finanziellen Beitrag.

– Die Pflicht besteht sowohl den anderen Gesellschaftern als auch der 320
GbR als solcher gegenüber. Dies hat zur Folge, daß ein säumiger Beitragszahler von jedem anderen auf Leistung an die Gesellschaft in Anspruch genommen werden kann. Diese Befugnis nennt man **«actio pro socio»** (wörtlich: Klage in der Eigenschaft als Mitgesellschafter) oder **Gesellschafterklage**. Ihre Zulässigkeit ist auch bei anderen Gesellschaftsformen von Bedeutung.[186]

186 Vgl. BGHZ 10, 91, 101; 25, 47, 49

Vier Rechtsanwälte wollen sich zu einer Gemeinschaftspraxis zusammenschließen; jeder soll 30000 DM auf ein gemeinsames Konto einzahlen. Weigert sich D, dem nachzukommen, kann A ihn auf Einzahlung verklagen. Dasselbe Recht steht B und C zu. Würde man den Standpunkt vertreten, D sei nur der GbR als solcher gegenüber verpflichtet, käme man in große Schwierigkeiten: A, B und C müßten D notfalls unter Einschaltung von Gerichten verpflichten, an der Geltendmachung des GbR-Anspruchs ihm selbst gegenüber mitzuwirken.

321 – Die Befugnis, **in Angelegenheiten der GbR tätig zu werden**, steht nach § 709 Abs. 1 BGB **allen Beteiligten gemeinschaftlich** zu. Dasselbe gilt für das Recht, für die Gesellschaft Dritten gegenüber zu handeln, also beispielsweise Verträge abzuschließen (§ 714 BGB).

Dies erklärt, weshalb ohne die actio pro socio der gerade geschilderte Umweg unvermeidlich wäre.

Die 10 Arbeitskollegen, die einen Beitrag für das Geburtstagsgeschenk geleistet haben, können also gemeinsam entscheiden, was man genau kauft. Sie können diese Frage aber auch dem A überlassen – die §§ 709, 714 BGB sind dispositives Recht.

322 – Der **Gesellschaftsvertrag** kann nur **einvernehmlich geändert** werden. Eine Änderung stellt es auch dar, wenn ein neuer Beteiligter hinzukommt oder ein bisheriger Gesellschafter ausscheidet. Im Einzelfall kann aber eine Verpflichtung bestehen, an einer evident vernünftigen Änderung mitzuwirken.

323 – Dem einzelnen Gesellschafter stehen ähnlich wie einem Vereinsmitglied **Mitwirkungs- und Nutzungsrechte** zu. Das Gesetz geht insoweit von völliger Gleichberechtigung der Gesellschafter aus, doch kann man Abweichendes vereinbaren. Die Gesamtheit der Rechte und Pflichten wird nicht als «Mitgliedschaftsrecht», sondern als **«Gesellschaftsanteil»** bezeichnet. Mit Zustimmung aller Mitgesellschafter (die auch schon in ursprünglichem Vertrag enthalten sein kann) kann er auf andere **übertragen** werden.

324 – Da die GbR keine vollrechtsfähige Einheit ist, stellt sich die Frage, ob für die eingegangenen Verpflichtungen auch die **Gesellschafter persönlich haften**. Soweit nichts anderes vereinbart ist, muß man dies in der Tat bejahen [187], doch führt wenigstens ein Beitritt zur GbR

187 Rechtsgrundlage ist § 427 BGB; zu dieser Bestimmung s. unten Kap. 19 unter 6.2.1. (Rn 1741 ff.)

nicht dazu, daß der «Neue» auch für die schon bisher bestehenden Verbindlichkeiten einstehen muß.[188]

– Jeder Gesellschafter kann die Gesellschaft jederzeit nach § 723 BGB **kündigen**. Dies führt – genauso wie ein Auflösungsbeschluß – nicht etwa dazu, daß die GbR von heute auf morgen von der Bildfläche verschwindet. Vielmehr muß ein Liquidationsverfahren stattfinden: Die Gläubiger werden befriedigt, das verbleibende Vermögen wird auf die Gesellschafter aufgeteilt. Erst wenn dies bewerkstelligt ist, und es auch sonst nichts mehr abzuwickeln gibt, ist die GbR «beendet» und damit inexistent geworden. Reicht das Vermögen für die Befriedigung der Gläubiger nicht aus, werden die Gesellschafter nachträglich zur Kasse gebeten; § 735 BGB ordnet eine sog. **Nachschußpflicht** an. 325

Man stellt fest, daß man ein zu teures Geburtstagsgeschenk gekauft hat. Sofern sich aus den Umständen nichts anderes ergibt, müssen alle «Spender» einen gleichen Anteil zur Deckung des Fehlbetrags leisten. Hat man umgekehrt den gesammelten Geldbetrag nicht verbraucht, ist er an die Spender auszuzahlen, sofern man nicht einvernehmlich das verbliebene Geld zur «Freud-und-Leid-Kasse» erklärt.

Weitere Einzelheiten des Rechts der GbR können hier nicht dargestellt werden.[189]

4 Rechtlich verselbständigte Sondervermögen

326 Nicht nur Personenzusammenschlüsse können unter bestimmten Voraussetzungen zu einer juristischen Person verselbständigt werden; auch in bezug auf bestimmte Vermögenswerte kommt dies in Betracht. Dabei gibt es einen gesetzlich geregelten Fall – die Stiftung nach den §§ 80 ff. BGB – sowie eine auf den ersten Blick überraschende Konstellation, die man mit dem Stichwort «Keinmanngesellschaft» umschreibt.

188 BGHZ 74, 240, 242

189 S. neben den Kommentaren zu den §§ 705 ff. insbes. K. Schmidt, Gesellschaftsrecht, §§ 58–60

4.1 Die Stiftung des Privatrechts

4.1.1 Erscheinungsformen

327 Stiftungen haben in den letzten Jahren erheblich an Bedeutung gewonnen. Ihre Zahl wird für das Jahr 1970 mit knapp 4000, für das Jahr 1984 mit 4150 angegeben.[190] Neuere Untersuchungen haben für November 1992 die überraschend hohe Zahl von 6800 erbracht.[191] Das **Stiftungen gehörende Vermögen** wurde schon für das Jahr **1970 mit 15 Mrd DM** beziffert.[192]

328 In der Praxis findet man sehr unterschiedliche Erscheinungen.

– **Parteien, Verbände und Interessengruppen** bedienen sich der Rechtsform der Stiftung, um ihre in der Regel ideellen Ziele besser verfolgen zu können.[193]

Beispiele: Friedrich-Ebert-Stiftung, Konrad-Adenauer-Stiftung, Hans-Böckler-Stiftung usw.

In diesen Zusammenhang gehören auch kirchliche Stiftungen, soweit sie nicht dem öffentlichen Recht zuzuordnen sind.

– Zweiter wichtiger Anwendungsfall sind die **Unternehmensstiftungen**. Sie kommen sowohl als unmittelbare wie auch als mittelbare vor.[194] Das erstere liegt dann vor, wenn die Stiftung selbst ein Unternehmen betreibt, das letztere dann, wenn sie die Mehrheit der Anteile (oder auch alle) an einer GmbH oder einer AG innehat.

– Die **Familienstiftung**. Ihr Ziel liegt darin, den Angehörigen einer Familie zu nützen, indem ihnen bestimmte Einflußrechte, insbes. aber ein Recht auf Erträge, eingeräumt wird. Häufig (aber nicht immer) handelt es sich um einen Spezialfall der Unternehmensstiftung.[195]

– Schließlich existieren zahlreiche **kleinere Stiftungen, die kulturellen, sozialen oder wissenschaftlichen Zwecken dienen**.

329 Der den Stiftungen gezogene rechtliche Rahmen ist in den §§ 80 ff. nur umrißhaft geregelt. Das BGB wird insoweit durch die **Stiftungsgesetze der Länder** ergänzt. Im folgenden soll zunächst der im BGB

190 Schwintowski NJW 1991, 2737
191 Turner DB 1995, 414 mit Fn 13
192 Schwintowski NJW 1991, 2737
193 Kübler, Gesellschaftsrecht, § 12 I 2
194 Kohl NJW 1992, 1922
195 Näher Däubler JZ 1969, 500 ff. sowie eingehend Sorg, Die Familienstiftung, Baden-Baden 1984.

festgelegte Rahmen dargestellt und dann auf einige spezifische Probleme eingegangen werden.

4.1.2 Gründung und Verfassung der Stiftung

Die Gründung einer Stiftung erfolgt in zwei Schritten.

4.1.2.1 Stiftungsgeschäft

Notwendig ist zunächst ein privatrechtliches Stiftungsgeschäft. Soll es 330 **«unter Lebenden»**, also nicht erst mit dem Tode des Stifters wirksam werden, bedarf es nach § 81 Abs. 1 der schriftlichen Fixierung. Möglich ist nach § 83 auch eine Stiftung **«von Todes wegen»**, die in einem Testament oder Erbvertrag enthalten sein muß.[196]

Im Stiftungsgeschäft ist der **Zweck festzulegen**, den die Stiftung 331 zu verfolgen hat. Er umschreibt ihre Aufgaben für alle Zukunft; insoweit bedarf es sehr gründlicher Überlegungen und einer zu wenig Mißverständnissen Anlaß gebenden Formulierung.

Das Stiftungsgeschäft muß weiter die **Verfassung** der Stiftung **fest-** 332 **legen**. Diese muß – wie die Verweisung in § 86 auf § 26 zeigt – einen **Vorstand** besitzen. Der Stifter entscheidet frei, wie viele Mitglieder der Vorstand besitzt und welche Personen mit dieser Aufgabe betraut werden. In der Praxis ist es üblich, daneben einen **«Beirat»** oder ein anderes Gremium zu installieren, das den Vorstand kontrolliert und ggf. neue Personen wählt.[197]

Im Stiftungsgeschäft wird weiter festgelegt, welche Personen in den 333 Genuß der Aktivitäten der Stiftung kommen. Diese sog. **Destinatäre** können so genau bestimmt sein, daß ihnen sogar ein Anspruch eingeräumt wird,

Beispiel: Ein Drittel der von der Stiftung im jeweiligen Jahr erzielten Überschüsse wird nach einem bestimmten Schlüssel an die lebenden Abkömmlinge des Stifters ausbezahlt.

doch dürfte dies nicht die Regel sein.[198] Möglich ist auch, den Destinatären eine Vertretung in den Organen der Stiftung einzuräumen; dies

---

196 BGHZ 70, 322. Das Stiftungsgeschäft nimmt jedoch wegen § 2278 Abs. 2 nicht an der erbvertraglichen Bindung teil.

197 Turner DB 1995, 415

198 Kübler, Gesellschaftsrecht, § 12 II 3 c

liegt insbes. dann nahe, wenn es sich um die Arbeitnehmer des Stiftungsunternehmens handelt.[199]

334 Die Bestimmung des Zwecks der Stiftung entscheidet darüber, ob diese **als gemeinnützig anerkannt** wird und deshalb von zahlreichen Steuern verschont bleibt.[200]

4.1.2.2 Die staatliche Genehmigung

335 Zur Erlangung der Rechtsfähigkeit bedarf die Stiftung nach § 80 Satz 1 der staatlichen Genehmigung. Die zuständige Behörde bestimmt sich nach Landesrecht. Die Genehmigung **ist zu erteilen**, sofern die Stiftung legale Zwecke verfolgt und auch nicht aufgrund der Ausgestaltung ihrer Satzung in Widerspruch zum geltenden Recht gerät. Dies ergibt sich daraus, daß das Stiftungsgeschäft unter Lebenden jedenfalls vom Grundrecht des Art. 2 Abs. 1 GG erfaßt wird und das Stiftungsgeschäft von Todes wegen in den Normbereich der verfassungsrechtlich in Art. 14 Abs. 1 Satz 2 GG geschützten Testierfreiheit gehört.[201]

336 Der staatlichen Genehmigung schließt sich die gleichfalls von Landesbehörden auszuübende **Stiftungsaufsicht** an. Sie dient nicht nur dem öffentlichen Interesse, sondern hat auch den Sinn, die Einhaltung des vom Stifter festgelegten Zwecks zu kontrollieren.[202] Dabei handelt es sich aber ausschließlich um eine Rechtsaufsicht; die Zweckmäßigkeit einzelner Maßnahmen des Vorstands kann nicht beanstandet werden.[203]

4.1.3 Grenzen der Stiftung

337 Nach § 87 Abs. 1 kann die zuständige Behörde den Stiftungszweck ändern, im Extremfall sogar die Stiftung «aufheben», d. h. ihr die **Rechtsfähigkeit entziehen**, wenn die Erfüllung des Stiftungszwecks unmöglich geworden ist oder das «Gemeinwohl» gefährdet. Während

---

199 S. den Fall BAG NJW 1991, 514

200 Vgl. Turner DB 1995, 416, wonach 90 Prozent aller Stiftungen als gemeinnützig anerkannt sind.

201 Zum verfassungsrechtlichen Schutz der Testierfreiheit AK-BGB-Däubler, Einl. zum Erbrecht, Rn 172. Die Frage ist durchaus umstritten; s. die Nachweise bei Kübler, Gesellschaftsrecht, § 12 II 2b mit Fn 4 und 5

202 BGH NJW 1977, 1148

203 Turner DB 1995, 416

gegen die erste Eingriffsvoraussetzung nichts einzuwenden ist, ist die zweite in der Weise verfassungskonform zu interpretieren, daß der Stiftungszweck nachträglich in Widerspruch zu Strafgesetzen oder elementaren Verfassungsgrundsätzen gekommen sein muß.[204]

4.1.4 Rechtspolitische Einschätzung

Die rechtspolitische Einschätzung der Stiftung muß zwischen ihren verschiedenen Erscheinungsformen differenzieren. 338

Soweit effektiv gemeinnützige Ziele verfolgt werden, ist die Stiftung eine **nützliche Ergänzung staatlicher Sozialpolitik**. Auf neu auftauchende Probleme kann sie ggfs. sehr viel schneller und flexibler reagieren als die an Gesetze und das Haushaltsrecht gebundene öffentliche Verwaltung. Allerdings muß man sehen, daß die gewählten Zwecke allein von der Einsicht des (in aller Regel vermögenden) Stifters abhängen, so daß keine Gewähr besteht, daß auch wirklich die wichtigsten Fragen angepackt werden. Dazu kommt, daß die Stiftung der «**Unsterblichkeit**» schon recht nahe kommt; im Jahre 1992 waren insgesamt 241 in Deutschland bestehende Stiftungen über 500 Jahre alt.[205] Auf Zeiträume von 50, 100 oder 200 Jahren kann jedoch **niemand abschätzen**, welcher Bedarf beispielsweise für die «Förderung nichtehelicher Kinder» oder für die Bekämpfung der Obdachlosigkeit besteht. Insofern wäre es sinnvoll, wenn das Stiftungsgeschäft eine Anpassung des Zwecks an veränderte Umstände vorsehen würde; erzwingbar ist dies aber nicht. 339

Ganz andere Schwierigkeiten ergeben sich im Zusammenhang mit der **Unternehmensstiftung**. Sie betreffen weniger die Frage eines neu zu schaffenden «Stiftungskonzernrechts»[206] als vielmehr die Zulässigkeit der unmittelbaren Unternehmensstiftung: Da das Stiftungsrecht weder eine persönliche Haftung einzelner Individuen noch die Aufbringung einer bestimmten Mindesthaftungssumme für die Gläubiger vorschreibt, sind insoweit gesellschaftsrechtliche Bedenken anzumelden,[207] denen die Praxis jedoch bisher nicht Rechnung getragen hat. Bei der **Familienstiftung** besteht das weitere Problem, daß die erbrechtlichen Grenzen für die Festlegung von Vermögen «über die 340

204 VG Düsseldorf NVwZ 1994, 813
205 Mitgeteilt bei Turner DB 1995, 414
206 Kohl NJW 1992, 1922
207 K. Schmidt DB 1987, 262

Generationen hinweg» (nicht mehr als 30 Jahre oder bis zum Tod des Erben) nicht beachtet sind.[208] Die Attraktivität dieser Stiftungsform ist allerdings dadurch gemindert worden, daß sie alle 30 Jahre zu einer **Ersatzerbschaftsteuer** herangezogen wird, es sei denn, sie wäre als gemeinnützig anerkannt.[209]

Bei ganz großem Stiftungsvermögen ist auch das Steuerrecht kein Hindernis. Da die Anerkennung als gemeinnützig nicht in Frage gestellt wird, wenn ein Drittel der Jahresüberschüsse an Familienangehörige ausbezahlt wird, läßt sich die Familie ganz gut versorgen, ohne daß man deshalb Ersatzerbschaftsteuer bezahlen müßte.

4.2 Die Keinmann-Gesellschaft

341 Denkbar ist, daß alle Anteilsrechte an einer GmbH («Geschäftsanteile» genannt) von dieser selbst erworben werden: Sie wird dadurch ihr eigener Alleingesellschafter. Auch in anderen Situationen kann ein solcher Zustand entstehen.[210] Damit wäre eine Art «**Managementunternehmen**» zur Entstehung gelangt, bei dem die Geschäftsführung volle Autonomie genießt. Im Unterschied zur Unternehmensstiftung wären Gläubigerschutznormen grundsätzlich gewahrt.

342 Die Mehrzahl der Autoren steht dieser Figur allerdings ablehnend gegenüber und behauptet, in einem solchen Fall gelte die GmbH als aufgelöst.[211] Dies ist schon deshalb unbefriedigend, weil niemand die Geschäftsführung zwingen kann, die Liquidation auch tatsächlich durchzuführen; vielmehr könnte sie unbehelligt die aufgelöste Gesellschaft fortführen, indem sie beispielsweise eine natürliche Person als Gesellschafter mit minimalem Anteil aufnimmt, der dann die Fortsetzung beschließt. Doch davon ganz abgesehen: Wenn ein Einmanngesellschafter sich selbst zum alleinigen Geschäftsführer bestimmen und damit «kontrollieren» kann, erscheint es wertungsmäßig inkonsequent, die umgekehrte Rollenverteilung, nämlich die Ausübung der Funktion des Alleingesellschafters durch den Geschäftsführer, für unzulässig erklären zu wollen.[212]

---

208 Näher Däubler JZ 1969, 499ff.

209 Diese Regelung ist verfassungskonform: BVerfGE 63, 312ff.

210 Z. B. setzt der Alleingesellschafter die GmbH zum Alleinerben ein und verstirbt. Zu weiteren Formen s. Kreutz, FS Stimpel, S. 379ff.

211 Nachweise bei K. Schmidt, Gesellschaftsrecht, § 33 V 2b

212 Weitere überzeugende Argumente bei Kreutz, FS Stimpel, S. 385ff.

5 Juristische Personen des öffentlichen Rechts

§ 89 BGB erwähnt ausdrücklich die Körperschaften, Stiftungen und Anstalten des öffentlichen Rechts. Ihrer Funktion nach sind sie rechtlich verselbständigte Teile der staatlichen Verwaltung, 343

Beispiele: Gemeinden und Universitäten als Körperschaften, Rundfunkanstalten, vom Land initiierte Stiftungen

die ihre Existenz einem Gesetz oder einem staatlichen Organisationsakt verdanken. Einzelheiten gehören ins öffentliche Recht. Im vorliegenden Zusammenhang ist lediglich von Interesse, daß nach herrschender Auffassung hier die sog. **ultra-vires-Theorie** gilt[213]: Soweit der im Einzelfall zugewiesene Aufgabenbereich verlassen wird, fehlt es an der Rechtsfähigkeit und damit an der Möglichkeit, Rechte und Pflichten zu begründen.[214] Daß auch in solchen Fällen ein Geschäftspartner Schutz verdient, der von der «Beschränktheit» seines Gegenübers nichts weiß, wird dabei nicht beachtet. In der **Praxis** lassen sich Risiken nur in der Weise vermeiden, daß die zu erledigenden Aufgaben – notfalls durch Änderung der Rechtsgrundlage – sehr weit definiert werden oder daß die juristische Person des öffentlichen Rechts eine GmbH ins Leben ruft, die dann als normales Privatrechtssubjekt volle Rechtsfähigkeit genießt.

Eine Körperschaft des öffentlichen Rechts im Lande Bremen hat die Weiterbildung der bremischen Bevölkerung als satzungsmäßige Aufgabe. Will sie Aktivitäten auch in anderen Bundesländern oder im Ausland entfalten, muß die Satzung geändert werden. Andernfalls kommt lediglich die Gründung einer GmbH in Betracht, die in dem neuen Tätigkeitsfeld Gewinne machen soll, die der eigentlichen Aufgabenerfüllung zugute kommen. Insoweit ist die Situation ähnlich wie beim Idealverein, der als Nebenzweck auch gewinnbringende Tätigkeiten entfaltet.[215]

Hinter der Übernahme der ultra-vires-Lehre steckt gesellschaftspolitisch der (zu bedauernde) Versuch, **dem Staat insbes. gewinnbrin-**

---

213 Zu ihr s. oben 3.1.3. (Rn 254)

214 BGHZ 20, 119, 125, bestätigt durch BGH NJW 1969, 2198. Sehr weitgehend König WM 1995, 317ff., der den öffentlich-rechtlichen Landesbanken bestimmte Finanzgeschäfte (Swaps) verbieten will. Gegen ihn mit Recht Schneider-Buch WM 1995, 326ff.

215 S. oben 3.5.3. (Rn 285)

gende Tätigkeiten vorzuenthalten, die seine Haushaltssituation verbessern könnten.[216]

6 Umwandlung

344 Die hier skizzierten juristischen Personen und teilrechtsfähigen Gebilde können nicht nur aufgelöst, sondern in vielfältiger Weise verändert werden. Das Umwandlungsgesetz vom 28. Oktober 1994[217] bietet hier eine Fülle von Möglichkeiten, auf die nur kurz hingewiesen werden kann. Es sieht vier «Grundtypen» vor.

345 Möglich ist einmal die **Fusion** zweier juristischer Personen, «Verschmelzung» genannt. Sie geschieht in der Weise, daß eine juristische Person eine andere «schluckt» (das Gesetz spricht vornehmer von «aufnimmt») oder daß zwei Gesellschaften eine neue gründen und dieser unter Preisgabe ihrer eigenen Existenz ihr gesamtes Vermögen übertragen.

346 Möglich ist zum zweiten die **Spaltung** einer juristischen Person, die wiederum drei verschiedene Erscheinungsformen hat. Eine **«Aufspaltung»** liegt dann vor, wenn aus einem Rechtssubjekt mehrere werden.

Die GmbH A besitzt drei Betriebe mit sehr unterschiedlichen Gewinnaussichten an verschiedenen Orten, die sie rechtlich verselbständigen möchte. Sie spaltet sich deshalb auf in die GmbH A 1, die den Betrieb in Dortmund, die GmbH A 2, die den Betrieb in Berlin, und die GmbH A 3, die den Betrieb in Dresden übernimmt. Mit der Eintragung der drei neuen GmbHs hört die alte GmbH auf zu bestehen; entsprechend dem im «Spaltungsplan» Vorgesehenen wird ihr Vermögen auf die drei neuen GmbHs verteilt. Fällt die am schlechtesten gehende Gesellschaft in Konkurs, so können die anderen weitermachen.

Von **«Abspaltung»** spricht man dann, wenn ein fortbestehender Rechtsträger einen Teil seines Vermögens auf eine andere (schon bestehende oder neugeschaffene) Gesellschaft überträgt.

216 Zum Grundsatzproblem der erwerbswirtschaftlichen Betätigung der öffentlichen Hand s. Wolff-Bachof-Stober § 23 Rn 10ff.

217 BGBl I, 3210 (Schönfelder Nr. 52a)

Die in Süddeutschland ansässige GmbH hat dort ihren Schwerpunkt, möchte jedoch ihre Berliner Zweigstelle verselbständigen, um das Risiko für Investitionen in den neuen Bundesländern zu konzentrieren... Im Wege der Abspaltung wird das Berliner Vermögen einer eigenständigen GmbH zugeordnet.

Für den Vermögensverlust werden die Gesellschafter dadurch «entschädigt», daß sie an der neuen Gesellschaft in gleicher Weise wie an der «abgebenden» beteiligt sind. Dadurch unterscheidet sich die Abspaltung von der «**Ausgliederung**»: Diese ist nichts anderes als eine Abspaltung mit der Besonderheit, daß die Anteilsrechte an dem neuen Rechtssubjekt der abgebenden Gesellschaft selbst zustehen. 347

Zum dritten sieht das UmwG eine sog. **Vermögensübertragung** vor. Bei ihr «schluckt» die öffentliche Hand ein Privatunternehmen und bezahlt dafür an die Anteilseigner einen angemessenen Preis. 348

Schließlich ist auch ein sog. **Formwechsel** möglich, bei dem sich ein Rechtsträger in einen andern verwandelt. 349

Aus der OHG wird eine AG, eine Anstalt des öffentlichen Rechts verwandelt sich in eine GmbH.

Im Alltags-Sprachgebrauch denkt man beim Stichwort «Umwandlung» in erster Linie an diesen Vorgang, doch geht das UmwG von einem sehr viel weiteren Umwandlungsbegriff aus.

Umwandlungen wird es vorwiegend bei «Unternehmensträgern» geben; sie sind deshalb Teil des Gesellschaftsrechts. In das Gesetz **einbezogen** sind jedoch **auch der e. V. und die GbR**, so daß insoweit das allgemeine Zivilrecht gleichfalls angesprochen ist.[218] 350

218 Wer sich besonders für die Vermehrung, Verkleinerung, Vergrößerung, Verheiratung und Selbstaufgabe von juristischen Personen interessiert, sei auf Lutter (Hrsg.), Verschmelzung, Spaltung, Formwechsel nach neuem Umwandlungsrecht und Umwandlungssteuerrecht, Köln 1995, verwiesen. Eine Darstellung (samt arbeitsrechtlicher Folgewirkungen) findet sich auch bei Däubler RdA 1995, 136ff.

7 Schaffung neuer Rechtsträger?

351 Der «Katalog» juristischer Personen und teilrechtsfähiger Einheiten kann nicht durch neue Typen ergänzt werden. Insoweit besteht – wie die Juristen sagen – ein numerus clausus der Gestaltungsformen, ein **«Typenzwang»**. Der vertraglichen Gestaltungsfreiheit sind insoweit Grenzen gezogen. Der Gesetzgeber kann allerdings jederzeit neue Formen schaffen.[219] Im Anschluß an einen in den USA 1972 gemachten Vorschlag[220] wird dies in den letzten Jahren insbes. im Hinblick auf **«Rechte der Natur»** diskutiert.[221] Hintergrund ist die Grundsatzkontroverse, ob der Umweltschutz weiterhin «anthropozentrisch», d. h. auf menschliche Interessen bezogen sein soll, oder ob man der Natur einen Eigenwert einräumen und diesen ggf. auch gegen menschlichen Bedarf durchsetzen will.[222] Teilt man die zweite Auffassung, könnte die Einräumung eigener Rechte z. B. an einzelne Lebewesen ein wichtiges Durchsetzungsinstrument sein.

352 Konkrete gesetzgeberische Initiativen in diese Richtung sind bisher allerdings nicht zu verzeichnen. Der Versuch, in einem Prozeß vor dem Verwaltungsgericht Hamburg über die Verschmutzung der Nordsee «die Seehunde» zu Beteiligten des Verfahrens zu machen, ist erwartungsgemäß gescheitert; die VwGO bietet hierfür keine Möglichkeit[223]. Weiter wurde mit Recht darauf hingewiesen, daß **nur Menschen in der Lage** sind, **«vertretungsfähige Interessen» zu formulieren** und ihnen ggfs. zu gerichtlicher Durchsetzung zu verhelfen.[224] Oder anders ausgedrückt: Die Eigenrechte der Natur sind allemal das, was sich Menschen darunter vorstellen. Dennoch muß dies einer rechtlichen Verselbständigung des Interesses an einer intakten Umwelt nicht entgegenstehen. So gut wie man ein bestimmtes Zweckvermögen personifizieren (z. B. zu einer Stiftung machen) kann, wäre dies auch für ein Naturschutzgebiet oder für eine vom Aus-

219 Kreutz, FS Stimpel, S. 384: Die Rechtsordnung kann beliebigen Objekten Rechtsfähigkeit verleihen

220 Stone, Should Trees have Standing? Towards Legal Rights for Natural Objects, Southern California Law Review 45 (1972), 450 ff.

221 S. insbes. Hasso Hofmann JZ 1988, 265 ff.

222 Dazu Bosselmann KJ 1985, 345 ff.

223 VG Hamburg NVwZ 1988, 1058. Wenig Verständnis bei Medicus, AT, Rn 1178a («abwegig»), doch ging es den Initiatoren wohl nur um einen demonstrativen Akt.

224 So Hasso Hofmann JZ 1988, 277

sterben bedrohte Tierart denkbar. Daß die geschützte Größe nicht selbst handlungsfähig ist, sondern nur durch Menschen handeln kann, wäre nichts, was aus dem Rahmen bisheriger Personifizierungen herausfallen würde. Gleichwohl erscheint es derzeit akzeptabler, etwa den **Umweltschutzverbänden ein Klagerecht** einzuräumen bzw. vorhandene Möglichkeiten auszubauen.[225]

8 Nachbemerkung

Der Gang durch die Probleme der Rechtsfähigkeit hat dem Leser eini- 353
ges abverlangt. Nicht immer war es möglich, ohne Vorgriff auf Dinge auszukommen, die erst später erläutert werden können. Wer nicht gleich alles auf Anhieb verstanden hat, sollte nicht an den eigenen Fähigkeiten zweifeln, sondern daran denken, daß man auch im Physikbuch oder im englischen Roman nicht gleich alles hundertprozentig auf die Reihe bekommt. Die großen Linien sind aber hoffentlich deutlich geworden. Zum Abschluß – gewissermaßen als Beitrag zur wohlverdienten Erholung – deshalb ein Auszug aus Fragen des Berliner Abgeordneten Dieter Kunzelmann (AL) an den damaligen Innensenator Heinrich Lummer (CDU), die das Verhältnis des Menschen zum Tier betreffen.[226]

Frage: Welche besonderen Gründe machen es notwendig, im Haushaltsjahr 1985 gleich 20 neue Diensthunde zu beschaffen?

Antwort: Die geplante Beschaffung von 20 Hunden im Haushaltsjahr 1985 ist notwendig als Ersatz für auszusondernde Diensthunde, die dienstuntauglich werden...

Frage: In welchem Alter werden Diensthunde in der Regel ausgewechselt?

Antwort: Es gibt kein Regelalter für die Aussonderung von Diensthunden. Sie werden nur bei Dienstuntauglichkeit (altersbedingt, Veränderung der Wesensmerkmale, Krankheit) nicht weiter im Dienst verwendet. Im Jahre 1983 lag das Durchschnittsalter aller ausgesonderten Diensthunde bei 8 Jahren.

---

225 Zur Verbandsklage allgemein s. oben Kap. 3 unter 3.3. (Rn 147ff.). Zum Stand der Verbandsklage im Umweltrecht s. Prümm, S. 342f.

226 Wiedergegeben in KJ 1985, 68

Frage: Wie hoch ist das durchschnittliche Lebensalter der gegenwärtig im Dienst befindlichen Diensthunde?

Antwort: Das durchschnittliche Lebensalter der gegenwärtig im Dienst befindlichen Diensthunde beträgt 4 Jahre und 11 Monate.

Frage: Welche Überlegungen bestehen seitens des Senats zur Übernahme dienstälterer Diensthunde in den Innendienst, um so die Kosten für die Neubeschaffung von Diensthunden zu senken?

Antwort: Trotz ihrer wichtigen Funktion für den polizeilichen Arbeitserfolg sollen Diensthunde auch weiterhin dienstrechtlich nicht den Polizeibeamten gleichgestellt werden.

KAPITEL 6: Das Rechtssubjekt und die juristischen Beziehungen zu seiner Umwelt

1 Das Rechtsverhältnis

Die im vorigen Kapitel umschriebene «Rechtsperson» lebt nicht wie Robinson auf einer Insel, der – gewissermaßen mangels «Feindberührung» – keine rechtlichen Regeln benötigt. Insbesondere in der heutigen Gesellschaft mit ihren unzähligen Kontakten und Kommunikationsvorgängen und ihrer sehr weit entwickelten Arbeitsteilung ist ein rechtlicher Rahmen für das Verhalten des einzelnen unabdingbar. Dies ist so selbstverständlich, daß man sich darüber im Alltag kaum mehr Gedanken macht. Dieser rechtliche Rahmen besteht – abstrakt gesprochen – aus zwei wesentlichen Elementen. 354

1.1 Zuordnung bestimmter Rechtsgüter an den einzelnen

Nach geltendem Recht steht dem Individuum eine bestimmte «**Eigensphäre**» zu, zu der beispielsweise das Recht auf Gesundheit und auf persönliche Bewegungsfreiheit zählen. Weiter ist das Rechtssubjekt in aller Regel Träger von Vermögensrechten. Am wichtigsten ist dabei für das BGB wie in der Alltagserfahrung das **Sacheigentum**, das gewissermaßen der Prototyp für alle anderen «Berechtigungen» ist. Sein Inhalt wird in § 903 definiert: 355

«Der Eigentümer einer Sache kann, soweit nicht das Gesetz oder Rechte Dritter entgegenstehen, mit der Sache nach Belieben verfahren und andere von jeder Einwirkung ausschließen.»

Vom Gesetzeswortlaut her betrachtet ist der Eigentümer daher so etwas wie ein kleiner König, ein absoluter Herrscher, dem nur durch die Befugnisse der übrigen Mini-Souveräne sowie durch nicht näher spezifizierte gesetzliche Regelungen Grenzen gesetzt sind.[1] Nicht anders ist im Prinzip das Recht an einem Patent, einem literarischen Werk oder auch das bereits erwähnte Mitgliedschaftsrecht ausgestaltet.[2]

356 Die Folge einer solchen «Zuordnung» liegt darin, daß alle anderen Rechtssubjekte von diesen Bereichen ausgeschlossen sind. Der Inhaber des Rechts kann von ihnen verlangen, daß sie nichts tun, was seine Position in Frage stellt. Halten sie sich nicht daran, kann er ggfs. Notwehr üben oder die Gerichte anrufen.

Wenn mich jemand tätlich angreift oder mir meine Tasche klauen will, so kann ich mich dagegen mit Gewalt wehren. Auch brauche ich unerwünschte Besucher nicht hereinzubitten.

357 Obwohl man sich die Zuordnung als Beziehung Rechtssubjekt – Rechtsobjekt vorstellt, sind der Sache nach **Beziehungen zwischen Menschen geregelt**;[3] die Umschreibung des «Tun Dürfens» ist nur eine Umschreibung der Sphäre, die von anderen zu respektieren ist.

1.2 Entstehung von Rechtsverhältnissen zwischen Menschen als konkrete Konsequenz

358 Zweites wesentliches Element ist, daß zwischen den auf diese Weise «ausgestatteten» Individuen konkrete Rechtsverhältnisse entstehen können, die den einen oder anderen (oder beide) berechtigen und verpflichten. Die Rechtsinhaber treten miteinander in Verbindung, es entstehen konkrete Rechtsverhältnisse zwischen Personen. Geschieht dies freiwillig, bewegen wir uns im Rahmen von «Güterbewegungen auf dem Markt»;[3a] geschieht es unfreiwillig, liegt in der Regel eine «uner-

1 Vgl. Ramm, Einf., S. 49: Die Herrschaft des Eigentümers «ist der politischen Herrschaft des absoluten Monarchen nachgebildet».

2 Oben Kap. 5 unter 3.5.6 (Rn 296 ff.)

3 Richtig Hadding JZ 1986, 926 ff.

3a Zutreffend Reich S. 21: Die allermeisten materiellen Bedürfnisse werden über den Markt befriedigt.

laubte Handlung» vor, ist der «Integritätsschutz» nicht beachtet. Beides soll kurz skizziert werden.

1.2.1 Abschluß von Verträgen

Schließen zwei Rechtssubjekte einen Vertrag, so verpflichten sie sich 359
typischerweise, mit den ihnen «gehörenden» Rechtsgütern in bestimmter Weise zu verfahren. Man schließt beispielsweise einen Arbeitsvertrag und «verkauft» damit für einen Teil des Tages seine Arbeitskraft. Man mietet eine Wohnung oder kauft eine Stereoanlage, die man mit verdientem (im seltenen Einzelfall auch mal mit ererbtem) Geld bezahlt. Läuft beim Abschluß oder bei der Durchführung etwas schief – man wird als Arbeitnehmer krank, ab morgens um sechs wird direkt neben der Wohnung gebaut, die Stereoanlage funktioniert nicht –, so greifen zahlreiche Bestimmungen ein, die uns noch eingehend beschäftigen werden. Aber auch im Normalfall der reibungslosen Abwicklung gibt es Bestimmungen, an denen man sich orientieren muß.

1.2.2 Störung der Güterzuordnung

Eine konkrete Rechtsbeziehung entsteht dadurch, daß die Güterzuord- 360
nung im Einzelfall nicht respektiert wird. Das Urheberrecht des Schriftstellers wird dadurch verletzt, daß Interessierte einen (preiswerten) «Raubdruck» herstellen – was bei Lehrbüchern des Zivilrechts dem Vernehmen nach bisher nicht passiert ist. Oder realitätsnäher: Das Auto des E wird bei einem Unfall beschädigt, weil ein anderer Verkehrsteilnehmer die Vorfahrtregel mißachtet hat.

Eine Verletzung des Mitgliedschaftsrechts liegt etwa vor, wenn – wie der BGH zu entscheiden hatte[4] – das Mitglied eines Yachtclubs von seinem Verein nicht zu einer Regatta gemeldet wird, weil angeblich sein Schiff nicht den Vorschriften entsprach.

In diesen Fällen entsteht automatisch ein Rechtsverhältnis – man spricht von einem «gesetzlichen Schuldverhältnis» –, das in den genannten Fällen auf **Schadensersatz** gerichtet ist. Die allgemeine Pflicht jedes Menschen, die anderen «Mini-Souveräne» in ihrer Position zu respektieren, «aktualisiert» sich so durch eine konkrete rechtliche Beziehung.

4 NJW 1990, 2877

1.3 Konsequenzen

361 Durch die konkreten Rechtsverhältnisse werden **sog. relative Rechte** begründet: Ein Beteiligter hat gegen einen anderen (und nur gegen ihn) einen Anspruch.

Ich will die mangelhafte Stereoanlage wieder loswerden und mein Geld zurückerhalten. Ich habe gegen den Verkäufer einen Anspruch auf Rückgängigmachung des Kaufs; das Gesetz spricht insoweit von «Wandelung» (§§ 462, 467). Rechtsbeziehungen zu Dritten sind damit nicht berührt.

362 In der Praxis des Juristen interessieren dabei die «pathologischen Fälle»; nur um sie werden ja Prozesse geführt. Viel wichtiger wäre es allerdings, auch ein wenig mehr an die Vermeidung von Konflikten zu denken – gute Rechtsberater formulieren Verträge so, daß man sich später eben nicht streitet. In der Juristenausbildung kommt diese gestaltende Dimension allerdings zu kurz, was zu deren ganz wesentlichen Mängeln zählt. Auch sieht man häufig nur noch die «Mikrorelation» zwischen zwei Rechtssubjekten; daß vielleicht eine bestimmte Form der Zuordnung der Güter überhaupt problematisch sein könnte, wird nicht wahrgenommen.

Beispiel: Ein Patent gibt seinem Inhaber die ausschließliche Befugnis, die patentierte Erfindung zu nutzen. Das ist gewissermaßen die «Prämie» für die Entwicklungskosten und seinen Erfindungsreichtum. Dies scheint einzuleuchten, doch kann es auch den technischen Fortschritt behindern: Was geschieht, wenn z. B. das Patent «unter Verschluß gehalten» wird und das Drei-Liter-Auto einfach nicht in Serie geht? Wäre es da nicht vielleicht «marktgerechter», würde man den Patentinhaber darauf verweisen, er hätte als erster ja sowieso einen Vorsprung auf dem Markt, das müsse für die Wahrung seiner Interessen genügen?

Im folgenden soll gleichwohl zunächst ein Überblick über die einzelnen Formen der «Zuordnung» von Rechtsgütern gegeben werden – nur wenn man den Status quo kennt, kann man an neue Akzente denken (unten 2). Anschließend sollen die aus Verträgen und unerlaubten Handlungen folgenden «relativen Rechte» behandelt werden (unten 3), ehe uns dann unter 4. einige Sonderformen beschäftigen sollen.

2 Absolute Rechte

2.1 Begriffliche Vorklärung

Wird ein Gegenstand in dem beschriebenen Sinne unmittelbar einer Person zugeordnet, spricht man von einem **«absoluten Recht»**. Geht es nur um Befugnisse aus einem konkreten Rechtsverhältnis, das zu einer anderen Person besteht, liegt ein **«relatives Recht»** vor. 363

Das Wort «Recht» wird somit in doppelter Bedeutung benutzt. Zum einen bezeichnet es die vorhandenen Rechtsnormen («geltendes Recht») oder einen Teil von ihnen («Zivilrecht»). Hier spricht man von **Recht im objektiven Sinne**. Zum anderen bezeichnet es Befugnisse einzelner Personen, wie z. B. die Berechtigung des Eigentümers, mit seiner Sache nach Belieben zu verfahren und andere von jeder Einwirkung auszuschließen. Man nennt diese Befugnisse auch «subjektive Rechte» und spricht von **Recht im subjektiven Sinne**. Was im Einzelfall gemeint ist, ergibt sich aus dem Zusammenhang. 364

Das BGB hat die «persönliche Sphäre» nur sehr lückenhaft geregelt. Im Allgemeinen Teil findet sich nur das Recht am eigenen Namen (§ 12), während der Schutz von Leben, Körper, Gesundheit und Bewegungsfreiheit sich mittelbar daraus ergibt, daß § 823 Abs. 1 für rechtswidrige und schuldhafte Eingriffe in diese Rechte einen Schadensersatzanspruch vorsieht. Ein allgemeines Persönlichkeitsrecht war dem BGB ursprünglich fremd – insoweit kann auf das oben in Kap. 2 unter 3.3.3 (Rn 79) Gesagte Bezug genommen werden.

Anders verhält es sich mit vermögenswerten Rechten. Soweit sie sich auf «Sachen» als körperliche Gegenstände beziehen, haben sie im dritten Buch des BGB, im sog. **Sachenrecht**, eine eingehende und detaillierte Regelung erfahren. Was eine «Sache» ist und welche Kategorien von Sachen es gibt, ist allerdings «vor die Klammer gezogen» und in den §§ 90 ff. definiert worden. 366

2.2 Persönlichkeitsgüter

Von jedermann zu achten sind Persönlichkeitsgüter des einzelnen Menschen. § 823 Abs. 1 BGB nennt insoweit **«das Leben, den Körper, die Gesundheit (und) die Freiheit»**. Da sie anders als Sachen nicht gewissermaßen zur «Außenwelt» des Menschen gehören, 367 spricht man nicht von subjektiven Rechten, sondern von «Rechtsgütern», was aber im Ergebnis keinen Unterschied macht.

Sind diese Rechtsgüter eigentlich verfügbar in dem Sinne, daß man sich z. B. als Versuchskaninchen für die Erprobung eines neuen Medikaments zur Verfügung stellen kann? Damit sind die Grenzen der «Vermarktungsfähigkeit» angesprochen, die uns in Kap. 7 beschäftigen werden.

368 Daß ein darüber hinausgehendes **allgemeines Persönlichkeitsrecht**, das den Einzelnen gegen unangemessene Eingriffe in seine Eigensphäre und in seine Handlungsfreiheit schützt, dem BGB des Jahres 1896 fremd war [5] und daß dieses erst nach dem Zweiten Weltkrieg von der Rechtsprechung des BGH anerkannt wurde,[6] ist schon hervorgehoben worden. Seine genaue Tragweite ist umstritten und muß im Deliktsrecht im einzelnen behandelt werden.[7]

Stellt es beispielsweise eine Verletzung des allgemeinen Persönlichkeitsrechts dar, wenn ich auf meinem Briefkasten den Vermerk «keine Werbung» anbringe, bestimmte Firmen aber gleichwohl ihre Prospekte einwerfen?[8].

369 **Bestimmte Ausprägungen** der Persönlichkeit haben einen gesetzlichen oder richterrechtlichen **Sonderschutz** erfahren. Bereits erwähnt wurde das **Recht am eigenen Namen** nach § 12. Erfaßt ist insbes. der Fall, daß sich ein anderer den Namen des Betroffenen zulegt.

Beispiel aus der Musikszene:[9] Ein Sänger tritt unter dem Namen «Heino» auf, wobei er eine hellblonde Perücke und eine dunkle Brille trägt. Er sei der «wahre Heino»; «der andere» sei ein Doppelgänger von ihm, den die Schallplattenfirma nach seinem Weggang engagiert habe. Natürlich gewann der richtige «Heino» den Prozeß; der Imitator wurde verurteilt, als Sänger nicht mehr den Namen «Heino» zu führen.

Häufigen Streit gibt es auch um das **Recht am eigenen Bild**, das durch § 22 des Kunsturhebergesetzes (Schönfelder Nr. 67) geschützt ist. Ich muß mir also kein Porträtphoto durch einen anderen gefallen lassen und kann ihm verbieten, ein trotzdem geknipstes Bild zu verbreiten. Dies gilt nicht für Personen der Zeitgeschichte, soweit diese öffentlich auftreten, doch haben auch sie ein Recht auf eine nicht von Reportern «ausgeleuchtete» Privatsphäre.

---

5 Dazu RGZ 79, 401, 403 ff. (Nietzsche-Briefe)
6 Grundlegend BGHZ 13, 334; 26, 349.
7 Dazu Bd. 2 Kap. 8 unter 2.1.8. (Rn 972 ff.)
8 Grundsätzlich ja; BGHZ 106, 229
9 LG Düsseldorf NJW 1987, 1413

Konsequenterweise verurteilten die Schweizer Gerichte einen Stern-Reporter zu drei Monaten Gefängnis auf Bewährung, der im Jahre 1987 rechtswidrig in das Hotelzimmer des verstorbenen Uwe Barschel eingedrungen war und dort fotografiert hatte.[10]

Wichtig ist in diesem Zusammenhang weiter das **Recht auf informationelle Selbstbestimmung**, das vom BVerfG aus Art. 2 Abs. 1 GG in Verbindung mit Art. 1 Abs. 1 GG abgeleitet wurde[11] und das dem einzelnen die Befugnis darüber einräumt, selbst zu entscheiden, wer welche Informationen über ihn bekommt. So hat beispielsweise der BAG einen Arbeitgeber verpflichtet, Bewerbungsunterlagen eines nicht berücksichtigten Bewerbers entweder zurückzugeben oder zu vernichten;[12] andernfalls könnten dem Betroffenen Nachteile entstehen, wenn er sich vielleicht 5 oder 10 Jahre später wieder bewirbt. 371

Noch nicht im einzelnen diskutiert ist das Persönlichkeitsrecht, nicht gegen den eigenen freien Willen **Objekt einer genetischen Analyse** zu sein. So wäre es beispielsweise möglich, durch Analyse von Haarzellen die Erbanlagen und die Dispositionen eines Menschen für bestimmte Krankheiten zu ergründen.[13] 372

Nicht als selbständiges subjektives Recht behandelt wird das **Recht zur Verwertung der eigenen Arbeitskraft**. Sie genießt vielmehr nur einen mittelbaren Schutz: Kann der einzelne deshalb nicht mehr arbeiten, weil er von einem anderen verletzt wurde, kann er von diesem Schadensersatz verlangen; § 842 zählt dazu ausdrücklich auch den «Erwerbsschaden». Wird jemand diffamiert und bekommt deshalb keine Stelle mehr, liegt ein Eingriff in das allgemeine Persönlichkeitsrecht vor, der gleichfalls Schadensersatz- (und Unterlassungs-)ansprüche auslöst. Dennoch wäre es vorzuziehen, wäre auch das Arbeitsvermögen als Persönlichkeitsgut anerkannt. 373

10 Das (lesenswerte) Urteil des Schweizerischen Bundesgerichts ist in NJW 1994, 54ff. abgedruckt

11 Grundlegend BVerfGE 65, 1 ff.

12 BAG DB 1984, 2626. Dazu Däubler, Gläserne Belegschaften? Datenschutz für Arbeiter, Angestellte und Beamte, 3. Aufl., Köln 1994, Rn 1182ff.

13 Dazu Steinmüller DuD (= Datenschutz und Datensicherung) 1993, 6ff. Zur Ausbildung eines «besonderen» Persönlichkeitsrechts, das mehr als nur ein «Rahmenrecht» ist, s. Taupitz JZ 1992, 1092 mwN (Fn 41)

2.3 Das Sacheigentum

374 «Sache» wird in § 90 BGB (in einem der kürzesten Paragraphen des Gesetzes) als **«körperlicher Gegenstand»** umschrieben; gemeint ist damit alles, was sinnlich wahrnehmbar ist.

«Sache» ist also eine Kaffeekanne, ein Buch, aber auch ein Haus oder ein Computer.

Dies scheint eindeutig zu sein; gleichwohl haben sich eine Reihe von Unsicherheiten und Interpretationsfragen ergeben.

2.3.1 Was ist eine Sache im Rechtssinne?

375 **Nicht** unter die Sachen fällt einmal der **Körper des Menschen**; er ist Teil der Persönlichkeit und von daher ausreichend geschützt. Miterfaßt ist der Herzschrittmacher, nicht aber – Juristen sind manchmal gründlich – das herausnehmbare Gebiß.[14]

376 Wird im Rahmen einer Operation ein **Organ** vorübergehend **entnommen**, gehört es weiter zum Menschen; soll es einem anderen eingesetzt werden, gewinnt es vorübergehend die Eigenschaft, Sache zu sein.[15]

Die Problemwahrnehmung ist insoweit allerdings ein wenig zeitgebunden. Bemerkenswert etwa eine während des Ersten Weltkriegs geschriebene (und von dem bekannten Zivilrechtler Heinrich Lehmann betreute) Dissertation zum Thema «Der Rechtsstatus der Kugel im Körper des Verwundeten und nach ihrer Entfernung aus demselben».[16]

377 Die menschliche **Leiche** ist nach hier vertretener Auffassung keine Sache, sondern «Vergegenständlichung« des nachwirkenden Persönlichkeitsrechts.[17] Ob der Herzschrittmacher wieder entnommen werden darf und die gesetzliche Krankenkasse daran dann Eigentumsrechte geltend machen kann, ist mit beträchtlicher Hingabe untersucht worden.[18]

378 Eine Diskette ist eine Sache; ist das auf ihr gespeicherte **Computer-**

---

14 Medicus, AT, Rn 1176
15 Medicus, AT, Rn 1178
16 Heinrich Wallenfang, Die Rechtslage der Kugel..., Diss. Jena 1917, zitiert nach Paulus-Dubischar, Paragraphiken, Baden-Baden 1981, S. 64
17 Dazu oben Kap. 5 unter 1.4.1 (Rn 228 ff.)
18 Brandenburg JuS 1984, 47 ff.

programm nicht nur Standardsoftware, sondern eine anwenderbezogene «Sonderanfertigung», genießt es selbständigen urheberrechtlichen Schutz.[19]

379 **Tiere** sind – wie schon betont – nach dem 1990 eingefügten § 90 a BGB mangels anderer Bestimmungen den für Sachen geltenden Vorschriften unterworfen. § 903 Satz 2 BGB sieht ausdrücklich vor, daß der Eigentümer eines Tieres bei der Ausübung seiner Befugnisse die besonderen Vorschriften zum Schutz der Tiere zu beachten hat – eine Selbstverständlichkeit, die nur noch einmal in Erinnerung gerufen werden sollte.[20]

2.3.2 Verschiedene Arten von Sachen

380 Von diesen Abgrenzungsproblemen abgesehen, die in der Praxis relativ selten auftreten, hat das BGB drei Unterteilungen der «Sachen» vorgenommen, die in verschiedenen Zusammenhängen von Bedeutung sind.

381 – Differenziert wird einmal zwischen **beweglichen** und **unbeweglichen Sachen**. Letztere meinen Grundstücke (auch «Immobilien» genannt), erstere alles andere. Den Grundstücken werden die Schiffe weithin gleichgestellt, sofern sie eine gewisse Größe erreicht haben. Wichtig ist diese Untersuchung insbes. für die Übereignung (und die noch zu besprechende Belastung): Bei Grundstücken ist die Eintragung ins Grundbuch entscheidend, bei beweglichen Sachen die Verschaffung des Besitzes.

382 – **Vertretbare Sachen** sind nach § 91 BGB solche, die im Verkehr «nach Zahl, Maß oder Gewicht» bestimmt zu werden pflegen. Gemeint ist damit Standardware (ein Zentner Kartoffeln einer bestimmten Güteklasse), ohne daß es auf ein bestimmtes Exemplar oder eine konkrete Menge ankommen würde. Das Gegenstück sind **«unvertretbare»** Sachen wie z. B. ein bestimmtes Originalgemälde oder das Manuskript eines Buches.

19 § 2 Abs. 1 Nr. 1 UrhG (= Urheberrechtsgesetz, Schönfelder Nr. 65); ebenso Palandt-Heinrichs § 90 Rn 2 mwN. Wann Urheberrechtsschutz besteht, ist im einzelnen umstritten.

20 Kritisch Medicus, AT, Rn 1178 a: Begriffskosmetik

Werden 5000 Reproduktionen eines Dürer-Gemäldes hergestellt, so liegt selbstredend eine vertretbare Sache vor.

383 – **Verbrauchbar** sind nach § 92 bewegliche **Sachen**, «deren bestimmungsmäßiger Gebrauch in dem Verbrauch oder in der Veräußerung besteht». Dem Verbrauch dienen etwa Lebensmittel. Eine begrenzte Lebensdauer macht eine Sache noch nicht zu einer «verbrauchbaren». Für jemanden, der Sachen weiterveräußern will, sind diese auch dann «verbrauchbar», wenn sie beim Käufer auf Dauer verbleiben sollen.

Für das Warenhaus sind die eingelagerten Kühlschränke verbrauchbare Sachen, nicht jedoch für denjenigen, der ein Exemplar davon in seiner Küche aufstellt.

2.3.3 Bestandteile einer Sache

384 Die größte praktische Bedeutung haben die §§ 93 ff., die der Frage gewidmet sind, wann die einen bestimmten wirtschaftlichen Zweck dienenden Gegenstände auch rechtlich als einheitliche Sachen zu behandeln sind.

385 Ungeschriebene Voraussetzung der Regelungen ist zunächst der sog. sachenrechtliche **Spezialitätsgrundsatz**: Das **Eigentum** erstreckt sich immer nur auf **einzelne konkrete Gegenstände**. Am Lehrbuchbeispiel verdeutlicht: Es gibt kein Eigentum am Kaffeeservice, sondern nur an den einzelnen Tassen, Untertassen, Tellern, der Zuckerdose und der Kaffeekanne. Dies hat den Vorteil, daß man auch über die einzelne Sache verfügen kann und daß Zweifelsfragen über die Zuordnung vermieden werden.

Unterstellt, es gäbe Eigentum an Sachgesamtheiten, müßte man sich immer über die Zugehörigkeit einzelner Gegenstände streiten. Gehört die später zugekaufte Teekanne auch zum Service? Vielleicht auch die Zuckerzange?

386 Grundlegend ist die Vorschrift des § 93 BGB. Danach gehören zu einer Sache alle **«wesentlichen» Bestandteile**. Dies sind nicht etwa solche, die für das Funktionieren einer Sache wie z. B. eines Autos oder eines Fahrrades von zentraler Bedeutung sind. Vielmehr meint § 93 ausschließlich solche Bestandteile, «die voneinander nicht getrennt werden können, ohne daß der eine oder der andere zerstört oder in seinem Wesen verändert wird». Die Farbe ist so wesentlicher Bestandteil der Karosserie, nicht aber der Motor wesentlicher Bestandteil des Autos, da er ohne Zerstörung oder Wesensveränderung ausgebaut werden

kann.[21] «Abtrennbare» Sachen sind nur sog. **einfache Bestandteile** und können deshalb einer anderen Person gehören.

Dies hat praktische Bedeutung etwa dann, wenn sich der Lieferant des Motors das Eigentum vorbehalten hat, bis der Kaufpreis voll bezahlt ist.

Bei Gebäuden ist man ihrer Dauerhaftigkeit wegen gegenüber einer solchen Zerstückelung sehr viel zurückhaltender: § 94 Abs. 1 macht **alle mit dem Grund und Boden fest verbundenen Sachen zum wesentlichen Bestandteil des Grundstücks**, § 94 Abs. 2 zählt dazu auch «die zur Herstellung des Gebäudes eingefügten Sachen». Blitzableiter, Antennen oder auch Klappläden fallen daher automatisch in das Eigentum des Grundeigentümers, auch wenn sie ohne großen Aufwand wieder vom Haus entfernt werden könnten.

Während hier der Begriff des wesentlichen Bestandteils in wirt- 387
schaftlich sinnvoller Weise erweitert wird, schränkt ihn für andere Konstellationen § 95 wieder ein: Wer auf dem gepachteten Grundstück ein Wochenendhäuschen errichtet, bleibt nach § 95 Abs. 1 Satz 2 (lesen!) dessen Eigentümer. Man spricht insoweit von einem **«Scheinbestandteil»**, der wie eine bewegliche Sache behandelt wird.

Was geschieht, wenn das Pachtverhältnis endet? Auf die Pacht sind nach § 581 Abs. 2 BGB die Vorschriften des Mietrechts entsprechend anzuwenden. Danach kann der Mieter das Haus abbrechen (§ 547a BGB); tut er dies nicht, erwirbt mangels abweichender Abrede der Grundeigentümer das Eigentum und muß nach § 951 BGB ein angemessenes Entgelt bezahlen. Im Interesse beider Seiten sind daher klare Abmachungen wünschenswert.

2.3.4 Zubehör von Sachen

Als «Zubehör» definiert § 97 Abs. 1 BGB bewegliche Sachen, «die, 388
ohne Bestandteil der Hauptsache zu sein, dem wirtschaftlichen Zwecke der Hauptsache zu dienen bestimmt sind und zu ihr in einem dieser Bestimmung entsprechenden räumlichen Verhältnis stehen». Dies gilt beispielsweise für Gartengeräte, nicht aber für die LKWs eines Fuhrunternehmers, die auf einem bestimmten Grundstück abgestellt sind.[22] **Praktische Bedeutung** hat § 97 insbes. **bei der Übereignung von Grundstücken**; nach § 926 Abs. 1 erstreckt sich diese «im Zwei-

21 Medicus, AT, Rn 1187, der mit Recht dann eine Ausnahme macht, wenn es sich um eine Sonderanfertigung handelt

22 BGHZ 85, 234

fel» (= wenn keine andere Abmachung getroffen ist) auch auf das Zubehör.

2.4 Sonstige Vermögensrechte

2.4.1 Abspaltungen vom Sacheigentum: Die sog. beschränkten dinglichen Rechte

389 An (beweglichen oder unbeweglichen) Sachen kann nicht nur Eigentum bestehen. Sie sind vielmehr auch tauglicher Gegenstand beschränkter dinglicher Rechte, die gleichfalls als «absolute Rechte» anerkannt sind.

Was heißt dies konkret? Das geltende Recht gewährt dem Eigentümer die Möglichkeit, **einzelne** seiner **Befugnisse «abzuspalten»** und einer anderen Person zu übertragen. Ohne hier schon auf Einzelheiten eingehen zu können, muß man dabei zwei Gruppen von Rechten unterscheiden:

390 – Der Eigentümer kann einem anderen das Recht einräumen, **die Sache zu nutzen**, also beispielsweise auf dem landwirtschaftlichen Grundstück Getreide anzubauen oder die Wohnungen in dem Mietshaus zu vermieten und die Mieten zu kassieren. Man spricht in diesen Fällen von einem **«Nießbrauch»**, der in den §§ 1030ff. geregelt ist. Er bezieht sich unmittelbar auf die Sache und unterscheidet sich dadurch vom Miet- und vom Pachtvertrag, die lediglich Rechte gegen eine konkrete andere Person (eben den Vermieter bzw. Verpächter) gewähren.

391 – Der Eigentümer kann zum zweiten einem andern das Recht einräumen, unter bestimmten Voraussetzungen **die Sache zu verwerten**, also sie z. B. zu verkaufen oder versteigern zu lassen. Davon wird insbes. dann Gebrauch gemacht, wenn ein Kreditgeber eine Sicherheit haben möchte. Bei beweglichen Sachen spricht man insoweit von einem **Pfandrecht** (§§ 1204ff.), bei Grundstücken von **«Hypothek»** (§§ 1113ff.), **«Grundschuld»** (§§ 1191–1198) und (praktisch bedeutungsloser) «Rentenschuld» (§§ 1199–1203). In der Realität steht die «Grundschuld» bei weitem im Vordergrund, die entgegen ihrer Bezeichnung keine «Schuld», sondern ein Pfandrecht an einem Grundstück ist. Einzelheiten sind im Kapitel über Kreditsicherung abzuhandeln.[23]

23 Dazu Band 2 Kap. 3 unter 3. (Rn 411ff.)

Der Eigentümer kann **nicht beliebige Abspaltungen** von seinem Eigentum vornehmen, sondern einem anderen nur diejenigen Rechte einräumen, die im BGB, speziell in seinem dritten Buch, ausdrücklich vorgesehen sind. Insoweit besteht **Typenzwang**.[24] 392

Das Sacheigentum kann schließlich in der Weise aufgespalten werden, daß eine «aufschiebend bedingte Übereignung» derart stattfindet, daß das Eigentum erst in dem Augenblick auf den Käufer übergehen soll, in dem die letzte Kaufpreisrate bezahlt ist. Hier ist der Verkäufer zwar noch Eigentümer, doch ist bei regulärem Ablauf der Dinge sicher, daß er das Eigentum in absehbarer Zeit verlieren wird. Würde er jetzt noch einseitig über sein Eigentum verfügen, dieses etwa an einen Dritten veräußern, würde er sich nach § 160 BGB schadensersatzpflichtig machen. Dies hat Rechtsprechung und Lehre veranlaßt, die Rechtsstellung des Käufers während dieser Zeit als **«Anwartschaftsrecht»** zu qualifizieren, also als eine Art «Vorform» des Eigentums[25], die weithin wie andere Berechtigungen an einer Sache behandelt wird.[26] Insoweit hat der «Typenzwang» eine gewisse Durchbrechung erfahren. 393

2.4.2 Aneignungsrechte

Dem Eigentum verwandt sind Aneignungsrechte, die etwa dem Jagdberechtigten zustehen. 394

Die Rehe im Walde sind zwar herrenlos (weil sie sich nicht einem bestimmten Grundeigentümer zuordnen lassen), unterliegen jedoch der Aneigung durch den Jagdberechtigten, in dessen Gebiet sie sich gerade befinden. Der Wilderer, der es dem Jagdberechtigten gleichtun möchte, erwirbt deshalb kein Eigentum (was § 958 Abs. 2 BGB noch einmal klarstellt), sondern ist im Gegenteil dem Jagdberechtigten zum Schadensersatz verpflichtet.

2.4.3 Besitz

Ob auch der bloße Besitz, also die Innehabung der «tatsächlichen Sachherrschaft», als absolutes Recht zu qualifizieren ist, ist umstritten. Dafür könnte sprechen, daß er gegenüber unbefugten Eingriffen in gleicher Weise wie das Eigentum geschützt ist und daß er jedenfalls dem 395

24 Zu diesem Begriff s. oben Kap. 5 unter 7 (Rn 351) sowie Wolf Rn 23

25 BGHZ 20, 88 spricht von einem dem Eigentum «wesensgleichen Minus»

26 Zu den auf das Anwartschaftsrecht anwendbaren Grundsätzen s. Baur-Stürner, § 59 V und Band 2 Kap. 1 unter 5.2.2 (Rn 134 ff.)

berechtigten Inhaber (nicht dem Dieb!) bestimmte Nutzungsrechte zuweist.[27]

2.5 Mischformen

396 Eine Mischung zwischen persönlichkeitsrechtlichen und vermögensrechtlichen Befugnissen begegnet uns in zwei weiteren Gruppen von absoluten Rechten.

2.5.1 Immaterialgüterrechte

397 Geistige Schöpfungen werden unter bestimmten Voraussetzungen als **Urheberrechte** oder als **Patente** geschützt.[28] In bezug auf sie bestehen sowohl persönlichkeitsrechtliche als auch vermögensrechtliche Befugnisse des Inhabers. Zu den ersten gehört beispielsweise der Schutz des Urhebers vor Entstellung seines Werks[29] oder das Recht des Erfinders, «namhaft» gemacht zu werden[30]

Auch wenn ein Patent – wie in der Regel – von der Arbeitgeberfirma angemeldet wird, muß der Erfinder genannt werden. Er wird der Nachwelt als der «Schöpfer» kundgetan.

Zu den vermögensrechtlichen Befugnissen gehören das Recht zur Verbreitung und Vermarktung des Werks. Man spricht deshalb – beide Teile zusammenfassend – von «Immaterialgüterrechten».

2.5.2 Mitgliedschaftsrechte

398 Ein zweiter Anwendungsfall sind die Mitgliedschaftsrechte, die einerseits Mitwirkungsbefugnisse (also wenn man so will: Rechte auf demokratische Partizipation) gewähren, gleichzeitig aber auch vermögenswerte Rechte wie die Nutzung des Vereinsvermögens oder die Gewinnbeteiligung bei einer AG in sich schließen.

---

27 Zur Selbsthilfe des Besitzers s. unten 2.6.1.2 (Rn 407) zum Schutz nach § 823 Abs. 1 s. Bd. 2 Kap. 8 unter 2.1.5.3 (Rn 956)

28 Dazu Hubmann, Gewerblicher Rechtsschutz, 5. Aufl., München 1988; Hubmann-Rehbinder, Urheber- und Verlagsrecht, 8. Aufl., München 1995

29 § 14 UrhG

30 § 36 PatentG

2.6 Der Schutz der absoluten Rechte

Wird eines der hier genannten absoluten Rechte von einem anderen verletzt, so entsteht eine konkrete Rechtsbeziehung zwischen dem Inhaber und dem Verletzer. Gesetzgeber und Rechtsprechung haben dem Schutz absoluter Rechte hohe Priorität eingeräumt und ein recht umfassendes Instrumentarium entwickelt. Man kann Selbsthilferechte und (ungleich wichtigere) gerichtlich durchsetzbare Ansprüche unterscheiden. 399

2.6.1 Selbsthilfe

2.6.1.1 Notwehr und Sachwehr

Der Berechtigte ist nach § 227 BGB befugt, einen gegenwärtigen rechtswidrigen Angriff abzuwehren. Praktische Bedeutung hat dies insbes. bei Angriffen auf Persönlichkeitsgüter und auf Rechte an Sachen. Soweit man die eigene Sphäre verteidigt, ist von «Notwehr», soweit man einem Angegriffenen beisteht, ist von «Nothilfe» die Rede. 400

Gegen einen Überfall kann ich mich ggfs. mit Reizgas zur Wehr setzen, wenig willkommenen Personen kann ich den Zutritt zu meiner Wohnung verwehren.

Geht die Gefahr nicht von einem Menschen, sondern von einer Sache wie einem bissigen Hund aus, spricht man nach § 228 BGB von **«Sachwehr»** oder von «Verteidigungsnotstand». Bei der Handhabung beider Vorschriften hat sich eine Reihe von Einzelproblemen ergeben. 401

– **«Notwehrfähig»** ist an sich jedes Rechtsgut, nicht nur ein absolutes Recht.[31] Als «Angriff» gilt jedoch nicht ein bloßes Unterlassen: Bezahlt der Schuldner nicht oder bleibt der Arbeitnehmer nach Dienstschluß gegen den Willen des Arbeitgebers am Arbeitsplatz,[32] so liegt keine Notwehrsituation vor. Es bleibt nur die Möglichkeit, die Gerichte zu bemühen. Relative – nur gegen eine einzelne Person gerichtete – Ansprüche[33] spielen daher im Rahmen des § 227 BGB so gut wie keine Rolle. 402

---

31 Palandt-Heinrichs § 227 Rn 3
32 Derleder BB 1987, 825
33 Zu diesem Begriff s. unten 3. (Rn 415 ff.)

Das Hausrecht als Sonderform des Besitzes ist aber selbstredend ein notwehrfähiges Gut.[34]

403 – Der **Angriff** muß **gegenwärtig und rechtswidrig** sein. Dies wäre etwa der Fall, wenn Angestellte eines Supermarkts einen Kunden zwingen würden, seine mitgebrachten Taschen durchsuchen zu lassen.[35] «Gegenwärtig» ist der Angriff auch dann, wenn er unmittelbar bevorsteht.

404 – Die **Notwehrhandlung** muß **«erforderlich»** sein, d. h. es darf kein milderes Mittel geben, das denselben Erfolg herbeiführen würde. Wer sich mit einem Prügel ausreichend verteidigen kann, darf nicht zum Messer oder zur Pistole greifen.

Anders dann, wenn solche Mittel nicht zur Verfügung stehen; der BGH hat deshalb eine schwangere Ehefrau freigesprochen, die sich gegen die Schläge ihres Mannes mit dem Messer wehrte und ihn dabei tödlich verletzte.[36]

Dem überkommenen Ehrbegriff zufolge muß das «Recht» dem «Unrecht» nicht weichen. Wird man in einem Gasthaus angegriffen, so ist die Berufung auf Notwehr auch dann möglich, wenn man die Entwicklung kommen sah und sich ihr durch die Flucht hätte entziehen können.

405 Zwischen angegriffenem und durch die Notwehrhandlung verletztem Rechtsgut ist grundsätzlich nicht abzuwägen. Allerdings gibt es ein **Verbot des Rechtsmißbrauchs**; wegen Kleinigkeiten darf man nicht Leben und Gesundheit anderer Leute gefährden oder gar zerstören.

Der X stellt sich in eine Parklücke, um diese für einen Freund freizuhalten. Ein anderer Fahrer will dort parken, was er, weil die Straße im «Gemeingebrauch» steht, auch darf. Das «Dastehen» ist daher rechtswidrig und ein Angriff auf die Bewegungsfreiheit des anderen. Fährt dieser jedoch in der Vorstellung, der «Blokkierer» würde Angst bekommen, bis auf zwei Millimeter an ihn heran, oder berührt er ihn gar mit der Stoßstange, hat er sein Notwehrrecht mißbraucht und muß ggfs. Schadensersatz bezahlen.[37]

«Bilderbuchfall» ist der im Garten sitzende gelähmte Eigentümer, der ein Gewehr bei sich hat und auf die Nachbarsjungen schießt, die Kirschen von seinem Kirschbaum holen wollen. Nach Art. 2 Abs. 3 Buchstabe a der Europäischen Menschenrechtskonvention (= EMRK) darf

34 Anders nur OLG Frankfurt NJW 1994, 946. Dazu sogleich im Text.
35 BGH NJW 1994, 188
36 BGH JZ 1984, 529
37 So der Fall BayObLG NJW 1995, 2646

ein Mensch in Notwehr nur getötet werden, wenn die Gewaltanwendung unbedingt erforderlich ist, um die Verteidigung eines Menschen gegenüber rechtswidriger Gewaltanwendung sicherzustellen. Werden nur Sachgüter angegriffen, darf der Angreifer also nicht getötet werden. § 227 BGB ist in diesem Sinne zu handhaben; der gelähmte Eigentümer darf daher einen Warnschuß abgeben, aber nicht gezielt schießen.[38]

– Eine Ausnahme gilt in den Fällen der **Sachwehr** nach § 228 BGB: 406
Nach dem eindeutigen Wortlaut der Vorschrift darf der durch den Verteidiger angerichtete Schaden nicht außer Verhältnis zur abgewendeten Gefahr stehen. Dies ist insofern bemerkenswert, als auf diese Weise eine angreifende Sache besser gegen eine «Überreaktion» geschützt ist als ein angreifender Mensch. Allerdings läßt man auch hier dem Abwehrenden einigen Spielraum und gestattet es immerhin, zur Rettung eines Mischlingshundes («Promenadenmischung») oder eines Schafes einen viel wertvolleren Rassehund zu töten.[39]

2.6.1.2 Besitzschutz

Sonderregeln bestehen in bezug auf den Besitz als tatsächliche Sach- 407
herrschaft. Wird dieser dem Besitzer entzogen (Diebstahl!) oder wird der Besitzer im Besitz «gestört» (der Nachbar setzt sich samt seinen Gästen einfach in meinen Garten), so liegt nach § 858 Abs. 1 eine **«verbotene Eigenmacht»** vor. Gegen sie kann sich der Besitzer gemäß § 859 Abs. 1 mit Gewalt wehren – dasselbe würde sich schon aus § 227 ergeben. Gleichwohl hat sich der Ausdruck «Besitzwehr» eingebürgert. Interessanter ist jedoch die Vorschrift des § 859 Abs. 2: Wird eine bewegliche Sache dem Besitzer mittels verbotener Eigenmacht weggenommen, «so darf er sie dem auf frischer Tat betroffenen oder verfolgten Täter mit Gewalt wieder abnehmen». Man spricht insoweit von **«Besitzkehr»**.

Beispiel: Der A hat sein Fahrrad unverschlossen neben seiner Haustüre abgestellt. Als er gemeinsam mit seinem Freund F die Wohnung verläßt, sieht er, wie sich der D gerade auf das Fahrrad schwingt und davonfährt. Da F ein Auto hat, nehmen beide die Verfolgung auf und stellen den D; angesichts der Überlegenheit von zwei zu eins gibt dieser das Fahrrad wieder heraus.

---

38 Anders Medicus, AT, Rn 158. Wie hier wohl Frowein-Peukert, EMRK-Kommentar, Kehl u. a. 1985, Art. 2 Rn 11

39 OLG Koblenz NJW-RR 1989, 549; OLG Hamm NJW-RR 1995, 275

2.6.2 Gerichtlich durchsetzbare Ansprüche

2.6.2.1 Beseitigungsanspruch

408 Wird in ein absolutes Recht eingegriffen, so kann der Inhaber Beseitigung der noch andauernden Folgen verlangen. Dies ist im BGB in § 1004 Abs. 1 Satz 1 für das Sacheigentum, in § 12 Satz 1 für das Recht am eigenen Namen und in § 862 Abs. 1 Satz 1 für den Besitz ausgesprochen, doch handelt es sich um einen allgemeinen Rechtsgrundsatz, der auch in den nicht ausdrücklich geregelten Fällen Platz greift.

Beispiel zu § 1004: Der Grundstücksnachbar kippt seinen Müll in meinen Garten. Ich kann verlangen, daß er das Zeug wieder abholt und so die Beeinträchtigung meines Eigentums beseitigt.

Das Oberschwäbische Tagblatt hat den Emil Müller-Schwitzgäbele als stadtbekannten Querulanten bezeichnet, obwohl dieser nie unangenehm aufgefallen ist, sondern offensichtlich mit dem durchaus einschlägig bekannten Emil Schwitzgäbele verwechselt wurde. Hier kann Müller-S. einen Widerruf verlangen, um so die nachwirkende Beeinträchtigung seines Rufes und damit seines allgemeinen Persönlichkeitsrechts zu beseitigen.

Einzelheiten sind an späterer Stelle zu erörtern.[40]

2.6.2.2 Unterlassungsanspruch

409 Drohen weitere Eingriffe in ein absolutes Recht, kann der Rechtsinhaber den Eingreifenden auf Unterlassung in Anspruch nehmen. Auch hier finden sich im Text des BGB lediglich Vorschriften in bezug auf das Sacheigentum (§ 1004 Abs. 1 Satz 2), das Namensrecht (§ 12 Satz 2) und den Besitz (§ 862 Abs. 1 Satz 2), doch wird insoweit gleichfalls ein allgemeiner Rechtsgrundsatz angenommen. Über den Wortlaut der Vorschriften hinaus besteht ein Unterlassungsanspruch bereits dann, wenn **erstmalig ein Eingriff bevorsteht**; man muß nicht warten, bis das Kind in den Brunnen gefallen ist.[41]

Beispiel: In einer Entfernung von 30 m vom Wohngrundstück des A sollen 3 Tennisplätze errichtet werden. Der Initiator hat bereits eine Baugenehmigung erhalten. Den zu erwartenden «Geräuschimmissionen» kann erfolgreich mit der Unterlas-

---

40 Bd. 2 Kap. 15 unter 2. (Rn 1407 ff.)

41 Näher Bd. 2 Kap. 15 unter 3. (Rn 1419 ff.)

sungsklage begegnet werden, sofern sie sich voraussichtlich außerhalb des Zulässigen bewegen werden.[42]

2.6.2.3 Herausgabeanspruch

Schon im Rahmen des Falles im Eingangskapitel haben wir den Anspruch auf Herausgabe nach §985 kennengelernt. Er steht nicht nur dem Eigentümer, sondern auch dem Inhaber eines beschränkten dinglichen Rechts zu,[43] sofern er – wie ein Nießbraucher – zum Besitz berechtigt ist[44] 410

2.6.2.4 Drittwiderspruchsklage

Eine Sonderform der Eigentumsbeeinträchtigung regelt §771 ZPO. 411 Befindet sich die Sache bei einem anderen (z. B. einem Mieter) und wird sie dort von dessen Gläubigern mit Hilfe des Gerichtsvollziehers gepfändet, so kann der Eigentümer eine sog. Drittwiderspruchsklage nach §771 ZPO erheben. Sie erklärt die Zwangsvollstreckung in die Sache für unzulässig.

2.6.2.5 Schadensersatz

Wichtigste Sanktion für den Eingriff in ein absolutes Recht ist die Scha- 412 densersatzpflicht nach §823 Abs. 1 BGB. Sie setzt anders als die Ansprüche auf Beseitigung und Unterlassung Verschulden voraus. Abweichendes gilt nur in den Fällen der Gefährdungshaftung – dazu ist Näheres in Band 2 Kap. 8 bis 10 ausgeführt.

2.6.2.6 Bereicherungsanspruch

Wer in ein fremdes absolutes Recht eingreift, ist verpflichtet, die da- 413 durch erlangten Vorteile herauszugeben. Diese können auch in ersparten Aufwendungen bestehen.

42 S. OLG Zweibrücken NJW 1992, 1242
43 Zum Begriff s. oben 2.4.1 (Rn 389ff.)
44 §1065; ebenso §1227 für das Pfandrecht an beweglichen Sachen

Beispiel:[45] Das Haus des E besitzt eine große, weiß angestrichene Seitenwand ohne Fenster. Eine in der Nachbarschaft gelegene Gaststätte nutzt sie ohne Zustimmung des E in der Weise, daß sie des Nachts mit einem Scheinwerfer dort ein großes Werbebild hinprojiziert. E, der einige Monate im Ausland war, kommt zurück, will dem Spuk ein Ende bereiten und außerdem ein Entgelt für die Zeit der unbefugten Nutzung.

Der Unterlassungsanspruch ist unproblematisch: Niemand muß es sich gefallen lassen, daß ein anderer das eigene Haus als Werbefläche benutzt; auch droht den Umständen nach eine Fortsetzung der Aktion. Ein Schadensersatzanspruch hilft jedoch nicht weiter: Die Substanz der Mauer wurde in keiner Weise auch nur ein bißchen angekratzt, von einem entgangenen Gewinn kann auch nicht die Rede sein, weil E ja die Wand überhaupt nicht (geschweige denn teurer) kommerziell genutzt hätte.

In solchen Fällen hilft die sog. **Eingriffskondiktion**, d. h. die in § 812 Abs. 1 Satz 1 2. Alt. geregelte ungerechtfertigte Bereicherung «in sonstiger Weise». Die Nutzung der Wand hat einen wirtschaftlichen Wert (dessen Höhe notfalls durch einen Sachverständigen zu schätzen ist), und diesen Wert hat sich der Inhaber der Gaststätte angeeignet.[46] Sogar seinen aufgrund der Werbung gemachten zusätzlichen **Gewinn** muß er **herausgeben**, wenn er wußte, daß er sich in einer fremden Rechtssphäre bewegte.[47]

2.6.2.7 Nachbemerkung

414 Das hier Gesagte sollte nur einen ersten Eindruck von den vorhandenen Ansprüchen vermitteln; an späterer Stelle werden wichtige Einzelinformationen nachgetragen, die das Bild erst richtig abrunden. Dies gilt insbesondere auch für den zuletzt angesprochenen Bereicherungsanspruch (s. dazu unten Kap. 18 unter 2.1 – Rn 1612ff., und Bd. 2 Kap. 15 unter 4. – Rn 1423ff.)

45 Nach Berg JuS 1962, 73
46 Eingehend zu solchen Fällen Bd. 2 Kap. 15 unter 4 (Rn 1423ff.)
47 § 687 Abs. 2. Dazu Bd. 2 Kap. 6 unter 3.4 (Rn 884)

3 Relative Rechte

3.1 Schuldverhältnis – Anspruch – Forderung

Aufgrund eines Eingriffs in ein absolutes Recht oder aufgrund rechtsgeschäftlicher, insbes. vertraglicher Einigung entsteht eine Rechtsbeziehung zwischen zwei Personen.[48] Da dabei die eine der anderen etwas schuldet, spricht das Gesetz von einem «**Schuldverhältnis**». Es bevorzugt also terminologisch die Perspektive des Verpflichteten. Der Inhalt des Schuldverhältnisses kann sehr unterschiedlich sein. 415

Möglich ist zum einen, daß **nur eine Seite etwas von der anderen verlangen** kann. Beispiel ist der Schadensersatzanspruch des Unfallopfers oder – leider relativ selten – die Hingabe eines unverzinslichen Darlehens: Bei letzterem entsteht lediglich die Verpflichtung des Darlehensnehmers, den erhaltenen Betrag zum vereinbarten Zeitpunkt wieder zurückzuzahlen. 416

In einer Rechtsbeziehung werden häufiger **beide Seiten etwas verlangen** können. Der Kaufvertrag verpflichtet z. B. den Verkäufer zur Lieferung und den Käufer zur Bezahlung des Kaufpreises. Auch bei Unfällen kann derartiges vorkommen, wenn jede Seite einen Schaden erleidet und dafür jeweils (teilweisen) Ersatz verlangen kann. 417

Wenn der eine Beteiligte (häufig «der eine Teil» genannt) vom anderen (häufig «der andere Teil» genannt) etwas verlangen kann, nennt man dies einen **Anspruch**. **§ 194 Abs. 1 BGB definiert** diesen als das «Recht, von einem anderen ein Tun oder ein Unterlassen zu verlangen». **Ähnlich formuliert § 241 BGB** als Einleitungsbestimmung des Rechts der Schuldverhältnisse: 418

> «Kraft des Schuldverhältnisses ist der Gläubiger berechtigt, von dem Schuldner eine Leistung zu fordern. Die Leistung kann auch in einem Unterlassen bestehen.»

Zwischen beidem besteht **kein sachlicher Unterschied**.[49] Soweit Ansprüche in Rede stehen, die im zweiten Buch des BGB, also im Recht der Schuldverhältnisse, geregelt sind, ist die Verwendung des Ausdrucks «**Forderung**» üblich, während man außerhalb des Schuldrechts den Terminus «**Anspruch**» benutzt. 419

---

48 Dazu oben 2.1 (Rn 363)

49 Näher Bd. 2 Kap. 15 unter 3. (Rn 1419 ff.)

Man hat also als Verkäufer eine «Forderung» auf Zahlung des Kaufpreises und als Eigentümer einen «Anspruch» nach § 985 BGB auf Herausgabe der Sache.

Das BGB hat diesen Sprachgebrauch allerdings selbst nicht konsequent durchgehalten. So spricht etwa § 477 Abs. 1 davon, der «Anspruch» des Käufers auf Wandelung oder auf Minderung verjähre in 6 Monaten, und umgekehrt gibt § 1378 beim Zugewinnausgleich nach Auflösung der Ehe dem Ehegatten eine «Ausgleichsforderung», der während der Ehe den geringeren Zugewinn gemacht hat. Niemand kann daher einem Jurastudenten einen Vorwurf machen, wenn er vom Zahlungsanspruch des Verkäufers oder der Forderung auf Herausgabe einer Sache spricht.

420 Dem Anspruch des einen Teils steht die **Verpflichtung des anderen gegenüber**. Soweit diese auf Zahlung eines bestimmten Geldbetrages lautet, spricht man üblicherweise von «**Verbindlichkeit**».

421 Der Inhaber eines Anspruchs bzw. einer Forderung wird als «**Gläubiger**» bezeichnet; wer zur Leistung verpflichtet ist, trägt den Namen «**Schuldner**».

Nicht mehr üblich ist der in der alten Fassung des Vaterunser vorkommende Begriff «Schuldiger».

Auch die Bezeichnungen «Gläubiger» und «Schuldner» sind an sich auf das zweite Buch bezogen, doch kann man sie gleichfalls verwenden, wenn es um Ansprüche auf anderer Rechtsgrundlage (z. B. des Eigentümers gegen den Besitzer aus § 985 BGB) geht.

3.2 Nebenpflichten

3.2.1 Nebenleistungspflichten

422 Wie die Definitionen in den §§ 194 Abs. 1, 241 BGB deutlich machen, stellt das **BGB die Leistung als solche in den Vordergrund**, ja betrachtet sie als ausschließlichen Inhalt des zwischen zwei Personen bestehenden Rechtsverhältnisses. Dies wird der Realität heute nur noch in Ausnahmefällen gerecht.

423 Das Interesse des Gläubigers richtet sich meist nicht nur auf die Leistung als solche, sondern auch auf die Erfüllung einer Reihe von «Begleitpflichten». Wer eine Waschmaschine oder einen Mikrowellenherd kauft, kann erwarten, daß ihm eine Bedienungsanleitung mitgeliefert

wird; andernfalls hätte er möglicherweise enorme Schwierigkeiten, das Gerät überhaupt anzuschließen und in der vorgesehen Weise zu benutzen. Erst recht kann man verlangen, daß man bei einem Softwarekauf eingehende Instruktionen erhält; ob es ausreicht, daß der Verkäufer ein englisch geschriebenes Bedienerhandbuch liefert, ist durchaus umstritten.[50] Pflichten dieser Art, die **den eigentlichen Vertragsgegenstand «abrunden»**, nennt man «Nebenleistungspflichten». Ihre Rechtsgrundlage ist letztlich § 242 BGB, wonach der Schuldner die Leistung so zu bewirken hat, «wie **Treu und Glauben mit Rücksicht auf die Verkehrssitte** es erfordern.» Der Gläubiger hat im Regelfall Anspruch nicht nur auf die Hauptleistung, sondern auch auf die Erfüllung dieser Pflichten.[51]

3.2.2 Schutzpflichten

Der im Rahmen eines Rechtsverhältnisses bestehende Kontakt führt – 424
insoweit über den Wortlaut des § 242 BGB hinaus – auch zu Schutzpflichten beider Seiten: Durch die «Sonderbeziehung» dürfen «Integritätsinteressen» der jeweiligen Gegenseite nicht verletzt werden. Dies wurde im einzelnen im Vertragsrecht entwickelt, gilt jedoch auch für kraft Gesetzes entstehende Rechtsverhältnisse.

Grundlegend war der **Linoleumrollen-Fall des Reichsgerichts**.[52] 425
Durch die Unachtsamkeit eines Ladenangestellten war eine Linoleumrolle so plaziert worden, daß sie umfiel und dabei eine Kundin verletzte. Damit hatte nicht nur der Angestellte eine unerlaubte Handlung begangen, die ihn zum Schadensersatz verpflichtete; vielmehr mußte auch der Geschäftsinhaber wegen Verletzung einer Schutzpflicht Schadensersatz bezahlen (so daß die Kundin einen einigermaßen zahlungskräftigen Schuldner bekam). Derartige Pflichten bestehen schon vor Vertragsabschluß, erst recht allerdings bei der Vertragsdurchführung. Werden sie nicht beachtet, spricht man im ersten Fall von **culpa in contrahendo** (abgekürzt: cic, Verschulden bei Vertragsverhandlungen), im zweiten von **positiver Vertragsverletzung**. Die Schutzpflichten beziehen sich nicht nur auf Persönlichkeitsgüter, sondern auch auf vermögenswerte Rechte.

---

50 Vgl. etwa OLG Hamm CR (= Computer und Recht) 1995, 20
51 Dazu Esser-Schmidt § 6 III
52 RGZ 78, 239ff.

Positive Vertragsverletzung liegt daher vor, wenn bei der Anlieferung eines gekauften Möbelstücks die Glastüre aus Unachtsamkeit zu Bruch geht.

426 Den Schutzpflichten steht in der Regel kein durchsetzbarer Anspruch des anderen Teils gegenüber; dieser kann in der Regel nicht erkennen, wo Gefahren lauern und deshalb auch nicht auf vorbeugende Gefahrenbeseitigung klagen.

Im Einzelfall kann dies anders sein. Grassiert eine Pferdekrankheit, so kann der Verkäufer eines Pferdes verpflichtet sein, vor Lieferung eine tierärztliche Untersuchung vornehmen zu lassen.

427 Die **Entwicklung von Nebenpflichten** in dem hier skizzierten Sinne **schützt** im Regelfall **den schwächeren Vertragspartner**, dessen Verhandlungsmacht nicht ausreichen würde, Entsprechendes ausdrücklich im Vertrag festzuschreiben. Insoweit handelt es sich um eine sozialstaatliche Weiterentwicklung des Vertragsrechts.[53] Kein Anlaß besteht, nicht auch Fälle einzubeziehen, in denen es um die Abwicklung eines kraft Gesetzes entstandenen Anspruchs geht.

Wer von einer umfallenden Linoleumrolle verletzt wird, kann vom Geschäftsinhaber auch dann Ersatz verlangen, wenn er nichts kaufen, sondern lediglich über die Folgen eines von diesem verursachten Verkehrsunfalls verhandeln wollte.

3.3 Der Schutz relativer Rechte

3.3.1 Bei Verletzung durch den Schuldner

428 Relative Rechte werden typischerweise vom Schuldner verletzt. Die Rechtsordnung gibt dem Gläubiger deshalb einen gerichtlich durchsetzbaren **Anspruch auf Erfüllung**.

Ich kann also meinen Verkäufer auf Lieferung verklagen; zahle ich mein Darlehen nicht zum vereinbarten Zeitpunkt zurück, riskiere ich eine Zahlungsklage der Bank usw.

Diese Möglichkeit besteht auch im Hinblick auf Nebenleistungspflichten.

Soweit der Schuldner seine Pflichten vorsätzlich oder fahrlässig verletzt hat, ist er zur Leistung von **Schadensersatz** verpflichtet.

53 Ebenso Wieacker, Das bürgerliche Recht im Wandel der Gesellschaftsordnungen, in: Ders, Industriegesellschaft und Privatrechtsordnung, S. 47

Weil der verkaufte Computer nicht zum vereinbarten Zeitpunkt geliefert wurde, muß der Käufer weiter die teuren Dienste einer Fremdfirma in Anspruch nehmen.

Im Vertragsrecht wird daneben dem Gläubiger oft die Möglichkeit zum **Rücktritt vom Vertrag** eingeräumt.

Eine **Notwehrsituation**, die dem Gläubiger evtl. einen unmittelbaren Zugriff auf den Leistungsgegenstand ermöglichen würde, **besteht nicht**.[54] 430

Wird das entliehene Buch nicht zurückgegeben, so darf es der Eigentümer dem Entleiher nicht einfach wegnehmen. Es liegt auch keine «verbotene Eigenmacht» vor, weil der Entleiher ja nicht den Besitz des Verleihers verletzt hat, sondern seinen eigenen Besitz eben entgegen der vertraglichen Verpflichtung nicht aufgeben will.

In Extremfällen kommt eine **Selbsthilfe nach § 229 BGB** in Betracht; genannt wird der Fall, daß sich der Schuldner mit seinem Vermögen in ein exotisches Land absetzen will.[55] Voraussetzung ist immer, daß – wie es noch heute im Gesetz heißt – «obrigkeitliche Hilfe» nicht rechtzeitig zu erlangen ist, also auch das (sehr schnelle) Verfahren der einstweiligen Verfügung dem Gläubiger keine Sicherheit verschafft.[56] Praktisch scheitert die Anwendung des § 229 daran, daß ein «Beiseiteschaffen» von Vermögen oder eine Flucht des Schuldners ins unerreichbare Ausland dem Gläubiger so gut wie nie vorher zur Kenntnis kommen wird.

3.3.2 Bei Verletzung durch Dritte

Relative Rechte können aber auch von «Dritten» verletzt werden. Hier sind zwei Fälle zu unterscheiden. 431

– Ein Dritter **wirkt auf den Gegenstand** der Rechtsbeziehung, etwa die verkaufte Sache **ein**, indem er sie vernichtet oder selbst erwirbt. Hier ist der Gläubiger ausschließlich auf seine Ansprüche gegen den Schuldner verwiesen; sein Anspruch auf Lieferung einer bestimmten Sache wird nicht als «sonstiges Recht» nach § 823 Abs. 1 BGB qualifiziert.[57] Anders zu entscheiden, würde bedeuten, einen allgemeinen Schutz vermögensrechtlicher Interessen zu etablieren; dies sollte aber durch § 823 Abs. 1 BGB gerade nicht geschehen.

– Ein Dritter kann zum zweiten auf ein relatives Recht auch in der Weise einwirken, daß er sich **als dessen Inhaber aufspielt** und es durch Empfangnahme der Leistung zum Erlöschen bringt. 432

54 S. oben 2.6.1.1 (Rn 400 ff.)
55 Medicus, AT, Rn 168
56 Dazu Thomas-Putzo Erl. zu §§ 935, 940 ZPO
57 Allgemeine Meinung. S. BGH NJW 1970, 137 f.; MüKo-Mertens § 823 Rn 109; Palandt-Thomas § 823 Rn 31

Der A hat eine Darlehensforderung über 10000 DM gegen den X. Er tritt sie nach § 398 BGB an den B ab, macht davon dem X aber keine Mitteilung. Auch B bleibt insoweit untätig. Bei Fälligkeit zahlt X an A, den er weiter für den Gläubiger hält. Nach der ausdrücklichen Bestimmung des § 407 BGB wird er damit auch dem B gegenüber von seiner Verbindlichkeit frei. B kann von A den erlangten Betrag nach § 816 Abs. 2 BGB herausverlangen (genannte Bestimmungen nachlesen!).

Ob in solchen Fällen des **Eingriffs in die «Rechtszuständigkeit»** des Gläubigers nicht doch § 823 Abs. 1 eingreift, ist umstritten, wird aber von der eindeutig herrschenden Meinung abgelehnt.[58]

4 Mischformen zwischen absolutem und relativem Recht

433 In einigen wenigen Fällen verstärkt die Rechtsordnung die Stellung des Gläubigers in der Weise, daß sie auch Dritten gegenüber einen gewissen Schutz genießt.[59] Wichtigster Fall ist die sog. **Vormerkung** im Grundstücksrecht. Wird ein Grundstück gekauft, so dauert es meist noch einige Zeit, bis die Übereignung durchgeführt werden kann und der Käufer als neuer Eigentümer im Grundbuch eingetragen ist. Um zu verhindern daß der Verkäufer es sich anders überlegt und das Grundstück – z. B. zu besseren Bedingungen – an einen Dritten veräußert, wird eine Vormerkung ins Grundbuch eingetragen. Nach den §§ 883 Abs. 2, 888 BGB hat sie die Wirkung, daß Verfügungen des Verkäufers über das Grundstück dem Käufer gegenüber unwirksam sind. Einzelheiten sind später darzustellen.[60] Ein Schutz gegen Wertminderung durch Dritte ist damit allerdings nicht verbunden, doch droht ja auch nicht alle Tage eine Brandstiftung oder ein Sprengstoffanschlag. Im Zusammenhang mit der Vormerkung hat man von einer **«Verdinglichung obligatorischer Rechte»**[61] gesprochen.

---

58 Dafür in erster Linie Larenz, Schuldrecht, Bd. II, 12. Aufl., § 72 I a mwN; ablehnend MüKo-Mertens § 823 Rn 110; Otte JZ 1969, 253 u. a. Näher Bd. 2 Kap. 8 unter 2.1.6 (Rn 961)

59 In früheren Epochen wurde davon viel häufiger Gebrauch gemacht. Zum sog. ius ad rem («Recht auf die Sache») s. Dubischar, Über die Grundlagen der schulsystematischen Zweiteilung der Rechte in sog. absolute und relative. Ein dogmengeschichtlicher Beitrag zur Lehre vom subjektiven Privatrecht, Tübingen 1961

60 S. unten Kap. 14 unter 4.3.4 (Rn 1218 ff.)

61 So die gleichnamige Schrift von Dulckeit aus dem Jahre 1951

Ein ähnlicher Effekt wird dadurch erzielt, daß man bei einem Eigentümerwechsel die zum Veräußerer bestehende Rechtsbeziehung auf den Erwerber übergehen läßt. Dies gilt etwa nach § 571 BGB für die Wohnraummiete; der **Erwerber eines Hausgrundstücks rückt automatisch in die Vermieterstellung** ein. Vergleichbares bestimmt § 613 a BGB für den Erwerber eines Betriebes oder eines Betriebsteils; die Arbeitsverhältnisse der dort tätigen Arbeitnehmer gehen automatisch auf ihn über.[62] 434

5 Gestaltungsrechte

Unter bestimmten Voraussetzungen hat der eine oder der andere Beteiligte eines Rechtsverhältnisses die Befugnis, dieses durch einseitige Erklärung zu verändern. Wichtigster Beispielsfall ist die **Kündigung**, die – wenn ihre Voraussetzungen vorliegen – die Rechte und Pflichten aus dem Rechtsverhältnis zum Erlöschen bringt. Eingehend wird uns auch die sog. **Anfechtung** beschäftigen, die es dem Einzelnen ermöglicht, unter ganz bestimmten, im Gesetz festgelegten Bedingungen eine einmal abgegebene Erklärung wieder rückgängig zu machen. Üblicherweise faßt man diese Befugnisse unter dem Begriff der «Gestaltungsrechte» zusammen. 435

Ob **im Einzelfall** die Voraussetzungen für eine einseitige Veränderung des Status quo vorliegen, kann oft zweifelhaft sein. In wichtigen Fällen sieht daher das Gesetz eine besondere Form vor: Die Gestaltung kann **nur im Wege einer Klage erfolgen**. Wichtigster Anwendungsfall ist die Ehescheidung; könnte sie durch schlichte «Verstoßung» des Mannes durch die Frau oder der Frau durch den Mann erfolgen, würde sich in vielen Fällen ein Rattenschwanz von Folgeprozessen ergeben, weil niemand genau wüßte, ob die beiden nun wirklich auseinander sind oder nicht. Ähnliches gilt, wenn jemand seines Erbes verlustig gehen soll, weil er «erbunwürdig» ist, beispielsweise den Erblasser umgebracht oder das Testament zu seinen Gunsten gefälscht hat.[63] In solchen Fällen spricht man von einer **«Gestaltungsklage»**. 436

Bei den durch schlichte Erklärung ausgeübten Gestaltungsrechten

62 Einzelheiten bei Däubler, Arbeitsrecht 2 unter 10.2 (S. 676 ff.)
63 §§ 2339 ff.

wird der andere Teil wenigstens insoweit geschützt, als **grundsätzlich keine Bedingung** zulässig ist; die Wirksamkeit z. B. der Kündigung darf nicht davon abhängen, daß sich z. B. die Lage des Vermieters verschlechtert oder der Dollarkurs fällt.[64] Eine Ausnahme gilt dann, wenn der «Gestaltungsgegner» selbst über den Eintritt der Bedingung entscheiden kann; in diesem Fall besteht für ihn keine unzumutbare Unsicherheit.

Beispiel: Der Mieter kündigt dem Vermieter unter der Bedingung, daß dieser nicht bereit ist, für die Dreizimmerwohnung nur noch 1000 DM (statt wie bisher 1300 DM) zu verlangen. Man nennt dies eine Änderungskündigung.

6 Einreden und Einwendungen

438 Den Gestaltungsrechten ist die sog. Einrede verwandt; durch sie wird das Recht der anderen Seite vorübergehend oder auf Dauer zu Fall gebracht. Wird etwa jemand auf Rückzahlung eines Darlehens in Anspruch genommen, ist es ihm aber in Wirklichkeit für zwei Jahre gestundet worden, so kann er die **«Einrede der Stundung»** erheben. Eine etwaige Klage würde als «z. Zt. unbegründet» abgewiesen. Da es nur um ein vorübergehendes Nicht-Leisten-Müssen geht, spricht man insoweit von einer **«dilatorischen»** (= das Ganze hinauszögernden) **Einrede**. Kann sich der Schuldner statt dessen zum Beispiel auf Verjährung berufen, ist der Anspruch auf Dauer ausgeschlossen. In Anlehnung an den lateinischen Sprachgebrauch nennen dies gelehrte Leute eine **«peremptorische Einrede»**.

439 Eine **Einrede** wirkt **nur dann, wenn man sich auf sie beruft**. Niemand soll beispielsweise gezwungen werden, Verjährung geltendzumachen, da dies bisweilen als unfein gilt oder jedenfalls den Gläubiger vor den Kopf stoßen und so künftige Geschäfte erschweren könnte.

440 Von den Einreden werden die sog. **Einwendungen** unterschieden. Auf sie muß man sich nicht ausdrücklich berufen; vielmehr reicht es, daß die zugrunde liegenden Tatsachen im Streitfalle in den Prozeß eingeführt wurden.

64 Medicus, AT, Rn 90, 849

Inhaltlich unterscheidet man **rechtshindernde und rechtsvernichtende** Einwendungen. Zu den ersteren zählt jedes Vorbringen, das schon die Entstehung eines Anspruchs «hindert», zu den letzteren gehört die Berufung auf Umstände, die den Anspruch nachträglich vernichtet haben. 441

Die Unterscheidung wird an einem Beispiel deutlicher. Unterstellt, X hat von A 10000 DM erhalten, die A nunmehr «wegen Fälligkeit des Darlehens» zurückhaben möchte. X macht geltend, es habe gar kein Darlehen, sondern eine Schenkung vorgelegen, so daß er nichts zurückbezahlen müsse. Rechtshindernde Einwendung. Läßt X die Existenz des Darlehens zwar gelten, sagt er aber, er habe dieses bereits vor einem Jahr zurückbezahlt, so liegt darin eine rechtsvernichtende Einwendung.

7 Die Konzeption des subjektiven Rechts

Besitzen die hier beschriebenen Rechte inhaltliche Gemeinsamkeiten? 442
Gibt es «Wesensmerkmale» des subjektiven Rechts? Im 19. Jahrhundert wurde darüber eingehend diskutiert. Savigny und Windscheid sahen im subjektiven Recht eine dem Einzelnen eingeräumte «Willensmacht». Rudolf von Ihering vertrat demgegenüber den Standpunkt, subjektive Rechte seien dem Einzelnen zur Befriedigung bestimmter Interessen eingeräumt.[65] Durchgesetzt hat sich die Kombination beider Auffassungen: Die dem Einzelnen zustehende **Willensmacht** soll ihm die **Verfolgung bestimmter Interessen** ermöglichen.[66]

Das auf diese Weise umschriebene subjektive Recht entspricht seiner 443
Struktur nach an sich dem Sacheigentum nach § 903 BGB. Gleichwohl muß sich die «Willensmacht» eine Reihe von Einschränkungen gefallen lassen. Folgende Feststellungen lassen sich treffen.

– **Träger von subjektiven Rechten** zu sein ist ein juristischer Ausdruck für **ein Stück Freiheit und Selbstbestimmung**.[67] Der Einzelne gewinnt dadurch Handlungsautonomie.
– Im Bereich der **Persönlichkeitsrechte**, die ja jedem Menschen zu- 444

65 Darstellung der Positionen bei L. Raiser JZ 1961, 465
66 Brox, AT, Rn 568; Hübner, AT, Rn 354; Medicus, AT, Rn 70; kritisch Larenz, AT, § 13 I
67 Vgl. L. Raiser JZ 1961, 471: Mittel zur Selbstbehauptung und Eigenverantwortung

stehen, sind davon auch bei näherem Zusehen keine Abstriche zu machen. Gesetzgeber und Rechtsprechung stehen lediglich vor der Aufgabe, die Rechte verschiedener Individuen miteinander in Einklang zu bringen. Dies wird etwa dann deutlich, wenn auf der einen Seite das allgemeine Persönlichkeitsrecht des A und auf der anderen Seite die Pressefreiheit des Zeitungsredakteurs R steht, der sich kritisch mit der Person des A auseinandergesetzt hat.

445 – Im Bereich der **vermögenswerten Rechte** muß man differenzieren. **Gegenstände des täglichen Bedarfs** bis hin zur Eigentumswohnung und die mit ihnen verbundenen Rechte dienen der Freiheit des Einzelnen[68]. Dem trägt die Rechtsordnung u. a. dadurch Rechnung, daß ein «Mindestbestand an Gütern» nach § 811 ZPO nicht gepfändet werden kann, also dem Einzelnen auch dann erhalten bleibt, wenn er rechtskräftig zur Zahlung einer bestimmten Summe verurteilt wurde. Weiter spricht der BGH bei einer schuldhaften Entziehung solcher Sachen automatisch einen «Nutzungsausfall» als Schadensersatz zu, während bei der Beeinträchtigung anderer materieller Güter nur der konkret belegbare Nachteil zu ersetzen ist.[69] Es bleibt freilich das Problem, daß die Voraussetzungen zum Erwerb solcher Rechte durchaus unterschiedlich verteilt sind. Hier Änderungen herbeizuführen, ist eine Frage staatlicher Sozialpolitik.

446 – Rechte an **Gegenständen, auf die auch andere angewiesen sind**, dienen nicht nur der Freiheit ihres Trägers, sondern beeinträchtigen die Lebens- und Entfaltungschancen anderer Bürger. Dies gilt etwa für Güter der Allgemeinheit wie Flüsse, Straßen usw.; würden sie einzelnen Personen zur ausschließlichen Nutzung zugewiesen, wäre der Freiheitsverlust anderer evident. In der Mitbestimmungsentscheidung hat das BVerfG diesen Gedanken jedoch zu Recht auch auf das **Produktivvermögen** erstreckt; der Gesetzgeber sei insoweit zu stärkeren Eingriffen befugt, es bestehe ein «Gebot der Rücksichtnahme auf den Nichteigentümer, der seinerseits der Nutzung des Eigentumsobjekts zu seiner Freiheitssicherung und verantwortlichen Lebensgestaltung

68 Nachhaltig betont in BGHZ 6, 270, 276. Ähnlich BVerfG 24, 367, 389: «Das Eigentum ist ein elementares Grundrecht, das in einem inneren Zusammenhang mit der Garantie der persönlichen Freiheit steht. Ihm kommt im Gesamtgefüge der Grundrechte die Aufgabe zu, dem Träger des Grundrechts einen Freiheitsraum im vermögensrechtlichen Bereich sicherzustellen und ihm damit eine eigenverantwortliche Gestaltung des Lebens zu ermöglichen.»

69 Dazu BGHZ 98, 212

bedarf».[70] Damit sind nicht nur arbeitsrechtliche Regelungen wie die Mitbestimmung der Arbeitnehmer erfaßt. Vielmehr hat die Rechtsprechung insbes. den Sacheigentümern zahlreiche Verkehrspflichten auferlegt, die sie zu einer Rücksichtnahme auf Dritte zwingen.[71] Wer beispielsweise einen Supermarkt betreibt, muß dafür sorgen, daß – so ein Beispiel aus der Rechtsprechung[72] – kein Gemüseblatt herumliegt, auf dem ein Kunde ausrutscht. Eine Entwicklung dieser Art läßt sich mit der **Sozialpflichtigkeit des Eigentums** nach Art. 14 Abs. 2 GG rechtfertigen, schwerlich aber aus dem überkommenen Begriff des subjektiven Rechts ableiten. Dasselbe gilt für die im Interesse der Entscheidungsfreiheit des schwächeren Vertragspartners vorgenommene Korrektur von Verträgen.[73]

– **Auch ein durch Pflichten «ergänztes» subjektives Recht kann** 447
nicht alleiniger Baustein des Rechts sein, weil es seiner Struktur nach die Freiheit eines Einzelnen oder einer kleinen Gruppe von Mitberechtigten schützt und deshalb kein adäquates Mittel ist, um den Umgang mit Gemeinschaftsgütern zu regeln. Eine dem öffentlichen Verkehr gewidmete Straße muß beliebige Benutzer haben können, deren Zahl und Individualität von vornherein nicht prognostizierbar ist. An die Stelle der Exklusivität des subjektiven Rechts tritt hier eine absolute Offenheit dem gesamten Publikum gegenüber – eine Erscheinung, die das geltende Recht damit bewältigt, daß es eigenständige Normen des öffentlichen Rechts für solche Lebensbereiche entwickelt.[74]

70 BVerfGE 50, 290ff. = NJW 1979, 699, 703 li. Sp.
71 Zu diesen Verkehrspflichten Bd. 2 Kap. 8 unter 2.3.3.3 (Rn 1040ff.)
72 BGHZ 66, 51
73 BVerfGE 89, 214 – näher dazu unten Kap. 8 unter 1 (Rn 502ff.)
74 Sog. Recht der öffentlichen Sachen. Dazu näher unten Kap. 7 unter 3.2.2 (Rn 484ff.)

8 Zeitliche Schranken für die Ausübung subjektiver Rechte

8.1 Grundsätze

448 **Absolute Rechte** wie das Eigentum und die von ihm «abgespaltenen» Befugnisse sind **zeitlich nicht begrenzt**. Stirbt der Träger, gehen sie auf den Erben über.

449 Das andere Extrem bilden die **Gestaltungsrechte**, die häufig sog. **Ausschlußfristen** unterliegen. Dies bedeutet, daß sie nach Ablauf der Frist erlöschen. So kann etwa derjenige, der durch arglistige Täuschung zu einer Willenserklärung veranlaßt wurde, nach § 124 Abs. 1 nur binnen Jahresfrist die Anfechtung erklären.

450 Die **relativen Rechte** stehen gewissermaßen in der Mitte: Nach Ablauf einer bestimmten Zeit sind sie **«verjährt»**, was nach § 222 Abs. 1 BGB bedeutet, daß der Schuldner zur Verweigerung der Leistung berechtigt ist, daß ihm also (nur) eine **Einrede** zusteht.[75]

8.2 Einzelfragen der Verjährung

451 Die gesetzliche Regelung der Verjährung ist nicht ganz unkompliziert und kann deshalb hier nicht in allen Details dargestellt werden. Zu beachten ist folgendes:

– Die **wichtigsten Verjährungsvorschriften** befinden sich **im Allgemeinen Teil** (§§ 194–225), doch gibt es bedeutsame Sonderregeln etwa im Kaufrecht (§ 477), im Recht der unerlaubten Handlung (§ 852) sowie im Pflichtteilsrecht (§ 2332).

452 – Die **Verjährung beginnt** mit der Fälligkeit des Anspruchs, also in dem Moment, in dem der Schuldner zur Leistung verpflichtet ist.[76] Dies kann zu unbilligen Ergebnissen führen, wenn der Berechtigte gar nichts von seinem Glück weiß. § 852 wählt deshalb für Ansprüche aus unerlaubter Handlung einen späteren Zeitpunkt, nämlich den, in welchem der Verletzte von dem Schaden und der Person des Ersatzpflichtigen Kenntnis erlangt hat. In ähnlicher Weise verlangt § 2332 Abs. 1,

---

75 Dazu bereits oben 6 (Rn 439)

76 BGHZ 55, 340, 341

daß der Pflichtteilsberechtigte vom Tod des Erblassers sowie davon Kenntnis erlangt hat, daß er weniger als sein gesetzliches Erbe bekommen soll.

– Die **regelmäßige Verjährungsfrist** beträgt nach § 195 BGB 30 Jahre. Diese Regel kennt allerdings zahlreiche Ausnahmen. § 196 ordnet insbes. für Ansprüche aus Geschäften des täglichen Lebens eine zweijährige Frist an, § 197 sieht bei wiederkehrenden Leistungen (z. B. Miete, Darlehenszinsen) eine vierjährige Frist vor. Dabei ist allerdings zu beachten, daß die Frist nicht mit der Fälligkeit des Anspruchs, sondern erst am Ende des Jahres beginnt, in dem der Anspruch entstanden ist. 453

Beispiel: Der Maler schickt am 15. 3. 1996 eine Rechnung über 1500 DM. Sie unterliegt der zweijährigen Verjährungsfrist nach § 196 Abs. 1 Nr. 1. Diese beginnt jedoch erst mit dem Ablauf des 31. 12. 1996, so daß sich der Schuldner erst nach dem 31. 12. 1998 auf Verjährung berufen kann.

Den Gläubigern, insbes. den Kaufleuten und Handwerkern soll so die Arbeit vereinfacht werden, da es genügt, gegen Ende jedes Jahres die Außenstände einmal zu sichten.

Ansprüche aus unerlaubten Handlungen und auf Bezahlung des Pflichtteils verjähren in **drei Jahren**. Die Rechte des Käufers wegen mangelhafter Ware unterliegen der kurzen **sechsmonatigen Verjährungsfrist des § 477 Abs. 1**. 454

– Der Lauf der Verjährungsfrist kann **unterbrochen** werden. Wichtigster Fall ist die Klageerhebung, doch genügt nach § 213 BGB auch die Zustellung eines (gerichtlichen) Mahnbescheids. Eine bloße außergerichtliche Mahnung durch den Gläubiger ist auch dann ohne Einfluß auf die Frist, wenn sie per Einschreiben-Rückschein erfolgt. Anders jedoch, wenn der Schuldner seine Verpflichtungen anerkennt (§ 208 BGB). «Unterbrechung» bedeutet, daß eine neue Frist zu laufen beginnt. Während des gerichtlichen Verfahrens ist allerdings auch dies nicht der Fall. Kommt es zu einem rechtskräftigen Urteil, das dem Gläubiger einen bestimmten Betrag zuspricht, so gilt automatisch die lange Verjährungsfrist von 30 Jahren. 455

– Von der Unterbrechung ist die **Hemmung** zu unterscheiden. Sie bedeutet, daß bestimmte Zeiträume nicht eingerechnet werden, die Verjährungsuhr wird gewissermaßen angehalten. 456

Wichtigster Fall ist die Stundung nach § 202 Abs. 1, doch ist auch § 204 von Interesse, wonach Ansprüche zwischen Ehegatten gehemmt sind, solange die Ehe besteht.

Manchmal bedeutet «Hemmung» auch nur, daß die Frist während des «Hindernisses» oder eine bestimmte Zeit danach nicht ablaufen kann. Kommt es beispielsweise zu einem «Stillstand der Rechtspflege», so läuft die Frist nach § 203 Abs. 1 erst ab, wenn dieser Tatbestand seit 6 Monaten nicht mehr besteht.

Auch langsame Aktenbearbeitung ist im übrigen kein «Stillstand». Er liegt nur dann vor, wenn nicht einmal eine Klage eingereicht werden kann, weil z. B. das Gericht unter Wasser steht oder alle Bediensteten krank sind.

9 Sachliche Schranken für die Ausübung subjektiver Rechte

457 Subjektive Rechte haben einen bestimmten Inhalt, sie geben bestimmte Befugnisse. Im Einzelfall kann ihre Ausübung dennoch aus übergeordneten Gründen unzulässig sein.

9.1 Schikane

458 Von seinem Text her kennt das BGB lediglich die Schikane nach § 226. Danach ist die Ausübung eines Rechtes unzulässig, wenn sie nur den Zweck haben kann, einem anderen Schaden zuzufügen. Schon ein einziges anderes Motiv schließt daher die Schikane aus, so daß die **Fälle selten** sind. Die Lehrbuchliteratur erwähnt üblicherweise den vom Reichsgericht entschiedenen Fall eines Schloßherrn, der seinem Sohn verboten hatte, das Grab der Mutter im Park des Schlosses zu besuchen.[77] Eher amüsant ist eine modernere Geschichte, in der sich ein geschiedener Ehemann über den Anwalt seiner Ex-Frau geärgert hatte: vierzehnmal überwies er ihm den Betrag von 0,01 DM, was jedesmal Buchungsgebühren in Höhe von 0,50 DM zu Lasten des Anwalts verursachte.[78]

77 RGZ 72, 251
78 OLG Düsseldorf DB 1987, 284. Der Anwalt klagte auf Unterlassung und bekam Recht

9.2 Rechtsmißbrauch

Ungleich wichtiger als das Schikaneverbot ist die von der Rechtsprechung entwickelte Grenze des Rechtsmißbrauchs. Sie wird auf § 242 BGB gestützt und kommt insbes. in drei Erscheinungsformen vor. 459

– Von einem Recht wird ein **zweckwidriger Gebrauch** gemacht. Ein Kleinaktionär ficht beispielsweise einen wichtigen Hauptversammlungsbeschluß an, verfolgt dabei aber nur die Absicht, sich die Rücknahme seiner Klage gegen eine höhere Geldsumme (gewissermaßen seinen «Lästigkeitswert») abkaufen zu lassen. Wie gut das zeitweilig funktionierte, läßt sich der BGH-Entscheidung entnehmen, die ein solches Vorgehen für mißbräuchlich erklärte.[79]

– Die Ausübung eines Rechts erscheint als widersprüchliches Verhalten, üblicherweise **venire contra factum proprium** genannt (wörtlich: Gegen das eigene Verhalten daherkommen, besser: Unzulässigkeit des Selbstwiderspruchs). Beispiel ist etwa der Fall, daß sich der Schuldner durchaus verhandlungsbereit zeigt, im Grundsatz seine Leistungspflicht auch nicht bestreitet, dann jedoch die Einrede der Verjährung erhebt.[80] 460

– Möglich ist schließlich eine sog. **Verwirkung**. Sie liegt dann vor, wenn der Gläubiger durch Untätigkeit den Eindruck erweckt hat, auf die Angelegenheit nicht mehr zurückzukommen, und wenn der Schuldner im Vertrauen darauf Dispositionen getroffen hat. 461

Statt der vereinbarten 1500 DM zahlt der Mieter nur 1000 DM pro Monat. Der Vermieter protestiert nicht. Nach 8 Monaten kauft der Mieter ein Auto auf Ratenzahlung, weil er ja monatlich 500 DM «frei» hat. Der Vermieter kann nicht nachträglich wieder 1500 DM verlangen.[81]

79 BGH NJW 1989, 2689
80 Fall nach Brox, AT, Rn 642
81 Näher zur Verwirkung Medicus, AT, Rn 138 f.

10 Ein Fall aus der Praxis

462 Wer das vorliegende Kapitel durchgelesen oder gar durchgearbeitet hat, verdient ein beträchtliches Stück Anerkennung. Die behandelten Fragen waren zum Teil recht abstrakt – unvermeidbar, wenn man ein Gesetz erläutern will, das eben vom Abstrakten zum Konkreten geht und bestimmte «Grundfiguren» wie das Schuldverhältnis, den Anspruch oder das subjektive Recht voraussetzt. Zum Abschluß deshalb ein Fall, der mit dem realen Leben ein innigeres Verhältnis hat.[82]

In einem kleinen Städtchen in Rheinland-Pfalz hatten zwei Nachbarn, beide Hauseigentümer, nicht das beste Verhältnis. Der Kläger bewohnte – von der Straße aus gesehen – das hintere Haus, weshalb er immer an dem gut einsehbaren Garten des Bekl. vorbeigehen mußte. Er prozessierte gegen den Bekl. wegen ungebührlichen Lärmens zur Nachtzeit. Während des Prozesses stellte der Bekl. erstmals «von ihm selbst hergestellte Tonfiguren» in seinem Garten sowie auf der Terrasse und auf einem Dachvorsprung auf. Weiter berichtet das mit dem Fall befaßte AG Grünstadt[83]:

«Diese Figuren werden vom Bekl. als sog. **Frustzwerge** bezeichnet. Es handelt sich um ca. 30 bis 35 cm große gartenzwergartige Gebilde. Im Gegensatz zu den üblicherweise bieder und brav wirkenden allgemein bekannten Gartenzwergen handelt es sich bei den vom Bekl. aufgestellten ‹Frustzwergen› um solche, die verschiedene, für einen Gartenzwerg untypische Posen und Gesten einnehmen. So zeigt einer der Zwerge dem Beobachter mit herausgestreckter Zunge den erhobenen Mittelfinger (sog. Fuck-you-Zeichen), ein anderer beugt sich mit heruntergelassenen Hosen nach vorne und zeigt sein entblößtes Hinterteil, ein weiterer hält sich die Nase zu und schließt dabei die Augen. Weitere Zwerge strecken ebenfalls die Zunge heraus, zeigen einen ‹Vogel›, bilden mit Daumen und Zeigefinger einen Kreis. Ein weiterer Zwerg trägt eine Kapuze und verkörpert einen auf ein Beil gestützten Scharfrichter. Ein anderer Zwerg wurde an einem Baum im Garten des Bekl. ‹erhängt›. Einige Zwerge halten Schilder mit Parolen wie ‹Pfälzer in die Pfalz, Wuppertaler in die Wupper› (der Kl. stammt aus Wuppertal) …»

Hier ging es ersichtlich um zwei sich hart im Raume treffende sub-

---

82 AG Grünstadt JuS 1995, 1029

83 S. Fn 81

jektive Rechte. Zunächst zur einen Seite: War der Kläger in seinem Eigentum oder seinem allgemeinen Persönlichkeitsrecht betroffen? Das AG Grünstadt entschied sich für das zweite, denn entscheidend waren der Ärger und die Kränkung, das Haus des Kl. als solches blieb ja unbehelligt. Also kam insoweit ein Anspruch auf Beseitigung der Störung und – der Bekl. war uneinsichtig – auch auf Unterlassung in Betracht (s. oben Abschnitt 2.6.2.1 [Rn 408] und 2.6.2.2 [Rn 409]). Doch der Bekl. berief sich auf ein Gegenrecht, die **Freiheit der Kunst** nach Art. 5 Abs. 3 GG, die auch im Verhältnis zwischen Privaten im Grundsatz Beachtung verlangt (erinnert sei an die Entscheidung zur Parabol-Antenne – s. oben Kap. 2 unter 3.1.1 – Rn 62). Dies war ein gewichtiges Argument, denn das Grundrecht schützt nach allgemeiner Auffassung nicht nur die Herstellung des Kunstwerks, sondern auch seinen «Wirkbereich», d. h. seine Verbreitung und seine Wahrnehmung durch Dritte. Lassen sich Frustzwerge von vorneherein als «unkünstlerisch» aus dem Grundrecht aussondern? Nein, natürlich nicht, meinte das AG, denn sonst entscheidet der Mehrheitsgeschmack darüber, was Kunst ist. Doch auch die Kunstfreiheit hat Grenzen: das Kunstobjekt darf nicht gezielt als Mittel der Ehrverletzung eingesetzt werden. Das aber war geschehen («Wuppertaler in die Wupper»), und deshalb wurde der Klage stattgegeben.

TEIL III RECHTLICHE REGELUNG DES MARKTES

KAPITEL 7: Die Vermarktungsfähigkeit

1 Einleitung

Jeder Markt setzt notwendigerweise voraus, daß es Güter gibt, die «vermarktbar» sind, die also aufgrund von «Transaktionen» den Inhaber wechseln können. Wäre die große Mehrheit der wirtschaftlichen Werte auf alle Zeiten bestimmten Trägern zugeordnet, müßte sich der Markt notwendigerweise auf Randbereiche beschränken. 463

Daß diese Bedingung der Marktwirtschaft in der Bundesrepublik erfüllt ist, scheint auf den ersten Blick mehr als klar zu sein. In der juristischen Literatur ist davon die Rede, daß unsere Gesellschaft zur **Kommerzialisierung breitester Lebensbereiche** tendiere[1], und ein bekannter Ökonom und Philosoph aus Trier hat schon vor über 100 Jahren davon gesprochen, der Reichtum der kapitalistischen Gesellschaften stelle sich als eine «ungeheure Warensammlung» dar.[2] 464

Bei näherem Zusehen stellt sich heraus, daß **keineswegs alle Güter «marktgängig»** sind.[3] Dies ist gut so. Schon die Alltagserfahrung zeigt, daß man sich normalerweise menschliche Gefühle und Zuneigung nicht erkaufen kann. Doch es gibt auch zahlreiche andere wichtige Bereiche, die zwar vom Recht erfaßt sind, die aber nicht Gegenstand eines Tausches «Ware gegen Geld» sein können. Dies betrifft einmal viele Seiten der menschlichen Persönlichkeit, daneben aber auch sog. Kollektivgüter wie Straßen und Plätze sowie bestimmte Ob- 465

---

1 Esser-Schmidt § 1 III (S. 18)

2 Karl Marx, Das Kapital, Bd. I, in: MEW (Marx-Engels-Werke) Bd. 23 (Berlin 1969), S. 49

3 Koslowski, in: Ott-Schäfer (Hrsg.), Allokationseffizienz in der Rechtsordnung, Berlin u. a. 1989, S. 117

jekte, die ihrer Gefährlichkeit wegen «aus dem Verkehr gezogen» sind. Schließlich darf man sich auch Amtshandlungen und Stimmen bei der Wahl nicht kaufen; der Staat soll nicht zur leichten Beute der Zahlungskräftigen werden.

466 Obwohl diese Bereiche von großer praktischer Bedeutung sind, **fehlt** es bislang an einer zusammenfassenden **wissenschaftlichen Aufarbeitung.**[4] Etwas mehr Aufmerksamkeit hat lediglich die Frage gefunden, ob und in welchem Umfang es zulässig ist, bestimmte Vermögenswerte durch privatautonome Vereinbarung auf Zeit oder auf Dauer dem Rechtsverkehr zu entziehen.[5] Dies mag damit zusammenhängen, daß das zuletzt genannte Problem in den §§ 137, 399 BGB eine (wenn auch fragmentarische) Regelung erfahren hat, daß sich die anderen Fragen aber in ganz unterschiedlichen Gesetzen und Urteilen angesprochen finden, die nicht in einen systematischen Zusammenhang gestellt werden. Im Grunde ist diese «Enthaltsamkeit» verwunderlich, hatte doch schon das römische Recht ein sehr ausdifferenziertes System von **«res extra commercium»**, d. h. von außerhalb des Handelsverkehrs stehenden Sachen entwickelt.[6]

Erfaßt waren insbes. die Sachen göttlichen Rechts (res divini iuris), zu denen Tempel, aber auch Sachen gehörten, die wie Stadtmauern und Stadttore unter dem besonderen Schutz der Götter standen. Als «Gemeinschaftsgüter» (res communes omnium) wurden das fließende Wasser sowie das Meer und auch seine Ufer(!) betrachtet. Schließlich gab es öffentliche Sachen (res publicae) im engeren Sinne, nämlich solche, die dem Staat gehörten. Dies waren neben Straßen auch Theater und Bäder. Gegen eine Beeinträchtigung seines Mitbenutzungsrechts konnte sich der Einzelne vor Gericht wehren.

Im vorliegenden Zusammenhang kann schon aus Platzgründen nur ein Überblick gegeben werden.

---

4 Dies kritisiert zu Recht Walz, Ökonomische und rechtssystematische Überlegungen zur Verkehrsfähigkeit von Gegenständen, in: Ott-Schäfer, a. a. O., S. 93

5 Dazu zuletzt E. Wagner AcP 194 (1994), 451 ff.

6 Dazu der mit eingehenden Nachweisen versehene Überblick bei Kaser, Das römische Privatrecht. Erster Abschnitt: Das altrömische, das vorklassische und klassische Recht, 2. Aufl., München 1971, § 92; s. auch Ders., Römisches Privatrecht. Ein Studienbuch, 16. Aufl., München 1992, § 18

2 Unveräußerliche Persönlichkeitswerte

Die Menschenwürde des Art. 1 Abs. 1 GG verbietet es, den Menschen als ganzen zu einer «Handelsware» zu machen; er ist Rechtssubjekt, nicht Rechtsobjekt.[7] **Sklaverei und Leibeigenschaft** haben in unserer Rechtsordnung auch dann nichts mehr zu suchen, wenn sie ein ausländisches Recht zulassen und die betreffende Person deutschen Boden betreten würde. Die eigentlich strittigen und interessanten Probleme betreffen heute andere Fragen. 467

2.1 Arbeit für andere – unproblematisch?

Unproblematisch ist es nach geltendem Recht, als Arbeitnehmer weisungsabhängige Arbeit zu leisten. Für einen bestimmten Zeitraum stellt man seine Arbeitskraft in den Dienst eines anderen und muß lediglich die Freiheitseinbußen in Kauf nehmen, die mit der Arbeit notwendigerweise verbunden sind.[8] Bei gerichtlich angeordneten Freiheitsstrafen läßt Art. 12 Abs. 3 GG auch Zwangsarbeit zu.[9] Inwieweit Strafgefangene allerdings einem Privatunternehmer zur Verfügung gestellt werden dürfen, ist umstritten.[10] 468

Die grundsätzliche **«Vermarktungsfähigkeit» der Arbeitskraft** hat quantitative Grenzen insoweit, als das Arbeitszeitgesetz von einem durchschnittlichen Acht-Stunden-Tag ausgeht.[11] § 5 Abs. 1 des Jugendarbeitsschutzgesetzes verbietet die Beschäftigung von Kindern, denen Jugendliche gleichgestellt sind, die der Vollzeitschulpflicht unterliegen. Wird entgegen diesen Verboten gleichwohl gearbeitet, schuldet der Arbeitgeber die Gegenleistung, doch riskiert er ggfs. Geldbußen oder Strafen.[12] 469

7 Zur Herleitung der universellen Rechtsfähigkeit aus der Menschenwürde s. oben Kap. 5 unter 1.1 (Rn 190)
8 Dazu Däubler, Arbeitsrecht 2, unter 5 (S. 267ff.)
9 Zur Arbeitspflicht von Strafgefangenen s. §§ 37ff. StVollzG
10 Dazu Calliess / Müller-Dietz, Strafvollzugsgesetz, 5. Aufl., München 1991, § 41 Rn 8 mwN
11 Einzelheiten bei Däubler, Arbeitsrecht 2 unter 4.2.2.1 (S. 156ff.)
12 Zu den sog. faktischen Vertragsverhältnissen s. unten Kap. 12 unter 3.5 (Rn 889)

470 **Gesundheitsschädliche Arbeit** ist verboten, wenn sie gegen Unfallverhütungsvorschriften oder andere Bestimmungen des Arbeitsschutzrechts verstößt. Ob sie auch dann ausscheiden muß, wenn diese ein gewisses Maß an Gesundheitsschädlichkeit durchaus in Kauf nehmen

Die Arbeit mit krebserzeugenden Stoffen wird z. B. hingenommen, wenn die vom Ausschuß für gefährliche Arbeitsstoffe beim Bundesministerium für Arbeit und Sozialordnung festgelegten TRK-Werte nicht überschritten sind (TRK = Technische Richtkonzentration). Diese erheben der amtlichen Definition nach lediglich den Anspruch, «das Risiko einer Beeinträchtigung der Gesundheit zu vermindern»[13].

oder wenn es entsprechende Vorschriften gar nicht geben sollte,

Beispiel (nach Wallraff, Ganz unten): Arbeitssuchende werden als «Versuchskaninchen» zur Erprobung neuer Medikamente verwendet; einige tragen dabei gesundheitliche Dauerschäden davon.

ist bislang nicht entschieden. An sich besteht kein Hinderungsgrund, weshalb man im Vertragsrecht den Gesundheitsschutz nicht ernster als im Arbeitsschutzrecht nehmen sollte.

2.2 Vermarktung von bestimmten Körperfunktionen und von Organen?

2.2.1 Prostitution

471 Der Vertrag zwischen einer Prostituierten und einem «Freier» ist nach § 138 BGB sittenwidrig und deshalb nichtig.[14] Die «sexuelle Hingabe» darf nicht kommerzialisiert werden. Als Verstoß gegen die Menschenwürde wird es auch qualifiziert, wenn sich eine Frau in einer Peep-Show zur Schau stellt.[15]

Man kann also durch Übernahme gesundheitsschädlicher Tätigkeiten gewissermaßen seine Haut zu Markte tragen, sie in mehr oder weniger obszöner Weise zur Schau zu stellen, wird von der Rechtsordnung nicht akzeptiert.

13 Dazu Däubler, Arbeitsrecht 2, 4.4.3 (S. 221) mwN
14 BGHZ 67, 122
15 BVerwG NVwZ 1990, 668

Das von einem Kunden bezahlte Entgelt kann nicht zurückverlangt werden.[16] Dies führt dazu, daß im Regelfall Dienste nur gegen «Vorkasse» erbracht werden.

Die Herausnahme der **Dienstleistung von Prostituierten** aus den marktfähigen Gütern hat etwas eigenartige Konsequenzen, wenn es um die Bemessung des Erwerbsausfalls aufgrund einer unerlaubten Handlung geht; der BGH hat in einem solchen Fall die Durchschnittsvergütung einer Hilfsarbeiterin zugesprochen.[17] 472

Bei der Bewertung von Telefonsex ist man sich nicht einig; die wohl dominierende Auffassung hält ihn noch für hinnehmbar, da im wesentlichen nur «akustische Leistungen» erbracht würden.[18]

2.2.2 Leihmütterschaft

Die Schwierigkeiten im Umgang mit dem sexuellen Bereich werden 473 auch bei der Behandlung der sog. **Leihmütter** deutlich. Inhaltlich geht es darum, daß sich eine Frau (in der Regel gegen Entgelt) bereit erklärt, ein Kind auszutragen, das bei den «Bestelleltern» aufwachsen soll. In der **einen Variante** stellt sie eine eigene Eizelle zur Verfügung, die auf natürlichem Wege[19] oder im Reagenzglas mit dem Samen des Mannes befruchtet wird, der das Kind «bestellt» hat. Die **zweite Variante** besteht darin, daß sie lediglich ihren Körper zum Austragen einer befruchteten Eizelle zur Verfügung stellt.[20]

Die Rechtsprechung hat derartige Verträge bislang für sittenwidrig 474 erklärt, sich dabei allerdings weniger auf den Gedanken der Kommerzialisierung der Gebärfähigkeit als darauf gestützt, daß das **Kind** zu einem **Handelsobjekt** werde.[21] Man verweist darauf, daß der «Aufwendungsersatz» in der Regel den Kosten eines Mittelklassewagens entspreche. Auch ist denkbar, daß die gebärende Frau das **Kind nicht herausgeben** will[22] oder daß es umgekehrt von den «Bestelleltern»

16 § 817 Satz 2 BGB. Dazu unten Kap. 18 unter 2.3.3 (Rn 1625)

17 BGHZ 67, 119, 127; dazu Derleder DuR 1977, 203 ff. Zu den aktuellen «Tarifen» s. die Nachweise bei Palandt-Heinrichs § 252 Rn 3

18 Palandt-Heinrichs § 138 Rn 52 mwN. S. weiter Krauss NJW 1996, 2850

19 So im Fall LG Freiburg NJW 1987, 1488

20 Lüderitz NJW 1990, 1633

21 So insbes. OLG Hamm NJW 1986, 781 = JZ 1986, 441 mit Anm. Kollhosser; dem OLG Hamm zustimmend LG Freiburg NJW 1987, 1488. Ebenso in der Literatur AK-BGB-Damm § 138 Rn 206; Palandt-Heinrichs § 138 Rn 48

22 So in den Fällen KG JZ 1985, 1053 und des Londoner High Court JZ 1985, 1055 («Baby Cotton»)

nicht abgenommen wird, weil es beispielsweise mit einer Behinderung zur Welt gekommen ist. Inzwischen hat der Gesetzgeber durch zwei Regelungen eingegriffen.

475 Nach den 1989 geschaffenen §§ 13a–13d des **Adoptionsvermittlungsgesetzes**[23] ist das «Zusammenbringen» von interessierten «sozialen Eltern» und Leihmutter verboten und strafbar; auch eine öffentliche Werbung zur Herstellung eines Direktkontakts ist ausgeschlossen.[24] Weiter ist durch das **Embryonenschutzgesetz** von 1990[25] die künstliche Befruchtung bei der «Ersatzmutter» sowie die Übertragung eines Embryos auf sie unter Strafe gestellt[26], wobei jedoch die Frau selbst von der Strafandrohung ausgenommen ist.

2.2.3 Organhandel

476 **Menschliche Organe** dürfen nach allgemeiner Auffassung nicht gegen Entgelt an andere abgegeben werden.[27] Berichte über die Lieferung menschlicher «Ersatzteile» aus der Dritten Welt[28], wo sie Menschen gegen ihren Willen entnommen werden, haben die moralische Mißbilligung noch verstärkt. Dies schließt nicht aus, daß sich eine Person aufgrund mitmenschlicher Zuwendung entschließt, für eine andere, in der Regel derselben Familie angehörende Person ein Organ zu spenden – allein die Kommerzialisierung ist inakzeptabel.

2.2.4 Persönlichkeitsbefugnisse mit Nähe zur Erwerbsarbeit

477 Bei anderen Ausprägungen des Persönlichkeitsrechts, die eine gewisse Nähe zur Erwerbsarbeit haben, ist man demgegenüber wieder großzügiger. Dies gilt etwa für das **Recht am eigenen Bild** oder das Recht zur Führung eines Namens[29], aber auch für die Ausübung der persönlichkeitsrechtlichen Befugnisse von Immaterialgüterrechten.[30]

---

23 Vom 27. 11. 1989, BGBl I 2014
24 Näher Lüderitz NJW 1990, 1633
25 Dazu schon oben Kap. 5 unter 1.3.4 (Rn 225). Zu den Reproduktionstechnologien ausführlich Bd. 2 Kap. 19 unter 1.3 (Rn 1694 ff.)
26 Einzelheiten bei Deutsch NJW 1991, 721 ff.
27 S. statt aller Palandt-Heinrichs § 138 Rn 56
28 Dazu etwa Pater-Ramann, Organhandel. Ersatzteile aus der Dritten Welt, Göttingen 1991, sowie Kimbrell, Ersatzteillager Mensch. Die Vermarktung des Körpers, Frankfurt/Main–New York 1994, insbes. S. 37 ff.
29 Walz (a. a. O., Fn 4) S. 106 spricht insoweit zutreffend von «Entwidmung»
30 Dazu Götting, Persönlichkeitsrechte als Vermögensrechte, Tübingen 1995

2.3 Möglichkeit zu künftigem Erwerb als Attribut der Person?

Im Zusammenhang mit der Verbraucherverschuldung, insbes. bei der Übernahme von Bürgschaften durch Familienangehörige ist verschiedentlich eine Konstellation eingetreten, die man als **modernen Schuldturm** bezeichnen kann: Die Verbindlichkeiten wurden so hoch, daß bei realistischer Betrachtung der Einkommenssituation des Betroffenen keine Chance mehr bestand, jemals wieder mehr als das unpfändbare Existenzminimum haben zu können.[31] 478

In einem vom BVerfG entschiedenen Fall[32] hatten sich die Tochter und ihr Verlobter für ein Baudarlehen des Vaters in Höhe von DM 260000 (zuzüglich Zinsen, Provisionen und Kosten) verbürgt. Da der Vater in Zahlungsschwierigkeiten kam, weil die in Aussicht genommene öffentliche Förderung unterblieb, beliefen sich seine Schulden nach einigen Jahren auf 400000 DM. Das Eigentum wurde versteigert, der «Restbetrag» der Schuld betrug DM 231551. Die Bank verklagte die beiden Bürgen, deren pfändbares Einkommen nicht einmal für die Bezahlung der Zinsen ausreichte.

In § 310 hat das BGB einen Ausschnitt aus dieser Problematik ausdrücklich geregelt: Ein Vertrag, durch den sich der eine Teil **verpflichtet, sein künftiges Vermögen** oder einen Bruchteil davon einem anderen **zu übertragen**, ist nichtig. In dieser Form kann man sich deshalb nicht um die eigene «Erwerbsfähigkeit» bringen. Das OLG Stuttgart hat den Versuch unternommen, diese Vorschrift bei einer Langzeitverschuldung entsprechend anzuwenden, bei der der Betroffene gleichfalls keine Chance mehr hat, jemals mehr als das Existenzminimum zu besitzen.[33] 479

In eingehenden und lesenswerten Ausführungen wurde die These entwickelt, zu den unveräußerlichen Menschenrechten gehöre auch ein **«Recht auf Hoffnung»** und – in Anlehnung an die Präambel der Unabhängigkeitserklärung der USA – ein Recht auf «Streben nach dem Glück» («pursuit of happiness»). Der BGH hat sich davon jedoch nicht überzeugen lassen[34] und den Standpunkt vertreten, **§ 310 sei nicht analog anzuwenden**, weil anders als in dem dort geregelten

---

31 Zur Unpfändbarkeit s. im einzelnen die §§ 811 ff. (Sachen) und 850a ff. ZPO (Lohnforderungen)

32 NJW 1994, 2749

33 OLG Stuttgart NJW 1988, 833

34 BGH NJW 1989, 1276 und NJW 1990, 1035

Fall die künftige wirtschaftliche Situation eines Schuldners nicht prognostizierbar sei. Zu der menschenrechtlichen Argumentation hat er nicht Stellung genommen.

480 Die neuere, insbes. von der Rechtsprechung des BVerfG geprägte Entwicklung[35] ist einen anderen Weg gegangen und verlangt eine **verschärfte Inhaltskontrolle** derartiger Verträge.[36] Die Frage einer Verletzung des Grundrechts auf freie Entfaltung der Persönlichkeit nach Art. 2 Abs. 1 GG blieb ausdrücklich dahinstehen.[37]

2.4 Absicherung des Existenzminimums?

481 Auf den **verstärkten Schutz des «Kleineigentums»**, das unmittelbar der Existenz des Einzelnen dient, wurde bereits hingewiesen.[38] Verfügungsverbote existieren allerdings insoweit nicht.

Rechtlich ist man daher befugt, auch sein letztes Hemd zu verkaufen, Gläubiger könnten es allerdings nicht wegpfänden.

Für **Ansprüche auf Sozialleistungen** gegen die öffentliche Hand trifft § 53 SGB I eine abweichende Regelung. Sind sie auf Dienst- und Sachleistungen (z. B. auf Krankenhausbehandlung) gerichtet, können sie weder übertragen noch verpfändet werden. Auch Geldansprüche können nur unter sehr engen Voraussetzungen abgetreten werden.[39]

---

35 BVerfG NJW 1994, 37 und – bestätigend – NJW 1994, 2749

36 Dazu unten Kap. 8 unter 1.3.2 (Rn 511)

37 BVerfG NJW 1994, 37, 39 re. Sp.

38 S. oben Kap. 6 unter 7 (Rn 445)

39 Walz (a. a. O., oben Fn 4) S. 111 verweist außerdem auf die Unübertragbarkeit von Altenteilsrechten nach § 14 Abs. 2 HöfeO

3 Gemeinschaftsgüter

3.1 Begriff

Unser gesellschaftliches Leben setzt – genau wie die Marktwirtschaft – voraus, daß bestimmte «Kollektivgüter» vorhanden sind, die jeder nutzen kann oder die zum gemeinschaftlichen Erbe der Nation gehören. 482

Das Letztere klingt ein bißchen pathetisch, doch können z. B. Baudenkmäler eine wichtige Funktion für die Identität einer Stadt oder eines Landes haben.

Im einzelnen zählen zu den Gemeinschaftsgütern **die Luft, das Wasser und die Verkehrswege sowie Einrichtungen der Infrastruktur** (z. B. Energieversorgung). Auch die gesunde **Natur** und eine unzersiedelte Landschaft sind seit einer Reihe von Jahren als Eigenwert mit Gemeinschaftscharakter anerkannt. Weiter muß man hierher in gewissem Umfang auch **das in einer Gesellschaft vorhandene Wissen** rechnen – dieses darf nicht beliebig zum Marktobjekt gemacht werden, weil sonst die Gefahr besteht, daß es kaufkräftige Marktteilnehmer für sich monopolisieren oder daß sie jedenfalls einen uneinholbaren Vorsprung gewinnen.

3.2 Rechtliche Behandlung

3.2.1 Luft und fließendes Wasser

Keine rechtlichen Probleme wirft die Behandlung von Luft und fließendem Wasser auf; mangels konkreter Eingrenzbarkeit kann beides nicht Gegenstand des Privateigentums oder eigentumsähnlicher Rechte sein.[40] 483

40 Medicus AT, Rn 1175

3.2.2 Öffentliche Sachen

484 Ein zweiter, ungleich kontroverserer Teil wird als sog. öffentliche Sache qualifiziert. Verschiedene Erscheinungsformen sind denkbar.

– Ein Gebäude von historischem Wert, ein Waldstück, ein Flußlauf kann in **Privateigentum der öffentlichen Hand** stehen. Sie hätte die Möglichkeit, dieses zu veräußern, wird es aber mit Rücksicht auf die spezifische Zielsetzung des Gegenstands nicht tun.

485 – Häufiger ist der Fall, daß eine «öffentliche Sache» zwar im Privateigentum (der öffentlichen Hand oder eines Bürgers) steht, daß sie jedoch **durch «Widmung» einer bestimmten öffentlichen Zwecksetzung dienstbar** gemacht wird.[41] Sie geht dem Privateigentum in jeder Hinsicht vor, so daß dieses im Regelfall ohne wirtschaftliches Interesse und schon deshalb faktisch «verkehrsunfähig» ist. Wichtigster Anwendungsfall ist die Widmung von Straßen, Wegen und Plätzen zum öffentlichen Verkehr: Sie begründet einen sog. **Gemeingebrauch**, jede Person kann ohne Rücksicht auf Alter, Geschlecht, Nationalität usw. die Verkehrswege benutzen, soweit die geltenden Vorschriften des Straßen- und Straßenverkehrsrechts beachtet werden.[42]

Dies erscheint uns heute in der Bundesrepublik absolut selbstverständlich. Anders etwa in Südafrika, wo es in den Zeiten der Apartheid Nicht-Weißen verboten war, sich in Vierteln aufzuhalten, die Weißen vorbehalten waren.

486 – Öffentliche Sachen können auch durch den Gesetzgeber insgesamt dem Privateigentum entzogen und zum Gegenstand **«öffentlichen Eigentums»** gemacht werden. Entsprechendes findet sich im Wege- und Deichrecht des Bundeslandes Hamburg sowie im Wasserrecht des Bundeslandes Baden-Württemberg.[43] Am Fall des Hamburger Stadtsiegels wurde deutlich, daß ein solches öffentliches Eigentum auch aufgrund der geschichtlichen Entwicklung, d. h. ohne Akt des Gesetzgebers, bestehen kann.[44]

41 Dazu Axer, Die Widmung als Schlüsselbegriff des Rechts der öffentlichen Sachen, Berlin 1994

42 Zum Inhalt des Gemeingebrauchs s. Papier, Recht der öffentlichen Sachen, 2. Aufl., Berlin–New York 1984, S. 69 ff.

43 Dazu etwa Kromer, Sachenrecht des öffentlichen Rechts. Probleme und Grundlagen eines Allgemeinen Teils des öffentlichen Sachenrechts, Berlin 1985, S. 99 ff.

44 Hierzu und zum folgenden Wernecke AcP 195 (1995) 445 ff.

Das Stadtsiegel war bereits im Jahre 1306 in Hamburg zum Siegeln von Urkunden verwendet worden. 1810 war es außer Gebrauch gesetzt und in der Kämmerei unter Verschluß genommen worden. In der Folgezeit wurde es zu dem Zweck verwendet, die Echtheit der gesiegelten Urkunden zu überprüfen. Spätestens 1939 wurde es dem Staatsarchiv übergeben und während des Zweiten Weltkriegs in einen Salzstock ausgelagert. Gegen Kriegsende wurde es von Unbekannten entwendet. Eine Antiquitätenhändlerin kaufte das Siegel im Jahre 1986 auf der öffentlichen Versteigerung eines Kunsthauses zum Preis von 2107 DM. Nunmehr klagte die Freie und Hansestadt Hamburg gegen den jetzigen Besitzer auf Herausgabe, wobei sie sich zunächst auf ihr Privateigentum, nach Abweisung ihrer Klage durch den BGH auf ihr öffentliches Eigentum berief.

Nicht vollständig geklärt ist, ob «öffentliches Eigentum» **definitiv dem Verkehr entzogen** ist. In einer neueren Untersuchung wird dies mit überzeugender Begründung bejaht[45] – eine Frage, die beispielsweise bei der Veräußerung von Flugzeugen und Panzern der NVA eine Rolle spielte. 487

3.2.3 Umgang mit dem in der Gesellschaft vorhandenen Wissen

Der öffentliche Charakter des in der Gesellschaft vorhandenen Wissens wird auf verschiedenem Wege geschützt. Bedeutsam ist insbes. das in Art. 5 Abs. 1 Satz 1 garantierte Recht des Einzelnen, sich aus allgemein zugänglichen Quellen zu informieren.[46] Weiter sind die öffentlich-rechtlichen Rundfunkanstalten verpflichtet, eine **«Grundversorgung» des Bürgers mit Informationen** sicherzustellen[47] – man will ganz bewußt vermeiden, daß die Öffentlichkeit nur solche Informationen erhält, die als «verkäuflich» und «gut ankommend» qualifiziert werden. Ein weiteres Element ist die **freie Zugänglichkeit von Bibliotheken**, die auch auf Datenbanken zu erstrecken wäre. Wenig ausgeprägt ist, anders als in den USA und Schweden, allerdings die sog. Aktenöffentlichkeit; von umweltbezogenen Informationen abgesehen, hat der Einzelne nur wenige Möglichkeiten, in die bei der öffentlichen Hand vorhandenen Unterlagen Einblick zu nehmen.[48] Einen gewissen Ausgleich stellen die Möglichkeiten der wissenschaftlich Tätigen nach Art. 5 Abs. 3 GG dar. 488

45 Wernecke, a. a. O., S. 448 ff.
46 Zum Anwendungsfall der Parabolantenne s. oben Kap. 2 unter 3.1.1 (Rn 62)
47 BVerfGE 73, 118, bestätigt u. a. in BVerfGE 90, 60, 90
48 Dazu Däubler, in: Däubler-Klebe-Wedde Einl. Rn 136 ff., 149 ff.

3.2.4 Schutz gegen Beeinträchtigungen

489 Die Gemeinschaftsgüter Luft, Wasser, Boden, Pflanzen- und Tierwelt sind gegen Beschädigungen nur insoweit geschützt, als zugleich auch ein konkretes Recht eines konkreten Menschen verletzt ist und diesem ein Schaden entsteht.[49] Hier rächt sich, daß wir zwar sehr viel über zivilrechtliche Rechtsbeziehungen und subjektive Rechte nachgedacht, jedoch **kein «Statut» für Gemeinschaftsgüter** entwickelt haben. Wie man dem Handlungsbedarf Rechnung tragen könnte, soll im Zusammenhang mit dem Ersatz für ökologische Schäden im Rahmen des Deliktrechts erörtert werden.[50]

4 Der Ausschluß gefährlicher Sachen vom Markt

490 Bestimmte Sachen könnten wegen ihrer Gefährlichkeit den Käufer, Dritte oder die Allgemeinheit schädigen; sie werden deshalb von vornherein zu nicht vermarktungsfähigen Objekten erklärt. Die Beispiele sind zahlreich.[51]

491 **Arzneimittel**, die nicht geprüft und zugelassen sind, dürfen nach § 21 Abs. 1 Arzneimittelgesetz nicht in den Verkehr gebracht werden. Generell verboten ist der Handel mit **Kriegswaffen**[52] sowie mit **Drogen**[53]. Eine interessante Regelung enthält Art. 86 des EAG-Vertrages[54], wonach **spaltbare Stoffe**, die in das Gebiet der Gemeinschaft

49 Dazu Kadner, Der Ersatz ökologischer Schäden. Ansprüche von Umweltverbänden, Berlin 1995, S. 71

50 Dazu Bd. 2 Kap. 16 unter 6 (Rn 1497 ff.)

51 S. Walz (a. a. O., Fn 4) S. 108 f.

52 § 2 Kriegswaffenkontrollgesetz v. 20. 4. 1961 macht die Überlassung und den Erwerb der «tatsächlichen Gewalt» über Kriegswaffen genehmigungspflichtig. Dazu eingehend Epping, Grundgesetz und Kriegswaffenkontrolle, Berlin 1993, sowie Pottmeyer, Kriegswaffenkontrollgesetz, Kommentar, 2. Aufl., Köln u. a. 1994. Bei anderen Waffen ist nach § 28 des Waffengesetzes eine Waffenbesitzkarte notwendig. Dazu Apel, Waffenrecht, Kommentar mit Vorschriftensammlung, 2. Aufl., Köln u. a 1977

53 Betäubungsmittelgesetz idF der Bekanntmachung v. 1. 3. 1994, BGBl I 358, § 3. Dazu Körner, Betäubungsmittelgesetz, Arzneimittelgesetz. Kommentar, 4. Aufl., München 1994

54 Vertrag zur Gründung der Europäischen Atomgemeinschaft (auch: Euratom-Vertrag

verbracht werden, automatisch in deren Eigentum fallen. Wörtlich heißt es dort:

«Das Eigentumsrecht der Gemeinschaft umfaßt alle besonderen spaltbaren Stoffe, die von einem Mitgliedstaat, einer Person oder einem Unternehmen erzeugt oder eingeführt werden und der in Kap. VII vorgesehenen Sicherheitsüberwachung unterliegen.»

Art. 87 EAG-Vertrag relativiert dieses **«supranationale Gemeineigentum»** dann jedoch entscheidend dadurch, daß Mitgliedstaaten, Personen oder Unternehmen, die ordnungsgemäß in den Besitz der besonderen spaltbaren Stoffe gelangt sind, ein unbeschränktes Nutzungs- und Verbrauchsrecht haben, soweit nicht Vorschriften des EAG-Vertrages entgegenstehen.

In jüngster Zeit hat die Frage Interesse gefunden, inwieweit die 492
Umweltschädlichkeit bestimmter Produkte zu ihrem Ausschluß aus dem Rechtsverkehr führen kann.[55] Gibt es eine **«ökologische Sittenwidrigkeit»**, die den Vertrieb bestimmter Produkte praktisch unmöglich machen würde?[56] Angesichts der neuen Bestimmung des Art. 20a GG[57] ist es legitim, auch einen Beitrag des Vertragsrechts zu mehr Umweltschutz zu verlangen und deshalb z. B. FCKW-haltige Produkte von den Märkten zu verbannen.[58]

5 Sicherung demokratischer Institutionen

Kein «Handelsobjekt» darf **politisches Verhalten** sein. Dies gilt 493
einmal für den Wähler, der sich nach § 108b StGB strafbar macht, wenn er für eine bestimmte Ausübung seines Stimmrechts Geschenke oder andere Vorteile fordert oder annimmt. § 108e StGB sieht Entsprechendes für Abgeordnete in bezug auf ihre Beteiligung an Wahlen

---

genannt) v. 25. 3. 1957 (BGBl II 1014), abgedruckt auch bei Däubler-Kittner-Lörcher unter Nr. 402

55 Esser-Schmidt § 2 V; Hart-Köck ZRP 1991, 66; Palandt-Heinrichs § 138 Rn 45

56 Dazu K. Meier, S. 97ff.

57 Dazu Uhle JuS 1996, 96

58 Dafür Hart-Köck ZRP 1991, 67

und Abstimmungen vor. Amtshandlungen der Verwaltung dürfen gleichfalls nicht «verkauft» werden; wer daran dennoch mitwirkt, macht sich der **Bestechung** nach §§ 331 ff. StGB schuldig. Auch das **«Erschleichen» von (begünstigenden) Amtshandlungen** durch Täuschung ist kein zulässiges Verhalten.

Beispiel[59]: A schreibt für B eine Dissertation, damit dieser sie einreichen und trotz schlechter mündlicher Leistung den Doktortitel (mit dem Prädikat: cum acho cra-choque) «erschlagen» kann.

Ein Bestechungsfall liegt allerdings dann nicht vor, wenn keine direkte Verknüpfung mit der erstrebten Amtshandlung erfolgt, sondern lediglich Rahmenbedingungen gesetzt werden, die den Ermessensspielraum des entscheidenden Beamten auf Null schrumpfen lassen. Dies gilt etwa dann, wenn im Rahmen von Verhandlungen über Industrieansiedlung erklärt wird, nur wenn eine bestimmte Straße gebaut werde, sei der Standort für die interessierte Firma akzeptabel.

6 Rechtsgeschäftlicher Ausschluß der Vermarktungsfähigkeit?

6.1 Der Grundsatz

494 Nur formal gehört in unseren Zusammenhang die Frage, ob und inwieweit es zulässig ist, subjektiven Privatrechten die an sich gegebene Veräußerlichkeit durch Vereinbarung zu nehmen. § 137 Satz 1 BGB bestimmt, daß «die Befugnis zur Verfügung über ein veräußerliches Recht nicht durch Rechtsgeschäft ausgeschlossen oder beschränkt werden» kann. Dies bedeutet, daß z. B. der Eigentümer einer Sache diese im Prinzip ohne Rücksicht auf getroffene Abmachungen **jederzeit veräußern** oder in anderer Weise über sie verfügen kann.[60] Dies gilt auch – soweit das Gesetz keine ausdrückliche Ausnahme gemacht hat – für andere subjektive Rechte.

59 Nach OLG Köln NJW-RR 1994, 1540
60 Zum Verfügungsbegriff s. unten Kap. 14 unter 2.2.1 (Rn 1091 ff.)

Beispiel:[61] A tritt seine gegen X bestehende Forderung an den B ab und vereinbart mit diesem, er dürfe sie nur für den Fall geltend machen, daß er, A, in Konkurs falle. BGH: unzulässig.

6.2 Ausschluß der Treuhand und Hilfskonstruktionen

Diese zwingende Verknüpfung von Rechtsinhaberschaft und Verfügungsbefugnis hat zur Folge, daß es in unserem Recht **kein treuhänderisch gebundenes Eigentum** in dem Sinne gibt, daß der Eigentümer nur aus bestimmten Anlässen oder zu bestimmten Zwekken darüber verfügen könnte.[62] Wir kennen nur den «Volleigentümer». Dennoch besteht ein Bedürfnis nach der Einschaltung von Treuhändern – sei es, daß der Rechtsinhaber seine Befugnisse nicht ausüben kann, sei es, daß er es nicht will, weil er sich von der Sachkunde und der Erfahrung des Treuhänders mehr verspricht. Die Praxis behilft sich deshalb mit zwei grundsätzlich zulässigen Abmachungen: 495

Zum einen kann man den **«Treuhänder» verpflichten**, nur unter genau umschriebenen Voraussetzungen von seinen Eigentümerrechten Gebrauch zu machen. Würde er sich daran nicht halten, müßte er Schadensersatz bezahlen; außerdem könnte für einen solchen Fall eine saftige Vertragsstrafe vereinbart werden. § 137 S. 2 BGB läßt eine solche schuldrechtliche Bindung ausdrücklich zu. 496

Zum zweiten kann man eine **aufschiebend bedingte Rückübereignung** für den Fall vorsehen, daß sich der Treuhänder nicht wie vorgesehen verhält. 497

Der Treuhänder hat zugesagt, keine ausländischen Konten mit Geld aus dem Treuhandvermögen anzulegen; andernfalls soll das gesamte Vermögen automatisch an den Treugeber zurückfallen. Verletzt er nun diese Abmachung, ist die Treuhand gegenstandslos geworden.

---

61 BGH NJW 1993, 1640

62 Anders im Recht der USA. S. bereits Coing, Die Treuhand kraft privaten Rechtsgeschäfts, München 1973. Zu ersten Ansätzen bei der Sicherungsübereignung s. Bd. 2 Kap. 3 unter 4.1 (Rn 537ff.). Einen konkreten Treuhandfall diskutiert Wank JuS 1979, 402

Hat er allerdings eine Sache an einen anderen veräußert, der von dieser «Rückfallbedingung» nicht wußte, erwirbt dieser volles Eigentum nach § 161 Abs. 3 BGB.[63]

6.3 Sonderbestimmungen

498 **§ 137 BGB** regelt seinem Wortlaut nach an sich nur die **Beschränkung und den Ausschluß der Verfügungsbefugnis**, sagt aber nichts darüber aus, ob ein Recht nicht durch Vereinbarung zu einem unveräußerlichen gemacht und damit dem Geschäftsverkehr entzogen werden kann.

499 Für **absolute Rechte** ist dies aus allgemeinen Grundsätzen ausgeschlossen, weil jedenfalls beim Eigentum ein geeigneter Vertragspartner fehlt, mit dessen Hilfe man die Zuordnung der Sache gegenüber jedermann verändern könnte. Außerdem wäre es sonst ein leichtes, zu dem mittlerweile überwundenen Fideikommissen zurückzukehren und so ein Stück feudaler Wirtschaftsverfassung neu zu errichten.[64]

500 Für Forderungen als dem wichtigsten Fall **relativer Rechte** läßt § 399 Satz 2 BGB im Gegensatz dazu ausdrücklich den Ausschluß der Abtretung zu. Hier ist ein geeigneter Vertragspartner vorhanden: Gläubiger und Schuldner entscheiden selbst, in welchem Umfang sie sich binden wollen. Nach § 851 Abs. 2 ZPO wirkt die getroffene Vereinbarung allerdings nicht gegenüber den Gläubigern; andernfalls könnte man alle seine Bankkonten (die der Sache nach nichts anderes als Forderungen gegenüber der Bank sind) den Gläubigern gegenüber «sperren».

501 **Mitgliedschaftsrechte** sind z. T. schon von Gesetzes wegen unveräußerlich;[65] für Anteil an einer GmbH, nicht aber für Aktien kann Entsprechendes vereinbart werden.[66]

---

63 Dazu Timm JZ 1989, 20ff. Zum gutgläubigen Erwerb nach § 161 Abs. 3 und nach anderen Vorschriften muß – leider – wieder auf spätere Abschnitte (hier: unten Kap. 14 unter 4.6.1.2 [Rn 1249ff.] und 5.1 [Rn 1292ff.]) verwiesen werden

64 Däubler NJW 1968, 1120ff. Zu den Fideikommissen als Überbleibsel feudaler Strukturen s. oben Kap. 4 unter 4 (Rn 178). Andere leiten diese Schlußfolgerung direkt aus § 137 ab – s. E. Wagner AcP 194 (1994), 451 ff.

65 Zu der dahinterstehenden ökonomischen Rationalität s. Walz (a. a. O., oben Fn 4), S. 109

66 Näher Däubler NJW 1968, 1122; dort auch zur Frage einer unveräußerlichen Grundschuld

KAPITEL 8: Grundelemente des Handelns auf dem Markt

1 Die Privatautonomie

1.1 Die Selbstbestimmung des einzelnen als Basis

Jedermann hat das Recht, mit anderen Verträge beliebigen Inhalts abzuschließen. Die Verfasser des BGB hielten diesen Grundsatz für so selbstverständlich, daß sie ihn nicht ausdrücklich in den Gesetzestext aufnahmen; die Vorschrift des § 305 BGB, wonach Schuldverhältnisse grundsätzlich durch Vertrag begründet werden, setzt vielmehr die Existenz der **Vertragsfreiheit** voraus.[1] 502

Nach allgemeiner Auffassung ist die Vertragsfreiheit **der wichtigste Anwendungsfall der «Privatautonomie»**. Diese wird vom BVerfG als «Selbstbestimmung des einzelnen im Rechtsleben» umschrieben.[2] In der Literatur ist – sachlich übereinstimmend – vom «Prinzip der Selbstgestaltung der Rechtsverhältnisse durch den einzelnen nach seinem Willen» die Rede.[3] Neben der Vertragsfreiheit gehört zu ihr die Befugnis des einzelnen, die ihm zustehenden subjektiven Rechte ausüben zu können[4], sowie schließlich die sog. Testierfreiheit, d. h. das Recht zu bestimmen, was mit dem Vermögen nach dem eigenen Tod geschehen soll. Eine Skizze vermag dies zu verdeutlichen. 503

1 Mot.I, 127ff.; II, 1ff.
2 BVerfGE 89, 214, 231
3 Flume, AT, Bd. 2, § 1, 1; ihm zustimmend Medicus, AT, Rn 174
4 Zu ihnen oben Kap. 6 unter 2–5 (Rn 363 ff.)

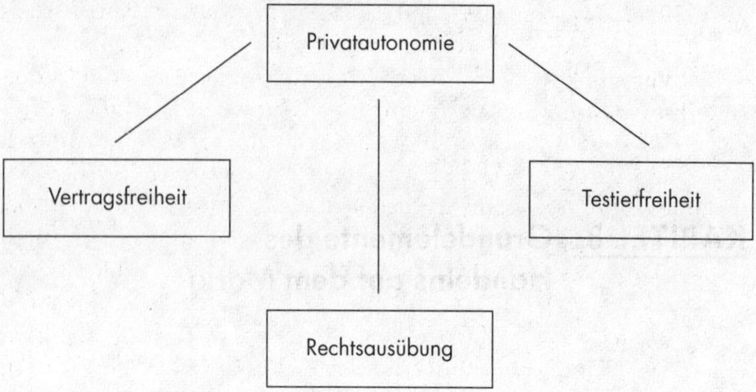

1.2 Formale oder reale Selbstbestimmung?

504 Die Gleichsetzung der Selbstbestimmung und (reiner) Willensfreiheit entspricht dem herkömmlichen **Freiheitsverständnis des BGB**.[5] Nicht auf die tatsächliche Fähigkeit zur Selbstgestaltung der Lebensverhältnisse kommt es an, sondern auf das psychologische Phänomen des «Willens», der Rechtsfolgen erstrebt und erzeugt. Wie er zustande kommt, welche Kräfte auf ihn einwirken und ihm entgegenstehen, war für die Schöpfer des BGB prinzipiell gleichgültig. Nur in «pathologischen» Ausnahmefällen tritt die erstrebte Rechtsfolge nicht ein – so bei Minderjährigkeit, bei geistiger Störung und bei den sog. Willensmängeln Irrtum, Täuschung und Drohung. Alle anderen Einflüsse, seien sie «normaler» oder «regelwidriger» Natur, sind rechtlich irrelevant und vermögen die Autonomie des Individuums scheinbar nicht zu beeinträchtigen. Auch wer nur soviel Geld hat, daß er gerade das Allernötigste kaufen kann, ist genauso «frei» wie ein Großverdiener, der sich jeden beliebigen Luxus leisten und sich bei seinen Vertragspartnern günstige Konditionen ausbedingen kann. Diese **«formale**

5 Dazu oben Kap. 4 unter 4 (Rn 176ff.)

Freiheitsethik» (ein sehr freundlich klingender Begriff) hatte – bezogen auf den Markt – insbesondere zwei wichtige Konsequenzen:

– Der **Vertrag** konnte als **Mittel** verwendet werden, **um die Märkte selbst im Interesse der mächtigsten Unternehmen zu regulieren**: Man konnte Preise und Vertragsbedingungen absprechen, sich aber auch darüber verständigen, welche Gesamtmenge einer bestimmten Ware hergestellt werden sollte und welche «Quote» dabei dem einzelnen Unternehmen zukam. «Kartelle» dieser Art waren verbreitete Praxis und wurden vom Reichsgericht ausdrücklich gebilligt.[6] 505

– Die Entstehung der Marktmacht, die sich durch Kartellbildung, in manchen Bereichen auch durch Niederkonkurrieren der schwächeren Wettbewerber vollzog, schuf die Möglichkeit, der «Marktgegenseite» insbesondere den (unorganisierten) Verbrauchern die Bedingungen zu diktieren. **Unter dem Deckmantel des «freien Vertrages»** wurde **Fremdbestimmung** praktiziert, die Privatautonomie des Nichtbesitzenden reduzierte sich darauf, zu den von anderen fixierten Bedingungen «ja» sagen zu können oder auf den entsprechenden Gegenstand überhaupt zu verzichten.[7] 506

Bisweilen trifft man auch heute noch auf solche Erscheinungen. Erhöhen etwa die Mineralölfirmen einheitlich die Preise, so bleibt dem Konsumenten nur die Möglichkeit, sich zu fügen oder auf das Autofahren zu verzichten.

1.3 Korrekturen

1.3.1 Der traditionelle Ansatz

Die Kritik an der Privatautonomie, insbesondere an der Vertragsfreiheit als ihrer wichtigsten Ausprägung darf nicht dazu führen, sie insgesamt über Bord werfen zu wollen, da es derzeit keine Alternative zu ihr gibt. Nur ein auf Privatautonomie aufbauendes System frei ausgehandelter Verträge stellt wenigstens in gewissem Umfang sicher, daß die Präferenzen des einzelnen zur Geltung kommen. Gesetzgebung und insbesondere Rechtsprechung haben deshalb den Versuch unter- 507

6 Grundlegend RGZ 38, 155 – Sächsisches Holzstoffkartell

7 Vgl. Biedenkopf, FS Coing, München 1982, S. 24: Wirtschaftlich Starken standen zu jener Zeit, d. h. um 1900, nicht wirtschaftlich Schwache, sondern wirtschaftlich und in vielen Fällen auch rechtlich praktisch Handlungsunfähige gegenüber

nommen, das Grundprinzip als solches nicht anzutasten, aber die formale durch eine **materiale Freiheitsethik** zu ersetzen, d. h. – modern gesprochen – nur «sozial verträgliche Formen der Ausübung von Privatautonomie» rechtlich anzuerkennen.[8] Dabei ergaben sich eine Reihe von Schwierigkeiten.

508 **Marktabsprachen** zu beschränken und teilweise für illegal zu erklären, stieß noch in der Weimarer Zeit auf unüberwindbare Hindernisse. Erst in der Zeit nach dem Zweiten Weltkrieg hat der Gesetzgeber für einen – wenn auch alles andere als perfekten – Schutz des Wettbewerbs gegen private Unterlaufungsstrategien gesorgt.[9]

509 Klarer war die Linie beim **Schutz des Verbrauchers**. Auch hier kam der Fortschritt allerdings eher in Filzpantoffeln daher. Das Abzahlungsgesetz von 1894[10] war ein erster Schritt. Später machten sich die wissenschaftliche Diskussion wie auch die Rechtsprechung insbesondere am Phänomen der Allgemeinen Geschäftsbedingungen fest.[11]

Dabei erfuhren unbillige Klauseln wie etwa die Abmachung, auch bei fabrikneuen Waren keine Ansprüche wegen Mängeln geltend machen zu können, sehr viel mehr Kritik als überhöhte Preise für Wohnungen und Gebrauchsgüter.

510 Bis heute wird die «Hauptbedingung» eines Vertrages, d. h. das **Verhältnis von Leistung und Gegenleistung, nur** auf eine sehr **zurückhaltende Weise** kontrolliert, wobei man im Bereich der Verbraucherverschuldung am (relativ) weitesten fortgeschritten ist.[12]

1.3.2 Verfassungsrechtliche Vorgaben

511 Das **Bundesverfassungsgericht** hat in seiner jüngsten Rechtsprechung **allgemeine Grenzen der Privatautonomie** entwickelt, die im Selbstbestimmungsrecht des schwächeren Vertragspartners liegen.[13] Da es sich bei den Beteiligten um gleichrangige Grundrechtsträger handle, dürfe «nicht nur das Recht des Stärkeren gelten». Vielmehr

8 Vgl. Wieacker, Industriegesellschaft und Privatrechtsordnung, S. 24
9 Zur Kritik am GWB in der Ende der 60er Jahre bestehenden Fassung s. Däubler, Grundrecht auf Mitbestimmung, S. 302ff.; Wiethölter, Rechtswissenschaft, S. 252ff.
10 RGBl S. 450
11 Grundlegend L. Raiser, Das Recht der Allgemeinen Geschäftsbedingungen, Berlin 1935
12 Dazu das Verbraucherkreditgesetz vom 17. Dezember 1990, BGBl I, 2840 und unten Kap. 15 unter 3.2.2.2 (Rn 1357ff.). Zur Ausklammerung der Äquivalenz der Hauptleistungen s. Fastrich S. 258ff.
13 BVerfGE 89, 214, 232ff.

seien die kollidierenden Grundrechtspositionen so zu begrenzen, daß sie für alle Beteiligten möglichst weitgehend wirksam werden. Kann ein Teil aufgrund seines Übergewichts den Vertragsinhalt faktisch einseitig bestimmen, so bewirke dies **für den anderen Teil Fremdbestimmung**.

Im Interesse der Rechtssicherheit könne jedoch nicht jeder als ungerecht empfundene Vertrag korrigiert werden. Vielmehr sei es Aufgabe der Gesetzgebung wie des an ihrer Stelle handelnden Richters, für typische Fälle Schutznormen zu entwickeln. Wörtlich heißt es dazu[14]: 512

«Handelt es sich um eine typisierbare Fallgestaltung, die eine strukturelle Unterlegenheit des einen Vertragsteils erkennen läßt, und sind die Folgen des Vertrages für den unterlegenen Vertragsteil ungewöhnlich belastend, so muß die Zivilrechtsordnung darauf reagieren und Korrekturen ermöglichen. Das folgt aus der grundrechtlichen Gewährleistung der Privatautonomie (Art. 2 Abs. 1 GG) und dem Sozialstaatsprinzip (Art. 20 Abs. 1, Art. 28 Abs. 1 GG).»

Die fachlich zuständigen Gerichte (nicht das BVerfG selbst) entscheiden darüber, wann ein solcher Fall vorliegt, wann also **«strukturelle Unterlegenheit»** vorliegt und **«ungewöhnlich belastende Bedingungen für den unterlegenen Vertragsteil»** vorhanden sind. Soweit sie das Problem gestörter Vertragsparität nicht erkennen oder seine Lösung mit untauglichen Mitteln versuchen, kann allerdings von Verfassungs wegen eine Korrektur erfolgen.[15] Ein solcher Fall lag etwa vor, als ein Familienangehöriger unter Ausnutzung der familiären Verbundenheit zur **Übernahme einer Bürgschaft** veranlaßt wurde, bei der absehbar war, daß der Betroffene bis an sein Lebensende nicht in der Lage sein würde, sich aus eigener Kraft von der übernommenen Schuldenlast zu befreien.[16] Den Erlaß zwingender staatlicher Schutznormen verlangte das BVerfG weiter für den Fall, daß Arbeitgeber und Arbeitnehmer «privatautonom» eine **Arbeit zur Nachtzeit** vereinbaren; das Grundrecht auf Gesundheit nach Art. 2 Abs. 2 GG würde hier zumindest in manchen Fällen (wie z. B. bei Eltern mit kleinen Kindern) gesetzliche oder richterrechtliche Schutzvorschriften verlangen.[17] Einzelheiten sind im Zusammenhang 513

14 BVerfGE 89, 214, 232
15 BVerfG NJW 1994, 2750
16 BVerfG NJW 1994, 2750. Dazu Gernhuber JZ 1995, 1086ff.
17 BVerfGE 85, 191, 217: «Das dem Vertragsrecht zugrundeliegende Prinzip der Privatautonomie kann hinreichenden Schutz nur gewährleisten, soweit die Bedingungen

mit dem Abschluß von Verträgen[18] und ihrer inhaltlichen Ausgestaltung[19] zu besprechen.

1.3.3 Differenzierung nach Ausübungsformen der Privatautonomie

514 Das «freie Schalten und Walten» des einzelnen muß sich ersichtlich die meisten Korrekturen gefallen lassen, wenn die Beeinträchtigung des Selbstbestimmungsrechts anderer – wie im Vertragsrecht – unmittelbar zutage tritt. Bei der «bloßen» Ausübung subjektiver Rechte sind die Schranken bereits weniger ausgeprägt[20], während die Testierfreiheit als dritte Ausprägung der Privatautonomie den geringsten Einschränkungen unterliegt.[21]

Verwendet ein Großunternehmer gegenüber seinen Lieferanten und seinen Kunden AGB, die ihn übermäßig bevorzugen, findet eine gerichtliche Korrektur statt. Entschließt er sich jedoch, in seinem Unternehmen bestimmte, u. U. äußerst nützliche Gegenstände nicht mehr zu produzieren, nimmt die Rechtsordnung dies grundsätzlich hin. Erst recht interessiert sich niemand dafür, wen er in seinem Testament zum Erben einsetzt.

1.3.4 Ohnmacht trotz «gerechter» Verträge?

515 Die Rede von Privatautonomie und Selbstbestimmung darf nicht darüber hinwegtäuschen, daß der einzelne gleichwohl den Zwängen des Marktes unterworfen bleibt. Dies gilt nicht nur für den Verbraucher, sondern auch für die Unternehmen selbst. Die Diskussion um die **Globalisierung der Märkte** macht dies hinreichend deutlich. Ein deutscher Produzent, der sich **der Konkurrenz ausländischer Anbieter ausgesetzt sieht**, die mit geringeren Kosten produzieren, kann sich nicht einfach aus dieser Situation verabschieden. Er mag beträchtliche

freier Selbstbestimmung gegeben sind. Wo es an einem annähernden Kräftegleichgewicht der Beteiligten fehlt, ist mit den Mitteln des Vertragsrechts allein kein sachgerechter Ausgleich der Interessen zu gewährleisten. Das ist bei Abschluß von Arbeitsverträgen typischerweise der Fall. In einer solchen Lage sind die objektiven Grundentscheidungen der Verfassung im Grundrechtsabschnitt und im Sozialstaatsgebot durch gesetzliche Vorschriften, die sozialem und wirtschaftlichem Ungleichgewicht entgegenwirken, zu verwirklichen.»

18 Unten Kap. 12, insbes. unter 2.4 (Rn 829 ff.)

19 Unten Kap. 15 unter 3 bis 5 (Rn 1333 ff.)

20 Dazu oben Kap. 6 unter 8 und 9 (Rn 448 ff.)

21 Esser-Schmidt § 10 X (S. 155): Intensität der Fremdberührung

Spielräume bei der Gestaltung seiner Reaktion haben (bessere Qualität der Waren, höhere ökologische Verträglichkeit, rationellere Produktionsmethoden), in manchen Fällen können sie jedoch gegen null gehen. Auch der Unternehmer lebt «entfremdet», er gibt den vom Markt ausgehenden Druck an andere weiter.[22]

Und weiter: Auch der durch viele Gesetze geschützte **Verbraucher** 516 (und der wirtschaftlich sehr gut gestellte Verbraucher, der echte Verhandlungen führen kann) ist bei der Auswahl der zu kaufenden Gegenstände **auf das beschränkt, was produziert wird**: Verzichtet etwa die Automobilindustrie darauf, ein Drei-Liter-Auto herzustellen, obwohl dies technisch möglich wäre, steht seine Freiheit auf dem Papier. Dasselbe gilt dann, wenn die Lebensdauer von Gebrauchsgütern von den Herstellern bewußt beschränkt wird, um den Markt nicht «kaputt» zu machen[23] Insoweit hat die Rechtsordnung bislang nur sehr wenige Korrekturmechanismen entwickelt.

Zu nennen wäre etwa die (praktisch weithin bedeutungslose) Zwangslizenz nach § 15 Patentgesetz: Wer eine wichtige Erfindung patentieren läßt, sie aber nicht nutzt, kann im öffentlichen Interesse zur Vergabe einer Lizenz verpflichtet werden.[24]

Auch die Lehre schweigt sich zu diesem Punkt im wesentlichen aus.[25] An diesem Fall wird deutlich, daß die Kontrolle im Grunde zu kurz greift, weil sie den **«freien Eigentumsgebrauch» nicht erfaßt**. Dies nachhaltig zu thematisieren, würde allerdings bei vielen Entscheidungsträgern in unserer Gesellschaft Irritation hervorrufen, die vermutlich sofort mit dem Vorwurf reagieren würden, hier seien Systemveränderer am Werk. Dennoch sollte man sich nicht selbst Scheuklappen verpassen; auch unerfreuliche Wahrheiten müssen ausgesprochen werden, nur so ist eine Veränderung zum Besseren möglich.

22 Dazu Däubler, in: Greiffenhagen, Emanzipation, Hamburg 1973, S. 117ff.

23 Zum sog. geplanten Verschleiß Knieper JA 1977, 100ff.

24 Dies wird in der Praxis dadurch unterlaufen, daß bestimmte Erfindungen nicht angemeldet oder daß in bestimmter Richtung keine Forschungsaktivitäten entfaltet werden

25 S. aber Fn 22

1.3.5 Ein Stück realer Freiheit?

517 Selbstbestimmung herrscht unter diesen Umständen am ehesten dort, wo Massengüter den Verbraucherbedürfnissen weitgehend entsprechen und wo die Preise – etwa in Folge eines funktionierenden Wettbewerbs – so beschaffen sind, daß sich praktisch jedermann die entsprechenden Gegenstände kaufen kann.[26] Auch können aufgeklärte Verbraucher durch ihr Kaufverhalten, ggfs. mit Hilfe der **Öffentlichkeit**, Druck in der Richtung ausüben, daß die Industrie sozial nützliche und umweltfreundliche Gegenstände produziert und daß sie auf «geplanten Verschleiß» verzichtet. Außerdem sollte man nicht vergessen, daß das Leben nicht nur aus Vertragsabschlüssen besteht. Im rechtlich nicht durchstrukturierten Bereich sozialer Beziehungen kann durchaus ein Stück realer Freiheit existieren.[27]

2 Die rechtstechnische Umsetzung: Das Rechtsgeschäft

518 Privatautonomie ist nur dann in dem beschriebenen Rahmen funktionsfähig, wenn die **Rechtsordnung Instrumente bereitstellt**, mit deren Hilfe subjektive Rechte geschützt[28] und die Beziehungen zu anderen Menschen in rechtlich verbindlicher Weise gestaltet werden können. Letzteres geschieht mit Hilfe der sog. **Rechtsgeschäfte**. Gemeint ist damit ein rechtlich relevantes Handeln, durch das eine gewollte Rechtsfolge hervorgebracht wird.[29]

Um es in anderen Worten zu wiederholen: Um Güter auf dem Markt zu tauschen, braucht man verbindliche Regeln, die bestimmen, wie dies im einzelnen geschehen soll und wann eine Einigung verbindlichen Charakter besitzt. Andernfalls würde auf dem Markt Anarchie herrschen.

519 Zentrales Element, gewissermaßen **Grundbaustein des Rechtsgeschäfts** ist die sog. **Willenserklärung**, die auf die Herbeiführung eines

26 Zum gestiegenen Geld- und Anlagevermögen, das der Privatautonomie neue Vitalität verleiht, s. Biedenkopf, FS Coing, S. 26ff.
27 Dazu oben Kap. 2 unter 2.5 (Rn 50ff.)
28 Zu ihnen bereits oben Kap. 6 unter 2.6 (Rn 399ff.) und 3.3 (Rn 428ff.)
29 So die knappe Umschreibung bei Schwab, Einf., Rn 376

bestimmten, vom Erklärenden gewollten rechtlichen Erfolges gerichtet ist.[30] In einer Reihe von Fällen müssen zu einer Willenserklärung **noch weitere Elemente hinzutreten**, damit von einem wirksamen Rechtsgeschäft die Rede sein kann.

Dies gilt außerordentlich abstrakt und entspricht der Tendenz des BGB zum «vor die Klammer ziehen».

In Lehrveranstaltungen kommt ein wenig Irritation auf, wenn man dies einfach so als «Wahrheit» oder «Erkenntnis» vorträgt.

Die Dinge werden sehr viel nachvollziehbarer, wenn man nicht auf der obersten Abstraktionsebene bleibt, sondern statt dessen von konkreten Phänomenen ausgeht. Dabei sollen – weil auch dies zum traditionellen Lehrstoff gehört – die einzelnen Arten von Rechtsgeschäften dargestellt werden, die dann hinreichend deutlich machen, was der Begriff «Rechtsgeschäft» besagt.

2.1 Einseitige Rechtsgeschäfte

Ein Rechtsgeschäft kann im Einzelfall schon darin liegen, daß eine Per- 520
son eine bestimmte Willenserklärung abgibt. Der Vermieter spricht beispielsweise eine Kündigung aus, der Erblasser errichtet ein Testament. Hier tritt **der gewollte rechtliche Effekt** (Auflösung des Mietvertrags bzw. Einsetzung eines Erben) bereits **durch die reine Erklärung** als solche ein.

Ein weiterer Anwendungsfall ist die sog. **Auslobung nach § 657** 521
BGB. Jedermann, der dies wünscht, kann durch öffentliche Bekanntmachung eine Belohnung für die Vornahme einer Handlung aussetzen; wird diese dann vorgenommen, ist er aufgrund seiner einseitigen Zusage zur Leistung verpflichtet. Wichtigster Anwendungsfall ist das Preisausschreiben («Wer kann den Bundesligaspieler nennen, der am 9. 3. 1996 genau zum 250. Mal eingesetzt wurde?») oder die Aussetzung einer Belohnung für Hinweise auf bestimmte Straftäter.

Ausnahmsweise kann es notwendig sein, daß zur Herbeiführung 522
des eigentlich gewollten Erfolges die **Willenserklärung allein nicht ausreicht**. Ein Beispiel dieser Art haben wir bereits kennengelernt:[31] Das sog. Stiftungsgeschäft, durch das eine Stiftung zu einem bestimm-

30 So die Umschreibung bei Brox, AT, Rn 80
31 Oben Kap. 5 unter 4.1.2.1 (Rn 330ff.)

ten Zweck ins Leben gerufen wird, bedarf der staatlichen Genehmigung.

523 Wie eine Willenserklärung im einzelnen beschaffen ist, daß es empfangsbedürftige und nichtempfangsbedürftige Willenserklärungen gibt,

die ersten wirken nur, wenn sie, wie die Kündigung des Vermieters, einem anderen zugehen, die letzteren (wie das Testament) schon dann, wenn sie als solche irgendwo existieren,

wird im einzelnen im folgenden Kapitel behandelt.[32]

2.2 Verträge als zwei- und mehrseitige Rechtsgeschäfte

524 **Der wichtigste Anwendungsfall** des Rechtsgeschäfts ist der **Vertrag**. Er setzt zwei Willenserklärungen – ein Angebot und eine Annahme – voraus und ist von daher ein «zweiseitiges» Rechtsgeschäft (§§ 145 ff. – sie werden uns noch eingehend beschäftigen).

Auf dem Markt bietet mir die Blumenverkäuferin einen Strauß für 10 DM an, ich akzeptiere.

525 Normalerweise werden bei Verträgen **Leistung und Gegenleistung getauscht**; man bezahlt den Kaufpreis nur, weil man dafür den verkauften Gegenstand bekommt. Man spricht insoweit von **gegenseitigen Verträgen**.

526 Daneben existieren sog. **unvollkommen zweiseitige Verträge**, bei denen die Verpflichtungen beider Seiten nicht in einem Gegenseitigkeitsverhältnis stehen. Beispiel ist etwa der (unentgeltliche) Auftrag, der den Beauftragten zur Erfüllung der übernommenen Tätigkeit verpflichtet. Gegenansprüche des Beauftragten entstehen nach § 670 nur dann, wenn ihm Aufwendungen erwachsen sind.

527 Möglich ist schließlich, daß ein Vertrag **von vornherein nur eine Seite** verpflichtet; dies gilt etwa für das Schenkungsversprechen, das nach § 518 BGB nicht etwa eine einseitige «Zusage», sondern ein Vertrag ist.

528 Ein **«mehrseitiges» Rechtsgeschäft** liegt dann vor, wenn auf der einen oder anderen Seite des Vertrages mehrere Personen beteiligt sind.

32 Unten Kap. 9 (Rn 570 ff.)

Die Eigentumswohnung wird an ein Ehepaar vermietet. Oder komplizierter: Die Eigentumswohnung gehört drei Miteigentümern, die sie an eine aus vier Personen bestehende Wohngemeinschaft vermieten.

Nicht anders als bei den einseitigen Rechtsgeschäften gibt es auch bei den Verträgen Fälle, in denen **der gewünschte rechtliche Erfolg erst** eintritt, **wenn noch ein zusätzlicher Vorgang hinzutritt**. Wer beispielsweise ein Grundstück einem anderen übertragen will, muß darüber nicht nur einen Vertrag schließen; vielmehr setzt der (gewollte) Eigentumsübergang nach § 873 weiter voraus, daß eine Eintragung ins Grundbuch erfolgt. Bei landwirtschaftlichen Grundstücken ist außerdem noch eine staatliche Genehmigung erforderlich. 529

2.3 Gesamtakt, Beschluß und Organisationsvertrag

In der juristischen Literatur sind weitere Typen von Rechtsgeschäften herausgearbeitet worden, die gegenüber den bisher genannten weniger bedeutsam sind. 530

Von einem sog. **Gesamtakt** spricht man dann, wenn zwei Willenserklärungen sich anders als beim Vertrag nicht entsprechen, sondern wenn sie gewissermaßen gleichlaufend sind: Die mehreren Mieter einer Wohnung sprechen z. B. gleichzeitig und abgesprochen Kündigungen aus.[33]

Mit dem Gesamtakt ist der **Beschluß** verwandt, wie er beispielsweise in der Mitgliederversammlung eines e. V. zustande kommt. In Form der Abstimmung werden zwar auch hier «parallele» Erklärungen abgegeben, doch besteht in der Regel die Besonderheit, daß auch die unterlegene Minderheit gebunden ist.[34] Spezifische Probleme ergeben sich dabei im Zusammenhang mit fehlerhaften Abstimmungen; hier gelten nicht dieselben Grundsätze wie bei normalen Willenserklärungen.[35] 531

Von «**Organisationsverträgen**» spricht man schließlich, wenn ein Personenzusammenschluß im oben behandelten Sinne[36] erfolgt, also beispielsweise ein e. V. oder eine GmbH gegründet wird. In diesen 532

33 Brox, AT, Rn 99; Hübner, AT, Rn 619
34 Medicus, AT, Rn 205
35 Hübner, AT, Rn 620
36 Oben Kap. 5 unter 3 (Rn 246 ff.)

Fällen wird kein Austauschverhältnis geschaffen; vielmehr wird das Zusammenwirken aller Beteiligten zur Erreichung des gemeinsamen Zwecks festgelegt. Zu dieser inhaltlichen Besonderheit kommt ein erhöhter Bestandsschutz hinzu, der uns gleichfalls noch beschäftigen wird.[37]

2.4 Vermögens- und personenbezogene Rechtsgeschäfte

533 Die überwältigende Mehrheit aller Rechtsgeschäfte bezieht sich auf vermögenswerte Gegenstände. In Einzelfällen gibt es jedoch auch Verträge, die sich unmittelbar auf die Person beziehen. Dies gilt etwa für die **Eheschließung** oder für die Annahme als Pflegekind im Familienrecht, aber auch für eine Verpflichtung, eine bestimmte Behauptung nicht mehr aufzustellen.

534 Vermögens- und personenrechtliche Elemente liegen gleichermaßen vor, wenn ein Arbeitsvertrag oder ein Gesellschaftsvertrag abgeschlossen wird, der die persönliche Mitarbeit einzelner Gesellschafter vorsieht.[38]

535 Soweit nicht das Gesetz wie z. B. bei der Eheschließung Sonderregeln enthält, gelten die **allgemeinen Bestimmungen** über Willenserklärungen und Verträge **auch dann, wenn die Person im Vordergrund steht**.

2.5 Regelungstechnik des BGB

536 Das BGB enthält in seinem Allgemeinen Teil vorwiegend Bestimmungen über die **Willenserklärung** und das Zustandekommen von Verträgen. Aussagen zu Rechtsgeschäften im allgemeinen sind relativ selten. Man reguliert also den «**Grundbaustein**», da die gegebenenfalls notwendigen weiteren Elemente (Beispiel: staatliche Genehmigung bei der Stiftung, Eintragung ins Grundbuch beim Erwerb von Grundstücken) je nach Rechtsgeschäftstyp verschieden sind und deshalb nicht in den Allgemeinen Teil passen.

---

37 Unten Kap. 12 unter 3.5 (Rn 889)

38 Hübner, AT, Rn 623

Die folgende Skizze soll das Gesagte veranschaulichen. 537

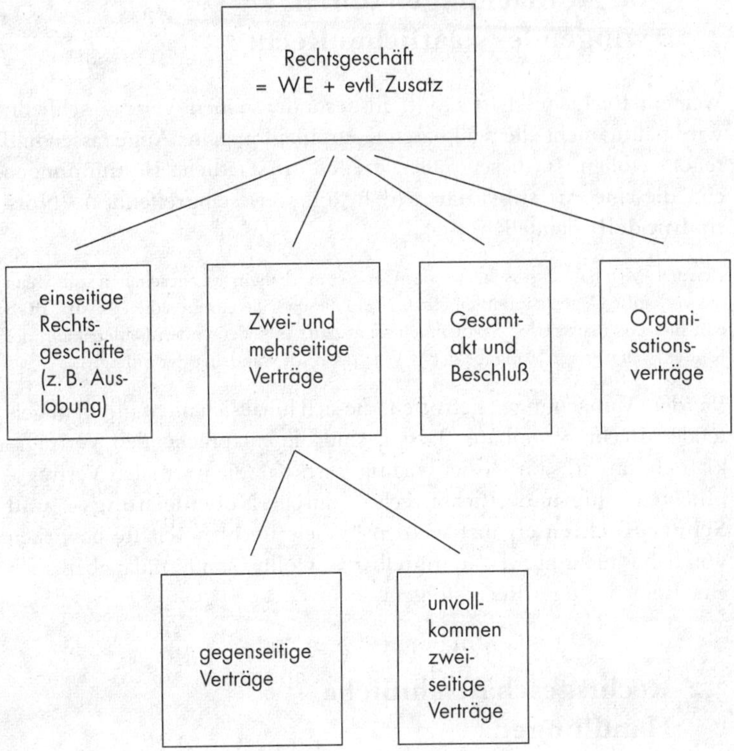

WE = Willenserklärung

3 Sonstiges rechtserhebliches Tun

Der Abschluß von Rechtsgeschäften, insbesondere von Verträgen, ist 538
nicht die einzige Form menschlichen Verhaltens, an die das Zivilrecht Rechtsfolgen knüpft. Diese treten vielmehr kraft Gesetzes auch in Fällen ein, in denen sie von den Beteiligten nicht ausdrücklich gewollt sind. Drei Fälle sind zu unterscheiden.

3.1 Ergänzung und Eingrenzung von Abmachungen durch zwingendes staatliches Recht

539 Wer ein Rechtsgeschäft tätigt, insbesondere einen Vertrag schließt, wird häufig nicht alle denkbaren Komplikationen ins Auge fassen und regeln wollen. In diesen Fällen greifen oft staatliche Bestimmungen ein, die eine Art **subsidiäres** (d. h. hilfsweise eingreifendes) **«Normalmodell»** darstellen.

Beispiel: Man hat vergessen, sich darüber zu unterhalten, was geschehen soll, wenn der verkaufte Gegenstand mangelhaft ist. In diesen Fällen greifen die §§ 459 ff. BGB ein; hat eine neuwertige Sache einen nicht ganz unbedeutenden Fehler, kann der Käufer nach näherer Maßgabe der §§ 462, 467 BGB wandeln oder mindern.

540 Werden Abmachungen getroffen, die sich inhaltlich nicht mit dem geltenden Recht vereinbaren lassen, sind die entsprechenden Vertragsklauseln unwirksam.[39] Viel wichtiger ist, daß die normalen Vertragspflichten aufgrund Richterrechts durch **Nebenleistungs- und Schutzpflichten** ergänzt werden.[40] Viele Rechtsgeschäfte bewirken von daher nicht nur das unmittelbar Gewollte, sondern daneben auch eine Reihe weiterer Rechtsfolgen.

3.2 Rechtsgeschäftsähnliche Handlungen

541 In einer Reihe von Fällen haben Erklärungen im Rahmen rechtlicher Beziehungen automatisch bestimmte Folgen, ohne daß ein dahin gerichteter Wille der betreffenden Person vorhanden sein muß. Wichtigstes Beispiel ist etwa die Mahnung; sie löst **kraft Gesetzes** die **Rechtsfolge** des **Verzugs** aus, sofern der zur Leistung Verpflichtete nicht sein fehlendes Verschulden nachweisen kann. Nach §§ 286 ff. bedeutet dies eine automatische Pflicht zur Zahlung von 4 % Verzugszinsen, eine Pflicht zur Zahlung von Schadensersatz und eine verschärfte Haftung. Gegenüber den eben behandelten Fällen besteht die Besonderheit, daß sich sämtliche Rechtsfolgen aus dem Gesetz ergeben.

39 Zum Problem der Teilnichtigkeit s. unten Kap. 15 unter 2.5 (Rn 1332), 3.3 (Rn 1385 ff.) und 4.6 (Rn 1415)

40 Medicus, AT, Rn 195. Dazu auch oben Kap. 6 unter 3.2 (Rn 422 ff.)

Ein weiteres Beispiel ist etwa die Mängelanzeige des Käufers beim Handelskauf: Nach § 377 HGB muß ein Kaufmann unverzüglich den Fehler einer angelieferten Sache rügen, wenn er seine normalen Ansprüche auf Wandlung und Minderung behalten will.

Die Rechtsprechung wendet auf diese «rechtsgeschäftsähnlichen» Handlungen **grundsätzlich** die **Regeln über Willenserklärungen** an.[41] «Grundsätzlich» bedeutet allerdings in herrschender Juristenterminologie, daß Ausnahmen von vornherein mitbedacht sind; so dürfte es etwa ohne Interesse sein, auf eine Handlung, die wie die Mahnung dem Handelnden nur Vorteile bringt, die Regeln der Anfechtung fehlerhafter Erklärungen anzuwenden.[42]

Im personenrechtlichen Bereich wird die Einwilligung eines Min- 543
derjährigen in eine Heilbehandlung hier eingeordnet; inwieweit hierbei Regeln über Rechtsgeschäfte entsprechend anzuwenden sind, wird an späterer Stelle erörtert.[43]

3.3 Realakte

Noch weiter von den Rechtsgeschäften sind die sog. Realakte, auch 544
«Tathandlungen» genannt, entfernt. Bei ihnen geht es um ein rein tatsächliches Verhalten, an das die Rechtsordnung bestimmte Folgen knüpft, ohne daß dieses irgendwelche äußeren Ähnlichkeiten mit einer Willenserklärung hätte. Dabei werden zwei Fälle unterschieden.

– Weniger bedeutsam sind die **rechtmäßigen Realakte**. Als Beispiel 545
wird etwa der Fall genannt, daß jemand auf einer fremden Leinwand ein Gemälde malt und dadurch nach § 950 Abs. 1 BGB Eigentum erwirbt.[44]

Leider noch seltener ist der Fall des Schatzfundes nach § 984 BGB: Wer den Schatz entdeckt, wird Miteigentümer zur Hälfte, die andere Hälfte steht dem Eigentümer der Sache zu, in der der Schatz verborgen war. Auf Alter, Geschäftsfähigkeit usw. des Entdeckers kommt es dabei nicht an.

– Wichtiger sind die sog. **unerlaubten Handlungen**; wer einen an- 546
deren bei einem Verkehrsunfall schädigt, hat gleichfalls einen «Real-

41 BGHZ 106, 163, 166; zu diesen s. insbes. Kap. 9 (Rn 570 ff.)
42 Medicus, AT, Rn 198
43 Bd. 2 Kap. 8 unter 6.3.2 (Rn 1094 ff.)
44 Er schuldet dann aber nach § 951 Wertersatz für die Leinwand

akt» begangen, an den die Rechtsordnung die Folge der Schadensersatzpflicht knüpft.[45]

4 Handeln im rechtsfreien Raum (insbesondere sog. Gefälligkeitsverhältnisse)

547 Den einzelnen steht es frei, ihre Beziehungen nicht dem Recht zu unterstellen, sondern sich ausschließlich im «sozialen Raum» zu bewegen. Dort gelten grundsätzlich keine Rechtsnormen, sondern nur «Üblichkeiten», deren Mißachtung lediglich soziale Sanktionen vom Kopfschütteln bis zum Abbruch der Beziehungen auslöst.[46]

4.1 Anwendungsfälle

548 Handeln im rechtsfreien Raum kommt in verschiedenen Zusammenhängen vor.

Der häufigste Fall ist sicherlich **der «normale» Umgang zwischen Freunden, Kollegen und Nachbarn**: Man lädt sich zum Abendessen ein, man bucht einvernehmlich dasselbe Hotel auf Teneriffa, man fährt einen Arbeitskollegen nach Hause, der gesundheitliche Probleme hat, oder man hilft einem Nachbarn beim Hausbau. Verwandt damit ist der Fall, daß man aus allgemeiner Menschenfreundlichkeit einen Anhalter mitnimmt. Durch Vorgänge dieser Art wird nach verbreitetem Sprachgebrauch ein sog. **Gefälligkeitsverhältnis** begründet.[47]

549 «Außerrechtliches» Verhalten findet sich jedoch auch in Bereichen, wo sich die Bezeichnung «Gefälligkeit» verbietet. Nach herrschender Auffassung wollen die Partner einer **nichtehelichen Lebensgemeinschaft** grundsätzlich nicht nur das Eherecht, sondern auch andere

45 Vgl. auch Brox, AT, Rn 92; Medicus, AT, Rn 196

46 Zu diesem Bereich der Regelung menschlichen Verhaltens s. oben Kap. 2 unter 2.2 (Rn 39 ff.)

47 Vg. Palandt-Heinrichs, Einl. vor § 241 Rn 9

Rechtsvorschriften nicht für ihr Zusammenleben gelten lassen.[48] Keine rechtliche Bindung soll deshalb nach der Rechtsprechung bestehen, wenn die Frau die Einnahme empfängnisverhütender Mittel verspricht.[49] Schließlich gibt es **im Wirtschaftsleben** nicht wenige Fälle, in denen Firmen ihr Verhalten bewußt unverbindlich absprechen oder sich nach bestimmten Usancen richten, denen unbestrittenermaßen **keine Rechtsverbindlichkeit** zukommt.

Ist eine Bank mit mindesten 25 % am Grundkapital einer anderen Bank beteiligt, so wird sie als «verpflichtet» angesehen, für die Verbindlichkeiten ihrer «Tochter» einzustehen. Würde sie sich nicht daran halten, könnte sie zwar von den Gläubigern nicht in Anspruch genommen werden, doch müßte sie damit rechnen, daß andere Banken mit ihr nur noch eingeschränkt kooperieren würden.

4.2 Rechtsfolgen

4.2.1 Keine Ansprüche, keine Rückabwicklung

Aus der Tatsache, daß sich die Beteiligten nicht im rechtlich geregelten Rahmen bewegen, folgt zwingend, daß durch die genannten Abmachungen **keine durchsetzbaren Ansprüche** begründet werden. Wird man trotz der Einladung zum Abendessen an der Haustüre abgewiesen oder fährt der andere nicht mit nach Teneriffa, so wird man «sauer» sein, einen «Erfüllungszwang» gibt es nicht. Man kann auch nicht etwa Ersatz für die vergeblich gekauften Blumen oder den «Nachteil» verlangen, daß man im Hotel mit wildfremden Leuten an einem Tisch sitzt.[50] 550

Ist andererseits die versprochene Leistung tatsächlich erbracht worden, kann der Leistende nicht etwa nachher mit dem Argument kommen, es fehle ein rechtlicher Grund.[51] Ein Anhalter hätte wenig Verständnis, würde der Fahrer von ihm nachträglich ein Entgelt wegen Inanspruchnahme einer Leistung ohne rechtlichen Grund (§ 812 Abs. 1 S. 1) verlangen. 551

48 Dazu Bd. 2 Kap. 21 unter 2.1 (Rn 1828 ff)

49 BGHZ 97, 372. Eine andere Frage ist, ob eine solche Abmachung nicht auch in der Ehe unverbindlich bleibt, weil sie höchstpersönliche Entscheidungen betrifft, die jederzeit revidierbar sein müssen.

50 Medicus, AT, Rn 185

51 Ebenso im Ergebnis Palandt-Heinrichs, Einl. vor § 241, Rn 10. Die Gefälligkeit ist allerdings kein «Rechtsgrund» für das Behalten-Dürfen; vielmehr ergibt sich dieses bereits daraus, daß man die Leistungserbringung von den Normen des Zivilrechts freigestellt hat

4.2.2 Integritätsschutz bei Gefälligkeitsverhältnissen

552 Weitergehende Probleme ergeben sich, wenn im Zusammenhang mit der «Gefälligkeit» **Rechtsgüter eines Beteiligten verletzt** werden: Der beim Besuch mitgebrachte Mantel wird gestohlen, der hilfsbereite Nachbar fällt von der Leiter, der mitgenommene Anhalter wird bei einem Verkehrsunfall verletzt.

553 Nimmt man die fehlende rechtliche Relevanz der Gefälligkeitsbeziehung beim Wort, so greifen die normalen Regeln des Deliktsrechts ein. Dies bedeutet insbesondere, daß auch der leicht fahrlässig Handelnde nach § 823 Abs. 1 auf vollen Schadensersatz haftet. Dies ist dann völlig unproblematisch, wenn der die Gefälligkeit in Anspruch Nehmende den «Gefälligen» schuldhaft schädigt.

Weil der Hausbauer nicht aufgepaßt hat, ist der Nachbar von der Leiter gefallen.

Schwieriger stellt sich die Situation dar, wenn der «Gefällige» leicht fahrlässig gehandelt hat: Soll man ihm seine Großzügigkeit dadurch entgelten, daß er wegen einer kleinen Unachtsamkeit nunmehr unter Umständen hohe Schadensersatzforderungen zu erfüllen hat?

554 Man hat versucht, dem dadurch Rechnung zu tragen, daß man insbesondere bei der Gefälligkeitsfahrt einen sog. **Haftungsverzichtsvertrag** zwischen dem Fahrer und dem Mitgenommenen konstruierte, der den Fahrer von der Haftung für leichte Fahrlässigkeit freistellen sollte. Mit Recht hat der BGH[52] dies nicht akzeptiert, da die Annahme eines solchen Vertrages **in aller Regel fiktiv** sei, also nicht dem wahren Willen der Beteiligten entspreche. In der Tat ist es nicht besonders einleuchtend, ohne deutliche Anhaltspunkte im konkreten Verhalten einen «Sprung» aus dem Bereich der Gefälligkeiten in den Bereich des rechtlich Verbindlichen anzunehmen.

555 Weiter hat man deshalb den Versuch unternommen, jene Haftungserleichterungen entsprechend anzuwenden, die das **BGB für einige unentgeltliche Verträge** vorsieht.[53] Auch dabei gerät man allerdings in Schwierigkeiten, da die Regeln sehr unterschiedlich sind.

§ 521 beschränkt die Haftung des Schenkers auf Vorsatz und grobe Fahrlässigkeit; dasselbe tut § 599 für den Verleiher. Bei unentgeltlicher

52 NJW 1966, 41

53 So insbes. Medicus, AT, Rn 188 ff. Zur beschränkten Haftung des Schenkers s. Bd. 2 Kap. 6 unter 2.4 (Rn 840 f.)

Verwahrung haftet der Verwahrer nach § 690 allerdings für diejenige Sorgfalt, die er in eigenen Angelegenheiten anzuwenden pflegt, was mehr bedeuten kann als nur ein Einstehenmüssen für grobe Fahrlässigkeit. Schließlich ist an den Auftrag und die unentgeltliche Geschäftsbesorgung nach §§ 662 ff. BGB zu denken, die keinerlei Haftungserleichterung kennen. Dasselbe würde für eine vereinbarte unentgeltliche Beförderung (Werkvertrag!) gelten. Zwei verschiedene Lösungen erscheinen diskutabel:

Zum einen kann man versuchen, die erwiesene Gefälligkeit gleich- 556
wohl einem der BGB-Vertragstypen zuzuordnen und die Unterschiedlichkeit der Ergebnisse in Kauf zu nehmen.

Für den Verlust des Mantels haftet der Gastgeber daher nur, wenn er ihn unsorgfältiger als seine eigenen Kleidungsstücke aufbewahrt hat. Bei der Gefälligkeitsfahrt wird dagegen schon für leichteste Fahrlässigkeit gehaftet.

Überzeugender scheint mir demgegenüber zum zweiten der Gedanke, 557
daß das Haftungsrecht die sich aus dem Gefälligkeitsverhältnis ergebenden Leistungsbeziehungen nicht nachträglich aus dem Gleichgewicht bringen darf. Dies wäre aber der Fall, würde der «Gefällige» wegen leichter Fahrlässigkeit haften: Er müßte plötzlich in völlig unerwartetem Umfang Vermögensopfer bringen. Derartiges kann der die Leistung in Anspruch Nehmende aber nicht erwarten, da mit kleineren Fehlern immer zu rechnen ist. Anderes gilt nur bei grober Fahrlässigkeit: Sie fällt so sehr aus dem Rahmen, daß hier der Rechtsgüterschutz des Verletzten den Vorrang haben sollte. Eine **nachträgliche Verschiebung des Gleichgewichts** droht nicht, wenn der Schädiger versichert war; hier ist gegen eine Haftung auch für leichte Fahrlässigkeit nichts einzuwenden.[54]

Büßt der Gast seinen Mantel ein, so haftet der Gastgeber daher nur für grobe Fahrlässigkeit (wenn man sich nicht auf andere Weise einig wird). Der mitgenommene Anhalter kann den Fahrer jedoch bei jedem Verstoß gegen Sorgfaltspflichten in Anspruch nehmen, da er versichert ist. Eine verschuldensunabhängige Gefährdungshaftung nach § 7 StVG scheidet jedoch aus, da sie sich nur dann auf Insassen erstreckt, wenn diese «geschäftsmäßig» oder gegen Entgelt befördert werden (§ 8 a StVG).

54 Ebenso im Ergebnis für die Gefälligkeitsfahrt OLG Frankfurt/Main NJW-RR 1986, 1350

4.2.3 Integritätsschutz im Rahmen anderer nicht verrechtlichter Beziehungen

558 Was hier für die Gefälligkeiten in eigentlichem Sinn gesagt wurde, gilt in ähnlicher Weise für die anderen erwähnten Fälle. Auch im Rahmen einer **nichtehelichen Lebensgemeinschaft** scheint eine Haftung für leichte Fahrlässigkeit unangemessen.[55] Eine Haftung für grob fahrlässige und vorsätzliche Schädigung kommt aber durchaus in Betracht.[56] Bei «nichtverrechtlichten» geschäftlichen Kontakten ist auf die jeweiligen Umstände des Einzelfalls abzustellen; Leitlinie wird auch hier das Einstehen-Müssen für grobe Fahrlässigkeit sein.

4.3 Grenzfälle zwischen rechtlicher Bindung und Gefälligkeit

559 Im Einzelfall kann es sehr zweifelhaft sein, ob sich die Beteiligten innerhalb oder außerhalb rechtlicher Regeln bewegen wollen. Der Gesetzestext ist wenig hilfreich. **§ 676**, die einzige «einschlägige» Bestimmung, läßt im Grunde alles offen: Wer einem anderen einen Rat oder eine Empfehlung erteilt, ist nicht zum Schadensersatz verpflichtet, wenn sich der andere dementsprechend verhält (und dadurch einen Nachteil erleidet), doch gilt dies nur «unbeschadet der sich aus einem Vertragsverhältnis oder einer unerlaubten Handlung ergebenden Verantwortlichkeit».

4.3.1 Das Abstellen auf den «Rechtsbindungswillen»

560 Die Rechtsprechung stellt darauf ab, ob die Beteiligten einen «Rechtsbindungswillen« hatten.[57] Bestehen insoweit Zweifel, so soll es darauf ankommen, «wie sich dem objektiven Beobachter das Handeln des Leistenden darstellt»[58].

---

55 Ebenso OLG Oldenburg NJW 1986, 2259 (analoge Anwendung des für Eheleute geltenden § 1359)

56 Ebenso Fehn, JuS 1988, 602 in Abweichung von BGHZ 97, 372 für den Fall, daß die Partnerin das Absetzen der Pille ihrem Partner verschweigt und dieser dann dem Kind Unterhalt bezahlen muß

57 BGHZ 21, 102, 106; BGH NJW 1986, 180, 181

58 BGH NJW 1992, 498

Der «Rechtsbindungswille» kann eindeutig ausgeschlossen sein, indem etwa bewußt von einem **«gentlemen's agreement»** die Rede und eine gerichtliche Geltendmachung von Rechten ausgeschlossen ist. Probleme haben sich insoweit insbesondere im Kartellrecht ergeben. 561

Bekannt ist der sog. **Teerfarben-Fall**: Alle europäischen Farbstoffhersteller hatten sich in einem Schweizer Hotel getroffen. Nach dem Protokoll hatte ein Unternehmen erklärt, in Kürze seine Preise um 8 % zu erhöhen. Zwei weitere sagten, auch sie würden sich Gedanken über eine Erhöhung machen. Im Laufe der folgenden Wochen stiegen die Preise für Teerfarben einheitlich um 8 % – der BGH[59] nahm dennoch keine vertragliche Abmachung an, was ihm bei manchen Leuten den Vorwurf der Naivität eingebracht hat. Die Folge dieser Qualifizierung des Verhaltens der Beteiligten war, daß keine durch § 1 GWB verbotene Preisabsprache vorlag, die mit einem Bußgeld hätte belegt werden können. 562

Die beteiligten Firmen waren überdies vergleichsweise unvorsichtig. Sie hätten von vornherein nichts riskiert, wenn gar kein Protokoll angefertigt worden wäre oder dieses nichts über die Preiserhöhung enthalten hätte.

Da die öffentliche Meinung derartige **«Frühstückskartelle»** nicht übermäßig schätzt, wurde einige Jahre später das GWB geändert; sein § 25 Abs. 1 verbietet nunmehr auch «aufeinander abgestimmtes Verhalten von Unternehmen», das nicht zum Gegenstand einer vertraglichen Bindung geworden ist. 563

4.3.2 Rückschlüsse auf den Rechtsbindungswillen

Liegt der «Rechtsbindungswille» auch für einen objektiven Betrachter nicht klar zutage, stellt sich das Problem, welche **Indizien** einen Rückschluß auf «rein soziales» bzw. «verrechtlichtes» Verhalten zulassen. 564

Die **Bezahlung einer Vergütung** ist ein wichtiger Anhaltspunkt für das Bestehen einer rechtlichen Verpflichtung[60], doch spricht Unentgeltlichkeit nicht notwendigerweise für rein soziale Beziehungen. Dies wurde von der Rechtsprechung insbesondere an Fällen aus der Anlageberatung von Bankkunden entwickelt. Auch wenn die vertrag- 565

59 NJW 1971, 521
60 Esser-Schmidt § 10 I 3

lichen Beziehungen sich z. B. auf die Unterhaltung eines Kontos beschränkten und kein Entgelt für die zusätzliche «Dienstleistung» vorgesehen ist, muß in solchen Fällen ein «Beratungsvertrag» angenommen werden.[61] Dies wird damit gerechtfertigt, daß die zu treffenden Entscheidungen für den Kunden von erheblicher Bedeutung sind und daß der aufgrund besonderer Sachkunde gegebene Rat Grundlage der zu treffenden Entschlüsse ist.[62]

Beispiel: Der A unterhält bei der Sparkasse S ein Girokonto, auf dem sich im Laufe der Zeit 20000 DM angesammelt haben. Er wendet sich an die Bank und fragt, ob er das Geld in Aktien, in Investmentfonds oder in festverzinslichen Wertpapieren anlegen solle. Auch überlege er sich den Abschluß einer Lebensversicherung. Gibt die Bank nun den «Tip», Aktien der Firma Horten zu kaufen, so haftet sie für vermeidbare Fehleinschätzungen, weil insoweit ein Beratungsvertrag zustandegekommen ist.

Hier wie insbesondere auch in anderen Fällen wird außerdem auf die «**Gesamtumstände**» abgestellt.[63] Geht es um Leistungen im Rahmen von Freundschaft, Kollegialität und Nachbarschaft, dürfte die Schwelle für die Annahme rechtlicher Verpflichtungen höher liegen als in Fällen, in denen – wie bei der Anlageberatung – eine solche **soziale Nähe** fehlt. Die recht reichhaltige Rechtsprechung[64] läßt sich auf dieser Grundlage am ehesten erklären.

566 Keine rechtliche Bindung wurde etwa bei der **Beaufsichtigung von Nachbarskindern**[65] sowie dann angenommen, wenn man eine Arbeitskollegin wegen gesundheitlicher Beschwerden nach Hause fährt.[66] Auch wer ein Auto aus einer engen **Parklücke** herauswinkt, haftet nicht wegen Vertragsverletzung, wenn er dabei nicht aufpaßt;[67] zwar bestand hier keine «soziale Nähe», doch wurde anders als im Fall des Anlegers keine besondere Sachkunde in Anspruch genommen.[68]

---

61 BGH NJW 1987, 1816 = JZ 1987, 720 mit Anm. Köndgen; BGH NJW 1993, 3073 3075

62 Vgl. auch Zweigert JZ 1964, 354, wonach die im Vertrauen auf ein Verhalten vorgenommenen Dispositionen nach US-amerikanischem Recht Grundlage für die Annahme einer rechtlichen Bindung sind

63 BGH NJW 1986, 180, 181

64 Überblick bei Willoweit JuS 1986, 96ff.

65 BGH NJW 1968, 1874

66 BGH NJW 1972, 498

67 OLG Frankfurt/Main NJW 1965, 1334

68 Willoweit JuS 1986, 102

Grenzfall: In den 60er Jahren ging ein Mitbürger im Einvernehmen mit dem Ostbüro einer politischen Partei in die DDR, um dort in ihrem Sinne politisch zu wirken. Er wurde verhaftet und verbrachte einige Jahre im Gefängnis. In den Westen zurückgekommen, machte er gegen die Partei vertragliche Schadensersatzansprüche geltend. Der BGH[69] lehnte das Vorliegen eines Vertrages ab, was sich am ehesten mit dem Gedanken der politischen Kampfgemeinschaft erklären läßt.

Mehr als eine Gefälligkeit wurde angenommen, als sich jemand be- 567
reit erklärte, für seinen kurz vor der Errichtung der Mauer nach West-Berlin geflohenen Freund in den Ostteil der Stadt zu fahren, um die dort verbliebenen Kleider usw. herüberzuholen; die damit verbundenen Risiken hätte er ersichtlich nicht allein tragen sollen.[70] Dasselbe gilt für einen auf dem Bau mithelfenden Nachbarn, der wegen einer Gesundheitsschädigung Ersatz verlangte.[71] Schließlich ist der Fall eines verstorbenen Fuhrunternehmers zu nennen, dessen Witwe einen anderen Fuhrunternehmer bat, mit dem Lkw ihres Mannes einen dringenden Auftrag abzuwickeln. Die dabei angerichteten erheblichen Schäden hatte der Kollege zu ersetzen[72] – werden **Leben und Gesundheit oder wesentliche Vermögensgüter** geschädigt, neigt die Rechtsprechung trotz «sozialer Nähe» zur Annahme eines Vertrags.

In neuerer Zeit versucht man, dem dadurch Rechnung zu tragen, 568
daß man die im Zusammenhang mit vertraglichen Kontakten entwickelten **gesetzlichen Schutzpflichten** auch auf den hier interessierenden Bereich überträgt.[73] Dies erscheint bisweilen weniger gekünstelt als die Annahme eines «Rechtsbindungswillens», provoziert aber den Einwand, vertragsrechtliche Grundsätze auch dort anzuwenden, wo die Beteiligten sich bewußt nicht der Zivilrechtsordnung unterstellen wollten.

4.4 Zusammenfassung

Als Ergebnis läßt sich folgendes festhalten: 569
– Die Beteiligten entscheiden frei darüber, ob sie ihre Beziehungen dem Recht unterstellen, oder ob sie es bei einem reinen sozialen Kontakt belassen wollen.

---

69 NJW 1971, 1404
70 OLG Celle NJW 1965, 2348
71 OLG Bamberg, zitiert nach Willoweit JuS 1986, 99
72 BGH NJW 1956, 1313
73 Esser-Schmidt § 10 I 3

– Aus nicht vom Recht erfaßten Beziehungen entstehen keine Ansprüche auf Erfüllung oder Schadensersatz. Es gelten insoweit ausschließlich die Regeln über unerlaubte Handlungen. Eine Haftung des «Gefälligen» wegen leichter Fahrlässigkeit muß allerdings ausscheiden, weil dies die Grundlage des Gefälligkeitsverhältnisses nachträglich verändern würde.

– Für das Vorliegen eines «Rechtsbindungswillens» spricht, daß die fragliche Leistung für den Empfänger von erheblicher Bedeutung ist und er sie zur Grundlage wesentlicher Entschlüsse macht. Auch das Anvertrauen wichtiger Rechtsgüter kann im Einzelfall ein Indiz für das Vorliegen eines Rechtsgeschäfts sein.

– Im «Nahbereich» von Freundschaft, Kollegialität und Nachbarschaft ist die Schwelle zum rechtlich Verbindlichen erst später erreicht als bei Beziehungen zwischen Unbekannten.

KAPITEL 9: Die Willenserklärung

I Der Normalfall: Die Willenserklärung und ihre Bestandteile

Die Willenserklärung – «Grundbaustein» jedes Rechtsgeschäfts – ist auf die Herbeiführung eines bestimmten rechtlichen Erfolgs gerichtet. Man will beispielsweise durch Annahme eines Angebots einen Vertrag zustande bringen, oder man will durch Kündigung ein Arbeitsverhältnis beenden. Der **rechtliche Effekt** tritt deshalb ein, **weil der Erklärende ihn gewollt hat**. 570

Wer **Definitionen** liebt, kann die Willenserklärung als «Kundgabe eines Rechtsfolgewillens» qualifizieren[1] oder von einer «privaten Willensäußerung (sprechen), die auf die Erzielung einer Rechtsfolge gerichtet ist».[2]

Der Sprachgebrauch der Juristen unterscheidet sich hier von der anderer Menschen. Wer sagt «Ich will an der Weser spazierengehen» erklärt zwar einen bestimmten Willen, doch hat dies nichts mit einer Willenserklärung im Rechtssinne zu tun; es geht ja ersichtlich nicht um die Herbeiführung einer Rechtsfolge. Mißverständnisse werden in der Regel dadurch vermieden, daß in der **Alltagssprache** das Wort «Willenserklärung» ein wenig gestelzt wirkt und deshalb kaum benutzt wird. 571

Wie der Ausdruck als solcher nahelegt, setzt die Willenserklärung zwei Dinge voraus: Einen bestimmten Willen sowie seine Erklärung 572

1 Schwab, Einf., Rn 435
2 Brox, AT, Rn 80

nach außen hin. Beides müssen wir – da sich hier viele Rechtsprobleme ergeben – geduldig unter der Lupe betrachten.

1.1 Der Wille

573 Nach herkömmlicher Auffassung wird der «Wille» des Erklärenden in drei Stufen betrachtet, die aufeinander aufbauen.

574 Elementarste Voraussetzung ist der sog. **Handlungswille**. Die in Frage stehende Person muß überhaupt handeln wollen, also ihr Verhalten selbst steuern. Dies fehlt etwa im Falle der Hypnose oder dann, wenn jemand im Schlaf sagt «Ich verkaufe meine Aktien der Bremer Vulkan AG».

575 Zum zweiten muß ein sog. **Erklärungsbewußtsein** bestehen, d. h. der Betreffende muß die **Vorstellung** haben, **überhaupt etwas rechtlich Erhebliches** zu bewirken. Wer sich nur im rein sozialen Bereich bewegt und z. B. einen Anhalter mitnimmt, besitzt zwar einen Handlungswillen, aber kein Erklärungsbewußtsein.[3] Bei diesem kommt es nicht darauf an, ob man genau das zum Ausdruck bringt, was man vorhatte: Der zerstreute Abteilungsleiter, der ein Vertragsangebot annehmen wollte, ungelesen aber ein Ablehnungsschreiben unterzeichnet, besitzt Erklärungsbewußtsein.

Beispielsfall aus alter Zeit, der früheren Juristengenerationen Hilfe leisten sollte: Ein Bauer von der Schwäbischen Alb kommt nach Stuttgart und sieht dort eine Kraftdroschke (heute: Taxi) mit der Aufschrift «frei». Er freut sich über die Großzügigkeit der reichen Städter und steigt ein. Am Ende will er nicht bezahlen, weil er überhaupt nicht die Vorstellung hatte, sich zu irgend etwas zu verpflichten.

Dritte Stufe ist der sog. **Geschäftswille**. Er richtet sich auf einen konkreten rechtlichen Erfolg wie z. B. den Kauf von 100 Flaschen Wein zum Preis von 500 DM. Dabei reicht es aus, wenn man **einen bestimmten Zustand verbindlich machen**, also einen wirtschaftlichen Erfolg herbeiführen will;[4] ob man dabei in juristischen Kategorien denkt und ob diese korrekt sind, spielt keine Rolle.

A hat viel Literatur zur politischen Ökonomie gelesen und meint deshalb, der Kauf von 100 Flaschen Wein sei ein «Tausch» Ware gegen Geld. Dies ist genauso unerheblich wie die Frage, ob der Fahrgast eines Taxis die Vorstellung hat, einen

3 Dazu oben Kap. 8 unter 4.1 (Rn 548 ff.)
4 BGH NJW 1993, 2100

Werkvertrag (richtig!) oder einen Dienstvertrag (falsch!) zu schließen oder ob er sich über diesen Juristenkram überhaupt keine Gedanken macht.

Notwendig ist lediglich, daß der Wille ein definitiver ist;[5] eine Aussage, man sei «mehr oder weniger» zum Kauf entschlossen, reicht nicht aus.

Bei der Willensbildung können sich auf allen Stufen Fehler einschleichen; sie werden uns unter dem Stichwort **«Willensmängel»** im nächsten Kapitel beschäftigen. 577

1.2 Die Erklärung

Der Wille des Einzelnen muß nach außen kundgemacht werden. Dies kann **«ausdrücklich»** erfolgen, d. h. unter Benutzung der üblichen Sprache. Schriftliche und mündliche Erklärungen sind gleichwertig, es sei denn, im Einzelfall würde das Gesetz etwas anderes vorsehen.[6] 578

Probleme ergeben sich dann, wenn der Einzelne lediglich Indizien setzt, die den Rückschluß auf einen bestimmten Willen zulassen. Man spricht in solchen Fällen von einer **konkludenten** Willenserklärung (von lat.: concludere = rückschließen). Einfachstes Beispiel: Der Kunde legt im Supermarkt die von ihm ausgesuchte Ware auf das Band an der Kasse (= Angebot zum Kauf), die Kassiererin tippt den Kaufpreis ein und schiebt die Ware weiter. Worte werden nicht gewechselt. Ein anderer wichtiger Anwendungsfall ist die tatsächliche Inanspruchnahme von Leistungen: Man besteigt eine Straßenbahn, man holt sich Zigaretten aus dem Automaten, man bedient sich in einer Gaststätte am kalten Buffet. 579

Der Unterschied zwischen ausdrücklicher und konkludenter Erklärung ist kein prinzipieller: Im ersten Fall wird das Gewollte aus gesprochenen oder geschriebenen Worten, im zweiten Fall aus sonstigen Umständen rückgeschlossen.[7] 580

Nur ausnahmsweise kann auch das **Schweigen als konkludente Erklärung** qualifiziert werden. Dies gilt etwa dann, wenn es ausdrücklich vereinbart ist. 581

5 Wie Fn 4
6 Burgard AcP 195 (1995), 80
7 Näher zur Formfreiheit und ihren Ausnahmen s. unten Kap. 12 unter 2.3.1 (Rn 803 ff.)

Beispiel: Metzger M erhält jeden Donnerstag vom Schlachthof eine bestimmte
582 Menge Fleisch, wenn er nicht bis Mittwoch 18 Uhr etwas anderes mitgeteilt hat.

Auch unter anderen, wenn auch relativ selten vorkommenden Umständen liegt im Schweigen eine konkludente Erklärung.[8]

Beispiel: In Gegenwart des Geschäftsführers macht der Angestellte ein bestimmtes Angebot, dem der Geschäftsführer nicht widerspricht.

Im **Regelfall** ist dies freilich anders: **Wer passiv bleibt, erklärt nichts** und will deshalb auch keine Rechtsfolgen herbeiführen. Wer unaufgefordert zugesandte Waren einfach liegen läßt, hat nicht etwa «stillschweigend» ein Angebot angenommen.

583 Ohne Bedeutung ist, daß eine Erklärung **«formularmäßig» vom Computer** ausgedruckt wird. Dies ist selbstverständlich, wenn im Einzelfall kein individuelles Schreiben abgesandt, sondern auf ein gespeichertes Formschreiben zurückgegriffen wird. Es gilt jedoch auch dann, wenn der Computer selbst «denkt» und in bestimmten Situationen eine Vielzahl von einheitlichen Erklärungen «ausspuckt».

Beispiel: Eine große Wohnungsverwaltungsgesellschaft hat ihren Computer so programmiert, daß er automatisch ein Kündigungsschreiben produziert, wenn ein Mieter mit drei Monatsmieten in Rückstand geraten ist. Dies stellt auch dann eine Willenserklärung dar, wenn im Einzelfall keine inhaltliche Überprüfung erfolgt, sondern die «Computererklärungen» schlicht zur Post gegeben werden.

584 Manchmal mag es scheinen, daß nicht mehr Menschen, sondern nur noch **Computer Erklärungen austauschen**. Im Rahmen einer automatisierten Lagerverwaltung stellt beispielsweise der Rechner fest, daß von einem bestimmten Artikel nur noch wenige Exemplare vorhanden sind. Er sendet sofort eine Bestellung an den Großhändler, wo wiederum mit Hilfe von Computern die benötigten Gegenstände ausgesucht und bereitgestellt werden. Nur die Fahrt wird noch vom Menschen durchgeführt. Dennoch liegt ein Vertrag vor, weil das «Verhalten» der Computer auf der Programmierung durch den Menschen beruht.[9]

585 Auch bei der Erklärung kann **manches «schiefgehen»**, weil sie nicht dem Willen der betreffenden Person entspricht oder vom Adressaten mißverstanden wird. Weiter sind Fälle denkbar, in denen beispielsweise nur der Anschein einer Willenserklärung erweckt wurde, diese

8 Ebenso MüKo-Kramer, Einf. vor § 116 Rn 22
9 Palandt-Heinrichs Einf. vor § 116 Rn 7

in Wirklichkeit aber gar nicht vorlag. Der erste Bereich gehört in den Zusammenhang der Willensmängel[10], der zweite wird uns unter 3 beschäftigen.

1.3 Empfangsbedürftige und nichtempfangsbedürftige Willenserklärungen

Im Normalfall sind Willenserklärungen einem anderen gegenüber abzugeben; Beispiele sind das Vertragsangebot oder die Kündigung. Sie werden erst dann wirksam, wenn sie nicht nur «abgegeben», sondern auch dem Empfänger zugegangen sind. Nach herkömmlichem Sprachgebrauch nennt man sie «empfangsbedürftig». 586

Ausnahmsweise sind Willenserklärungen nicht empfangsbedürftig, 587 also bereits dann wirksam, wenn sie in irgendeiner Form zum Ausdruck gebracht wurden. Erfaßt sind Fälle, in denen allein der eigene Rechtskreis des Erklärenden betroffen ist. Dies gilt etwa für das Testament, aber auch für die Auslobung.[11]

Rechtsprobleme werfen fast nur die empfangsbedürftigen Willens- 588 erklärungen auf. Wann sie abgegeben sind und zugehen, also wirksam werden, ist nunmehr zu untersuchen.

2 Abgabe und Zugang einer (empfangsbedürftigen) Willenserklärung

Bei der Frage, ob eine empfangsbedürftige Willenserklärung ihren 589 Adressaten auch wirklich erreicht hat, wird zwischen Erklärungen **«unter Anwesenden»** und solchen **«unter Abwesenden»** unterschieden. «Anwesenheit» bedeutet dabei nicht, daß sich beide im sel-

10 Näher dazu Eisenhardt JZ 1986, 875 sowie Kap. 10 (Rn 620ff.)

11 Zu diesem Rechtsgeschäft (Preisausschreiben!) s. Bd. 2 Kap. 6 unter 4. (Rn 887). Zur Differenzierung zwischen empfangsbedürftigen und nicht-empfangsbedürftigen Willenserklärungen s. auch MüKo-Kramer, Einf. vor § 116 Rn 19

ben Raum aufhalten müssen; vielmehr reicht – wie § 147 Abs. 1 Satz 2 deutlich macht – ein telefonischer Kontakt aus.

Das BGB hat in diesem Punkt die im Jahre 1896 modernste Technologie berücksichtigt.

Nur die Erklärungen gegenüber Abwesenden haben in den §§ 130ff. eine gesetzliche Regelung erfahren. Sie soll zunächst dargestellt werden, bevor auf Probleme der Erklärung gegenüber Anwesenden eingegangen wird.

2.1 Unter Abwesenden

2.1.1. Die Abgabe der Willenserklärung

590 Ist eine **Willenserklärung** gegenüber einem Abwesenden abzugeben, so muß sie zunächst **«auf den Weg gebracht»** werden. Dies bedeutet, daß sie den Herrschaftsbereich des Erklärenden in einer Weise verläßt, daß nach dem normalen Lauf der Dinge mit einer Kenntnisnahme durch den Empfänger (auch «Adressat» genannt) gerechnet werden kann. Man wirft einen Brief in den Briefkasten oder schickt dem anderen ein Telex oder ein Fax. Die bloße «Äußerung» eines Willens reicht nicht aus; der geschriebene Brief muß auch adressiert und abgesandt werden.

Diese Selbstverständlichkeit zu betonen, besteht deshalb Anlaß, weil der Fall auftauchen kann, daß eine vollständige schriftliche Erklärung durch einen Unbefugten abgesandt wird und man sich dann fragt, ob in einem solchen Fall überhaupt eine Willenserklärung vorliegt.[12]

2.1.2 Der Zugang der Willenserklärung

591 § 130 Abs. 1 Satz 1 verlangt weiter, daß die Willenserklärung dem Adressaten **«zugeht»**. Dies ist nicht mit Kenntnisnahme identisch; vielmehr reicht es nach allgemeiner Auffassung aus, wenn die **Kenntnisnahme möglich** und nach den Umständen zu erwarten ist.[13] Das Einwerfen in den Briefkasten des Empfängers genügt daher grundsätzlich. Wird der Brief abends eingeworfen, ist er allerdings erst am näch-

---

12 Zur «Abgabe» s. MüKo-Förschler § 130 Rn 6; zur Absendung durch einen Unbefugten s. unten Kap. 10 unter 6 (Rn 695)

13 BGH NJW 1980, 990; MüKo-Förschler § 130 Rn 10 mwN

sten Vormittag zugegangen, da den Umständen nach nicht damit gerechnet werden kann, daß der Empfänger abends um 10 Uhr nochmals in seinen Briefkasten schaut. Wird die Erklärung an einen privaten Fax-Anschluß übermittelt, kann man bis ca. 10 Uhr abends noch mit einer Kenntnisnahme rechnen. Anders, wenn Adressat eine Firma ist: Hier ist ein Zugang grundsätzlich nur **während der Geschäftszeiten** möglich.[14]

Kein Zugang liegt dann vor, wenn man die Erklärung **heimlich in den «Machtbereich» des Empfängers** bringt, den fraglichen Brief etwa diesem in einem unbewachten Augenblick in den Mantel steckt. 592

Erhält der Empfänger in solchen Fällen gleichwohl Kenntnis, weil er etwa seinen Briefkasten noch kurz vor Mitternacht leert oder seinen Mantel für die Reinigung bereitlegt und dabei den Brief entdeckt, hat der Erklärende Glück gehabt, und der Zugang ist erfolgt; **positive Kenntnis** soll auch dann ausreichen, wenn der Weg ein etwas ungewöhnlicher war.

Kleine **Kontrollfrage**: Ist ein Einschreibbrief zugegangen, wenn der Postbote den Adressaten nicht antrifft und deshalb lediglich einen Benachrichtigungszettel in den Briefkasten wirft? Antwort: Der Empfänger hat zunächst keine effektive Möglichkeit der Kenntnisnahme, weil der Postbote den Brief ja wieder mitgenommen hat. Dies ändert sich aber am folgenden Werktag, sofern es ihm den Umständen nach zumutbar ist, sich zur Post zu begeben und dort das Schreiben abzuholen.[15]

Sonderregeln gelten, wenn die Erklärung von einem Stellvertreter oder einem «Boten» des Empfängers entgegengenommen wird. Sie sind an späterer Stelle zu erörtern.[16]

Bei **Fax** kann das Problem auftreten, daß das Empfangsgerät nicht funktioniert. Ist dies für den Absender erkennbar, fehlt es am Zugang; es bleibt ihm die Möglichkeit, noch einige Versuche zu unternehmen oder den Postweg zu benutzen. Ist die Störung nicht erkennbar, kommen jedoch die Daten im Empfangsgerät an, ist der Zugang zu bejahen, da die Störung im Risikobereich des Empfängers liegt. Die Situation ist prinzipiell nicht anders, als wenn ein Briefkasten ein Loch hat, durch das einzelne Briefe in den Kartoffelkeller fallen.[17] 593

14 Schwab, Einf., Rn 471
15 S. MüKo-Förschler § 130 Rn 13 mwN (Fn 39) und Palandt-Heinrichs § 130 Rn 18
16 Unten Kap. 13 unter 1 (Rn 928 ff.)
17 Eingehend zu weiteren Fragen, die mit der Datenfernübertragung und dem Zugang zusammenhängen, Burgard AcP 195 (1995), 75 ff.

Auf Parallelfälle zu verweisen, bei denen das Ergebnis plausibler erscheint, ist eine unter Juristen beliebte Form der Argumentation. Daß dabei manchmal auch Gestaltungen eine Rolle spielen, die nicht unbedingt dem praktischen Leben entnommen sind, darf einen (grundsätzlich) nicht stören.

594 Die hier skizzierten Grundsätze gelten nach § 130 Abs. 3 auch für **Erklärungen**, die **gegenüber einer Behörde** abzugeben sind. Gerichte und einzelne Behörden besitzen Nachtbriefkästen, die eine volle Ausschöpfung von Fristen ermöglichen: Muß die Examenshausarbeit am Freitag, dem 13., abgegeben werden, so genügt es, wenn sie eine Minute vor 24 Uhr in den Nachtbriefkasten des Justizprüfungsamts geworfen wird.

Ein Schlaumeier könnte vielleicht vermuten, es reiche auch noch Montag früh um 6, da in der Zwischenzeit bestimmt niemand in die Behörde komme. Letzteres trifft zwar in aller Regel zu, doch haben die Nachtbriefkästen eine «Klappe», die Punkt Mitternacht herunterfällt und dazu führt, daß später eingeworfene Schriftstücke in einem anderen Teil des Kastens landen.

595 Bestreitet der Empfänger den **Zugang**, so muß ihn grundsätzlich der Erklärende **beweisen**.[18] Dies kann Probleme bereiten, wenn man es mit einem relativ bösartigen Gegenüber zu tun hat, der sich mit «nichts bekommen» herausreden will. Hier hilft im Regelfall nur eine Sendung per Einschreiben-Rückschein.

2.2 Unter Anwesenden

596 Wird einem Anwesenden ein **Schriftstück überreicht**, in dem sich die Willenserklärung befindet, so gilt § 130 Abs. 1 Satz 1 entsprechend: Es reicht aus, daß der Empfänger den Umständen nach voraussichtlich Kenntnis nehmen wird; ob er die Erklärung tatsächlich liest, ist dann ohne Bedeutung.[19]

597 Bei **mündlichen** oder **konkludenten Erklärungen** kommt es darauf an, ob sie der Empfänger gehört bzw. wahrgenommen hat. Es gilt die sog. **Vernehmungstheorie**, während man die ansonsten geltenden Regeln unter dem Stichwort der **«Empfangstheorie»** zusammenfaßt.[20] Allerdings wird das tatsächliche Verstehen nicht verlangt,

18 BGHZ 101, 55; Palandt-Heinrichs § 130 Rn 21
19 BAG NJW 1985, 824
20 Zu den insbes. im Gemeinen Recht entwickelten verschiedenen Theorien über das Wirksamwerden einer Willenserklärung s. MüKo-Förschler § 130 Rn 3-3d

wenn der Erklärende den Umständen nach davon ausgehen durfte, daß der Empfänger alles richtig und vollständig aufgenommen hat.[21]

Beispiel: Der Empfänger nickt mit dem Kopf und sagt zum Vertragsangebot «ganz prima», obwohl er nur die Hälfte verstanden hat und keinen besonders begriffsstutzigen Eindruck macht.

2.3 Schwer verständliche Erklärungen

Wird eine Willenserklärung gegenüber einem Ausländer abgegeben, 598
der sie wegen **fehlender Sprachkenntnisse** nicht versteht, müssen die bisher skizzierten Regeln modifiziert werden.

Bei **schriftlichen Erklärungen** ist die Kenntnisnahme nicht bereits 599
bei Einwurf in den Briefkasten bzw. bei Aushändigung als vielmehr erst dann möglich, wenn der Adressat sich in zumutbarer Weise eine Übersetzung verschaffen konnte.[22] Bei **mündlichen Erklärungen** unter Anwesenden ist ggfs. ein Dolmetscher beizuziehen.[23] Von Interesse ist in diesem Zusammenhang eine ältere Entscheidung des BVerfG, wonach bei einer für einen Ausländer nicht verständlichen Rechtsmittelbelehrung die Einspruchsfrist gegen einen Strafbefehl nicht zu laufen beginnt.[24]

Ähnliche Verständigungsprobleme können sich auch unter Deut- 600
schen ergeben, wenn eine Seite eine schwer verständliche Fachsprache benutzt. Dies kann sowohl beim Gebrauch zahlreicher Rechtsbegriffe als auch dann auftauchen, wenn nur ein EDV-Kenner eine bestimmte Mitteilung entschlüsseln kann. In beiden Fällen ist m. E. ein Zugang erst dann gegeben, wenn der Empfänger auf Nachfrage hin die nötigen Erläuterungen erhalten konnte. Reagiert er nicht, obwohl er erkennen muß, daß es sich um eine Willenserklärung handelt, wird man ihn allerdings nicht schützen können.

---

21 Larenz, AT, § 21 IIc; Palandt-Heinrichs § 130 Rn 14

22 LAG Hamm NJW 1979, 2488

23 Einzelheiten zu dieser insbes. gegenüber ausländischen Arbeitnehmern auftretenden Problematik bei Däubler, Arbeitsrecht 2, S. 804

24 BVerfGE 40, 95

3 Willenserklärung und Empfängerperspektive

601 Die im Zusammenhang mit dem Zugang ins Spiel gebrachte Sicht des Adressaten spielt auch auf zwei sehr viel wichtigeren Feldern eine Rolle: Sein «Verständnishorizont» ist für die Auslegung der Willenserklärung von wesentlicher Bedeutung (unten 1), ja kann sogar dazu führen, daß eine Willenserklärung fingiert wird, die in Wirklichkeit gar nicht existiert (unten 2).

3.1 Das Problem der Auslegung

602 Die Auslegung von Willenserklärungen ist einmal in **§ 133** angesprochen. Danach «ist der wirkliche Wille zu erforschen und nicht an dem buchstäblichen Sinne des Ausdrucks zu haften». Deutlich andere Akzente setzt § 157: Danach sind «Verträge so auszulegen, wie Treu und Glauben mit Rücksicht auf die Verkehrssitte es erfordern». Während es bei § 133 um die Ermittlung des tatsächlichen Willens geht, stellt **§ 157** auf eine objektive Größe («Treu und Glauben mit Rücksicht auf die Verkehrssitte») ab. Der Widerspruch zwischen beiden läßt sich auch nicht damit auflösen, daß es bei § 133 um die Willenserklärung, bei § 157 jedoch um den Vertrag gehe: Letzterer besteht nun mal aus zwei Willenserklärungen, und diese lassen sich nicht gleichzeitig «subjektiv» und «objektiv» auslegen.[25] Ein trefflicher Streit ist somit im Gesetz selbst angelegt. Im Ergebnis ist man sich gleichwohl einig:

603 Soweit eine Erklärung wie z. B. das Testament **nicht an andere gerichtet** ist, kommt es **allein** auf den **Willen des Erklärenden** als tatsächlicher «psychologischer» Größe an.

604 Dasselbe gilt dann, wenn beim Vertrag beide dasselbe wollen, dieses jedoch in objektiv ganz unrichtiger Weise zum Ausdruck gebracht haben. Man spricht in solchen Fällen von **«Falschbezeichnung»** oder von «falsa demonstratio non nocet» (lat: «falsche Bezeichnung schadet nicht»). Zu denken ist etwa an den Fall, daß ein konkretes, von beiden Parteien besichtigtes Grundstück übereignet werden soll, im Vertrag jedoch eine falsche Flur-Nummer aufgeführt wird.

25 Medicus, AT, Rn 319f.

«Klassiker» unter den Beispielen ist «Haakjöringsköd», das norwegische Wort für Haifischfleisch. Ein Kaufvertrag hatte dieses Wort benutzt, doch hatten sich beide Seiten darunter das Fleisch eines Wals vorgestellt. Das Reichsgericht entschied, der Vertrag sei über «Walfischfleisch» zustande gekommen[26], was vernünftig ist, allerdings bei den Zoologen Verwunderung hervorruft.

Dasselbe gilt auch dann, wenn sich nur eine Seite im Ausdruck vergreift, die andere aber ganz genau erkennt, was gewollt ist.[27] In diesen Fällen wird dem wirklichen Willen Geltung verschafft; hier liegt der Anwendungsbereich des § 133.

Ist statt dessen eine **Erklärung an andere gerichtet**, und liegt auch keine nachweisbare bloße Falschbezeichnung vor, so ist nach § 157 auszulegen: Es kommt daher darauf an, wie der Empfänger die Erklärung verstehen konnte.[28] Man stellt also auf den **«Empfängerhorizont»** ab. 605

Beispiel: T bestellt telefonisch in Basel ein Hotelzimmer für 150 Franken. Da Geographie nie seine Stärke war, er jedoch aus dem Französischunterricht wußte, daß die Franzosen zu dieser Stadt «Bâle» sagen, ist er der Auffassung, Basel liege im Elsaß und damit in Frankreich. Dementsprechend meinte er, das Hotelzimmer für 150 französische Franken bestellt zu haben. Er muß die Erklärung nach § 157 aber so gegen sich gelten lassen, wie sie die Hotelrezeption in Basel verstehen konnte – die Anwendbarkeit des deutschen Rechts einmal unterstellt.

Im Ergebnis bedeutet dies, daß sich die «Willensherrschaft» einige Abstriche gefallen lassen muß; der Erklärende riskiert, an etwas festgehalten zu werden, was er in Wirklichkeit gar nicht wollte. Tragender Gesichtspunkt hierfür ist der **«Vertrauensschutz» potentieller Vertragspartner**; sie sollen sich mangels anderer Anhaltspunkte darauf verlassen können, daß eine ihnen zugehende Erklärung einen «verkehrsüblichen» Inhalt hat. Den Interessen des Erklärenden wird dadurch Rechnung getragen, daß er seine Erklärung **wegen Irrtums** nach § 119 Abs. 1 **anfechten** kann. Dabei muß er beweisen, daß er etwas anderes als das Erklärte gewollt hat; außerdem ist er nach § 122 zum Schadensersatz verpflichtet.[29] Dies rechtfertigt sich damit, daß der Fehler in seiner Sphäre lag; wer vom Verkehrsüblichen abweicht, muß darauf ausdrücklich hinweisen oder aber andere schadlos halten, die das nicht wissen konnten. 606

26 RGZ 99, 148
27 Brox, AT, Rn 131: A will am Kiosk «koffeinarme» Zigaretten kaufen
28 BGH NJW 1988, 2878; Brox, AT, Rn 133 ff.; Medicus AT, Rn 323
29 Dazu näher unten Kap. 10 unter 3.6.3 (Rn 670 ff.)

3.2 Willenserklärung kraft Vertrauensschutzes?

607 Die Auslegung nach der Richtschnur des § 157 führt dazu, daß dem Erklärenden ein «Geschäftswille» zugeschrieben wird, den er gar nicht besaß. Ist damit nicht der Willenserklärung überhaupt die Grundlage entzogen, weil eines ihrer Elemente fehlt? Bedeutet dies nicht, daß mangels wirksamer Erklärung dann auch gar keine rechtliche Bindung eintreten kann?

608 Der Gesetzgeber ist offensichtlich nicht dieser Auffassung. Dies wird daran deutlich, daß § 119 Abs. 1 eine Anfechtung wegen Irrtums zuläßt, wenn der Erklärende eine Erklärung des (von ihm angenommenen) Inhalts gar nicht abgeben wollte. Auch wenn der Geschäftswille fehlt, liegt daher eine (wenn auch mangelhafte und deshalb anfechtbare) Willenserklärung vor. Man kann dies auch anders ausdrücken: § 119 Abs. 1 hätte gar keinen Anwendungsbereich mehr, wenn in Fällen wie dem hier beschriebenen mangels Geschäftswillens schon die Existenz einer Willenserklärung verneint würde. Unnötige Vorschriften erläßt der Gesetzgeber aber so gut wie nie; jedenfalls darf man ihm das Dreschen leerer Phrasen nicht unterstellen. Damit wird das im vorigen Abschnitt gefundene Ergebnis bestätigt.

609 Gilt der Vorrang des Vertrauensschutzes auch dann, wenn im konkreten Fall nicht nur der Geschäftswille, sondern auch das Erklärungsbewußtsein fehlte? Klassischer Fall ist die sog. **Trierer Weinversteigerung**: Ein mit den Gebräuchen des Weinhandels nicht vertrauter Zeitgenosse kommt in einen Raum mit vielen Menschen, wo er seinen Freund F sucht. Er entdeckt ihn auch nach einiger Zeit und winkt ihm zu. Begriffsstutzig, wie er ist, hat er nicht mitbekommen, daß in dem Raum Wein versteigert wird. Sein Handzeichen wird vom Versteigerer als Gebot gewertet, so daß er sich plötzlich als Käufer von drei teuren Fässern besten Moselweins wiederfindet. Ist hier wirklich ein Vertrag zustande gekommen?

610 Lange Zeit war die Antwort eine negative. Da er nicht das Bewußtsein hatte, überhaupt etwas rechtsgeschäftlich Bedeutsames vorzunehmen, fehle ihm das **Erklärungsbewußtsein**, ohne ein solches liege jedoch keine Willenserklärung vor. Im Jahre 1984 entschied der BGH im Anschluß an einen Teil der Literatur jedoch anders: Trotz fehlenden Erklärungsbewußtseins sei eine Willenserklärung vorhanden, wenn der Erklärende bei Anwendung der im Verkehr erforderlichen Sorgfalt hätte erkennen und vermeiden können, daß seine Äußerung nach Treu

und Glauben und der Verkehrssitte als Willenserklärung aufgefaßt werden durfte.[30] Der Schutz des Adressaten wird so nicht nur bei der Auslegung, sondern auch bereits bei der Frage berücksichtigt, ob überhaupt eine Willenserklärung vorliegt. Dem (scheinbar) Erklärenden bleibt nur die **Möglichkeit einer Anfechtung** entsprechend § 119 Abs. 1 BGB, weil er z. B. in Wirklichkeit kein Gebot abgeben wollte.[31]

Das «Festhalten» an der (scheinbaren) Erklärung hat allerdings seine 611
Grenzen: Für den Erklärenden muß es «bei Anwendung der im Verkehr erforderlichen Sorgfalt» erkennbar sein, daß sein Verhalten als Willenserklärung aufgefaßt werden durfte.[32] Daran fehlt es beispielsweise, wenn dem Einzelnen ein **Erklärungstatbestand «unterschoben»** wird: Ein Gast bringt im Restaurant eine früher geltende Speisekarte mit niedrigeren Preisen in Umlauf, auf deren Basis einige andere Gäste ohne Erwähnung der Beträge Bestellungen aufgeben. Der Wirt muß dies nicht als sein «Angebot» gelten und sich an den niedrigen Preisen festhalten lassen.[33]

Keinen Schutz verdient weiter, wer das **Fehlen des Erklärungsbe-** 612
wußtseins erkannt hat oder hätte erkennen können. Mußte es für den Versteigerer klar sein, daß es sich bei der hereinkommenden Person offensichtlich nicht um einen Insider handelte, kann er diesen nunmehr nicht aus Vertrag in Anspruch nehmen und zu einer ggfs. kostenträchtigen Anfechtung zwingen.

3.3 Fingierte Willenserklärungen – Schweigen als Rechtsgeschäft

Auf dem Gedanken des Vertrauensschutzes im Rechtsverkehr beruhen 613
auch jene Ausnahmeregelungen, in denen der Gesetzgeber oder die Rechtsprechung das Schweigen eines Beteiligten wie eine ausdrückliche Willenserklärung werten, diese also «fingieren». Drei Fälle müssen ausdrücklich erwähnt werden.

---

30 BGHZ 91, 324 (dort auch eingehende Nachweise zum Diskussionsstand in der Literatur). Ebenso zuletzt BGH NJW 1995, 953; dazu Habersack JuS 1996, 585

31 BGHZ 91, 324. Im konkreten Fall ging es um eine Mitteilung über eine Bankbürgschaft, die als Bürgschaftsübernahme aufgefaßt werden konnte.

32 BGHZ 91, 324, 330

33 Dazu auch Medicus, AT, Rn 326

614 – Besorgt ein Kaufmann im Rahmen seines Gewerbebetriebs bestimmte Geschäfte für andere und geht ihm ein entsprechender Auftrag zu, so muß er unverzüglich ablehnen; andernfalls gilt sein Schweigen nach **§ 362 Abs. 1 Satz 1 HGB** als Annahme.

Bei der Autovermietung A bestelle ich für Donnerstag der nächsten Woche einen Pritschenwagen, um meinen Umzug durchzuführen. Da sie auch solche Fahrzeuge im Angebot hat, muß sie sofort widersprechen, wenn am Donnerstag kein Fahrzeug zur Verfügung stehen sollte.

615 – Kaufleute senden sich nach Abschluß von Vertragsverhandlungen häufig ein **Bestätigungsschreiben** zu. Schweigt der Empfänger, gilt dies als Annahme, auch wenn in Wahrheit mündlich etwas anderes besprochen wurde.[34] Dies gilt allerdings dann nicht, wenn der Inhalt des Bestätigungsschreibens so weit vom Verhandlungsergebnis abweicht, daß mit einem stillschweigenden Einverständnis der anderen Seite nicht zu rechnen ist.[35] Diese Grundsätze gelten **auch für Nicht-Kaufleute**, insofern sie – wie z. B. ein Wirtschaftsprüfer oder ein Architekt – in **vergleichbarem Umfang am Wirtschaftsverkehr teilnehmen**.

Staatsanwalt S hat mit dem Gärtnereiunternehmen U über die Neugestaltung des Gartens an seinem Privathaus gesprochen und eine Reihe von Maßnahmen zum Gesamtpreis von 9000 DM vereinbart. Erhält er nunmehr ein Bestätigungsschreiben, das als Preis 10000 DM nennt, und legt er dieses enttäuscht zur Seite, so ist kein Vertrag über 10000 DM zustande gekommen. Er ist nicht gebunden, da es um ein Privatgeschäft geht und ein Staatsanwalt auch in offizieller Funktion keineswegs eine größere Anzahl von Geschäften tätigt.

616 – Bei Werkverträgen wird nach § 632, bei Dienst- und Arbeitsverträgen nach § 612 eine **Vergütung** als **stillschweigend vereinbart** angesehen, wenn die Leistung den Umständen nach nur gegen eine Vergütung zu erwarten ist.

617 In allen diesen Fällen kann **der Schweigende** auch **nicht** etwa später mit der Begründung **anfechten**, er hätte keinen entsprechenden rechtlichen Erfolg herbeiführen wollen, weil ihm schon das Erklärungsbewußtsein gefehlt hätte oder er jedenfalls von einer anderen inhaltlichen Bedeutung seines Verhaltens ausgegangen sei. Würde man hier eine Anfechtung nach § 119 zulassen, wäre der Sinn einer solchen fingierten Willenserklärung gerade wieder zunichte gemacht. Dieser liegt darin,

---

34 BGH NJW 1994, 1288
35 Baumbach-Hopt § 346 Rn 27 mwN

den anderen Teil – und damit jeden potentiellen Vertragspartner – in seinem Vertrauen auf die Existenz einer Annahmeerklärung zu schützen. Niemand befürwortet daher eine solche Korrektur.

Zu beachten ist allerdings, daß es sich hier um **Ausnahmefälle** handelt: Im Regelfall gilt Schweigen als Nicht-Erklärung;[36] wer auf ein Vertragsangebot nicht reagiert, wird deshalb grundsätzlich nicht gebunden.[37] 618

3.4 Widersprüchliche Willenserklärungen

Keine «gewollten» Rechtsfolgen können eintreten, wenn der Erklärende Widersprüchliches von sich gegeben, beispielsweise sowohl hinter «Ich bestelle» wie hinter «Ich bestelle nicht» ein Kreuzchen gemacht hat. Seine Erklärung ist ein Nullum, ein Nichts.[38] Ein (praktisch wichtiger) Sonderfall dieser Art ergibt sich, wenn sich zwei kaufmännische Bestätigungsschreiben kreuzen, die einen unterschiedlichen Inhalt haben: Auch wenn sich keine der beiden Seiten rührt, läßt sich kein übereinstimmender «Rechtsfolgewillen» feststellen.[39] 619

36 S. oben 1.2 (Rn 578 ff.)
37 Schmidt-Brüggemeier S. 124
38 Vgl. Medicus, AT, Rn 332 zu unverständlichen automatisierten Erklärungen
39 Vgl. MüKo-Kramer § 151 Rn 33; Palandt-Heinrichs § 148 Rn 13

KAPITEL 10: Willensmängel

1 Überblick

620 Bei der Abgabe von Willenserklärungen sind unterschiedliche Fehler denkbar, die zum größeren Teil **in den §§ 116 bis 124** angesprochen und **geregelt** sind. Einige Konstellationen sind vom Gesetzgeber allerdings nicht gesehen worden; bei ihnen wird es darum gehen, nach Ähnlichkeiten mit gesetzlich geregelten Fällen zu fragen oder eigenständige Lösungen zu entwickeln.

621 Die §§ 116 bis 118 behandeln die sog. **Willensvorbehalte**: Man gibt bewußt eine bestimmte Erklärung ab, obwohl man eigentlich etwas anderes will. Wichtigster Anwendungsfall ist das Scheingeschäft nach § 117. Alles Nähere unter 2.

622 Bereits angesprochen wurde der Fall, daß der **Geschäftswille fehlerhaft** ist, weil die abgegebene Willenserklärung eine andere als die gewollte Bedeutung besitzt. Dies wird unter den Stichworten «Erklärungsirrtum» und «Inhaltsirrtum» in § 119 Abs. 1 angesprochen. Denkbar ist weiter der Fall, daß zwar genau das Gewollte erklärt wurde, daß jedoch die Willensbildung von einer Fehlvorstellung beeinflußt war. Man hielt etwa ein Geschäft für günstig, obwohl man in Wahrheit den letzten Ladenhüter gekauft hat. Fälle dieser Art sind in § 119 Abs. 2 unter dem Stichwort des Eigenschaftsirrtums angesprochen. Obwohl es im Grunde um unterschiedliche Dinge geht, werden **die verschiedenen Irrtumsfälle** im selben Abschnitt behandelt (unten 3).

623 Die Willensbildung kann weiter deshalb fehlerhaft sein, weil der Erklärende von seinem Gegenüber oder von einem Dritten **getäuscht** wurde. Nur 30 000 km sei der VW gefahren, obwohl er in Wirklichkeit

130000 auf dem Buckel hat. Erfaßt sind damit insbes. (aber nicht nur) Betrugsfälle (unten 4).

Der massivste Eingriff in die Willensbildung liegt dann vor, wenn dem Erklärenden **mit einem empfindlichen Übel gedroht** wurde. Er müsse beispielsweise mit einer Strafanzeige wegen Steuerhinterziehung rechnen, wenn er nicht endlich das Anwaltshonorar überweise. Fälle dieser Art sind genau wie die arglistige Täuschung in § 123 BGB angesprochen (dazu unten 5). 624

Nicht erwähnt wird **im Gesetzestext** der Fall, daß schon der Handlungswille oder daß das Erklärungsbewußtsein fehlt.[1] Außerdem ist der Fall nicht erwähnt, daß eine schriftliche Willenserklärung ohne Veranlassung durch den Erklärenden einem anderen zugänglich gemacht wurde. Fälle dieser Art sollen unter 6 angegangen werden. 625

Erscheinungen der beschriebenen Art werden üblicherweise als «Willensmängel» bezeichnet. Die **Rechtsfolgen** sind **unterschiedlich**: Sie reichen von der Nichtigkeit der Erklärung über ihre Anfechtbarkeit bis hin zur völligen Irrelevanz des Mangels. Sie sollen daher im jeweiligen konkreten Zusammenhang behandelt werden. 626

Nicht hierher (sondern in den Bereich des Zustandekommens von Verträgen[2]) gehört der sog. **Dissens**: Die Willenserklärungen von mindestens zwei Personen sollen an sich zu einem Vertrag führen, dekken sich jedoch nicht und vermögen daher den gewünschten Erfolg nicht zu bewirken. 627

2 Willensvorbehalte

Das BGB unterscheidet hier drei verschiedene Fälle. 628

1 Zum zweiten Fall s. bereits oben Kap. 9 unter 3.2. (Rn 607 ff.)
2 Unten Kap. 12 unter 2.7 (Rn 873 ff.)

2.1 Geheimer Vorbehalt

Eine Willenserklärung wird nach § 116 Satz 1 nicht deshalb unwirksam, weil sich der Erklärende «insgeheim» vorbehält, das Erklärte nicht zu wollen. Man spricht hier von «geheimem Vorbehalt» oder auch von «Mentalreservation» (reservatio mentalis). An dem, was man bewußt erklärt, muß man sich festhalten lassen. Der Vorbehalt ist **rechtlich unerheblich**.

629 In der **Praxis** kommen derartige Dinge eher im sozialen Bereich vor. Man lädt den wenig geschätzten X zu einer Geburtstagsfeier ein, obwohl man ihn eigentlich gar nicht dabeihaben möchte. Im rechtsgeschäftlichen Verkehr würde derlei Heuchelei teuer zu stehen kommen; die in der Literatur genannten Beispiele sind deshalb auch eher verwunderliche Einzelfälle.

Bekannt etwa der Fall, daß der Gläubiger dem im Sterben liegenden Schuldner die Darlehensforderung erläßt, damit dieser mit guten Gefühlen von hinnen scheide. In Wirklichkeit möchte er aber die Erben ganz gerne zur Kasse bitten. «Pech gehabt», sagt ihm hier § 116 Satz 1 BGB.

630 Wird der geheime Vorbehalt **vom Adressaten durchschaut**, ist die Willenserklärung nach § 116 Satz 2 unwirksam; hier erscheint der Empfänger nicht schutzwürdig, weil er ja nicht auf das Erklärte vertraut.

2.2 Scherzerklärung

631 Nicht viel bedeutsamer ist auch die Scherzerklärung nach § 118. Bei ihr handelt es sich um eine «nicht ernstlich gemeinte Willenserklärung, die in der Erwartung abgegeben wird, der Mangel der Ernstlichkeit werde nicht verkannt werden».

Am Biertisch verspricht der A seinem Freund F, bei seinem 28. Geburtstag die Fischerchöre aufmarschieren zu lassen.

Anschauungsmaterial wäre ggfs. auch durch einen Besuch bei einem bayerischen Bauerntheater zu gewinnen.

632 Die in § 118 angeordnete Nichtigkeit der Scherzerklärung wird dann problematisch, wenn der Adressat keinen Sinn für Humor hat und die Sache ernst nimmt. Hier muß der Erklärende **den falschen Schein**

zerstören; andernfalls würde er riskieren, schadensersatzpflichtig zu werden.[3]

2.3 Scheingeschäft

Das in § 117 geregelte «Scheingeschäft» setzt voraus, daß eine Willens- 633
erklärung mit Einverständnis des Adressaten nur zum Schein abgegeben wird. In der Regel wird es dabei darum gehen, Dritte hinters Licht zu führen, z. B. den Eindruck zu erwecken, eine Sache sei bereits verkauft. § 117 Abs. 1 ordnet für solche Fälle **Nichtigkeit** an; die Willenserklärung entfaltet keinerlei Rechtswirkungen.

Beispiel:[4] Der Geschäftsführer einer GmbH nimmt zum Schein von dieser ein Darlehen auf; dadurch verbessert sich bilanzmäßig ihre wirtschaftliche Situation, was wegen einer bevorstehenden Revision von großer Bedeutung ist.

Häufig verbirgt sich hinter dem «simulierten» Geschäft ein anderes. 634
Man will beispielsweise das in einem notariellen Kaufvertrag genannte Grundstück durchaus verkaufen, jedoch zu einem sehr viel höheren Preis, der «unnötige» Belastungen mit Steuern und Notariatsgebühren mit sich bringen würde. Für solche Fälle bestimmt § 117 Abs. 2, daß «die für **das verdeckte Rechtsgeschäft** geltenden Vorschriften Anwendung» finden. Die Tatsache, daß das Geschäft «verdeckt» wurde, macht es nicht etwa von vornherein unwirksam oder gar sittenwidrig; man verfährt insoweit nach denselben Grundsätzen wie bei der Falschbezeichnung.[5]

Beim Grundstückskauf zum höheren Preis ergibt sich allerdings das Problem, daß diesem «verdeckten» Geschäft die in § 313 Satz 1 vorgesehene notarielle Beurkundung fehlt. Wird der Erwerber als neuer Eigentümer im Grundbuch eingetragen, ist dieser Formmangel allerdings nach § 313 Satz 2 geheilt.[6]

Das **«Strohmanngeschäft»** ist kein Scheingeschäft im Rechtssinne: 635
Schiebt man einen anderen vor, weil man z. B. selbst nicht in Erscheinung treten will, ist dessen Stellung als Vertragspartner ja gewollt. Soweit andere Personen dadurch nicht in unlauterer Weise geschädigt werden, ist gegen die Einschaltung einer «Strohperson» nichts einzuwenden.

3 Brox, AT, Rn 353; Medicus, AT, Rn 604: Entsprechende Anwendung des § 122
4 BGH NJW 1993, 2435
5 Dazu oben Kap. 9 unter 3.1 (Rn 602 ff.)
6 Näher dazu unten Kap. 12 unter 2.3.6.1 (Rn 825)

Generaldirektor X will nicht gerne selbst an der Börse spekulieren, weil dies seinen Ruf ein wenig ramponieren könnte. Er stellt deshalb das hierfür notwendige Geld einem Bankangestellten zur Verfügung, der in Absprache mit ihm die entsprechenden Dispositionen vornimmt. Rechtswidrig ist eine solche Absprache nur dann, wenn sie der Umgehung von Insider-Regeln dient, beispielsweise Spekulationen mit den Aktien der «eigenen» AG zum Gegenstand hat, über deren Gewinnaussichten der Generaldirektor natürlich die allerbesten Informationen besitzt.

3 Irrtum

3.1 Erklärungs- und Inhaltsirrtum

636 Nach § 119 Abs. 1 kann der Erklärende seine Willenserklärung unter zwei Voraussetzungen anfechten.

637 Der eine Fall ist der sog. Erklärungsirrtum, auch «Irrung» genannt. Er liegt dann vor, wenn sich der Wille nicht korrekt in den «Erklärungszeichen» niederschlägt: Man **verschreibt** oder **verspricht** sich.

Häufigster Fall: Die Schreibkraft hat beim Tippen der Bestellung irrtümlich eine Null zuviel geschrieben, der unterschreibende Prokurist hat es nicht bemerkt. Statt 100 werden 1000 Zentner Weizen angeliefert.

638 Gleichgestellt ist nach § 120 der Fall, daß ein für Zwecke der Übermittlung eingesetzter **Bote**[7] etwas anderes ausrichtet als ihm aufgetragen war: In beiden Fällen versagt gewissermaßen die «Übersetzung» vom Willen hin zur Erklärung.

639 Von einem **Inhaltsirrtum** spricht man dann, wenn zwar die gewollten «Erklärungszeichen» (gesprochene oder geschriebene Worte usw.) benutzt wurden, wenn der Erklärende damit aber **einen anderen als den objektiv gegebenen Sinn** verbunden hat. Fälle dieser Art treten insbes. dann auf, wenn sich der Erklärungsinhalt aus der Perspektive eines vernünftigen Empfängers anders darstellt, als es sich der Erklärende vorgestellt hat.[8]

---

7 Näher zum Rechtsbegriff des Boten unten Kap. 13 unter 2.4 (Rn 946 ff.) Dort auch zur Frage, was geschieht, wenn der Bote bewußt falsch übermittelt (unter 3.6.3 – Rn 1018)
8 Zu diesem Fall s. oben Kap. 9 unter 3.1 (Rn 602 ff.)

Gerne genanntes Beispiel:[9] Die Konrektorin einer Mädchenrealschule bestellt «25 Gros Rollen Toilettenpapier.» Ein Gros bedeutet 12 Dutzend; objektiv hatte sie daher 3600 Rollen bestellt. Subjektiv hatte sie die Vorstellung, nur 25 Rollen bestellt zu haben, die in bestimmter Weise verpackt seien.

Ein Inhaltsirrtum liegt auch dann vor, wenn man einen ganz anderen 640
Geschäftstyp abschließen[10] oder wenn man in Wirklichkeit mit einer anderen Person kontrahieren will.[11]

Erklärungs- wie Inhaltsirrtum berechtigen den Erklärenden zur An- 641
fechtung, «wenn anzunehmen ist, daß er die Willenserklärung bei Kenntnis der Sachlage und bei verständiger Würdigung des Falles nicht abgegeben haben würde». Diese Voraussetzung wird in aller Regel vorliegen. Was «Anfechtung» konkret bedeutet, soll erst im Anschluß an weitere Irrtumsfälle behandelt werden.[12]

Liegt kein Erklärungs- oder Inhaltsirrtum vor, so ist zu differenzieren.

3.2 Der unbeachtliche Motivirrtum

Einfache Fehlvorstellungen sind grundsätzlich ohne Bedeutung. Hält 642
der Käufer ein Geschäft für besonders günstig, oder geht der kündigende Vermieter irrtümlich davon aus, der Mieter habe ihn in der Nachbarschaft verleumdet, so kommt keine Anfechtung in Betracht. Wäre es anders, könnte fast jede Willenserklärung angefochten werden, da sich die Dinge immer ein klein wenig anders entwickeln als ursprünglich gedacht. Bösartige Menschen könnten sogar enttäuschte Erwartungen konstruieren und auf diesem Wege jede Erklärung rückgängig machen, die ihnen nachträglich nicht mehr zusagt. Damit wäre die **Verläßlichkeit geschäftlicher Beziehungen** zerstört, Zusagen hätten keine Verbindlichkeit mehr. Allenfalls bei Barkäufen könnte man darauf vertrauen, daß nachträglich nichts mehr in Frage gestellt wird.

Lediglich im **Erbrecht** liegen die Dinge anders, da es bei Testament 643
und Erbvertrag nicht um den Schutz des Rechtsverkehrs, sondern nur um die Verwirklichung des Erblasserwillens geht.[13]

9 LG Hanau NJW 1979, 721; dazu Kornblum JuS 1980, 259

10 LG Köln NJW 1988, 1518: Rentnerin will im Krankenhaus als Kassenpatientin behandelt werden, unterschreibt aber einen Vertrag als Privatpatientin

11 Einzelheiten bei Palandt-Heinrichs § 119 Rn 13

12 Unten 3.4 (Rn 652 ff.)

13 Vgl. §§ 2078, 2281 sowie Bd. 2 Kap. 24 unter 2.4.1 (Rn 1952 ff.)

3.3 Der beachtliche Eigenschaftsirrtum

644 Denkbar ist allerdings, daß Fehlvorstellungen des Erklärenden so gravierend sind, daß es unbillig wäre, ihn auf alle Zeiten an seine darauf basierende Erklärung zu binden. Dem trägt § 119 Abs. 2 Rechnung, wonach der Irrtum «über solche Eigenschaften der Person oder der Sache, die im Verkehr als wesentlich angesehen werden», zur Anfechtung berechtigt.

3.3.1 Was ist eine «verkehrswesentliche Eigenschaft»?

645 Wie man diesen Begriff abgrenzen soll, ist streitig. Die eine (engere) Auffassung macht aus der «Verkehrs-» eine «Vertragswesentlichkeit» von Eigenschaften. Nur solche Umstände, auf die sich das Rechtsgeschäft bezogen hat, sollen zur Anfechtung berechtigen.[14] Dies geht über den Wortlaut hinweg und engt die Möglichkeiten der sich zu ihrem Nachteil irrenden Seite zu sehr ein. Die zweite von der Rechtsprechung vertretene Auffassung versucht sich mit einer im Prinzip vernünftigen Eingrenzung[15]. Danach muß es sich um **Umstände** handeln, **die sich unmittelbar auf die Sache beziehen oder die unmittelbar mit der Person verbunden sind**. Damit ist eine einigermaßen nachvollziehbare «Relevanzschwelle» formuliert. Ohne daß dies immer mit der nötigen Deutlichkeit hervorgehoben würde, findet allerdings bei der Bestimmung der «verkehrswesentlichen Eigenschaft» stets eine Risikobetrachtung statt: Wer soll gerechterweise die Nachteile bestimmter Fehlvorstellungen tragen? Bezieht man dies ein, so lassen sich die von der Rechtsprechung gefundenen Resultate am ehesten in ein System bringen.

3.3.2 Konkretisierung

646 Ein rechtlich unbeachtlicher Motivirrtum liegt einmal dann vor, wenn man mit einem Geschäft bestimmte **Erwartungen** verbindet, die später **nicht eintreten**. Man will etwa mit der gekauften Sache einem anderen eine Freude machen und erntet statt dessen Gleichgültigkeit («nichts Besseres eingefallen?»).

---

14 Flume, AT, II, § 24, 2 c; ihm folgend Medicus, AT, Rn 770
15 BGHZ 70, 48

Ohne rechtliche Bedeutung ist weiter die sehr viel gravierendere Fehlvorstellung, die **DDR** sei auf absehbare Zukunft **stabil**; wer im Hinblick darauf eine Erbschaft ausgeschlagen hatte, konnte dies nicht etwa nach 1989 mit Hilfe einer Anfechtung nach § 119 Abs. 2 rückgängig machen.[16] 647

Erst recht sind **Irrtümer über den Wert** eines gekauften Gegenstands ohne Bedeutung.[17] Zwar gibt es in einer Marktwirtschaft im Grunde keine wichtigere «verkehrswesentliche Eigenschaft», doch würde die Anerkennung eines Anfechtungsrechts jede Bindung an Kaufverträge in Frage stellen: Es liegt in der Risikosphäre der einzelnen Partei, ob sie sich über oder unter dem «wahren Wert» bewegt. Anders wird entschieden, wenn sich der Irrtum auf sog. **wertbildende Faktoren** bezog: Dazu gehört beispielsweise die Echtheit eines Gemäldes[18], nicht aber die Zahlungsfähigkeit der Mieter beim Kauf eines Hausgrundstücks.[19] 648

Umstritten ist der **Flohmarkt-Fall**: Unter den als «Ramsch» verkauften Notenheften befanden sich auch einige, die Mozart benutzt hatte. Das AG Coburg meinte, hier greife § 119 Abs. 2 nicht ein[20]; in Wahrheit lag doch wohl ein ganz wesentlicher wertbildender Faktor vor.[21]

Eine generelle Ausnahme wird bei **Geschäften mit spekulativem Einschlag** gemacht, da fehlgeschlagene Erwartungen hier gewissermaßen zum normalen Risiko gehören. Wird etwa das Bauerwartungsland entgegen verbreiteter Einschätzung nicht in einen Bebauungsplan einbezogen oder entwickeln sich die gekauften Wertpapiere nicht so, wie dies die «Börsen-Gurus» prognostiziert haben, so kann man nicht etwa nach § 119 Abs. 2 anfechten.[22] 649

Eventuell ließe sich mit diesem Gedanken die Entscheidung des AG Coburg rechtfertigen: Zum Flohmarktgeschäft gehört es, auch mal etwas sehr Wertvolles für einen bescheidenen Preis herzugeben. Ob dies allerdings so weit geht, daß der Käufer für 10 DM eine Sache behalten darf, die aufgrund ihrer Eigenschaft (Mozarts Handschrift) 10000 bis 20000 DM wert ist, wird man bezweifeln müssen.

---

16 KG DtZ 1992, 187, 189
17 BGHZ 16, 57
18 BGH NJW 1988, 2598 = JZ 1989, 41 mit Anm. Honsell
19 Palandt-Heinrichs § 119 Rn 27
20 AG Coburg NJW 1993, 938
21 So im Ergebnis auch Palandt-Heinrichs § 119 Rn 27
22 Vgl. Medicus. AT, Rn 780

Welche Bedeutung ein «wertbildender Faktor» besitzt, muß immer vom Standpunkt eines unbeteiligten Dritten her («verkehrs»wesentlich) beurteilt werden.

650 Bezieht sich der **Irrtum** auf eine **Person**, so kommt es darauf an, ob die in Frage stehende Eigenschaft für den Vertrag von Bedeutung ist. Ein Handwerker muß sein Handwerk verstehen, seine religiösen oder politischen Auffassungen sowie sein privater Lebensstil sind ohne Bedeutung.[23] Erst recht sind alle die Umstände keine «verkehrswesentlichen Eigenschaften», nach denen bei den Vertragsverhandlungen mit Rücksicht auf den Persönlichkeitsschutz des anderen Teils oder aus sonstigen Gründen nicht gefragt werden darf.[24]

651 Objekt der Fehlvorstellungen muß **nicht notwendigerweise eine «Sache» oder eine «Person»** sein. Schon das Reichsgericht hat zu Recht auch eine Vermögensmasse wie z. B. einen Nachlaß einbezogen und dessen Überschuldung als «verkehrswesentliche Eigenschaft» qualifiziert.[25]

3.4 Problematische Fälle

3.4.1 Rechtsfolgenirrtum

652 Ein erhebliches Maß an Unsicherheit besteht bei der Behandlung des sog. Rechtsfolgenirrtums. Sind die Rechtsfolgen zum Inhalt der Erklärung gemacht worden, kommt eine Anfechtung nach § 119 Abs. 1 in Betracht; reichte der Inhalt der Erklärung jedoch nicht so weit, müßte man zur Annahme eines rechtlich unerheblichen Motivirrtums kommen.

Beispiel: Der Inhaber eines Aktienpakets verkauft dieses an seine Söhne, ohne dabei zu bedenken, daß ein Dritter ein Vorkaufsrecht besitzt und dieses nunmehr ausübt.[26]

Die **Rechtsprechung** hat sich nach einigem Schwanken auf die Formel verständigt, nur der Rechtsfolgenirrtum sei beachtlich, der

23 Zur notwendigen Verobjektivierung der Austauschprozesse auf dem Markt s. oben Kap. 5 unter 1.2.2 (Rn 207)

24 Dazu unten Kap. 12 unter 5 (Rn 914 ff.); zur Situation im Arbeitsrecht s. Däubler, Arbeitsrecht 2, unter 2.2.5 (S. 102)

25 RGZ 149, 235; s. zuletzt BGHZ 106, 363

26 So der Fall OLG Stuttgart JZ 1987, 570

die **«unmittelbare Hauptwirkung einer Erklärung»** betreffe.[27]

Wann diese Voraussetzung im einzelnen gegeben ist, ist nicht immer einheitlich beantwortet worden.[28] Auch ist nicht recht einzusehen, weshalb derjenige, der vorsichtigerweise möglichst viele Rechtsfolgen in seine Erklärung aufnimmt, durch ein umfassendes Anfechtungsrecht belohnt werden soll.[29]

Einleuchtender als solche Festlegungen wäre es, auch hier darauf ab- 653
zustellen, ob ein Anfechtungsrecht den Rechtsverkehr in unangemessener Weise belasten würde und wie die Schutzwürdigkeit des Erklärenden und des Adressaten zu bestimmen ist.

Beim «vergessenen» Vorkaufsrecht müßte man berücksichtigen, daß ein solches Recht kaum mehr etwas wert wäre: Der Verkäufer würde sich immer auf einen Irrtum berufen, wenn der Vorkaufsberechtigte mit seiner Befugnis ernst machen will.

Außerdem gibt es eine Reihe von Fällen, in denen Gesetzgeber oder 654
Rechtsprechung eine bestimmte Rechtsfolge anordnen, ohne auf den Willen des Betroffenen Rücksicht zu nehmen. Eine solche Entscheidung kann nicht mit Hilfe einer Anfechtung wieder ausgehebelt werden. Wird etwa das Schweigen auf ein kaufmännisches Bestätigungsschreiben als Zustimmung gewertet[30], so soll dies ersichtlich auch und gerade dann gelten, wenn der Empfänger andere Vorstellungen hatte.

3.4.2 Kalkulationsirrtum

Nicht wenige Kontroversen hat auch der sog. Kalkulationsirrtum aus- 655
gelöst.[31] Er liegt vor, wenn die Preisberechnung einer Partei aus irgendwelchen Gründen fehlerhaft war.

Unproblematisch ist der sog. **innere Kalkulationsirrtum**; dem 656
Erklärungsempfänger wird ein bestimmter Preis genannt, der z. B.

27 Mayer-Maly AcP 170 (1970), 133, 165ff. Nachw. auch bei OLG Stuttgart JZ 1987, 571

28 So bejahte etwa das BayObLG (BayObLGZ 1983, 162) die Anfechtbarkeit, wenn die Erbschaft in Unkenntnis des Ausschlagungsrechts stillschweigend angenommen wurde, während dasselbe Gericht (BayObLGZ 1987, 358) die Anfechtbarkeit verneinte, wenn die Erbschaft in Unkenntnis der Ausschlagungsmöglichkeit ausdrücklich angenommen wurde.

29 Vgl. Medicus, AT, Rn 751 (S. 283)

30 Dazu oben Kap. 9 unter 3.3 (Rn 613 ff.)

31 Dazu zuletzt Habersack JuS 1992, 550f.

durch fehlerhafte Addition zustande gekommen ist. Daß ein solcher Vorgang in die Risikosphäre des Erklärenden fällt, wird von niemandem bestritten.[32]

657 Mehr Unsicherheiten schafft der sog. **externe Kalkulationsirrtum**: Dem Empfänger der Erklärung wird die Basis der eigenen Berechnungsweise im einzelnen mitgeteilt. In solchen Fällen ist zunächst zu fragen, was überhaupt Inhalt der Willenserklärung geworden ist. Werden etwa für verschiedene Leistungen Einzelpreise ausgewiesen, beruht jedoch der Gesamtpreis auf einer fehlerhaften Rechenoperation, so gilt die richtige Summe. Bleibt unklar, ob die Einzelposten oder das Gesamtergebnis maßgebend sind, liegt eine in sich widersprüchliche Willenserklärung vor, die keine Rechtsfolgen haben kann.[33] Schließlich ist denkbar, daß der Gesamtpreis die allein maßgebende Erklärung sein soll; für einen die Anfechtung begründenden Inhaltsirrtum besteht dann keine Grundlage.

3.5 Gemeinsamer Motivirrtum

658 Da das BGB die fehlerhafte Willensbildung auf die einzelne Willenserklärung bezieht, enthält es keine ausdrücklichen Regeln darüber, was geschieht, wenn bei zwei (oder mehreren) Vertragsparteien dieselben Fehlvorstellungen bestehen. Ein Fall dieser Art ist uns bereits im Zusammenhang mit der Auslegung begegnet: Meinen beide Seiten dasselbe, geben sie aber eine davon abweichende Erklärung ab, so gilt das in Wirklichkeit Gewollte.[34]

659 Bei anderen Irrtümern würde eine schematische Anwendung des § 119 Abs. 2 zu wenig befriedigenden Ergebnissen führen. Ein nicht unter § 119 Abs. 2 fallender beiderseitiger Motivirrtum wäre unbeachtlich, obwohl es näher beim Parteiwillen läge, würde man ihm Rechnung tragen. Die gesetzliche Regelung, die auf den einseitigen Irrtum und insbesondere auf den Vertrauensschutz des andern Teils abstellt, erscheint hier wenig angemessen.

32 S. statt aller Larenz, AT, § 20 II a
33 Medicus, AT, Rn 759
34 Sog. falsa demonstratio; dazu oben Kap. 9 unter 3.1 (Rn 604)

Als Beispiel diene der sog. Rubelfall:[35] Ein in Rubel gewährtes Darlehen sollte in Mark zurückgezahlt werden; bei der Rückzahlung gingen beide Parteien von einem falschen Umrechnungskurs aus.

Außerdem: Würden im Einzelfall die Voraussetzungen von § 119 Abs. 1 oder Abs. 2 vorliegen, könnte die durch die irrtümliche Annahme benachteiligte Partei nur anfechten, wenn sie gleichzeitig die Ersatzpflicht nach § 122[36] in Kauf nimmt. Angesichts der Gemeinsamkeit der Fehlvorstellungen erscheint dies nicht sachgerecht. 660

Rechtsprechung[37] und Literatur[38] wenden deshalb in diesen Fällen die Grundsätze über die **Anpassung von Verträgen bei fehlerhafter Geschäftsgrundlage** an.[39] Dies besagt, daß das als vereinbart gilt, was beide Parteien ohne ihren Irrtum redlicherweise abgesprochen hätten. 661

Im Rubelfall bedeutet dies, daß der richtige Umrechnungskurs zugrundegelegt wird.

Fällt der fragliche Umstand in die Risikosphäre einer Partei, wird sie von ihrer Leistungspflicht frei. 662

Beispiel:[40] Ein Bundesligaverein bezahlt für einen Spieler an dessen bisherigen Verein eine Ablösesumme. Noch bevor dieser in nennenswertem Umfang für seinen neuen Verein gespielt hat, wird bekannt, daß er in einen Bestechungsskandal verwickelt ist; ihm wird die Fußballerlizenz entzogen. Da beide Vereine davon ausgingen, der Spieler habe mit dem «Bundesligaskandal» nichts zu tun, lag ein gemeinschaftlicher Irrtum vor. Wären die Verhältnisse von Anfang an klar gewesen, hätte es keine Spielerverpflichtung mit Ablösesumme gegeben. Diese war daher zurückzuerstatten.

Dies läuft auf eine Unwirksamkeit des Vertrages hinaus, die als Notlösung immer dann Platz greift, wenn eine Anpassung des Vertrages mindestens einem der Beteiligten nicht zugemutet werden kann.

---

35 RGZ 105, 406

36 Dazu unten 3.6.3 (Rn 670 ff.) Dies gilt jedenfalls dann, wenn der Empfänger der Anfechtungserklärung nicht erkennen konnte, daß der Anfechtende demselben Irrtum erlegen war wie er selbst.

37 Zuletzt BGH NJW 1995, 1428

38 Brox, AT, Rn 426 ff. mwN

39 Dazu im einzelnen unten Kap. 17 unter 6 (Rn 1576 ff.) im Zusammenhang mit anderen Leistungsstörungen

40 Nach BGH NJW 1976, 565

3.6 Die Anfechtung

663 Liegen die Voraussetzungen des § 119 (oder einer Falschübermittlung nach § 120) vor, so kann der Erklärende seine Willenserklärung anfechten. Dies bedeutet, daß er sie rückgängig machen und so seine **Bindung nachträglich beseitigen** kann. Er besitzt insoweit ein Gestaltungsrecht.[41] Wenn er es für sinnvoll hält, kann er auch an der Erklärung festhalten; ob er das eine oder das andere tun will, kann er frei entscheiden.

664 Ob von den Möglichkeiten der §§ 119, 120 in der Praxis häufig Gebrauch gemacht wird, ist – soweit ersichtlich – nicht untersucht. Man kann vermuten, daß **in vielen Fällen andere Wege** gegangen werden: Das Kaufhaus nimmt die Sache sogar bei einem bloßen Motivirrtum des Käufers im Kulanzwege zurück, zwei Unternehmen, die regelmäßig kooperieren, wollen das gute Verhandlungsklima für die Zukunft nicht belasten und suchen nach einer einvernehmlichen Lösung. Dazu kommt, daß es in vielen Fällen schwierig sein wird, im Streitfalle das Vorliegen eines Irrtums zu beweisen.

Beispiel: Der A bestellt schriftlich eine im Schaufenster der Kunsthandlung K stehende blaue Vase und schreibt irrtümlich «1500» statt «500» Mark. Der Anwalt der Kunsthandlung meint im Prozeß, mit solchen Ausflüchten könne jeder kommen, A habe sich nur die Sache nachträglich anders überlegt. A muß beweisen, daß er im Irrtum war; wird das Gericht seiner Ehefrau glauben, die als Zeugin aussagt, ihr Mann sei recht sparsam und schon 500 Mark seien für ihn ein großer Brocken?

In Fällen, wo diese «Anfechtungsbremsen» keine Rolle spielen, gilt folgendes.

3.6.1 Die Anfechtungserklärung

665 Wer eine empfangsbedürftige Willenserklärung anfechten will, muß dies nach § 143 Abs. 1 **gegenüber dem Empfänger** tun. Nach § 143 Abs. 2 Satz 1 ist dies bei einem Vertrag der andere Teil.[42] Der Gebrauch des Wortes «Anfechtung» ist nicht erforderlich; es muß lediglich klar werden, daß der Erklärende von seiner Erklärung loswill.[43]

666 Die Anfechtung muß nach § 121 Abs. 1 Satz 1 **«ohne schuldhaftes Zögern»**, d. h. – wie das Gesetz durch einen Klammerzusatz aus-

41 Zu dieser Kategorie s. oben Kap. 6 unter 5. (Rn 435 ff.)
42 Zu nicht-empfangsbedürftigen Willenserklärungen s. § 143 Abs. 4
43 Medicus, AT, Rn 717

drücklich deutlich macht – «**unverzüglich**» erfolgen, nachdem der Anfechtungsberechtigte von dem Anfechtungsgrund Kenntnis erlangt hat.[44] «Unverzüglich» bedeutet nicht «sofort»; dem Erklärenden steht eine angemessene Überlegungsfrist zu. Ist die Rechtslage kompliziert, kann er sich Rat holen; in der Regel liegt die Obergrenze für das Nachdenken bei einer Frist von zwei Wochen.[45] Wird der Irrtum erst nach Jahren entdeckt, schließt dies die Anfechtung nicht aus; § 121 Abs. 2 zieht erst bei 30 Jahren eine absolute Grenze.

Dem Anfechtungsberechtigen steht es frei, **die anfechtbare** 667
Willenserklärung nach § 144 zu **bestätigen**. Da hierfür keine bestimmte Form vorgesehen ist, reicht eine Erklärung des Inhalts aus, daß man nicht anfechten, sondern es bei dem bisherigen Zustand belassen wolle. Der Sache nach ist dies ein einseitiger Verzicht auf das Anfechtungsrecht.

3.6.2 Wirkung

Durch die Anfechtung wird die Willenserklärung mit **Rückwirkung** 668
(«ex tunc») vernichtet. Dies folgt unmittelbar aus § 142 Abs. 1, der allerdings nicht von der «Willenserklärung», sondern von dem «Rechtsgeschäft» spricht.[46] Damit ist klargestellt, daß die Anfechtungswirkung über die einzelne Erklärung hinausreicht und beispielsweise auch den auf ihr aufbauenden Vertrag hinfällig macht.[47]

Beispiel: X hat dem A ein Angebot zum Verkauf eines Gemäldes zum Preis von 6000 DM gemacht; dies sollte sechs Monate lang gültig sein. Unterstellt, A akzeptiert nach einer Woche, ficht jedoch nach zwei weiteren Wochen erfolgreich an: Die vertraglichen Beziehungen sind damit beendet, A kann nicht nach zwei Monaten sagen, nun komme er doch wieder auf das Angebot zurück.

Insbesondere beim Erklärungsirrtum kann der Fall eintreten, daß **die** 669
andere Seite bereit wäre, **das vom Anfechtenden Gewollte** nachträglich **zu akzeptieren**.

44 Dieser Begriff taucht auch in anderen Zusammenhängen auf; dabei wird immer auf § 121 Abs. 1 zurückgegriffen

45 OLG Hamm NJW-RR 1990, 523

46 Zur Unterscheidung Willenserklärung-Rechtsgeschäft s. oben Kap. 8 unter 2 (Rn 519)

47 Dazu Leenen Jura 1991, 393

Beispiel: Der Besteller ficht an, weil er durch ein Schreibversehen 1000 statt 100 Stück bestellt hatte. Die andere Seite ist bereit, ihm wenigstens 100 Stück zu liefern. Muß er sich darauf einlassen?

Der Text des Gesetzes beschränkt sich auf die Feststellung, daß das Rechtsgeschäft von Anfang an nichtig ist. Dies würde an sich bedeuten, daß keinerlei vertragliche oder vertragsähnliche Pflichten mehr bestehen. Das stünde jedoch im Widerspruch zu dem mittlerweile gewohnheitsrechtlich anerkannten Grundsatz, daß schon durch den Eintritt in Vertragsverhandlungen bestimmte Rücksichtspflichten entstehen, die ihre Rechtsgrundlage letztlich in § 242 BGB haben.[48] Das dort enthaltene Gebot, sich im Geschäftsverkehr an den Grundsatz von **Treu und Glauben** zu halten, **verpflichtet** im konkreten Fall dazu, **zu dem eigentlich Gewollten zu stehen** und auf dieser Grundlage einen Vertrag zu schließen, wenn der andere Teil damit einverstanden ist.[49]

3.6.3 Schadensersatz

670 § 122 verpflichtet den wegen Irrtums oder Falschübermittlung Anfechtenden, dem anderen den Schaden zu ersetzen, den er dadurch erleidet, daß er auf die Gültigkeit der Erklärung vertraut hat. Dieses sog. **negative Interesse** («Vertrauensschaden»)[50] meint insbesondere jene Aufwendungen, die im Vertrauen auf die Gültigkeit der Erklärung gemacht wurden: Der andere Teil hatte Reise- und Notariatskosten oder hat ein anderes Geschäft ausgeschlagen.

671 Die Ersatzpflicht nach § 122 ist unabhängig davon, ob den Erklärenden ein Verschulden trifft oder nicht. Wer sich irrt, wird zwar nicht definitiv an seiner Erklärung festgehalten, muß jedoch die Zeche bezahlen, wenn anderen durch sein Verhalten Nachteile entstehen; schließlich hat er die Ursache für die Vermögenseinbuße des anderen gesetzt.

672 Die Haftung nach § 122 kennt allerdings **zwei** wichtige **Grenzen**.

Zum einen darf der andere Teil nicht besser stehen, als wenn es bei der Erklärung geblieben wäre. Hätte ein bei Nichtabschluß mit einem Dritten getätigtes Geschäft einen höheren Gewinn als das angefochtene gebracht, kann dieser nicht geltend gemacht werden. Der andere soll von dem Irrtum auch nicht profitieren.

---

48 Dazu unten Kap. 12 unter 5 (Rn 914 ff.)
49 MüKo-Kramer § 119 Rn 129; Flume AT, II, § 21, 6; Larenz, AT, § 20 II c
50 Dazu BGH NJW 1984, 1950

Zum zweiten entfällt die Haftung dann, wenn der andere Teil die **Anfechtbarkeit kannte oder kennen mußte**. Ob ein «Kennenmüssen» vorlag, richtet sich nach den Umständen des Einzelfalls; dabei sind alle Indizien zu berücksichtigen, die für und gegen einen Irrtum sprechen könnten. Die Tatsache, daß die «Unaufmerksamkeit» des Erklärungsempfängers dazu führt, daß dieser nicht etwa einen geminderten, sondern gar keinen Ersatzanspruch mehr hat, erklärt sich damit, daß der Anfechtende ohne Verschulden haftet. Im System des BGB ist dies eine Ausnahme, die dann nicht mehr Platz greift, wenn der Geschädigte den Irrtum selbst mitverursacht hat.[51] 673

4 Arglistige Täuschung

Nach § 123 Abs. 1 kann der einzelne seine Erklärung anfechten, wenn er zu ihrer Abgabe «durch arglistige Täuschung bestimmt worden ist». Damit sind insgesamt drei Begriffe angesprochen, deren praktische Handhabung bisweilen Probleme aufwirft. 674

4.1 Täuschung

Wer bewußt bei einem anderen einen Irrtum erregt, «täuscht» ihn. Um welche Art von Irrtum es sich dabei handelt, spielt keine Rolle; «hinters Licht geführt» ist auch derjenige, dem nur ein bestimmtes Motiv aufgeschwatzt wurde. 675

An der Haustür klingelt jemand, der sich als bitterarmer Student ausgibt, dem eben auch noch der Geldbeutel gestohlen wurde. Aus Mitleid wird deshalb die Zeitschrift «Die neue Gartenlaube» abonniert. In Wahrheit handelt es sich um einen alten Gauner.

Dabei müssen immer irgendwelche **Tatsachen vorgespiegelt oder verzerrt dargestellt** werden; bloße subjektive Werturteile und Übertreibungen, wie sie in der Werbung vorkommen, sollen nicht ausreichen.[52] 676

---

51 Anders Medicus, AT, Rn 786 mwN

52 Palandt-Heinrichs § 123 Rn 3

Der Verkäufer meint: Es gibt keinen Hund, der Schappi nicht frißt. Unterstellt, A glaubt dies, kauft fünf Dosen, doch sein Vierbeiner fängt nur an zu knurren: Kann er dann den Kauf wegen arglistiger Täuschung anfechten? Antwort: Nein, die Behauptung des Verkäufers war nur ein höchst subjektives Werturteil.

Im Ergebnis läuft dies darauf hinaus, daß viele Verhaltensweisen nicht unter § 123 Abs. 1 fallen, obwohl **der wenig sachkundige Verbraucher auf den Leim geführt** wurde.[53]

Der Kundin wird gesagt, daß ihr das Kleid hervorragend stehe, obwohl sie darin jeden «verständigen Betrachter» an eine Litfaßsäule erinnert.

677 Eine Täuschung kann auch dadurch begangen werden, daß man den anderen bewußt **nicht über Fehlvorstellungen aufklärt**, die bei ihm vorhanden sind. Wer beispielsweise ein Wohnhaus kauft, rechnet damit, daß dieses auf der Grundlage einer Baugenehmigung errichtet wurde und deshalb nicht vom Abriß bedroht ist. Liegen die Dinge ausnahmsweise anders, muß der Verkäufer darauf hinweisen, sonst liegt eine Täuschung vor.[54]

4.2 Arglist

678 Eine Täuschung ist dann «arglistig», wenn sie bezweckt, den anderen zur Abgabe einer Willenserklärung zu veranlassen.[55] Dabei reicht es aus, daß der Täuschende billigend in Kauf nimmt, seine Behauptung werde eine entsprechende Folge haben.[56] Ist der Getäuschte nach Vorstellung des Täuschenden sowieso zur Abgabe der Willenserklärung entschlossen, fehlt es an der Arglist.

Als die Kundin sich bereits für das Litfaßsäulen-Kleid entschieden hatte, kommt eine weitere Verkäuferin hinzu und erzählt ihr noch einmal, daß sie sich an der Spitze der zeitgenössischen Mode befinde und daß sie mit einem solchen Kleid auch gut in einen «Jaguar» passen würde.

53 Zutreffend Schwab, Einf., Rn 558 ff.
54 BGH NJW 1979, 2243
55 Medicus, AT, Rn 789
56 BGH NJW 1974, 1506; Palandt-Heinrichs § 123 Rn 11

4.3 Kausalität

Die arglistige Täuschung muß effektiv (und nicht nur in der Vorstellung des Täuschenden) zur Abgabe der Willenserklärung geführt haben. Daran fehlt es beispielsweise, wenn die Kundin bewußt ein häßliches Kleid sucht, weil sie es für eine Rolle im Kabarett «Die Mauerblume» braucht. 679

4.4 Anfechtung

Liegen die drei beschriebenen Voraussetzungen vor, kann die Erklärung angefochten werden. Was die Anfechtungserklärung und ihre Wirkung angeht, so gilt dasselbe wie im Falle des Irrtums.[57] Ein wichtiger Unterschied besteht allerdings insoweit, als die Anfechtung nicht «unverzüglich» erfolgen muß; der Getäuschte hat vielmehr nach § 124 eine **Überlegungsfrist von einem Jahr**, die mit der Entdeckung der Täuschung beginnt. Sind 30 Jahre verstrichen, muß nach § 123 Abs. 3 der Mantel des Vergessens auch über die arglistige Täuschung gebreitet werden (Vorsicht, Juristenlyrik!). 680

Anders als im Falle des Irrtums besteht hier keine Ersatzpflicht des Anfechtenden. Im Gegenteil: Dieser kann seinerseits wegen Verschuldens beim Vertragsschluß[58] und wegen vorsätzlicher sittenwidriger Schädigung nach § 826 BGB[59] Schadensersatz verlangen. 681

4.5 Täuschung durch Dritte

Geht die Täuschung von einem Dritten aus, so kann eine empfangsbedürftige Willenserklärung nur dann angefochten werden, wenn **der Adressat die Täuschung kannte oder kennen mußte**. War dies nicht der Fall, bleibt der Erklärende gebunden und kann sich allenfalls überlegen, ob vielleicht auch die Voraussetzungen des § 119 gegeben sind. Ist dies nicht der Fall, soll der Adressat auf den Fortbestand der Erklärung vertrauen können; für ihn macht es keinen Unterschied, wie ein nicht von § 119 erfaßter Irrtum entstanden ist. 682

---

57 Oben 3.6 (Rn 663 ff.)
58 Dazu unten Kap. 12 unter 5.3 (Rn 925 ff.)
59 Dazu Bd. 2 Kap. 8 unter 4 (Rn 1067 ff.)

683 Die **Figur des «Dritten»** wird in Rechtsprechung und Literatur sehr eng ausgelegt; wer im Interesse der einen oder der anderen Seite an den Vertragsverhandlungen beteiligt war, ist nicht Dritter.[60]

Beispiel: Es wird über den Verkauf eines Hausgrundstücks verhandelt. Während einer Pause, in der der Eigentümer einen anderen Termin wahrnehmen muß, sagt seine Frau wahrheitswidrig, es gebe noch einen sehr ernsten Kaufinteressenten. Auch wenn sie keine Vollmacht hatte, war sie nicht «Dritte» im Sinne des § 123 Abs. 2. Anders verhält es sich, wenn z. B. der Notar unrichtige Angaben über Eintragungen im Grundbuch macht.

Auf diese Weise wird vermieden, daß eine Seite bestimmte Personen «vorschickt», die bei der Willensbildung der anderen Seite etwas «nachhelfen», was man im Streitfalle nur schwer beweisen könnte.

5 Widerrechtliche Drohung

684 Nach § 123 Abs. 1 ist die Anfechtung auch zulässig, wenn der Betroffene zur Abgabe seiner Willenserklärung «widerrechtlich durch Drohung bestimmt worden ist.»

5.1 Drohung

685 Von einer «Drohung» spricht man dann, wenn einem anderen ein Übel in Aussicht gestellt wird, das der Drohende herbeiführen kann.

Der eben vom Training aus seinem Fißneßstudio kommende Bodybuilder hält seinem Schuldner die Faust unter die Nase und sagt zu ihm: «Riech mal Friedhof».

Das Übel kann auch von subtilerer Art sein, so, wenn man dem anderen ankündigt, ihn bei der Polizei anzuzeigen, weil er alle seine CDs nach Art eines Jägers und Sammlers in verschiedenen Geschäften hat mitgehen lassen.

686 Eine rechtlich unerhebliche «Warnung» liegt vor, wenn man einen anderen auf ein kommendes Übel hinweist, mit dem man selbst nichts zu tun hat.

---

60 Nachw. bei Palandt-Heinrichs § 123 Rn 13, 14

Keine Rolle spielt, von wem die Drohung ausgeht. Auch wenn der Drohende ein «Dritter» im Sinne des eben Beschriebenen ist, kann angefochten werden, da die Beeinträchtigung der freien Willensbildung hier so stark ist, daß auch der Vertrauensschutz des Adressaten zurückstehen muß.

5.2 Widerrechtlichkeit

Eine Drohung ist dann widerrechtlich, wenn **eine** der folgenden drei Voraussetzungen gegeben ist. 687

– Das angedrohte oder effektiv eingesetzte **Mittel** ist **rechtswidrig**.

Der Betroffene wird verprügelt oder eingesperrt.

Dabei spielt es keine Rolle, ob der Drohende auf die «abgepreßte» Willenserklärung einen Anspruch hat. Auch wenn es nur um die Bezahlung der längst überfälligen Miete geht, ist die Drohung wegen des eingesetzten Mittels rechtswidrig.

– Nicht das Mittel, wohl aber das **Ziel der Aktion** ist **rechtswidrig**. 688
Der Betroffene soll etwa zur Mitwirkung an einer Straftat z. B. zum Befördern von Rauschgift veranlaßt werden. Die praktische Bedeutung dieser Fallgruppe ist gering, da die erstrebte Willenserklärung bereits wegen Verstoßes gegen ein gesetzliches Verbot nach § 134 oder gegen die guten Sitten nach § 138 nichtig ist.[61]

Am wichtigsten ist der dritte Fall: Das eingesetzte Mittel ist zwar 689
rechtmäßig, dasselbe gilt auch für den verfolgten Zweck, doch die **Verknüpfung von beidem** kann von der Rechtsordnung nicht hingenommen werden.

Beispiel: G hat gegen S eine seit einem halben Jahr fällige Forderung auf Rückzahlung eines Darlehens in Höhe von 50000 DM. Er weiß, daß S vor kurzem Verkehrsunfallflucht nach § 142 StGB begangen hat. Nunmehr droht er ihm mit Strafanzeige (ein an sich rechtmäßiges Mittel), wenn nicht bis Ende der folgenden Woche die Schuld beglichen sei (auch dies ein von der Rechtsordnung unterstützter Erfolg). Die Verknüpfung von beidem ist jedoch das, was man umgangssprachlich als «Gemeinheit» bezeichnet und was man im Strafrecht bei dem ähnlich liegenden § 240 StGB als «verwerflich» qualifiziert.

61 Ebenso die Einschätzung bei Palandt-Heinrichs § 123 Rn 20

690 Wann ist unter solchen Umständen eine Drohung noch hinnehmbar? Nach der Rechtsprechung kommt es darauf an, ob der Drohende an der Erreichung eines bestimmten Zwecks ein **berechtigtes Interesse** hat und die **Drohung** nach Treu und Glauben noch als **angemessenes Mittel** zur Erreichung dieses Zwecks anzusehen ist.[62] Dies ist etwa dann anzunehmen, wenn der bei einem Unfall Geschädigte dem Ersatzpflichtigen mit einer Strafanzeige droht, sofern der Schaden nicht schnell und unbürokratisch reguliert werde. Anders verhält es sich in der Regel jedoch dann, wenn man mit Strafanzeige droht, sofern nicht die Angehörigen den Schaden begleichen.[63]

691 Der schwäbische Oberamtsrichter Dodel war bekannt dafür, auch alte Streithähne zu einem vernünftigen Kompromiß zu veranlassen und diesen in der Verhandlung zu protokollieren. Damit war meist der Gerechtigkeit Genüge getan, und er konnte sich das Schreiben eines Urteils sparen. Besonders hartnäckige Parteien mußten sich in die Ecke des Gerichtssaals aufs «Ofenbänkle» setzen. Der dahinter befindliche Kachelofen wurde dann auch im Sommer gewaltig angeheizt; Richter Dodel sagte gebieterisch: «Ihr kommet erscht wieder vor, wenn Ihr einig send.» Nach spätestens einer halben Stunde waren beide weichgekocht. Unterstellt, die Parteien wären rechtskundig gewesen, hätten sie den geschlossenen Vergleich wegen widerrechtlicher Drohung anfechten können? Der Zweck war ja in Ordnung, aber schon das eingesetzte Mittel gab zu erheblichen Bedenken Anlaß…

Die in den 20er Jahren spielende Geschichte[64] ist weniger weit von der heutigen Realität entfernt, als man im ersten Augenblick meinen könnte: Der BGH hatte über den Fall zu entscheiden, daß ein Gericht einer Partei gesagt hatte, wenn sie den vorgeschlagenen Vergleich nicht akzeptiere, verliere sie mit Sicherheit den Prozeß, das Urteil sei bereits geschrieben.[65] Zutreffend wurde eine rechtswidrige Drohung bejaht, da ein Gericht nicht schon vor Ende der mündlichen Verhandlung seine endgültige Entscheidung treffen und die Parteien damit unter Druck setzen darf.

---

62 BGH NJW 1983, 384; BAG NJW 1970, 775

63 OLG Karlsruhe VersR 1992, 703. Weitere Einzelfälle bei Palandt-Heinrichs § 123 Rn 22

64 Setz, Dodeldum. Heitere Anekdoten um den berühmten Oberamtsrichter Dodel, 3. Aufl., Heidenheim 1968, S. 95 ff.

65 BGH NJW 1966, 2399

5.3 Weitere Fragen

Genau wie bei der arglistigen Täuschung muß auch im Rahmen der widerrechtlichen Drohung Kausalität zwischen dem Verhalten des Drohenden und der Abgabe der Willenserklärung bestehen. Auch für die Anfechtungserklärung und den Schadensersatzanspruch gegenüber dem Drohenden gelten dieselben Grundsätze. 692

6 Fehlende Voraussetzungen einer Willenserklärung

Die bisher behandelten Fälle betrafen ausschließlich einen fehlerhaft gebildeten Geschäftswillen. Bei anderen Mängeln ist wie folgt zu verfahren: 693

- **Fehlt** bereits der **Handlungswille**, weil etwa die Erklärung in Hypnose oder von einem Schlafwandler abgegeben wurde, so liegt gar keine Willenserklärung vor.[66]
- **Fehlt** das **Erklärungsbewußtsein**, hätte der Handelnde jedoch erkennen können, daß sein Verhalten als Willenserklärung qualifiziert wird, liegt nach dem oben[67] Gesagten ein Akt vor, der wie eine wegen Irrtums anfechtbare Willenserklärung zu behandeln ist. § 122 BGB findet daher entsprechende Anwendung. 694
- Ist eine **Erklärung ohne den Willen des Erklärenden einem anderen zugegangen**, gilt dasselbe. Aus der Sicht des Empfängers liegt eine Erklärung vor, Dispositionen, die er auf dieser Grundlage trifft, sind nicht mehr und nicht weniger schutzwürdig als die, die aufgrund einer irrtümlich abgegebenen Erklärung vorgenommen wurden. Aus der Sicht des «Erklärenden» besteht gleichfalls kein Unterschied, wenn die Absendung der Erklärung versehentlich erfolgte. 695

---

66 Hübner, AT, Rn 673; Medicus, AT, Rn 606

67 Kap. 9 unter 3.2. (Rn 607 ff.)

Die Hausangestellte bringt den Brief weg, obwohl sich der Erklärende die Sache noch einmal überlegen wollte.

War allerdings vorsätzliches Verhalten eines Dritten im Spiel, der dem Erklärenden schaden wollte, wäre an eine Parallele zur widerrechtlichen Drohung zu denken; in diesem Fall würde die Anfechtung keine Ersatzpflicht nach § 122 BGB auslösen.[68]

7 Sonderregeln für Organisationsverträge und Arbeitsverhältnisse

696 Treten bei einem Vertrag zur Gründung einer juristischen Person[69] bei einzelnen Beteiligten Willensmängel auf, so könnte die Erklärung einer Anfechtung das ganze Werk mit Rückwirkung (§ 142 Abs. 1) zunichte machen. Im Interesse des Rechtsverkehrs hat der Gesetzgeber deshalb in den §§ 275–277 AktG und 75–77 GmbHG etwas Derartiges bewußt ausgeschlossen: ist eine AG oder eine GmbH einmal im Handelsregister eingetragen, ist nur noch eine Nichtigkeitsklage möglich, die auf bestimmte elementare Mängel der Satzung, nicht aber auf fehlerhafte Willensbildung der Gründer gestützt werden kann. Bei Personengesellschaften kann ein Willensmangel nur dazu führen, daß die Gesellschaft für die Zukunft aufgelöst wird; eine rückwirkende Nichtigkeit scheidet aus.[70] Dasselbe gilt nach Antritt der Arbeit für ein Arbeitsverhältnis.[71]

68 Für Gleichbehandlung mit dem Fall des fehlenden Erklärungsbewußtseins Medicus, AT, Rn 266

69 Dazu oben Kap. 5 unter 3.5.4 (Rn 287 ff.) für den e. V.

70 Einzelheiten bei Baumbach-Hopt § 105 Rn 75 ff. mit eingehenden Nachweisen

71 Dazu Däubler, Arbeitsrecht 2, unter 3.7 (S. 144 ff.)

KAPITEL 11: Fehlende Geschäftsfähigkeit

1 Einleitung

Eine Rechtsordnung, die privatautonomen Entscheidungen Verbindlichkeit zuspricht[1], muß dafür sorgen, daß der **Wille** des einzelnen **bestimmten Mindestanforderungen genügt**. Was geschieht, wenn er «fehlerbehaftet» ist, also im Einzelfall vom «Normalen» abweicht, hatten wir im vorigen Kapitel gesehen.[2] Nunmehr soll es um eine ganz generelle Voraussetzung für jede Willenserklärung gehen, um die sog. Geschäftsfähigkeit. Gemeint ist damit die **Fähigkeit, durch eigenes Tun Rechte erwerben und Verpflichtungen eingehen zu können**. 697

Grundsätzlich steht diese «Qualität» jeder natürlichen Person zu. Das BGB nimmt jedoch alle diejenigen aus, die infolge jugendlichen Alters oder geistiger Störungen nicht in der Lage sind, die Bedeutung ihres Tuns zu erkennen und nach dieser Einsicht zu handeln.[3] Dabei unterscheidet es zwischen **geschäftsunfähigen Personen** (deren Willenserklärungen unheilbar nichtig sind) und solchen, denen **«beschränkte Geschäftsfähigkeit»** zukommt. Ihre Erklärungen bedürfen grundsätzlich der Zustimmung des sog. gesetzlichen Vertreters (Eltern, Vormund usw.). 698

Beide Personengruppen sind – wie wir sehen werden – **in sehr strikter Weise geschützt**. Anders als in fast allen anderen Teilen des 699

1 Dazu oben Kap. 8 unter 1 (Rn 502 ff.)
2 Oben Kap. 10 (Rn 620 ff.)
3 Vgl. die entsprechende Umschreibung in § 2229 Abs. 4 Ähnlich Rüthers, AT, Rn 157: Mindestmaß an Urteilsvermögen und Beherrschbarkeit des Erklärungsverhaltens

BGB fragt man nicht nach den besonderen Umständen des Einzelfalls und gewährt dem Vertragspartner auch keinen Vertrauensschutz, selbst wenn er mit gutem Grund davon ausgehen konnte, es mit einer voll geschäftsfähigen Person zu tun zu haben.

Beispiel: Die 17jährige J sieht wie 20 aus; der Verkäufer im Konfektionsgeschäft hat deshalb nicht den geringsten Zweifel an ihrer Volljährigkeit. Dennoch ist der geschlossene Kaufvertrag über ein Kostüm unwirksam, wenn der gesetzliche Vertreter der J nicht zustimmt.

Im folgenden werden zunächst die Bestimmungen abgehandelt, die für geschäftsunfähige Personen gelten (unten 2). Es folgt das etwas kompliziertere Recht der beschränkt Geschäftsfähigen. Dabei werden auch Personen einbezogen, die einen sog. Betreuer haben, der zu bestimmten Rechtsgeschäften seine Einwilligung geben muß (unten 3). Sonderprobleme ergeben sich bei der sog. partiellen Geschäftsfähigkeit, die insbesondere bei der vom gesetzlichen Vertreter gebilligten Aufnahme einer Arbeit eintritt (unten 4). Schließlich ist der Frage nachzugehen, ob und in welchem Umfang die für Willenserklärungen geltenden Grundsätze auch dann anwendbar sind, wenn es um anderes rechtserhebliches Verhalten geht: Gemeint sind damit geschäftsähnliche Handlungen[4], Verfügungen über Persönlichkeitswerte wie etwa die Einwilligung in einen ärztlichen Eingriff, Bereicherungsansprüche sowie unerlaubte Handlungen, die bei entsprechender Handhabung dem Vertragspartner entgegen den §§ 104 ff. einen erheblichen Schutz verschaffen können (unten 5).

2 Die Geschäftsunfähigkeit

2.1 Wann besteht Geschäftsunfähigkeit?

700 § 104 unterscheidet zwei Fälle:

– Nach seiner Nr. 1 ist geschäftsunfähig, wer **das 7. Lebensjahr noch nicht vollendet** hat. Für Genauigkeitsfanatiker: Die Geschäftsunfähigkeit endet am 7. Geburtstag um 0.00 Uhr.

4 Zu diesem Begriff oben Kap. 8 unter 3.2 (Rn 541 ff.)

– Geschäftsunfähig ist weiter nach Nr. 2, «wer sich in einem **die freie Willensbestimmung ausschließenden Zustande krankhafter Störung der Geistestätigkeit** befindet, sofern nicht der Zustand seiner Natur nach ein vorübergehender ist». Wie der Wortlaut deutlich macht, reicht die bloße «krankhafte Störung der Geistestätigkeit» nicht aus; diese muß auch die «freie Willensbestimmung» unmöglich machen.[5] Nicht jede geistige Abnormität führt so zur Geschäftsunfähigkeit; vielmehr muß die Fähigkeit zu eigener Entscheidung aufgehoben sein.[6] Im Streitfall ist ein Sachverständigengutachten einzuholen. 701

Ist der Krankheitszustand Schwankungen unterworfen, kann der Fall eintreten, daß eine konkrete Erklärung in einem Moment abgegeben wurde, als der Betroffene im Besitz seiner geistigen Kräfte war. Hierfür hat sich die Bezeichnung «lucida intervalla» (= **lichte Augenblicke**) eingebürgert. Die in diesem Zeitraum abgegebenen Erklärungen sind wirksam, weil insoweit die Voraussetzungen des § 104 Nr. 2 nicht mehr gegeben sind.

Möglich ist schließlich, daß die Voraussetzungen der Nr. 2 nur in bezug auf einen bestimmten Kreis von Angelegenheiten vorliegen. Man spricht insoweit von **partieller Geschäftsunfähigkeit**. Die Konkretisierung durch die Rechtsprechung ist ein wenig durch Sympathien und Antipathien beeinflußt. 702

Verständnisvolle Richter fand ein 77jähriger Rechtsanwalt, der wegen der Versäumung einer Berufungsfrist so geschockt war, daß er auch den aussichtsreichen Antrag auf sog. Wiedereinsetzung in den vorigen Stand unterließ. Der BGH[7] nahm einen die Voraussetzungen des § 104 Nr. 2 erfüllenden «**Blackout**» an. Eher einem Verständnis für die eigenen Belange der Justiz entspringt es, wenn man auch den «**Querulantenwahn**» unter § 104 Nr. 2 subsumiert: Gerichte und Behörden müssen sich so nicht mehr mit Personen befassen, die sich überall verfolgt sehen und die deshalb alle erreichbaren staatlichen Instanzen mit einer Flut von Verfahren überziehen – oft ist ihnen irgendwann tatsächlich Unrecht geschehen, das dann ein solches Verhalten ausgelöst hat.[8] Auch **krankhafte Eifersucht** soll dazu führen, daß die betreffende Person in dem mit der Ehe oder der Partnerschaft zusammenhängenden Lebenskreis nicht mehr ernst zu nehmen ist 703

5 Dazu BayObLG NJW 1992, 2101
6 BayObLG NJW 1992, 2101
7 BGHZ 30, 112
8 Medicus, AT, Rn 542

und insoweit keine wirksamen Rechtsgeschäfte mehr vornehmen kann.[9]

704 Nichts mit «Krankheit» hat der Fall zu tun, daß ein Mensch **durch die Kompliziertheit einer Angelegenheit überfordert** ist. Ein solcher Sachverhalt kann lediglich dann eine Rolle spielen, wenn zweifelhaft ist, ob Angebote überhaupt akzeptiert wurden oder wenn es um die Kontrolle besonders nachteiliger Abmachungen für den «Schwächeren» geht.

705 Eine Sonderregelung hat der Gesetzgeber bei **Börsentermingeschäften** getroffen; wer sie als Nicht-Kaufmann abschließen will, kann dies nach § 53 Abs. 2 Börsengesetz erst tun, wenn er ausreichend über die damit verbundenen Risiken informiert worden ist.[10]

2.2 Rechtsfolgen

706 Nach § 105 Abs. 1 ist die **Willenserklärung** eines Geschäftsunfähigen **nichtig**. Er kann somit auf rechtsgeschäftlichem Gebiet nicht selbst handeln, was allerdings die Rechtsfähigkeit nicht berührt.[11] Für den Geschäftsunfähigen kann der **gesetzliche Vertreter** Erklärungen abgeben.

Bei ehelichen Kindern sind dies nach § 1629 Abs. 1 Satz 2 die **Eltern** gemeinsam (so daß der Singular «gesetzlicher Vertreter» eigentlich nicht paßt), bei nichtehelichen Kindern ist es nach § 1705 die Mutter. Kinder ohne Eltern erhalten einen Vormund. Geisteskranke müssen durch einen Betreuer vertreten werden.[12]

707 Nichtig ist nicht nur die von einem Geschäftsunfähigen abgegebene Willenserklärung; nach § 131 Abs. 1 kann ihm vielmehr die von einem andern abgegebene Erklärung **auch nicht wirksam zugehen**. Diese ist vielmehr an den gesetzlichen Vertreter zu richten.

---

9 Nachw. bei Palandt-Heinrichs § 104 Rn 6

10 Dazu Schwark, Börsengesetz, § 53 Rn 11 ff.

11 Dazu oben Kap. 5 unter 1.1 (Rn 189)

12 Einzelheiten gehören ins Familienrecht. Dazu Band 2 Kap. 19 unter 2.1.5 (Rn 1730 ff. – Eltern), Kap. 20 unter 2.3 (Rn 1789 – Vormund) und 5.3 (Rn 1814 – Betreuer)

2.3. Der gleichgestellte Fall: Die vorübergehende Störung der Geistestätigkeit

Nach § 105 Abs. 2 ist nichtig auch eine Willenserklärung, «die im Zustande der Bewußtlosigkeit oder vorübergehender Störung der Geistestätigkeit abgegeben wird». Anders als bei § 104 Nr. 2 handelt es sich hier um einen vorübergehenden Zustand; als Beispiele werden **schwere Trunkenheit**, Handeln unter Drogeneinfluß und das «Fieberdelirium» genannt.[13] Über den Wortlaut des § 105 Abs. 2 hinaus ist auch hier zu verlangen, daß die «freie Willensbestimmung» ausgeschlossen ist.[14] 708

Wann ist dieser Zustand bei Alkoholgenuß erreicht? Auch wer nach eineinhalb Flaschen Wein fahruntüchtig ist, kann in der Regel noch entscheiden, ob er weitertrinken, zu Mineralwasser übergehen oder ein Taxi bestellen will. Bei einem Blutalkoholgehalt von 2 Promille nimmt der BGH verminderte Schuldfähigkeit an[15], was jedoch noch nicht die Schwelle des § 105 Abs. 2 erreicht. Diese setzt nach einer in der Literatur verbreiteten Auffassung vielmehr 3 Promille voraus.[16] Rechtsgeschäfte am Biertisch oder in der Weinstube sind unter diesen Umständen risikobehaftetes Tun, da § 105 Abs. 2 **nur in wirklichen Extremfällen** hilft. 709

Diese Einsicht spricht auch aus der (noch heute geltenden) Vorschrift des § 115 a der Gewerbeordnung von 1869, wonach Lohn- und Abschlagszahlungen in Gast- und Schankwirtschaften nicht ohne Genehmigung der zuständigen Behörde erfolgen dürfen.

Der im Gesetzestext verwendete Begriff «Bewußtlosigkeit» ist nicht im medizinischen Sinne einer Ohnmacht zu interpretieren, da es dann schon am «Handlungswillen» fehlen würde; vielmehr gebraucht man statt dessen die **Formel von der «hochgradigen Bewußtseinstrübung»**. Im Einzelfall kann auch hier nur ein Sachverständigengutachten weiterhelfen. 710

§ 105 Abs. 2 macht lediglich die abgegebene Willenserklärung nich- 711

13 Medicus, AT, Rn 544
14 Ebenso schon RGZ 105, 272
15 BGH NJW 1991, 852
16 Palandt-Heinrichs § 105 Rn 2 mwN

tig. Der **Zugang fremder Erklärungen** ist demgegenüber weiterhin möglich, da sich in § 131 keine entsprechende Festlegung findet.[17]

Einem Mieter, der vorübergehend schwere Drogen nimmt, kann daher eine Kündigungserklärung zugehen. Solange sein Zustand andauert, laufen allerdings keine Fristen gegen ihn.

2.4 Vertrauensschutz des Geschäftspartners?

712 Nach allgemeiner Auffassung spielt es keine Rolle, ob der Vertragspartner den Geschäftsunfähigen für geschäftsfähig gehalten hat. Der in anderem Zusammenhang so hochgehaltene Vertrauensschutz[18] hat hier **keinerlei Anerkennung** gefunden. Für den anderen Teil ist dies nicht nur deshalb schmerzhaft, weil ein zunächst als gültig unterstellter Vertrag nachträglich wegfällt. Vielmehr kann auch der Fall eintreten, daß er seine Leistung bereits erbracht hat und diese nicht mehr zurückerhält.

Der ganz normal auftretende Geisteskranke hat den gekauften Wagen gleich mitgenommen und mit einem nicht gedeckten Scheck bezahlt. V kann zwar Herausgabe des Fahrzeugs verlangen, da die Übereignung nach § 105 Abs. 1 nichtig war und er deshalb Eigentümer geblieben ist. Dies nützt ihm aber nicht das geringste, wenn das Auto in der Zwischenzeit nicht mehr auffindbar oder zu Schrott gefahren ist. Selbst strafrechtliche Sanktionen versagen in einem solchen Fall.

713 Die Banken haben versucht, diesen Zustand mit Hilfe ihrer Allgemeinen Geschäftsbedingungen (AGB) zu ihren Gunsten zu verändern und dort in Nr. 23 bestimmt:

«Der Kunde trägt den Schaden, der etwa daraus entstehen sollte, daß die Bank von einem eintretenden Mangel in der Geschäftsfähigkeit des Kunden oder seines Vertreters unverschuldet keine Kenntnis erlangt.»

Damit waren alle Fälle erfaßt, in denen der Bankkunde bei Vertragsabschluß geschäftsfähig war (andernfalls wäre die Klausel ja nicht wirksam), nachträglich jedoch total «durchdrehte» und diese Eigenschaft verlor. Der BGH hat eine solche Klausel zunächst gebilligt[19], Anfang der 90er Jahre jedoch einen andern Standpunkt eingenommen, da sie

17 Hübner, AT, Rn 738; Medicus, AT, Rn 545
18 S. etwa seine Berücksichtigung bei der Existenz und Auslegung einer Willenserklärung – dazu oben Kap. 9 unter 3.1 und 3.2 (Rn 601 ff.)
19 BGHZ 52, 61

gegen § 9 AGB-Gesetz verstoße.[20] Die Literatur hat dem im wesentlichen zugestimmt.[21]

2.5 Wirksamkeit begünstigender Rechtsgeschäfte?

Die Willenserklärungen von Geschäftsunfähigen sind auch dann nich- 714
tig, wenn sie ausschließlich wirtschaftliche Vorteile bringen. Selbst die Auszahlung eines Lottogewinns käme mangels gültigen Vertrags nicht in Betracht. Canaris[22] hat deshalb in der gesetzlichen Regelung einen **unverhältnismäßigen Eingriff in die Privatautonomie** nach Art. 2 Abs. 1 GG gesehen. Andere Autoren verteidigen den Status quo und verweisen darauf, der Gesetzgeber sei zu einer typisierenden Regelung befugt[23]. Für die These von Canaris spricht jedoch die Rechtsprechung des BVerfG. Diese begründet das elterliche Vertretungsrecht mit der fehlenden Selbstbestimmung und Selbstverantwortung minderjähriger Kinder; die gesetzliche Regelung wolle verhindern, «daß Kinder Verträge abschließen, die nicht in ihrem wohlverstandenen Interesse liegen».[24] Um solche Gefahren geht es jedoch gerade nicht, wenn der Geschäftsunfähige ausschließlich begünstigt wird und ein vielleicht heimlich befürchtetes Leben «in Saus und Braus» schon daran scheitert, daß Verfügungen über das Erworbene «rechtlich nachteilig» sind und deshalb der Zustimmung des gesetzlichen Vertreters bedürfen.

Beispiel: Dem Geschäftsunfähigen wird schenkweise ein Bankkonto übertragen oder – bei Kindern realistischer – eine Spielzeugeisenbahn übereignet. Über beides kann das Kind nicht alleine verfügen.

In einem Bereich wird überdies die Grundentscheidung des § 105 715
Abs. 1 schon heute nicht mehr ernst genommen: Beteiligt sich ein Geschäftsunfähiger an der Errichtung einer Handelsgesellschaft, so werden nach der **Lehre von der fehlerhaften Gesellschaft** zwar keine

20 BGHZ 115, 38, 42ff. = BB 1991, 1656. Zu § 9 AGB-Gesetz und anderen Vorschriften zur Inhaltskontrolle Allgemeiner Geschäftsbedingungen s. unten Kap. 15 unter 4.4 (Rn 1404ff.)

21 S. etwa Donath BB 1991, 1881; Rüthers-Franke DB 1991, 1010; ebenso schon vorher AK-BGB-Kohl § 105 Rn 3; zweifelnd jedoch Medicus, AT, Rn 555

22 JZ 1987, 996

23 Ramm JZ 1988, 489; Wieser JZ 1988, 493

24 BVerfGE 72, 155, 172

Pflichten zu seinen Lasten begründet, doch kann er durchaus Ansprüche aus der Gesellschaftserstellung erwerben.[25] Wenn hier eine teleologische Reduktion (= eine vom Zweck her gebotene enge Auslegung) des § 105 Abs. 1 praktiziert wird, warum sollte sie nicht auch in anderen Fällen möglich sein?

3 Die beschränkte Geschäftsfähigkeit

3.1 Personenkreis und inhaltliche Bedeutung

716 Nach § 106 ist ein **Minderjähriger, der das 7. Lebensjahr vollendet hat**, nach Maßgabe der §§ 107–113 in seiner Geschäftsfähigkeit beschränkt. «Minderjährig» ist man nach § 2 BGB bis zur Vollendung des 18. Lebensjahres; bis Ende 1974 lag die Grenze bei 21 Jahren.

717 Beschränkte Geschäftsfähigkeit bedeutet zwei Dinge: Zum einen kann – wie der Relativsatz in § 107 deutlich macht – der beschränkt Geschäftsfähige alle diejenigen Willenserklärungen wirksam abgeben, durch die er «**lediglich einen rechtlichen Vorteil** erlangt». Ist diese Voraussetzung nicht gegeben, kann er zum zweiten zwar selbst handeln, bedarf hierzu jedoch der **Zustimmung seines gesetzlichen Vertreters**. Diese wird der Definition des § 183 Satz 1 entsprechend «**Einwilligung**» genannt, wenn sie vor Vornahme des Rechtsgeschäfts erteilt wurde. Die nachträgliche Zustimmung wird in § 184 Abs. 1 als «**Genehmigung**» bezeichnet.

718 **Erwachsene Personen** sind niemals beschränkt geschäftsfähig, und zwar auch dann nicht, wenn sie unter Krankheiten und Störungen leiden, die ihre rechtsgeschäftliche Handlungsfähigkeit beeinträchtigen. Nach § 1896 Abs. 1 kann jedoch ein **Betreuer** bestellt werden, wenn ein Volljähriger aufgrund einer psychischen Krankheit oder einer körperlichen, geistigen oder seelischen Behinderung seine Angelegenheiten nicht selbst besorgen kann. Das Vormundschaftsgericht, das den Betreuer einsetzt, kann nach § 1903 einen sog. **Einwilli-**

25 Überblick bei AK-BGB-Kohl vor § 104 Rn 11 f.; anders Baumbach-Hopt § 105 Rn 84

gungsvorbehalt vorsehen. Dieser hat – allerdings begrenzt auf den Aufgabenkreis des Betreuers – dieselbe Wirkung wie eine beschränkte Geschäftsfähigkeit, was sich in der Verweisung des § 1903 Abs. 1 Satz 2 auf die §§ 108–113 zeigt. Die folgenden Ausführungen gelten daher grundsätzlich auch für diese Personengruppe; auf Besonderheiten wird im Anschluß hingewiesen.

Soweit kein Betreuer bestellt ist, greifen bei geistigen Störungen lediglich die §§ 104 Nr. 2, 105 Abs. 2 ein – soweit diese Schwelle nicht überschritten ist, bleibt der Einzelne voll geschäftsfähig.

3.2 Willenserklärungen, durch die der Minderjährige «lediglich einen rechtlichen Vorteil erlangt»

3.2.1 Die eindeutigen Fälle

Nach § 107 sind Willenserklärungen eines beschränkt Geschäftsfähigen, durch die er lediglich einen rechtlichen Vorteil erlangt, auch ohne Zustimmung des gesetzlichen Vertreters wirksam. Dies scheint auf den ersten Blick keine besonderen Probleme aufzuwerfen. Der Gesetzestext macht deutlich, daß rein **wirtschaftliche Vorteile nicht genügen**, daß nur ein «Zuwachs an Rechten» gemeint ist. Allein entscheidend ist also, wie sich der Bestand an Rechten des Minderjährigen vor und nach der Transaktion darstellt. Ob ein Geschäft einen (vielleicht sogar «saftigen») Gewinn abwirft, ist völlig unerheblich. Grundgedanke dieser Beschränkung auf das rein Rechtliche ist nach herrschender Lesart, Streitigkeiten über die wirtschaftliche Vorteilhaftigkeit eines Vertrags zu vermeiden.[26] 719

Der 17jährige ersteht für 200 DM eine gebrauchte Motorradkluft, die keinen «Schätzwert» hat. Wirtschaftlich vorteilhaft oder nicht? Eine Entscheidung wäre nicht einfach zu treffen.

Allzu überzeugend ist dieses Argument nicht, weil sich vergleichbare Probleme der Wertbestimmung z. B. im Schadensersatzrecht stellen und dort ohne größere Verrenkungen bewältigt werden.

«Rechtlich nicht nur vorteilhaft» – und auch hier besteht noch Einig- 720

26 Medicus, AT, Rn 560; Schwab, Einf., Rn 626

keit – ist weiter **jedes Geschäft, durch das dem Minderjährigen Pflichten auferlegt werden**, die er mit seinem eigenen Vermögen oder durch Erbringung von Dienstleistungen erfüllen müßte. So verpflichtet der Kaufvertrag zur Zahlung des Kaufpreises, der Mietvertrag zur Zahlung der Miete, der Arbeitsvertrag zur Leistung von abhängiger Arbeit. **Alle gegenseitigen Verträge** können deshalb nur mit Zustimmung des gesetzlichen Vertreters abgeschlossen werden.

3.2.2 Schenkungen mit wirtschaftlichen Nachteilen

3.2.2.1 Die Problematik

721 Was bleibt, sind **unentgeltliche Zuwendungen**, insbesondere Schenkungen. Sie sind durchaus von praktischer Bedeutung. Dabei wird der Durchschnittsmensch an Weihnachten und an den Geburtstag denken, doch geht es primär nicht um die Puppenküche oder das Fahrrad. Wer viel Vermögen hat, insbesondere ein kleineres oder größeres Unternehmen besitzt, wird häufig seinen Kindern Grundstücke, Anteilsrechte oder andere Vermögenswerte übertragen wollen, um so die steuerliche Belastung zu reduzieren.[27] Hier beginnen die Zweifelsfragen.

722 Ist es von Bedeutung, daß auch aus einer Schenkung irgendwann Pflichten und Nachteile entstehen können?[28] Der Schenker gerät beispielsweise selbst in wirtschaftliche Schwierigkeiten und kann deshalb nach § 528 die Rückgewähr des Geschenkten verlangen. Führt diese potentielle Pflicht dazu, daß die ganze Sache nicht mehr nur «rechtlich vorteilhaft» ist? Häufiger wird der Fall eintreten, daß für das geschenkte Hausgrundstück Anliegerbeiträge und Grundsteuern zu bezahlen sind. Weiter ist auch der minderjährige Wohnungseigentümer nicht dagegen geschützt, daß er wegen notwendiger Reparaturen am Gebäude genau wie alle anderen zu einer «Sonderumlage» herangezogen wird. Rechtsprechung und Literatur haben bislang keine einheitlichen und überzeugenden Abgrenzungskriterien entwickelt.

27 Klunzinger, Einf., S. 93. Das Steuerrecht tut sich schwer, solche Vorgänge als Umgehungsgeschäfte zu qualifizieren – der Anteil an der jährlichen Gewinnausschüttung wird ja tatsächlich dem Bankkonto der Kinder gutgeschrieben

28 Vgl. AK-BGB-Kohl § 107 Rn 12

3.2.2.2 Lösungsvorschläge

Beziehen sich die Pflichten allein auf den geschenkten Gegenstand, wird dadurch lediglich dessen Wert gemindert; der «ausschließliche rechtliche Vorteil» wird nicht in Frage gestellt. Er besteht also auch dann, wenn **das geschenkte Grundstück** mit einer Hypothek, einer Grundschuld oder einem Nießbrauch[29] **belastet** ist.[30] 723

Das dem Minderjährigen geschenkte Grundstück ist 300000 DM wert, jedoch mit einer Grundschuld in Höhe von 100000 DM belastet. Rechtlich vorteilhaft, da ein Sachwert in Höhe von 200000 DM zugewendet wird.

Eine solche «Saldierung» wird dann problematisch, wenn der Minderjährige auch persönlich verpflichtet wird. Sind seine Pflichten **im Verhältnis zum Wert** des Gegenstands **von untergeordneter Bedeutung**, so bleibt es beim «rechtlichen Vorteil». Steuern und Anliegerbeiträge sind daher im vorliegenden Zusammenhang ohne Bedeutung. Damit ist zwar ein gewisses wirtschaftliches Element in die Betrachtung einbezogen, doch rechtfertigt sich dies mit dem oben unter 2.5 skizzierten Gedanken, daß es einen übermäßigen Eingriff in die Privatautonomie darstellen würde, wollte man auch wirtschaftlich sehr vorteilhafte Geschäfte im angeblichen Interesse des Minderjährigen für unwirksam erklären. 724

Anders verhält es sich bei einem **Grundstück mit gefährlichen Altlasten**: ihre Beseitigung könnte nicht nur den Grundstückswert aufzehren, sondern das Ganze für den Beschenkten zu einem katastrophalen Verlustgeschäft machen.

Wie sind Pflichten zu beurteilen, deren Erfüllung der Minderjährige verweigern kann, sobald der Wert des Geschenkten aufgebraucht ist? Naheliegend wäre es, genau wie bei einem belasteten Grundstück zu verfahren: im ungünstigsten Fall bleibt für den Minderjährigen nichts übrig, ein Verlustgeschäft ist ausgeschlossen. Dennoch wird eine solche Lösung bislang nicht akzeptiert. 725

Beispiel: Der Beschenkte erhält die Auflage, jeden Monat einen bestimmten Betrag an einen gemeinnützigen Verein zu spenden. Nach § 526 kann er dies verweigern, wenn dadurch der Wert des Geschenks aufgezehrt würde.[31] Gleichwohl wird die

29 Zu diesen Rechten s. oben Kap. 6 unter 2.4.1 (Rn 389ff.)
30 BayObLGZ 1979, 53; Rüthers, AT, Rn 164; Schwab, Einf., Rn 628
31 MüKo-Kollhosser § 526 Rn 4 mwN

726 **Schenkung unter Auflage** allgemein als nicht nur rechtlich vorteilhaft angesehen.[32]

Wird **das gesamte Vermögen des Schenkers** übertragen (was schon bei der Übereignung eines einzigen Grundstücks der Fall sein kann), so haftet der Übernehmer für die Verbindlichkeiten des Schenkers, doch beschränkt sich diese Haftung nach § 419 Abs. 2 auf das übernommene Vermögen. Auch einen solchen Vorgang betrachtet der BGH nicht mehr als «rechtlich vorteilhaft».[33] Dies überzeugt allenfalls dann, wenn man in einer Art «Gesamtschau» berücksichtigt, daß die Haftungsbeschränkung nicht automatisch eintritt, sondern eine eigene Initiative des Minderjährigen oder seines gesetzlichen Vertreters voraussetzt, die wegen irgendeines Mißverständnisses unterbleiben könnte.

727 Der **Erwerb einer Eigentumswohnung** ist dann unbedenklich, wenn keine wesentlich über das Gesetz hinausgehenden Pflichten bestehen.[34] Wenig einleuchtend ist es demgegenüber, wenn die Rechtsprechung den Eintritt des neuen Eigentümers in bestehende Mietverträge nach § 571 zum Anlaß nimmt, ein rechtlich nicht lediglich vorteilhaftes Rechtsgeschäft anzunehmen: Die im Mietvertrag enthaltene Pflicht zur Gebrauchsüberlassung bezieht sich – ähnlich wie ein Nießbrauch – primär auf das Objekt als solches. Auch sollte man nicht ganz außer acht lassen, daß ein vermietetes Grundstück typischerweise mehr Vorteile als Nachteile bringt.[35]

728 Wird eine **Gesellschafterstellung** erworben, die mit einer Haftung gegenüber Gläubigern verbunden ist, liegen demgegenüber die rechtlichen Nachteile auf der Hand. Dasselbe gilt, wenn nach dem Gesellschaftsvertrag bzw. nach der Satzung eine Nachschußpflicht, d. h. eine nachträgliche Leistung von Beiträgen in Betracht kommt. Ist dies ausgeschlossen und besteht – wie beim Gesellschafter einer GmbH oder beim Kommanditisten – auch keine Haftung nach außen, so gibt es gegen die Annahme eines «ausschließlichen rechtlichen Vorteils» keine Bedenken.[36]

---

32 Flume, AT, II, § 13, 7; Rüthers, AT, Rn 164; Schwab, Einf., Rn 627

33 BGHZ 53, 178. Ebenso wird trotz der Möglichkeit zur Beschränkung der Haftung auf den Nachlaß bei der Annahme einer Erbschaft entschieden

34 OLG Celle NJW 1976, 2214; dahingestellt in BGHZ 78, 32, wo bei Existenz wesentlich strengerer Pflichten die rechtliche Vorteilhaftigkeit verneint wurde

35 Anders OLG Oldenburg NJW-RR 1988, 839; AK-BGB-Kohl § 107 Rn 22; Medicus, AT, Rn 564; Palandt-Heinrichs § 107 Rn 4

36 Die überwiegende Auffassung sieht auch dies anders – s. etwa Palandt-Heinrichs § 106 Rn 7; wie hier Medicus, AT, Rn 588

3.2.3 Übereignung mit Erfüllungswirkung?

Sonderprobleme ergeben sich, wenn der Minderjährige einen Vermögensgegenstand erwirbt, durch den eine Verbindlichkeit erfüllt werden soll. 729

Unterstellen wir, der Minderjährige sei Alleinerbe seines Onkels geworden. Zum Nachlaß gehöre auch eine Forderung auf Rückzahlung eines Darlehens in Höhe von 10000 DM gegen den X. Dieser übergibt dem Erben das Geld in Form von lauter frisch gedruckten 100 DM-Scheinen. Der Erwerb der Geldscheine ist – für sich betrachtet – das rechtlich Vorteilhafteste, was dem Minderjährigen passieren kann. Anders ist es allerdings dann, wenn dadurch zugleich die Darlehensforderung hinfällig wird – dies wäre ein deutlicher rechtlicher Nachteil. Die herrschende Auffassung **trennt** deshalb den **Rechtserwerb von der Erfüllungswirkung**: Der Minderjährige wird Eigentümer der Geldscheine, behält jedoch seine Darlehensforderung.[37] Der Zahlende ist in einem solchen Fall darauf verwiesen, das Geleistete als «ungerechtfertigte Bereicherung» zurückzuverlangen[38] – was nach § 818 Abs. 3 dann nicht mehr möglich ist, wenn die Bereicherung inzwischen weggefallen ist.

3.3 Handeln mit Einwilligung

3.3.1 Die Einwilligungserklärung

Sehr viel weniger Probleme wirft der «Normalfall» auf, daß der Minderjährige mit vorher erteilter Zustimmung (= Einwilligung) eine Willenserklärung abgibt, insbesondere einen Vertrag schließt. 730

Nach § 182 Abs. 1 kann die **Einwilligung** dem Minderjährigen gegenüber (**«nach innen»**), aber auch dem künftigen Geschäftspartner gegenüber (**«nach außen»**) erklärt werden. Sie ist ihrerseits eine Willenserklärung und kann ausdrücklich oder konkludent abgegeben werden.[39] 731

Nach § 183 ist sie **bis zur Vornahme des Rechtsgeschäfts wider-** 732

37 AK-BGB-Kohl § 107 Rn 25; Hübner, AT, Rn 709f.; Medicus, AT, Rn 566; Rüthers, AT Rn 165

38 Dazu unten Kap. 18 unter 2 (Rn 1612 ff.)

39 Zu diesen Begriffen s. Kap. 9 unter 1.2 (Rn 578 f.)

ruflich. Der gesetzliche Vertreter soll insoweit genausoviel Entscheidungsfreiheit wie der Minderjährige selbst besitzen, der es sich ja auch bis zum letzten Augenblick anders überlegen und auf den Vertragsabschluß verzichten kann. Probleme ergeben sich dann, wenn die Einwilligung dem künftigen Vertragspartner, der Widerruf jedoch dem Minderjährigen gegenüber erklärt wurde: Mit Recht wird für diesen Fall angenommen, daß der Dritte hier in analoger Anwendung der für Widerruf der Vollmacht geltenden Regeln (§§ 170, 173) Schutz verdient.[40]

3.3.2 Inhaltliche Tragweite

733 Welche Rechtsgeschäfte die Einwilligung im einzelnen abdeckt, kann zweifelhaft sein. Viele neigen dazu, sie **im Zweifel eng auszulegen** und sog. Folgegeschäfte nicht einzubeziehen, obwohl sie dem normalen Lauf der Dinge entsprechen. So ist es zwar noch einsichtig, daß in der Einwilligung zum Erwerb eines Führerscheins nicht auch die Ermächtigung liegt, nach bestandener Fahrprüfung einen Pkw anzumieten[41], doch versteht man nicht so ganz, warum die Einwilligung zur Eheschließung nicht auch den Abschluß eines Mietvertrages über eine Ehewohnung abdecken soll.[42] Erst recht sollte derjenige, der mit Einwilligung seiner Eltern einen CD-Player kauft, das Recht haben, von sich aus eine notwendige Reparatur vornehmen zu lassen.[43] Selbst wenn man die restriktive Haltung der Rechtsprechung teilt, ist es im übrigen nicht ausgeschlossen, nach dem Alter des Kindes zu differenzieren: Was man einem Zwölfjährigen «im Zweifel» nicht gestatten will, wird man bei einem Siebzehnjährigen unter Umständen nachhaltig begrüßen.

Dies gilt etwa für den Reparaturauftrag in bezug auf überlassene Gegenstände. Auch beim Lotteriegewinn (auf den das Reichsgericht die Einwilligung nicht erstreckte[44]) wird man nach dem Alter des Kindes und der Höhe des Betrags differenzieren: Bringt der Einsatz von 5 DM einem Zehnjährigen einen Gewinn von 8000 DM, kann er über diesen nicht frei verfügen, fallen dem Siebzehnjährigen 4000 DM zu, könnte man sehr wohl anders entscheiden.

---

40 Medicus, AT, Rn 576. Zu diesen Vorschriften näher unten Kap. 13 unter 3.4.2 (Rn 999 f.)

41 So BGH NJW 1973, 1790

42 AG Köln FamRZ 1975, 164

43 Anders BGH NJW 1977, 622 für die Autoreparatur durch einen Unfallhelferring

44 RGZ 74, 324

Die Einwilligung kann sich pauschal auf einen größeren Kreis von Rechtsgeschäften erstrecken (sog. **Generaleinwilligung**)[45], doch würde es möglicherweise einen Mißbrauch des elterlichen Sorgerechts darstellen, dem Minderjährigen für alle irgendwie anstehenden Dispositionen freie Hand zu lassen.[46] Anders als in den Fällen der §§ 112, 113[47] bleibt der gesetzliche Vertreter befugt, seinerseits für den Minderjährigen zu handeln und die Einwilligung später wieder einzuschränken oder zurückzunehmen: Am Status als beschränkt Geschäftsfähiger ändert auch eine umfassende Einwilligung nichts. 734

3.4 Konkludente Einwilligung durch Überlassung von Mitteln

Nach § 110 ist der von einem Minderjährigen geschlossene Vertrag auch dann wirksam, wenn er «die vertragsmäßige Leistung mit Mitteln bewirkt, die ihm zu diesem Zwecke oder zu freier Verfügung von dem Vertreter oder mit dessen Zustimmung von einem Dritten überlassen worden sind». Im einzelnen kann man hier verschiedene Fälle unterscheiden. 735

Die Mittel (in der Regel Geld) sind vom gesetzlichen Vertreter **zu einem bestimmten Zweck**, wie z. B. dem Kauf eines Fahrrads, **überlassen** worden. Wird der Kaufpreis von 250 DM sofort in bar bezahlt (mit Mitteln «bewirkt»), so ist der Vertrag wirksam. Wird das Geld für andere Zwecke verwandt, greift § 110 nicht ein. Die konkludent erteilte Einwilligung wird gegenstandslos, wenn der Minderjährige das Geld verliert.[48] Auch deckt sie eine Schwarzfahrt nicht mit ab.[49] 736

Ist das Geld vom gesetzlichen Vertreter **zur freien Verfügung überlassen**, kann der Minderjährige alle nicht völlig aus dem Rahmen fallenden Geschäfte damit tätigen. Auch hier sorgt allerdings der insoweit eindeutige Wortlaut des § 110 dafür, daß nur solche Verträge wirksam werden, bei denen der Minderjährige seine Verpflichtungen voll erfüllt hat. Für einen Kauf auf Raten bedeutet dies, daß auch die 737

45 BGHZ 47, 352, 359
46 Für Unwirksamkeit eines solchen Generalkonsenses Hübner, AT, Rn 722; Pawlowski JuS 1967, 302 ff.
47 Dazu unten 4.3 und 4.4 (Rn 755 ff.)
48 Schwab, Einf., Rn 636
49 AG Hamburg NJW 1987, 448; a. A. AG Köln NJW 1987, 447

letzte Rate bezahlt sein muß.[50] Solange dies nicht der Fall ist, besteht schwebende Unwirksamkeit, [51] es sei denn, die Eltern hätten zusätzlich zur Überlassung des Geldes auch noch ihre Einwilligung zu einem Ratenvertrag erteilt.

738 Erhält der Minderjährige die **Mittel von einem Dritten**, so muß der gesetzliche Vertreter mit ihrer Verwendung einverstanden sein. Andernfalls hätte es jener in der Hand, den Erziehungsstil zu ändern und so den Minderjährigen in seinem Sinne zu beeinflussen.

Die Eltern wollen, daß die Tochter ohne Luxus aufwächst, weil dies im späteren Leben von Vorteil sei. Der mit ihnen verfeindete Vetter V sieht das ganz anders und will der T jeden Monat einen Tausender für Kleidung und «Erhöhung der Lebensqualität» spendieren. Dies sei das Beste, um dem elterlichen Mief endlich zu entkommen.

739 § 110 wird häufig als «**Taschengeldparagraph**» bezeichnet, doch ist er nicht auf das typische Taschengeld beschränkt, sondern erstreckt sich auch auf andere Mittel.

Kontrollfrage: Der siebzehnjährige Schüler S möchte sich gerne ein gebrauchtes Saxophon kaufen. Er weiß, daß seine Eltern der Auffassung sind, die Musik drücke die Noten in Latein und Mathematik. Er fragt sie deshalb gar nicht, sondern spart von seinem Taschengeld insgesamt 150 DM. Als sich eine günstige Gelegenheit zu genau diesem Preis bietet, greift er zu. Ist das Geschäft nach § 110 wirksam?

Auch der vom Taschengeld abgesparte Betrag steht «zur freien Verfügung». Nur wenn die Eltern ausdrücklich die Anschaffung eines bestimmten Gegenstands wie z. B. eines Musikinstruments ausgeschlossen haben, darf das Geld hierfür nicht verwendet werden.

3.5 Handeln ohne Einwilligung

740 Fehlt die Einwilligung des gesetzlichen Vertreters, ergeben sich verständlicherweise eine Reihe beträchtlicher Komplikationen. Das Gesetz unterscheidet insoweit zwischen einseitigen und sonstigen Rechtsgeschäften.

---

50 Medicus, AT, Rn 580; insoweit mißverständlich Hübner, AT, Rn 710, wonach «Kreditgeschäfte» nicht unter § 110 fallen

51 Zur schwebenden Unwirksamkeit s. unten 3.5.2.1 (Rn 743 ff.)

3.5.1 Einseitige Rechtsgeschäfte

741 Handelt der Minderjährige ohne Einwilligung seines gesetzlichen Vertreters, so sind einseitige Rechtsgeschäfte nach § 111 Satz 1 von vornherein unwirksam.

Beispiel: Der minderjährige Hauseigentümer kündigt einem Mieter ohne Einwilligung seiner Eltern.

Hintergrund ist die Überlegung, daß der **Erklärungsempfänger nicht im Ungewissen** bleiben darf, wenn er sich schon die Einwirkung auf seine Rechtssphäre gefallen lassen muß.[52] Dies bedeutet gleichzeitig, daß mit Zustimmung des Betroffenen anders verfahren werden kann; ist er damit einverstanden, daß man zunächst den gesetzlichen Vertreter fragt, so hängt die definitive Wirksamkeit oder Unwirksamkeit des einseitigen Rechtsgeschäfts von der Erteilung oder Verweigerung der Zustimmung ab.[53]

742 § 111 Satz 1 gilt auch für **nichtempfangsbedürftige Willenserklärungen** wie die Auslobung oder das Stiftungsgeschäft.[54] In diesen Fällen scheidet gewissermaßen aus der Natur der Sache heraus eine abweichende vertragliche Vereinbarung aus. Zu ergänzen bleibt, daß der Adressat einer empfangsbedürftigen Willenserklärung **nicht gezwungen** ist, **eine behauptete Einwilligung zu akzeptieren**: Er kann sie sich in schriftlicher Form vorlegen lassen, es sei denn, der gesetzliche Vertreter hätte ihn vorher bereits von seiner Zustimmung unterrichtet (§ 111 Satz 2 und 3).

3.5.2 Andere Rechtsgeschäfte, insbesondere Verträge

3.5.2.1 Der Schwebezustand

743 Bei anderen als einseitigen Rechtsgeschäften, die ohne Einwilligung des gesetzlichen Vertreters vorgenommen wurden, hängt die Wirksamkeit nach § 108 Abs. 1 von der Genehmigung des gesetzlichen Vertreters ab. Wird diese verweigert, ist der Vertrag definitiv unwirksam, wird sie ausgesprochen, ist er von Anfang an wirksam, da sie nach

52 Zu diesem für die Ausübung aller Gestaltungsrechte geltenden Grundsatz s. oben Kap. 6 unter 5 (Rn 436)

53 Vgl. zuletzt BGH NJW 1990, 1721

54 Palandt-Heinrichs § 111 Rn 2

§ 184 Abs. 1 Rückwirkung hat. Solange dies nicht geklärt ist, spricht man davon, der Vertrag sei «schwebend unwirksam».

3.5.2.2 Beendigung durch den anderen Teil

744 Für den Vertragspartner ist der Schwebezustand wenig attraktiv; er hat ein starkes Interesse daran, relativ schnell zu erfahren, ob er denn nun von einem wirksamen Vertrag ausgehen kann oder nicht. Das Gesetz gewährt ihm deshalb zwei Wege, um die Ungewißheit zu beseitigen.

745 Zum einen kann er nach § 108 Abs. 2 Satz 1 **den gesetzlichen Vertreter auffordern**, sich über die Genehmigung zu erklären. Vom Zugang dieser Aufforderung an läuft eine Zweiwochenfrist; geht dem anderen Teil während dieses Zeitraums keine Genehmigung zu, gilt sie nach § 108 Abs. 2 Satz 2 als verweigert. Die Aufforderung macht eine vorher vom gesetzlichen Vertreter gegenüber dem Minderjährigen erklärte oder verweigerte Genehmigung unwirksam; nur so kann für klare Verhältnisse gesorgt werden.

Beispiel: Der sechzehnjährige Schüler kauft für 400 DM ein gebrauchtes Mofa und zahlt aus erspartem Taschengeld 100 DM an. Seine Eltern wußten nichts davon. Etwa eine Woche später finden sie sich aber mit dem «Knatterding» ab und versprechen ihrem Sohn, auch die weiteren Raten zu bezahlen. Die darin liegende Genehmigung wird hinfällig, als der Verkäufer die Eltern anschreibt und auffordert, sich zum Vertrag ihres Sohnes zu äußern. Sie können nunmehr «ja» oder «nein» sagen; vergehen 14 Tage, ohne daß sie sich rühren, gilt die Genehmigung als endgültig verweigert.

746 Die «**Aufforderung**» entfaltet ihre Rechtswirkungen ohne Rücksicht darauf, ob es dem anderen Teil genau darum ging; es handelt sich nicht um eine Willenserklärung, sondern um eine **geschäftsähnliche Handlung**.[55]

747 Der **Vertragspartner** kann zum zweiten den Schwebezustand dadurch beendigen, daß er nach § 109 Abs. 1 BGB dem Minderjährigen gegenüber seine Erklärung und damit den Vertrag **widerruft**. War ihm die Minderjährigkeit bekannt, kann er nur dann widerrufen, wenn der Minderjährige der Wahrheit zuwider die Einwilligung des gesetzlichen Vertreters behauptet hatte. Auch in diesem Fall ist der Widerruf ausgeschlossen, wenn der andere Teil wußte, daß in Wirklichkeit keine Einwilligung vorlag (§ 109 Abs. 2).

55 Zur Abgrenzung s. oben Kap. 8 unter 3.2 (Rn 541 ff.)

3.6 Betreuung mit Einwilligungsvorbehalt

Nach § 1903 Abs. 1 Satz 2 gelten die §§ 108–113 entsprechend, wenn ein Volljähriger einen Betreuer erhalten hat und zugleich angeordnet wurde, daß eine Willenserklärung des Betreuten nur mit dessen Einwilligung wirksam ist. Willenserklärungen, die dem Betreuten lediglich einen rechtlichen Vorteil bringen, sind nach § 1903 Abs. 3 Satz 1 auch ohne Einwilligung des Betreuers wirksam. Eine Abweichung vom Recht der beschränkt Geschäftsfähigen findet sich allerdings in § 1903 Abs. 3 Satz 2: Willenserklärungen des Betreuten über «eine **geringfügige Angelegenheit des täglichen Lebens**» sind immer wirksam, soweit das Gericht nichts anderes angeordnet hat. Erfaßt sind damit insbesondere Käufe von Lebensmitteln, die zum alsbaldigen Verbrauch bestimmt sind, aber auch die Benutzung von Verkehrsmitteln oder der Besuch kultureller Veranstaltungen. Durch das Kriterium der «Geringfügigkeit» ist offen auf ein wirtschaftliches Kriterium abgestellt worden. Eine entsprechende Anwendung auf Minderjährige ab dem 14. Lebensjahr wäre wünschenswert. 748

3.7 Mißbräuchliche Verweigerung der Zustimmung

Bei der Entscheidung über die Zustimmung handeln die Eltern im Rahmen ihres Sorgerechts; dasselbe gilt für einen Vormund oder einen Betreuer. Wird durch eine mißbräuchliche Ausübung dieser Rechtsstellung das körperliche, geistige oder seelische Wohl des Kindes bzw. des Betreuten gefährdet, kann das Vormundschaftsgericht die nötigen Maßnahmen treffen, nach § 1666 Abs. 2 auch Erklärungen der Eltern ersetzen. 749

Die Eltern weigern sich, das Kind zu einem Arzt zu schicken, obwohl es dringend behandlungsbedürftig ist. Hat es bereits einen Arzt aufgesucht, kann das Vormundschaftsgericht den konkludent geschlossenen Vertrag genehmigen. Andernfalls kann es anstelle der Eltern die Einwilligung zu einem künftigen Vertrag erteilen.[56]

56 Für den Vormund gilt nach § 1837 Abs. 4 der § 1666 entsprechend

750 Weitgehende Eingriffsmöglichkeiten eröffnet § 1667 dem Vormundschaftsgericht, wenn der Vater oder die Mutter durch Pflichtverletzungen das Vermögen des Kindes gefährdet. Das **vormundschaftsgerichtliche Verfahren** kann im übrigen **von Amts wegen oder auch auf Initiative des Kindes** oder dritter Personen eingeleitet werden.

751 In Extremfällen kommt ein **Schadensersatzanspruch gegen die Eltern** in Betracht.[57] Ein einklagbares Recht auf Erteilung einer Einwilligung bzw. einer Genehmigung erschiene wenig praktikabel und wird deshalb allgemein abgelehnt.

4 Die partielle Geschäftsfähigkeit

752 In einzelnen Bereichen sieht das Gesetz die Möglichkeit vor, daß Minderjährige unter bestimmten Voraussetzungen wie Volljährige behandelt oder jedenfalls ihrer Rechtsstellung angenähert werden.

4.1 Ehemündigkeit

753 Nach § 1 Abs. 1 EheG tritt die Ehemündigkeit grundsätzlich erst mit der Volljährigkeit ein. Ein Minderjähriger, der **das 16. Lebensjahr vollendet** hat, kann jedoch auf Antrag vom Vormundschaftsgericht für «ehemündig» erklärt werden, wenn sein künftiger Ehegatte volljährig ist (§ 1 Abs. 1 EheG). Auch in einem solchen Fall ist allerdings die Einwilligung des gesetzlichen Vertreters erforderlich; wird sie ohne «triftige Gründe» verweigert, kann sie das Vormundschaftsgericht auf Antrag des Minderjährigen ersetzen.

57 Dazu MüKo-Gitter § 107 Rn 23

4.2 Testierfähigkeit

Minderjährige, die das 16. Lebensjahr vollendet haben, können nach § 2229 ein Testament errichten und benötigen hierfür nicht die Zustimmung ihres gesetzlichen Vertreters. Möglich ist allerdings nur ein sog. öffentliches, kein privatschriftliches Testament.[58] Auch dieses kann nach § 2233 Abs. 1 nur durch mündliche Erklärung vor einem Notar oder durch Übergabe einer offenen Schrift an diesen errichtet werden; die Übergabe einer verschlossenen Schrift ist anders als bei Erwachsenen ausgeschlossen. Auf diese Weise soll sichergestellt werden, daß eine Beratung stattfindet und auch keine sinnlosen oder rechtswidrigen Anordnungen getroffen werden. 754

4.3 Selbständiger Betrieb eines Erwerbsgeschäfts

Nach § 112 kann der gesetzliche Vertreter den Minderjährigen mit Genehmigung des Vormundschaftsgerichts zum «selbständigen Betrieb eines Erwerbsgeschäfts» ermächtigen. Dazu zählt jede selbständige Tätigkeit, **nicht nur ein Gewerbe**.[59] Folge einer solchen Ermächtigung ist, daß der Minderjährige für alle Rechtsgeschäfte unbeschränkt geschäftsfähig ist, welche der Geschäftsbetrieb mit sich bringt. Eine Ausnahme besteht nur bei solchen Verträgen, die nach allgemeinen Grundsätzen der Zustimmung des Vormundschaftsgerichts bedürfen.[60] 755

Durch die Herabsetzung des Volljährigkeitsalters von 21 auf 18 Jahre im Jahre 1974 hat § 112 seine praktische Bedeutung weithin verloren.[61] 756

---

58 § 2247 Abs. 4. Zu diesen Begriffen s. Bd. 2 Kap. 24 unter 2.1 (Rn 1925 ff.)

59 Medicus, AT, Rn 583

60 S. §§ 1643 Abs. 1, 1822 und als Beispiel § 1822 Nr. 3: Abschluß eines Gesellschaftsvertrags, der zum Betrieb eines Erwerbsgeschäfts eingegangen wird

61 Schwab, Einf., Rn 633

4.4 Eingehung eines Arbeitsverhältnisses

757 Nach § 113 Abs. 1 kann der gesetzliche Vertreter den Minderjährigen ermächtigen, «in Dienst oder in Arbeit zu treten». Anders als im Falle des § 112 bedarf er hierfür nicht der Zustimmung des Vormundschaftsgerichts. Als Rechtsfolge tritt auch hier eine **partielle Geschäftsfähigkeit** in bezug auf die Eingehung und Aufhebung eines solchen Vertrages sowie in bezug auf die Erfüllung der sich aus ihm ergebenden Verpflichtungen ein. «Folgegeschäfte» einschließlich der Kündigung sind daher mit erfaßt; dasselbe gilt für den Gewerkschaftsbeitritt.[62] Auch die Einrichtung eines Gehaltskontos sowie Barabhebungen sind möglich, nicht jedoch Überweisungen.[63] § 113 Abs. 4 erstreckt die Ermächtigung auch auf die Eingehung eines neuen Arbeitsverhältnisses. Der Abschluß eines **Ausbildungsvertrags** nach dem Berufsbildungsgesetz soll jedoch **nicht erfaßt** sein.[64] Allerdings wird die Einwilligung in einem solchen Fall einen vergleichbar weitgehenden Kreis von Geschäften erfassen.

758 Nach § 113 Abs. 2 kann der gesetzliche Vertreter die **Ermächtigung einschränken oder zurücknehmen**, ohne dabei (im Unterschied zu § 112) die Zustimmung des Vormundschaftsgerichts zu benötigen. Dabei darf er allerdings nicht gegen übergeordnete Rechtsgrundsätze verstoßen. So wäre es wegen Art. 9 Abs. 3 Satz 2 GG unzulässig, dem Minderjährigen den Gewerkschaftsbeitritt zu verbieten oder – umgekehrt – die Zustimmung zu bestimmten, vom Minderjährigen gewünschten Geschäften von einem Beitritt abhängig zu machen.

759 Da § 113 von «Dienst oder Arbeit» spricht, sind auch **arbeitnehmerähnliche Tätigkeiten** wie die eines Handelsvertreters erfaßt.[65]

760 **§ 113 war in der Vergangenheit heftiger Kritik ausgesetzt**, weil er es dem «Fabrikherrn» erleichterte, dem Minderjährigen ohne die lästige Einschaltung der Eltern die Arbeitsbedingungen zu diktieren.[66] Das läßt sich heute in dieser Form nicht mehr aufrechterhalten; relativ

62 Hübner, AT, Rn 726; Gilles-Westphal JuS 1981, 899 ff.; Schmidt-Brüggemeier, S. 134

63 Medicus, AT, Rn 585

64 Hübner, AT, Rn 726; Medicus, AT, Rn 585; MüKo-Gitter § 113 Rn 7; Palandt-Heinrichs § 113 Rn 2; Schwab, Einf., Rn 633

65 S. die Nachw. bei Palandt-Heinrichs § 113 Rn 2

66 Nachw. bei AK-BGB-Kohl § 113 Rn 1; Schwab, Einf., Rn 633

selbständiges Handeln in einem demokratischer gewordenen Arbeitsleben läßt sich viel eher als Beitrag zur Emanzipation des einzelnen verstehen.[67]

5 Entsprechende Anwendung der §§ 104 ff. auf nichtrechtsgeschäftliches Verhalten?

5.1 Prozeßhandlungen

Nur wer geschäftsfähig ist, kann auch selbst ein Gericht anrufen und im Verfahren Anträge stellen. «Prozeßfähigkeit» und Geschäftsfähigkeit entsprechen sich. § 52 ZPO kleidet dies in die Worte, eine Person sei insoweit prozeßfähig, als sie sich durch Verträge verpflichten könne. Gleichzeitig bedeutet dies, daß die **partielle Geschäftsfähigkeit** nach den §§ 112, 113 auch auf das Verfahrensrecht durchschlägt. 761

Der gekündigte siebzehnjährige Arbeitnehmer kann beim Arbeitsgericht Kündigungsschutzklage erheben, ohne hierfür die Zustimmung seines gesetzlichen Vertreters zu benötigen.

Eine **«beschränkte Prozeßfähigkeit» gibt es nicht**. Auch mit Zustimmung ihres gesetzlichen Vertreters können Minderjährige keinen Prozeß führen. Dies ist vielmehr Sache des gesetzlichen Vertreters selbst. 762

5.2 Geschäftsähnliche Handlungen

Geschäftsähnliche Handlungen wie die Mahnung oder die Mängelrüge nach § 377 HGB unterliegen den §§ 104 ff.[68] Soweit dadurch der Minderjährige lediglich seine rechtliche Stellung verbessert (der Schuldner kommt in Verzug), ist die Zustimmung des gesetzlichen Vertreters 763

67 Differenzierend auch AK-BGB-Kohl § 113 Rn 2, 3

68 Palandt-Heinrichs, Einf. vor § 104 Rn 6; MüKo-Gitter vor § 104 Rn 79

nicht erforderlich. Anders, wenn z. B. eine Mitteilung die Gefahr eines Rechtsverlusts schafft oder vergrößert.[69]

Beispiel (im Vorgriff auf künftige Überlegungen): Zeigt der Gläubiger dem Schuldner an, daß er die Forderung an einen Dritten abgetreten habe, so muß er nach § 409 Abs. 1 dem Schuldner gegenüber die angezeigte Abtretung gegen sich gelten lassen. Leistet der Schuldner an den Dritten, so wirkt dies auch dann gegenüber dem ursprünglichen Gläubiger, wenn die Abtretung in Wirklichkeit unwirksam war. Die Rechtsposition des Gläubigers verschlechtert sich also; deshalb ist die Zustimmung des gesetzlichen Vertreters erforderlich.

5.3 Verfügung über Persönlichkeitswerte

5.3.1 Religionsmündigkeit

764 Nach dem Gesetz über die religiöse Kindererziehung vom 15. Juli 1921[70] kann der Minderjährige ab dem 14. Lebensjahr sein Bekenntnis selbst bestimmen. Vom 12. Lebensjahr an bedarf eine Änderung des Bekenntnisses seiner Zustimmung.

In einem süddeutschen Bundesland soll ein Katholik Polizeipräsident werden. Gegen den in Betracht kommenden Kandidaten K bestehen Bedenken, weil er mit einer Protestantin verheiratet ist und das gemeinsame Kind gleichfalls der evangelischen Kirche angehort. Ein Wechsel des Kindes zur katholischen Kirche würde die Chancen auf Ernennung drastisch erhöhen. Das dreizehnjährige Kind könnte «nein» sagen. Ob hier wohl Recht und Rechtswirklichkeit immer zur Deckung kommen?

5.3.2 Einwilligung in einen ärztlichen Eingriff

765 Auch ohne sondergesetzliche Regelung wird die Anwendung der §§ 104ff. für wenig sinnvoll gehalten, wenn es um die Einwilligung in einen ärztlichen Eingriff geht. Da ein höchstpersönliches Rechtsgut auf dem Spiele steht, sind starre Altersgrenzen wenig sachgerecht; vielmehr kommt es für die Wirksamkeit der Einwilligung allein darauf an, ob die betroffene Person die Tragweite ihrer Entscheidung übersehen konnte.[71] Bei gravierenderen Eingriffen ist daneben auch die Zustim-

69 MüKo-Gitter vor § 104 Rn 79a
70 RGBI 1921, 1263
71 S. die Nachw. bei Palandt-Heinrichs Überblick vor § 104 Rn 8

mung des gesetzlichen Vertreters erforderlich, sofern dieser erreichbar ist.[72] Dieselben Grundsätze gelten für Eingriffe in das Recht am eigenen Bild oder sonstige Persönlichkeitsgüter.[73]

5.4 Realakte

5.4.1 Rechtmäßiges Verhalten

Realakte wie der Eigentumserwerb durch Verarbeitung (§ 950) oder durch Schatzfund (§ 984)[74] setzen keine Geschäftsfähigkeit voraus.[75] Es reicht, daß der Betroffene die in Frage stehenden Handlungen willentlich vornimmt. 766

5.4.2 Unerlaubte Handlungen

Die §§ 104 ff. finden gleichfalls keine Anwendung auf die Begehung unerlaubter Handlungen. In den §§ 827, 828 findet sich vielmehr eine **eigenständige Regelung**. Der wichtigste Unterschied besteht darin, daß Minderjährige zwischen 7 und 18 Jahren für die von ihnen angerichteten Schäden verantwortlich sind, wenn sie bei der Begehung der schädigenden Handlung «die zur Erkenntnis der Verantwortlichkeit erforderliche Einsicht» haben. An die Stelle der schematischen tritt so eine differenzierende, auf die jeweilige Altersgruppe abstellende Regelung. Die praktische Bedeutung kann beträchtlich sein. 767

Der sechzehnjährige K kauft ein Fahrrad für 250 DM, wobei er dem Verkäufer gegenüber wahrheitswidrig behauptet, seine Eltern seien mit dem Kauf einverstanden. Er zahlt 100 DM an und nimmt das Fahrrad mit, das alsbald gestohlen wird. Der Vertrag ist unwirksam, da die Eltern eine Genehmigung verweigern. Der Minderjährige haftet jedoch wegen Betrugs auf Schadensersatz; dieser umfaßt auch den Wert des verschwundenen Fahrrads (s. § 848).

---

72 MüKo-Gitter vor § 104 Rn 88 a. E. S. auch BGH NJW 1972, 335, 337

73 OLG Karlsruhe FamRZ 1983, 742; a. A. OLG München NJW-RR 1990, 1000; dazu auch AK-BGB-Kohl vor § 104 Rn 10

74 Dazu oben Kap. 8 unter 3.3 (Rn 544 ff.)

75 Allgemeine Meinung; s. AK-BGB-Kohl vor § 104 Rn 7

5.4.3 Inanspruchnahme von Leistungen

768 Nimmt ein Minderjähriger bestimmte Leistungen wie die Beförderung mit einer Straßenbahn in Anspruch, so kommt zwar wegen der fehlenden Zustimmung des gesetzlichen Vertreters kein wirksamer Vertrag zustande, doch ist der Minderjährige möglicherweise unter dem Gesichtspunkt der **ungerechtfertigten Bereicherung** nach § 812 Abs. 1 Satz 1 zum Wertersatz verpflichtet. Dieser kann dem vertraglichen Entgelt entsprechen, ihm zumindest nahekommen.[76]

769 Unbefriedigend insoweit der bekannte **Flugreisefall**.[77] Dort hatte sich ein Siebzehnjähriger an Bord eines Flugzeugs geschlichen, das von Hamburg nach New York flog. Die Fluggesellschaft schickte ihn umgehend zurück und verlangte für den Hin- und Rückflug ca. 2200 DM. Der BGH gab der Klage statt, obwohl der «blinde Passagier» keine sonst getätigten Aufwendungen erspart hatte und deshalb bei wirtschaftlicher Betrachtung nicht mehr bereichert war.

770 Der Minderjährigenschutz kann so teilweise – nämlich dort, wo eine Leistung in Anspruch genommen wurde – faktisch ausgehebelt werden. Dies dürfte kaum den Absichten des Gesetzgebers entsprechen, der in den §§ 104 ff. eine so differenzierte und den Minderjährigen vor allen Fährnissen des Wirtschaftslebens bewahrende Regelung getroffen hat.

76 Schwab, Einf., Rn 638
77 BGH NJW 1971, 609

KAPITEL 12: Der Abschluß von Verträgen

1 Die Vertragsfreiheit als Ausgangspunkt

1.1 Das Grundprinzip

Wichtigste Erscheinungsform der Privatautonomie ist die Vertragsfreiheit.[1] Ohne bindende Verträge könnte kein Markt existieren.[2] Gleichzeitig wissen wir, daß Verträge in der Realität **keineswegs generell Ausdruck der Selbstbestimmung beider Seiten** sind. Im Gegenteil: Der Vertrag ist oft für den Stärkeren ein hervorragendes Mittel, um seine Interessen durchzusetzen, kann er sich doch immer darauf berufen, auch der andere sei mit der getroffenen Abmachung einverstanden gewesen.[3] 771

1 Dazu oben Kap. 8 unter 1 (Rn 502ff.)

2 Zutreffend erkannt bei Marx, Das Kapital, MEW Band 23 S. 99: Die Warenbesitzer müssen sich gegenseitig als Privateigentümer anerkennen; jeder darf sich die fremde Ware nur vermittelst eines «beiden gemeinsamen Willensakts» aneignen.

3 S. neben den Ausführungen oben Kap. 8 unter 1 (Rn 502ff.) insbes. Roscher, Vertragsfreiheit als Verfassungsproblem, Berlin 1974. Zur Funktion des Vertrages bildhaft Kahn-Freund (Arbeit und Recht, Frankfurt/Main 1979, S. 4): «Das Recht verdeckt... die Realitäten der Unterordnung unter der begrifflichen Maske des Vertrags, von dem man annimmt, er werde unter Gleichen abgeschlossen.»

1.2 Erscheinungsformen

772 Das Recht, mit anderen Personen Verträge schließen zu können, kennt nach herkömmlichem Verständnis zwei Erscheinungsformen.

773 Zum einen geht es um die «**Abschlußfreiheit**». Sie umfaßt die freie Entscheidung darüber, ob man überhaupt einen Vertrag abschließen und mit wem man dies tun will. Letzteres wird auch als «Partnerfreiheit» bezeichnet. Mit umfaßt ist das Recht, Verträge einvernehmlich wieder aufzuheben («Beendigungsfreiheit»).

Das Recht, dies einseitig – etwa durch Kündigung – zu tun, gehört dagegen nicht hierher: Ob man sich aus einer «lästig gewordenen» oder sehr langfristigen Beziehung wieder lösen kann, ist eine Frage des Vertragsinhalts und damit der Intensität zulässiger Bindung.[4]

774 Zweiter Bestandteil ist die «**inhaltliche Gestaltungsfreiheit**». Die Parteien entscheiden (im Modell) frei darüber, wie sie ihre Beziehungen rechtlich gestalten wollen. Dies wird in § 305 stillschweigend vorausgesetzt. Dort heißt es:

«Zur Begründung eines Schuldverhältnisses durch Rechtsgeschäft sowie zur Änderung des Inhalts eines Schuldverhältnisses ist ein Vertrag zwischen den Beteiligten erforderlich, soweit nicht das Gesetz ein anderes vorschreibt.»

1.3 Überblick über den Gang der Darstellung

775 Im folgenden wird zunächst die gesetzliche Normalform dargestellt, wie Verträge zustande kommen. Was ist ein «**Antrag**», was eine «**Annahme**», sind sie immer formlos gültig? Wie verhält es sich, wenn auf Allgemeine Geschäftsbedingungen (**AGB**) verwiesen wird? Wie sind Lücken im Vertrag zu füllen, was geschieht, wenn nicht über alle Punkte Einigkeit erzielt wurde? Dazu unten 2.

Im modernen «Massenverkehr» wird das Modell von «Antrag und Annahme» auf den Bruchteil einer Sekunde verkürzt und inhaltlich standardisiert.

---

4 Anders MüKo-Kramer Vor § 145 Rn 17

Wenn ich Zigaretten aus dem Automaten hole, finden keine Verhandlungen statt. Wenn ich mich vergreife und statt des «Dufts der großen weiten Welt» nur «Schwarz-Händle» heraushole, ist dies zwar möglicherweise ein Erklärungsirrtum nach § 119 Abs. 1, doch muß man schon ganz gewaltig Lust verspüren, das BGB mal «auszuprobieren», wenn man sich deshalb an den Aufsteller des Automaten wendet.

Dies hat zu Überlegungen geführt, ob **Verträge** nicht auch **durch «sozialtypisches Verhalten»** zustande kommen, das jedenfalls keine Willenserklärungen im klassischen Sinn voraussetzt (dazu unten 3).

Der Schutz des wirtschaftlich Schwächeren wird in einer Reihe von Fällen durch einen sog. **Kontrahierungszwang** sichergestellt: Insbesondere Monopolunternehmen sind verpflichtet, im Rahmen ihrer Möglichkeiten Verträge mit jedem Nachfrager abzuschließen.

Beispiel: Ein im Nahverkehr eingesetzter Omnibus muß im Rahmen seiner Kapazität Fahrgäste mitnehmen, sofern sie das vorgesehene Entgelt bezahlen und auch die übrigen Beförderungsbedingungen akzeptieren.

Welche Fälle hier erfaßt sind, ist nur zum Teil gesetzlich geregelt. Strittig ist insbesondere, ob Derartiges nur bei lebenswichtigen Leistungen gilt und welche Rolle Ausweichmöglichkeiten spielen.

Eine Disco verweigert einem Afrikaner wegen seiner Hautfarbe den Zutritt; andere Discos in derselben Stadt nehmen ihn mit offenen Armen auf. Kann er trotzdem seinen Zutritt zur ersten Disco erzwingen?

Die damit zusammenhängenden Fragen werden unter 4 erörtert.

Wie bereits an anderer Stelle[5] skizziert, bestehen **bei Vertragsverhandlungen ungeschriebene Pflichten** zur Information und Rücksichtnahme. Wie weit sie gehen und welche Sanktionen bei ihrer Verletzung vorgesehen sind, soll uns unter 5 beschäftigen.

5 Oben Kap. 6 unter 3.2 (Rn 422ff.)

2 Angebot und Annahme

776 Schließen – wie in der Regel – zwei Personen einen Vertrag, so wollen sie dadurch bestimmte Rechtswirkungen herbeiführen.

A mietet von B ein möbliertes Zimmer ab 1.4. X tritt eine Forderung an den Y ab.

Die **Willenserklärungen** beider Seiten stimmen in der Herbeiführung des gewollten rechtlichen Erfolgs überein.[6] Dies bedeutet **nicht**, daß sie **inhaltsgleich** wären: Die eine Seite macht ein Angebot, die andere Seite akzeptiert dieses.[7] Sinnvoller sagt man daher, daß sich die Erklärungen «entsprechen».

777 Das Zustandekommen von Verträgen ist in den **§§ 145 ff.** geregelt. Das **BGB** benutzt dabei eine etwas **eigenwillige Terminologie**. Das Angebot der einen Seite («Ich möchte das Zimmer mieten», «Ich möchte mein Fahrrad übereignen») wird «**Antrag**» genannt, ein Wort, das sonst eher aus dem öffentlichen Recht geläufig ist, wo der einzelne einen Paß oder eine Baugenehmigung beantragt.

Der Begriff «Angebot» taucht auch auf, meint dann allerdings etwas anderes: Wer sich zu einer Leistung verpflichtet hat, kann diese dem Gläubiger «anbieten»; nimmt dieser das «Angebot» nicht an, gerät er nach Maßgabe der §§ 293 ff. in sog. Annahmeverzug.

Da die Bezeichnung «Vertragsangebot» jedoch auch in juristischen Texten immer häufiger vorkommt, wird im folgenden von «Angebot» und nicht von «Antrag» die Rede sein. Keine terminologischen Schwierigkeiten macht demgegenüber die Erklärung des Adressaten: Auch das BGB bezeichnet sie als «**Annahme**» bzw. als «**Ablehnung**».

Wann ein Angebot und wann eine Annahme vorliegt, kann im Einzelfall zweifelhaft sein.

6 Schwab, Einf., Rn 431
7 Brox, AT, Rn 78

2.1 Das Angebot

2.1.1 Voraussetzungen eines Angebots

Ein «Angebot» liegt nach allgemeiner Auffassung dann vor, wenn nach dem Willen des Erklärenden das Jawort des Adressaten für das Zustandekommen eines Vertrages genügt. Dies setzt nicht voraus, daß gewissermaßen ein ausgearbeiteter Vertragsentwurf präsentiert werden müßte; es reicht, wenn **die wirtschaftlich wesentlichsten Rechte und Pflichten benannt** sind. 778

Kein Angebot im Rechtssinne liegt deshalb vor, wenn ein Jurastudent, der lieber Theologie studieren möchte, einen Kommilitonen anbietet, er könne den ganzen «Jurakrempel» von ihm kaufen. Es fehlt noch eine Preisangabe; man befindet sich in den allerersten Anfängen von Vertragsverhandlungen.

In Einzelfällen kann es allerdings passieren, daß die Entscheidung z. B. über den Preis bewußt dem Annehmenden überlassen werden soll. Dies ist zulässig; in einem solchen Fall muß er nach § 315 Abs. 3 eine Entscheidung treffen, die der Billigkeit entspricht. 779

Beispiel: Ein Professor für Wettbewerbsrecht wird von einer großen Firma gebeten, die Zulässigkeit einer geplanten Werbekampagne zu begutachten. Die Höhe des Honorars wird in sein Ermessen gestellt.

Abmachungen dieser Art sind jedoch nicht zu vermuten; **fehlen die bei einem bestimmten Vertragstyp zu erwartenden Mindestangaben** wie Leistungsgegenstand und Höhe der Gegenleistung, so liegt kein verbindliches Angebot vor.

2.1.2 Aufforderung, ein Angebot zu machen

An einem Angebot im Rechtssinne fehlt es auch bei den **Auslagen in einem Schaufenster** und bei Versandhauskatalogen. Dies allerdings nicht deshalb, weil hier Leistung und Gegenleistung nicht hinreichend bestimmt wären. Vielmehr könnte der Unternehmer auf der Grundlage eines Angebots in Schwierigkeiten geraten: unter Umständen kämen mehr Verträge zustande als ihm lieb ist, er wäre nicht mehr in der Lage, alle Verpflichtungen zu erfüllen.[8] Auch wenn im Einzelfall diese Gefahr fern liegt, 780

8 Medicus, AT, Rn 360; MüKo-Kramer § 145 Rn 8; Palandt-Heinrichs § 145 Rn 2

das Versandhaus bietet keine sofortige Lieferung, sondern nur eine solche innerhalb von vier Wochen an; die Produzenten sind flexibel und können ihre Kapazitäten kurzfristig erweitern

will sich das Unternehmen im Zweifel nicht binden: Andernfalls könnten Verträge mit Personen zustande kommen, die man nicht als Partner will, weil sie in der Vergangenheit z. B. ihre Zahlungsverpflichtungen nicht erfüllt haben. Es besteht daher eine «Verkehrssitte», Auslagen u. ä. nicht als Angebot zu werten. Im Einzelfall kann jedoch insbesondere bei Bargeschäften anderes gelten.

Der Obsthändler ruft auf dem Markt: Ich habe 20 Kistchen mit Erdbeeren à 5 DM. Wer zuerst kommt, erhält sie zu diesem Preis.

781 Unterschiedliche Auffassungen werden zu der Frage vertreten, ob das **Aufstellen von Waren im Selbstbedienungsladen** bereits ein Angebot darstellt oder ob es sich insoweit wie mit den Schaufensterauslagen verhält.[9] Das Argument der nicht ausreichenden Kapazitäten zählt hier nicht, da mit der Wegnahme des letzten Stücks auch kein «Angebot» mehr da wäre. Auch handelt es sich um Barkäufe, so daß eine Verweigerung des Vertragsabschlusses wegen mangelnder Kreditwürdigkeit nicht in Betracht kommt. Immerhin kann es auch hier Fälle geben, in denen der Verkäufer in durchaus nachvollziehbarer Weise keinen Vertragsschluß wünscht.[10]

Beispiel: X hat schon fünfmal im Selbstbedienungsladen des E etwas mitgehen lassen und wurde jedes Mal erwischt. E hat dem X «Hausverbot» erteilt und will auf keinen Fall mehr Verträge mit ihm abschließen.

Dazu kommt, daß der Kunde die Befugnis hat, die vom Regal genommene Ware wieder zurückzulegen; bei weniger entschlußfreudigen Käufern würde dies zu der nicht sehr lebensnahen Vorstellung dauernd abgeschlossener und wieder aufgelöster Verträge führen. Es spricht daher mehr dafür, den Vertrag erst dann als zustande gekommen anzusehen, wenn der Kunde die Ware an der Kasse vorgezeigt und die dort tätige Person den Preis eingetippt hat.

782 Die Auslagen im Schaufenster, die Angaben im Katalog und die Waren im Supermarkt sind «Aufforderungen» an einen unbestimmten Personenkreis, in Vertragsverhandlungen einzutreten, also selbst ein

9 Nachw. bei MüKo-Kramer § 145 Rn 8 Fn 34, 35; offengelassen in BGHZ 66, 51, 55
10 Ist der Käufer auf die Leistung angewiesen, kommt allerdings ein Kontrahierungszwang in Betracht (dazu unten 4; Rn 890ff.)

Angebot zum Abschluß eines Kaufvertrags zu machen. Man spricht insoweit üblicherweise von einer **invitatio ad offerendum** (lat.: Einladung, ein Angebot zu machen).

Die Tatsache, daß es sich um bloße Aufforderungen handelt, nimmt 783
ihnen nicht jede rechtliche Bedeutung. Kommt es zum Vertragsschluß, so werden die in der «invitatio» enthaltenen Angaben **Vertragsinhalt**. Außerdem begeht ein Gewerbetreibender unlauteren Wettbewerb, wenn er über einen Einzelfall hinaus nicht bereit ist, die ausgestellten oder angepriesenen Stücke zu dem genannten Preis zu verkaufen.[11] Auch ist das öffentlich-rechtliche Gebot zur Preisauszeichnung nicht vom Vorliegen eines Angebots im Rechtssinne abhängig.[12]

Für den Sonderfall der **Versteigerung** bestimmt § 156, daß nicht 784
das Ausrufen («500 DM zum ersten»), sondern erst das Gebot eines Bieters als Angebot gilt.

Kontrollfrage: Stellen die Zigaretten im Automaten ein konkludent abgegebenes Angebot dar? Der Automatenaufsteller will sich hier keinerlei Entscheidungsfreiheit mehr vorbehalten; wenn das Geld stimmt, ist es ihm völlig gleichgültig, ob ein Mafioso oder eine katholische Krankenschwester ein Päckcken zieht. Angebot deshalb zu bejahen, solange ersichtlich noch Zigaretten da sind – doch könnte man im Ernstfall einer Klausur nichts falsch machen, weil auch die Gegenauffassung vertreten wird.[13]

2.1.3 Bindung an das Angebot

Nach § 145 ist der «Antragende», d. h. der, der das Angebot macht, an 785
dieses gebunden. Er kann also nicht einfach zwei Stunden später das Gegenteil erklären oder sich mit dem Ausruf «April, April» aus dem geschäftlichen Kontakt verabschieden.

2.1.3.1 Wann beginnt die Bindung?

Da das **Angebot** einem anderen gegenüber abgegeben wird, stellt es 786
eine **empfangsbedürftige Willenserklärung** dar. Unter Abwesenden muß die Erklärung daher nach § 130 Abs. 1 Satz 1 zugehen, um wirksam zu sein.[14] Zu beachten ist dabei die Vorschrift des § 130 Abs. 1 Satz 2, wonach der Zugang (und damit auch die Existenz eines Ange-

11 Baumbach-Hefermehl, § 1 UWG Rn 13
12 BGH NJW 1980, 1388
13 Wie hier Schwab, Einf., Rn 480; a. A. Medicus, AT, Rn 762
14 Zu den Voraussetzungen des Zugangs s. im einzelnen oben Kap. 9 unter 2.1 (Rn 590 ff.)

bots) dadurch vereitelt werden kann, daß dem Empfänger vorher oder gleichzeitig ein **Widerruf** zugeht. Unter Anwesenden gelten die oben Kap. 9 unter 2.2 (Rn 596f.) skizzierten Grundsätze; ein Widerruf scheidet hier in aller Regel aus.

2.1.3.2 Wie lange dauert die Bindung?

787 Die Bindung bringt den Adressaten in eine recht angenehme Situation; er kann wählen, ob er «zugreifen» will oder nicht. Insbesondere bei Gütern mit schwankenden Preisen kann sich das Zuwarten lohnen: Findet man in der Zwischenzeit etwas Preiswerteres, gibt man dem Anbietenden eben einen Korb. Das Gesetz hat dem in folgender Weise Rechnung getragen:

788 – Der «Antragende» kann die Bindung **an eine bestimmte Frist knüpfen**.

Der X verpflichtet sich am 15.1., 50 VW-Aktien zum Kurs von 550 bis einschließlich 31.3. zu verkaufen. Er räumt einem anderen – wie die Banker sagen – eine Kaufoption ein, für die der andere (der «Chance» wegen) eine Prämie bezahlt. Bleibt der Kurs unter 550, behält X die Prämie, andernfalls ist er ggfs. seine Papiere los.

Eine Bindungsfrist kann – wie in dem vorliegenden Fall – **ausdrücklich** erklärt sein, so daß sich keine zusätzlichen Probleme ergeben. Wollte man sie aus den Umständen rückschließen, würde dies auf die Zuwendung eines unentgeltlichen Vorteils an den Empfänger hinauslaufen – wie das Beispiel zeigt, kommt der Möglichkeit, während einer bestimmten Zeit eine Ware zu einem bestimmten Preis zu kaufen, durchaus Geldwert zu.[15] Von einem entsprechenden Willen ist im Zweifel aber nicht auszugehen – Schenkungen macht man sich in der Familie, nicht aber im Wirtschaftsleben.[16]

789 – **Ohne Fristbestimmung** gilt **unter Anwesenden** § 147 Abs. 1: Das Angebot kann nur sofort angenommen werden. Dies gilt auch dann, wenn man mit dem anderen oder seinem Stellvertreter telefoniert. «**Sofort**» bedeutet, daß nach Abschluß der Verhandlungen das Angebot erlischt; ist nichts anderes vereinbart, gilt dies auch dann, wenn der andere Teil verspricht, in ein paar Stunden wiederzukommen.

---

15 Vgl. Medicus, AT, Rn 370

16 Heck, Schuldrecht, S. 289: Die Schenkung ist als «Altruist in einer Welt von Egoisten» ein Fremdkörper in der Marktwirtschaft

– Bei **Angeboten gegenüber Abwesenden** gilt § 147 Abs. 2. Danach kann das Angebot nur bis zu dem Zeitpunkt angenommen werden, in welchem der «Antragende» den Eingang der Antwort unter regelmäßigen Umständen erwarten darf. Soweit nicht per Telefax oder e-mail kommuniziert wird, sind daher die **Postlaufzeiten** einzurechnen; außerdem ist dem Empfänger eine **angemessene Überlegungsfrist** einzuräumen. Wie lange diese ist, läßt sich nicht abstrakt bestimmen; sie hängt u. a. von der Größe des Geschäfts und der Kompliziertheit der vorgeschlagenen Regelungen ab. Sind dem Antragenden Tatsachen bekannt, die einer schnellen Reaktion des Adressaten entgegenstehen, verlängert sich die Bindung entsprechend. 790

Der Anbietende weiß, daß der Vereinsvorstand nicht selbst entscheiden kann, sondern einen Beirat fragen muß, der nur einmal im Monat tagt.

2.1.3.3 Ende der Bindung

Die Bindung an den Antrag erlischt unter folgenden Voraussetzungen: 791

– Der Adressat **lehnt das Angebot ab** (§ 146). Damit sind die Vertragsverhandlungen fürs erste gescheitert; es liegt im freien Belieben der Beteiligten, ob sie auf die Angelegenheit zurückkommen und z. B. über ein verändertes Angebot verhandeln wollen.

– Der Adressat läßt die ihm vom «Antragenden» eingeräumte oder die ihm nach § 147 zustehende **Frist verstreichen**, ohne die Annahme zu erklären. Auch in diesem Fall ist kein Vertrag zustande gekommen. 792

Eine erst **nach Ablauf der Frist erklärte Annahme** gilt nach § 150 Abs. 1 als «neuer Antrag»: Der Adressat ist nunmehr derjenige, der allein noch am Vertragsabschluß interessiert ist. 793

A bietet dem B am 15. 2. ein gebrauchtes Klavier für 1000 DM zum Kauf an. B soll sich die Sache bis 28. 2. überlegen können. Am 4. 3. schreibt B an A einen Brief, daß er das Angebot gerne annehme. Mit dem Ablauf des 28. 2. war das Angebot des A nach §§ 146, 148 (lesen!) erloschen. Ein Vertrag konnte daher nicht mehr zustande kommen. Konsequenterweise ist daher das Schreiben des B nach § 150 Abs. 1 als neues Angebot zu werten. Nunmehr besitzt A eine angemessene Überlegungsfrist, um sich schlüssig zu werden, ob er darauf eingehen will. Hat er am 2. 3. bereits einen anderen Interessenten gefunden, ist er froh, daß er dem B nunmehr jederzeit absagen kann, ohne irgendwelche Nachteile befürchten zu müssen.

Sonderprobleme ergeben sich, wenn die **Annahmeerklärung** zwar rechtzeitig abgesandt wurde, aber **zu spät beim «Antragenden» eintraf**. Hier bestimmt § 149, daß der «Antragende» den verspäteten 794

Zugang «unverzüglich»[17] dem anderen Teil mitteilen muß. Sonst gilt der Vertrag als zustande gekommen.

§ 149 Satz 2 drückt dies mit den Worten aus: «Verzögert er die Absendung der Anzeige, so gilt die Annahme als nicht verspätet.» Eine rechtzeitige Annahme bringt aber ersichtlich den Vertrag zustande.

2.1.3.4 Lossagung von der Bindung?

795 Was geschieht, wenn sich während der Bindungsfrist die Umstände ändern? Darf man dann das Angebot widerrufen? Das OLG Düsseldorf läßt bei langfristiger Bindung eine **Kündigung aus wichtigem Grund** zu;[18] immer dann, wenn man sich sogar vom fertigen Vertrag lösen könnte, muß man auch das bindende Angebot widerrufen können.[19]

2.1.3.5 Ausschluß der Bindung

796 Nach § 145 kann der Erklärende die Gebundenheit an den Antrag von vornherein ausschließen. Dies geschieht durch unterschiedliche Formulierungen, etwa durch Gebrauch der Worte «**freibleibend**», «ohne Obligo», «unverbindlich» usw. Nach den Umständen bestimmt sich, ob überhaupt ein Angebot (oder nur eine invitatio ad offerendum) vorliegt.[20]

797 Handelt es sich um ein solches Angebot minderer Art und Güte, so kann es nach verbreiteter Auffassung sogar noch unmittelbar **nach Zugang der Annahmeerklärung widerrufen** werden.[21] Dies erschien insoweit höchst angreifbar, als in diesem Zeitpunkt ja gar kein «Angebot» mehr, sondern bereits ein Vertrag vorliegt. Läßt man auch jetzt noch den Widerruf zu, so kann man fairerweise nicht mehr von einem «Angebot» sprechen; vielmehr liegt nur eine Art freiwillige Gebundenheit in dem Sinne vor, daß man auf Annahmeerklärungen unverzüglich reagieren muß, weil sonst ein Vertrag zustande kommt. Eine solche Gestaltung ist zwar rechtlich möglich, verträgt sich aber schlecht mit dem Begriff «Angebot».

---

17 Zu diesem Begriff s. oben Kap. 10 unter 3.6.1 (Rn 666)
18 OLG Düsseldorf NJW-RR 1991, 311
19 Vgl. Medicus, AT, Rn 369
20 Einzelheiten bei Lindacher DB 1992, 1813 f.
21 Zum Diskussionsstand s. MüKo-Kramer § 145 Rn 6

In einem vom BGH entschiedenen Fall[22] hatte eine Fluggesellschaft einem Touristikunternehmen ein Flugzeug unter Verwendung der Worte «freibleibend entsprechend unserer Verfügbarkeit» angeboten, das dieses im Antwortschreiben für einen bestimmten Tag reserviert hatte. Es lag ein Angebot mit Widerrufsvorbehalt vor; die Frage, ob der Widerruf auch noch nach Zugang der Annahmeerklärung des Touristikunternehmens möglich gewesen wäre, ließ der BGH dahinstehen, da ein solcher Widerruf nicht erfolgt war. Immerhin hätte der Vorbehalt der «Verfügbarkeit» hier für ein Widerrufsrecht sprechen können.

2.2 Die Annahme

2.2.1 Der Normalfall

Genau wie das Angebot ist auch die Annahme eine empfangsbedürftige Willenserklärung. Inhaltlich ist sie **einfacher strukturiert als das Angebot**: Sie verweist gewissermaßen nur auf dieses, da sie es übernimmt und zum Vertragsinhalt macht. Geht die Annahmeerklärung darüber hinaus, ändert sie ihren Charakter; nach § 150 Abs. 2 gilt «**eine Annahme unter Erweiterungen**, Einschränkungen oder sonstigen Änderungen als Ablehnung verbunden mit einem neuen Antrage». 798

A bietet dem B einen Gebrauchtwagen zu 3000 DM «zuzüglich 15% MWSt» an. B schreibt zurück: «Ich kaufe das Fahrzeug, jedoch bin ich nicht mehrwertsteuerpflichtig.» Den Umständen nach ist dies so auszulegen, daß B die Mehrwertsteuer nicht bezahlen will; er hat also das Angebot nur mit Einschränkungen angenommen, so daß § 150 Abs. 2 eingreift.

2.2.2 Annahmeerklärung ohne Zugang

In vielen Fällen würde es als überflüssig und störend empfunden, käme der Vertrag erst mit Zugang der Annahmeerklärung zustande. 799

Die juristische Fachbuchhandlung B übersendet der Universitätsbibliothek alle Neuerscheinungen. Der Bibliothekar schickt die «uninteressanten» zurück, die anderen werden mit einer Signatur versehen und am Ende des Monats bezahlt.

§ 151 Satz 1 sieht deshalb vor, daß ein Vertrag auch dann zustande kommt, wenn der «Antragende» darauf verzichtet hat, daß die Annahme ihm gegenüber erklärt wird, oder wenn eine solche Erklärung nach der Verkehrssitte nicht zu erwarten ist. Entbehrlich wird in einem

22 BGH NJW 1984, 1885

solchen Fall nicht etwa die Annahmeerklärung als solche, sondern lediglich ihr Zugang an den «Antragenden».[23]

800 Im täglichen Leben ist wichtigster Anwendungsfall des § 151 die **unbestellte Zusendung von Waren**: Durch sie gibt der Absender eindeutig zu erkennen, daß er auf einen Zugang der Annahmeerklärung verzichtet.

Der Verlag Lu. versendet an eine Reihe von Personen eine Loseblattsammlung zum Asylverfahrensrecht und legt ein Überweisungsformular bei. Im Begleitschreiben heißt es, mit der Bezahlung sei der Adressat in den Kreis derjenigen aufgenommen, die automatisch die Ergänzungslieferungen (natürlich gegen Entgelt!) erhalten.

In solchen Fällen kommt der Vertrag dadurch zustande, daß der Empfänger die übersandte Sache in Gebrauch nimmt oder auf andere Weise deutlich macht, daß er sie behalten will. Fehlt es an einer solchen «**Annahmebetätigung**», ist kein Vertrag zustande gekommen. Der Absender kann die Sache auf seine Kosten wieder abholen; der Empfänger ist zu keinerlei Aktivitäten verpflichtet.

Im obigen Beispiel hatte der Verlag geschrieben, wer die Sammlung nicht wolle, könne sie mit dem Vermerk «Porto zahlt Empfänger» zurückschicken. Dazu ist niemand verpflichtet.

Ist nicht mit einer Abholung zu rechnen, kann die Sache weggeworfen werden; andernfalls muß man sie einige Zeit aufbewahren.[24]

801 Insbesondere für ehrliche Menschen stellt sich das Problem, ob eine nach § 151 zum Ausdruck gebrachte **Annahme** zumindest innerhalb bestimmter zeitlicher Grenzen **widerruflich** ist. Dafür spricht, daß im Normalfall einer unter Abwesenden abgegebenen Annahmeerklärung nach § 130 Abs. 1 Satz 2 ein Widerruf bis zum Zeitpunkt des Zugangs möglich wäre. Eine nach § 151 «verkürzte» Willenserklärung könnte aber kaum zu einer stärkeren Bindung führen.[25] Dem ist in der Tat, im Ergebnis zuzustimmen: Solange die Annahmeerklärung dem «Antragenden» nicht zur Kenntnis gekommen ist und die Ingebrauchnahme der Sache auch keinen irreparablen Zustand geschaffen hat, wird keinerlei Vertrauen des Absenders enttäuscht, wenn die Annahmeerklärung wieder rückgängig gemacht wird.

23 Eingehend P. Bydlinski JuS 1988, 36
24 Zum Ganzen s. die Nachw. bei Palandt-Heinrichs § 145 Rn 10
25 Dazu insbes. P. Bydlinski JuS 1988, 38, auch zum folgenden

Das unaufgefordert zugesandte Buch wird gelesen, aus den Gläsern wird getrunken. Weniger ehrliche Menschen würden notfalls bestreiten, überhaupt etwas Derartiges getan zu haben.

Schweigen gilt nur ausnahmsweise als Willenserklärung und damit als Annahme; wann dies der Fall ist, wurde schon an anderer Stelle geschildert.[26] 802

2.3 Formvorschriften

2.3.1 Die grundsätzliche Formfreiheit und ihre Ausnahmen

Das BGB geht unausgesprochen davon aus, daß Willenserklärungen (und deshalb auch Verträge) in der Regel formlos gültig sind. Nur so ist es verständlich, daß es z. B. auch konkludente Willenserklärungen gibt.[27] 803

Für bestimmte Willenserklärungen und Verträge macht das Gesetz **Ausnahmen**. Diese finden sich konsequenterweise **nicht im Allgemeinen Teil**, der sich in den §§ 125–129 darauf beschränkt, im einzelnen zu definieren, wie bestimmte an anderer Stelle vorgeschriebene Förmlichkeiten zu verstehen sind. 804

Den Vertragsparteien steht es frei, von sich aus die Einhaltung einer bestimmten Form zu vereinbaren. Man spricht insoweit von **«gewillkürten» Formerfordernissen.** 805

Obwohl die Gründung einer Gesellschaft bürgerlichen Rechts formlos möglich ist, gehen die drei Beteiligten zu einem Notar, um sich auf diese Weise beraten zu lassen und mißverständliche Formulierungen im Gesellschaftsvertrag zu vermeiden.

In der Praxis unterscheidet man **«einfache» und «qualifizierte» Schriftformklauseln**. Im ersten Fall heißt es etwa «Änderungen dieses Vertrages bedürfen der Schriftform», im zweiten «Vertragsänderungen und Nebenabreden, auch bezüglich dieses Formerfordernisses bedürfen der Schriftform». Die zweite Formulierung will offensichtlich der Gefahr Rechnung tragen, daß nicht nur der Vertrag, sondern gleichzeitig auch die Schriftformklausel mündlich verändert wird. 806

26 Oben Kap. 9 unter 3.3 (Rn 613 ff.)

27 Dazu oben Kap. 9 unter 1.2 (Rn 578 ff.)

807 Die gesetzlichen Formgebote sind an bestimmten Objekten (z. B. bedürfen Verträge über Grundstücke nach § 313 der notariellen Beurkundung) und an bestimmten Vertragstypen orientiert (die Übernahme einer Bürgschaft bedarf nach § 766 der Schriftform). Ein wenig irrational erscheint, daß es **keine Wertgrenze** gibt; so kann man ein Aktienpaket im Wert von 40 Mio. DM formlos verkaufen, während man bei der Übertragung von wenigen Quadratmetern eines Grundstücks den Notar bemühen muß.

2.3.2 Zweck von Formvorschriften

808 Soweit Formvorschriften eingreifen, verfolgen sie unterschiedliche Zwecke, die im Einzelfall durch Auslegung ermittelt werden müssen. Häufig geht es um einen **Schutz vor Übereilung**,

deshalb muß z. B. ein Schenkungsversprechen nach § 518 Abs. 1 Satz 1 notariell beurkundet werden, während die sofort vollzogene Schenkung formlos gültig ist: Wer die Sache gleich weggibt, wird es sich schon überlegt haben

doch spielt auch die **Vermeidung von Zweifelsfragen** und Rechtsunsicherheit eine Rolle, die bei mündlichen Erklärungen auch unter gutwilligen Menschen unschwer auftreten können. Schließlich geht es darum, durch Einschaltung eines Notars eine **sachkundige Beratung** sicherzustellen.

Alle drei Funktionen liegen der Vorschrift des § 313 Satz 1 zugrunde.

Daneben können Formvorschriften auch den Zweck verfolgen, den Finanz- und Kartellbehörden einen besseren Zugriff zu ermöglichen.

809 Sind von einem Rechtsgeschäft zahlreiche Personen unmittelbar oder mittelbar betroffen, ist oft ein staatliches Verfahren vorgesehen, um so für die nötige Klarheit zu sorgen.

Beispiel: Eheschließung und Ehescheidung, Ausschlagung der Erbschaft durch Erklärung gegenüber dem Nachlaßgericht usw.

2.3.3 Schriftform

810 Außer für die Erklärung des Bürgen verlangt das Gesetz «Schriftform» etwa für den Abschluß eines Mietvertrags über ein Grundstück oder eine Wohnung, der für länger als ein Jahr gelten soll (§ 566 Satz 1).

811 Was die im Gesetz angeordnete **Schriftform inhaltlich** bedeutet,

bestimmt § 126. Danach muß nicht etwa der gesamte Text eigenhändig geschrieben sein,

dies gilt nach § 2247 nur für das privatschriftliche Testament

es reicht vielmehr die eigenhändige «**Namensunterschrift**».

Man sollte denken, daß der Begriff «Unterschrift» keine besonderen Kontroversen hervorruft. Gleichwohl hatten sich die Gerichte mit zahlreichen Fragen zu befassen. 812

– Die Unterschrift muß den **Familiennamen** wiedergeben; der Vorname genügt nur unter nahen Angehörigen. Wird ein Pseudonym geführt, kann dieses benutzt werden, sofern dadurch keine Zweifel über die Identität des Unterzeichnenden entstehen.[28]

– Unterschriften sind oft äußerst charaktervoll und lassen auch bei großer Phantasie und großem Einfühlungsvermögen des Lesers keinen Rückschluß auf bestimmte Buchstaben mehr zu. Die Rechtsprechung ist relativ großzügig und läßt den «**individuellen Charakter**» genügen. So heißt es in einer neueren Entscheidung des BGH:[29] 813

«Eine Unterschrift setzt... ein aus Buchstaben einer üblichen Schrift bestehendes Gebilde voraus, das nicht lesbar zu sein braucht. Erforderlich, aber auch genügend, ist das Vorliegen eines die Identität des Unterschreibenden ausreichend kennzeichnenden individuellen Schriftzuges, der einmalig ist, entsprechende charakteristische Merkmale aufweist, sich als Wiedergabe eines Namens darstellt und die Absicht einer vollen Unterschriftsleistung erkennen läßt.»

Abkürzungen wie die Initialen oder eine sog. Paraphe genügen nicht (keine «volle Unterschriftsleistung»).

– Da das beim Empfänger ankommende **Telegramm** im Gegensatz zu dem an die Post erteilten Auftrag keine eigenhändige Unterschrift trägt, wird auf diese Weise die Schriftform nicht gewahrt. Beruht diese jedoch nicht auf Gesetz, sondern nur auf einer Vereinbarung der Parteien, so genügt nach § 127 Satz 2 «im Zweifel» auch ein Telegramm. Bei der **Übermittlung durch Fax** liegt es an sich anders, da die Unterschrift auf der ankommenden Kopie sichtbar ist und für den Erklärenden die «Schwelle» auch nicht niedriger als bei der Absendung eines Briefes ist.[30] Dennoch lehnen es Rechtsprechung und Literatur in seltener Einmütigkeit ab, eine «Telekopie» als ausreichenden

28 MüKo-Förschler § 126 Rn 25
29 BGH NJW 1994, 55
30 Richtig Cordes NJW 1993, 2427

Ersatz für ein Originalschriftstück zu behandeln.[31] «Unterschrift» ist also «**keine Unterschriftskopie**».

815 – Eine «**Oberschrift**» ist keine «Unterschrift». Auch dies hat – am Beispiel von Überweisungsformularen der Sparkassen – der BGH mit aller Deutlichkeit betont.[32]

816 – Der Gesetzgeber des Jahres 1896 hat auch an **Analphabeten** gedacht. Statt der Namensunterschrift ist deshalb nach § 126 Abs. 1 auch ein «notariell beglaubigtes Handzeichen» ausreichend, also die drei Kreuze, die ein des Lesens und Schreibens Unkundiger üblicherweise macht.

817 Für **Verträge** ist die Vorschrift des § 126 Abs. 2 von großer Bedeutung: Beide Parteien können auf derselben Urkunde unterschreiben, doch reicht es auch aus, daß mehrere gleichlautende Urkunden hergestellt und jede Partei das für die andere bestimmte Exemplar unterzeichnet.

818 Eine **Blankounterschrift** ist zulässig, es sei denn, aus Sondervorschriften würde sich etwas Abweichendes ergeben.[33]

2.3.4 Öffentliche Beglaubigung

819 In einer Reihe von Fällen sieht das Gesetz «öffentliche Beglaubigung» vor, was nach § 129 Abs. 1 bedeutet, daß die Unterschrift des Erklärenden von einem Notar beglaubigt werden muß.

Häufigster Fall sind auf Grundstücke bezogene Erklärungen, die nach § 29 Grundbuchordnung (= GBO) notariell beglaubigt sein müssen.

Die Unterschrift ist vor einem Notar zu leisten oder dort als eigene anzuerkennen. Der **Notar** setzt einen Vermerk auf das Schriftstück, der diesen Vorgang bezeugt.[34]

---

31 BGHZ 121, 224, 229 = BGH NJW 1993, 1126, 1127 mwN
32 BGH NJW 1991, 487
33 Derleder NJW 1993, 2402
34 Einzelheiten ergeben sich aus §§ 39, 40 Beurkundungsgesetz (Schönfelder Nr. 23)

2.3.5 Notarielle Beurkundung

Die wichtigste und zugleich aufwendigste Form ist die notarielle Beurkundung: Der Notar fertigt **über die Erklärungen der Beteiligten ein Protokoll** an, liest ihnen dieses vor und nimmt ihre Genehmigung entgegen. Nachdem sie die Urkunde unterschrieben haben, muß er seinerseits unterzeichnen und damit bezeugen, daß die Beteiligten die beurkundete Erklärung vor ihm abgegeben haben.[35] 820

Nach § 127a kann die notarielle Beurkundung durch Aufnahme einer Erklärung in einen **gerichtlichen Vergleich** ersetzt werden. 821

Notarielle Beurkundung ist insbesondere in § 313 Satz 1 für alle Verträge vorgeschrieben, durch die sich der eine Teil verpflichtet, das Eigentum an einem Grundstück zu übertragen oder zu erwerben. Nach § 15 Abs. 3 und 4 GmbHG bedürfen auch die Abtretung eines Geschäftsanteils an einer GmbH sowie die Verpflichtung hierzu der notariellen Beurkundung. 822

Als besonders «sichere» und qualifizierte Form ersetzt die Beurkundung nach § 129 Abs. 2 die öffentliche Beglaubigung und nach § 126 Abs. 3 die Schriftform. 823

2.3.6 Rechtsfolgen von Formverstößen

2.3.6.1 Nichtigkeit und ihre Ausnahmen

Werden im Einzelfall gesetzliche Formvorschriften nicht beachtet, so ist das in Frage stehende Rechtsgeschäft nach § 125 Satz 1 **nichtig**. Einzelne Formvorschriften sehen allerdings eine andere Rechtsfolge vor. Wird etwa ein über ein Jahr hinausgehender Mietvertrag nach § 566 Satz 1 nicht schriftlich festgelegt, gilt er nach § 566 Satz 2 als auf unbestimmte Zeit geschlossen. 824

In manchen Fällen können Formmängel **nachträglich geheilt** werden mit der Folge, daß dann auch der formlose Vertrag gültig ist. Wichtigster Fall dieser Art ist § 313 Satz 2, wonach die Übereignung des Grundstücks den zunächst formnichtigen Vertrag nachträglich in vollem Umfang gültig macht. 825

Verstöße gegen eine vereinbarte Form haben nach § 125 S. 2 nur «im Zweifel» Nichtigkeit zur Folge. Denkbar ist, daß die vereinbarte Schriftform beispielsweise nur Beweiszwecken dienen, ihre Einhal- 826

35 Einzelheiten in §§ 6ff. Beurkundungsgesetz. Wichtig insbes. §§ 9 und 13

tung aber nicht Wirksamkeitsvoraussetzung für den Vertrag sein sollte. Eine einfache Schriftformklausel kann durch formlose Abrede aufgehoben werden, während dies bei einer qualifizierten Schriftformklausel im Zweifel nicht gelten soll; abweichende Vereinbarungen sind zwar auch hier denkbar, bedürfen aber sehr überzeugender Anhaltspunkte im Verhalten der Parteien.[36]

2.3.6.2 Berufung auf die Formnichtigkeit als Verstoß gegen Treu und Glauben

827 Sich auf die Formnichtigkeit zu berufen, kann **im Einzelfall grob unbillig** sein.

A will dem B seinen Geschäftsanteil an einer GmbH übertragen. Als B nach einem Termin beim Notar fragt, meint A, diese Kosten könne man sich sparen. Das Wort eines hanseatischen Kaufmanns sei mehr wert als jede noch so schöne Urkunde. Als B den Kaufpreis bezahlt hat, beruft sich A plötzlich auf die Formnichtigkeit (§ 15 Abs. 4 GmbHG).

Die Rechtsprechung hilft in solchen Fällen damit, daß sie die Berufung auf den Formmangel als Verstoß gegen Treu und Glauben qualifiziert und den Vertrag als gültig behandelt. **Im Rahmen des § 313** ist die Schwelle allerdings recht hoch. Es reiche nicht aus, daß die Nichtigkeit den einen Vertragsteil hart treffe, das **Ergebnis** müsse vielmehr «**schlechthin untragbar**» sein.[37] Dies wird insbesondere dann angenommen, wenn eine besonders schwere Treupflichtverletzung desjenigen vorliegt, der sich nunmehr auf die Nichtigkeit beruft, sowie dann, wenn die Nichtigkeit zur Existenzgefährdung des auf den Vertrag vertrauenden Teils führen würde.[38] Im letzteren Fall ist allerdings immer zu prüfen, ob nicht bereits Ansprüche aus Verschulden beim Vertragsschluß[39], aus unerlaubter Handlung[40] und aus ungerechtfertigter Bereicherung[41] für eine ausreichende Absicherung sorgen. Dies scheidet allerdings typischerweise dann aus, wenn der andere Teil in Konkurs gefallen ist.

828 Soweit gegen andere Formvorschriften verstoßen wurde, scheinen

36 BGH NJW 1991, 1750, 1751. S. schon BGHZ 66, 378
37 BGH NJW 1987, 1069, 1070 mit Nachw. aus der früheren Rechtsprechung
38 BGH a. a. O. Nachw. im einzelnen bei Palandt-Heinrichs § 125 Rn 21 ff.
39 Dazu unten 5.2 (Rn 923)
40 Insbes. aus § 826. Dazu Bd. 2 Kap. 8 unter 4 (Rn 1067 ff.)
41 Dazu unten Kap. 18 unter 2.2 (Rn 1615 ff.)

die Anforderungen der Rechtsprechung an einen Verstoß gegen Treu und Glauben geringer zu sein.[42]

2.4 Abschluß von Verträgen unter Einbeziehung Allgemeiner Geschäftsbedingungen (AGB)

2.4.1 Warum AGB?

Von einer Seite festgelegte «Einheitsbedingungen» (umgangssprachlich als «Kleingedrucktes» bezeichnet) existieren seit vielen Jahrzehnten. Das **individuelle Aushandeln des Vertrages** und seiner Bedingungen ist nicht mehr typisch; es ist zur **Randerscheinung** geworden. Dies hat verschiedene Ursachen.[43] 829

(1) Die **gesetzliche Regelung** ist auch dort noch sehr **abstrakt**, wo 830
sie sich auf einzelne Vertragstypen bezieht. Die Vorschriften über den Kaufvertrag sind etwa ohne Rücksicht darauf anwendbar, ob ein Softwarepaket, ein Pelzmantel oder ein Liter Milch verkauft wird. Hier ergibt sich ein anzuerkennendes **Bedürfnis, auf die Besonderheiten des einzelnen Gegenstands oder Lebensbereichs Rücksicht zu nehmen**. Erst recht ergeben sich Regelungsprobleme, wenn es um Verträge geht, die im BGB nicht oder nur am Rande angesprochen sind.

Ein Autoproduzent vereinbart mit einem Zulieferer eine enge Kooperation, die zu einer just-in-time-Produktion führt und die die Qualitätskontrolle in bezug auf die Produkte nach den Vorgaben des Automobilunternehmens auf den Zulieferer verlagert.

Angesichts der **großen Zahl jeden Tag abgeschlossener Verträge** ist es nicht machbar, in jedem Einzelfall über konkrete Inhalte zu verhandeln.

Wenn ich morgens den Bus besteige, um zur Arbeit zu kommen, hätten weder der Busfahrer noch die hinter mir Wartenden Verständnis dafür, daß ich erst Näheres über einen eventuellen Haftungsausschluß bei Unfällen erfahren möchte.

---

42 BGH NJW 1993, 1126, 1128. Weitere Hinweise bei Palandt-Heinrichs § 125 Rn 27

43 Hierzu Medicus, AT, Rn 395 ff.; MüKo-Kötz (Bd. 1) Einl. AGBG Rn 1–7; Schwab, Einf., Rn 695

831 (2) Neben dieser «Rationalisierungsfunktion» besitzen Einheitsbedingungen auch eine «**Machtfunktion**»: Der Stärkere ist in der Lage, mit ihrer Hilfe seine Interessen in weitestem Umfang durchzusetzen.

832 «Stärke» kann einmal auf einem enormen **Informationsvorsprung** beruhen: Der Kaufhauskonzern beschäftigt hochqualifizierte und spezialisierte Juristen, die die Geschäftsbedingungen exakt auf seine Bedürfnisse zuschneidern. Der auf der anderen Seite stehende Kunde hat in aller Regel keinen vergleichbaren Sachverstand. Dies verweist auf ein allgemeines Problem, das auch bei kleinen Klauselverwendern zu Buche schlägt: Das Einholen von qualifiziertem (und teurem!) Rechtsrat lohnt sich, wenn es für eine Vielzahl von Fällen geschieht, nicht aber dann, wenn es um den Streit um ein einzelnes Bügeleisen oder eine einzelne Badewanne geht.

833 Weiter ist insbesondere der Verbraucher häufig **auf bestimmte Leistungen angewiesen**, von daher also in der weitaus schwächeren Verhandlungsposition. Ein Ausweichen auf andere Anbieter ist zwar möglich, doch sieht er sich dort in aller Regel mit denselben oder vergleichbaren Geschäftsbedingungen konfrontiert. Ein «Konditionenwettbewerb» ist in der Praxis die absolute Ausnahme; dies mag auch damit zusammenhängen, daß § 2 GWB auf diesem Gebiet Absprachen zwischen den Unternehmen ausdrücklich gestattet. Selbst wenn man dies als einzelner nur «ahnt», wird man kaum den Versuch unternehmen, über einzelne Klauseln ernsthaft zu verhandeln, zumal dies häufig als «situationsunangepaßtes» Verhalten empfunden würde.

2.4.2 Ansätze zur Korrektur

834 Rechtsprechung und Literatur haben zunächst insbesondere auf der Grundlage der §§ 138, 242 versucht, Auswüchsen und groben Ungerechtigkeiten entgegenzuwirken.

Im Jahre 1956 entschied etwa der BGH, bei fabrikneuen Sachen müsse dem Käufer zumindest ein Nachbesserungsrecht bleiben, wenn Mängel auftreten; führe die Reparatur nicht zum Erfolg, müsse er auch – wie im Gesetz vorgesehen – das Recht haben, den Kaufpreis zu mindern oder den Vertrag rückgängig zu machen (Wandelung).[44]

44 BGHZ 22, 90, 94ff.

Im Jahre 1976 wurde das Gesetz zur Regelung des Rechts der Allgemeinen Geschäftsbedingungen (= **AGBG**) verabschiedet[45], das am 1.4.1977 in Kraft trat. Inhaltlich hat es drei Schwerpunkte: 835

Zum einen setzt es bei der **Einbeziehung von AGB in den Vertrag** an: Nur wenn bestimmte Voraussetzungen erfüllt sind, werden diese überhaupt zum Vertragsbestandteil.

Zum zweiten geht es um die sog. **Inhaltskontrolle**: Dem Verwender von AGBs ist es untersagt, seine Interessen in unangemessener Weise durchzusetzen.

Zum dritten sieht es eine spezielle **Klagemöglichkeit für Verbraucherverbände** vor, die dadurch erreichen können, daß bestimmte Klauseln definitiv «aus dem Verkehr gezogen» werden.

Aufgrund der **EG-Richtlinie** über mißbräuchliche Klauseln in Ver- 836
braucherverträgen[46] ist durch **Gesetz vom 18. Juli 1996**[47] das AGB-Gesetz ergänzt worden: Insbesondere wurde sein Anwendungsbereich auf solche Klauseln erweitert, die nur einmal Verwendung finden oder die von einem Dritten vorformuliert sind. Die neuen Regelungen gelten allerdings nur für Verträge zwischen «Unternehmern» (wozu jede gewerbliche und berufliche Tätigkeit gezählt wird) und «Verbrauchern», die in dem neuen § 24a AGB als natürliche Personen definiert werden, «die den Vertrag zu einem Zweck abschließen, der weder einer gewerblichen noch einer selbständigen beruflichen Tätigkeit zugerechnet werden kann». Das AGB-Recht wird so zu einem **Rechtsgebiet mit zwei «Schichten»**: Es enthält einmal Regeln, die für alle – grundsätzlich auch für Kaufleute – gelten, und es enthält zum zweiten einige darüber hinausgehende Sonderbestimmungen, die nur den Verbraucher betreffen. Im folgenden soll die Einbeziehung in den Vertrag behandelt werden; auf die Inhaltskontrolle ist an späterer Stelle einzugehen.[48]

45 BGBl I, 3317 (Schönfelder Nr. 26)

46 ABl v. 21.5.1993, Nr. L 95/29, abgedruckt auch in NJW 1993, 1838. Dazu Nassall JZ 1995, 689

47 BGBl I 1013. Dazu Heinrichs NJW 1996, 2190ff.

48 Unten Kap. 15 unter 4 (Rn 1389ff.)

2.4.3 Was sind AGB im Rechtssinne?

837 Der Begriff der AGB ist in § 1 AGBG definiert. Nach Abs. 1 Satz 1 dieser Vorschrift handelt es sich um «für eine Vielzahl von Verträgen vorformulierte Vertragsbedingungen, die eine Vertragspartei (Verwender) der anderen Vertragspartei bei Abschluß eines Vertrages stellt». Satz 2 konkretisiert dies insoweit, als es keine Rolle spielen kann, ob die Bestimmungen einen äußerlich gesonderten Bestandteil des Vertrages bilden oder in die Vertragsurkunde selbst aufgenommen sind. Auch der Umfang, die Schriftart und die Form des Vertrages sind ohne Bedeutung. Daraus folgt im einzelnen:[49]

838 – AGB im Rechtssinne ist **nicht nur das «Kleingedruckte»**, das an der Wand hängt oder das sich auf der Rückseite der Vertragsurkunde befindet. Auch sog. **Formularverträge**, bei denen lediglich einzelne auf die andere Vertragspartei bezogene Angaben ergänzt werden, fallen unter die gesetzliche Definition.

839 – Der Umfang der Klauseln ist ohne Bedeutung. **Auch ein einziger Satz**, durch den z. B. die Haftung an der Garderobe ausgeschlossen ist, genügt den gesetzlichen Erfordernissen.[50]

840 – Die Bestimmungen müssen **für eine Vielzahl von Verträgen vorformuliert** sein. Fallen der Verfasser der Bestimmungen und der Verwender (der sie in Verträge einbringt) auseinander, reicht es aus, daß der eine oder der andere eine entsprechende Absicht hatte.

Der Hauseigentümer will erstmalig einen Teil seines Einfamilienhauses vermieten und erhält vom Haus- und Grundbesitzerverein ein entsprechendes Formular. Auch wenn er selbst gar nicht die Absicht hat, öfters Verträge abzuschließen, da er den Mieter auf Dauer behalten möchte, ist das AGBG anwendbar, da jedenfalls der Haus- und Grundbesitzerverein die Bedingungen für eine Vielzahl von Verträgen entworfen hat.

Von einer «Vielzahl» kann nur die Rede sein, wenn mindestens drei Verträge beabsichtigt sind.[51]

841 – Ohne Bedeutung ist, ob die AGB **gedruckt, maschinenschriftlich oder handschriftlich** vorliegen. Auch wenn sie für jeden neuen Fall mit der Hand abgeschrieben werden, bleibt das Gesetz anwendbar.[52]

---

49 Zum Begriff der AGB s. MüKo-Kötz § 1 Rn 4 ff.
50 S. den Fall bei Schwab, Einfl., Rn 691
51 Medicus, AT, Rn 404
52 Palandt-Heinrichs § 1 AGBG Rn 5: Auch «Speichern» im Kopf

– Die so bestimmten AGB müssen von dem Verwender **der anderen Vertragspartei «gestellt»** werden. Dies bedeutet, daß sie in die Gespräche eingebracht werden, ohne daß sie im einzelnen Gegenstand der Verhandlungen sind.[53] Wird über sie verhandelt, greift § 1 Abs. 2 AGBG ein, wonach das Gesetz keine Anwendung findet, «soweit die Vertragsbedingungen zwischen den Vertragsparteien im einzelnen ausgehandelt sind». Nur die Inanspruchnahme einseitiger Gestaltungsmacht durch den Verwender soll mit Hilfe des AGBG korrigiert werden.[54] 842

Die Rechtsprechung hebt mit Recht darauf ab, daß **«Aushandeln» mehr als «Verhandeln»** bedeutet. Soweit in AGB eine gesetzliche Regelung durch eine andere ersetzt oder ergänzt wird, muß dies «inhaltlich ernsthaft zur Disposition» gestellt werden; dem Verhandlungspartner muß Gestaltungsfreiheit zur Wahrung eigener Interessen eingeräumt sein «mit zumindest der realen Möglichkeit, die inhaltliche Ausgestaltung der Vertragsbedingungen beeinflussen zu können»[55]. 843

Im konkreten Fall hatte der Architekt die vertragliche Verkürzung der Verjährungsfrist für die Ansprüche des Bauherrn lediglich mit Argumenten verteidigt; letzterer hatte nicht widersprochen und sich überzeugt gezeigt. Dies reichte nicht aus.

Im Einzelfall muß der **Verwender darlegen und beweisen, daß ein Aushandlungsprozeß stattgefunden hat**; dies gilt insbesondere dann, wenn sich keine Änderungen in den AGB ergeben haben.[56]

Der Charakter als AGB geht nur verloren, «**soweit**» der **Aushandlungsprozeß** reicht; werden bestimmte Teile nicht zur Disposition gestellt, ist insoweit das Gesetz weiter anwendbar.[57] Wichtig ist weiter die Tatsache, daß die im Text enthaltene Formulierung, nicht gewollte Teile könnten gestrichen werden, nicht zur Annahme einer Individualvereinbarung führt.[58] Erst recht ist eine Klausel, wonach alles «individuell vereinbart» sei, ohne rechtliche Bedeutung[59] – die Umgehung des Gesetzes wäre sonst vorprogrammiert. 844

Besondere Probleme hat die Behandlung notarieller Verträge aufge- 845

53 MüKo-Kötz § 1 AGBG Rn 10
54 BGH NJW 1995, 2034, 2035
55 So BGH NJW 1992, 2759, 2760
56 BGH NJW 1977, 624, 525
57 BGHZ 84, 109, 112
58 BGH NJW 1987, 2011
59 BGH NJW 1977, 624

worfen,[60] doch geht es dabei primär um die Inhaltskontrolle, so daß darauf erst an späterer Stelle einzugehen ist.[61]

2.4.4 Erweiterung für Verbraucherverträge

846 Im Verhältnis zu Verbrauchern gilt seit 1996 ein erweiterter AGB-Begriff. Nach § 24a Nr. 1 gelten AGB als vom Unternehmer gestellt, «es sei denn, daß sie durch den Verbraucher in den Vertrag eingeführt wurden». Dies bedeutet, daß insoweit auch die von Dritten wie z. B. einem Notar eingebrachten Formulierungen miterfaßt sind. Weiter bestimmt § 24a Nr. 2, daß bestimmte Vorschriften des AGBG auch dann anzuwenden sind, wenn die vorformulierten Vertragsbedingungen nur zur einmaligen Verwendung bestimmt sind. Der Vorbehalt zugunsten von Individualverträgen findet sich in der Weise, daß die Erstreckung auf Einmal-Bedingungen nur dann erfolgt, «soweit der Verbraucher auf Grund der Vorformulierung auf ihren Inhalt keinen Einfluß nehmen konnte».[62]

2.4.5 Die spezifischen Voraussetzungen für die Einbeziehung in den Vertrag

847 § 2 AGBG macht die Einbeziehung der AGB in den Vertrag von drei Voraussetzungen abhängig:

(1) Nach § 2 Abs. 1 Nr. 1 muß der Verwender bei Vertragsabschluß **die andere Vertragspartei ausdrücklich auf die AGB hinweisen**. Ist dies wegen der Art des Vertragsabschlusses nur unter unverhältnismäßigen Schwierigkeiten möglich, reicht ein «deutlich sichtbarer Aushang» am Ort des Vertragsabschlusses. Letzteres betrifft insbesondere Massengeschäfte, bei denen gar kein persönlicher Kontakt zustande kommt.

Man parkt sein Auto im Parkhaus, man stellt seinen Koffer ins Schließfach.

Nicht genügend ist der Abdruck auf einer **Eintrittskarte** oder einem Flugticket, weil beide erst nach Abschluß des Vertrages ausgehändigt werden.[63]

---

60 Dazu Medicus, AT, Rn 406ff.
61 Unten Kap. 15 unter 4 (Rn 1389ff.)
62 Näher Heinrichs NJW 1996, 2193
63 Palandt-Heinrichs § 5 AGBG Rn 6

(2) Die andere Vertragspartei muß die Möglichkeit haben, «**in zumutbarer Weise» vom Inhalt der AGB Kenntnis zu nehmen**. Bei Verhandlungen unter Anwesenden muß die Vorlage zumindest angeboten werden. Unter Abwesenden ist die Übersendung angemessen; die Aufforderung, sie im Geschäft des Verwenders einzusehen, genügt nicht. Verweisen die AGB auf weitere Klauselwerke, müssen auch diese in der angegebenen Weise zugänglich gemacht werden.[64] An der Zumutbarkeit fehlt es, wenn die Bedingungen für einen Durchschnittskunden nicht mühelos lesbar sind.[65] 848

(3) Der andere Teil muß **mit der Verwendung der AGB einverstanden sein**. Diese Voraussetzung hat allerdings wenig eigenes Gewicht; sind die ersten beiden Voraussetzungen erfüllt und wird ein Vertrag abgeschlossen, so ist in aller Regel das Einverständnis zumindest konkludent erklärt.[66] 849

2.4.6 Die Ausklammerung überraschender Klauseln

Selbst wenn die AGB Vertragsinhalt geworden sind, gilt dies nach § 3 AGBG nicht für solche Bestimmungen, «die nach den Umständen, insbesondere nach dem äußeren Erscheinungsbild des Vertrags, so ungewöhnlich sind, daß der Vertragspartner des Verwenders mit ihnen nicht zu rechnen braucht». 850

Die Klausel muß «**ungewöhnlich**» sein, was u. a. auch in einer erheblichen Abweichung vom dispositiven Recht liegen kann.[67] 851

Die Klausel muß weiter «**überraschend**» in dem Sinne sein, daß mit ihr vernünftigerweise nicht zu rechnen ist. 852

Ein Kassenpatient wird von seinem Arzt ans Krankenhaus überwiesen. Dort schließt er einen Aufnahmevertrag ab, der die Klausel enthält, er müsse die Kosten selbst tragen, soweit nicht die Sozialversicherung bezahle.[68] Nicht Vertragsbestandteil geworden.

Dasselbe gilt, wenn der Kaufpreis von einem vor dem Vertragsschluß liegenden Zeitpunkt an verzinst werden muß.[69]

64 BGHZ 86, 138
65 BGH NJW 1983, 2773
66 Palandt-Heinrichs § 2 AGBG Rn 16
67 BGH NJW 1992, 1236
68 LG Bremen NJW 1991, 2353, 2354
69 BGH NJW 1986, 1805

2.4.7 Vorrang der Individualabrede

853 Nach § 4 AGBG haben individuelle Abreden Vorrang vor AGB. Letztere werden also nicht Vertragsinhalt, wenn sie ganz oder teilweise im Widerspruch zu «ausgehandelten» Abmachungen stehen. Der genaue Inhalt der Individualvereinbarung ist ggf. durch Auslegung zu ermitteln.

2.4.8 Ausnahmefälle

854 § 2 (nicht aber § 3) ist nach § 24 AGBG unanwendbar, wenn Adressat des Verwenders ein Kaufmann oder eine juristische Person des öffentlichen Rechts ist. Dasselbe gilt nach § 23 Abs. 2 Nr. 1 und 1 a für AGB im Bereich von Verkehrsbetrieben und Postunternehmen. Auch in diesen Fällen müssen jedoch die AGB für den anderen Teil erkennbar sein.[70]

855 Bei Verbraucherverträgen, die auf «Einmal-Bedingungen» beruhen, verweist § 24 a Nr. 2 AGBG nicht auf die §§ 2 und 3 AGBG, doch dürfte dies im Ergebnis ohne Bedeutung sein, da diese allgemeine Grundsätze des AGB-Rechts zum Ausdruck bringen[71].

2.4.9 Rechtsfolgen einer mißglückten Einbeziehung

856 Sind die AGB (oder nach § 3 einzelne Klauseln) nicht Vertragsinhalt geworden, so bleibt nach § 6 AGBG der Vertrag als solcher bestehen. Der schwächeren Seite wäre in der Regel mit einer Unwirksamkeit nicht gedient. An die Stelle der ungültigen Bestimmungen treten die gesetzlichen Vorschriften (§ 6 Abs. 2 AGBG). Soweit diese fehlen, ist eine Ergänzung aus allgemeinen gesetzlichen Wertungen heraus zu versuchen.[72] Wo solche Wertungen nicht ersichtlich sind, kommt nur eine ergänzende Vertragsauslegung in Betracht, doch muß diese vermeiden, die hinter der nicht wirksam gewordenen Regelung stehenden Zwecke zur Leitlinie werden zu lassen.

---

70 Medicus, AT, Rn 414

71 Heinrichs NJW 1996, 2193

72 Zur Problematik der Teilnichtigkeit nach insoweit übereinstimmendem früherem Recht s. Däubler JuS 1971, 398 (mit dem Vorschlag eines Rücktrittsrechts des Verbrauchers)

2.5 Widerrufsrecht zugunsten des Verbrauchers

Die normalen Regeln über das Zustandekommen von Verträgen werden durch zwei wichtige Gesetze modifiziert, die dem Endverbraucher ein (an eine bestimmte Frist gebundenes) Widerrufsrecht einräumen. Dabei handelt es sich um das Verbraucherkreditgesetz (**VerbrKrG**) vom 17. Dezember 1990[73] sowie um das «Gesetz über den Widerruf von Haustürgeschäften und ähnlichen Geschäften» (**HaustürWG**) vom 16. Januar 1986.[74] Da die Regelungen weithin parallel laufen, sollen sie hier zusammen dargestellt werden. 857

2.5.1 Anwendungsbereich

2.5.1.1 VerbrKrG

Das VerbrKrG bezieht sich nach seinem § 1 auf die Einräumung und Vermittlung von Krediten an **Verbraucher**. Zu letzteren werden **ausschließlich natürliche Personen** gerechnet und überdies solche ausgenommen, bei denen der Kredit für eine bereits ausgeübte gewerbliche oder selbständige berufliche Tätigkeit bestimmt ist. Existenzgründungsdarlehen werden daher erfaßt. 858

Den «**Kreditvertrag**» definiert § 1 Abs. 2 in der Weise, daß der Verbraucher einen entgeltlichen Kredit in Form eines Darlehens, eines Zahlungsaufschubs oder einer sonstigen Finanzierungshilfe bekommt oder versprochen erhält. Mit «Zahlungsaufschub» ist nicht nur die Stundung, sondern auch die Ratenzahlung gemeint.[75] § 2 VerbrKrG stellt Verträge über die **Lieferung in Teilleistungen** oder wiederkehrende Leistungen gleich. 859

Beispiel:[76] Durch einen sog. Bausatzvertrag erhält ein Heimwerker alle Teile, die er für den Eigenbau seines Wohnhauses benötigt, wobei die Lieferung wie die Bezahlung in Teilen erfolgt.

73 BGBl I, 2840 (Schönfelder Nr. 24)
74 BGBl I, 122 (Schönfelder Nr. 24a)
75 Palandt-Putzo § 1 VerbrKrG Rn 6
76 BGHZ 78, 375

860 Erfaßt sind weiter Zeitungs- und Zeitschriftenabonnements[77] sowie z. B. **Bierlieferungsverträge**. Grundgedanke ist, daß sich der Umfang der Verpflichtungen der langen Zeiträume wegen nicht exakt überblicken läßt.

2.5.1.2 HaustürWG

861 Das HaustürWG knüpft demgegenüber **nicht** an den **Inhalt des Vertrages**, sondern an den **Ort seines Zustandekommens** an. Nach seinem § 1 wird vorausgesetzt, daß der Kunde in einer Umgebung mit einem Vertragsangebot konfrontiert wird, wo er dies normalerweise nicht zu erwarten hat: am Arbeitsplatz und im Bereich einer **Privatwohnung** (Nr. 1), im Rahmen einer Freizeitveranstaltung, die von der anderen Vertragspartei in ihrem Interesse durchgeführt wird (sog. **Kaffeefahrten** – Nr. 2) sowie in Verkehrsmitteln oder im Bereich öffentlich zugänglicher Verkehrswege, wenn der Kunde dort überraschend angesprochen wurde (Nr. 3). Die Bezeichnung «Haustürwiderrufsgesetz» deckt daher nur einen kleineren Teil des Anwendungsbereichs ab.

862 § 6 HaustürWG nimmt alle Fälle aus, in denen der Kunde den Vertrag **in Ausübung einer selbständigen Erwerbstätigkeit** abschließt oder in denen die andere Vertragspartei nicht geschäftsmäßig handelt. Nicht erfaßt sind auch Versicherungsverträge, für die jedoch in § 8 Abs. 4 VVG eine ähnliche Regelung besteht.

2.5.2 Rechtsfolgen

2.5.2.1 Das Widerrufsrecht

863 Findet das VerbrKrG[78] oder das HaustürWG auf einen konkreten Vertrag Anwendung, so steht dem Verbraucher bzw. Kunden ein «Widerrufsrecht» zu. Nach Vertragsabschluß entsteht zunächst ein Schwebezustand, bis die Frist abgelaufen ist. Erst dann kommen die Vertragspflichten definitiv zur Entstehung; der Widerruf stellt, anders als eine Kündigung, keine Ausübung eines Gestaltungsrechts dar.[79]

---

77 BGH NJW 1987, 124

78 Sind sowohl das VerbrKrG wie auch das HaustürWG anwendbar, so hat nach § 5 Abs. 2 HaustürWG das VerbrKrG den Vorrang

79 So BGH JuS 1996, 460 gegen die bisher hM

2.5.2.2 Widerrufsfrist

Die Widerrufsfrist beträgt nach beiden Gesetzen **eine Woche** (§§ 7 Abs. 1 VerbrKrG, 1 Abs. 1 HaustürWG), wobei zur Wahrung der Frist die Absendung des Widerrufs genügt (§§ 7 Abs. 2 Satz 1 VerbrKrG, 2 Abs. 1 Satz 1 HaustürWG). 864

Der Lauf der Frist beginnt erst, wenn der Verbraucher bzw. Kunde **über sein Widerrufsrecht belehrt** wurde (§§ 7 Abs. 2 Satz 2 VerbrKrG, 2 Abs. 1 Satz 2 HaustürWG). Die Belehrung muß «drucktechnisch deutlich gestaltet» und vom Verbraucher bzw. Kunden unterschrieben bzw. ihm ausgehändigt sein. Der Kreditvertrag bedarf nach § 4 Abs. 1 Satz 1 VerbrKrG der Schriftform; in den anderen Fällen wird durch die Pflicht zur schriftlichen Belehrung ein mittelbarer Zwang zur Einhaltung dieser Form ausgeübt. 865

Bei unterbliebener Belehrung besteht mangels Fristablaufs ein längerer **Schwebezustand**, der irgendwann beendet sein muß. § 7 Abs. 2 Satz 3 VerbrKrG läßt das Widerrufsrecht erlöschen, wenn beide Seiten ihre Leistungen vollständig erbracht haben, spätestens jedoch ein Jahr nach Abgabe der Willenserklärung. Für bestimmte Kreditverträge enthält § 7 Abs. 3 VerbrKrG eine Sonderregelung. § 2 Abs. 1 Satz 4 HaustürWG sieht das **Erlöschen des Widerrufsrechts** einen Monat nach beiderseits vollständiger Erbringung der Leistung vor. Abgewickelte Verträge sollen nicht mehr in Frage gestellt werden. 866

2.5.2.3 Rückabwicklung

Wird der Widerruf erklärt, sind die etwa schon erbrachten **Leistungen zurückzugewähren**. Insoweit bestehen nach §§ 3 HaustürWG, 7 Abs. 4 VerbrKrG Sondervorschriften, die den Verbraucher bzw. Kunden davor schützen sollen, unangemessen hohe Beträge für den Gebrauch zu bezahlen oder für die Verschlechterung oder Zerstörung der Sache einstehen zu müssen. 867

Beispiel: Der K hat einen fabrikneuen Manta auf Abzahlung gekauft, ist jedoch auf sein Widerrufsrecht nicht hingewiesen worden. Vier Monate lang freut er sich, ein Mantafahrer zu sein. Von einem Juristen erfährt er, daß er ein Widerrufsrecht hätte. Da in seinem Bekanntenkreis Mantafahrer-Witze plötzlich «in» sind, will er sich von dem Fahrzeug trennen. Er macht von seinem Widerrufsrecht Gebrauch. Nach § 7 VerbrKrG in Verbindung mit § 3 Abs. 3 HaustürWG hat er lediglich den Wert der Benutzung des Fahrzeugs zu vergüten; die Wertminderung, die dadurch entsteht, daß das Fahrzeug nunmehr ein gebrauchtes ist, spielt nach der ausdrücklichen Festlegung des Gesetzgebers keine Rolle. Zu bezahlen ist der übliche Preis für einen Mietwagen abzüglich Gewinn und Gemeinkosten einer Mietwagenfirma.[80]

2.6 Auslegung von Verträgen

2.6.1 Die Problematik

868 Die Auslegung von Willenserklärungen (und damit auch solchen, die zum Abschluß von Verträgen führen) ist bereits an anderer Stelle behandelt worden.[81] Im vorliegenden Zusammenhang ist noch auf die insbesondere bei Verträgen auftauchende Frage einzugehen, was zu geschehen hat, wenn das vereinbarte «**Regelungsprogramm**» **Lücken** aufweist.

Beispiel:[82] In einem Mietvertrag über gewerbliche Räume wird vorgesehen, daß der Mieter eine Kaution zu bezahlen hat, doch fehlt jede Abrede darüber, ob und wie das Geld anzulegen ist und wem die Zinsen zustehen sollen.

Bei Geschäften unter Privatleuten kann ein solcher Fall besonders oft eintreten, weil man normalerweise nicht an Komplikationen wie Verzug, Mängelhaftung usw. denkt. Auch können sich nachträglich die Umstände in einer Weise ändern, die die Vertragsparteien in keiner Weise vorausgesehen haben.

Beispiel:[83] Ein Schiedsvertrag hatte vorgesehen, daß ein Schiedsgericht bei der Kammer für Außenhandel der DDR entscheiden sollte. Nachdem es diese Institution nicht mehr gab, war zu fragen, wie nunmehr weiterzuverfahren war.

---

80 OLG Köln WM 1995, 611; vgl. auch BGH NJW 1985, 1544, 1546
81 Oben Kap. 9 unter 3.1 (Rn 602ff.)
82 BGH NJW 1994, 3287
83 BGH NJW 1994, 1008

2.6.2 Wie werden Lücken gefüllt?

2.6.2.1 Dispositives Gesetzesrecht

Soweit die Vertragsparteien Lücken gelassen haben, sind diese grundsätzlich durch das dispositive Gesetzesrecht zu füllen; gerade darin liegt seine wichtigste Bedeutung.[84] 869

Beispiel: Haben die Parteien nicht daran gedacht, für den Fall der Mangelhaftigkeit der verkauften Sache eine Regelung zu treffen, so gelten die §§ 459ff.

Dieser Ausweg hilft allerdings nur in einem Teil der Fälle weiter. 870
Denkbar ist, daß der konkrete Fall Besonderheiten aufweist, für die die gesetzlichen Regelungen nicht passen.

Das Auto wird «zum Schrottwert» verkauft. Auch wenn hier niemand die Frage der Mängelhaftung ansprach, wäre es nachgerade grotesk, würde man die für neuwertige Sachen «passenden» §§ 459ff. hier eingreifen lassen.

Erst recht versagt der Rückgriff auf das dispositive Gesetzesrecht, wenn es die entsprechende Frage nicht regelt oder wenn ein im Gesetz nicht vorgesehener Vertragstyp gewählt wird.

Die Verzinsung der Mietkaution ist in § 550b für die Miete von Wohnräumen geregelt, doch hat der Gesetzgeber die Frage für gewerbliche Räume ausdrücklich offengelassen. § 550b bringt uns also nicht weiter.

2.6.2.2 Ergänzende Vertragsauslegung

In solchen Fällen greift die Rechtsprechung auf den «**hypothetischen** 871
Willen» der Vertragsparteien zurück. Man stellt sich die Frage, «wie die Beteiligten bei redlichem Verhalten den offengebliebenen Punkt geregelt haben würden, wenn sie ihn bedacht hätten»[85]. An anderer Stelle werden zu den «in Betracht kommenden Umständen» insbesondere auch die «angemessene Abwägung» der Interessen der Parteien gerechnet.[86] Soweit das vertraglich Vereinbarte keine Anhaltspunkte bietet, läuft dies im Streitfalle auf eine **richterliche Vertragsergänzung** hinaus, die sich an Billigkeitskriterien orientiert.[87] Die Bereitschaft, das vertragliche Programm durch «sinnvolle» Regelungen zu

84 Vgl. Palandt-Heinrichs § 157 Rn 4
85 So BGH NJW 1994, 3287 mit weiteren Nachweisen aus der Rechtsprechung
86 BGH NJW 1994, 1008, 1011
87 Schwab, Einf., Rn 519

ergänzen, ist so ausgeprägt, daß sich der BGH veranlaßt sah, verschiedentlich darauf hinzuweisen, daß der eindeutige Willen der Vertragspartner unübersteigbare Grenze für eine solche **ergänzende Vertragsauslegung** sei.[88]

Im o. g. Fall der Mietkaution stellte der BGH[89] darauf ab, daß es Sinn und Zweck der Kaution sei, den Vermieter für den Fall von Ersatzansprüchen zu sichern. Die Zinsen dürften also nicht dem Vermieter verbleiben, sondern müßten die Sicherheit erhöhen. Eine Pflicht des Vermieters, einen hohen Zinssatz anzustreben, gäbe es nicht, da dies in aller Regel nur bei längerfristiger Festlegung des Geldes möglich sei. In Anlehnung an § 550b hat der BGH deshalb eine Pflicht angenommen, den Kautionsbetrag auf einem Sparkonto mit dreimonatiger Kündigungsfrist anzulegen: Nur dann stehe das Geld ggfs. schnell zur Verfügung.

2.6.2.3 Interpretatorisches Günstigkeitsprinzip im AGBG

872 Soweit AGB in den Vertrag einbezogen werden, taucht das Problem einer Lücke sehr viel seltener auf. Allerdings stellt sich die Frage, wie uneindeutige Klauseln zu interpretieren sind. Hier greift die sog. **Unklarheitenregel des § 5 AGBG** ein: Zweifel bei der Auslegung Allgemeiner Geschäftsbedingungen gehen zu Lasten des Verwenders, und das heißt gleichzeitig zugunsten des Adressaten.

Beispiel:[90] Für den Fall der Verletzung vertraglicher Pflichten ist lediglich eine Vertragsstrafe vorgesehen, ein Hinweis darauf, die Geltendmachung eines weitergehenden Schadens bleibe unberührt, fehlt. Hier gilt die Vertragsstrafe als einzige Sanktion.

2.7 Dissens

873 Eingangs dieses Abschnitts wurde betont, daß ein Vertrag nur dann zustande kommt, wenn sich die Erklärungen der beiden Teile, also Angebot und Annahme entsprechen.[91] Wie die Erklärungen beider Seiten beschaffen sind, was sie also objektiv erklärt haben, bestimmt sich insbesondere nach den eben skizzierten Auslegungsgrundsätzen.

874 Trotz Auslegung der beiden Willenserklärungen aus der «Empfän-

88 So zuletzt BGH NJW 1995, 1212
89 NJW 1994, 3287, 3288
90 OLG Düsseldorf BB 1994, 1739
91 Oben 2.1 (Rn 778 ff.)

gerperspektive»[92] und trotz ergänzender Vertragsauslegung[93] kann der Fall eintreten, daß sich die Erklärungen beider Seiten nicht decken. In diesem Fall spricht man von einem Dissens. Das Gesetz unterscheidet zwei Varianten.

2.7.1 Offener Dissens

Nach § 154 Abs. 1 Satz 1 ist ein Vertrag nicht zustande gekommen, 875
«solange nicht die Parteien sich über alle Punkte geeinigt haben, über die nach der Erklärung auch nur einer Partei eine Vereinbarung getroffen werden soll». Auf die **inhaltliche Tragweite dieses Punktes** kommt es grundsätzlich nicht an; mit Rücksicht auf die Privatautonomie schließt der Regelungswunsch auch nur einer Partei die vertragliche Einigung aus.

Beispiel: Beim Hauskauf insistiert der Verkäufer darauf, daß der Rasenmäher nicht mitverkauft werden dürfte.

Allerdings muß man bei der Würdigung konkreter Situationen immer die Frage stellen, ob ein entsprechender Wunsch bei Vertragsabschluß weiterbestand oder ob sich die Partei damit abgefunden hatte, eine bestimmte Vorstellung nicht im Vertragstext verankern zu können.

Ein offener Dissens wird nach § 154 Abs. 1 Satz 2 auch dann nicht 876
ausgeschlossen, wenn die Verständigung über einzelne Punkte schriftlich fixiert wurde (sog. **Punktation**). Ist eine beabsichtigte Beurkundung nicht erfolgt, ist trotz vollständiger inhaltlicher Einigung nach § 154 Abs. 2 der Vertrag ebenfalls nicht zustande gekommen.

Alle diese Regeln gelten allerdings nur «**im Zweifel**». Dies bedeu- 877
tet, daß abweichende Vorstellungen der Parteien den Vorrang haben. Denkbar ist insbesondere, daß beide Seiten davon ausgehen, sich über einen noch offengebliebenen Punkt mit Sicherheit nachträglich zu einigen.

Beispiel:[94] Ein Handelsvertreter arbeitet ein knappes Jahr für eine Firma, vermittelt ihr Aufträge und erhält dafür die übliche Vergütung. Bei den Vertragsverhandlungen war die Frage offengeblieben, welchen Betrag er für die Übernahme des Kundenstamms bezahlen sollte. Trotz dieser «Lücke» war der Vertrag zustande gekommen.

---

92 Oben Kap. 9 unter 3.1 (Rn 602 ff.)

93 Oben 2.6 (Rn 871 ff.)

94 BGH NJW 1983, 1727

Insbesondere dann, **wenn beide Seiten mit der Erfüllung der Abmachung beginnen**, muß die im Normalfall Platz greifende Regel des § 154 Abs. 1 Satz 1 ausscheiden.[95]

2.7.2 Versteckter Dissens

878 § 155 regelt den Fall, daß die Parteien die Vorstellung haben, sich vollständig geeinigt und einen Vertrag geschlossen zu haben, während sie sich in Wirklichkeit über einen regelungsbedürftigen Punkt nicht verständigt hatten. Dies kann etwa eintreten, wenn jede Seite ihr Verhalten anders versteht.[96]

Beispiel:[97] Die Patientin geht davon aus, einen Behandlungsvertrag geschlossen zu haben, dessen Kosten voll von der Krankenkasse übernommen werden, während der Zahnarzt der Auffassung ist, daß die Patientin nach dem Vertrag die nicht erstatteten Beträge selbst zu übernehmen habe.

879 § 155 geht als **Regelfall** von der **Gültigkeit** des Vereinbarten aus, knüpft dies jedoch an die Bedingung, daß der Vertrag «auch ohne eine Bestimmung über diesen Punkt geschlossen worden» wäre.

Im Zahnarzt-Fall liegt diese Voraussetzung nicht vor, so daß das Gericht mit Recht die Existenz eines Vertrags verneinte.

Zu beachten ist, daß ein versteckter Dissens immer nur dann vorliegt, wenn sich die **Erklärungen ihrer objektiven Bedeutung nach nicht decken**. Stimmen sie überein, hat jedoch eine Seite etwas anderes erklären wollen, besteht lediglich die Möglichkeit der Anfechtung nach § 119 Abs. 1 BGB.

Wäre die Inanspruchnahme der zahnärztlichen Leistung so aufzufassen gewesen, daß die Patientin damit auch eine Selbstbeteiligung zugesagt hätte, wäre ein Vertrag zustande gekommen; sie hätte lediglich wegen Irrtums anfechten können.

---

95 Palandt-Heinrichs § 154 Rn 2
96 Zu weiteren Fällen s. Palandt-Heinrichs § 155 Rn 4
97 Nach AG Köln NJW 1980, 2756

2.7.3 Totaldissens

Unanwendbar ist § 155 beim sog. Totaldissens, d. h. dann, wenn über die zentralen Elemente eines Vertrages keine Einigung zustande gekommen ist. 880

Beispiel:[98] A telegraphiert an B: «Bitte 100 Mäntel made in Hongkong zum Preis von je 50 DM, wie bestellt.» B telegraphiert zurück: «Einverstanden.» A wollte kaufen, B verstand die Erklärung als Verkaufsangebot und nahm sie an.

Daß hier kein Vertrag vorliegt, ließe sich auch aus § 155 ableiten, da anzunehmen ist, daß ohne eine Einigung über «Kauf» oder «Verkauf» kein Vertrag zustande kommt.

3 Verträge kraft sozialtypischen Verhaltens?

3.1 Anwendungsfälle

Seit Jahrzehnten wird über die Frage diskutiert, inwieweit Verträge 881 nicht nur aufgrund von Willenserklärungen, sondern auch aufgrund von «sozialtypischem Verhalten» zustande kommen können.[99] Wer **im modernen Massenverkehr** Leistungen in Anspruch nehme, würde schon allein dadurch vertragliche Beziehungen begründen. Das Besteigen einer Straßenbahn, das Abstellen eines Autos auf einem Parkplatz und der Bezug von Strom aus der Leitung seien hierfür die wichtigsten Beispiele.

98 Nach RGZ 104, 265: Weinsteinsäure
99 Grundlegend Haupt, Über faktische Vertragsverhältnisse, Leipzig 1943. Gute Zusammenfassung bei Kellmann NJW 1971, 265 ff.

3.2 Unterschiede zur traditionellen Vertragslehre

882 Unter normalen Umständen werden sich keine Unterschiede zur traditionellen Lehre vom Vertrag ergeben: Im Besteigen der Straßenbahn, im Abstellen des Autos und in der Inanspruchnahme von Elektrizität liegt eine **konkludente Willenserklärung**, die den Vertrag zustande bringt oder die jedenfalls als Angebot zu qualifizieren ist, das alsbald konkludent angenommen wird. Insofern scheint ein müßiger Streit vorzuliegen.

883 Die Sicht ändert sich, sobald man an «pathologische» Fälle denkt. «Sozialtypisches Verhalten» zeigt auch ein Minderjähriger, der in die **Straßenbahn** einsteigt.

Das LG Bremen[100] hat deshalb einen Beförderungsvertrag angenommen, als ein achtjähriger Junge ohne Zustimmung seiner Eltern mit der Straßenbahn spazierenfuhr, und ihn auch zur Zahlung der für Schwarzfahrten vorgesehenen Vertragsstrafe verurteilt.

Ein deutlicher Unterschied ergab sich weiter in dem bekannten **Parkplatzfall**: Ein Autofahrer hatte seinen Wagen auf dem Hamburger Rathausmarkt abgestellt, und zwar auf einer Fläche, die zuvor zum gebührenpflichtigen Parkplatz gemacht worden war. Gleichzeitig erklärte er jedoch, kein Entgelt zahlen zu wollen; das Parken bewege sich im Rahmen des Gemeingebrauchs, den man nicht einfach einschränken könne.[101] Der BGH fand im Gegensatz zum OLG Hamburg wenig Gefallen an dieser Argumentation:[102] Wer eine Parkfläche in Anspruch nehme, bringe bereits dadurch eine vertragliche Rechtsbeziehung zustande. Auf einen abweichenden Willen komme es auch dann nicht an, wenn dieser dezidiert zum Ausdruck gebracht worden sei. Ähnlich wurde für den **Bezug von elektrischem Strom** entschieden.[103]

100 NJW 1966, 1360
101 Zum Gemeingebrauch s. oben Kap. 7 unter 3.2.2 (Rn 484ff.)
102 BGHZ 21, 319
103 BGHZ 23, 175

3.3 Kritik

Die Lehre von den «Verträgen kraft sozialtypischen Verhaltens», **auch Lehre von den «faktischen Vertragsverhältnissen» genannt**, kann für sich ein gutes Stück Realismus in Anspruch nehmen: In der Tat ist im modernen Massenverkehr der auf einen Vertragsschluß gerichtete Wille des einzelnen eine Größe, die (fast) nur Juristen wahrnehmen können.[104] 884

Dennoch muß man sich die Frage stellen, wem die direkte Ankoppe- 885
lung der Rechtsfolgen an empirische Normalitäten nützt. Den **Minderjährigenschutz** nach dem Vorbild des LG Bremen **abzubauen**, besteht nicht nur kein Anlaß;[105] das Gesetz bietet hierfür auch nicht den geringsten Anhaltspunkt.[106] Der Parkplatzfall weckt zwar vom Ergebnis her weniger Bedenken, doch läßt sich dasselbe Resultat entgegen dem ersten Anschein auch mit den Mitteln des traditionellen Vertragsrechts erreichen. Zum einen kann man den Standpunkt vertreten, daß die «Verwahrung», also die Bekundung, das tatsächlich Gemachte nicht zu wollen, ohne rechtliche Bedeutung sei; **trotz des Protests** liege deshalb eine **konkludente Willenserklärung** auf Abschluß eines Vertrages vor.

Dies entspricht dem lateinischen Grundsatz «protestatio facto contraria non valet» (= die dem eigenen Tun widersprechende Protesterklärung hat keine Rechtswirkung)

Zum anderen kann man auch den Standpunkt vertreten, der Autofahrer habe sich **widersprüchlich verhalten**, gewissermaßen a getan und non-a erklärt. Dies stelle zwar keine wirksame Willenserklärung dar[107], doch müsse er ein Nutzungsentgelt auf der Grundlage des § 812 Abs. 1 Satz 1 BGB bezahlen.[108]

Wichtiger als die Argumentation mit den nicht unbedingt einleuch- 886
tenden Ergebnissen ist der Einwand, daß die **Selbstbestimmung des einzelnen** auf der Grundlage der Lehre vom sozialtypischen Verhalten

104 Zutreffend Schwab, Einf., Rn 455: Der Jurist «quält Willenserklärungen heraus»

105 Vgl. Medicus, AT, Rn 251: «Das Wegrationalisieren des Aufsichtspersonals in den öffentlichen Verkehrsmitteln darf nicht dazu führen, daß Minderjährige sogar Vertragsstrafen bezahlen müssen»

106 Zu dem Problem, daß Minderjährigen in solchen Fällen mit Hilfe des Bereicherungsrechts ein «Quasi-Vertrag» aufgedrückt wird, s. oben Kap. 11 unter 5.4.3 (Rn 769)

107 Zu widersprüchlichen Willenserklärungen s. oben Kap. 9 unter 3.4 (Rn 619)

108 So etwa Hübner, AT, Rn 1015; ähnlich Schwab, Einf., Rn 455. Zum Ganzen s. auch Hönn JuS 1990, 958

noch «verdünnter» und fiktiver als nach der herrschenden Auffassung wird. Schon die Tatsache, daß sich jemand ganz normal im sozialen Raum bewegt, zwingt ihn ohne viel Federlesens in ein Korsett von Verträgen, dem er nicht entfliehen kann. Geschäftswille und Erklärungsbewußtsein werden als Voraussetzung rechtlicher Bindung im Ergebnis abgeschafft; es genügt der einfache Handlungswille. Der einzelne wird einer «konkreten Ordnung» (Carl Schmitt) unterworfen, deren Inhalt er nicht einmal mehr theoretisch mitbestimmen kann. Dies erscheint in einer der Freiheit des einzelnen verpflichteten Gesellschaft völlig unangemessen. Insoweit ähnelt die Frage der, ob Rechtsfähigkeit eigentlich auch solchen Personen zukommt, die wenig reale Chancen haben, in den Besitz bestimmter Rechte zu kommen: Wir hatten sie bejaht, weil jede Person gleiche Menschenwürde besitzt und weil selbst **eine nur theoretische Freiheit besser ist als offene Rechtlosigkeit**.[109] Für die Befugnis, Rechtsbeziehungen zu anderen zu schaffen, kann schwerlich Abweichendes gelten.

887 Nur ergänzend sei auf die **Abgrenzungsprobleme** hingewiesen, die die Lehre vom sozialtypischen Verhalten schafft. Zwar wird man Diebe und Betrüger nicht zu Vertragspartnern machen müssen, da sie sich nicht «sozialtypisch» verhalten[110], doch ist es nicht unbedingt überzeugend, wenn der BGH Flugreisen nicht als Teil des «modernen Massenverkehrs» qualifiziert:[111] Wer den Flughafen von Frankfurt oder von Mallorca einige Zeit beobachtet, wird an der Lebensnähe dieser Einschätzung zweifeln. Insofern ließe sich der Kreis der erfaßten Verhaltensweisen erheblich ausdehnen, wenn man mit der Lehre vom sozialtypischen Verhalten wirklich ernst machen wollte.

3.4 Ein überholtes Konzept?

888 Die **Literatur lehnt das Konzept**, Verträge würden nicht mehr durch Willenserklärung, sondern durch sozialtypisches Verhalten zustande kommen, **mit bemerkenswerter Einmütigkeit ab**.[112] Der **BGH** hat sich **vorsichtig** von seiner bisherigen Rechtsprechung **di-**

109 Dazu oben Kap. 5 unter 1.1 (Rn 189ff.)
110 Esser-Schmidt § 10 I 2 (S. 157)
111 BGH NJW 1971, 609
112 S. etwa AK-BGB-Hart §§ 133, 157 Rn 18; Brox, AT, Rn 200; Hönn JuS 1990, 957; Larenz, AT, § 28 II; Medicus, AT, Rn 242 ff.; MüKo-Kramer Vor § 241 Rn 57; Palandt-Heinrichs Einf. vor § 145 Rn 25; Schmidt-Brüggemeier, S. 122f.

stanziert[113] und darauf verwiesen, die früher unter Rückgriff auf das sozialtypische Verhalten gelösten Fälle ließen sich auch mit den Mitteln der Rechtsgeschäftslehre bewältigen. Ob man die Lehre für tot erklären kann[114], erscheint gleichwohl zweifelhaft; auch sollte man nicht vergessen, daß Totgesagte oft ein besonders langes Leben besitzen.

3.5 Fehlerhafte Gesellschaft und fehlerhaftes Arbeitsverhältnis

Nichts mit dem hier diskutierten Konzept haben die Fälle der sog. faktischen Gesellschaft und des sog. faktischen Arbeitsverhältnisses zu tun: Ist die Gesellschaft in Vollzug gesetzt bzw. die Arbeit angetreten, so ist eine rückwirkende Berufung auf Willensmängel nicht mehr möglich.[115] Bei der Gründung von Kapitalgesellschaften ist sie überhaupt ausgeschlossen.[116] Auch der Schutz von Minderjährigen erfährt insoweit Modifikationen.[117] Um Verwechslungen auszuschließen, sollte man terminologisch besser von «fehlerhafter Gesellschaft» und «fehlerhaftem Arbeitsverhältnis» sprechen.[118] 889

4 Kontrahierungszwang

4.1 Begriff und historische Anfänge

Der Abschluß von Verträgen liegt grundsätzlich im Belieben des einzelnen. Ob ich bei Horten oder Karstadt kaufe, ist meiner freien Entscheidung überlassen. Rechtlich ist man nicht einmal zur Angabe irgendwelcher Gründe verpflichtet. 890

113 BGHZ 95, 399
114 So Hönn JuS 1990, 958
115 Dazu oben Kap. 10 unter 3.6.2 (Rn 668ff.)
116 §§ 275ff. AktG, 75ff. GmbHG
117 Dazu oben Kap. 11 unter 2.5 (Rn 714ff.)
118 Zur (abzulehnenden) Übertragbarkeit auf andere Dauerrechtsverhältnisse Palandt-Heinrichs Einf. Vor § 145 Rn 29

Man kann eine Gaststätte wieder verlassen, weil einem nach Einblick in die Speisekarte die Preise zu hoch sind oder weil man am Nebentisch einen Menschen entdeckt, dem man nie wieder begegnen wollte, oder weil man sich einfach umbesonnen hat. Den wahren Grund muß man dem Kellner nicht nennen.

Diese ganz selbstverständliche Freiheit[119] schafft dann Probleme, wenn sie von einem **Unternehmen** in Anspruch genommen wird, **von dessen Leistungen andere abhängig sind**. Die einzige erreichbare Apotheke weigert sich beispielsweise, ein dringend benötigtes Medikament zu verkaufen. Oder: Das Energieversorgungsunternehmen liefert an bestimmte Leute keinen Strom mehr, weil sie «in dieser Gegend» nichts zu suchen hätten. Im Regelfall wird das Eigeninteresse des Unternehmens, möglichst viele Verträge abzuschließen und so Umsatz und Gewinn zu erhöhen, solche Erscheinungen verhindern. Eine Garantie gibt es gleichwohl nicht: Denkbar ist, daß insbesondere ein sehr starkes Unternehmen nur einige wenige «Hoflieferanten» haben will oder daß aus unsachlichen, z. B. persönlichen Gründen der Vertragsabschluß mit bestimmten Individuen oder Gruppen verweigert wird.

Beispiel: Man will mit Ausländern keine Versicherungsverträge abschließen, weil es da angeblich sehr viele «unzuverlässige Vögel» gebe.

891 Schon im Jahre 1901 hat sich das **Reichsgericht** der Frage angenommen, ob die Anbieter bestimmter Leistungen nicht zum Abschluß von Verträgen mit Interessierten verpflichtet seien, ob es für sie nicht einen «Kontrahierungszwang» gäbe.[120] Die Antwort war damals relativ vorsichtig: Nur dann, wenn der Anbieter ein «**faktisches Monopol**» hatte, bedeutete es eine vorsätzliche sittenwidrige Schädigung im Sinne des § 826 BGB, wenn er einzelne willkürlich aus dem Kreis seiner Vertragspartner ausnahm. Der dadurch angerichtete Schaden war in der Weise zu reparieren, daß nach § 249 der Zustand wiederherzustellen war, der ohne das sittenwidrige Verhalten des Unternehmens bestehen würde: also der Abschluß eines Vertrages zu den gleichen Bedingungen wie mit anderen Marktteilnehmern.[121]

892 Wann ein «Monopol» vorlag, wurde nie abschließend geklärt, doch kann man davon ausgehen, daß damit nur Unternehmen erfaßt waren, die sich praktisch keinem Wettbewerb ausgesetzt sahen.

---

119 Vgl. Zöllner JuS 1988, 329ff.

120 RGZ 48, 114, 127

121 Nachw. zur RG-Rechtsprechung in BGH NJW 1990, 761, 762. Überblick über die Entwicklung nach 1900 bei Kilian AcP 180 (1980), 56ff.

In der Zwischenzeit ist die **Entwicklung weit darüber hinausgegangen**. Das geltende Recht kennt zahlreiche Fälle von gesetzlichem Kontrahierungszwang; daneben wurden auf der Grundlage des § 26 Abs. 2 GWB und allgemeiner vertragsrechtlicher Grundsätze für zahlreiche Konstellationen Pflichten zum Vertragsabschluß entwickelt. 893

4.2 Gesetzlich angeordneter Kontrahierungszwang

4.2.1 Überblick

Aufgrund einer Reihe spezialgesetzlicher Bestimmungen hat der einzelne Anspruch darauf, daß ihm wichtige Leistungen des Grundbedarfs nicht verweigert werden, soweit er das hierfür vorgesehene Entgelt bezahlt. In diesen Rahmen gehört etwa § 6 Energiewirtschaftsgesetz, wonach die **Versorgung mit Strom und Gas** nicht verweigert werden darf. § 8 des Postgesetzes n. F. verpflichtet weiter die Postdienste zur **Beförderung von Briefen**. § 22 des Personenbeförderungsgesetzes sieht im **öffentlichen Personennahverkehr** auch zu Lasten von konzessionierten Privatunternehmen und Taxis einen Kontrahierungszwang vor. Besonderer Erwähnung bedürfen zwei weitere Fälle: 894

4.2.2 Kfz-Haftpflicht als Beispiel

Nach § 1 des **Pflichtversicherungsgesetzes** (Schönfelder Nr. 63) ist der Halter eines Kraftfahrzeugs verpflichtet, eine Haftpflichtversicherung abzuschließen. Könnten nun die Versicherungen nach Belieben «nein» sagen, stünde für manche Mitbürger das Recht zum Autokauf auf dem Papier. § 5 Abs. 2 des Gesetzes **verpflichtet** daher die im Inland tätigen Versicherungsunternehmen, mit den Haltern **Versicherungsverträge abzuschließen**. Das Zustandekommen eines Vertrages wird durch § 5 Abs. 3 des Gesetzes zusätzlich erleichtert, da Anträge zum Abschluß einer Haftpflichtversicherung unter den dort genannten Voraussetzungen als angenommen gelten, wenn der Versicherer ihnen nicht innerhalb von zwei Wochen widerspricht. 895

Besonderes Interesse verdienen die in § 5 Abs. 4 des Gesetzes festgelegten **Ausnahmen**. Außer wegen der Beschränkung der Geschäftstätigkeit auf bestimmte Bereiche 896

Beispiel: Der Württembergische Gemeindeversicherungsverein aG versichert nur Angehörige des öffentlichen Dienstes im ehemaligen Land Württemberg. Da sie offensichtlich sehr risikobewußt sind und sich wenig spontane Verrücktheiten erlauben, treten seltener Schadensfälle auf, so daß die Prämien erheblich niedriger als bei anderen Versicherungsgesellschaften liegen.

kann der Abschluß eines Versicherungsvertrags nur verweigert werden, wenn der Betreffende bereits vorher beim selben Unternehmen versichert war und damit – umgangssprachlich gesagt – für den Versicherer «schlechte Erfahrungen» verbunden waren. Diese werden im einzelnen aufgezählt: Anfechtung des Versicherungsvertrags wegen Drohung oder arglistiger Täuschung, Rücktritt seitens der Versicherung wegen Verletzung der vorvertraglichen Anzeigepflicht oder wegen Nichtzahlung der ersten Prämie sowie Kündigung des Versicherungsvertrags wegen Prämienverzugs oder nach Eintritt eines Versicherungsfalls.

Keinen Grund stellt es somit dar, daß der Versicherungsnehmer eine ausländische Staatsangehörigkeit besitzt, vorbestraft ist oder den Generaldirektor des Versicherungsunternehmens in der Öffentlichkeit beschimpft hat. Zu beachten bleibt auch, daß die Ausnahmefälle nur für ein konkretes Unternehmen gelten; andere bleiben zum Vertragsabschluß verpflichtet.

4.2.3 Pflichtmandate eines Anwalts als Beispiel

897 **Rechtsanwälte** sind grundsätzlich **frei, ob sie ein Mandat übernehmen wollen** oder nicht. Im Einzelfall kann jedoch anderes gelten. Will etwa eine Partei Klage vor dem Landgericht erheben, wo man sich immer von einem Rechtsanwalt vertreten lassen muß, findet sie jedoch niemanden, der sich ihrer Sache annimmt, so kann sie sich nach § 78 b ZPO einen Rechtsanwalt beiordnen lassen. Dieser ist dann nach § 48 Abs. 1 Nr. 2 Bundesrechtsanwaltsordnung (BRAO, Schönfelder Nr. 98) **zur Übernahme des Mandats verpflichtet**. Dasselbe gilt, wenn eine **bedürftige Partei** Prozeßkostenhilfe erhält und ihr in diesem Rahmen nach § 121 ZPO ein Rechtsanwalt beigeordnet wird.[122]

122 Der Kontrahierungszwang für den Anwalt folgt in diesem Fall aus § 48 Abs. 1 Nr. 1 BRAO

4.2.4 Beschränkte Reichweite

Die **gesetzlichen Regelungen** sind allerdings **fragmentarisch**; bei weitem nicht alle Fälle, in denen jemand auf eine Leistung dringend angewiesen ist, werden erfaßt.[123] 898

4.3 Pflicht zum Vertragsabschluß zwischen Unternehmen

Nach **§ 26 Abs. 2** des Gesetzes gegen Wettbewerbsbeschränkungen (= **GWB**, auch «Kartellgesetz» genannt, Schönfelder Nr. 74) dürfen bestimmte Unternehmen im Geschäftsverkehr andere Unternehmen nicht «unbillig behindern» oder sie «ohne sachlich gerechtfertigten Grund» unterschiedlich behandeln. 899

4.3.1 Wer wird von § 26 Abs. 2 GWB erfaßt?

Adressat der Vorschrift sind einmal «**marktbeherrschende**» **Unternehmen**, also solche, die keinem wesentlichen Wettbewerb ausgesetzt sind oder jedenfalls eine überragende Marktstellung besitzen.[124] Gleichgestellt sind eine Reihe anderer Unternehmen, u. a. diejenigen, die (nach §§ 2–8 GWB legale) wettbewerbsbeschränkende Absprachen getroffen haben. Weiter bezieht § 26 Abs. 2 Satz 2 GWB auch sog. **marktstarke Unternehmen** ein. Sie definieren sich dadurch, daß «von ihnen kleine oder mittlere Unternehmen als Anbieter oder Nachfrager einer bestimmten Art von Waren oder gewerblichen Leistungen in der Weise abhängig sind, daß ausreichende und zumutbare Möglichkeiten, auf andere Unternehmen auszuweichen, nicht bestehen». 900

Dieser nicht ganz einfache Satz der Rechtssprache wird etwas verständlicher, wenn man ihn zum zweiten oder zum dritten Mal liest und sich die praktische Bedeutung an der wichtigen «**Rossignol**»-**Entscheidung des BGH**[125] vergegenwärtigt. 901

Im konkreten Fall war der Importeur I alleiniger Lieferant von französischen Rossignol-Skiern in Deutschland. Ein «bedeutendes Sportfachgeschäft in Oberbayern» wurde von ihm aus nicht näher dargeleg-

123 S. die Liste bei Kilian AcP 180 (1980), 53 ff.
124 Vgl. BGH NJW 1976, 801, 802
125 NJW 1976, 801 ff.

ten Gründen nicht mehr beliefert. Nun waren Rossignol-Produkte auf dem Markt für Skier zwar bekannt und genossen einen guten Ruf, doch war die französische Firma weit davon entfernt, den deutschen Markt zu beherrschen. Zu prüfen war deshalb allein, ob das oberbayerische Sportfachgeschäft als Nachfrager der Skier von I in der Weise abhängig war, «daß ausreichende und zumutbare Möglichkeiten, auf andere Unternehmen auszuweichen», nicht bestanden. Eine solche «Abhängigkeit» bejahte der BGH. Nur Skier anderer Firmen zu führen, war nicht «zumutbar», da es angesichts der allgemeinen Wertschätzung für Rossignol-Skier einen «Ansehensverlust» bedeutet hätte, sie nicht mehr im Sortiment zu haben. Auch die Tatsache, daß der Verkauf dieses Artikels nur 3,5 % des Umsatzes des Fachgeschäfts ausgemacht hatte, war ohne Bedeutung. Dieses mußte deshalb weiterbeliefert werden.

4.3.2 Abwägung der beiderseitigen Interessen

902 Die im Gesetz vorausgesetze «**unbillige Behinderung**» und «**unterschiedliche Behandlung ohne sachlich gerechtfertigten Grund**» muß unter Berücksichtigung der Interessen beider Seiten und der Zielsetzung des GWB konkretisiert werden, Einschränkungen des Wettbewerbs zurückzudrängen. Gründe, wie sie für die Verweigerung eines Vertrags über eine Kfz-Haftpflichtversicherung ausreichen, würden sicherlich auch hier genügen. Ein übertriebenes Maß an «Kundenpflege» reicht jedoch nach der **Faßbier-Entscheidung des BGH** nicht aus.[126]

Im konkreten Fall hatte eine größere Brauerei den Selbstbedienungsgroßhandel nicht mehr mit Faßbier beliefert, wohl aber den «Bedienungsgroßhandel»: Dieser übernehme selbst den Transport zum Kunden und sorge auch dafür, daß das Bier ordentlich gelagert werde. Der BGH vertraute auf das Eigeninteresse der Wirte (die ihren Gästen keine Schaumbrühe ausschenken wollen) und sah deshalb in der «ununterbrochenen Faßbierkette» keinen die Benachteiligung rechtfertigenden Grund.

903 Wichtig ist auch, daß es die Abwägung der beiderseitigen Interessen ausschließt, **persönliche Eigenschaften** wie Bekenntnis, politische Anschauung, Geschlecht usw. der schwächeren Seite zu berücksichtigen.[127] Nur wenn nach den Maßstäben rationalen Marktverhaltens die

---

126 BGH NJW 1979, 107
127 Carlhoff, in: Frankfurter Kommentar zum GWB, 3. Aufl., Köln 1982/94, § 26

Interessen der stärkeren Seite überwiegen, könnte eine Liefersperre Bestand haben.[128]

Zu ergänzen bleibt, daß der **Begriff «Unternehmen»** im Sinne des § 26 Abs. 2 GWB **weit interpretiert** wird und beispielsweise auch Sozialversicherungsträger umfaßt.[129] 904

4.3.3 Vertragsabschluß als Schadensersatz?

Der **Anspruch auf (Weiter-)Belieferung** wird **rechtlich so konstruiert**, daß der Verstoß gegen § 26 Abs. 2 GWB nach § 35 GWB zum Schadensersatz verpflichte. Der Schaden sei deshalb rückgängig zu machen, was nur mit Hilfe weiterer Belieferung möglich sei.[130] In der Literatur wurde dies zu Recht als Umweg kritisiert; ist der Nichtabschluß von Verträgen verboten (weil er eine Behinderung oder Diskriminierung nach § 26 Abs. 2 GWB darstellt), muß gleichzeitig der Abschluß geboten sein.[131] 905

4.4 Pflicht zum Abschluß von Verträgen gegenüber Privaten?

§ 26 Abs. 2 GWB kann auf das Verhalten gegenüber Nicht-Unternehmen, insbesondere gegenüber Verbrauchern, keine unmittelbare Anwendung finden. Die **Rechtsprechung** greift daher insoweit im Anschluß an das Reichsgericht weiterhin auf § 826 zurück, anerkennt jedoch, daß damit nur Extremfälle bewältigt werden können.[132] 906

Dem «faktischen Monopol», wie es etwa der Deutsche Sportbund in seinem Tätigkeitsfeld besitzt[133], wurde die «**überragende** 907

Rn 249; Müller-Henneberg / Schwartz, Gemeinschaftskommentar zum GWB, 3. Aufl., Köln u. a. 1973, § 26 Abs. 2 Rn 41

128 Werden ausnahmsweise wie bei einer städtischen Theater GmbH primär kulturpolitische Ziele verfolgt, muß sich eine vorgenommene Differenzierung an diesen messen lassen. Im Falle OLG Hamm NJW 1989, 406 führte dies dazu, daß auch ein zweiter Theaterverein in gleicher Weise wie der schon längere Zeit bestehende mit verbilligten Theaterkarten beliefert werden mußte

129 BGHZ 36, 91 – Gummistrumpf; BGHZ 101, 72 – Krankentransporte; BGHZ 114, 218, 229 – Einzelkostenerstattung

130 BGHZ 49, 90, 98 f. – Jägermeister

131 Palandt-Heinrichs Einf. vor § 145 Rn 9

132 Zusammenfassend BGH NJW 1990, 762

133 S. den Fall BGH NJW 1975, 771 – Radfahrerbund «Solidarität»

Machtstellung» gleichgestellt[134]; § 826 soll dann verletzt sein, wenn durch den Nichtabschluß des Vertrages außerdem ein «schwerwiegendes Interesse» des anderen Teils betroffen sei.[135] An anderer Stelle ist davon die Rede, die Interessen und Bedürfnisse des am Vertrag Interessierten müßten «in bedeutsamer Weise beeinträchtigt» sein.[136]

908 Die **Literatur** will die Unternehmen sehr viel häufiger in die Pflicht nehmen. Unter Rückgriff auf das Sozialstaatsprinzip der Art. 20, 28 GG und in Anknüpfung an die gesetzlich geregelten Fälle sowie an § 26 Abs. 2 GWB wird ein **Kontrahierungszwang** dann bejaht, wenn ein Unternehmen «**lebenswichtige Güter**» öffentlich anbietet und der einzelne **keine zumutbare Möglichkeit** besitzt, seinen **Bedarf anderweitig zu befriedigen**. Aus «sachlichen Gründen» kann der Vertragsabschluß allerdings immer verweigert werden.[137] Bydlinski[138] bezieht die grundsätzliche Pflicht zum Vertragsabschluß nicht nur auf lebensnotwendige Leistungen, sondern auf den sog. Normalbedarf, dem er den in Sondersituationen entstehenden «Notbedarf» gleichstellt.

Ist der Kunde bereit, für das benötigte Medikament in der Apotheke den üblichen Preis bar zu bezahlen, ist auch kein «sachlicher Grund» für eine Verweigerung ersichtlich, wenn sich vorher in den geschäftlichen oder persönlichen Beziehungen Schwierigkeiten ergeben haben.

Für diese Auffassung spricht, daß der **Staat durch die Ausgestaltung auch der Zivilrechtsordnung dafür sorgen muß**, daß grundrechtlich geschützte Interessen des einzelnen (z. B. an der Wahrung seiner Gesundheit – Art. 2 Abs. 2 GG) befriedigt werden können, soweit keine überwiegenden Interessen anderer Personen entgegenstehen.

Deshalb besteht kein Kontrahierungszwang, wenn man in der eigenen Wohnung ein Zimmer untervermieten will, einen Interessenten aber wenig angenehm findet. Hier überwiegt das Interesse am ungestörten Wohnen.

---

134 BGH NJW 1985, 1216. Für die Stellung der IG Metall bei der gewerkschaftlichen Organisierung von Arbeitern ebenso BGH NJW 1988, 555. Diese Entscheidungen wurden übersehen in BGH NJW 1990, 762

135 BGH NJW 1985, 1216

136 BGH NJW 1980, 186, 187

137 So etwa Palandt-Heinrichs Einf. vor § 145 Rn 10; ähnlich MüKo-Kramer vor § 145 Rn 14

138 AcP 180 (1980), 37ff.; ähnlich Tilmann ZHR 141 (1977), 74ff.

Je nach konkreter Situation sind an das «**Gegeninteresse**» höhere oder geringere Anforderungen zu stellen; insoweit gilt dasselbe wie im Rahmen des § 26 Abs. 2 GWB.[139] 909

Auch dem schlimmsten persönlichen Feind muß man ggf. ein Medikament verkaufen, wenn er es dringend braucht, während man umgekehrt eine Theaterkarte schon aus weniger gravierenden Gründen verweigern darf, obwohl der Theaterbesuch zum «Normalbedarf» gehört.[140]

Muß man in eigener Person Dienste leisten, lassen sich solche Gründe leichter vorstellen als bei einem schlichten Kaufvertrag über einen Gegenstand des täglichen Lebens.

Ein Masseur ist von seinem Kunden beleidigt worden; dies kann als Grundlage für ein «Nein» ausreichen. Anders, wenn es um den Kauf von ein paar Brötchen in der einzigen Bäckerei am Ort geht.

Der auf den ersten Blick bestehende Gegensatz zur allgemeinen «Mo- 910
nopolrechtsprechung» ist dabei nur ein scheinbarer: Gibt es aus der Sicht des Verbrauchers keine zumutbare Alternative, hat der **Anbieter für ihn de facto eine Art Monopolstellung**. Im übrigen wäre es wenig einleuchtend, wenn man im Anschluß an die Rechtsprechung das Selbstbestimmungsrecht des schwächeren Teils bei der Ausgestaltung von Verträgen in weitem Umfang schützt[141], bei ihrem Abschluß jedoch nicht darauf achtet, wie die Konsequenzen für die Handlungsmöglichkeiten des einzelnen beschaffen sind. Auch ist an den spezifischen Schutz zu erinnern, den die Rechtsordnung an anderer Stelle den für das normale Dasein des einzelnen nötigen Vermögenswerten gewährt.[142] Schließlich sollten sich potentielle Kritiker darüber klar sein, daß kein genereller Zwang zum Vertragsschluß geschaffen wird; das fortbestehende Recht, aus sachlichen Gründen «nein» zu sagen, verwandelt lediglich die «beliebige» in eine **begründungsbedürftige privatautonome Entscheidung**.

Von den bisher erörterten Problemen ist die weitere Frage zu tren- 911
nen, ob die Verweigerung eines Vertragsabschlusses **ausnahmsweise** auch dann gegen § 826 BGB verstoßen kann, wenn es nicht um den «Normalbedarf» (sondern z. B. um Luxusgüter) geht oder **wenn eine zumutbare Alternative** vorhanden ist.

139 Dazu oben 4.3.2 (Rn 902)
140 Palandt-Heinrichs Einf. vor § 145 Rn 10
141 S. unten Kap. 15 unter 1 (Rn 1304ff.)
142 S. oben Kap. 6 unter 7 (Rn 445) und Bd 2 Kap. 12 unter 1.3.2.4 (Rn 1282)

Der wegen seiner Hautfarbe im Restaurant A abgewiesene Afrikaner könnte im gegenüberliegenden Restaurant B ohne jede Schwierigkeit das gewünschte Abendessen einnehmen.

912 In der **Abweisung wegen der Hautfarbe** liegt m. E. nicht nur ein sittenwidriges Tun, sondern auch eine Verletzung des allgemeinen Persönlichkeitsrechts nach § 823 Abs. 1 BGB.[143] Dasselbe muß für die anderen in Art. 3 Abs. 3 GG genannten Merkmale wie Geschlecht, politische Überzeugung usw. gelten.[144] Der Anspruch auf Abschluß eines Vertrages wird sich allerdings nur mit Schwierigkeiten durchsetzen lassen.[145]

913 Eine Ausnahme gilt nur, wenn bei Unternehmen und **Einrichtungen mit einer spezifischen Zielsetzung** wie z. B. bei einer politischen Partei ein bestimmtes Merkmal Grund für die Ablehnung des Vertragsabschlusses ist, das im allgemeinen Rechtsverkehr niemals akzeptiert würde (Aufnahme nur von Personen «mit christlicher Grundhaltung»).[146] Dies wird man akzeptieren müssen. Ein **Presseunternehmen** kann zwar ggfs. politische Inserate ablehnen, weil sie mit der «Linie» der Zeitung oder Zeitschrift nicht übereinstimmen[147], doch müssen nach der Rechtsprechung Zeitungen mit regionaler Monopolstellung unpolitische Anzeigen («Sonderangebot Teppiche») veröffentlichen.[148]

143 Ebenso für den Fall der Frauendiskriminierung BAG DB 1989, 2279

144 Wie hier für die rassische Diskriminierung Palandt-Heinrichs Einf. vor § 145 Rn 10

145 In Betracht kommt, den Zugang im Wege der einstweiligen Verfügung zu erzwingen. Auch könnte die Gaststättenkonzession wegen mangelnder persönlicher Zuverlässigkeit in Gefahr geraten. Ob Selbsthilfe nach § 229 in solchen Fällen möglich ist, scheint nicht erörtert, doch geht es ja nicht primär um die Duldung der Anwesenheit, sondern um den Vertragsabschluß und das Bedientwerden; beides stellt jedoch ein nicht im Wege der Selbsthilfe erzwingbares positives Tun dar.

146 Dazu BGH NJW 1987, 2503

147 BVerfG NJW 1976, 1627

148 OLG Schleswig NJW 1977, 1886, aber bestritten

5 Vorvertragliche Pflichten

Wie bereits an anderer Stelle skizziert[149], beschränken sich Verträge nicht darauf, die vereinbarten Rechtsfolgen herbeizuführen. Mit ihnen sind vielmehr zahlreiche Nebenleistungs- und Schutzpflichten verbunden. Diese entstehen nicht erst mit dem Abschluß des Vertrages, sondern bereits mit der **Aufnahme eines «geschäftlichen Kontakts»**: Schon in diesem Moment besteht zwischen den Beteiligten eine engere und intensivere Beziehung, als sie für das normale Nebeneinander der Individuen charakteristisch ist. 914

Man begibt sich in das Geschäft oder die Wohnung des anderen, man gewährt in gewissem Umfang Einblick in die eigenen Konsumgewohnheiten, bei manchen Verhandlungen auch in die Vermögenslage.

Außerdem haben sich **bestimmte Formen eines fairen Verhandelns** herausgebildet.

Wer ein altes Haus verkaufen will, das aufgrund einer Entscheidung der Baubehörde abgerissen werden muß, ist verpflichtet, einen Kaufinteressenten davon zu informieren.

Obwohl sich im Text des BGB kaum Anhaltspunkte finden, ist man sich heute völlig einig, daß mit dem Eintritt in Verhandlungen automatisch ein **«vertragsähnliches Vertrauensverhältnis»** entsteht. Insoweit handelt es sich um einen **Gewohnheitsrechtssatz.**[150] Der Gesetzgeber hat dies mittelbar durch § 11 Nr. 7 AGBG bestätigt, wonach die Haftung des AGB-Verwenders für grob fahrlässige Verletzung «von Pflichten bei den Vertragsverhandlungen» nicht ausgeschlossen werden kann. Werden die aus dieser Beziehung entstehenden Pflichten verletzt, spricht man von «Verschulden beim Vertragsschluß» oder häufiger von **«culpa in contrahendo»**.[151] 915

Daß es dieses Rechtsinstitut heute gibt, hat seinen Grund letztlich in den Defiziten des Deliktsrechts: Die sehr beschränkte Haftung für Hilfspersonen und das Fehlen eines allgemeinen Vermögensschutzes würden zu grob unbilligen Ergebnissen füh-

149 Oben Kap. 6 unter 3.2 (Rn 422 ff.)

150 BGH NJW 1979, 1983

151 Zur Herleitung der vorvertraglichen Pflichten im allgemeinen s. Esser-Schmidt § 29 I

ren, wenn ein engerer Kontakt mit der damit verbundenen «Öffnung der eigenen Rechtssphäre» besteht.[152]

5.1 Wann liegen Vertragsverhandlungen vor?

916 Die zunächst nur in ersten Umrissen skizzierten Pflichten hängen nicht davon ab, daß effektiv ein Vertrag zustande kommt.[153] Sein Abschluß muß aber immerhin möglich sein; wer sich in einem Geschäft nur als Besucher umschaut, ist lediglich nach allgemeinen deliktsrechtlichen Grundsätzen geschützt.[154] Begleitpersonen dessen, der einen geschäftlichen Kontakt in Erwägung zieht, sind jedoch grundsätzlich einbezogen.[155]

Ausgenommen ist selbstredend der Dieb, der sich des Nachts in einen Supermarkt einschleicht, um dort einiges «abzuräumen»; rutscht er auf dem zu glatten Boden oder auf einer herumliegenden Bananenschale aus, kann er keine Ansprüche aus culpa in contrahendo geltend machen.

917 Das «vertragsähnliche Vertrauensverhältnis» besteht nicht nur der potentiellen «Gegenseite», sondern allen Beteiligten gegenüber. Gehört z. B. ein Gegenstand mehreren gemeinsam, und wollen sie ihn verkaufen, so sind sie auch untereinander zu einem redlichen Verhalten verpflichtet

Nicht ganz umkompliziertes **Beispiel**:[156] Miterben wollen ein zum Nachlaß gehörendes Grundstück veräußern. Eine Miterbin weiß, daß das Testament unwirksam ist, die übrigen ahnen nichts davon. Als die Sache auffliegt, ist der Vertragspartner «sauer»; ein anderer Miterbe muß ihm 100000 DM Schadensersatz bezahlen. Er kann bei seiner «bösgläubigen» Miterbin Rückgriff nehmen; sie hätte ihn informieren müssen. Dieses Ergebnis wäre allerdings auch damit zu begründen gewesen, daß man aus der Erbengemeinschaft als einer Gesamthandsgemeinschaft[157] Loyalitäts- und Sorgfaltspflichten abgeleitet hätte, deren Verletzung zum Schadensersatz verpflichtet[158].

152 Dazu Bd. 2 Kap. 7 unter 3.2 (Rn 901 ff.) und Kap. 9 unter 2.3.4 (Rn 1120)
153 So bereits RGZ 78, 239 – Linoleumrolle
154 BGHZ 66, 54
155 BGHZ 66, 54
156 BGH NJW 1980, 2464
157 Dazu oben Kap. 5 unter 3.2.2 (Rn 256 ff.)
158 Weitere Kritikpunkte bei von Venrooy JuS 1982, 93

5.2 Wie weit gehen die Pflichten?

Mangels ausdrücklicher gesetzlicher Regelung bestimmen sich die 918 Pflichten der Beteiligten gemäß § 242 nach «Treu und Glauben mit Rücksicht auf die Verkehrssitte». Dies sagt im Grunde herzlich wenig; entscheidend ist, was die Gerichte daraus machen. Dabei kommt den auf dem Spiel stehenden Interessen, den berechtigten Erwartungen der Beteiligten sowie der wirtschaftlichen und intellektuellen Überlegenheit einer Seite wesentliche Bedeutung zu. Im einzelnen hat die Rechtsprechung zahlreiche **Fallgruppen** entwickelt, die hier nicht im einzelnen dargestellt werden können.[159] Einige besonders wichtige Konstellationen sollen genügen.

– Die **Schutzpflicht gegenüber Leben und Gesundheit** des ande- 919 ren Teils hat die Rechtsprechung insbesondere im Zusammenhang mit Selbstbedienungsläden beschäftigt. Ihr Inhaber muß dafür sorgen, daß keine Bananenschale[160] und kein Gemüseblatt[161] herumliegt, auf dem ein Kunde oder seine Begleitperson ausrutschen kann. Die Anforderungen an ordentliche Fußböden sind dabei recht hoch; der Inhaber muß von vornherein einen Belag wählen, bei dem es nicht zu Ablösungen einzelner kleiner Teile kommt.[162] Bei anderen geschäftlichen Beziehungen kann im Einzelfall auch der Kunde mal in Schwierigkeiten geraten und einer unerwarteten Haftung ausgesetzt sein.

Wer als Kaufinteressent eine Probefahrt mit einem Vorführwagen macht, haftet grundsätzlich auf Schadensersatz, wenn er einen Unfall baut und dabei andere Personen verletzt werden. Dasselbe gilt bei Sachschäden. Der BGH[163] hat allerdings bei leichter Fahrlässigkeit eine Ausnahme gemacht: Als Kunde könne man damit rechnen, daß für solche Fälle eine Kasko-Versicherung bestehe. Bei grober Fahrlässigkeit wäre der Probefahrer jedoch «dran» gewesen.

– Grundsätzlich besteht **keine Verpflichtung, auf einen erfolgreichen Abschluß der Verhandlungen hinzuwirken**.[164] Auch in einem 920 weit fortgeschrittenen Stadium können Verhandlungen noch abgebrochen werden, ohne daß es dafür einer besonderen Begründung bedarf. Etwas anderes gilt nur dann, wenn eine Seite den Anschein erweckt hat,

159 S. etwa den Überblick bei Palandt-Heinrichs § 276 Rn 71 ff.
160 BGH NJW 1962, 32
161 BGHZ 66, 54
162 BGH BB 1986, 1185
163 NJW 1972, 1363
164 Zum Fall des Kontrahierungszwangs s. oben 4 (Rn 890 ff.)

der Vertragsabschluß sei «nur noch Formsache»[165]. Wann dies der Fall ist, läßt sich nur unter Würdigung der konkreten Umstände bestimmen; die Einführung eines «letter of intent», also einer Absichtserklärung, kann, muß aber nicht eine solche Bedeutung haben.[166]

Beispiel:[167] Der Arbeitgeber sagt zu einem Bewerber: «Es ist klar, daß Sie die Stelle bekommen, übermorgen schließen wir den Arbeitsvertrag ab.» Der Bewerber kündigt daraufhin sein bisheriges Arbeitsverhältnis. Als er zwei Tage später wegen des Arbeitsvertrags vorspricht, wird ihm erklärt, man habe eine andere Entscheidung getroffen.

Entscheidend ist in solchen Fällen der geschaffene Vertrauenstatbestand; ihm später einseitig die Grundlage zu entziehen, ist der Sache nach ein venire contra factum proprium.

921 – Ist der Vertrag wegen **Dissenses** nicht zustande gekommen[168] oder wurde er von einer Seite wegen **Willensmangels** angefochten[169], so kann gleichfalls ein Verschulden bei Vertragsverhandlungen vorliegen.[170]

Das Mißverständnis wäre vermieden worden, hätte der A dem B rechtzeitig einen Hinweis gegeben.

922 Einen etwas atypischen Anwendungsfall dieses Prinzips haben wir am Beispiel der Anfechtung wegen Irrtums bereits kennengelernt: Der Anfechtende haftet nach § 122 demjenigen gegenüber auf Schadensersatz, der auf den Bestand der irrtümlich abgegebenen Erklärung vertraute. «Atypisch» ist diese Regelung deshalb, weil hier kein Verschulden des Erklärenden vorausgesetzt wird.[171] Einen «normaleren» Anwendungsfall stellt § 307 dar: Ist die vertraglich vereinbarte **Leistung von vornherein unmöglich** und hätte dies eine Partei zumindest erkennen können, so ist sie der anderen, die auf die Gültigkeit des Vertrages vertraute, zum Ersatz verpflichtet.[172] **Täuschung und Drohung** nach § 123 sind erst recht Verhaltensweisen, die einen Anspruch wegen Verschuldens bei Vertragsverhandlungen begründen.[173]

---

165 Esser-Schmidt § 29 II 2a; Nirk, FS Möhring, S. 71, 77ff.
166 Medicus, AT, Rn 455
167 Nach BAG AP Nr. 4 zu § 276 BGB Verschulden beim Vertragsschluß
168 Oben 2.7 (Rn 873ff.)
169 Oben Kap. 10 unter 3 bis 5 (Rn 636ff.)
170 Palandt-Heinrichs § 276 Rn 77
171 Dazu oben Kap. 10 unter 3.6.2 und 3.6.3 (Rn 668ff.)
172 Zum Fall des § 179 s. unten Kap. 13 unter 3.6.2 (Rn 1015ff.)
173 BGH NJW 1979, 1983

Der Getäuschte oder Bedrohte hat die Wahl, ob er anfechten oder einen Anspruch aus culpa in contrahendo geltend machen will[174]. Im ersten Fall wird der Vertrag gegenstandslos, im zweiten ist er so zu behandeln, als wäre er nicht getäuscht oder bedroht worden.[175] In der Literatur wird zum Teil behauptet, § 123 habe abschließenden Charakter[176], was schon deshalb nicht stimmen kann, weil dann gerade schwerste Illoyalitäten mit vergleichsweise geringen Sanktionen belegt wären und außerdem Schadensersatzansprüche aus unerlaubter Handlung sowieso nicht ausgeschlossen werden können. Auch die These, die Jahresfrist des § 124 müsse auf die Ansprüche aus culpa in contrahende erstreckt werden[177], kann aus denselben Gründen nicht überzeugen. Der Verlust des einen Rechts läßt das andere unberührt.

– Auch dann, wenn ein **Vertrag wegen Formverstoßes unwirksam** ist,[178] kann dies auf der Pflichtverletzung einer Seite beruhen. Dies gilt insbesondere dann, wenn die erfahrenere, berufsmäßig handelnde Partei jeden Hinweis unterläßt oder wenn die andere Partei die «formwillige» bewußt von der Form, z. B. vom Gang zum Notar, abhält. 923

Beispiel:[179] Die große Wohnungsbaugesellschaft schließt mit einem geschäftlich nicht besonders erfahrenen Ehepaar einen «Verpflichtungsvertrag» über ein Reihenhaus, der in Wirklichkeit seinem Inhalt nach ein Kaufvertrag ist. Die Form des § 313 ist nicht eingehalten. Später kommt es zu Auseinandersetzungen, und die Wohnungsbaugesellschaft verlangt das Grundstück samt Reihenhaus unter Berufung auf die Formnichtigkeit des Vertrages zurück. Dies ist zwar möglich, doch hätte sie als Insider das Ehepaar auf den Formmangel hinweisen müssen: Da sie das nicht getan hatte, war sie zum Schadensersatz verpflichtet.

Fehlt es an einem solchen «Informationsgefälle» und hat auch keine Partei die andere von der Einhaltung der Form abgehalten, so bleibt es bei der Nichtigkeit nach § 125.[180]

– Vorvertragliche Aufklärungspflichten gehen **nicht** so weit, daß 924
dem Vertragspartner **alle irgendwie bedeutsamen Umstände** mitgeteilt werden müssen. Insbesondere ist kein Hinweis darauf erforderlich, daß andere Firmen ggfs. günstigere Angebote machen. Dies ginge über die Anforderungen hinaus, die der Grundsatz von Treu und

174 BGH NJW 1979, 1983
175 Dies läuft im Ergebnis weithin auf das Wahlrecht hinaus, das ein Anspruch auf Schadensersatz wegen Nichterfüllung gewährt – dazu unten Kap. 17 unter 2.3.2.2 (Rn 1515 ff.)
176 Esser-Schmidt § 29 II 5 a
177 Medicus, Bürgerliches Recht, Rn 150; ihm folgend OLG Hamm NJW-RR 1995, 205
178 Dazu oben 2.3.6 (Rn 824 ff.)
179 BGH NJW 1965, 812; vgl. auch BGHZ 92, 164.
180 BGHZ 116, 251

Glauben an die Beteiligten stellt (umgangssprachlich gesagt: Niemand muß sich selbst in die Pfanne hauen). Anders verhält es sich jedoch mit der Frage, ob der Vertrag überhaupt seinen Zweck erreichen kann und welche Risiken ggfs. mit ihm verbunden sind.[181]

A verspricht dem X «fast sichere Gewinne» von 30 % innerhalb eines Jahres, wenn er sich an einer Bohrinsel beteiligt (auch so etwas gibt's). In Wirklichkeit war das Risiko, daß alles schief läuft und das Geld verloren ist, mindestens 50 %. Darauf hätte A hinweisen müssen.

5.3 Die Haftung aus culpa in contrahendo

925 Wer vorvertragliche Pflichten schuldhaft verletzt, haftet auf Schadensersatz. In der Regel wird der Schaden darin liegen, daß der andere Teil **vergeblich Aufwendungen** gemacht hat oder auf einen anderen gewinnträchtigen Vertrag verzichtet hat.

Beispiel:[182] Eine Versandschlachterei liefert im Laufe von sechs Wochen für ca. 180000 DM Frischfleisch an eine Export GmbH. Diese fällt anschließend in Konkurs. Ihr Geschäftsführer hat es versäumt, auf die wirtschaftlichen Schwierigkeiten hinzuweisen, was vom BGH (zu Recht) als Verschulden bei Vertragsverhandlungen gewertet wurde. Die Schlachterei kann geltend machen, daß sie das Fleisch zum selben Preis an einen anderen Abnehmer verkauft hätte; der dabei entgangene Gewinn ist ihr zu ersetzen.

926 Der Beispielsfall zeigt, daß in bestimmten Fällen nicht allein der in Aussicht genommene (oder tatsächliche) Vertragspartner (hier: die GmbH), sondern auch andere Personen (hier: der Geschäftsführer) aus culpa in contrahendo haften. Welche Bewandtnis es damit hat, soll im folgenden Kapitel erörtert werden, das der «Fremdwirkung» von rechtlich erheblichem Handeln gewidmet ist.

927 Hier bleibt nur noch zu erwähnen, daß der «Schadensersatz» der Grundregel des § 249 S. 1 entsprechend[183] den Zustand wiederherstellen soll, der bei korrektem Verhalten eingetreten wäre. Dies kann im Einzelfall dazu führen, daß der Geschädigte das Geld für eine Ersatzbeschaffung verlangen kann.

181 BGH NJW 1993, 2107
182 BGH NJW 1988, 2234, 2236
183 Dazu näher Bd. 2 Kap. 12 unter 1.1 (Rn 1257ff.)

Im obigen Beispiel des Ehepaares, das von der Wohnungsbaugesellschaft schlecht beraten wurde, bedeutet dies etwa, daß der Geldbetrag verlangt werden kann, der erforderlich ist, um einen gleichwertigen Ersatz für das Reihenhaus zu beschaffen.[184]

Anders als etwa im Fall des § 122 gibt es keine Begrenzung auf das sog. negative Interesse, also den Schaden, der dadurch entstanden ist, daß man auf die Wirksamkeit einer Erklärung vertraute. Vielmehr ist jeder schuldhaft verursachte Vermögensnachteil auszugleichen.[185]

184 BGH NJW 1965, 812

185 BGH NJW 1981, 1673; Palandt-Heinrichs § 276 Rn 99 ff. mwN. Zum Ganzen auch Horn JuS 1995, 372

KAPITEL 13: Handeln für andere, insbesondere Stellvertretung

1 Die Zurechnung fremden Verhaltens

928 In den vorausgegangenen Kapiteln ging es ausschließlich um das Verhalten des einzelnen. Um die Dinge nicht zu komplizieren, haben wir unterstellt, daß Verträge zwischen zwei Individuen ausgehandelt und abgeschlossen werden. Auch spielte es vorläufig keine Rolle, ob denn nun die Vertragspartner die vereinbarte Leistung in eigener Person erbringen oder ob sie sich hierfür irgendwelcher Hilfspersonen bedienen.

929 Dabei stehenzubleiben, würde ein falsches Bild der Realität vermitteln. Schon im Haushalt als der kleinsten «wirtschaftlichen Einheit» kommt es vor, daß der **einzelne nicht alles selbst** macht: Man schickt Kinder zum Einkaufen, man bittet den Nachbarn, bestimmte Lieferungen entgegenzunehmen, solange man selbst in Urlaub ist. Bei manchen Fragen muß man sich fremder Sachkunde anvertrauen; so lassen sich Prozesse in aller Regel nur über einen Rechtsanwalt führen.

930 Auf der anderen Seite des Marktes kommt man erst recht nicht ohne umfassende Arbeitsteilung aus. Kein Firmeninhaber kann alle Geschäfte selbst erledigen, selbst der Zahnarzt hat seine Sprechstundenhilfe und bemüht gegenüber Privatpatienten die privatärztliche Verrechnungsstelle. **Je größer die wirtschaftliche Einheit, um so ausgeprägter die Arbeitsteilung**: Für den Einkauf sind andere Leute zuständig als für den Verkauf; die Lohnabrechnung und die Werbung sind Sache ganz unterschiedlicher Abteilungen.

931 Doch es geht nicht allein um rechtsgeschäftliches Handeln. Viel-

mehr wird die Herstellung von Gütern wie die Erbringung von Dienstleistungen bestimmten Personen anvertraut, die diese «Realakte» vornehmen. Häufig, aber nicht immer sind sie Beschäftigte des Unternehmens.

Beispiel: Die gekaufte Ware wird von einem Auslieferungsfahrer des Verkäufers in die Wohnung gebracht, doch ist auch die Einschaltung einer selbständigen Spedition möglich.

Das Zivilrecht braucht unter diesen Umständen Normen, die die Wirkungen des Verhaltens dort eintreten lassen, wo es die Beteiligten wollen oder wo es die Funktionsprinzipien einer Marktwirtschaft erfordern. Dabei ist zwischen zwei Kategorien von Handlungen zu unterscheiden:

Rechtsgeschäftliches Handeln wird mit Hilfe der sog. **Stellver-** 932
tretung einem anderen zugerechnet. Der Stellvertreter verfügt im Regelfall über eine (ausdrückliche oder konkludent erteilte) **Vollmacht**,

Beispiel: Der Nachbar nimmt für mich die bestellte Lieferung Heizöl entgegen und läßt sie vereinbarungsgemäß in meinen Tank füllen, der angestellte Verkäufer verkauft mir eine Armbanduhr

doch haben wir am Beispiel des Vereinsvorstands und des gesetzlichen Vertreters von Minderjährigen[1] bereits Fälle kennengelernt, in denen Stellvertretung automatisch, d. h. kraft Gesetzes eintritt. Beides – die **rechtsgeschäftlich** erteilte wie die **gesetzliche Vertretungsmacht** – wird uns im folgenden eingehend beschäftigen.

Zum zweiten gibt es Normen, **die das rein tatsächliche Tun** be- 933
stimmter Personen einem Unternehmer zuordnen. Soweit alles seinen geplanten Gang geht, wird niemand daran Anstoß nehmen (sondern es im Regelfall als selbstverständlich voraussetzen), daß der Vertragspartner seine Verpflichtungen nicht alle selbst erfüllt, sondern sich hierbei seiner Arbeitnehmer oder der Hilfe von Drittfirmen bedient. Bei «Fehlleistungen» ist dies anders. Hier stellt sich das in § 278 angesprochene Problem der **«Gehilfenhaftung»** im Rahmen vertraglicher oder vertragsähnlicher Beziehungen. Dieselbe Fragestellung taucht auch im **Recht der unerlaubten Handlung** auf: Muß der Unternehmer auch insoweit für «seine Leute» einstehen? Dies im Detail abzuhandeln, ist zwar noch etwas früh, doch ist es sinnvoll, auf die Unter-

1 Oben Kap. 5 unter 3.5.5 (Rn 292ff.) bzw. Kap. 12 unter 2.2 (Rn 706)

schiede zur vertraglichen Haftung hinzuweisen. Schließlich soll auch die Frage nicht ausgespart werden, wo eigentlich die Rechtsgrundlage dafür liegt, daß die Arbeitsergebnisse der Beschäftigten automatisch dem Unternehmer zufallen. Aufgrund welcher Bestimmungen tritt bei der Anfertigung einer technischen Zeichnung oder bei der Herstellung eines Kühlschranks eine **«Zurechnung» beim Arbeitgeber** ein? Diese Fragen werden uns im Schlußteil dieses Kapitels beschäftigen.[2]

2 Die Stellvertretung

934 Wer als Stellvertreter auftritt, berechtigt und verpflichtet nicht sich selbst, sondern den «Vertretenen». Dieser so selbstverständlich klingende Satz wirft eine beträchtliche Zahl von Rechtsproblemen auf.

2.1 Grundsätzliche Zulässigkeit

935 Bei Rechtsgeschäften kann man sich generell durch eine andere Person vertreten lassen. Dies gilt nicht nur für den Abschluß von Verträgen, sondern beispielsweise **auch für die Ausübung eines Gestaltungsrechts**.

Beispiel: Ein Angestellter kündigt namens der Wohnungsbaugesellschaft, der Anwalt erklärt namens der von ihm vertretenen Partei die Anfechtung wegen arglistiger Täuschung

936 Im Familien- und Erbrecht gibt es eine Reihe von **Ausnahmen**. Man kann nicht einen Stellvertreter zum Standesamt schicken, der dort die Braut heiratet[3], und § 2064 bestimmt mit hinreichender Klarheit: «Der Erblasser kann ein Testament nur persönlich errichten.» Auch die Anfechtung der Ehelichkeit eines Kindes kann man nach § 1595 Abs. 1 Satz 1 nicht einem anderen überlassen.

2 Unten 6 (Rn 1059ff.)

3 Wer es genau wissen will, lese § 13 Abs. 1 EheG, wo es heißt: «Die Ehe wird dadurch geschlossen, daß die Verlobten vor dem Standesbeamten persönlich und bei gleichzeitiger Anwesenheit erklären, die Ehe miteinander eingehen zu wollen.»

Können die Eltern als gesetzliche Vertreter ein Verlöbnis begründen? Die §§ 1297ff. (die – derzeit noch – die Rechtsbeziehung zwischen Verlobten regeln) schweigen sich über diese Frage aus, doch ist man sich einig, daß derartiges heute nicht mehr möglich ist.[4]

Höchstpersönliche Rechtsgeschäfte dieser Art sind die Ausnahme, doch kann man vereinbaren, daß bestimmte Rechte nur in eigener Person wahrgenommen werden können. 937

Beispiel: Die Vereinssatzung schließt es aus, daß man einen Stellvertreter in die Mitgliederversammlung schickt.

2.2 Voraussetzungen im einzelnen

Stellvertretung liegt nur vor, wenn drei Voraussetzungen erfüllt sind. 938
(1) Der Stellvertreter muß eine Willenserklärung abgeben (sog. **aktive Stellvertretung**) oder entgegennehmen (sog. **passive Stellvertretung**).
(2) Er muß dies **«im Namen des Vertretenen»** tun, und er muß
(3) diesem gegenüber **«Vertretungsmacht»** besitzen. Ist diese durch Rechtsgeschäft eingeräumt worden, spricht man von einer Vollmacht.[5] Daneben existieren die bereits erwähnten Fälle einer gesetzlichen Vertretung.

Probleme wirft insbesondere das Erfordernis zu (2) auf. Auf der einen Seite stellt § 164 Abs. 1 Satz 2 klar, daß es **nicht darauf ankommen kann, ob die Erklärung ausdrücklich im Namen des Vertretenen erfolgt** oder ob die Umstände ergeben, daß sie in dessen Namen erfolgen soll. Auf der anderen Seite bestimmt § 164 Abs. 2, daß dann, wenn das Handeln in fremdem Namen nicht erkennbar ist, «der Mangel des Willens, im eigenen Namen zu handeln, nicht in Betracht kommt». Der andere Teil darf nicht dadurch überrascht werden, daß er plötzlich einen ganz anderen Vertragspartner hat. 939

Als unproblematisch wird dabei in der Regel der Fall angesehen, daß eine Willenserklärung typischerweise **in den Geschäftsbereich eines bestimmten Unternehmens** fällt; in diesem Fall wird nicht die jeweils handelnde Person, sondern der Inhaber verpflichtet[6], und dies 940

4 Palandt-Diederichsen, Einf. vor § 1297 Rn 1; Schwab, Einf., Rn 678
5 So auch die Legaldefinition in § 166 Abs. 2 Satz 1
6 BGH DB 1992, 727, 728

sogar dann, wenn der Verhandlungspartner meinte, es nicht mit einem Vertreter, sondern mit dem Inhaber zu tun zu haben.[7]

Beispiel: Ein Angestellter eines Druckunternehmens bestellt auf Firmenbogen Papier und unterzeichnet ohne jeden Zusatz wie «in Vertretung», nur mit seinem eigenen Namen. Dasselbe würde auch dann angenommen, wenn er nicht auf Firmenbogen schreiben würde, sein Tätigkeitsbereich jedoch dem Empfänger bekannt wäre.

941 Fehlt es an einer solchen «Offenkundigkeit», so wird **der Handelnde selbst Vertragspartner**. Wie die etwas eigenartige Formulierung des § 164 Abs. 2 («kommt nicht in Betracht») deutlich macht, kann er dagegen nicht einmal mit dem Argument angehen, er hätte eine Erklärung dieses Inhalts nicht abgeben wollen. Der Schutz des anderen Teils hat den Vorrang vor der Anfechtung wegen Irrtums nach § 119 Abs. 1.[8]

2.3 Formen der Stellvertretung

2.3.1 Vertretung durch eine Person oder durch mehrere Personen

942 Die Vertretungsmacht kann einem einzelnen, aber auch mehreren Personen zustehen. Ist letzteres der Fall, ist **Einzelvertretung** denkbar, wonach jeder Vertreter unabhängig von den anderen den Vertretenen berechtigen oder verpflichten kann. Häufiger ist demgegenüber die **Gesamtvertretung**, die dann vorliegt, wenn nur alle Vertreter gemeinsam oder mindestens zwei von ihnen wirksam für den Vertretenen handeln können.

943 Die Gesamtvertretung durch alle Vorstandsmitglieder ist die in § 78 Abs. 2 Satz 1 AktG niedergelegte Regel für die Aktiengesellschaft; eine entsprechende Bestimmung trifft § 35 Abs. 2 Satz 2 GmbHG für die Geschäftsführer der GmbH. Auch die Eltern können ein minderjähriges Kind nach § 1629 Abs. 1 Satz 2 nur gemeinsam vertreten.

944 Die Bindung des einzelnen Vertreters ist allerdings nur für die Abgabe von Willenserklärungen von Bedeutung; geht es nur um die **Ent-**

---

7 BGHZ 92, 259, 268; dazu auch MüKo-Schramm § 164 Rn 23

8 BGH NJW-RR 1992, 1010, 1011; Brox, AT, Rn 482; Medicus, AT, Rn 919; MüKo-Schramm § 164 Rn 54; Schwab, Einf., Rn 650.

gegennahme einer Willenserklärung, reicht der Zugang bei einem (Mit-)Vertreter aus.[9]

2.3.2 Mittelbare Stellvertretung

Die hier skizzierte Stellvertretung wird auch als «offene» oder «unmit- 945
telbare» bezeichnet. Ihr wird die mittelbare Stellvertretung gegenübergestellt (auch «verdeckte» genannt), die in Wahrheit jedoch gar keine «Stellvertretung» ist:[10] Der Handelnde tritt bewußt in eigenem Namen auf, lediglich kraft interner Abmachung mit dem «Vertretenen» soll das Geschäft auf dessen Rechnung gehen.[11] Ein gesetzlicher Anwendungsfall ist das sog. **Kommissionsgeschäft** nach § 383 HGB; gemeint ist damit der Fall, daß ein Kaufmann es übernimmt, Waren oder Wertpapiere für Rechnung eines anderen im eigenen Namen zu kaufen oder zu verkaufen. Das BGB kennt einen entsprechenden Vertragstypus nicht. Mittelbar wird ein solches Vorgehen jedoch durch **§ 185** anerkannt; danach kann ein Nichtberechtigter mit Zustimmung des Berechtigten wirksam über einen Gegenstand verfügen.

A hat seinen Sportwagen zu Schrott gefahren. Um einen neuen zu kaufen, ohne den sein seelisches Gleichgewicht gestört wäre, braucht er dringend Geld. Er will deshalb ein wertvolles Gemälde verkaufen, doch soll unter keinen Umständen bekannt werden, daß er nur auf diesem Weg an die nötigen flüssigen Mittel kommt. Er beauftragt deshalb den Kunsthändler K, das Gemälde im eigenen Namen und nicht unter 100000 DM zu verkaufen und übergibt ihm das wertvolle Stück. Dieser findet auch einen Interessenten, dem er das Gemälde gegen Übergabe eines Schecks übereignet. Angesichts der Einwilligung des A ist die Verfügung über das Eigentum nach § 185 Abs. 1 wirksam.

2.4 Stellvertreter oder Bote?

Vom Stellvertreter im hier skizzierten Sinne ist der «Bote» zu unter- 946
scheiden: Während der Stellvertreter eine eigene Erklärung (wenn auch in fremdem Namen) abgibt, überbringt der Bote lediglich die Erklärung eines anderen. Statt der mündlichen Übermittlung durch einen Boten könnte der Absender auch einen Brief schreiben.[12]

9 BGHZ 62, 166, 173; MüKo-Schramm § 164 Rn 87
10 Richtig Brox, AT, Rn 472
11 Schwab, Einf., Rn 647
12 Brox, AT, Rn 475

947 Die **Abgrenzung** ist in verschiedener Hinsicht von Bedeutung: Für die Stellvertretung ist nach § 165 zumindest beschränkte Geschäftsfähigkeit Voraussetzung, Bote kann auch ein Geschäftsunfähiger sein, da er keine eigene Erklärung abgibt.

Eltern lassen ihr sechsjähriges Kind sechs Brötchen und einen Kaugummi kaufen und geben ihm das dafür erforderliche Geld mit.

948 In manchen Bestimmungen ist außerdem «gleichzeitige Anwesenheit» beider Vertragsparteien vorgeschrieben (so etwa bei § 925), was Stellvertretung, nicht aber Botenschaft zuläßt.

949 In der Praxis ist die Abgrenzung oft schwierig[13]. Der eigene **Einfluß der «Vertretungsperson»** auf den Inhalt der Erklärung ist **nur ein Indiz** für Stellvertretung. Denkbar ist, daß der Vertreter im Einzelfall mit «gebundener Marschroute» handelt, denkbar umgekehrt auch, daß ein Bote gewisse Spielräume ausfüllen kann.

Das sechsjährige Kind bekommt 2 DM «für Eis», welches Eis es genau auswählt, ist ihm überlassen.

Eine höhere **Stellung in der betrieblichen Hierarchie** spricht gleichfalls für Stellvertretung, eine niedrige für Botenschaft. Ein leitender Angestellter wird typischerweise als Stellvertreter auftreten, ein Kraftfahrer nur fremde Erklärungen überbringen.

950 **Tritt ein Bote als Stellvertreter auf**, hat er seine Befugnisse überschritten; es liegt eine sog. Vertretung ohne Vertretungsmacht vor.[14] Tritt umgekehrt der Vertreter als Bote auf, ist dies unschädlich, wenn er sich innerhalb des ihm eingeräumten Handlungsspielraums bewegt.

Der Einkäufer E des Versandhauses Q besitzt Vollmacht. Er hält es jedoch für sinnvoller, dem Lieferanten lediglich die Erklärung des Geschäftsführers zu «überbringen», daß man für eine Waschmaschine nicht mehr als 300 DM bezahlen wolle.

951 **Übermittelt der Bote die Erklärung versehentlich falsch**, so steht dem Erklärenden nach § 120 ein Anfechtungsrecht zu.[15] Andere Regeln enthält der Gesetzestext nicht; insoweit ist man auf Anleihen beim Vertretungsrecht angewiesen.[16]

13 Medicus, AT, Rn 886; MüKo-Schramm Vor § 164 Rn 46
14 Dazu unten 3.6 (Rn 1011 ff.)
15 Der Sache nach liegt ein Erklärungsirrtum vor. Dazu oben Kap. 10 unter 3.1 (Rn 638)
16 Zur Behandlung des «Boten ohne Botenmacht» und zur bewußten Falschübermittlung s. unten 3.6.3 (Rn 1018)

2.5 Sonderfälle

2.5.1 Geschäft für den, den es angeht

Schon die Rechtsprechung des Reichsgerichts [17] hat bei **Bargeschäften des täglichen Lebens** die Übereignung «an den, den es angeht» anerkannt: Obwohl nach außen hin keinerlei Vertretungsverhältnis deutlich ist, wird nicht der Handelnde, sondern die von ihm gewollte Person Eigentümer, da es dem Veräußerer angesichts der erhaltenen Gegenleistung völlig gleichgültig ist, wer denn nun das Eigentum erwirbt. 952

Diese Rechtsfigur ist **vom BGH übernommen** worden [18] und erfreut sich in der Literatur allgemeiner Anerkennung. [19] § 164 Abs. 2 wolle den Vertragspartner schützen und sei dieser Zielsetzung wegen dann nicht anwendbar, wenn es diesem gar nicht darauf ankomme, in wessen Person die Rechtswirkungen des Geschäfts eintreten. Ohne den Begriff zu gebrauchen, ist man in diesem Fall bereit, eine **«mittelbare Stellvertretung»** anzuerkennen. Dafür spricht ein Vereinfachungseffekt; ohne das «Geschäft für den, den es angeht» würde der wirtschaftlich Interessierte nur in der Weise Eigentümer, daß der Handelnde ihm umgehend die Sache übereignet. 953

In der Literatur wird mittlerweile zu Recht **auch der Kaufvertrag als solcher einbezogen** [20]. Grund: In der Praxis wird typischerweise selbst bei Reklamationen nicht danach gefragt, ob die Person, die mit Kassenbon und fehlerhafter Sache wieder auftaucht, mit derjenigen identisch ist, die den Einkauf getätigt hat. 954

Soweit der Kaufpreis nicht bar bezahlt wird, ist allerdings die Person des Vertragspartners für den Verkäufer von erheblicher Bedeutung. In solchen Fällen (Zahlung mit Scheck oder Kreditkarte, Ratenkauf) ist auch der Name des Kunden erfaßt oder zumindest leicht zu ermitteln. Dies schließt allerdings nicht aus, bei der **Übereignung** das «Geschäft für den, den es angeht» gleichwohl anzuerkennen, da sich der Verkäufer bis zur völligen Bezahlung des Kaufpreises das Eigentum vorbehält. [21] Dies gilt jedenfalls dann, wenn die Kaufsache bei dem Dritten keinen ungewöhnlichen Risiken ausgesetzt ist. 955

---

17 RGZ 109, 167
18 Zuletzt BGH NJW 1991, 2283, 2285
19 S. die Nachweise bei MüKo-Schramm § 164 Rn 42 ff.
20 Brox, AT, Rn 483; Medicus, AT, Rn 920; Palandt-Heinrichs § 164 Rn 8; MüKo-Schramm § 164 Rn 49. S. auch Einsele JZ 1990, 1005, 1008 ff.
21 So BGH NJW 1991, 2283, 2285; s. auch OLG Düsseldorf NJW 1992, 1706, 1708

956 Ein sog. **unechtes Geschäft für den, den es angeht**, liegt vor, wenn der Handelnde als Vertreter auftritt, die Person des Vertretenen aber nicht namhaft macht. In diesem Fall ist der Vertrag von dem Augenblick an gültig, in dem der Vertretene benannt wird;[22] gelingt dies nicht, sind die Vorschriften über die Vertretung ohne Vertretungsmacht anzuwenden.[23]

2.5.2 Vertretungsrecht von Ehegatten

957 Nach § 1357 Abs. 1 ist jeder Ehegatte berechtigt, «Geschäfte zur angemessenen Deckung des Lebensbedarfs der Familie» mit Wirkung auch für den anderen Ehegatten zu besorgen. Wie Satz 2 dieser Vorschrift ausdrücklich klarstellt, werden durch solche Geschäfte **beide Ehegatten berechtigt und verpflichtet**, es sei denn, daß sich aus den Umständen etwas anderes ergibt.

Die Ehefrau kauft einen Fernseher für 1000 DM; für den Kaufpreis haftet auch der Ehemann, selbst wenn er Fernsehen abscheulich findet und wegen des Kaufs der Haussegen vier Wochen schief hängt.

958 Diese früher nur zugunsten der Frau bestehende und als «**Schlüsselgewalt**» bezeichnete Vertretungsmacht fällt insofern aus dem allgemeinen Rahmen heraus, als auf sie gleichfalls nicht hingewiesen werden muß; anders als beim Geschäft für den, den es angeht, wird aber sowohl der Handelnde als auch der andere Ehepartner verpflichtet.[24] Die Vorschrift begünstigt die Geschäftspartner von Ehegatten; verfassungsrechtliche Bedenken wurden jedoch vom BVerfG zurückgewiesen.[25]

---

22 BGH NJW 1989, 164, 166

23 Dazu unten 3.6 (Rn 1011 ff.)

24 Medicus (AT, Rn 922) spricht im Anschluß an Gernhuber/Coester-Waltjen von einem familienrechtlichen Institut eigener Art

25 BVerfG NJW 1990, 175; dazu Derleder FuR 1990, 104

3 Die Vollmacht

Das Recht, mit Wirkung für einen anderen zu handeln (Vertretungsmacht), kann durch Rechtsgeschäft eingeräumt werden. 959

3.1 Die Erteilung der Vollmacht

Die Vollmacht ist eine einseitige empfangsbedürftige Willenserklärung, die an den Bevollmächtigten gerichtet ist; einer Annahmeerklärung bedarf es nicht.[26] 960

3.1.1 Die drei möglichen Wege

– Von einer sog. **Innenvollmacht** spricht man, wenn der Vollmachtgeber die Vollmacht durch Erklärung gegenüber dem zu Bevollmächtigenden erteilt (§ 167 Abs. 1 1. Alternative). 961

– Eine sog. **Außenvollmacht** liegt vor, wenn die Erklärung einem Dritten gegenüber erfolgt, dem gegenüber die Vertretung stattfinden soll. 962

Beispiel: A will von B ein Hausgrundstück kaufen, fühlt sich in dieser Angelegenheit aber sehr unsicher. Sein Schwager S ist Immobilienberater und bereit, sich einzuschalten. A teilt dem B mit, S werde sich mit ihm in Verbindung setzen und ggf. den Vertrag abschließen.

– Schließlich gibt es die **Bevollmächtigung durch «Kundgabe»**. 963
Wird einem Dritten mitgeteilt oder – wie das Gesetz sagt – «durch öffentliche Bekanntmachung kundgegeben», daß der Vollmachtgeber einen anderen bevollmächtigt habe, so ist dieser nach § 171 Abs. 1 im ersten Falle dem Dritten gegenüber, im zweiten Falle jedermann gegenüber zur Vertretung befugt. Strenggenommen wird in diesem Falle nur eine bereits anderweitig erteilte Innen- oder Außenvollmacht «mitgeteilt», doch tritt die Wirkung nach § 171 auch dann ein, wenn ausnahmsweise bisher gar keine (gültige) Vollmacht vorliegt.

Die «**öffentliche Bekanntmachung**» ist an sich für überschaubare Zusammenhänge gedacht; man läßt aber Zeitungsanzeigen genügen[27], obwohl dadurch in keiner Weise sichergestellt ist, daß wirklich 964

---

26 Brox, AT, Rn 505
27 Palandt-Heinrichs §§ 171–173 Rn 4

auch jeder potentielle Geschäftspartner von der Bevollmächtigung Kenntnis erhalten kann.

965 Wer ganz sichergehen will, kann auch **alle drei Formen kombinieren**, doch muß er dann in relativ aufwendiger Weise den dadurch geschaffenen Zustand wieder aus der Welt schaffen, wenn die Vollmacht aus irgendeinem Grunde erlischt.

3.1.2 Die Formfreiheit und ihre Ausnahmen

966 Die Erteilung einer Vollmacht ist nach § 167 Abs. 2 **formlos gültig** und kann auch konkludent erfolgen. So ist etwa ein Fernfahrer berechtigt, mit Wirkung für seinen Arbeitgeber zu tanken und kleinere Reparaturen durchführen zu lassen.[28]

967 Die Formfreiheit besteht auch dann, wenn sich die Vollmacht auf ein Geschäft bezieht, das wie ein Grundstückskauf seinerseits formbedürftig ist. Bei allen Formvorschriften, die – wie z. B. auch § 313 Satz 1 – vor Übereilung schützen wollen, macht die Rechtsprechung jedoch dann eine **Ausnahme, wenn die Vollmacht schon eine definitive Bindung bringt**: Ist etwa ein Widerruf ausgeschlossen oder ist der Bevollmächtigte berechtigt, das Grundstück auch selbst zu kaufen, bedarf die Vollmacht der notariellen Beurkundung.[29]

3.1.3 Die Abstraktheit der Vollmacht

968 Der Vollmacht liegt normalerweise ein Rechtsverhältnis zugrunde, das das Tätigwerden des Bevollmächtigten regelt. Einkäufer oder Fernfahrer stehen in einem Arbeitsverhältnis, Rechtsanwalt und Vermögensberater handeln in der Regel auf der Grundlage eines Dienstvertrags. Rechtlich möglich ist allerdings auch eine sog. **isolierte Vollmacht**, bei der es an einem solchen «Grundverhältnis» fehlt. Denkbar ist, daß die Beteiligten erst in Zukunft eine Regelung treffen wollen oder daß der Bevollmächtigte nur gefälligkeitshalber tätig wird.[30] Die **Vollmacht** ist von daher **«abstrakt»**, d. h. eine Rechtsbeziehung, die selbständig neben den (im Regelfall vorliegenden) vertraglichen Abmachungen steht.[31] Dies schließt allerdings nicht aus, daß beide in wei-

28 Medicus, AT, Rn 928
29 Medicus, AT, Rn 929
30 Zu Gefälligkeitsverhältnissen s. oben Kap. 8 unter 4 (Rn 547ff.)
31 Zur parallelen Erscheinung der abstrakten im Gegensatz zu den kausalen Rechtsgeschäften s. unten Kap. 14 unter 2.3 (Rn 1106ff.)

tem Umfang verknüpft sind, daß beispielsweise die Beendigung des Arbeitsverhältnisses grundsätzlich auch zum Erlöschen der Vollmacht führt.[32] Die Abstraktheit ist ein vielfach durchbrochenes Prinzip.

3.2 Umfang der Vertretungsmacht

3.2.1 Freie Bestimmung im Zivilrecht, Standardisierung im Handelsrecht

3.2.1.1 Zivilrecht

Der Vollmachtgeber entscheidet nach BGB frei darüber, welchen Umfang die Vertretungsmacht besitzen soll. Sie kann sich auf ein bestimmtes Geschäft («**Spezialvollmacht**»), aber auch auf eine bestimmte Gattung von Geschäften («Gattungsvollmacht») oder auf alle Geschäfte beziehen, die im Rahmen eines Unternehmens oder insgesamt für den Vollmachtgeber zu tätigen sind («**Generalvollmacht**»).[33] 969

3.2.1.2 Handelsrecht

Im Handelsrecht liegen die Dinge etwas anders, da Geschäftspartner hier in besonderem Maße daran interessiert sind, die Handlungsmöglichkeiten ihres Gegenüber zu kennen. Für die **Prokura**, die nach § 48 Abs. 1 HGB übrigens «ausdrücklich» erklärt sein muß, bestimmt § 49 Abs. 1 HGB: 970

> «Die Prokura ermächtigt zu allen Arten von gerichtlichen und außergerichtlichen Geschäften und Rechtshandlungen, die der Betrieb eines Handelsgeschäfts mit sich bringt.»

Lediglich die Veräußerung und Belastung von Grundstücken ist nach § 49 Abs. 2 HGB dem Prokuristen nicht möglich, es sei denn, seine Befugnisse würden auch hierauf erstreckt. Ausdrücklich bestimmt § 50 Abs. 1 HGB, daß eine Beschränkung des Umfangs der Prokura Dritten gegenüber unwirksam ist.

Auch die sog. **Handlungsvollmacht** des § 54 HGB ist ähnlich kon- 971

32 Dazu im einzelnen unten 3.4 (Rn 990ff.)
33 Brox, AT, Rn 502

struiert; sie erstreckt sich zwingend auf alle Geschäfte und Rechtshandlungen, die die Wahrnehmung der übertragenen Aufgabe «gewöhnlich» mit sich bringt.

972 Für Alltagsgeschäfte wichtig ist die Vorschrift des § 56 HGB. **Wer in einem Laden** (oder in einem offenen Warenlager) **angestellt** ist, besitzt kraft Gesetzes ein bestimmtes Maß an Vertretungsmacht: Er **gilt als ermächtigt «zu Verkäufen und Empfangnahmen, die in einem derartigen Laden oder Warenlager gewöhnlich geschehen».** Man braucht also nicht zu befürchten, das gekaufte Kleid wieder zurückgeben zu müssen, weil der Inhaber des Geschäfts nachträglich belegt, der Verkäufer hätte keine oder jedenfalls keine so weitreichende Vollmacht besessen.

3.2.1.3 Untervollmacht

973 Der Bevollmächtigte ist grundsätzlich befugt, anderen Personen Untervollmacht zu erteilen. In dem zugrundeliegenden Rechtsverhältnis kann allerdings ein persönliches Tätigwerden vorgesehen werden, das eine solche Delegierung ausschließt. Die Untervollmacht läßt im übrigen das Recht des Bevollmächtigten unberührt, weiter für den Vertretenen zu handeln

3.2.2 Die Beschränkung der Insichgeschäfte nach § 181

974 In welchem Umfang und bei welcher Gelegenheit der Bevollmächtigte von seiner Befugnis Gebrauch macht, bestimmt sich nach dem zugrundeliegenden Rechtsverhältnis (Arbeitsverhältnis, Dienstvertrag usw.). Das Gesetz sieht allerdings in § 181 eine wichtige Schranke vor, die unter dem Stichwort des «Insichgeschäfts» abgehandelt wird.

3.2.2.1 Die beiden Erscheinungsformen

975 Erfaßt ist einmal der Fall, daß der Vertreter in dieser seiner Eigenschaft einen Vertrag mit sich selbst schließt. Auf beiden Seiten steht also dieselbe Person: Einmal als Vertreter und einmal in eigener Sache. Man spricht insoweit vom **«Selbstkontrahieren»**.

Beispiel: Der Makler hat Vollmacht, das Grundstück zu veräußern, und verkauft es an sich selbst.

Miterfaßt sind allerdings auch einseitige Rechtsgeschäfte, die einem anderen gegenüber vorzunehmen sind. Insoweit ist der Ausdruck «Selbstkontrahieren» etwas zu eng.

Der Vertreter einer Wohnungsbaugesellschaft wohnt in einer dieser gehörenden Wohnung. Er kündigt das Mietverhältnis, indem er seine entsprechende Erklärung an sich selbst in seiner Eigenschaft als Vertreter richtet.

Zweiter Fall des Insichgeschäfts ist die sog. **Mehrvertretung**. Ein und 976
dieselbe Person handelt gleichzeitig für beide Seiten eines Vertrages. Eltern wollen beispielsweise Vermögen des einen Kindes auf das andere übertragen, ein Notariatsangestellter wird von beiden Parteien eines Grundstückskaufvertrags beauftragt, in ihrem Namen die Einigung über den Eigentumsübergang (sog. Auflassung nach §925) zu erklären.

3.2.2.2 Das Verbot und seine Ausnahmen

§181 verbietet beide Formen des Insichgeschäfts und läßt seinem 977
Wortlaut nach nur zwei Ausnahmen zu.

– Ein Insichgeschäft ist einmal dann zulässig, wenn es **lediglich** der **Erfüllung einer Verbindlichkeit** dient.

Beispiel: Der Generalbevollmächtigte hat in der Vergangenheit der Gesellschaft ein Darlehen gewährt. Als dieses zur Rückzahlung fällig wird, überweist er sich namens der Gesellschaft den entsprechenden Betrag auf sein eigenes Konto.[34]

– Das Selbstkontrahieren kann vom Vertretenen (oder den beiden 978
Vertretenen) **gestattet** sein. Die Vollmacht geht insoweit über das gesetzliche Normalmodell hinaus. Unbedenklich ist dies, wenn es nur um eine Formalität geht und den Vertretenen ein erneutes Erscheinen erspart werden soll.

---

34 Ein anderer Fall ist der Aufwendungsersatzanspruch, den Eltern gegen ihr Kind nach §1648 haben können

Dies ist etwa der Hintergrund dafür, daß Mitarbeiter des beurkundenden Notars zur Abgabe der Auflassungserklärung ermächtigt werden.

Im Einzelfall kann die Gestattung des Selbstkontrahierens auch Ausdruck einer starken Verhandlungsposition des Vertreters sein, so daß sich inhaltliche Bedenken ergeben könnten.[35]

3.2.2.3 Teleologische Auslegung

979 Seinem Sinn nach will § 181 den bzw. die Vertretenen dagegen schützen, daß der Bevollmächtigte sich auf ihre Kosten einen unangemessenen Vorteil sichert. Eine solche Gefahr besteht dann nicht, wenn **der Vertretene durch das Rechtsgeschäft lediglich einen rechtlichen Vorteil** erlangt. Die Rechtsprechung hat deshalb Schenkungen von Eltern an ihre minderjährigen Kinder auch dann zugelassen, wenn die Eltern dabei die Schenkung in Vertretung ihres Kindes angenommen haben.[36] § 181 muß insoweit eng ausgelegt werden. Auf der anderen Seite verlangt sein Zweck eine **Erstreckung auf Fälle, die vom Wortlaut her nicht gedeckt sind**: Bestellt der Vertreter einen Untervertreter, der dann namens des Vertretenen mit ihm einen Vertrag abschließt, ist die Mißbrauchsgefahr nicht geringer als bei den unmittelbar erfaßten Fällen.[37]

980 Ist der **Alleingesellschafter einer GmbH** zugleich ihr alleiniger Geschäftsführer, war mit Rücksicht auf die wirtschaftliche Einheit zwischen beiden Größen gleichfalls § 181 BGB nicht angewandt worden.[38] Der Gesetzgeber hat dies jedoch korrigiert; nach dem seit 1. 1. 1981 geltenden § 35 Abs. 4 Satz 1 GmbHG ist in solchen Fällen § 181 anwendbar.

981 Einseitige Rechtsgeschäfte, die gegen § 181 verstoßen, sind unwirksam. Willenserklärungen im Rahmen von Verträgen können nachträglich genehmigt werden; insoweit besteht zunächst ein Schwebezustand.[39]

---

35 Zur Inhaltskontrolle von Verträgen s. unten Kap. 15 (Rn 1304ff.)

36 BGH NJW 1985, 2407, 2408, bestätigt durch BGH NJW 1989, 2542, 2543. Ebenso Brox, AT, Rn 543; Schwab, Einf., Rn 680

37 Palandt-Heinrichs § 181 Rn 12 mwN

38 BGHZ 56, 97; 75, 360

39 Palandt-Heinrichs § 181 Rn 15 mwN

3.2.3 Mißbrauch der Vertretungsmacht

Die im Rahmen der Vollmacht abgeschlossenen Geschäfte wirken für und gegen den Vertretenen. Dies gilt auch dann, wenn der Vertreter dabei seine Pflichten gegenüber dem Vertretenen verletzt hat. 982

Intern war mit dem Bevollmächtigten vereinbart, daß er bei allen Verträgen über mehr als 10000 DM zunächst Rücksprache nimmt und eine Genehmigung einholt. Setzt er sich darüber hinweg, berührt dies die Gültigkeit des abgeschlossenen Geschäfts nicht, doch riskiert er ggf. Schadensersatzansprüche und eine Auflösung des Vertragsverhältnisses.

Dahinter steht die Erwägung, daß der Vertragspartner nicht mit den für ihn nur sehr schwer erkennbaren Besonderheiten des «Innenverhältnisses» zwischen Vertretenem und Vertreter belastet werden soll; vielmehr darf er sich allein an der Vollmacht orientieren. Von diesem Grundsatz werden zwei **Ausnahmen** gemacht.

Einigen sich der Vertreter und ein Dritter bewußt zum Nachteil des 983
Vertretenen, so liegt eine sog. **Kollusion** (von lateinisch: colludere = zusammenspielen) vor. Sie macht das abgeschlossene Geschäft sittenwidrig.[40]

Beispiel: Die Treuhandanstalt hat den X als alleinigen Geschäftsführer einer ihr gehörenden GmbH eingesetzt. Die GmbH verfügt über mehrere Patente sowie zwei noch nicht angemeldete Erfindungen. Der Geschäftsführer veräußert diese für 10000 DM an den ihm befreundeten F, der sehr genau weiß, daß ihr tatsächlicher Wert etwa das Fünfzigfache beträgt.

Zum zweiten kann sich der Dritte nach § 242 nicht auf den Bestand der 984
Vollmacht berufen, wenn er wußte, daß sich der Vertreter über seine internen Bindungen hinwegsetzte oder wenn **sich der Verdacht eines Mißbrauchs der Vertretungsmacht ihm geradezu aufdrängen mußte**.[41] Damit wird der Tatsache Rechnung getragen, daß sich positive Kenntnis beim Dritten nur schwer beweisen läßt.

War der F im o. g. Fall im Bereich des gewerblichen Rechtsschutzes erfahren, so mußte er – wenn er nicht mit Blindheit geschlagen war – angesichts des Schleuderpreises stutzig werden.

---

40 S. als Beispiel BGH NJW 1989, 26

41 BGHZ 94, 137, 138; BGH NJW 1990, 387; Medicus, AT, Rn 967

3.3 Zurechnung von Willensmängeln und Wissen des Vertreters

985 Auch bei Rechtsgeschäften, bei denen auf der einen oder der anderen Seite ein Bevollmächtigter mitwirkt, können sich Willensmängel einstellen. Kommt es für einen Eigenschaftsirrtum nach § 119 Abs. 2 darauf an, ob die Fehlvorstellung beim Vertreter oder beim Vertretenen vorhanden war? Wie verhält es sich dann, wenn die Gegenseite anfechten will und ein Ersatzanspruch nach § 122 davon abhängt, daß der Irrtum nicht erkennbar war: Kommt es hier auf die Situation des Vertreters oder die des Vertretenen an?

3.3.1 Das Grundprinzip

986 § 166 Abs. 1 hat diese Fragen in dem Sinne entschieden, daß grundsätzlich auf die Person des Vertreters abzustellen ist. Er gibt die Erklärung ab, er hat den unmittelbaren Kontakt zum anderen Teil. Auch wird sich typischerweise der Vertretene gar nicht um die Einzelheiten des Geschäfts kümmern (sonst würde er selbst handeln), so daß im Regelfall Willensmängel nur beim Vertreter auftauchen werden und auch nur er die Möglichkeit hat, bestimmte Umstände auf der anderen Seite zu kennen.

3.3.2 Die Ausnahme des § 166 Abs. 2

987 Von diesem Grundsatz macht § 166 Abs. 2 dann eine Ausnahme, wenn der Vertreter «nach bestimmten Weisungen» des Vollmachtgebers gehandelt hat: In diesem Fall kann dieser sich nicht auf die Unkenntnis des Vertreters berufen. Andernfalls wäre es gut informierten Leuten möglich, wenig informierte Leute «vorzuschicken» und so einen Vertrauensschutz in Anspruch zu nehmen, den sie nicht verdienen.

G sieht in einer Kunsthandlung ein Bild hängen, das «aus der Umgebung des Malers D» stammen soll. Als erfahrener Kunstkenner stellt er fest, daß das Bild zweifelsohne von D persönlich stammt und deshalb ungefähr den vierfachen Wert besitzt. Würde er das Bild selbst kaufen, könnte er als «Bösgläubiger» im Falle einer Anfechtung durch den Kunsthändler keine Ersatzansprüche nach § 122 geltend machen. Er bittet deshalb seinen in Kunstdingen wenig bewanderten Freund F, das Bild für ihn zu kaufen. § 166 Abs. 2 verhindert, daß er sich hinter dessen Unkenntnis «versteckt».

Vom Wortlaut her erfaßt § 166 Abs. 2 die Willensmängel nicht. Dennoch kann der Fall eintreten, daß der Vollmachtgeber nur deshalb die Weisung zum Abschluß eines Vertrages gab, weil er sich in einem nach § 119 wesentlichen Irrtum befand oder nach § 123 getäuscht oder bedroht wurde. In diesen Fällen wird **über den Wortlaut hinaus** auf die **beim Vollmachtgeber entstandenen Willensmängel** Rücksicht genommen: Wenn er selbst das Geschäft dirigiert, soll er nicht nur Nachteile in Kauf nehmen, sondern auch den Schutz jedes Teilnehmers am Rechtsverkehr beanspruchen können.[42] Die Berücksichtigung von Willensmängeln, die beim Vertreter aufgetreten sind, wird dadurch nicht berührt. 988

3.3.3 Anwendung auf den sog. Wissensvertreter

§ 166 Abs. 1 findet entsprechende Anwendung auf den sog. Wissensvertreter, d. h. auf Personen, die einen Vertragsteil bei Verhandlungen repräsentieren, ohne Abschlußvollmacht zu besitzen.[43] Dies wird weiter auf den Fall erstreckt, daß ein Unternehmen bestimmte Angaben über eine Person in seinen Dateien hat und Anlaß besteht, sie abzurufen[44] – das Unternehmen muß sich das Wissen des EDV-Verwalters zurechnen lassen. Nach der neuesten Rspr. gilt dies auch dann, wenn Anlaß zur Speicherung (und später zum «Nachschauen») bestanden hätte, man aber nichts festhielt.[44a] 989

3.4 Erlöschen der Vollmacht

3.4.1 Erlöschenstatbestände

3.4.1.1 Ende des zugrundeliegenden Rechtsverhältnisses

Nach § 168 Satz 1 bestimmt sich das Erlöschen der Vollmacht «nach dem ihrer Erteilung zugrundeliegenden Rechtsverhältnisse». Endet dieses, wird auch die Vollmacht hinfällig; insoweit hat ihre Eigenständigkeit (s. oben [Rn 968]: «abstrakte» Natur der Vollmacht) eine wichtige Durchbrechung erfahren. 990

---

42 BGHZ 51, 141, 145 = NJW 1969, 925; MüKo-Schramm § 166 Rn 41 mwN
43 BGHZ 117, 106
44 BGH NJW 1993, 2807 (für eine Versicherungsgesellschaft)
44a BGH JuS 1996, 747

Das Arbeitsverhältnis des Bevollmächtigten endet, der Dienstvertrag mit dem Rechtsanwalt wird aufgelöst usw.

3.4.1.2 Widerruf

991 Zweiter wichtiger Grund für das Erlöschen ist der Widerruf. § 168 Satz 2 läßt ihn prinzipiell auch dann zu, wenn das zugrundeliegende Rechtsverhältnis fortbesteht. Dem Angestellten kann also die Vertretungsmacht entzogen werden, weil er vielleicht mit anderen Aufgaben betraut werden oder jedenfalls weniger Kompetenz haben soll. Dies gilt allerdings nur, sofern sich nichts anderes aus den vorhandenen Abmachungen ergibt. Eine **unwiderrufliche Vollmacht** ist daher zulässig, solange das zugrundeliegende Rechtsverhältnis besteht. Allerdings gibt es hier bestimmte Grenzen:

992 – Zum einen ist eine **unwiderrufliche Generalvollmacht sittenwidrig** nach § 138 Abs. 1, da sie auf eine Art wirtschaftlicher Selbstentmündigung hinausläuft.[45]

993 – Zum zweiten bleibt ein **Widerruf aus wichtigem Grund** immer möglich.[46] Dieser ist dann anzunehmen, wenn eine weitere Zusammenarbeit mit dem Bevollmächtigten unzumutbar ist, weil dieser beispielsweise seine Befugnisse mißbraucht hat.

994 **Bei** der sog. **isolierten Vollmacht** ist **jederzeit ein Widerruf möglich**, der in § 168 Satz 2 vorgesehene Ausschluß greift hier nicht.[47]

995 Der Widerruf kann durch Erklärung gegenüber dem Bevollmächtigten, aber auch durch Erklärung gegenüber dem Dritten ausgesprochen werden, demgegenüber die Vertretung stattgefunden hat. § 168 Satz 3 verweist insoweit auf § 167 Abs. 1. **Nicht erforderlich** ist, daß **die gleiche Form** wie bei der Erteilung gewählt wird; eine Außenvollmacht kann also durchaus durch Erklärung gegenüber dem Bevollmächtigten widerrufen werden. Allerdings wirft dies Probleme des Vertrauensschutzes bei Dritten auf, auf die im folgenden Abschnitt einzugehen ist.

---

45 Brox, AT, Rn 510, Palandt-Heinrichs § 168 Rn 6 mwN

46 BGH WM 1969, 1009; Brox, AT, Rn 510

47 BGH NJW 1988, 2603

3.4.1.3 Erledigung der Angelegenheit

Die Vollmacht kann schließlich dadurch erlöschen, daß sie sich in der 996
Sache selbst erledigt: Das Geschäft, für das sie erteilt wurde, ist zustande gekommen oder endgültig gescheitert.[48]

3.4.1.4 Anfechtung der Vollmacht

Die Bevollmächtigung kann wie jede andere Willenserklärung nach 997
den §§ 119ff. angefochten werden. Die Anfechtung führt nach § 142 Abs. 1 zum **rückwirkenden Wegfall der Vertretungsmacht**, geht also in ihrer Wirkung über einen Widerruf hinaus. Dies wirft dann Probleme auf, wenn von der Vollmacht bereits Gebrauch gemacht, also Rechtsgeschäfte abgeschlossen wurden. Steht dann der Dritte plötzlich ohne Vertragspartner da und muß sich entsprechend den Regeln über die Haftung des Vertreters ohne Vertretungsmacht[49] an den Vertreter persönlich halten, der seinerseits möglicherweise nicht das Geringste mit dem Anfechtungsgrund zu tun hat? Die Frage ist im Gesetz nicht ausdrücklich geregelt. Man wird unterscheiden müssen.

Hätte der Vollmachtgeber seinen Willensmangel erkennen können, 998
bleibt er unter dem Gesichtspunkt der Anscheinsvollmacht verpflichtet;[50] seine Anfechtung geht insoweit ins Leere. War der Irrtum usw. für ihn nicht vorauszusehen, so kommt es darauf an, ob die Ursache in seiner, d.h. der Sphäre des Vertretenen oder der des Geschäftsgegners lag. War ersteres der Fall,

Der Vollmachtgeber irrte sich über «verkehrswesentliche Eigenschaften» des Bevollmächtigten,

so kann er zwar anfechten, muß jedoch dem andern Teil in **entsprechender Anwendung des § 122** den Vertrauensschaden ersetzen. Beruhte die Fehlvorstellung auf Umständen, die in der Sphäre des Geschäftsgegners lagen, bleibt es bei der Unwirksamkeit der Vollmacht. Dasselbe gilt, wenn keine konkrete Zuordnung zu dem einen oder anderen Bereich möglich ist. In beiden Fällen ist der andere Teil durch § 179 geschützt.[51]

48 Medicus, AT, Rn 943
49 Dazu unten 3.6 (Rn 1011 ff.)
50 Dazu unten 3.5.2 (Rn 1008)
51 Die Lösung ist höchst umstritten; s. die Nachweise bei Medicus, AT, Rn 945

3.4.2 Wirkung gegenüber Dritten

999 Erlischt die Vollmacht aus einem der genannten Gründe, so taucht nicht nur das eben angesprochene Problem der Rückwirkung im Falle der Anfechtung auf. Vielmehr können Dritte ggf. aus guten Gründen vom Fortbestand der Vollmacht ausgehen. Soll der Vertretene ihnen entgegenhalten können, er habe die Vollmacht schon vor vier Wochen widerrufen, der Bevollmächtigte habe sich jedoch bedauerlicherweise wie ein Hochstapler aufgeführt?

3.4.2.1 Der Schutz des gutgläubigen Dritten

1000 Der Gesetzgeber hat diese Problematik eingehend geregelt. Danach ist das **Vertrauen des Dritten in den Fortbestand der Vollmacht** in den drei praktisch wichtigsten Fällen geschützt:

– Handelte es sich um eine **Außenvollmacht**, wurde sie also durch Erklärung gegenüber dem Dritten erteilt, so bleibt sie diesem gegenüber nach § 170 in Kraft, bis der Vollmachtgeber das Erlöschen angezeigt hat.

1001 – Wurde die Vollmacht **dem Dritten oder der Öffentlichkeit kundgegeben**, gilt sie dem Dritten bzw. jedermann gegenüber nach § 171 Abs. 2 als fortbestehend, bis ihr Erlöschen in gleicher Weise bekanntgegeben ist.

1002 – Hat der Bevollmächtigte eine **Vollmachtsurkunde** erhalten und legt er sie dem Dritten vor, so bleibt nach § 172 Abs. 2 seine Vertretungsmacht bestehen, bis er die Vollmachtsurkunde dem Vollmachtgeber zurückgegeben hat oder sie für kraftlos erklärt wurde. § 175 sieht eine Rückgabepflicht vor, § 176 regelt das Verfahren der Kraftloserklärung.

3.4.2.2 Ausnahmen

1003 **Nur in zwei Fällen** ist der «**gute Glaube**» des Dritten an den Fortbestand der Vollmacht **nicht geschützt**:

– Lag eine **reine Innenvollmacht** vor und wurde über sie auch keine Urkunde ausgestellt, hat der Dritte Pech gehabt, da keiner der genannten Tatbestände vorliegt. In einem solchen Fall handelt er auf eigenes Risiko; anders als in den gesetzlich geregelten Fällen fehlt eine ausreichend verläßliche Basis wie die Erklärung des Vollmachtgebers oder die Urkunde, die sein Vertrauen rechtfertigen könnte.

– Zum zweiten ist der **Dritte** nach § 173 dann nicht geschützt, wenn er das **Erlöschen der Vollmacht** bei der Vornahme des Rechtsgeschäfts **kannte oder kennen mußte**. 1004

Der dem Dritten gegenüber bevollmächtigte angestellte Handelsvertreter erscheint im eigenen Auto und verfügt auch nicht mehr über die Formulare und das Briefpapier seines Arbeitgebers.

Wer die wirkliche Situation hätte erkennen können, bedarf keines besonderen Schutzes.

3.4.2.3 Wissenszurechnung

In diesem Rahmen spielt im übrigen die «**Wissenszurechnung**» in 1005
entsprechender Anwendung des § 166 Abs. 1 wieder eine Rolle: Hat die eine Abteilung einen Vertragsschluß mit dem Handelsvertreter abgelehnt, weil sie das andere Auto und die fehlenden Unterlagen richtig einschätzte, so ist die Firma «bösgläubig» geworden. Taucht der Vertreter in einer anderen Abteilung mit einem Mietwagen auf («der Firmenwagen mußte zur Inspektion»), und hat er sich die nötigen Unterlagen wieder beschafft, so greift § 170 gleichwohl nicht ein.

3.5 Duldungs- und Anscheinsvollmacht

Probleme des Schutzes gutgläubiger Dritter ergeben sich nicht nur im 1006
Zusammenhang mit dem scheinbaren Fortbestand einer in Wahrheit erloschenen Vollmacht. Auch die Frage, ob überhaupt eine Vollmacht entstanden ist, kann aus Sicht eines Dritten anders als aus der Sicht des Vertretenen zu beurteilen sein. Die Rechtsprechung hat insoweit zwei Tatbestände entwickelt, die mit Rücksicht auf das schutzwürdige Interesse Dritter wie Vollmachten behandelt werden, ohne es in Wirklichkeit zu sein.

3.5.1 Voraussetzungen der Duldungsvollmacht

1007 Eine Duldungsvollmacht liegt dann vor, wenn jemand weiß, daß ein anderer für ihn als Vertreter auftritt und dagegen nichts unternimmt.

Beispiel:[52] Der Inhaber eines Btx-Anschlusses stellt fest, daß seine minderjährige Tochter immer wieder Programme in Anspruch nimmt (und damit Verträge abschließt), ohne daß er sie dazu ermächtigt hätte. Er unternimmt nichts, obwohl er mit den Kosten belastet wird.

Die **Abgrenzung zu einer konkludent erteilten Vollmacht** ist oft schwierig; der Unterschied liegt in der Willensrichtung des Vertretenen, der bei der Duldungsvollmacht ähnlich wie bei der Kundgebung einer Vollmacht an Dritte nur etwas bestätigt, was sowieso schon vorhanden ist.[53] Dabei wird allerdings nicht jeder Dritte geschützt; in entsprechender Anwendung des § 173 kann sich auf das Vorliegen einer Duldungsvollmacht vielmehr **nicht** berufen, **wer den Umständen nach hätte erkennen können, daß in Wahrheit keine Vertretungsmacht vorlag**.

3.5.2 Anscheinsvollmacht

1008 Im Gegensatz zur Duldungs- liegt eine sog. Anscheinsvollmacht vor, wenn der Vertretene zwar nichts vom Verhalten des scheinbaren Vertreters weiß, dieses aber durch mangelnde eigene Sorgfalt möglich gemacht hat. Entsprechend § 173 darf das Fehlen der Vollmacht für den Dritten allerdings nicht erkennbar sein.[54]

In dem og. Btx-Fall liegt eine Anscheinsvollmacht dann vor, wenn der Anschlußinhaber das Verhalten seiner Tochter zwar nicht kannte, es jedoch durch eigene Nachlässigkeit wie Mitteilung der Anschlußnummer und des Kennworts ermöglicht hat.

An einem «zurechenbaren» Rechtsschein fehlt es, wenn der Bevollmächtigte die auf ihn ausgestellte Vollmachtsurkunde zunächst zurückgibt, dann jedoch wieder entwendet und Dritten gegenüber benutzt.[55]

---

52 nach OLG Oldenburg NJW 1993, 1400

53 Vgl. Medicus, AT, Rn 930

54 Palandt-Heinrichs § 173 Rn 14ff. mwN. Daß es eine «Anscheinsvollmacht» gibt, ist nicht ganz unumstritten; s. Medicus, Bürgerliches Recht, Rn 100f.

55 BGH NJW 1975, 2101: Ein Fortbestand der Vollmacht nach § 172 schied schon deshalb aus, weil die Urkunde nicht mehr «ausgehändigt» war.

3.5.3 Rechtliche Behandlung

Duldungs- wie Anscheinsvollmacht führen dazu, daß allein der Vertretene verpflichtet ist. Der Geschäftspartner kann sich nicht etwa auf den Standpunkt stellen, der Vertreter habe ohne Vertretungsmacht gehandelt und sei deshalb nach § 179 zum Ersatz verpflichtet.[56] 1009

Mit Rücksicht darauf, daß Duldungs- und Anscheinsvollmacht im Interesse des Rechtsverkehrs entwickelt wurden, scheidet eine **Anfechtung wegen Irrtums** über die der Duldung bzw. dem erzeugten Rechtsschein zugemessene Bedeutung aus. Möglich ist jedoch eine Anfechtung wegen Täuschung und Drohung sowie eine Irrtumsanfechtung, die auch bei einer auf normalem Wege erteilten Vollmacht möglich wäre.[57] Unbestrittenermaßen wirken Duldungs- und Anscheinsvollmacht auch nicht zu Lasten von nicht **voll geschäftsfähigen Personen**.[58] 1010

Zurück zum Btx-Fall: Unterstellt, die Tochter hat irrtümlich falsche Tasten gedrückt und dadurch ein Programm aufgerufen, das sie in Wahrheit gar nicht wollte: Anfechtung nach § 166 in Verbindung mit § 119 Abs. 1. In bezug auf alle «Folgeprobleme» ist die Anscheinsvollmacht wie eine durch Rechtsgeschäft begründete zu behandeln.

3.6 Vertretung ohne Vertretungsmacht

3.6.1 Der Schwebezustand

Hat jemand keine Vollmacht, tritt er jedoch wie ein Bevollmächtigter auf, so spricht man von einem Vertreter ohne Vertretungsmacht (auch **falsus procurator** genannt). Durch sein Handeln entsteht zunächst eine Rechtslage, die in fast allen Punkten der entspricht, die bei Geschäften beschränkt Geschäftsfähiger eintritt. Insoweit ist zu unterscheiden: 1011

– **Einseitige Rechtsgeschäfte** des Vertreters ohne Vertretungsmacht sind nach § 180 Satz 1 unzulässig und damit unwirksam. Hat jedoch der Adressat die behauptete Vertretungsmacht nicht beanstandet oder war er mit einem Handeln ohne Vertretungsmacht einverstanden, so gelten nach § 180 Satz 2 die Grundsätze über Verträge. 1012

56 BGHZ 86, 273
57 Vgl. MüKo-Schramm § 167 Rn 41, 54
58 S. die Nachweise bei MüKo-Schramm § 167 Rn 40 Fn 65, Rn 54 Fn 95

Der Arbeitnehmer wird von einem Sachbearbeiter aus der Personalabteilung gekündigt, der hierfür keine Vollmacht hat. Er weist die Kündigung deshalb zurück, so daß sie unwirksam ist.

1013 – Hat der Vertreter ohne Vertretungsmacht einen **Vertrag abgeschlossen**, so hängt die Wirksamkeit von der **Genehmigung** durch den Vertretenen ab (§ 177 Abs. 1). Diese kann auch dadurch erfolgen, daß einem vom anderen Teil übersandten kaufmännischen Bestätigungsschreiben nicht widersprochen wird.[59]

1014 Solange die Genehmigung dem **Dritten** gegenüber nicht erteilt ist, hat dieser zwei Möglichkeiten. Er kann zum einen nach § 178 den **Vertrag widerrufen**, es sei denn, er hätte den Mangel der Vertretungsmacht schon beim Vertragsabschluß gekannt. Zum zweiten kann er **den Vertretenen dazu auffordern**, sich zu der Genehmigung zu erklären. Gibt dieser innerhalb von zwei Wochen keine positive Antwort, gilt die Genehmigung nach § 177 Abs. 2 Satz 2 als verweigert.[60]

3.6.2 Ansprüche gegen den Vertreter bei verweigerter Genehmigung

1015 Wird die Genehmigung verweigert, so bleibt der Vertragspartner anders als beim Kontrahieren mit einem beschränkt Geschäftsfähigen nicht ohne Schutz. Nach § 179 Abs. 1 kann er vielmehr den Vertreter ohne Vertretungsmacht auf **Erfüllung** oder auf **Schadensersatz** in Anspruch nehmen. Das Wahlrecht steht allein ihm zu.[61]

Beispiel: Der seiner Funktion enthobene Einkäufer hat für seine Firma noch einen Pkw gekauft. Nach verweigerter Genehmigung hat der Verkäufer die Wahl: Er kann vom Vertreter Abnahme des Fahrzeugs und Bezahlung des Kaufpreises verlangen. Statt dessen kann er auch Ersatz des Gewinns verlangen, den er bei Durchführung des Vertrages gemacht hätte.

1016 Diese sehr scharfe Haftung wird in § 179 Abs. 2 zugunsten der Vertreter gemildert, die den **Mangel ihrer Vertretungsmacht nicht gekannt** haben: Sie sind nur zum Ersatz des Schadens verpflichtet, welchen der andere Teil dadurch erleidet, daß er auf die Vertretungsmacht vertraut, doch darf der Betrag nicht höher als der entgangene Gewinn sein.

59 BGH NJW 1990, 386
60 S. die entsprechende Regelung bei Geschäften beschränkt Geschäftsfähiger oben Kap. 11 unter 3.5 (Rn 740)
61 Medicus, AT, Rn 986

Beispiel: Der Kunsthändler hat ein Gemälde verkauft; die auf Käuferseite auftretende Person erweist sich nachträglich als falsus procurator. Die Genehmigung wird verweigert. Wegen der Vertragsverhandlungen hatte der Kunsthändler 500 DM Reisekosten aufgewandt. Außerdem kann er nachweisen, daß er wenige Tage nach dem Vertragsabschluß das Gemälde für einen um 4000 DM höheren Preis an den X veräußert hätte. Beides sind zwar Nachteile, die der Händler im Vertrauen auf den Bestand des Vertrages erlitten hat, doch ist der entgangene Gewinn aus dem anderen Vertrag insoweit nicht zu ersetzen, als er den Händler besser als die Durchführung des ersten Vertrages stellen würde.

Die **Haftung des Vertreters entfällt ganz**, wenn der Dritte den Mangel der Vertretungsmacht kannte oder hätte kennen müssen. Insoweit ist die Parallele zu § 173 unübersehbar: Geschützt wird nur derjenige, der sich seinerseits sorgfältig verhalten hat. Weiter tritt **keine Haftung zu Lasten eines minderjährigen Vertreters** ein, es sei denn, dieser hätte mit Zustimmung seines gesetzlichen Vertreters gehandelt (§ 179 Abs. 3 Satz 2).[62] 1017

3.6.3 Bote ohne Botenmacht?

Dieselbe Problematik wie bei fehlender Vertretungsmacht kann sich auch bei einem Boten stellen: Maßt sich dieser seine Rolle nur an, überschreitet er seine Befugnisse oder überbringt er bewußt eine andere Erklärung, so wendet man die §§ 177–180 entsprechend an.[63] Der (scheinbar) Erklärende hat so die Möglichkeit, das Geschäft «an sich zu ziehen». Will er dies nicht, stehen dem in seinem Vertrauen enttäuschten Dritten die Ansprüche nach § 179 gegen den Boten zu. 1018

3.7 Handeln unter fremdem Namen

Tritt jemand nicht in seinem eigenen Namen auf, so ist zu unterscheiden:[64] 1019

Handelt es sich um ein **Geschäft des täglichen Lebens, das bar abgewickelt wird**, so spielt der Name des einen Vertragspartners keine Rolle. Dies gilt etwa für die Miete eines Hotelzimmers, aber auch für den Verkauf eines Gebrauchtwagens, wenn dieser sofort bezahlt

62 Darstellung der Rechtslage auch bei Früh JuS 1994, 38

63 Brox, AT, Rn 369; Medicus, AT, Rn 997; Palandt-Heinrichs § 178 Rn 2; Schwab, Einf., Rn 660 iVm Rn 535

64 Brox, AT, Rn 485; Schwab, Einf., Rn 651

wird und der Verkäufer als diejenige Person auftritt, die als letzte im Kraftfahrzeugbrief eingetragen ist.[65]

1020 Anders verhält es sich, wenn **der gebrauchte Name** für den Vertragspartner **auf eine andere Person hinweist**, die er z. B. für kreditwürdig hält. In einem solchen Fall will er nicht mit dem Handelnden, sondern mit der vorgestellten anderen Person einen Vertrag schließen.

Der A gibt sich für seinen als wirtschaftlich sehr erfolgreich bekannten Zwillingsbruder B aus und erhält von einer Bank einen Blankokredit über 100 000 DM.

1021 In solchen Fällen werden die Regeln über die **Vertretung ohne Vertretungsmacht entsprechend** angewandt. Der ohne sein Zutun in das Geschäft verwickelte Namensträger soll so gleichfalls die Möglichkeit haben, sich ein wider Erwarten vorteilhaftes Geschäft zunutze zu machen. Verweigert er die Genehmigung, kann der Dritte den Vertreter nach § 179 in Anspruch nehmen. Eine solche Lösung hat überdies den Vorteil, daß der «Vertretene» Vertretungsmacht auch in der Weise erteilen kann, daß der Bevollmächtigte unter seinem, des Vertretenen, Namen auftreten darf.[66]

3.8 Verdrängende Vollmacht?

1022 Die Bevollmächtigung einer anderen Person läßt die Möglichkeit des Vollmachtgebers unberührt, selbst entsprechende Geschäfte vorzunehmen. Eine abweichende Regelung ist nur in der Weise möglich, daß er sich verpflichtet, auf bestimmten Sektoren nicht tätig zu sein. Eine weitergehende Bindung, die ihm die **Handlungsfähigkeit** quasi mit «dinglicher» Wirkung auf einem bestimmten Bereich **nehmen** würde, wäre **ein Stück Selbstentmündigung** und ist deshalb unzulässig.[67]

1023 Von diesem Grundsatz werden **im Rahmen von Personenvereinigungen** eine Reihe von **Ausnahmen** gemacht. So bestimmt etwa § 69 Abs. 1 AktG, daß die Rechte aus einer Aktie, die mehreren Berechtigten zusteht, nur durch einen gemeinschaftlichen Vertreter ausgeübt werden können. Unbestritten ist weiter die Möglichkeit, in einer Vereinssatzung eine Vertreterversammlung vorzusehen, die an

65 OLG Düsseldorf NJW 1989, 906
66 BGHZ 45, 193; Medicus, AT, Rn 908; Schwab, Einf., Rn 652
67 S. die Darstellung der in diesem Sinne entscheidenden hM bei Gernhuber JZ 1995, 383

die Stelle der Mitgliederversammlung tritt: Der Vertreter «verdrängt» insoweit das einzelne Mitglied bei der Ausübung seiner Mitgestaltungsrechte. Regelungen dieser Art sind zulässig, da sie nicht die Person des Rechtsträgers, sondern den Inhalt seines Mitgliedschaftsrechts betreffen: Dieses kann größere oder kleinere, selbst oder nur durch Vertreter ausübbare Rechte umfassen. Für die Zulässigkeit einer verdrängenden Vollmacht auf anderen Gebieten lassen sich daraus jedoch keine Konsequenzen ziehen.

4 Vertretungsmacht kraft Gesetzes

4.1 Gesetzliche Vertreter

Vertretungsmacht ergibt sich nicht nur kraft Rechtsgeschäfts, sondern 1024
auch aufgrund Gesetzes oder staatlichen Hoheitsakts.

4.1.1 Eltern

Wichtigster Fall ist die **Vertretung minderjähriger Kinder durch** 1025
ihre Eltern nach § 1629 Abs. 1: Beide Eltern sind Gesamtvertreter, können also nur gemeinsam handeln.[68] Dies schließt nicht aus, daß der eine Elternteil den andern zum Alleinhandeln ermächtigt oder dessen Handlungen nachträglich genehmigt.

Das **Vertretungsrecht** der Eltern erstreckt sich auf alle Angelegen- 1026
heiten des Kindes, unterliegt jedoch gewissermaßen einer **treuhänderischen Bindung** in dem Sinne, daß das Kindeswohl ausschließliche Richtschnur für die Ausübung der elterlichen Befugnisse ist. Wird dem nicht Rechnung getragen, kann das Vormundschaftsgericht nach näherer Maßgabe der §§ 1666, 1667 die nötigen Maßnahmen treffen.

Der Umfang der elterlichen Vertretungsmacht ist über diese inhalt- 1027
liche Vorgabe hinaus mit spezifischen Schranken versehen. § 1641 verbietet **Schenkungen aus dem Kindesvermögen**, § 1629 Abs. 2 Satz 1 erweitert das Verbot der Insichgeschäfte: Durch die Verweisung

68 Zur Gesamtvertretung s. oben 2.3 (Rn 942f.). Eingehender zu den Befugnissen der Eltern und zur Vertretungsmacht des Vormundes und des Pflegers im familienrechtlichen Teil Bd. 2 Kap. 19 unter 2.1.5 (Rn 1730ff.) und Kap. 20 unter 2.3 (Rn 1789ff.) und 4 (Rn 1505)

auf § 1795 wird nicht nur klargestellt, daß § 181 auch für die Eltern gilt;[69] vielmehr kann ein sorgeberechtigter Elternteil das Kind auch **nicht bei Rechtsgeschäften mit seinem Ehegatten oder einem Verwandten in gerader Linie** sowie dann **vertreten**, wenn es um eine durch Pfandrechte oder Bürgschaft gesicherte Forderung des Kindes gegen einen Elternteil geht und diese nach näherer Maßgabe des § 1795 Abs. 1 Nr. 2 reduziert werden soll.

Beispiel: Nach dem Tod des Vaters steht der Mutter das alleinige Vertretungsrecht zu. Heiratet sie wieder, so kann sie das Kind nicht bei Verträgen mit ihrem neuen Ehemann oder mit Großeltern vertreten; die Gefahr, daß dies zum Nachteil des Kindes ausginge, wird vom Gesetzgeber sehr hoch eingeschätzt.

Schließlich bedürfen die Eltern für bestimmte Geschäfte, die sich auf Grundstücke beziehen oder die langfristige Bindungen zur Folge haben, nach § 1643 eine **Genehmigung des Vormundschaftsgerichts**.

4.1.2 Vormund

1028 Ein Kind erhält einen Vormund, wenn die Eltern nicht (mehr) in der Lage sind, das Sorgerecht auszuüben. Dieser ist dann nach §§ 1789, 1793 gesetzlicher Vertreter des Kindes. Auch er unterliegt dem Verbot von Schenkungen (§ 1804), muß die Vorschrift des § 1795 beachten und bedarf noch häufiger als die Eltern bei einzelnen Rechtsgeschäften der Genehmigung des Vormundschaftsgerichts (§§ 1821, 1822).

4.1.3 Pfleger

1029 Für einzelne Angelegenheiten kann dem Kind ein Pfleger bestellt werden. Dies gilt insbesondere dort, wo Eltern oder der Vormund von der Vertretung ausgeschlossen sind. Nach § 1915 unterliegt der Pfleger grundsätzlich den für einen Vormund geltenden Vorschriften.

4.1.4 Betreuer

1030 Erwachsene können einen Betreuer erhalten, der nach § 1902 gesetzlicher Vertreter in dem ihm übertragenen Wirkungskreis ist. Die §§ 1904–1907 enthalten Regeln für besonders gravierende Entscheidungen vor. § 1908 i verweist u. a. auf § 1795 sowie auf die vormundschaftsgerichtliche Genehmigung nach den §§ 1821, 1822.

---

69 Zur Beschränkung der Insichgeschäfte nach § 181 s. oben 3.2.2 (Rn 974 ff.)

4.1.5 Anwendung der allgemeinen Regeln

Soweit diese Sondervorschriften nicht eingreifen, unterliegt auch ein gesetzlicher Vertreter den allgemeinen Regeln über die Stellvertretung. So kommt es etwa bei Willensmängeln und beim Kennen bzw. Kennenmüssen allein auf die Person des gesetzlichen Vertreters an; § 166 Abs. 1 findet auch hier Anwendung.[70] Ein Mißbrauch ist gleichfalls denkbar; er kann nicht nur Eingriffe des Vormundschaftsgerichts in das elterliche Sorgerecht zur Folge haben, sondern macht auch das abgeschlossene Rechtsgeschäft nichtig, sofern der Dritte die Vorgänge durchschauen konnte.[71] 1031

4.2 Organschaftliche Vertreter

4.2.1 Das Grundprinzip

Nach § 26 Abs. 2 vertritt der **Vorstand den Verein** gerichtlich und außergerichtlich; er besitzt die Stellung eines gesetzlichen Vertreters. Dasselbe gilt für den Vorstand einer AG, die Geschäftsführer einer GmbH sowie die vertretungsberechtigten Gesellschafter einer OHG oder KG.[72] Auch insoweit gilt § 166[73], ein Mißbrauch der Vertretungsbefugnis, der etwa in einer Mißachtung der durch Satzung oder Gesellschafterbeschluß auferlegten Bindungen liegen kann, wirkt nicht zu Lasten der Gesellschaft, wenn der Dritte den Mißbrauch kannte oder kennen mußte.[74] Zwei Probleme verdienen besondere Aufmerksamkeit: 1032

70 BGHZ 38, 66

71 BGH JZ 1964, 420. Zum Mißbrauch der rechtsgeschäftlichen Vertretungsmacht s. oben 3.2.3 (Rn 982 ff.)

72 §§ 125, 126 HGB für die OHG, auf die § 161 Abs. 2 HGB für den persönlich haftenden Gesellschafter der KG verweist. Allerdings wird der Ausdruck «gesetzlicher Vertreter» vermieden.

73 BGHZ 41, 287

74 S. aber auch oben Kap. 5 unter 3.1.3 (Rn 254) sowie Däubler GmbH-Rdsch. 1964, 223 ff. Zu juristischen Personen des öffentlichen Rechts und der hier anwendbaren ultra-vires-Lehre s. oben Kap. 5 unter 5 (Rn 343)

4.2.2 Persönliche Haftung des Handelnden?

1033 Rechtsgeschäfte, die ein Vorstand abschließt, sind typischerweise vereins- oder unternehmensbezogen, so daß die **Vorstandsmitglieder nicht persönlich haften.**[75] Allerdings kann insbesondere bei der GmbH der Fall eintreten, daß das Handeln für die Gesellschaft zwar keinerlei Zweifel unterliegt, daß diese aber nicht mit dem Zusatz «GmbH» bezeichnet wird. In diesem Fall entsteht für den Dritten der **Eindruck**, auf der anderen Seite stehe **zumindest eine unbeschränkt persönlich haftende natürliche Person.** Da dies nicht der Realität entspricht, hat der Vertreter gewissermaßen eine Größe vorgespiegelt, die es in Wirklichkeit nicht gibt; in entsprechender Anwendung des § 179 haftet er daher nach der Rechtsprechung wahlweise auf Erfüllung oder Schadensersatz.[76]

4.2.3 Wissenszurechnung bei Wechsel der Personen

1034 Zum zweiten ergeben sich Probleme beim Wechsel von vertretungsberechtigten Organen. Unterstellt, ein ausgeschiedenes Vorstandsmitglied war über bestimmte Vorgänge informiert, hatte seinem Nachfolger aber nichts davon erzählt: Muß sich dann die Gesellschaft die Kenntnis der ausgeschiedenen Person zurechnen lassen? Anders als bei den bisher erörterten Fällen der «Wissenszurechnung», sind in diesem Fall die Informationen nicht mehr unmittelbar im Einflußbereich der juristischen Person verfügbar. Der BGH hat dennoch die Kenntnisse eines ausgeschiedenen Bürgermeisters einer Gemeinde zugerechnet[77]; Vergleichbares würde er vermutlich auch für eine juristische Person des Privatrechts tun. In der Literatur wird demgegenüber m. E. zu Recht darauf abgestellt, ob die Informationen etwa in Form von Akten oder Dateien noch verfügbar sind, was regelmäßig – aber eben nicht immer! – der Fall sein wird.[78]

Auf die Frage, daß die juristische Person auch für unerlaubte Handlungen ihrer Organe haftet, ist an späterer Stelle einzugehen.[79]

---

75 Zu den unternehmensbezogenen Geschäften s. oben 2.2 (Rn 940)
76 BGH NJW 1975, 1166; BGH NJW 1981, 2569; BGH NJW 1991, 2627, 2628
77 BGHZ 109, 327
78 Flume JZ 1990, 550; Medicus, AT, Rn 904c
79 Dazu Bd. 2 Kap. 9 unter 2.3.1 (Rn 1117)

4.3 «Parteien kraft Amtes»

Das geltende Recht kennt eine Reihe von Verwaltern fremden Vermögens, denen gleichfalls eine Art gesetzlicher Vertretungsmacht eingeräumt ist. Dazu zählen etwa der Konkursverwalter und der Nachlaßverwalter, die beide durch Hoheitsakt eingesetzt werden, jedoch auch der Testamentsvollstrecker, der sein «Amt» ausschließlich vom Erblasser herleitet. Einzelheiten können hier nicht dargestellt werden.[80] 1035

5 Zurechnung des Verhaltens von Hilfspersonen

5.1 Leistungen im Rahmen vertraglicher Beziehungen

«Handeln für andere» gibt es nicht nur im Rahmen des Abschlusses von Rechtsgeschäften. Nicht weniger wichtig ist die Erfüllung übernommener Pflichten, die typischerweise nicht in eigener Person, sondern durch Arbeitnehmer, Beauftragte usw. erfolgt.[81] Im Zusammenhang damit sind nicht wenige Rechtsfragen aufgetreten, die sich nur teilweise unter Heranziehung der für die Stellvertretung geltenden Regeln lösen lassen. 1036

5.1.1 Der Grundsatz des § 278

Nach § 278 Satz 1 hat «der Schuldner» ein Verschulden seines «gesetzlichen Vertreters» und «der Personen, deren er sich zur Erfüllung seiner Verbindlichkeit bedient», in gleicher Weise wie eigenes Verschulden zu vertreten. Die Tatsache, daß auf einer Seite der vertraglichen Beziehung mehrere Personen stehen, daß sich insbesondere der Schuldner durch Heranziehung von Hilfspersonen von seiner Leistungspflicht befreit, soll die andere Seite nicht belasten. Das durch die Heranziehung einer Mehrzahl von Personen erhöhte **Risiko von** 1037

80 Vgl. den knappen Überblick bei Medicus, AT, Rn 925
81 S. oben 1 (Rn 928 ff.)

Fehlverhalten soll der Schuldner, nicht der Gläubiger **tragen**. Anders ausgedrückt: Er genießt die wirtschaftlichen Vorzüge der Arbeitsteilung, deshalb soll er auch mit den Nachteilen belastet werden.[82] Die Auslegung des § 278 muß diese Zwecksetzung beachten.

5.1.2 Wer ist «gesetzlicher Vertreter» und wer ist «Erfüllungsgehilfe»?

1038 Der **Begriff des «gesetzlichen Vertreters»** ist im Sinne des oben[83] Aufgeführten zu konkretisieren. Erfaßt sind nicht nur Eltern, Vormünder usw., sondern beispielsweise auch die zuletzt erwähnten Verwalter fremden Vermögens wie Konkursverwalter, Testamentsvollstrecker usw.[84] Lediglich bei den Organen von Personenzusammenschlüssen besteht eine Ausnahme, da deren Verhalten aufgrund der Spezialvorschrift des § 31 generell der juristischen Person als solcher zugerechnet wird.[85]

1039 Die «Personen, deren sich der Schuldner zur Erfüllung seiner Verbindlichkeit bedient», werden üblicherweise als **«Erfüllungsgehilfen»** bezeichnet. Dieser Ausdruck ist insofern mißverständlich, als er den Eindruck erweckt, damit seien nur weisungsabhängige Personen («Gehilfen») erfaßt. Dem ist jedoch nach einhelliger Meinung nicht so: Für den Gläubiger, der eine Leistung empfängt, spielt es keine Rolle, wie die Arbeitsteiligkeit auf der anderen Seite organisiert ist, ob der Vertragspartner also eigene Arbeitnehmer oder eine Fremdfirma schickt, um den defekten Computer zu reparieren. «Erfüllungsgehilfen» können unter diesen Umständen **auch Personen sein, die dem Weisungsrecht des Schuldners nicht unterliegen**.[86] Selbst wenn die die Leistung erbringenden Personen vom Gläubiger gestellt werden oder aufgrund einer Gefälligkeit einspringen, sind sie Erfüllungsgehilfen des Schuldners. Für die Anwendung des § 278 reicht es aus, daß sie mit seinem Willen tätig geworden sind.

1040 Der **Erfüllungsgehilfe** kann seinerseits das **Recht** haben, **Hilfspersonen** im eben umschriebenen Sinne **heranzuziehen**.[87]

---

82 Medicus, AT, Rn 889; Schmidt-Brüggemeier, S. 204 (Verknüpfung von «Assistenzvorteil» und «Personalrisiko»)

83 Unter 4 (Rn 1024ff.)

84 Nachweise bei Palandt-Heinrichs § 278 Rn 5

85 MüKo-Hanau § 278 Rn 11

86 BGHZ 62, 124; BGH NJW 1993, 1704, 1705

87 BGH NJW 1983, 448

A will ein Wohnhaus errichten und schließt mit dem Bauunternehmer B einen «Generalvertrag», wonach dieser bis 1. 10. ein schlüsselfertiges Haus erstellen soll. Die Ausschachtungs- und Maurerarbeiten übernimmt die Firma B selbst. Für die Fenster bedient sie sich eines selbständigen Glaserhandwerkers. Für die etwas komplizierten Dachfenster zieht dieser eine Spezialfirma hinzu. B haftet auch für etwaiges Verschulden der Spezialfirma nach § 278.

5.1.3 Handeln «zur Erfüllung» einer Verbindlichkeit

5.1.3.1 Handeln «bei Gelegenheit»

Das Verhalten des Erfüllungsgehilfen wird dem Schuldner nur dann 1041
nach § 278 zugerechnet, wenn es sich innerhalb des «vertraglichen Pflichtprogramms» bewegt, wenn es damit in «sachlichem Zusammenhang» steht.[88] Handlungen, die von ihrer Zielsetzung her nichts mit der übernommenen Aufgabe zu tun haben, werden als «bei Gelegenheit vorgenommen» nicht erfaßt. Dies gilt etwa für Diebstähle oder Tätlichkeiten, die anläßlich der Arbeit begangen wurden.

Ein Mitarbeiter der Spezialglasfirma stiehlt aus der Tasche des Bauherrn Scheckkarte und Scheckformulare, als dieser eine Besichtigung macht. Anders, wenn beim Einbau der Fenster Dachziegel beschädigt werden.

5.1.3.2 Abgrenzung des Pflichtenkreises

Die entscheidende Frage ist im Einzelfall immer, **wie weit der konkrete Pflichtenkreis reicht**. Wie bereits an anderer Stelle ausgeführt, 1042
geht es bei praktisch allen Verträgen nicht allein um die Erbringung der Leistung einschließlich der Erfüllung von Nebenpflichten, die sich aus Treu und Glauben ergeben. Vielmehr ist der Schuldner auch gehalten, Leben, Gesundheit, Eigentum und Vermögen des Gläubigers nicht zu schädigen, er hat gegenüber dessen Integritätsinteressen **Schutzpflichten**.[89] Dies gilt im Rahmen bestehender Vertragsverhältnisse, aber auch bereits im Rahmen von Vertragsverhandlungen.[90] Da es hier nicht mehr im eigentlichen Sinne um «Erfüllung» geht, wird dem zum Teil terminologisch dadurch Rechnung getragen, daß man die eingesetzten Personen als «**Bewahrungsgehilfen**» bezeichnet.

---

88 BGH NJW 1993, 1704, 1705
89 Oben Kap. 6 unter 3.2.2 (Rn 424 ff.)
90 Oben Kap. 12 unter 5 (Rn 914 ff.)

1043 Problematisch erscheint es lediglich, daß Kinder für die Schutzpflichtverletzung ihrer Eltern haften sollen. Nach dem Wortlaut des § 278 ist dies aber kaum vermeidbar.

Beispiel: Die Eltern führen ein Handelsgeschäft, das das Kind geerbt hat. Bei der Abwicklung von Verträgen werden schuldhaft von den Eltern Rechtsgüter des Vertragspartners verletzt; das Kind muß als «Inhaber» dafür einstehen.

1044 Die Bestimmung des Pflichtenkreises hängt vom jeweiligen Vertragstyp und der Art und Intensität des sozialen Kontakts ab. Bei **Hinweispflichten** ist zu beachten, daß sie nur solche Personen treffen, die ihrer Funktion nach nicht auf völlig untergeordnete Tätigkeiten beschränkt sind. So sind etwa ein Subunternehmer und der örtliche Bauleiter Erfüllungsgehilfen des Unternehmers, soweit es darum geht, den Bauherrn über bestimmte Mängel oder Abweichungen von der Planung zu informieren. Für den einzelnen Bauarbeiter gilt dies jedoch nicht.[91]

5.1.3.3 Behandlung von Informationsdefiziten

1045 Was geschieht, wenn der Unternehmer seine Leistung und ihre Qualität selbst nicht ausreichend kontrolliert oder kontrollieren läßt? Würde er Mängel kennen, müßte er sie seinem Kunden mitteilen; andernfalls läge nach der Rechtsprechung arglistiges Verschweigen vor, was dazu führt, daß die Ansprüche des Kunden wegen mangelhafter Leistung erst nach 30 Jahren verjähren. Der BGH hat **die durch nicht ausreichende Kontrolle geschaffene Unkenntnis** der Kenntnis gleichgesetzt und insoweit eine Offenbarungspflicht angenommen.[92] Dies ist der Sache nach eine Weiterentwicklung der Grundsätze über die «Wissenszurechnung»[93]; auch im eigenen Bereich fahrlässig nicht erhobene Informationen werden wie bestehende behandelt.

5.1.4 Persönliche Haftung des Erfüllungsgehilfen

1046 Da vertragliche oder vertragsähnliche Beziehungen zum «Geschäftsherrn» und nicht zu seinen «Hilfspersonen» bestehen, sind diese selbst keiner vertraglichen oder vertragsähnlichen Haftung aus culpa in con-

91 Palandt-Heinrichs § 278 Rn 17. S. auch BGH JZ 1992, 1019, 1020
92 BGH JZ 1992, 1019 mit Anm. Derleder
93 Dazu oben 3.3 (Rn 985ff.) und 4.2 (Rn 1032)

trahendo ausgesetzt. Dieses an sich einleuchtende Prinzip wurde von der Rechtsprechung durchbrochen: Unter spezifischen Voraussetzungen ist auch die Hilfsperson einer Haftung nach Vertragsgrundsätzen ausgesetzt. In Weiterentwicklung der Grundsätze über Verschulden bei Vertragsverhandlungen gilt dies grundsätzlich immer dann, wenn die Hilfsperson selbst gegenüber anderen – z. B. durch Betonung ihrer Sachkunde – einen Vertrauenstatbestand geschaffen hat. Wie diese Voraussetzungen im einzelnen beschaffen sind, bedarf der näheren Darstellung. Terminologisch ist zu beachten, daß in diesen Fällen häufig von «**Handelndenhaftung**» oder von «**Sachwalterhaftung**» die Rede ist.

5.1.4.1 Gebrauchtwagenhändler

Gebrauchtwagenhändler verkaufen Fahrzeuge typischerweise in Vertretung des bisherigen Eigentümers, der sein Fahrzeug beispielsweise 1047
beim Kauf eines Neuwagens in Zahlung gegeben hat.[94] Wird nun dem Gebrauchtwagenkäufer eine Eigenschaft zugesichert, die das Fahrzeug nicht hat, oder wird vom Händler verschwiegen, daß es sich um einen Unfallwagen handelt, so wäre an sich allein der bisherige Eigentümer den Schadensersatzansprüchen des Käufers aus § 463 ausgesetzt.[95] Dies wird als wenig adäquat angesehen, weshalb die Rechtsprechung den Händler als «**Quasi-Verkäufer**» und «Sachwalter» qualifiziert, der wegen Verschuldens bei Vertragsverhandlungen selbst auf Schadensersatz haftet.[96] Der Käufer kennt in aller Regel den bisherigen Eigentümer nicht und ist darauf angewiesen, dem Händler als Fachmann zu vertrauen. Verletzt dieser die mit seiner Funktion verbundenen Pflichten, sagt er beispielsweise nichts darüber, daß es sich um einen Unfallwagen handelt, oder überprüft er die Verkehrssicherheit nicht, ohne dies dem Käufer zu sagen, so **haftet er persönlich**.

94 Diese Vertragsgestaltung spart in der Regel die Mehrwertsteuer.

95 Nach §§ 164, 166 Abs. 1 muß er sich die Handlungen des Händlers als seines Vertreters zurechnen lassen.

96 BGH NJW 1980, 2184, 2185 mwN

5.1.4.2 Prospekthaftung

1048 Ein zweiter Bereich mit einer Eigenhaftung des «Gehilfen» ist unter dem Stichwort der «Prospekthaftung» bekannt. Bei bestimmten Formen der Kapitalanlage wird der **Anleger Kommanditist oder Mitglied einer Wohnungseigentümergemeinschaft**, hat jedoch als Grundlage für seine Entscheidung lediglich einen von den Initiatoren herausgegebenen Prospekt zur Verfügung.

Der gutverdienende Rechtsanwalt R wird mit 100000 DM Kommanditist in einer KG, die ein Altenpflegeheim baut. In den Anfangsjahren fallen zahlreiche Verluste an, die in vielen Fällen das Eigenkapital erreichen. R verdient pro Jahr brutto 300000 DM; mit der oberen Hälfte seines Einkommens bezahlt er den Höchststeuersatz, was einschließlich Kirchensteuer und Solidaritätszuschlag derzeit nahe an 60% herankommt. 100000 DM Verluste bringen ihm daher eine Steuerersparnis von 60000 DM; sein Nettoeinsatz beläuft sich daher nur auf 40000 DM. Die Pflegesätze sind so kalkuliert, daß im Laufe der Jahre ordentliche Gewinne erwirtschaftet werden; auch besteht nicht die Gefahr, daß plötzlich nach dieser Art von Dienstleistungen keine Nachfrage mehr besteht. R ist aber weder Bausachverständiger noch Betriebswirt, noch Kenner der Pflegeheim-Szene; ob er sein Geld gut einsetzt oder nicht, kann er ausschließlich dem Prospekt entnehmen.

1049 Der BGH läßt **alle sog. Prospektverantwortlichen** für die im Prospekt enthaltenen Angaben **persönlich haften**, da sich der Kunde auf ihre Sachkunde und Anständigkeit verlassen muß. Zu diesem Personenkreis zählen «neben den Initiatoren, Gründern und Gestaltern der Gesellschaft – soweit sie das Management bilden oder beherrschen – auch die Personen, die hinter der Gesellschaft stehen und neben der Geschäftsleitung besonderen Einfluß ausüben».[97] Weiter trifft die Prospektverantwortlichkeit auch diejenigen **Personen, die** aufgrund ihrer besonderen beruflichen und wirtschaftlichen Stellung oder aufgrund ihrer Fachkunde eine **«Garantenstellung»** einnehmen, sofern sie durch ihr nach außen in Erscheinung tretendes Mitwirken am Prospekt einen Vertrauenstatbestand schaffen.[98] Damit ist über den Firmeninhaber hinaus ein relativ großer Kreis in die Pflicht genommen, womit die Rechtsprechung auf die verbreitete Erscheinung reagiert, daß sich Initiatoren bisweilen hinter einer GmbH «versteckten», die dann anschließend in Konkurs fiel.

97 BGH NJW 1995, 1025 LS 2
98 BGH NJW 1995, 1025 LS 3

5.1.4.3 Andere Fälle

Gebrauchtwagenhandel und Prospektemission sind nicht die einzigen Fälle von «Sachwalterhaftung». Nach der neuesten Rechtsprechung[99] müssen auch Geschäftsführer einer GmbH damit rechnen, persönlich in Anspruch genommen zu werden. Zum anderen tritt eine Eigenhaftung dann ein, wenn der «Gehilfe» **in besonderem Maße seine Fachkunde und seine persönliche Integrität ins Spiel bringt**, was beispielsweise dann der Fall ist, wenn er sich für die Seriosität des Geschäfts «verbürgt» oder wenn er als Experte in Erscheinung tritt, der die Funktionsweise und den Wert eines komplizierten Kaufgegenstands als einziger zu beurteilen vermag.[100] 1050

Die bisher entwickelten Grundsätze zur Eigenhaftung des «Gehilfen» sind **rechtspolitisch** als ein wichtiges Stück Verbraucherschutz zu begrüßen. Allerdings muß man sich fragen, warum der Schwerpunkt so sehr auf den Gebrauchtwagen und den Prospekten für Anleger liegt – manche könnten den Verdacht entwickeln, negative Erfahrungen von Richtern oder ihren Familienangehörigen hätten hier das Problembewußtsein drastisch geschärft. 1051

5.2 Einstehen für andere im Rahmen unerlaubter Handlungen

Das Problem der Zurechnung fremden Verhaltens stellt sich auch im Rahmen der Begehung unerlaubter Handlungen. Inhaltlich einschlägig ist die Regelung des § 831, die hier nicht im Detail dargestellt werden kann.[101] Sie unterscheidet sich in drei wesentlichen Punkten von § 278. 1052

– Zugerechnet wird nur das Verhalten von «**Verrichtungsgehilfen**». Diese sind ausschließlich Personen, denen gegenüber der Haftende Weisungsbefugnisse besitzt, **typischerweise** also **Arbeitnehmer**. Ein selbständiges Unternehmen, das einen Auftrag erhält, wird nicht erfaßt. 1053

– Die Zurechnung erfolgt schon dann, wenn der Verrichtungsgehilfe **widerrechtlich einem Dritten einen Schaden zufügt**. Verschulden ist nicht erforderlich. Geht man mit der neueren Lehre davon aus, daß 1054

---

99 BGH NJW 1994, 2220
100 Vgl. BGHZ 77, 172
101 Dazu Bd. 2 Kap. 9 unter 2 (Rn 1105 ff.)

Rechtswidrigkeit nur bei einem objektiven Sorgfaltspflichtverstoß vorliegt[102], ist der Unterschied allerdings kaum mehr merkbar, da der Verstoß gegen Sorgfaltspflichten im Regelfall zugleich den Fahrlässigkeitsvorwurf nach § 276 begründet.

1055 – Die Zurechnung findet nur dann statt, wenn der Geschäftsherr nicht beweisen kann, daß er bei der Auswahl der bestellten Person und bei der Beschaffung des Materials und bei der Leitung der Arbeiten die erforderliche Sorgfalt beobachtet hat. Er kann also seine mangelnde Schuld nachweisen, d. h. **sich exkulpieren**, und so der Haftung nach § 831 entgehen. Dem Geschädigten bleibt in einem solchen Fall lediglich der Anspruch gegen den Verrichtungsgehilfen persönlich, der nach den allgemeinen Regeln der §§ 823 ff. haftet.

1056 Insbesondere dieser sog. Exkulpationsbeweis führt dann zu inakzeptablen Ergebnissen, wenn es um hohe Schäden geht und der Verrichtungsgehilfe – wie üblich – nicht versichert ist. Hierin liegt eine der wesentlichen Ursachen dafür, weshalb man den Geltungsbereich vertragsrechtlicher Grundsätze ausgedehnt und insbesondere die erwähnten vertraglichen Schutzpflichten entwickelt hat. Gleichzeitig ist allerdings auch das Deliktsrecht weiterentwickelt worden, was sich etwa darin zeigt, daß der Geschäftsherr für jedes Organisationsverschulden einzustehen hat.[103]

1057 **Gesetzliche Vertreter** werden **von § 831 nicht erfaßt**. Sie unterliegen den allgemeinen deliktsrechtlichen Grundsätzen; die Tatsache, daß sie für einen anderen handelten, ist insoweit ohne Bedeutung.

1058 Eine Sonderregelung gilt für die **organschaftliche Vertretung nach § 31**: Das Verschulden eines satzungsmäßigen Vertreters wird der juristischen Person als solcher zugerechnet. Dabei ist zu beachten, daß § 31 auf sämtliche rechtsfähigen oder teilrechtsfähigen Einheiten entsprechende Anwendung findet[104] und daß der Begriff des «verfassungsmäßig berufenen Vertreters» durchaus weit ausgelegt wird: Es muß sich nicht um ein Mitglied des Vorstands oder der Geschäftsführung handeln, vielmehr reicht es, daß **die juristische Person aufgrund eigenverantwortlicher Tätigkeit repräsentiert** wird. Dies wurde beispielsweise für den Chefarzt einer organisatorisch unselbständigen Klinik und für seinen Vertreter angenommen.[105] Wer in einzelnen Be-

102 Dazu Bd. 2, Kap. 8 unter 2.3.1 (Rn 1009 ff.)
103 Dazu Bd. 2 Kap. 9 unter 2.3.2 (Rn 1118)
104 Dazu oben Kap. 5 unter 2.5 (Rn 245)
105 BGHZ 77, 76; 101, 218

reichen den «Willen» der juristischen Person definiert, wird wie ein Organ behandelt; da diese die Vorteile seines Handelns genießt, muß sie nach § 31 auch die Nachteile in Kauf nehmen. Dies wäre an sich auch für den Bereich der Verrichtungsgehilfen die richtige Lösung.[106]

6 Erwerbstatbestände

Eine Zurechnung fremden Verhaltens findet schließlich auch dort 1059
statt, wo ein nicht rechtsgeschäftlicher Erwerb stattfindet.

Der praktisch bei weitem wichtigste Fall ist im Gesetz nirgends an- 1060
gesprochen; **der Arbeitgeber wird Eigentümer der hergestellten Produkte**, die von seinen Arbeitnehmern Dritten gegenüber erbrachten Dienstleistungen werden ihm zugerechnet. Dies ist in der Praxis so selbstverständlich, daß darüber kein Wort verloren wird; auch wir sind bisher davon ausgegangen, ohne diesen Tatbestand irgendwie zu problematisieren. Bei sorgfältiger Gesetzeslektüre könnte man gleichwohl Bedenken haben. «Aufhänger» ist **§ 950**, der bestimmt:

«Wer durch Verarbeitung oder Umbildung eines oder mehrerer Stoffe eine neue bewegliche Sache herstellt, erwirbt das Eigentum an der neuen Sache, sofern nicht der Wert der Verarbeitung oder der Umbildung erheblich geringer ist als der Wert des Stoffs. Als Verarbeitung gilt auch das Schreiben, Zeichnen, Malen, Drucken, Gravieren oder eine ähnliche Bearbeitung der Oberfläche.»

Werden unter diesen Umständen nicht Geschäftsbriefe persönliches Eigentum der Sekretärin, gehört die technische Zeichnung nicht dem mit ihr befaßten Arbeitnehmer? Bei einer am Wortlaut orientierten Interpretation könnte man diese Fragen ohne Zögern bejahen. Gleichwohl würde man sich damit in Widerspruch zu Grundstrukturen der bestehenden Wirtschaftsstruktur setzen. Eine solche Art von «Juristensozialismus» verändert aber kein Stückchen Realität, sondern erweckt nur Kopfschütteln. § 950 BGB muß deshalb in dem Sinne eng interpretiert werden, daß er die **Tätigkeit von Arbeitnehmern im Verhältnis zu ihrem Arbeitgeber nicht erfaßt**.[107]

Eine Fremdwirkung gibt es schließlich auch beim **Besitzerwerb**. 1061

106 Dazu Band 2 Kap. 9 unter 2.1 (Rn 1105)
107 Näher Däubler, Arbeitsrecht 2, S. 112f.

Nimmt ein Arbeitnehmer oder eine andere weisungsgebundene Person eine Sache für den Arbeitgeber entgegen, so wird nach § 855 dieser Besitzer; der Weisungsabhängige wird demgegenüber als «Besitzdiener» qualifiziert, der lediglich Eingriffe Dritter abwehren kann.

Die folgende Skizze soll die Grundstruktur des in diesem Kapitel behandelten Stoffes verdeutlichen; sie kann die Wiederholung erleichtern.

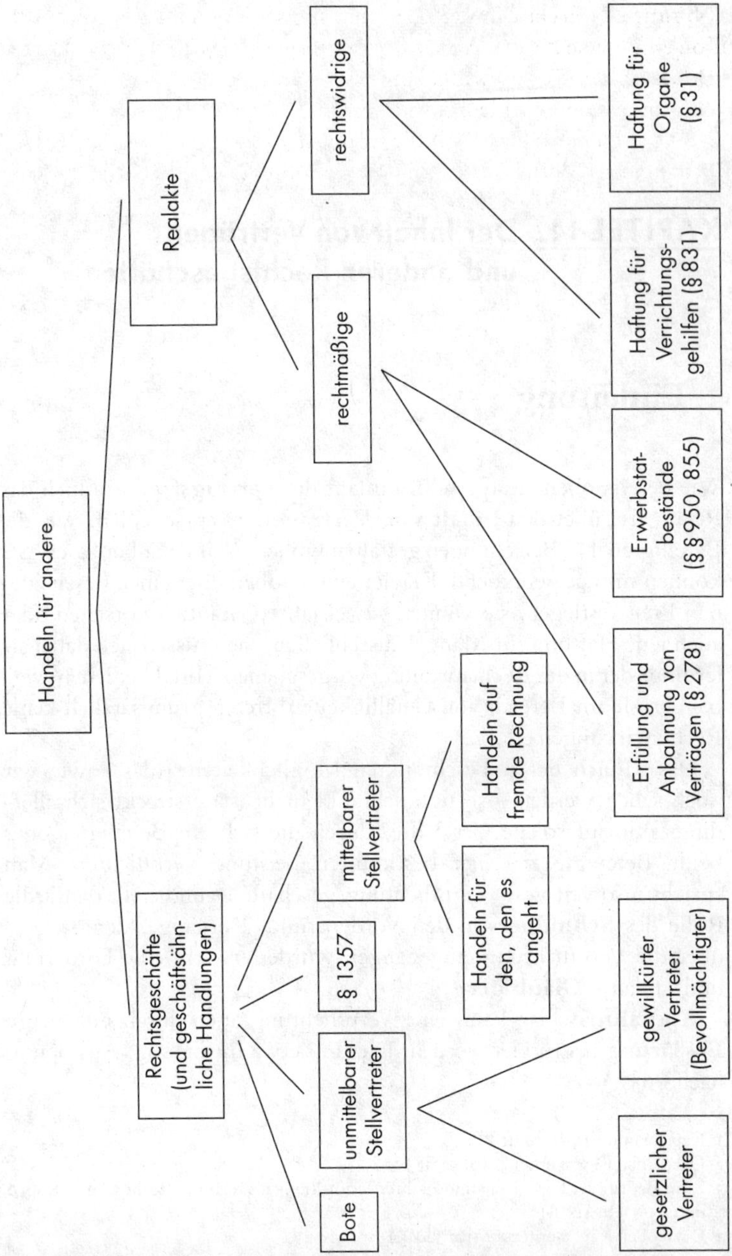
Handeln für andere
Rechtsgeschäfte (und geschäftsähnliche Handlungen)
Realakte
Bote
unmittelbarer Stellvertreter
§ 1357
mittelbarer Stellvertreter
rechtmäßige
rechtswidrige
gesetzlicher Vertreter
gewillkürter Vertreter (Bevollmächtigter)
Handeln für den, den es angeht
Handeln auf fremde Rechnung
Erfüllung und Anbahnung von Verträgen (§ 278)
Erwerbstatbestände (§§ 950, 855)
Haftung für Verrichtungsgehilfen (§ 831)
Haftung für Organe (§ 31)

1062

KAPITEL 14: Der Inhalt von Verträgen und anderen Rechtsgeschäften

1 Einleitung

1063 Wie bereits oben[1] festgestellt, umfaßt die **Vertragsfreiheit** auch das Recht, frei über den **Inhalt von Verträgen** zu entscheiden. Wie die Beteiligten ihre Beziehungen gestalten wollen, ist ihnen überlassen. Sie können für das gebrauchte Klavier einen hohen oder einen bescheidenen Preis festlegen, sie können «zwei Jahre Garantie» vorsehen oder auch jede Haftung für Mängel ausschließen. Sie müssen sich dabei allerdings der in der Rechtsordnung vorgesehenen Mittel bedienen; verbleiben sie im Bereich von Gefälligkeiten, treten grundsätzlich keine Rechtswirkungen ein.[2]

1064 Das «Reich der unbeschränkten Möglichkeiten» (das – wie wir noch sehen werden – so unbeschränkt nicht ist) erstreckt sich allerdings nur auf solche Geschäfte, durch die sich ein Beteiligter oder beide Beteiligte zu einer bestimmten Leistung verpflichten. Man spricht insoweit von «Verpflichtungsgeschäften» und stellt damit die Rolle des **Schuldners** in den Vordergrund. Derjenige, dem gegenüber die Verpflichtung eingegangen wurde, erwirbt eine Forderung und ist damit **Gläubiger**.[3]

1065 **Ausnahmsweise** kann eine Verpflichtung auch durch **einseitige Erklärung** begründet werden. Dies gilt etwa für die sog. Auslobung nach § 657.[4]

---

1 Kap. 12 unter 1 (Rn 771 ff.)

2 Dazu oben Kap. 8 unter 4 (Rn 547 ff.)

3 Zum Begriff der Forderung und zu ihrer Einordnung als relatives Recht s. oben Kap. 6 unter 3.1 (Rn 415 ff.)

4 Dazu oben Kap. 8 unter 2.1 (Rn 520 ff.)

Von den Verpflichtungsgeschäften sind die sog. **Verfügungsgeschäfte** zu unterscheiden: Bei ihnen geht es insbesondere darum, daß bestimmte Rechte wie das Sacheigentum oder eine Forderung übertragen werden. Insoweit sind den Beteiligten durch das BGB sehr viel engere Grenzen gezogen: Man kann nicht einfach neue Rechte oder neue Typen von Verfügungen «erfinden». 1066

Im folgenden soll es zunächst um eine nähere Bestimmung dessen gehen, was das BGB unter «Verpflichtungsgeschäft» und «Verfügungsgeschäft» versteht. Daß man beide trennt, ist überdies keine Selbstverständlichkeit; wie weit diese Trennung reicht, wird unter dem Stichwort des «Abstraktionsprinzips» abgehandelt (dazu insgesamt unten 2). 1067

Für bestimmte, besonders häufig vorkommende Arten von Verpflichtungen hat der Gesetzgeber in den §§ 243 ff. spezifische Regelungen getroffen. Dies gilt insbesondere für die sog. **Gattungsschuld** und für die **Geldschuld**. Zu beidem ist in Abschn. 3. Näheres ausgeführt.

Das **rechtliche Korsett**, das **für Verfügungsgeschäfte** gilt, bedarf eingehender Darstellung. Klarzustellen ist zunächst, wer überhaupt verfügen kann. Anschließend werden uns die beiden wichtigsten Fälle – die Verfügung über das Sacheigentum und die Verfügung über Forderungen – beschäftigen, ehe dann auf die vom Gesetzgeber recht stiefmütterlich behandelte Abtretung anderer Rechte eingegangen wird. Beim Erwerb von Sachen und – mit großen Einschränkungen – auch von Rechten spielt überdies der Schutz des redlichen Vertragspartners (auch «Verkehrsschutz» genannt) eine herausgehobene Rolle. Ähnliches ist uns bereits im Zusammenhang mit der Auslegung von Willenserklärungen[4] und der Existenz einer Vollmacht[5] begegnet. Unter welchen Voraussetzungen ein **gutgläubiger Erwerb** möglich ist, soll daher im Anschluß behandelt werden. Insgesamt dazu unter 4.

4 Oben Kap. 9 unter 3.1 und 3.2 (Rn 602 ff.)
5 Oben Kap. 13 unter 3.4.2 und 3.5 (Rn 999 ff.)

2 Verpflichtungsgeschäfte und Verfügungsgeschäfte

2.1 Verpflichtungsgeschäfte

2.1.1 Die Erbringung einer Leistung

1068 Durch ein Verpflichtungsgeschäft wird ein Schuldverhältnis geschaffen, aufgrund dessen der Gläubiger berechtigt ist, von dem Schuldner eine «Leistung» zu fordern (§ 241 Satz 1).[7] Diese wird im Regelfall in einem positiven Tun bestehen: Man verpflichtet sich als Verkäufer, die verkaufte Sache zu übereignen, man verpflichtet sich als Handwerker, die defekte Heizung zu reparieren, man verpflichtet sich als Kunde, den vereinbarten Preis zu bezahlen. Im Einzelfall kann die übernommene Verpflichtung auch in einem Unterlassen bestehen (§ 241 Satz 2). Ein Grundstückseigentümer darf beispielsweise sein Grundstück nur bis zu einer bestimmten Höhe bebauen, um so die Aussicht von der darüber liegenden Villa nicht zu beeinträchtigen.[8] Nicht selten kommt es auch vor, daß sich eine Firma verpflichtet, in Zukunft auf bestimmte Formen der Werbung zu verzichten, weil sie in einem sonst drohenden Prozeß höchstwahrscheinlich unterliegen würde, gleichfalls die Werbung einstellen und zudem noch die Verfahrenskosten tragen müßte.

1069 Typischerweise steht der Leistung der einen die Gegenleistung der anderen Seite gegenüber. Ist die eine Voraussetzung für das andere, spricht man von einem **gegenseitigen Vertrag**.[9] Ist keine Gegenleistung vorgesehen, handelt es sich – wie beim Auftrag nach §§ 662 ff. und beim Schenkungsversprechen – um einen **unentgeltlichen Vertrag**.[10]

7 Zum Schuldverhältnis näher Kap. 6 unter 3.1 (Rn 415 ff.)
8 So der Fall BGH NJW 1975, 344
9 Dazu schon oben Kap. 8 unter 2.2 (Rn 524 ff.)
10 Zum unvollständig zweiseitigen Vertrag s. oben Kap. 8 unter 2.2 (Rn 526), zu unentgeltlichen Verträgen s. Bd. 2 Kap. 6 unter 1 (Rn 822 ff.)

2.1.2 Mindestanforderungen an den Inhalt

2.1.2.1 Der Grundsatz

Da der Vertrag zwei wirksame Willenserklärungen voraussetzt, muß genau wie bei der einzelnen Willenserklärung bestimmbar sein, was die Beteiligten gewollt haben. Dazu gehört, daß sich zumindest aus den Umständen rückschließen läßt, welche «Hauptleistungen» sich die Parteien vorgestellt haben.[11] Läßt sich beispielsweise der gewollte Preis nicht ermitteln, und sieht auch das Gesetz keine «Auffanglösung» vor (indem etwa, wie beim Dienstvertrag, nach § 612 ein «übliches» Entgelt unterstellt wird), ist gleichzeitig aber auch keine Schenkung beabsichtigt, so fehlt es an einem wirksamen Vertrag. Dasselbe gilt erst recht beim sog. Totaldissens, wenn beispielsweise beide Parteien verkaufen wollen.[12] 1070

2.1.2.2 Bestimmung der Leistung durch eine Vertragspartei oder einen Dritten

Den Vertragsparteien steht es nach §§ 315 ff. frei, die **Leistung nicht selbst im Vertrag zu bestimmen**, sondern diese Aufgabe einer Vertragspartei oder einem Dritten zu überlassen. Dies muß nicht ausdrücklich erklärt sein, sondern kann sich auch aus den Umständen ergeben. 1071

Mit einem Rechtsgutachter wird vereinbart, daß man das Honorar akzeptiere, das er für angemessen erachte.

Ist eine **Vertragspartei «bestimmungsberechtigt»**, so besitzt sie insoweit ein **Gestaltungsrecht**, da sie den Inhalt der Verpflichtung festlegen kann.[13] Nach § 315 Abs. 1 muß die Vertragspartei die Bestimmung «nach billigem Ermessen» treffen. Sie besitzt daher einen gewissen Spielraum, ohne deshalb in der Lage zu sein, allein die eigenen Interessen zu verfolgen und die der Gegenseite völlig zu mißachten. 1072

---

11 Die «Hauptleistungen» charakterisieren den Vertrag und werden durch «Nebenpflichten» ergänzt, über die nicht im einzelnen geredet werden muß (zu ihnen oben Kap. 6 unter 3.2; Rn 422)

12 Dazu oben Kap. 12 unter 2.7 (Rn 873 ff.)

13 MüKo-Gottwald § 315 Rn 1

Erfordert das Gutachten drei Tage qualifizierte Arbeit, so mag man 10000 oder auch noch 15000 DM als «billig» (nicht wörtlich zu nehmen!) hinnehmen, bei 50000 DM wäre diese Grenze mit Sicherheit überschritten.

Ist die Leistung durch einen Dritten zu bestimmen, so gilt im Grundsatz dasselbe; auch er hat sich im Zweifel am «billigen Ermessen» zu orientieren.

1073 Ist die betroffene Vertragspartei nicht einverstanden, kann sie eine **gerichtliche Überprüfung** verlangen. Dabei sind die Maßstäbe unterschiedlich: Ist die Leistung von einem Vertragspartner festgesetzt worden, wird die Einhaltung der «Billigkeit» voll überprüft (§ 315 Abs. 3 Satz 1), ist die Leistung von einem Dritten bestimmt worden, ist eine gerichtliche Kontrolle nur im Hinblick auf «offenbare Unbilligkeit» möglich (§ 319 Abs. 1 Satz 1). Der Grund für die Differenzierung liegt auf der Hand: Bei einem selbst am Vertrag Beteiligten ist die Versuchung größer, ausschließlich das eigene Interesse in den Vordergrund zu stellen. Kommt das Gericht zum Ergebnis, die Leistungsbestimmung entspreche nicht der Billigkeit bzw. sei grob unbillig, nimmt es selbst die Festlegung vor (§§ 315 Abs. 3 Satz 2, 319 Abs. 1 Satz 2).

Würde der Gutachter also wirklich 50000 DM verlangen, würde das Gericht dies als unbillig beanstanden und von sich aus eine Summe von vielleicht 8000 DM festlegen. Angesichts der gezeigten Habgier des Gutachters würden die Richter vielleicht auch «zur Strafe» nur 5000 DM festsetzen. Läßt sich davon nicht auch ganz gut leben?

1074 Die Bestimmung der Leistung durch eine Vertragspartei oder einen Dritten setzt allerdings ihrerseits voraus, daß aus dem Vertrag in etwa deutlich wird, nach welchen Gesichtspunkten zu entscheiden ist. Fehlt es daran, ist der Vertrag mangels Bestimmtheit unwirksam.

Beispiel:[14] In einem Mietvertrag über ein Ladengeschäft ist festgelegt, daß ein von der Industrie- und Handelskammer zu ernennender Sachverständiger bestimmt, ob der nach 16 Jahren auslaufende Vertrag verlängert wird und wenn ja, für welche Zeit und zu welchen Bedingungen. Hier fehlen die Entscheidungskriterien; sollen z. B. zwei, fünf oder zehn Jahre angemessen sein? Anders als beim Honorar des Sachverständigen, kann man sich auch nicht an «Marktüblichem» orientieren.

1075 Ist dem Bestimmungsberechtigten **ausnahmsweise «freies Ermessen»** eingeräumt, bleibt er gleichwohl an allgemeine Rechtsgrundsätze wie das Verbot sittenwidrigen Handelns nach § 138 gebunden.

14 Nach BGH NJW 1971, 653

2.1.2.3 Sonderregeln für Monopolunternehmen

§ 315 Abs. 3 wird dann entsprechend angewandt, wenn ein Monopolunternehmen für bestimmte Leistungen einen Preis festlegt: Hier hat zwar der Vertrag an sich keine Lücke, doch nimmt das Unternehmen hier in ganz vergleichbarer Weise einseitige Gestaltungsmacht in Anspruch.[15] Nach seinem § 8 findet das AGBG in solchen Fällen keine Anwendung. 1076

2.1.3 Atypische und gemischte Verträge

Die im Besonderen Schuldrecht geregelten Vertragstypen wie Kauf, Miete, Maklervertrag, Reisevertrag usw. sind für die Beteiligten nicht in dem Sinne bindend, daß sie ausschließlich die dort vorgesehenen Gestaltungsformen wählen müßten. Das **Recht der Schuldverhältnisse kennt keinen «Typenzwang»**, keinen Numerus clausus möglicher Gestaltungsformen.[16] Den Parteien steht es deshalb frei, auch einen Vertragstypus zu wählen, der so gut wie nichts mit den im BGB geregelten Verträgen zu tun hat. 1077

Ein praktisch wichtiger Fall dieser Art ist die sog. **Qualitätssicherungsvereinbarung**, wie sie typischerweise mit Zulieferern abgeschlossen wird.[17] Darin wird nicht nur die Beschaffenheit der zu liefernden Waren in allen Einzelheiten festgelegt, sondern auch ein Verfahren vorgesehen, wie dies kontrolliert wird: Das Hauptunternehmen erhält eigene Kontrollrechte im Betrieb des Zulieferers und kann auch allein oder mit entscheiden, wie die Erfüllung der Anforderungen überprüft wird und welche Personen im Bereich des Zulieferers verantwortlich sind.[18] 1078

Ein anderes, sicherlich nicht sehr häufig vorkommendes Beispiel ist der **«Bühnenüberlassungsvertrag»**: Eine Gemeinde überläßt einem Verein für längere Zeit die ihr gehörende Theaterbühne, verlangt kein Entgelt, geht jedoch davon aus, daß die Vorstellungen das kulturelle Angebot auf lokaler Ebene bereichern. Als einige Aufführungen verschoben werden, kündigt die Stadt den Vertrag; die Gerichte hatten

---

15 BGH NJW 1987, 1828, 1829

16 Zur anderen Situation bei Verfügungsgeschäften s. unten 2.2 (Rn 1089 ff.)

17 Dazu eingehend Ensthaler NJW 1994, 817 ff. Zur Inhaltskontrolle nach den Maßstäben des BVerfG s. insbes. Schiek, Jahrbuch Junger Zivilrechtswissenschaftler 1994, 45 ff.

18 Nähere Angaben bei Mendius/Wendeling-Schröder (Hrsg.), Zulieferer im Netz. Neustrukturierung der Logistik am Beispiel der Automobilzulieferung, Köln 1991, und darin etwa die Beiträge in Teil V

Schwierigkeiten, Kriterien dafür zu finden, wann ein solcher Vertrag gekündigt werden kann.[19]

1079 **Häufiger** als ein solcher Gang in totales Neuland ist der **Abschluß sog. gemischter Verträge**, die Elemente aus unterschiedlichen BGB-Vertragstypen kombinieren. Der Mieter ist beispielsweise nicht zur Zahlung einer Geldsumme, sondern zur Vornahme von Reparaturen verpflichtet. Im einzelnen unterscheidet man **unterschiedliche Erscheinungsformen** des gemischten Vertrags.

1080 – Denkbar ist, daß eine «Hauptleistung» existiert, daß daneben jedoch **Zusatzleistungen** geschuldet sind, **die zu einem anderen Vertragstyp gehören**. Man kauft beispielsweise eine bestimmte Software und vereinbart gleichzeitig einen Einführungskurs von einer Woche sowie eine regelmäßige Wartung. Der Kaufvertrag ist daher mit dienstvertraglichen Elementen «angereichert».

Die Frage wird bedeutsam, wenn etwas schiefläuft. Welche Rechte hat man, wenn der Unterricht nicht die nötigen Informationen vermittelte? Kann man ggfs. ein anderes Unternehmen heranziehen und die Kosten vom Kaufpreis absetzen? Dies bestimmt sich nach den §§ 611 ff., nicht nach den kaufrechtlichen Bestimmungen der §§ 433 ff.

1081 – Von **«gekoppelten Verträgen»** spricht man dann, wenn zwei für unterschiedliche Vertragstypen charakteristische Leistungen vereinbart werden. Die Rede ist deshalb auch von «Verträgen mit anderstypischer Gegenleistung». Dies ist der schon erwähnte Fall des Mietvertrags, der mit Reparaturleistungen (Werkvertrag!) «bezahlt» wird.

1082 – **Mehrere Vertragstypen** können so **verschmolzen** sein, daß keine Pflicht im Vordergrund steht und der ganzen Abmachung das Gepräge gibt.[20]

Man mietet sich in einem Hotel mit Vollpension ein. «Miete» ist dies nur in bezug auf das Zimmer; die Mahlzeiten werden gekauft. Daneben stehen die hotelüblichen Dienstleistungen wie Bedienung beim Essen, Reinigung der Zimmer usw.

Auf Einzelfragen einzugehen wäre wenig sinnvoll, da zunächst die Regeln behandelt werden müssen, die bei den «reinen» Vertragstypen und bei «Leistungsstörungen» eingreifen.[21]

---

19 BGH NJW 1992, 496
20 Esser-Schmidt § 12 II 2, auch zum folgenden
21 Bd. 2 Kap. 1 ff. bzw. unten Kap. 17 (Rn 1488 ff.)

2.1.4 Einmaliger Leistungsaustausch oder Dauerschuldverhältnis

Verträge können – wie z. B. ein Kauf des täglichen Lebens – einen einmaligen Leistungsaustausch zum Gegenstand haben. Möglich ist jedoch auch, ein sog. **Dauerschuldverhältnis** zu begründen. Dieses verpflichtet wie z. B. die Miete oder das Arbeitsverhältnis dazu, während längerer Zeit Leistungen gegen Entgelt zu erbringen. Das BGB kennt diesen Begriff nicht, doch wird er in den §§ 10 Nr. 3, 11 Nr. 1 und Nr. 12 AGBG verwandt. Seine Besonderheit liegt insbesondere darin, daß bei Leistungsstörungen die bisher abgewickelten Teile unberührt bleiben.[22] 1083

Dem Mieter wird wegen einer Tätlichkeit gegen den Vermieter fristlos gekündigt. Dies beendet das Mietverhältnis nur für die Zukunft.

Vom Dauerschuldverhältnis ist der sog. **Sukzessivlieferungsvertrag** 1084
zu unterscheiden, bei dem eine vereinbarte Gesamtmenge in einzelnen Teilen geliefert wird.[23] Von **«Wiederkehrschuldverhältnissen»** spricht man dann, wenn zunächst nur ein Rahmenvertrag besteht, der die Möglichkeit gibt, über einzelne Lieferungen jeweils separate Verträge abzuschließen.

Daß die zuletzt genannte Abmachung rechtlich möglich ist, unter- 1085
liegt keinem Zweifel. Überwunden ist allerdings heute die Auffassung, bei der Lieferung von Energie handele es sich regelmäßig um Wiederkehrschuldverhältnisse: Sie war nur im Hinblick auf eine spezifische konkursrechtliche Situation entwickelt worden, die nunmehr mit anderen Mitteln bewältigt wird.[24]

Ausgangspunkt war die Vorschrift des § 17 Konkursordnung (= KO), wonach der Konkursverwalter bei noch nicht abgewickelten Verträgen zwischen der Durchführung und der Auflösung des Vertrags wählen kann. Wählt er – weil er Strom und Wasser braucht – die Erfüllung, so muß er erst mal alle rückständigen Verpflichtungen begleichen, was den Energielieferanten gegenüber anderen Gläubigern ohne Grund bevorzugt. Anders bei Wiederkehrschuldverhältnissen: Hier läge automatisch ein neuer, vom Konkursverwalter abgeschlossener Vertrag vor. Heute geht man davon aus, daß der Konkursverwalter den Vertrag auflöst, anschließend jedoch

---

22 Esser-Schmidt § 15 II 4; Oetker, Dauerschuldverhältnisse, S. 248 ff.

23 Die Terminologie ist aber nicht einheitlich. Bei Palandt-Heinrichs Einl. vor 241 Rn 17 ist von «Sukzessivlieferungsvertrag» nur dann die Rede, wenn die Gesamtmenge nicht von vornherein festliegt.

24 MüKo-Thode § 305 Rn 15 a

ein neues Dauerschuldverhältnis begründet, wozu der Energieversorger mit Rücksicht auf den ihn treffenden Kontrahierungszwang verpflichtet ist.[25]

2.1.5 Vorvertrag und Option

1086 Den Parteien steht es frei, sich lediglich **zum Abschluß eines Vertrags zu verpflichten**. Man will sich beispielsweise auf alle Fälle binden, obwohl man noch nicht über sämtliche Punkte des in Aussicht genommenen Vertrags einig ist. Zu denken ist auch an den Fall, daß dem definitiven Vertrag im Augenblick noch rechtliche oder tatsächliche Hindernisse entgegenstehen.[26]

Beispiel: Die behördliche Genehmigung für die Veräußerung eines landwirtschaftlich genutzten Grundstücks ist noch nicht erteilt.

Gegen die Zulässigkeit einer solchen Abmachung bestehen keine Bedenken[27], doch spricht – der Regel des § 154 Abs. 1 Satz 1 entsprechend – eine Vermutung dafür, daß bei unvollständiger Einigung noch keine endgültige Bindung vorliegt. Auch in anderen Fällen läßt sich das Vorliegen eines **Vorvertrages** nicht ohne weiteres aus den Umständen schließen, sondern bedarf gewichtiger Anhaltspunkte.[28] Es reicht nicht, wenn man eine Regelung erst «in Aussicht genommen» hat.

1087 Das **Bestimmtheitserfordernis** gilt auch hier, doch ist die Rechtsprechung bereit, geringere Anforderungen als beim Hauptvertrag zu stellen.[29] Soweit Formvorschriften die Beteiligten vor Übereilung bewahren wollen, gelten sie auch für den Vorvertrag; der BGH hat dies zu Recht für die notarielle Beurkundung von Grundstücksgeschäften nach § 313 Satz 1 bejaht.[30] Anders verhält es sich mit der Schriftform nach § 566, die lediglich die Verhältnisse gegenüber einem potentiellen Erwerber der Mietsache dokumentieren will; hier ist der Vorvertrag auch mündlich gültig.[31]

1088 Nur eine Seite wird gebunden, wenn der anderen ein **Optionsrecht** eingeräumt wird. Dies kann in der Weise geschehen, daß der Anbie-

25 MüKo-Thode § 305 Rn 15a; zum Kontrahierungszwang s. oben Kap. 12 unter 4.2 (Rn 894ff.)
26 MüKo-Kramer Vor § 145 Rn 36
27 So schon RGZ 66, 116, 120
28 BGH NJW 1980, 1577, 1578
29 BGH NJW 1986, 1983, 1985; BGH NJW 1990, 1234, 1235; a. A. MüKo-Kramer Vor § 145 Rn 36
30 BGH NJW 1986, 1983
31 Müko-Kramer Vor § 145 Rn 38

tende erklärt, für längere Zeit an sein Angebot gebunden zu sein.[32] Möglich ist aber auch ein sog. Optionsvertrag, der den Berechtigten in die Lage versetzt, durch seine Erklärung eine definitive vertragliche Bindung der anderen Seite auszulösen.[33]

Beispiel:[34] Der Eigentümer räumt dem Optionsberechtigten für zwei Jahre die Befugnis ein, sein Grundstück zu einem bestimmten Preis kaufen zu können.[35]

Dies gibt dem Berechtigten die Möglichkeit, sich über die in Betracht kommenden Verwendungsmöglichkeiten schlüssig zu werden, ohne befürchten zu müssen, daß das Objekt in der Zwischenzeit an einen Konkurrenten veräußert wird. Allerdings werden derartige Vorzugsstellungen in der Regel nicht unentgeltlich eingeräumt.

2.2 Verfügungsgeschäfte

Ein **Verpflichtungsgeschäft** hat insoweit **«programmatischen» Charakter**, als es auf einen künftigen Zustand zielt. 1089

Das gekaufte Auto soll geliefert, die Handwerkerleistung erbracht werden.

Mit dem **Verfügungsgeschäft wirkt** man demgegenüber **unmittelbar auf den Bestand eines Rechts ein**.[36]

Das verkaufte Auto wird an den Käufer übereignet.

Wie das Beispiel einer Handwerkerleistung zeigt, richten sich nicht alle 1090
Verpflichtungsgeschäfte auf die Vornahme von Verfügungen; ist Vertragsgegenstand eine Dienstleistung, geht es in aller Regel nur um tatsächliche Handlungen.

Theoretisch könnte man auch dies als «Verfügungsgeschäft» qualifizieren, weil über die Arbeitskraft der die Leistung Erbringenden verfügt wird. Eine solche Sicht ist jedoch nicht üblich, was damit zusammenhängt, daß das BGB kein «Recht auf Verausgabung der Arbeitskraft» nach dem Vorbild des Sacheigentums oder eines anderen Herrschaftsrechts enthält.[37]

32 Dazu oben Kap. 12 unter 2.1.3 (Rn 785 ff.)
33 MüKo-Kramer Vor § 145 Rn 44
34 Nach BGH NJW 1990, 1233
35 Zur Formbedürftigkeit nach § 313 s. MüKo-Kramer vor § 145 Rn 44.
36 Hübner, AT, Rn 390; Medicus, AT, Rn 208; Schwab, Einf., Rn 408
37 Zum Schutz der Arbeitskraft im Deliktsrecht s. Bd. 2 Kap. 12 unter 2.2 (Rn 1304 ff.)

Verfügungsgeschäfte beziehen sich daher ausschließlich auf vermögenswerte Rechte.

2.2.1 Was ist eine Verfügung?

1091 Nach übereinstimmender Auffassung von Rechtsprechung[38] und Literatur[39] liegt eine Verfügung dann vor, wenn ein subjektives Recht übertragen, belastet, inhaltlich verändert oder aufgehoben wird.

1092 **«Übertragung»** bedeutet Wechsel des Inhabers. Eine Sache wird übereignet, eine Forderung wird abgetreten, der GmbH-Geschäftsanteil wird auf den Erwerber «umgeschrieben».

1093 Eine **«Belastung»** liegt dann vor, wenn aus der Gesamtheit der Befugnisse des Inhabers gewissermaßen ein Teil herausgeschnitten und einer anderen Person eingeräumt wird. Soweit das Sacheigentum betroffen ist, spricht man insoweit von der Schaffung beschränkter dinglicher Rechte.[40]

Zur Sicherung eines Darlehens wird auf dem Grundstück des E eine Grundschuld eingetragen. Diese berechtigt ihren Inhaber, das Grundstück unter bestimmten Voraussetzungen zu verwerten, d. h. zwangsweise verkaufen zu lassen. Alle anderen Befugnisse, die aus dem Eigentum fließen, bleiben bei E.

1094 Eine solche Belastung ist nicht nur in bezug auf das Sacheigentum, sondern **auch in bezug auf sonstige Rechte** möglich, soweit sie Vermögenswert besitzen. Dabei spielt keine Rolle, ob es sich um ein absolutes oder um ein relatives Recht handelt.[41]

Möglich ist z. B., ein Patentrecht mit einem Nutzungsrecht (Lizenz genannt) zu belasten, aber auch eine Darlehensforderung zu verpfänden (§ 1273 Abs. 1).

1095 Von einer **Inhaltsänderung** ist dann die Rede, wenn – ein wenig abstrakt gesprochen – die Summe der Befugnisse des Rechtsinhabers nach der Verfügung eine andere ist.

Die Grundschuld lautet nicht mehr auf 100000 DM, sondern auf 150000 DM, dem Schuldner wird das Recht einberäumt, das Darlehen erst zwei Jahre später zurückzuzahlen.

---

38 BGHZ 1, 294, 304; zuletzt BGHZ 101, 26

39 Hübner, AT, Rn 232; Schwab., Einf., Rn 410 u. a.

40 Dazu schon oben Kap. 6 unter 2.4.1 (Rn 389ff.)

41 Dazu oben Kap. 6 unter 2 und 3 (Rn 363ff.)

Die Belastung ist insoweit nichts anderes als ein Unterfall der Inhaltsänderung, doch hat es sich eingebürgert, beide Fälle als selbständige Verfügungsarten nebeneinander zu stellen.

Gewissermaßen der Extremfall der Inhaltsänderung ist die **Aufhebung eines Rechts**. Man verzichtet auf das Sacheigentum, läßt beispielsweise eine gelesene Zeitung im Zug liegen. 1096

Man spricht insoweit von «**Dereliktion**». Sie geschieht bei beweglichen Sachen durch Aufgabe des Besitzes, bei Grundstücken durch Erklärung gegenüber dem Grundbuchamt und Eintragung ins Grundbuch (§ 928 Abs. 1).

Die Folge ist, daß die Sachen «herrenlos» werden. Bewegliche Sachen können von jedermann angeeignet werden (§ 958 Abs. 1), Grundstücke unterliegen nach § 928 Abs. 2 dem ausschließlichen Aneignungsrecht des Bundeslandes, in dessen Territorium sie gelegen sind.

Auf eine **Forderung** kann in der Weise verzichtet werden, daß man sie **dem Schuldner erläßt**, was nach § 397 einen Vertrag mit diesem voraussetzt. 1097

«Verfügender» ist nur derjenige, der die Übertragung, Belastung, Inhaltsänderung oder Aufhebung des Rechts vornimmt. **Wer** aus dem Vorgang **Nutzen zieht**, z. B. eine Forderung oder eine Grundschuld erwirbt, **ist nicht «Verfügender»**.[42] 1098

Die Vertragspartner können keine neuen Verfügungsarten schaffen[43], doch ist insoweit bislang auch keinerlei Bedürfnis deutlich geworden. 1099

2.2.2 Gegenstand einer Verfügung

Eine Verfügung im eben dargestellten Sinne kann sich immer nur auf **ein bestimmtes subjektives Recht** beziehen. Wie bereits an anderer Stelle herausgearbeitet, besteht im Sachenrecht Typenzwang der Art, daß grundsätzlich nur die im Gesetz vorgesehenen **beschränkten dinglichen Rechte** begründet werden können.[44] Neue zu «erfinden», ist den Beteiligten nicht möglich. 1100

Eine Grundschuld gibt das Recht, das Grundstück unter bestimmten Voraussetzungen zu verwerten. Sie umfaßt nicht die Befugnis, das Grundstück auch faktisch zu nutzen, beispielsweise die Mieten zu kassieren. Wollen die Parteien dem Grund-

42 Medicus, AT, Rn 208
43 Palandt-Heinrichs; Überblick vor § 104 Rn 16; Schwab, Einf., Rn 413
44 Oben Kap. 6 unter 2.4.1 (Rn 392)

schuldinhaber auch diese Möglichkeit eröffnen, können sie nicht etwa eine «Nutzungsgrundschuld» begründen (vor 1900 gab es so etwas in Form der sog. Antichrese). Die einzige Möglichkeit besteht vielmehr darin, dem Berechtigten neben der Grundschuld auch den Nießbrauch einzuräumen.

Die Vertragsfreiheit ist insoweit beschränkt; der Unterschied zum Verpflichtungsgeschäft wird deutlich.

1101 Auch bei der **Verfügung über andere Rechte** sind dem Einfallsreichtum Schranken gesetzt. So können von einer Forderung nicht beliebige Befugnisse abgespalten werden. Beispielsweise ist es nicht möglich, die Position eines neuen Forderungsinhabers in der Weise zu beschränken, daß er nur unter bestimmten Voraussetzungen von seinem Recht Gebrauch machen kann.[45] Ähnliches gilt im Bereich von Immaterialgüterrechten[46].

1102 Bestimmte **Rechte** sind **«höchstpersönlich»** und können deshalb überhaupt nicht auf andere übertragen werden. Dies gilt nicht nur im Familienrecht, sondern beispielsweise auch in bezug auf den Nießbrauch (§ 1059). Damit ist zugleich eine Belastung ausgeschlossen, doch kommt eine Inhaltsänderung oder eine Aufhebung durchaus in Betracht. Forderungen können einvernehmlich zu höchstpersönlichen gemacht werden (§ 399 Satz 2), was gleichfalls die Belastung, nicht aber die vereinbarte Inhaltsänderung oder den Erlaßvertrag ausschließt.

1103 **Gestaltungsrechte** können in aller Regel genauso wie Einreden[47] nicht selbständig übertragen werden. Will man Dritte einschalten, muß man vom Mittel der Vollmacht Gebrauch machen.[48]

1104 Das **subjektive Recht**, auf das sich die Verfügung bezieht, muß **konkret bezeichnet**, zumindest bestimmbar sein.[49] Andernfalls wäre die Zuordnung einzelner Vermögenswerte zu bestimmten Personen unklar; im Interesse eines reibungslosen Rechtsverkehrs ist man insoweit sehr viel rigider als beim Bestimmtheitserfordernis von Verpflichtungsverträgen. So ist es beispielsweise unbestrittenermaßen zulässig, einen Gewerbebetrieb «mit allem Drum und Dran» zu verkaufen; was zum «Drum und Dran» gehört, ist notfalls mit Hilfe der ergänzenden Vertragsauslegung zu bestimmen.[50] Ein Verfügungsge-

45 BGH NJW 1993, 1640. Näher dazu Kap. 7 unter 6 (Rn 494 ff.)
46 Walz KritV 1986, 131 ff.
47 Dazu oben Kap. 6 unter 5 (Rn 435 ff.) und unter 6 (Rn 438 ff.)
48 Dazu oben Kap. 13 unter 3 (Rn 959 ff.)
49 Zum sog. Spezialitätsgrundsatz s. oben Kap. 6 unter 2.3.3 (Rn 384 ff.)
50 Zur ergänzenden Vertragsauslegung oben Kap. 12 unter 2.6.2.2 (Rn 871)

schäft kann sich demgegenüber nur auf bestimmte Sachen, Forderungen, Patente usw. beziehen. Ohne eine genaue Liste aller Vermögensgegenstände kann der Gewerbebetrieb daher nicht übertragen werden.

Noch ein letztes: Verfügungsgeschäfte sind im **Sachenrecht** nur in- 1105
soweit geregelt, als sie sich auf (unbewegliche oder bewegliche) Sachen beziehen. Ist Gegenstand eine Forderung, finden sich die einschlägigen Bestimmungen im Schuldrecht, konkret in den **§§ 397ff.** Für sonstige Rechte trifft **§ 413** eine «Auffanglösung» der Art, daß sie wie Forderungen behandelt werden, soweit keine Sonderregelung besteht.

2.3 Das Trennungs- und das Abstraktionsprinzip

2.3.1 Die Trennung von Verpflichtung und Verfügung

Überall dort, wo ein Verpflichtungsgeschäft mittels einer Verfügung 1106
zu erfüllen ist, wird automatisch zwischen «Verpflichtung» und «Verfügung» unterschieden. Dies bedeutet konkret, daß beim Kauf eines Brötchens drei Rechtsgeschäfte abgeschlossen werden.

Der Bäcker, vertreten durch seine Verkäuferin, schließt mit dem Kunden einen Kaufvertrag, der ihn zur Übereignung des Brötchens, den Kunden zur Zahlung von 50 Pfennig verpflichtet. Dann wird zur Tat geschritten: Das Brötchen wird übereignet, dasselbe widerfährt der 50-Pfennig-Münze.

Spätestens hier pflegen nicht nur Skeptiker den Kopf zu schütteln; viele 1107
erheben den Vorwurf lebensfremder Konstruktionsjurisprudenz. Was in Wirklichkeit eine Einheit darstellt, wird in drei verschiedene Rechtsakte aufgespalten. Diese Vorgehensweise ist allerdings dann ein Stück plausibler, wenn die einzelnen Akte zeitlich auseinandergezogen werden: Man schließt z. B. einen Kaufvertrag über ein Grundstück, bis zum Eigentumsübergang durch Auflassung und Eintragung im Grundbuch (§§ 873, 925) sowie bis zur Bezahlung des Kaufpreises vergeht einige Zeit, weil beispielsweise noch eine staatliche Genehmigung eingeholt, eine Steuer bezahlt oder der Verzicht auf ein Vorkaufsrecht erwirkt werden muß. Hier würde es gerade umgekehrt wenig einleuchten und Schwierigkeiten machen, wollte man den «Grundstücks-

vertrag» als einen einheitlichen Rechtsakt qualifizieren. Der Vorwurf der **Lebensfremdheit** ist deshalb **allenfalls in bezug auf Bargeschäfte begründet**.

1108 Auch hier kann es in Extremfällen nützlich sein, zwischen der Verpflichtung und den Verfügungen zu unterscheiden.

Wird irrtümlich ein Brötchen von letzter Woche übergeben oder (weniger irrtümlich) mit Falschgeld bezahlt, so bleiben die aus dem Kauf als Verpflichtungsgeschäft begründeten Ansprüche bestehen.

Die Irritation wird ein wenig geringer, wenn man sich das Bargeschäft als Sonderfall vorstellt, bei dem die übernommenen Verpflichtungen sofort erfüllt werden.

1109 Die Unterscheidung zwischen Verpflichtungs- und Verfügungsgeschäft wird als **Trennungsprinzip** bezeichnet[51] und findet sich auch in anderen Rechtsordnungen. Ihm wird auch terminologisch dadurch Rechnung getragen, daß man etwa mit dem Wort **«Kauf»** nur das Verpflichtungsgeschäft bezeichnet, während man die Eigentumsübertragung aus der Sicht des bisherigen Eigentümers als **«Veräußerung»**, aus der Sicht des neuen als **«Erwerb»** bezeichnet.

2.3.2 Das Abstraktionsprinzip

1110 Das geltende Recht geht über die reine Trennung von Verpflichtungs- und Verfügungsgeschäft insoweit hinaus, als die Gültigkeit des Verfügungsgeschäfts nicht davon abhängt, daß ein wirksames Verpflichtungsgeschäft zugrundeliegt: Die Verfügung ist unabhängig von den Zwecken, die die Beteiligten im Einzelfall verfolgen, sie ist «abstrakt». Als deutsche Besonderheit gilt daher im BGB das sog. **Abstraktionsprinzip**. Dieses ist nirgends ausdrücklich verankert, ergibt sich aber mittelbar daraus, daß die Vorschriften zur Übertragung von Sacheigentum und von Forderungen das Vorliegen eines wirksamen Verpflichtungsgeschäfts nicht als Voraussetzung nennen.

So bestimmt etwa § 929 Satz 1: «Zur Übertragung des Eigentums an einer beweglichen Sache ist es erforderlich, daß der Eigentümer die Sache dem Erwerber übergibt und beide darüber einig sind, daß das Eigentum übergehen soll.» Ob dem ein Kaufvertrag, ein Schenkungsversprechen, eine formlose Abrede oder auch gar keine Abmachung zugrundeliegt, wird in keiner Weise angesprochen. Genau dasselbe gilt für die Forderungsabtretung nach § 398 Satz 1.

---

51 Jauernig JuS 1994, 721; Medicus, AT, Rn 220; Palandt-Bassenge Einl. vor § 854 Rn 16; Wolf Rn 310

Ist der Kaufvertrag aus irgendwelchen Gründen nichtig, wird dadurch die Gültigkeit der Übereignung grundsätzlich nicht berührt.

Klassischer Anwendungsfall war immer der **Bordellkauf**: Das Verpflichtungsgeschäft war hier wegen Sittenwidrigkeit unwirksam, die Übereignung des Grundstücks wie die Zahlung des Kaufpreises dagegen wirksam. Inzwischen ist der Bordellkauf nicht mehr generell sittenwidrig, sondern nur noch dann, wenn der Betrieb nach § 180a StGB strafbar ist oder das Entgelt in einem auffälligen Mißverhältnis zum Wert der Leistung steht.[52] Für diese Fälle taugt das Beispiel noch immer.

2.3.2.1 Vorzüge und Nachteile

Das Abstraktionsprinzip hat den Vorzug, daß der Rechtserwerb von der Erfüllung vergleichsweise einfacher Voraussetzungen abhängig ist. Die Gefahr, daß derjenige, der als Eigentümer, Forderungsberechtigter oder sonstiger Rechtsinhaber auftritt, es in Wirklichkeit gar nicht ist, wird reduziert. Der Käufer ist z. B. der Notwendigkeit enthoben, sich darüber Gedanken zu machen, ob der Verkäufer seinerseits einen wirksamen Kaufvertrag abgeschlossen hatte und ob dies auch für den Verkäufer des Verkäufers galt. Auf diese Weise werden – wie schon die Motive zum BGB sagten[53] – «Leichtigkeit und Sicherheit des Rechtsverkehrs» gefördert. 1111

Auf der anderen Seite schwächt das Abstraktionsprinzip die Rechtsstellung desjenigen, der seine Sache usw. weggegeben hat, ohne dazu wirklich verpflichtet zu sein: Der Empfänger kann als neuer Rechtsinhaber mit dem Gegenstand tun und lassen, was er will, der Leistende ist auf einen Rückforderungsanspruch beschränkt.[54] Dieser versagt z. B., wenn der Empfänger inzwischen in Konkurs gefallen ist: Wäre der Veräußerer Eigentümer geblieben, könnte ihm der Konkurs des anderen nichts anhaben. 1112

52 Dazu BGHZ 63, 365 im Gegensatz zu BGHZ 41, 341
53 Bd. III, 6
54 Näher dazu unten Kap. 18 unter 2 (Rn 1612ff.)

2.3.2.2 Historische Gründe

1113 Daß das BGB dem Abstraktionsprinzip folgt, ist nur historisch zu erklären.[55] Hintergrund war das Bestreben, den Grundbesitz insbesondere in Preußen in den allgemeinen Rechtsverkehr einzubeziehen. Da der preußische Staatsapparat noch recht stark von den Großgrundbesitzern beeinflußt war, hätte eine volle Kontrollkompetenz auch in bezug auf die Verpflichtungsgeschäfte dazu führen können, daß Verkäufe verhindert oder mit erheblichen Schwierigkeiten verbunden worden wären. Die Beschränkung auf das abstrakte Geschäft ließ weniger Raum für solche Befürchtungen.

1114 In der Gegenwart ist eine derartige Rechtfertigung für das Abstraktionsprinzip entfallen, doch bleibt es gleichwohl Teil des BGB. Die Rechtsprechung hat allerdings verschiedene Wege eingeschlagen, um ein lebensfremdes Auseinanderklaffen von unwirksamem Verpflichtungs- und wirksamem Verfügungsgeschäft zu vermeiden. Im einzelnen gilt folgendes:

2.3.2.3 Durchbrechungen

1115 In vielen Fällen betreffen die Umstände, die das Verpflichtungsgeschäft unwirksam machen, auch das Verfügungsgeschäft.[56] Dies gilt etwa für die Wirkungen fehlender Geschäftsfähigkeit und normalerweise für die arglistige Täuschung, die auch für die Übereignung kausal ist.[57] In bezug auf Drogen verbietet § 29 Betäubungsmittelgesetz jedes «Handeltreiben», was die Rechtsprechung zutreffend nicht nur auf den Abschluß von Kaufverträgen, sondern auch auf die Übereignung des «Stoffs» und des Geldes bezieht.[58] Bei Geldscheinen ist allerdings zu beachten, daß der Inhaber jedenfalls durch Vermischung mit eigenem Geld nach §§ 948, 947 Eigentum erwerben kann.

1116 **Fehleridentität** liegt freilich nicht immer vor. So kann sich ein Irrtum beispielsweise nur auf das Verpflichtungs- oder nur auf das Verfü-

---

55 Dazu Kleine, Die historische Bedingtheit der Abstraktion von der causa, Berlin 1953; Ranieri, Die Lehre der abstrakten Übereignung in der deutschen Zivilrechtswissenschaft des 19. Jahrhunderts, in: Wissenschaft und Kodifikation des Privatrechts im 19. Jahrhundert. Studien zur Rechtswissenschaft des 19. Jahrhunderts, Bd. 2, 1977, S. 90 ff. Vgl. auch Wesel S. 110 ff.

56 Zusammenstellung bei Medicus, AT, Rn 231 ff.

57 Vgl. BGH DB 1966, 818

58 BGH NJW 1983, 636

gungsgeschäft beziehen. Im Einzelfall kann z. B. nur das Verpflichtungs- oder nur das Verfügungsgeschäft gegen ein gesetzliches Verbot nach § 134 verstoßen.

Letzteres kann beim Verkauf einer Arztpraxis eintreten. Gegen den Verkauf als solchen bestehen keine Bedenken, sofern der Preis nicht unangemessen hoch ist. Die Übergabe von Krankenunterlagen und die Abtretung von ausstehenden Honorarforderungen scheitert jedoch an der ärztlichen Schweigepflicht, sofern die Patienten nicht einwilligen.[59]

Verfügungsgeschäft und Verpflichtungsgeschäft können weiter da- 1117
durch zu einer Einheit gemacht werden, daß die **Gültigkeit des einen Bedingung für die Gültigkeit des anderen** ist. Im Rahmen der Vertragsfreiheit bestehen insoweit keine Hindernisse. Auf dasselbe läuft es hinaus, wenn Verpflichtungs- und Verfügungsgeschäft von den Beteiligten **bewußt zu einem einheitlichen Rechtsgeschäft** zusammengefaßt werden.[60] Das Abstraktionsprinzip ist kein zwingender Grundsatz in dem Sinne, daß den Beteiligten eine andere Gestaltung ihrer Beziehungen verboten wäre. Allerdings läßt sich ein solcher Bedingungszusammenhang als Abweichung von einer gesetzlichen Regel nicht einfach im Wege der ergänzenden Vertragsauslegung unterstellen; vielmehr müssen gewichtige Indizien vorhanden sein, daß die Parteien etwas Derartiges gewollt haben: Dies gilt etwa dann, wenn Zweifel an der Wirksamkeit des einen oder des anderen Geschäfts bestanden oder wenn ein Bargeschäft des täglichen Lebens vorlag.[61]

2.3.2.4 Zur Terminologie

Das Verständnis des Abstraktionsprinzips wird häufig dadurch er- 1118
schwert, daß eine uneinheitliche Terminologie benutzt wird: Für dasselbe Phänomen werden unterschiedliche Begriffe verwendet.

Das Verpflichtungsgeschäft wie Kauf, Schenkungsversprechen usw. wird auch als **schuldrechtliches Geschäft** bezeichnet. Dies ist üblich, wenn auch nicht korrekt: Auch die Abtretung einer Forderung ist – wie die §§ 398 ff. belegen – ein im Schuldrecht angesiedelter Vorgang, obwohl es sich um ein Verfügungsgeschäft handelt.

Verbreiteter und inhaltlich korrekt ist die Bezeichnung **«kausales» Rechtsgeschäft**. Dies hängt damit zusammen, daß durch das Ver- 1119

59 BGHZ 115, 127
60 Vgl. BGH NJW-RR 1989, 519; Medicus, AT, Rn 241; Eisenhardt JZ 1991, 277
61 Zum letzteren Fall ebenso Palandt-Heinrichs, Überblick vor § 104 Rn 24

pflichtungsgeschäft ein «Rechtsgrund» (lateinisch: causa) für die dann folgende Übereignung, Abtretung oder sonstige Verfügung geschaffen wird. «Causa» wird hier nicht in der Bedeutung als «Ursache», sondern als «rechtfertigender Grund» benutzt. Fehlt es an einer solchen causa, weil z. B. das Verpflichtungsgeschäft aus irgendeinem Grunde nichtig oder angefochten ist, so ist die Vermögensverschiebung «ohne rechtlichen Grund» erfolgt; es ergibt sich ein Rückforderungsanspruch nach § 812 Abs. 1 Satz 1 aus «ungerechtfertigter Bereicherung».

1120 Ein Verpflichtungsgeschäft ist nicht die einzig denkbare (wenn auch die in 99% aller Fälle vorliegende) Grundlage für eine Verfügung. Möglich ist auch eine schlichte Abrede des Inhalts, daß der Empfänger die Leistung behalten soll. Es wird etwa eine Zuwendung im Hinblick darauf gemacht, daß der Empfänger sich für den Zuwendenden in bestimmtem Sinn einsetzen möge. Man spricht insoweit von einer «Rechtsgrund-» oder **«Kausalabrede»**[62].

1121 Das Verfügungsgeschäft wird auch als **«abstraktes Geschäft»** bezeichnet. Dieser Sprachgebrauch ist zwar weit verbreitet, berücksichtigt aber m. E. zu wenig, daß die «Abstraktheit» sehr oft, nämlich in den Fällen der Fehleridentität und des Bedingungszusammenhangs, durchbrochen wird. Zu eng ist die gleichfalls geläufige Bezeichnung als **«dingliches Geschäft»**: Sie orientiert sich ausschließlich an Verfügungen über das Sacheigentum oder beschränkte dingliche Rechte, läßt aber Verfügungen über Forderungen und andere nicht-dingliche Rechte außer Betracht.

3 Allgemeine Probleme von Verpflichtungsgeschäften

1122 Der Gesetzgeber hat – beginnend mit den Regeln über den Kaufvertrag in den §§ 433 ff. – im sog. Besonderen Schuldrecht zahlreiche Vertragstypen geregelt. Gleichzeitig hat er jedoch im sog. Allgemeinen Schuldrecht eine Reihe von Fragen vor die Klammer gezogen, die bei allen Vertragstypen praktisch werden oder zumindest praktisch werden können. Die wichtigsten seien hier skizziert.

62 Medicus, AT, Rn 216; von einem «Behaltenstitel» sprechen Esser-Schmidt § 1 III 2

3.1 Stückschuld oder Gattungsschuld

3.1.1 Die grundsätzliche Unterscheidung

Ein Verpflichtungsgeschäft kann sich auf einen ganz bestimmten, zumindest individualisierbaren Gegenstand beziehen. Man spricht dabei von einer Stückschuld oder auch in Anlehnung an die lateinische Bezeichnung von einer **Speziesschuld** bzw. einem Spezieskauf. 1123

Man kauft den auf dem Hof des Gebrauchtwagenhändlers stehenden VW Golf Baujahr 1985, Farbe: außen rot, innen schwarz.

Im Gegensatz dazu spricht man von einer «Gattungsschuld», wenn der Gegenstand nur der Gattung nach bezeichnet ist. 1124

Man kauft einen «VW Golf, fabrikneu», ohne dabei ein konkretes Exemplar bezeichnet zu haben.

Was die Parteien unter «Gattung» verstehen, entscheiden sie allein nach ihren Vorstellungen. Verbreitet ist eine «beschränkte Gattungsschuld», auch **«Vorratsschuld»** genannt, wonach die Leistung aus einer genau umgrenzten Menge heraus zu erbringen ist.

Man kauft einen Burgunderwein aus Gevray-Chambertin, Jahrgang 1995, oder noch konkreter einen «Hirschauer Rachenputzer» aus dem Vorrat eines bestimmten Erzeugers.

Die **Gattungsschuld** wird sich **typischerweise** auf eine **vertretbare Sache** beziehen[63], doch ist dies nicht notwendigerweise so. Genannt wird etwa das Beispiel, daß «irgendein» Grundstück einer bestimmten Mindestgröße in einer Gemeinde geschuldet ist; Grundstücke stellen aber im Rechtssinne unvertretbare Sachen dar.[64] Auf der anderen Seite kommt es häufig vor, daß eine vertretbare Sache Gegenstand einer Stückschuld wird; man hat ein ganz bestimmtes Fernsehgerät ausgesucht, obwohl davon noch Tausende anderer auf dem Markt sind. 1125

63 Zu diesem Begriff s. oben Kap. 6 unter 2.3.2 (Rn 382)

64 Brox, AS, Rn 91; Palandt-Heinrichs § 243 Rn 2

3.1.2 Die Konkretisierung der Gattungsschuld

1126 Die Gattungsschuld ist in den Beziehungen der Vertragsparteien zueinander keine Dauererscheinung. Sobald der Schuldner das zur Leistung Erforderliche getan, beispielsweise den Wagen zur Abholung bereitgestellt hat, konkretisiert sich seine Verpflichtung auf dieses Objekt (§ 243 Abs. 2). **Die Gattungsschuld verwandelt sich** dadurch automatisch **in eine Stückschuld**. Man nennt diesen Vorgang «Konkretisierung» oder «Konzentration». Was der Schuldner tun muß, um diesen Effekt herbeizuführen, richtet sich nach dem vertraglich Vereinbarten:

1127 Bei der sog. **Holschuld** muß der Gläubiger die Sache beim Schuldner abholen. Für die Konkretisierung reicht in diesem Fall jede äußerlich sichtbare Bereitstellung aus.

Bauer B kauft 10 Zentner Futterweizen, den er abzuholen verspricht. Sobald 10-Zentner-Säcke angefüllt und in eine Ecke gestellt sind und der Lagerverwalter weiß, daß sie B abholen wird, sind die Voraussetzungen des § 243 Abs. 2 gegeben.

1128 Das Gegenstück zur Holschuld ist die **Bringschuld**. In diesem Fall muß der Schuldner dem Gläubiger die Sache in seine Wohnung, seinen Betrieb oder einen anderen Ort bringen, den der Gläubiger bestimmt hat. Hier liegen die Voraussetzungen des § 243 Abs. 2 erst dann vor, wenn die Leute des Schuldners mit der Ware vor der Türe stehen.

1129 Zwischen beiden Formen steht die sog. **Schickschuld**. Sie verpflichtet den Schuldner lediglich, die Sache durch zuverlässige Leute auf den Weg zu bringen; schon mit der Überlassung an den Fahrer ist hier die Konkretisierung eingetreten.

1130 Soweit keine andere Abmachung getroffen wurde, liegt eine Holschuld vor (§ 269).

3.1.3 Bindende Konkretisierung?

1131 Kann die einmal vorgenommene Konkretisierung wieder rückgängig gemacht werden, bevor der Gläubiger die Sache annimmt? V beordert beispielsweise bei der Schickschuld den Fahrer zurück, weil er die Gegenstände lieber einem wichtigeren Kunden schicken und den ersten Empfänger noch etwas warten lassen möchte. Nach Auffassung des BGH«[65] hat die Konkretisierung definitive Wirkung, kann also genau

65 NJW 1982, 873

wie die Ausübung von Gestaltungsrechten nicht einseitig widerrufen werden. Dies ist zu begrüßen, obwohl es dem anderen Teil nur unter besonders glücklichen Umständen möglich sein wird, im Streitfall eine bereits erfolgte Konkretisierung zu beweisen. Im Einzelfall kann es allerdings gegen Treu und Glauben verstoßen, wenn der Gläubiger darauf beharrt, die zunächst ausgesuchten Stücke auch definitiv zu bekommen.

Werden die 10 Säcke Futterweizen, die für den B auf die Seite gestellt wurden, dem zunächst kommenden A übereignet und werden dann für B aus demselben Vorrat 10 neue Säcke abgefüllt, so käme kein vernünftiger Mensch auf die Idee, B könne geltend machen, er müsse unbedingt die ersten 10 Säcke erhalten.

3.1.4 Gattungsschuld als Beschaffungsschuld

Eine Gattungsschuld ist «Beschaffungsschuld». Wie sich mittelbar aus 1132
§ 279 ergibt, ist der Schuldner verpflichtet, sich notfalls einen entsprechenden Gegenstand zu verschaffen, solange die Gattung überhaupt als solche existiert. Auf finanzielle oder sonstige Schwierigkeiten kann er sich grundsätzlich nicht berufen. Etwas anderes gilt nur für die beschränkte Gattungsschuld: Ist der Vorrat nicht mehr vorhanden, liegt ein Fall der Unmöglichkeit vor, der nicht anders zu behandeln ist, als wenn beim Stückkauf der verkaufte konkrete Gegenstand abhanden gekommen ist.[66] Eine **Ausnahme** von der Beschaffungspflicht besteht dann, wenn ihre Erfüllung dem Schuldner unzumutbar ist, weil er beispielsweise das Zehnfache des ursprünglichen Preises aufwenden müßte.[67] Insoweit spricht man auch von «wirtschaftlicher Unmöglichkeit».

3.1.5 Sachen mittlerer Art und Güte

Wer aus einer Gattungsschuld verpflichtet ist, hat nach § 243 Abs. 1 1133
«eine Sache von mittlerer Art und Güte» zu liefern. Diese Formulierung, die sich für Kaufleute in § 360 HGB wiederfindet[68], ist auf landwirtschaftliche und handwerkliche Produktion gemünzt, bei der üb-

66 Zur Behandlung der Unmöglichkeit im Rahmen des Leistungsstörungsrechts s. unten Kap. 17 unter 2 (Rn 1494ff.)

67 Vgl. BGH JZ 1994, 625 mit Anm. Hübner-Beckmann

68 Dort heißt es, es sei «Handelsgut mittlerer Art und Güte» zu leisten. Anders § 607 Abs. 1 BGB für die Rückgewähr darlehensweise erhaltener vertretbarer Sachen: Hier sind Sachen von gleicher Art, Güte und Menge zurückzuerstatten

licherweise Qualitätsschwankungen eintreten. Hier muß sich der Gläubiger mit «Durchschnitt» begnügen, sofern nicht ausdrücklich «Spitzenqualität» vereinbart wurde.[69]

1134 Bei moderner technischer Massenproduktion liegen die Dinge anders: Hier können Qualitätsschwankungen in aller Regel von vornherein ausgeschlossen werden. Außerdem erwartet der Verbraucher, Qualität auf dem Stande neuester und technisch ausgereifter Fertigungsmethoden zu erhalten[70] – dies ist typischer Vertragsinhalt, andernfalls kauft man Gebrauchtwaren.

1135 Hinter einer solchen Vertragsauslegung verbirgt sich eine Grundsatzentscheidung: Ein so beschaffenes Vertragsrecht zwingt zum «Mithalten» bei der Modernisierung. Dabei können auch «Umweltstandards» einbezogen werden; das Zivilrecht würde insoweit öffentlich-rechtliche Vorgaben ergänzen. Folge wäre, daß Bereitstellung, d. h. die «Aussonderung» von Produkten, die dem technischen Standard nicht entsprechen oder die stark umweltgefährdende Elemente enthalten, nicht zur Konkretisierung einer Gattungsschuld führen würden; sie wären eine Warenkategorie zweiter Klasse. Ob sich die Rechtsprechung diesem Gedanken öffnen wird, ist derzeit nicht prognostizierbar, doch würde sie damit im Grunde nur Ansätze fortführen, die sie etwa bei der Produzentenhaftung und im Rahmen des Verbraucherschutzes entwickelt hat.

3.2 Die Geldschuld

3.2.1 Bedeutung

1136 Fast jeder entgeltliche Vertrag enthält als Leistung einer Seite die Pflicht zur Zahlung von Geld. Schon bei rein quantitativer Betrachtung ist daher die Geldschuld die bei weitem häufigste Verbindlichkeit. Dazu kommen zahlreiche Formen der Vermögensanlage, die vom Sparbuch bis zu festverzinslichen Wertpapieren reichen; auch sie beinhalten nichts anderes als Geldforderungen bzw. – vom Schuldner her gesehen – Geldschulden.

1137 Über **Geld** und Geldforderungen zu verfügen, ist in unserer Gesellschaft entscheidende **Voraussetzung, um ein (relativ) selbstbe-**

69 MüKo-Emmerich § 243 Rn 26
70 Esser-Schmidt § 13 I 2 a (S. 224 f.)

stimmtes Leben zu führen. Die Verhaltensspielräume steigen mit dem Umfang des Bankkontos und des Wertpapierdepots. Die «freiheitssichernde Funktion» des Geldes ist im Grunde sehr viel stärker als die des in diesem Zusammenhang so oft herangezogenen Sacheigentums:[71] Während sich dieses abnutzt oder aus der Mode kommt, läßt sich mit Geld jederzeit das dem neuesten Stand und den eigenen Bedürfnissen am besten entsprechende Objekt beschaffen.[72] Dies gilt jedenfalls so lange, wie eine geringe Inflationsrate besteht oder inflationssichere Vermögensanlagen möglich sind.

Mit diesen Feststellungen ist keine Aufforderung nach dem Motto «Scheffelt Geld, dann habt ihr mehr vom Leben» verbunden. Neben der Teilnahme an Märkten existieren zahlreiche andere nichtökonomische und meist auch nicht verrechtlichte Beziehungen[73], die für den einzelnen und seine Persönlichkeitsentfaltung ggf. viel wichtiger sind. Man sollte deshalb aber auch nicht in das gegenteilige Extrem verfallen und nach der Devise «Geld interessiert mich nicht» handeln: Ein Minimum an finanzieller Ausstattung ist unabdingbar, auch wenn man keine hohen materiellen Ansprüche stellt.

3.2.2 Anwendbare Rechtsgrundsätze

Schuldet jemand Geld, so soll er dem Gläubiger einen bestimmten 1138
wirtschaftlichen Wert verschaffen; ob er dies durch Übergabe von Geldscheinen oder – so der heutige Normalfall – durch Überweisung oder durch Übersendung eines Schecks tut, spielt prinzipiell keine Rolle. Die Geldschuld wird deshalb zu Recht nicht als Gattungsschuld (bezogen auf Geldscheine) angesehen.[74]

Das **BGB** enthält **keine zusammenfassende Regelung** der 1139
Geldschuld, sondern hat lediglich einige Einzelfragen angesprochen. Im wesentlichen ist man sich jedoch über folgende Grundsätze einig:

– Wer Geld schuldet, kann sich in entsprechender Anwendung des 1140
§ 279[75] **nicht** auf sein **eigenes Unvermögen** berufen. Auch wenn man ohne jede eigene Schuld in Zahlungsschwierigkeiten gerät, kann man seine Gläubiger nicht einmal zu einer Stundung zwingen. Unan-

71 Dazu oben Kap. 6 unter 7 (Rn 442 ff.)
72 Zur Funktion des Geldes in diesem Zusammenhang s. Knieper KJ 1992, 1, 10
73 Dazu etwa oben Kap. 2 unter 2.5 und 2.6 (Rn 50 ff.) sowie Kap. 8 unter 4 (Rn 547 ff.)
74 So etwa MüKo-von Maydell § 244 Rn 8 (Wertbeschaffungsschuld); Palandt-Heinrichs § 243 Rn 2 (Schuld eigener Art)
75 Dazu oben 3.1.4 (Rn 1132)

tastbar bleibt nur das Existenzminimum, wie es in den unpfändbaren Gehaltsforderungen (§§ 850a ff. ZPO) und in den unpfändbaren Sachen (§ 811 ZPO) zum Ausdruck kommt. Kann der Schuldner wirtschaftlich wieder auf die Beine kommen, werden ihm einsichtige Gläubiger eine «Atempause» gewähren (doch gibt es eben leider keinen Zwang zur «Einsicht»). Auf demselben Gedanken beruht im übrigen der (gleichfalls freiwillige) **Vergleich** zur Abwendung eines Konkursverfahrens, bei dem die Gläubiger 35 % ihrer Forderungen erhalten, jedoch auf den Rest verzichten.[76]

1141 – Eine Geldschuld ist so zu erfüllen, wie es vereinbart ist. Wird **auf einer Rechnung ein Konto** angegeben, so liegt darin das Einverständnis mit bargeldloser Zahlung, insbesondere durch Überweisung. Selbst wenn dies nicht der Fall ist, wird man bei anderen als Bargeschäften die Zahlung per Überweisung, Scheck oder Postanweisung als Normalfall ansehen müssen.[77]

1142 – Nach § 270 Abs. 1 ist die **Geldschuld** eine **Bringschuld**; der Schuldner hat das Geld im Zweifel «auf seine Gefahr und seine Kosten dem Gläubiger an dessen Wohnsitz zu übermitteln».

1143 – Wird durch Übergabe von Geldscheinen oder Münzen bezahlt, so finden die Regeln über bewegliche Sachen entsprechende Anwendung.[78]

1144 – Keine Geldschuld im Rechtssinne liegt vor, wenn **Sammler Münzen oder Scheine** kaufen; hier steht die Sache selbst im Vordergrund, so daß die Regeln über die Gattungsschuld eingreifen.

1145 – Nimmt der Gläubiger das ihm angebotene Geld nicht entgegen, treten die Folgen des § 300 Abs. 2 ein. Dies bedeutet, daß er von diesem Augenblick an die Gefahr des Abhandenkommens trägt.[79]

3.2.3 Mark gleich Mark?

3.2.3.1 Der Nominalismus als Prinzip

1146 Das geltende Recht geht vom sog. Nominalismus aus. Dies bedeutet, daß sich die Höhe einer Geldschuld allein nach dem vereinbarten Be-

76 Näheres in der Vergleichsordnung (Schönfelder Nr. 109)
77 MüKo-von Maydell § 244 Rn 7
78 BGH NJW 1990, 1913
79 Für entsprechende Anwendung des § 300 Abs. 2 auch Palandt-Heinrichs §§ 244, 245 Rn 8

trag bestimmt.[80] Ob 10000 DM nach fünf Jahren immer noch 10000 DM wert sind, spielt grundsätzlich keine Rolle. Ohne Genehmigung der Bundesbank darf man den Betrag einer Geldschuld auch nicht an den Preis von bestimmten Gütern und Leistungen ankoppeln. Dies bestimmt § 3 Satz 2 des Währungsgesetzes.[81] Der Nominalismus soll inflationäre Entwicklungen eindämmen, weil eine Orientierung aller Geldschulden an der jeweiligen Kaufkraft sowieso schon vorhandene inflationäre Entwicklungen verstärken würde.

A hat dem B ein Darlehen über 100000 DM gegeben, das nach fünf Jahren zurückzuzahlen ist. Unterstellt, die Kaufkraft ist in dieser Zeit um 20% gesunken, so müßte ein entsprechend höherer Betrag, d. h. 120000 DM, zurückbezahlt werden. Dies würde den Geldumlauf weiter aufblähen.[82]

Kommt es gleichwohl zu höheren Inflationsraten, kann der Nominalismus umgekehrt auch seinerseits mittelbar inflationsverstärkend wirken: Kredite werden nur noch zu sehr hohen Zinssätzen zu erlangen sein, da sich Banken und andere Darlehensgeber allein auf diese Weise gegen inflationsbedingte Verluste schützen können. Dies führt dann entweder gleichfalls zu einer Erhöhung des Geldumlaufs oder aber zu einer wenig wünschenswerten Erlahmung der Investitionstätigkeit. Im übrigen scheinen sich auch die Ökonomen in diesem Punkt nicht einig zu sein.[83]

3.2.3.2 Ausnahmen

Die Orientierung am Nennwert kennt so zahlreiche Durchbrechun- 1147
gen, daß man zweifeln muß, ob die Regel überhaupt noch als solche wirkt.[84]

– **Renten** aus der Sozialversicherung werden vom Gesetzgeber jedes Jahr an die veränderten wirtschaftlichen Bedingungen angepaßt.

– Nach § 16 des Gesetzes über die betriebliche Altersversorgung muß der Arbeitgeber die laufenden Leistungen, die an **Betriebsrentner** bezahlt werden, alle drei Jahre überprüfen und nach billigem Ermes-

80 «Nominalismus» kommt von lateinisch «nomen» (= Namen); es soll also auf die Bezeichnung («1000 DM») ankommen

81 Abgedruckt in Schönfelder als Fußnote zu §§ 244, 245

82 Vgl. etwa Esser-Schmidt § 13 II 2a

83 MüKo-von Maydell § 244 Rn 21

84 Zutreffend MüKo-von Maydell § 244 Rn 14

sen über eine Anpassung an den veränderten Geldwert entscheiden.[85]

– **Unterhaltsansprüche** richten sich nach dem jeweiligen Bedarf; für nichteheliche und eheliche Kinder wird dieser durch Rechtsverordnung festgesetzt.

– **Ansprüche auf Schadensersatz** bestimmen sich nach dem Zeitpunkt, in dem der Schaden eingetreten ist. Müssen z. B. einem Unfallopfer nach § 842 die Nachteile ersetzt werden, die in seinem «Erwerb oder Fortkommen» eingetreten sind, so ist der jeweilige Betrag geschuldet, den der Betroffene mutmaßlich verdient hätte.

1148 – Auch ohne ausdrückliche Grundlage im Gesetz paßt die Rechtsprechung langfristige Zahlungsverpflichtungen an grundlegend veränderte Umstände an. Den entscheidenden Durchbruch brachte die sog. **Aufwertungsrechtsprechung** des Reichsgerichts in den 20er Jahren, die den vorher hochgehaltenen Grundsatz «Mark gleich Mark» aufgab und angesichts der galoppierenden Inflation der Jahre 1923/24 eine Anpassung an den Geldwertschwund vornahm.[86] Die heute geltenden Grundsätze wurden vorwiegend am Beispiel des **Erbbauzinses** entwickelt, der seiner Natur nach langfristig angelegt ist.

Das Erbbaurecht ist ein beschränktes dingliches Recht[87], das die Befugnis verleiht, auf einem fremden Grundstück ein Gebäude zu errichten. Es ist normalerweise auf 99 Jahre befristet. Einzelheiten sind in der Erbbaurechtsverordnung[88] geregelt. Für die Nutzung des Grundstücks wird ein (in der Regel bescheidenes) Entgelt vereinbart. Soweit keine Anpassung an veränderte Umstände vorgesehen ist, ergibt sich das Problem der Anpassung an eine drastisch veränderte Kaufkraft der Mark.

1149 Die Rechtsprechung des BGH geht davon aus, daß eine Anpassung der vereinbarten Geldleistung zu erfolgen hat, wenn die Lebenshaltungskosten um mindestens 150% gestiegen sind, was einem **Kaufkraftschwund von mehr als 60%** entspricht.[89] Unter diesen Voraussetzungen wird ein sog. **Wegfall der Geschäftsgrundlage** angenommen, der die benachteiligte Seite (hier: den Gläubiger des Erbbauzinses) berechtigt, eine Anpassung zu verlangen.[90] Ist diese Schwelle einmal überschritten, so richtet sich die Steigerung des Nominalbetrages

85 Einzelheiten bei Däubler, Arbeitsrecht 2, S. 643 ff.

86 Darstellung im einzelnen bei MüKo-Roth § 242 Rn 593 ff.

87 Zu diesem Begriff s. oben Kap. 6 unter 2.4.1 (Rn 389 ff.)

88 Schönfelder Nr. 41

89 So zuletzt BGH NJW 1993, 52 mwN. BGH NJW 1983, 1309, 1310 sah 133% als nicht ausreichend an

90 Näher zum Wegfall der Geschäftsgrundlage unten Kap. 17 unter 6 (Rn 1576 ff.)

nicht allein nach der Änderung der Lebenshaltungskosten. Vielmehr ist ein Mittelwert zwischen ihrer Steigerung und der Steigerung der Arbeitnehmer-Bruttoverdienste maßgebend.[91]

Im konkreten Fall war im Jahre 1939 ein jährlicher Erbbauzins von 15,36 RM (= 0,04 RM je qm) vereinbart worden. Die Lebenshaltungskosten waren von 1939 bis 1975 um 222,12 %, die Bruttoverdienste der Arbeiter um 875 % gestiegen. Als Mittelwert ergab sich daher ein Prozentsatz von 548,72 %. Der Steigerungsbedarf belief sich also auf DM 84,28. Insgesamt waren nunmehr (DM 15,46 plus 84,28 =) DM 99,64 zu bezahlen.

Diese Konzeption erscheint inhaltlich nicht völlig schlüssig: Die Anwendung des zusätzlichen Kriteriums der Arbeitnehmer-Bruttoverdienste bei der Anpassung selbst kann im Einzelfall zu einer deutlichen Überkompensierung führen.[92]

3.2.3.3 Wertsicherungsklauseln

Geschäftserfahrene oder juristisch beratene Parteien werden bei lang- 1150
fristigen Zahlungsverpflichtungen versuchen, durch entsprechende Vertragsgestaltung den inflationsbedingten Kaufkraftverlust aufzufangen. Dabei ist allerdings **§ 3 Satz 2 Währungsgesetz**[93] zu beachten, der eine Genehmigung der Bundesbank verlangt, wenn in Geldschulden der DM-Betrag «durch den Kurs einer anderen Währung oder durch den Preis oder eine Menge von Feingold oder von anderen Gütern oder Leistungen bestimmt werden soll». Erfaßt sind damit sog. Gleitklauseln, die den konkreten Betrag von einer außerhalb des Schuldverhältnisses liegenden Größe (wie z. B. dem Gehalt eines Regierungsrats in der Endstufe) abhängig machen.

Rechtsprechung und Bundesbank legen § 3 Satz 2 Währungsgesetz 1151
eher eng aus. Die **Bundesbank** hat eine **Negativliste** von Abmachungen veröffentlicht, die grundsätzlich nicht genehmigungsfähig sind.[94] In allen anderen Fällen ist mit einer Genehmigung zu rechnen. Wird sie verweigert, ist der Vertrag an sich unwirksam; die Beteiligten sind jedoch nach § 242 gehalten, den gewollten Erfolg dadurch herbeizuführen, daß eine nichtgenehmigungsbedürftige Regelung getroffen

91 BGH NJW 1980, 2241

92 Krit. auch MüKo-Roth § 242 Rn 600; zur Begrenzung durch die Entwicklung des Bodenwertes BGH NJW 1993, 52

93 S. oben Fn 79

94 NJW 1978, 2381

wird. Dies kann sich auch aus ergänzender Vertragsauslegung ergeben.[95] Hier bieten sich insbesondere zwei Gestaltungen an:[96]

1152 – Der sog. **Leistungsvorbehalt** ermächtigt eine Vertragspartei oder einen Dritten, unter bestimmten Voraussetzungen den zu zahlenden Geldbetrag neu festzusetzen. Der Sache nach liegt also ein Leistungsbestimmungsrecht im Sinne der §§ 315 ff. vor. Wird auf «wesentliche Änderung der Verhältnisse» abgestellt, greift der Mechanismus der Neufestsetzung bereits dann, wenn die Lebenshaltungskosten um mehr als 10 % gestiegen sind.[97] Da die automatische Ankoppelung an eine andere Größe fehlt, ist § 3 Satz 2 Währungsgesetz nicht anwendbar.

1153 – Genehmigungsfrei ist zum zweiten eine sog. **Spannungsklausel**, die den Geldbetrag an den Preis für im wesentlichen gleichartige oder vergleichbare Leistungen koppelt.[98] Dies ist etwa dann der Fall, wenn Vorstandsbezüge oder Ruhegehälter mit der Lohnentwicklung verknüpft werden. Dasselbe gilt, wenn die Miete vom Ertragswert des Grundstücks oder von der Preisentwicklung für vergleichbare Räume abhängig gemacht wird.[99]

Anders jedoch, wenn sich die Miete oder der Erbbauzins an den Diäten von Bundestagsabgeordneten orientieren würde: Dies sind – ökonomisch gesehen – zwei verschiedene Märkte. Auch wäre zu fragen, ob sich nicht hier eine Seite einen unangemessenen Vorteil verschafft.

1154 Erweist sich eine als Wertmesser in bezug genommene Größe als untauglich, ist im Wege der **ergänzenden Vertragsauslegung ein Leistungsvorbehalt** zu unterstellen.[100]

Im konkreten Fall sollte der Eigentümer das Recht haben, vom Erbbauberechtigten statt des vereinbarten Geldbetrags eine bestimmte Menge Roggen zu verlangen. Mit Rücksicht auf die EWG-Marktordnungen blieb der Roggenpreis jedoch im Gegensatz zum Preis anderer Güter völlig stabil. Damit konnte die Klausel ihre Funktion nicht erfüllen; redlicherweise hätten die Parteien – um zu ihrem Ziel zu kommen – einen Leistungsvorbehalt vereinbart.

95 BGH NJW 1986, 933
96 Weitere Möglichkeiten bei Palandt-Heinrichs § 245 Rn 29, 30
97 BGH NJW 1995, 1360
98 BGH NJW 1979, 1888
99 Palandt-Heinrichs § 245 Rn 25
100 BGH NJW 1981, 2243

3.2.4 Valutaschulden

Ist eine Geldschuld in ausländischer Währung ausgedrückt, spricht man von «Valuta-» oder «**Fremdwährungsschuld**». Nach § 3 Satz 1 Währungsgesetz bedarf sie der Genehmigung der Deutschen Bundesbank, da sich sonst in der Bundesrepublik eine Zweit- oder Drittwährung breitmachen könnte. Nach § 49 des Außenwirtschaftsgesetzes[101] sind jedoch Verträge zwischen «Gebietsansässigen» und «Gebietsfremden» genehmigungsfrei. 1155

A bestellt bei einem amerikanischen Verlag ein Buch und bezahlt in Dollar.

Ist die Valutaschuld im Inland zu erfüllen, so kann nach § 244 Abs. 1 auch in DM bezahlt werden. Voraussetzung ist allerdings, daß die Parteien nichts Abweichendes (also unbedingte Bezahlung in ausländischer Währung) vereinbart haben. Man spricht insoweit von einer **unechten Valutaschuld**. 1156

Angesichts einer generellen Genehmigung der Bundesbank ist es deutschen Staatsbürgern möglich, bei deutschen Banken Dollarkonten zu unterhalten. Diese können allerdings nur für den bargeldlosen Zahlungsverkehr verwendet werden. Ausländisches Geld direkt abzuheben, ist nur im Zollausland, z. B. im internationalen Teil des Frankfurter Flughafens oder im Bremer Freihafen möglich. 1157

3.2.5 Zinsen

Geldschulden sind in der Regel zu verzinsen. Dies ergibt sich entweder aus der Abmachung der Parteien 1158

die Bank gewährt ein Darlehen über 100000 DM zu einem Zinssatz von 8 % per annum (= pro Jahr)

oder aus dem Gesetz selbst. Dieses sieht in bestimmten Situationen eine automatische Verzinsungspflicht vor.

Wer mit seiner Zahlungspflicht in Verzug gerät, muß nach § 288 Abs. 1, wer auf Zahlung verklagt wird, muß nach § 291 Zinsen bezahlen.[102]

---

101 Abgedruckt in Schönfelder als Fußnote zu §§ 244, 245 BGB. Rechtsprobleme des ECU bei Siebelt JuS 1996, 6

102 Darin liegt die Zuerkennung eines abstrakten Mindestschadens – es wird gewissermaßen fingiert, daß der Gläubiger auf alle Fälle die gesetzlichen Zinsen erwirtschaftet hätte – dazu Bd. 2 Kap. 12 unter 1.1 (Rn 1264)

1159 Nach § 246 beträgt der gesetzliche Zinssatz lediglich 4 % pro Jahr; für Kaufleute legt § 352 HGB 5 % fest. Deutlich andere Maßstäbe setzt insoweit § 11 Abs. 1 VerbrKrG: Kommt der Verbraucher mit Zahlungen, die er aufgrund eines Kreditvertrages schuldet, in Verzug, so ist der geschuldete Betrag mit 5 % über dem jeweiligen Diskontsatz der Deutschen Bundesbank zu verzinsen. Der Diskontsatz schwankte in den letzten Jahren erheblich; am 20. 8. 1991 betrug er etwa 8 %, am 25. 8. 1995 nur noch 3 ½ %. Gleichwohl ergibt «5 % über Diskontsatz» einen für die Bank als typischen Gläubiger recht ordentlichen Zinssatz.

1160 Fallen vertraglich vereinbarte oder gesetzliche **Zinsen** an, steht dem Gläubiger insoweit ein **selbständiges**, von der Hauptforderung getrenntes **Recht** zur Verfügung. Ansprüche auf rückständige Zinsen verjähren nach § 197 in vier Jahren. § 248 Abs. 1 schließt es aus, daß man im voraus Zinseszinsen vereinbart, also vorsieht, daß fällige Zinsforderungen ihrerseits zu verzinsen sind.[103] Damit ist ein Stück Schuldnerschutz gewährleistet.[104]

1161 **Zinsen** werden als «Vergütung für den Gebrauch eines auf Zeit überlassenen Kapitals, berechnet nach Bruchteilen pro Zeiteinheit», **definiert**. Dies bedeutet, daß es nicht auf die vom Gläubiger gewählte Bezeichnung ankommt; auch sog. Kreditgebühren fallen deshalb darunter.[105] Dies ist wichtig, wenn es um die Frage geht, ob die ausbedungene Gegenleistung des Schuldners noch in einem vertretbaren Verhältnis zum Wert des überlassenen Kapitals steht oder ob ein sog. **Kreditwucher** vorliegt.[106]

1162 Besondere Probleme ergeben sich für den **Geldschuldner** dann, wenn er **in Verzug** gerät. In diesem Fall hat der Gläubiger nämlich das Recht, über die gesetzlichen Zinsen von 4 % hinaus seinen **gesamten weiteren Schaden** geltend zu machen. Dabei wird bei Banken unterstellt, daß sie das rechtzeitig zurückgezahlte Geld zum Abschluß neuer Kreditverträge mit anderen Kunden genutzt hätten. Die Tatsache, daß die Bank effektiv auf keinen Vertrag verzichtet, sondern lediglich ihr Refinanzierungsvolumen erweitern mußte, soll nach der Rechtsprechung ohne Bedeutung sein.[107] Wie hoch der Zinssatz im einzelnen ist, hängt von den Marktverhältnissen sowie davon ab, welche Art von

103 Hier handelt es sich um ein sehr weit in die Geschichte zurückreichendes Verbot, dem griechischen Ursprung nach auch «Verbot des Anatozismus» genannt.

104 Vgl. Reifner NJW 1992, 337

105 BGH NJW 1979, 541, ständige Rechtsprechung

106 Dazu unten Kap. 15 unter 3.2.2.2 (Rn 1357ff.)

107 BGH NJW 1988, 1971

Krediten die Bank vergibt. Ein Betrag von 5 % über Bundesbankdiskont dürfte meist als angemessen gelten.[108]

Dazu kommt ein weiteres. Nach § 289 Satz 2 kann auch die **Verzinsung rückständiger Zinsen als Schadensersatz** verlangt werden.[109] 1163
Was dies konkret bedeutet, sei an einem Beispiel erläutert.

Der A hätte das von ihm in Anspruch genommene Darlehen in Höhe von 100000 DM am 31. 12. 1993 «zurückführen» müssen. Da er dies nicht tut, muß er Verzugszinsen bezahlen. Am 31. 12. 1993 betrug der Diskontsatz der Deutschen Bundesbank 5 ¾ %.[110] Für 1994 muß er deshalb (5 plus 5 ¾ % =) 10750 DM Verzugszinsen bezahlen. Ist er auch 1995 nicht zur Zahlung in der Lage, muß er die Hauptforderung mit 8 ¾ % verzinsen (der Diskontsatz lag 1995 niedriger). Dies ergibt einen Betrag von 8750 DM. Die rückständigen Zinsen belaufen sich nunmehr auf 19 500 DM. Dazu kommt, daß auch die aus dem Vorjahr fälligen Zinsen in Höhe von 10750 DM mit 8,75 % zu verzinsen sind, was einen Betrag von weiteren 940,62 DM ergibt. Der gesamte Schuldensaldo beläuft sich also Ende 1995 auf (100000 + 19 500 + 940,62 =) 120 440,62 DM.

1996 erhöhen sich die «Nebenforderungen» weiter. Unterstellt, die Bank könne mit Rücksicht auf den Diskontsatz (nur) 9 % verlangen, ergibt sich folgender Betrag:
Zinsen auf das Kapital: 9000 DM
Zinsen auf rückständige Zinsen: 9 % von (19 500 + 940,62 DM =) 20 440,62 = 1839,66.

An Zinsen und Zinseszinsen sind daher 1996 10 839,66 DM zu bezahlen, so daß sich der Schuldensaldo auf 131 280,28 DM beläuft.

Der BGH hat angesichts der Vorschrift des § 289 Satz 2 keine Möglichkeit gesehen, das Verbot der Erhebung von Zinseszinsen auch auf die gesetzlichen Folgen des Verzugs zu erstrecken.[111]

3.3 Wahlschuld und Ersetzungsbefugnis

Zum möglichen Inhalt von Verpflichtungsgeschäften sind noch zwei Dinge nachzutragen.

In den §§ 262 bis 265 ist die sog. **Wahlschuld** geregelt. Sie besteht 1164
darin, daß eine der beiden Parteien die Wahl zwischen verschiedenen Leistungsgegenständen hat. Nach dem gesetzlichen Modell ist dies der

108 Palandt-Heinrichs § 246 Rn 12
109 BGH NJW 1993, 1260
110 Wiedergegeben bei Palandt-Heinrichs Anhang zu § 246
111 BGH NJW 1993, 1260, anders Reifner NJW 1992, 337, 342 f.

Schuldner (§ 262), doch wird in der Praxis eher der Gläubiger eine solche Befugnis erstreben. Wirtschaftlicher Hintergrund mag die Einräumung einer Überlegungsfrist sein, aber auch die «Feinsteuerung» des Bedarfs.

Der Händler weiß zwar, daß er mit Sicherheit während der Saison im Nordseebad X ca. 500 Sonnenbrillen absetzen wird, doch kann er nicht beurteilen, welches der vom Großhändler geführten Modelle am besten ankommt.

1165 Der Wahlschuld ist die im Gesetz nicht ausdrücklich geregelte sog. **Ersetzungsbefugnis**[112] verwandt. Sie gibt das Recht, eine primär geschuldete Leistung durch eine andere zu ersetzen. Einen Beispielsfall haben wir im vorherigen Abschnitt kennengelernt: Ist eine Valutaschuld im Inland zu erfüllen, kann der Schuldner mangels abweichender Abrede auch in DM bezahlen (§ 244 Abs. 1).

4 Allgemeine Probleme von Verfügungsgeschäften

4.1 Wer ist verfügungsbefugt?

1166 Grundsätzlich kann nur der jeweilige Rechtsträger über Sacheigentum, Forderungen oder sonstige subjektive Rechte verfügen.[113] Dies schließt das Handeln eines Bevollmächtigten oder eines gesetzlichen Vertreters nicht aus; rechtlich wird dieses wie das eigene Verhalten des Verfügenden angesehen.[114]

1167 **In einzelnen Fällen fehlt dem Rechtsinhaber die Verfügungsbefugnis**. So handelt für den in **Konkurs** Gefallenen («Gemeinschuldner» genannt) nach § 6 KO ausschließlich der Konkursverwalter. Hat der Erblasser einen **Testamentsvollstrecker** eingesetzt, so können die Erben nach § 2211 Abs. 1 nicht über die zum Nachlaß gehörenden Gegenstände verfügen. «Zuständig» ist insoweit weit nach

112 Auch mit dem lateinischen Begriff «facultas alternativa» (= Alternativmöglichkeit) bezeichnet

113 Hübner, AT, Rn 394; Medicus, AT, Rn 210

114 Näher zur Stellvertretung oben Kap. 13 unter 2–4 (Rn 934 ff.)

§ 2205 Satz 2 ausschließlich der Testamentsvollstrecker.[115] Durch Rechtsgeschäft läßt sich die Verfügungsbefugnis allerdings nicht vom subjektiven Recht abspalten; insoweit steht § 137 Satz 1 entgegen.[116] Dies schließt nach § 137 Satz 2 eine Verpflichtung nicht aus, von der an sich weiterbestehenden Verfügungsbefugnis keinen Gebrauch zu machen.

Im Einzelfall kann das Gericht einem Beteiligten verbieten, für eine 1168
bestimmte Zeit über einen Gegenstand zu verfügen. Handelt er dem zuwider, setzt er sich nicht nur gerichtlichen Sanktionen aus; vielmehr ist auch die vorgenommene Verfügung dem Geschützten gegenüber nach § 136 in Verbindung mit § 135 relativ unwirksam.

Beispiel: A hat gegenüber B einen Anspruch auf Überlassung von 1000 Aktien der Firma X. Es gibt Anhaltspunkte dafür, daß B die Papiere veräußern und sich nach Paraguay absetzen will. Auf Antrag des A wird dem B die Veräußerung durch einstweilige Verfügung untersagt.

Weiter gehen die Verfügungsbeschränkungen unter Ehegatten nach §§ 1365, 1369; auf sie ist an späterer Stelle einzugehen.[117]

Handelt **an Stelle des Rechtsinhabers ein anderer**, so müßten an 1169
sich dessen Verfügungen mangels eines ihm zustehenden Rechts von vornherein nichtig sein. Es kann aber Fälle geben, in denen der Rechtsinhaber einen solchen «Nichtberechtigten» gern auftreten läßt, um so im Hintergrund bleiben zu können.[118] Außerdem kann sich herausstellen, daß die vom Nichtberechtigten vorgenommene Verfügung ein Glücksgriff war, an dessen Resultat der Berechtigte durchaus interessiert ist. **§ 185 Abs. 1** sieht deshalb vor, daß die Verfügung eines Nichtberechtigten wirksam ist, wenn dieser mit Einwilligung des Rechtsinhabers («Berechtigter» genannt) gehandelt hat. Dasselbe gilt nach § 185 Abs. 2 Satz 1, wenn der Berechtigte die vorgenommene Verfügung nachträglich genehmigt.

A hat B seinen Gebrauchtwagen unentgeltlich überlassen. Weil B dringend Geld braucht, erweist er sich als höchst undankbar und verkauft das Fahrzeug für 2000 DM an den D. A, der sich nicht mit D herumschlagen möchte, genehmigt den Verkauf und verlangt Herausgabe der 2000 DM. Anspruchsgrundlage hierfür ist § 816 Abs. 1 Satz 1.[119]

---

115 Zu weiteren Verwaltern dieser Art s. oben Kap. 13 unter 4.3 (Rn 1035)
116 Dazu oben Kap. 7 unter 6.1 (Rn 494)
117 Bd. 2 Kap. 18 unter 4.1.2 (Rn 1582 ff.)
118 Zu diesem Fall der mittelbaren Stellvertretung s. Kap. 13 unter 2.3 (Rn 945)
119 Zu dieser Vorschrift s. Bd. 2 Kap. 15 unter 4.2. (Rn 1431)

§ 185 Abs. 2 stellt der Genehmigung weiter den Fall gleich, daß der Berechtigte den Nichtberechtigten beerbt und für die Nachlaßverbindlichkeiten voll haftet.

4.2 Die Verfügung über das Eigentum an beweglichen Sachen

1170 Für die Übereignung beweglicher Sachen enthalten die §§ 929 bis 931 spezifische Regeln, die weithin Vorbild auch für die Verpfändung und die Nießbrauchsbestellung sind. Sie gehören **zu den wichtigsten Teilen des Sachenrechts**. Ihr Verständnis setzt voraus, daß man sich zunächst die Regeln des BGB über den sog. Besitz vergegenwärtigt. Wie schon an anderer Stelle angedeutet[120], meint das Wort «Besitz» die «tatsächliche Sachherrschaft». Diese spielt bei den verschiedenen Formen der Übereignung eine wichtige Rolle.

4.2.1 Der Besitz in seinen verschiedenen Erscheinungsformen

4.2.1.1 Unmittelbarer und mittelbarer Besitz

1171 Die Gleichung Besitzer = Inhaber der tatsächlichen Sachherrschaft gibt im Grunde nur das «Normalmodell» wieder. Man spricht insoweit von **«unmittelbarem Besitz»**.

Wer in seinem Einfamilienhaus wohnt, ist dessen unmittelbarer Besitzer. Dasselbe gilt in bezug auf die Kleider, die man auf dem Leibe trägt, oder in bezug auf den Inhalt der Aktentasche.

1172 In vielen Fällen ist nun der unmittelbare Besitzer nicht der Eigentümer, sondern leitet sein Recht von diesem (oder gar von einem Dritten) ab. Man hat mit dem eigentlichen Rechtsinhaber einen Vertrag geschlossen, wonach man die Sache für eine mehr oder weniger lange Zeit in Besitz haben darf.

---

120 Oben Kap. 1 unter 5 (Rn 24ff.) und Kap. 6 unter 2.4.3 (Rn 388)

Beispiel: Eine solche Art unmittelbarer Besitzer ist, wer ein Einfamilienhaus nur gemietet hat oder wer Sachen für einen anderen in Verwahrung nimmt. Insoweit spricht man von «**Fremdbesitzer**» im Gegensatz zu dem eben erwähnten Fall des «**Eigenbesitzers**».

In solchen Fällen ist – wie § 868 sagt – auch der andere Besitzer; das Gesetz spricht insoweit von «**mittelbarem Besitz**». Das Rechtsverhältnis, durch das eine solche Verbindung begründet wird (also der Mietvertrag oder der Verwahrungsvertrag), nennt man «**Besitzkonstitut**», weil es den mittelbaren Besitz des Vermieters usw. «konstituiert». Der unmittelbare Besitzer (Mieter, Verwahrer) «vermittelt» dem andern den Besitz, er wird deshalb auch als «**Besitzmittler**» bezeichnet.

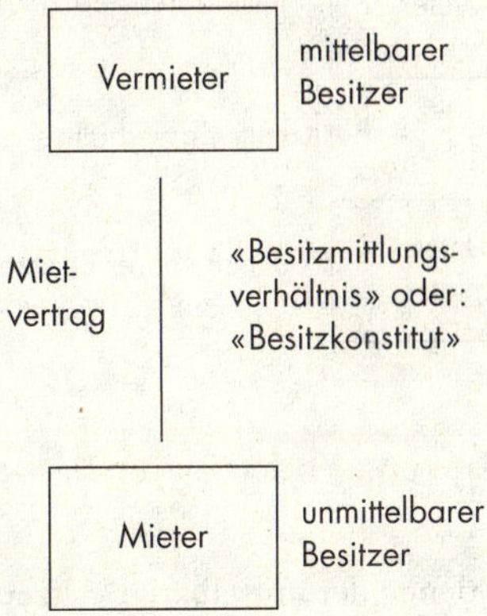

Die Tatsache, daß der Vermieter und der eine Sache in Verwahrung Gebende mittelbare Besitzer sind, müssen wir zunächst einmal als gegeben hinnehmen. Andere Lösungen wären sicherlich denkbar.

4.2.1.2 Mehrstufiger Besitz

Um das Juristenleben nicht zu einfach zu machen, gibt es auch einen mehrstufigen Besitz; der mittelbare Besitzer kann seinerseits noch einen «über sich» haben. 1173

Einfachstes Beispiel: Der Untermieter hat unmittelbaren Besitz an seinem möblierten Zimmer. Mittelbarer Besitzer ist sein Vermieter, der Wohnungsinhaber. Wenn diesem aber die Wohnung nicht gehört, ist aufgrund des von ihm abgeschlossenen (Haupt-)Mietvertrags der Eigentümer sein mittelbarer Besitzer. In bezug auf das möblierte Zimmer ist der Eigentümer also mittelbar-mittelbarer Besitzer: Man kann ihn als mittelbaren Besitzer zweiten Grades bezeichnen. Wenn man will, kann man eine ganze «Besitzleiter» konstruieren, denn es kann ja sein, daß der Wohnungsinhaber nur einen Mietvertrag mit einer Person abgeschlossen hat, die das ganze Haus vom Eigentümer gemietet hat.

Zur Verdeutlichung auch dies als Skizze:

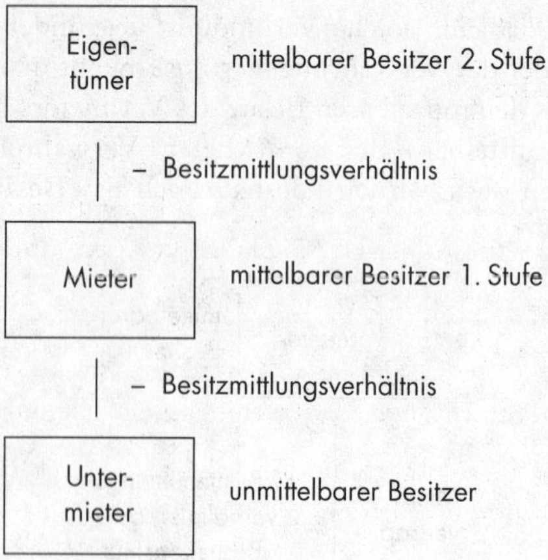

4.2.1.3 Besitzdiener

1174 Nun gibt es Fälle, in denen der mittelbare Besitzer noch vollen Zugriff auf den Gegenstand hat. Insbesondere kann er der Person, die unmittelbar auf die Sache einwirken kann, Weisungen erteilen. Für solche Fälle nimmt § 855 ein sog. Besitzdiener-Verhältnis an: Wer als weisungsabhängige Person auf die Sache einwirken kann, ist nur «Besitzdiener». Der Weisungsberechtigte bleibt unmittelbarer Besitzer. Praktisch allein wichtiger Anwendungsfall ist das Arbeitsverhältnis: Arbeitnehmer sind in bezug auf die Sachen, die ihnen im Rahmen ihres Arbeitsverhältnisses anvertraut werden, nicht selbst Besitzer. Dies ist vielmehr allein der Arbeitgeber.

Die Kassiererin hat keinen Besitz an dem eingenommenen Geld, der Kundendiensttechniker ist nicht Besitzer des von ihm benutzten Firmenautos und der mitgebrachten Geräte.

1175 Davon gibt es allerdings eine wichtige Ausnahme: Dritten gegenüber, die auf die Sache einwirken wollen, hat der Besitzdiener (es gibt keinen anderen Ausdruck!) dieselben Rechte wie ein unmittelbarer Besitzer (§ 860).

Will ein anderer z. B. die Sache wegnehmen (ein Kunde interessiert sich recht nachhaltig für den Inhalt der Kasse und meint, ein Kontakt mit seiner Pistole sei höchst ungesund), so liegt darin eine sog. verbotene Eigenmacht nach § 858 Abs. 1, gegen die sich die Kassiererin nach § 859 Abs. 1 mit Gewalt wehren kann. Insoweit spricht man von «**Besitzschutz**».[121]

4.2.1.4 Mitbesitz

Eine Sache kann auch im Mitbesitz mehrerer Personen stehen (§ 866). 1176
Dies gilt beispielsweise für den Besitz von Ehegatten und Lebenspartnern an den gemeinsam genutzten Hausratsgegenständen. Auch mehrere Mietsparteien, die eine Waschmaschine samt Trockner benutzen, sind in dieser Position. Besteht über die Art und Weise, wie man die Sache nutzen soll, keine Einigkeit, greifen nach § 866 die im eben genannten Beispiel erwähnten Besitzschutzansprüche nicht ein.

Man darf also den Kampf um die Waschmaschine am Montag nicht in der Weise ausfechten, daß man einen anderen Mieter mit Gewalt vertreibt. Auch Zwistigkeiten zwischen Lebenspartnern über die Nutzung des Fernsehers (er will Sportschau, sie die «Schwarzwaldklinik») dürfen nicht in dieser Weise «gelöst» werden. Bei den uneinigen Mietern hilft nur eine einstweilige Verfügung[122], vor dem Fernsehproblem kapituliert das Recht.

4.2.1.5 Teilbesitz

Vom Mitbesitz ist schließlich der sog. Teilbesitz nach § 865 zu unter- 1177
scheiden. Er besteht darin, daß jemand in bezug auf einen bestimmten Teil einer Sache die tatsächliche Zugriffsmöglichkeit besitzt.

Beispiel: Verschließbare Schublade in einem Schreibtisch.

Der Formenreichtum des Besitzrechts hat im wesentlichen historische Gründe.[123]

121 Näher oben Kap. 6 unter 2.6.1.2 (Rn 407)
122 So Baur-Stürner § 7 D II 2a
123 Zusammenfassende Darstellung der §§ 854ff. bei Baur-Stürner § 7 und bei Westermann-Gursky §§ 8–27

4.2.2 Übereignung durch Einigung und Übergabe

1178 Nach § 929 Satz 1 verlangt die Übertragung des Eigentums an einer beweglichen Sache, «daß der Eigentümer die Sache dem Erwerber übergibt und beide darüber einig sind, daß das Eigentum übergehen soll». Es handelt sich also um ein Rechtsgeschäft, zu dem außer Willenserklärungen auch noch ein weiteres Element (hier: die Übergabe) hinzukommen muß.[124] Einigung wie Übergabe bedürfen der näheren Erläuterung.

4.2.2.1 Einigung

1179 Die Einigung, wonach das Sacheigentum übergehen soll, ist ein Vertrag, der den allgemeinen Regeln unterliegt: Er kann anfechtbar sein oder gegen die guten Sitten verstoßen; eine besondere Form ist nicht vorgeschrieben.[125]

1180 Besonderheiten ergeben sich im Zusammenhang mit dem **Einsatz neuer Techniken**. Liegt eine Einigung auch dann vor, wenn man den **Automaten** mit einer fast wertlosen ausländischen Münze überlistet und sich so ein Marzipanschweinchen verschafft? Wer erwirbt Eigentum an Geldscheinen, die der **ec-Geldautomat** ausspuckt, nachdem ein Unbefugter die Karte hineingesteckt und die ihm durch Indiskretion bekanntgewordene Geheimzahl eingegeben hat?

1181 Die Rechtsprechung differenziert: Im ersten Fall liege ein Angebot an jedermann vor, so daß eine Einigung vorliege. Im zweiten beziehe sich das Übereignungsangebot nur auf den berechtigten Inhaber der Karte.[126] Daß keine wirksame Einigung vorliegt, könnte man auch darauf stützen, daß ein entsprechendes Verhalten mittlerweile nach § 263 a StGB strafbar ist und die Aneignung der Geldscheine deshalb gegen ein gesetzliches Verbot nach § 134 verstößt.[127]

Auch im ersten Fall könnte man anders entscheiden und eine Einigung ablehnen: Will nicht der Automatenaufsteller sein Angebot von vornherein auf Personen beschränken, die die vorgesehene deutsche Münze einwerfen?

124 Zum Begriff «Rechtsgeschäft» Kap. 8 unter 2 (Rn 518 ff.)
125 Westermann-Westermann § 38, 2 und 3 mwN
126 OLG Stuttgart NJW 1987, 666; s. auch BGH NJW 1988, 979
127 Zum Verstoß gegen ein gesetzliches Verbot s. unten Kap. 15 unter 2 (Rn 1317 ff.)

Probleme haben sich weiter beim **Tanken an der SB-Tankstelle** ergeben.[128] Wer sich Benzin holt und dann weiterfährt, ohne zu zahlen, ist nicht dessen Eigentümer geworden: Den Umständen nach wird nur das Angebot gemacht, an Zahlungswillige zu übereignen.[129] 1182

Ein wenig Überraschung löst die Tatsache aus, daß die Einigung insofern ein atypischer Vertrag sein soll, als sie bis zum Moment der Übergabe noch widerrufen werden kann.[130] Man schließt dies einmal daraus, daß § 873 Abs. 2 im Grundstücksrecht der Einigung nur unter ganz spezifischen, dort genannten Voraussetzungen bindende Kraft zumesse und daß § 929 Satz 1 vom «Einigsein» spreche, also einen fortdauernden Zustand im Blick habe. Praktische Bedeutung hat dies insbesondere bei einem nachträglich ausgesprochenen Eigentumsvorbehalt, d. h. der vom bisherigen Eigentümer gemachten Bedingung, das Eigentum solle erst dann übergehen, wenn die Gegenleistung voll erbracht sei. 1183

Beispiel:[131] V verkauft an K eine Sache und verständigt sich auch bereits über den Eigentumsübergang. Als diese angeliefert wird (Übergabe), findet sich auf der Rechnung der Vermerk «Eigentum bis zu voller Kaufpreiszahlung vorbehalten». War es dem K zumutbar, davon Kenntnis zu nehmen (weil er z. B. mit etwas Derartigem rechnen mußte), ist die zunächst unbedingte in eine bedingte Einigung verwandelt.

M. E. hat diese Ausnahme vom bindenden Charakter vertraglicher Einigungen im Gesetz keine Grundlage; wenn im Grundstücksrecht formlose Einigungen nicht binden, kann dies nicht auf das Recht der beweglichen Sachen übertragen werden, wo die Verhältnisse ganz anders liegen und man nicht dieselbe Formstrenge praktiziert. Auch der Gebrauch der Worte «einig sein» kann nicht den Schluß auf ein jederzeit ausübbares Widerrufsrecht zulassen. Andernfalls hätte ein Einigungsangebot ggf. eine stärkere Bindung als die Einigung selbst.[132]

128 Westermann-Westermann § 38, 5

129 Etwas anders Westermann-Westermann, a. a. O., die einen stillschweigend vereinbarten Eigentumsvorbehalt annehmen

130 So etwa BGH NJW 1979, 213; Palandt-Bassenge § 929 Rn 6

131 Nach BGH NJW 1979, 213

132 Zur Bindung an das Angebot s. oben Kap. 12 unter 2.1.3 (Rn 785 ff.) Wie hier im Ergebnis Westermann-Westermann § 38, 4

4.2.2.2 Übergabe

1184 Die Übergabe erfolgt im Normalfall dadurch, daß der Veräußerer dem Erwerber den unmittelbaren Besitz überträgt.

Man kauft ein Paar Schuhe, bezahlt den Kaufpreis und nimmt sie mit.

Ist der Erwerber von vornherein in der Lage, die «Gewalt über die Sache» auszuüben, reicht nach § 854 Abs. 2 die bloße Einigung für die Übergabe des Besitzes. Dies gilt insbesondere dann, wenn der Erwerber bisher als Besitzdiener (oben 4.2.1.3 – Rn 1174) mit der Sache in Berührung war.

Dem angestellten Handelsvertreter wird das von ihm benutzte Firmenauto übereignet. Es reicht, daß man sich einig darüber ist, daß er nunmehr die Sache weisungsfrei innehat und dadurch unmittelbarer Besitzer geworden ist.

1185 Die Übergabe setzt voraus, daß **der bisherige Eigentümer seinen Besitz völlig aufgibt**. Dies ist nicht der Fall, wenn er noch Mitbesitzer bleibt. Manchmal führt dies zu Ergebnissen, die nicht unmittelbar einleuchten.

Beispiel:[133] Der Maler Joseph Beuys installierte 1982 im Rahmen einer künstlerischen Aktion eine «**Fettecke**» in seinem Atelier. Dabei handelte es sich um eine etwa 25 cm hohe Ecke aus Fett, die in 5 m Höhe an einer Ecke des Studioraumes unmittelbar auf den Putz aufgebracht wurde. Zu seinem Meisterschüler M., der den Raum vorwiegend benutzte, hatte er gesagt: «Johannes, jetzt mache ich dir endlich deine Fettecke.» Nach dem Tode von Beuys gab es Auseinandersetzungen darüber, wer den Raum weiterbenutzen sollte. Die Akademie der Künste, der das Gebäude gehörte, wollte ihn für Lehrzwecke verwenden. Im Rahmen der Vorbereitungsarbeiten wurde die Fettecke durch einen Arbeiter der Akademie beim Reinigen der Wände zerstört. Der Meisterschüler verlangte Schadensersatz, da er Eigentümer geworden sei. Das LG Düsseldorf meinte, dies sei unrichtig, Beuys habe weiter Mitbesitz gehabt. Zu Unrecht wurde nicht geprüft, ob der Meisterschüler nicht vielleicht alleinigen Teilbesitz an der Fettecke gehabt hatte: In diesem Fall wären die Voraussetzungen einer Übergabe erfüllt gewesen. In der Berufungsinstanz wurde dann ein Vergleich geschlossen.[134]

Das «**Ausscheiden aus der Sphäre des Veräußerers**» ist nach der Rechtsprechung das entscheidende Kriterium für die Übergabe. Es reicht deshalb auch aus, wenn der Veräußerer als mittelbarer Besitzer den unmittelbaren Besitzer veranlaßt, die Sache dem Erwerber oder einer Person zu übergeben, die diesem den Besitz vermittelt.

133 LG Düsseldorf NJW 1988, 345
134 Mitgeteilt bei Westermann-Westermann § 40 I

Wer jetzt ein wenig stutzt, ist keineswegs ein schlechter Jurist. Am Beispiel wird's deutlicher: V hat drei Tonnen Futterrüben bei L eingelagert (Verwahrungsvertrag!). Er veranlaßt den L, die Rüben an den Erwerber E zu liefern oder sie an den L 1 zu übergeben, der sie für E auf Lager nimmt.

Ausreichend ist es schließlich, wenn eine Person, die gar nicht Besitz- 1186
mittler des Veräußerers ist, auf sein Geheiß hin die Sache dem Erwerber oder einer anderen Person übergibt, die der Erwerber namhaft gemacht hat. Man nennt dies den «**Geheißerwerb**».[135]

Beispiel: Der Lieferant L hat an V verkauft und sich auch sinngemäß über den Eigentumsübergang auf diesen geeinigt, die Ware jedoch noch nicht geliefert. V verkauft sie an E; auch hier liegt eine Einigung vor. Da die Preise steigen, veräußert sie E weiter an E 1. V veranlaßt nunmehr den L, direkt an E 1 zu liefern. Darin liegt zugleich eine Übergabe an E, dem ja an der Belieferung des E 1 gelegen ist.

Allerdings kann man sich die Frage stellen, ob bei einem solchen sog. 1187
Streckengeschäft nicht eigentlich das Eigentum direkt von L auf E 1 übergeht. Dies könnte man sicherlich so vereinbaren, ist jedoch nach der Rechtsprechung im Zweifel nicht gewollt.[136] Daß E gewissermaßen nur eine «logische Sekunde» lang Eigentümer wird und dann gleich E 1 an seine Stelle tritt, ist in diesem Zusammenhang ohne Bedeutung.

4.2.3 Übereignung kurzer Hand

Die zweite mögliche Übereignungsform ist in § 929 Satz 2 geregelt: Ist 1188
der Erwerber bereits im Besitze der Sache, so genügt die schlichte Einigung über den Übergang des Eigentums. Es wäre ersichtlich unnötiger Formalismus, müßte der Veräußerer erst die Sache zurückerhalten, um sie dann dem Erwerber feierlich wieder zu überreichen.

A hat ein Auto gemietet; dieses wird ihm vier Wochen später übereignet.

Ausreichend ist auch, wenn der **Erwerber bereits mittelbarer Be-** 1189
sitzer ist und der Veräußerer seinen (höherstufigen) mittelbaren Besitz aufgibt.

Im vorigen Beispielsfall hatte der Mieter das Auto einem Dritten für zwei Wochen unentgeltlich überlassen. Auch hier genügt die Einigung, um den Mieter zum Eigentümer zu machen.

---

135 S. als Beispiel BGH LM § 929 BGB Nr. 22; dazu Baur-Stürner § 51 III 2
136 S. den Fall BGH NJW 1986, 1166

Die für diese Erwerbsform übliche Bezeichnung ist nichts anderes als eine Übersetzung der lateinischen «brevi manu traditio»[137].

4.2.4 Übereignung durch Begründung eines Besitzkonstituts

1190 § 930 läßt eine dritte Übereignungsform zu. Ist der Eigentümer im Besitze der Sache, kann die Übergabe dadurch ersetzt werden, «daß zwischen ihm und dem Erwerber ein Rechtsverhältnis vereinbart wird, vermöge dessen der Erwerber den mittelbaren Besitz erlangt». Der bei der «Übergabe» zunächst sehr hochgehaltene Grundsatz, daß der Veräußerer im wahrsten Sinne des Wortes die Finger von dem Gegenstand lassen muß, gilt hier nicht mehr: Der Veräußerer kann durchaus unmittelbarer Besitzer bleiben, sofern er nur den Erwerber zum mittelbaren Besitzer macht.

V übereignet der B ein Auto in der Weise, daß er sich mit ihr über den Eigentumsübergang einigt und es von ihr «zurückmietet». Dies tut man insbesondere dann, wenn die B eine Bank ist, die für ihr Darlehen eine Sicherung haben will.

1191 Das Besitzmittlungsverhältnis muß nicht einem gesetzlichen Vertragstypus wie Miete, Pacht, Verwahrung usw. entsprechen. Notwendig ist jedoch, daß der unmittelbare Besitzer den Abmachungen entsprechend unter bestimmten Voraussetzungen zur Herausgabe verpflichtet ist: Nach § 868, der den mittelbaren Besitz definiert, muß der unmittelbare Besitzer dem anderen gegenüber «auf Zeit» zum Besitz berechtigt sein.

Wer Eigentümer einer Sache ist, kann deshalb einem anderen Besitz nicht vermitteln, da er über ein «Dauerrecht» verfügt. Dies hat zur Folge, daß der Verkäufer dem Käufer auch dann den Besitz nicht vermittelt, wenn er die Sache noch nicht geliefert hat.

1192 Wichtigster Anwendungsfall des § 930 ist die sog. **Sicherungsübereignung**. Auf sie ist im Zusammenhang mit anderen Sicherungsgeschäften einzugehen.[138] Dabei ist dann auch die Frage zu behandeln, wie genau bestimmt die Sachen sein müssen (kann man den jeweiligen Bestand eines Warenlagers einem anderen nach § 930 übereignen?) und ob es möglich ist, das Besitzmittlungsverhältnis auch schon für zu-

137 Dazu Kaser, Römisches Privatrecht, 15. Aufl., München 1989, § 20 I 2

138 Dazu Bd. 2 Kap. 3 unter 4.1 (Rn 537ff.). Das vorletzte Beispiel im Text betraf eine Sicherungsübereignung.

künftig zu erwerbende Sachen zu vereinbaren (sog. antezipiertes Besitzkonstitut).

4.2.5 Übereignung durch Abtretung des Herausgabeanspruchs

Die vierte und letzte Form der Übereignung ist in § 931 geregelt. Ist ein 1193
Dritter im Besitz der Sache, so genügt es, daß der Eigentümer dem Erwerber den Anspruch auf Herausgabe der Sache abtritt.

Beispiel: V hat seine Futterrüben bei L eingelagert. Der Erwerber E will sie erst einmal dort lassen; V und E verständigen sich darüber, daß E Eigentümer werden und den Herausgabeanspruch aus dem Verwahrungsvertrag erhalten soll.

Was geschieht, wenn ein unbekannter Dritter im Besitz der Sache ist oder dieser gar, wie ein Dieb, auf keinen Fall etwas mit dem Eigentümer zu tun haben möchte? In solchen Fällen besteht kein vertraglicher, sondern ein aus § 985 folgender Herausgabeanspruch. Dieser ist allerdings nicht selbständig abtretbar, so daß in einem solchen Fall die schlichte Einigung für den Eigentumsübergang genügt.[139]

4.2.6 Rechtfertigung durch das Publizitätsprinzip?

Warum läßt man für den Übergang des Eigentums an beweglichen 1194
Sachen nicht die schlichte Einigung zwischen Veräußerer und Erwerber genügen? Die traditionelle Antwort stellt darauf ab, daß auch im Bereich beweglicher Sachen das Publizitätsprinzip gelte; die Tatsache, daß der Erwerber unmittelbaren oder mittelbaren Besitz erhalte, mache den Vorgang der Übereignung für Dritte sichtbar. Dies überzeugt allerdings nur für die Übergabe nach § 929 Satz 1. In den anderen drei Fällen wird für einen Dritten nicht sichtbar, daß sich in der eigentumsrechtlichen Zuordnung der Sache etwas geändert hat. Der unmittelbare Besitz bleibt hier jeweils bei der Person, die ihn schon vorher hatte. Die Einräumung eines mittelbaren Besitzes im Falle des § 930 oder seine Übertragung auf den Erwerber im Falle des § 931 ist für Dritte nicht erkennbar und kann überdies bewußt geheimgehalten werden, ohne daß dies die Rechtswirksamkeit der Übereignung irgendwie beeinträchtigen könnte. Die Einbeziehung sehr vielfältiger

139 Vgl. Palandt-Bassenge § 931 Rn 3

Gestaltungen in den Bereich der Übergabe[140] und die verschiedenen Fälle der §§ 929 Satz 2, 930 und 931 sorgen überdies dafür, daß im Grunde jede Veränderung der besitzrechtlichen Situation zusammen mit der Einigung zum Eigentumsübergang führt – sieht man einmal vom Fall des § 929 Satz 2 ab, wo auch dieses Element wegfällt. Man wird den **Sinn** der gesetzlichen Regelung daher eher darin sehen können, **den bisherigen Eigentümer vor Übereilung zu schützen**: Er muß zwar keine schriftliche Erklärung abgeben, wohl aber über die Einigung hinaus einen «Vollzugsakt» vornehmen. Im Falle des § 929 Satz 2 hatte er die Sache schon vorher weggegeben, so daß er sie offensichtlich nicht dringend benötigte, was – zusammen mit der oben bereits erwähnten Vereinfachungsfunktion – einen Verzicht auf den sonst überall eingebauten «Selbstschutz» vertretbar macht.[141]

4.2.7 Übertragung auf andere Verfügungen

1195 Die §§ 929 bis 931 finden auf die **Verpfändung** einer Sache nur mit einer gewichtigen Ausnahme Anwendung: § 1205 übernimmt die Form des § 930 nicht. Ein Pfandrecht kann daher nicht in der Weise begründet werden, daß der Eigentümer weiter unmittelbarer Besitzer bleibt und den Pfandgläubiger lediglich zum mittelbaren Besitzer macht. Dies hat dazu geführt, daß das Pfandrecht in der Praxis weithin durch die Sicherungsübereignung abgelöst wurde, die dem (Geld benötigenden) Eigentümer die Möglichkeit beläßt, weiter mit der als Sicherheit gegebenen Sache zu arbeiten.[142]

1196 Zur Bestellung eines **Nießbrauchs** als zweiter denkbarer Belastung beweglicher Sachen sind die gleichen Formen wie bei der Übereignung zugelassen (§ 1032).

1197 Eine **Inhaltsänderung** als weitere denkbare Verfügungsform kommt beim Sacheigentum als solchem nicht in Betracht. Würde man etwa die Eigentümerbefugnisse an die Verfolgung bestimmter Zwecke binden (Treuhand), so wäre dies eine neue Form von dinglichem Recht, die das Gesetz nicht vorsieht und die deshalb mit Rücksicht auf den vorhandenen Typenzwang nicht vereinbart werden kann.

---

140 S. oben 4.2.2.2 (Rn 1185)

141 Dies schließt nicht aus, daß das Gesetz an anderer Stelle (§ 1006) die Vermutung aufstellt, daß der Besitzer auch Eigentümer ist – die dort dem Besitz zugewiesene Publizitätsfunktion bedeutet nicht, daß diese auch die Regelungen der §§ 929–931 in ihrer Gesamtheit zu erklären vermag.

142 Näher dazu Bd. 2 Kap. 3 unter 4.1. (Rn 537 ff.)

Die **Dereliktion** (Aufgabe des Eigentums) erfolgt nach §959 durch Aufgabe des Besitzes.[143] 1198

4.3 Die Übereignung von Grundstücken

4.3.1 Einrichtung und Funktion des Grundbuchs

4.3.1.1 Öffentliches und privates Grundstücksrecht

Grundstücke sind – wenn man mal juristische Feinheiten außer Be- 1199
tracht läßt – abgegrenzte Teile der Erdoberfläche. Sie sind ein knappes Gut, das sich nicht durch «Erhöhung der Produktionskapazität» vermehren läßt. Gleichzeitig sind sie – im Jahre 1896 noch mehr als heute – Grundlage einer unabhängigen Existenz für den einzelnen und deshalb ein **wirtschaftlicher Wert von zentraler Bedeutung**.

Im **öffentlichen Recht** ist die Besteuerung des Grundeigentums 1200
sowie die Frage geregelt, welchen Einschränkungen ein Eigentümer bei der Nutzung unterworfen ist.

Man muß z. B. Grundsteuer bezahlen und darf ein Grundstück nur in einer Weise bebauen, die im Bebauungsplan vorgesehen ist usw.

Ob der Staat den Wertzuwachs ganz oder teilweise abschöpfen darf, der sich insbesondere in Großstädten ergeben hat, ist bis heute umstritten. Entsprechende Initiativen sind bislang immer im Sande verlaufen.[144]

Beispiel: Mitte der 50er Jahre kostete ein Quadratmeter Bauland in einem Vorort von Stuttgart ca. 30 DM. 25 Jahre später konnte der Eigentümer unschwer einen Preis von 1000 DM erzielen.

Das **Zivilrecht** kümmert sich dagegen ausschließlich um den 1201
«Rechtsverkehr» mit Grundstücken und grenzt durch sog. nachbarrechtliche Regeln die Befugnisse der einzelnen Grundeigentümer voneinander ab.[145]

---

143 Dazu s. das Beispiel oben 2.2.1 (Rn 1096)

144 S. etwa die Überlegungen bei Duden-Külz u. a. (Hrsg.), Gerechtigkeit in der Industriegesellschaft. Rechtspolitischer Kongreß der SPD, Karlsruhe 1972, S. 191 ff. (mit Beiträgen von Scharnberg, Böckenförde, Gnädinger, Küchenhoff und Schumann)

145 §§ 906 ff.; dazu Bd. 2 Kap. 16 unter 3.1 (Rn 1462 ff.)

4.3.1.2 Das Grundbuch als Basis des Rechtsverkehrs mit Grundstücken

1202 Das Grundbuch enthält als öffentliches Register wesentliche Angaben über jedes einzelne Grundstück. Nur auf den ersten Blick erscheint es als eine komplizierte und undurchschaubare Angelegenheit. Mit ein paar Basisinformationen werden die Dinge um vieles klarer.

1203 Das gesamte deutsche Staatsgebiet ist vermessen und in sog. Flurstücke oder Parzellen aufgeteilt. Diese werden im sog. **Kataster** nach Nummern oder Buchstaben geführt.

Beim Kataster handelt es sich um ein staatliches Register, in dem die einzelnen Flurstücke nach Größe, Lage, Beschaffenheit («Ödland», «bebaut») verzeichnet sind.[146]

Auf dem Kataster baut das Grundbuch auf: Es faßt ein oder mehrere Flurstücke zu einem Grundstück im Rechtssinne zusammen.

1204 Beim Begriff «Grundbuch» denkt man an einen dicken Folianten, in dem sich – oft noch in Sütterlin-Schrift geschrieben – Eintragungen aus den letzten 100 Jahren befinden. Dies ist so nicht ganz richtig: Nach § 3 Abs. 1 Satz 2 GBO (= Grundbuchordnung, Schönfelder Nr. 114) ist Grundbuch im Sinne des BGB das für das einzelne Grundstück angelegte «**Grundbuchblatt**». Dieses kann einzeln aufbewahrt werden (und führt so eine «Loseblattexistenz»), doch kann es auch mit anderen zu festen Bänden zusammengefaßt sein.[147]

Was geschieht, wenn nur ein Teil eines (großen) Grundstücks veräußert werden soll? Hier muß zunächst der abzutrennende Teil vermessen und katastermäßig erfaßt werden. Dann wird insoweit ein neues Grundbuchblatt angelegt.

1205 Das Grundbuchblatt hat eine bestimmte Struktur, die in der sog. Grundbuchverfügung festgelegt ist.[148] Es gliedert sich in das «**Bestandsverzeichnis**» und die «**Abteilungen**».

In das erstere gehören alle Merkmale, die das Grundstück als solches identifizieren; vorgesehen ist u. a. eine Karte, aus der die Lage des Grundstücks deutlich wird, sowie ein Hinweis auf die Wirtschaftsart.

Die **Abteilung I** nennt den Eigentümer und den Erwerbsgrund.

---

146 Westermann-Eickmann § 85 II

147 Baur-Stürner § 15 V 2 mwN

148 Die Grundbuchverfügung ist keine «Verfügung», sondern eine Rechtsverordnung (offizieller Titel: Verordnung zur Durchführung der Grundbuchordnung) und gilt heute idF vom 24. 1. 1995 (BGBl I, 114)

Beispiel: «Eigentümer: Franz Schlau, als Alleinerbe des am 20. 4. 1953 verstorbenen Theobald Schlau».

Abteilung II beinhaltet grundsätzlich alle Lasten und Beschränkungen, die auf dem Grundstück ruhen, wie z. B. einen Nießbrauch oder auch die Tatsache, daß der Eigentümer in Konkurs gefallen ist und das Verfügungsrecht deshalb dem Konkursverwalter zusteht. 1206

In **Abteilung III** finden sich die wichtigsten Belastungen, nämlich Hypotheken, Grundschulden und (praktisch wenig bedeutsame) Rentenschulden. Sie dienen der Sicherung von Gläubigern und werden immer dann benötigt, wenn ein Grundstückskauf oder eine andere Transaktion durch Kredit finanziert werden muß.[149] 1207

Nach § 1 Abs. 1 GBO wird das **Grundbuch beim Amtsgericht** geführt, das insoweit die Bezeichnung «Grundbuchamt» führt. Innerhalb des Amtsgerichts ist aber nicht der Richter, sondern der sog. **Rechtspfleger** zuständig.[150] 1208

In Baden-Württemberg besteht eine Sonderregelung, wonach das Grundbuch durch die sog. Bezirksnotare geführt wird. Dies ist eine lokale Tradition, die jedoch der Tatsache gerecht wird, daß es sich der Sache nach um eine Verwaltungsaufgabe und nicht um eine gerichtliche Tätigkeit handelt.

Da das Grundbuch auch recht persönliche Angelegenheiten wie z. B. den Umfang der Belastungen ausweist, kann nicht jeder Neugierige **Einblick** nehmen; § 12 Abs. 1 Satz 1 GBO verlangt vielmehr ein **«berechtigtes Interesse»**. Dieses liegt sicherlich bei einem Kaufinteressenten vor, doch besteht Streit darüber, ob auch ein Mieter oder die Presse Einblick nehmen kann.[151] 1209

---

149 Einzelheiten Bd. 2 Kap. 3 unter 3 (Rn 413 ff.)

150 Beim Rechtspfleger handelt es sich um einen Beamten des gehobenen Dienstes, dem durch das Rechtspflegergesetz (Schönfelder Nr. 96) zahlreiche richterliche Aufgaben übertragen wurden, die als eher routinemäßig zu erledigende Angelegenheiten eingestuft werden (ob zu Recht oder zu Unrecht, soll hier dahinstehen). Dazu zählt § 3 Nr. 1 Buchstabe h des Gesetzes auch die «Grundbuchsachen». Beanstandet ein Betroffener eine Entscheidung des Rechtspflegers, kann er sich an den Richter wenden; diesen Rechtsbehelf nennt man «Erinnerung»

151 Für ein Einsichtsrecht der Presse OLG Hamm NJW 1988, 2482. Die Problematik gehört in den Bereich des Datenschutzes; nähere Angaben deshalb bei Däubler-Klebe-Wedde. Einl., Rn 140, 169. Die Beschränkung des Einsichtsrechts ist als solche verfassungskonform: BVerfG NJW 1983, 2811

4.3.2 Regelmäßige Voraussetzung für eine Verfügung: Einigung und Eintragung ins Grundbuch

4.3.2.1 Verfügungen über ein Grundstück

1210 Soll das Eigentum an einem Grundstück vom bisherigen auf einen neuen Inhaber übertragen werden, müssen sich Veräußerer und Erwerber darüber einig sein. Dazu muß noch ein Akt kommen, der diesen Vorgang nach außen hin irgendwie dokumentiert. Anders als bei der Verfügung über bewegliche Sachen, spielt die **Übertragung des Besitzes** hier allerdings **keine Rolle**: Vielmehr muß der Erwerber als neuer Rechtsinhaber im Grundbuch eingetragen sein. Nur auf diese Weise ist für klare Verhältnisse gesorgt. Wie im einzelnen noch darzustellen ist[152], kann sich ein künftiger Erwerber darauf verlassen, daß die im Grundbuch eingetragenen Rechte auch wirklich bestehen.

1211 Einigung und Eintragung ins Grundbuch sind notwendige Formen für alle Verfügungen, die sich auf ein Grundstück beziehen.

E will dem Nachbareigentümer N gegen Entgelt das Recht einräumen, zu Fuß über sein Grundstück zu gehen, um so einen unnötigen Umweg zu vermeiden. Dies ist inhaltlich eine sog. Grunddienstbarkeit nach § 1018, die sich als Belastung des Grundeigentums darstellt. Ihre Begründung bedarf daher der Einigung zwischen E und N und der Eintragung im Grundbuch.

4.3.2.2 Verfügungen über ein Recht an einem Grundstück

1212 § 873, der diesen Grundsatz ausdrücklich festlegt, bezieht sich allerdings nicht nur auf das Eigentum an einem Grundstück, sondern ausdrücklich auch auf Verfügungen über Rechte an Grundstücken wie z. B. Hypotheken, Grundschulden usw.

Soweit keine Sonderbestimmung besteht, können daher auch Hypotheken (als «Pfandrechte» an Grundstücken) nur dadurch den Inhaber wechseln, daß sich Veräußerer und Erwerber einig sind und eine entsprechende Eintragung im Grundbuch erfolgt.[153]

---

152 Unten 4.6.2 (Rn 1274)

153 Zum Begriff des beschränkten dinglichen Rechts s. oben Kap. 6 unter 2.4.1 (Rn 389ff.)

4.3.2.3 Bindende Einigung

Die Einigung ist nur unter den in § 873 Abs. 2 genannten Bedingungen bindend, die in der Praxis jedoch so gut wie immer erfüllt sind. 1213

4.3.2.4 Sonderfall: Inhaltsänderung

§ 877 regelt Inhaltsänderungen in bezug auf ein Recht an einem Grundstück. 1214

Beispiel: Das dem Nachbarn eingeräumte Wegerecht bezog sich bisher nur auf Fußgänger, Fuhrwerke und Pkws, soll nunmehr jedoch auch auf Lastwagen bis zu 6 Tonnen erstreckt werden.

Beim Eigentum kann eine «Rechtsänderung» nur in der Weise erfolgen, daß es mit einem beschränkten dinglichen Recht belastet wird. Andere Einschränkungen der aus § 903 folgenden Befugnisse sind nicht möglich; dies würde auf die Schaffung eines neuen dinglichen Rechts hinauslaufen.[154]

Der Eigentümer will sein Eigentum in der Weise modifizieren, daß nur ein einstökkiges Wohnhaus errichtet oder das Grundstück nur unter ganz bestimmten Voraussetzungen veräußert werden kann.

4.3.2.5 Divergenz von Einigung und Eintragung

Einigung und Eintragung können divergieren. In einem solchen Fall ist die gewollte Verfügung nicht zustande gekommen. Denkbar ist allerdings, daß die Eintragung dem mutmaßlichen Willen der Beteiligten entspricht und deshalb eine Umdeutung nach § 140 erfolgen kann. 1215

Beispiel: Aufgrund der Einigung sollte eine Grundschuld über 100000 DM bestellt werden. Eingetragen wird jedoch nur ein Betrag von 50000 DM. Hätten die Beteiligten dies vorausgesehen, hätten sie 50000 DM als eine Art ersten Schritt auf dem Weg zum wirtschaftlich gewünschten Erfolg akzeptiert.

Geht die Eintragung quantitativ über das Gewollte hinaus, ist eine Umdeutung sehr viel wahrscheinlicher.

---

154 Daß dies nicht zulässig ist s. oben Kap. 6 unter 2.4.1 (Rn 389ff.)

4.3.2.6 Rechtsverzicht

1216 Die Einigung ist entbehrlich, wenn der Rechtsinhaber lediglich auf sein Recht verzichten will. § 875 läßt insoweit eine einseitige Willenserklärung sowie die Löschung des Rechts im Grundbuch genügen.

4.3.3 Sonderregelung für die Übertragung des Eigentums

1217 Soll das Eigentum an einem Grundstück übertragen werden, gilt die Sondervorschrift des § 925. Danach ist die Einigung «bei gleichzeitiger Anwesenheit beider Teile vor einer zuständigen Stelle» zu erklären. Zuständig sind die Notare; daneben reicht es aus, daß die Einigung in einem gerichtlichen Vergleich enthalten ist. Deutschrechtlicher Tradition entsprechend wird die Einigung hier als «**Auflassung**» bezeichnet.

§ 925 Abs. 2 **schließt es aus**, die Auflassung unter einer **Bedingung** oder einer **Zeitbestimmung** zu erklären.

4.3.4 Sicherung durch Vormerkung

1218 Zwischen dem Abschluß eines Grundstückskaufvertrags oder eines anderen schuldrechtlichen Vertrags und dem Vollzug durch Einigung und Eintragung kann längere Zeit vergehen. Dies hängt damit zusammen, daß oft noch staatliche Bescheinigungen beizubringen sind und daß das Grundbuchamt nicht immer das Tempo eines Kurzstreckenläufers vorlegt. Für den Käufer ist dies insoweit mißlich, als der Verkäufer zunächst ja noch im Grundbuch eingetragen ist und deshalb sein Eigentum anderweitig veräußern oder belasten kann.

Nach § 17 GBO bearbeitet das Grundbuchamt die **Anträge nach Eingangsdatum**: Was zuerst kommt, wird zuerst erledigt.

1219 Um dieses Risiko zu beseitigen, gibt es das **Sicherungsmittel** der Vormerkung nach §§ 883 ff. Diese wird demjenigen eingeräumt, der einen Anspruch auf Übereignung oder auf Übertragung eines beschränkten dinglichen Rechts besitzt. Sie macht Verfügungen, die entgegen diesem so gesicherten Recht vorgenommen werden, dem Berechtigten gegenüber nach § 883 Abs. 2 unwirksam.

Beispiel: V hat sein Grundstück an K verkauft; K kann deshalb nach § 433 Abs. 1 Satz 1 Übereignung verlangen. V bewilligt ihm deshalb eine Vormerkung, deren Eintragung sofort beim Grundbuchamt beantragt wird. Belastet V das Grundstück später mit einer Grundschuld, weil er dringend Geld braucht, ist dies dem K gegenüber unwirksam. K kann weiterhin verlangen, daß ihm unbelastetes Eigentum am Grundstück übertragen wird. Nach § 888 muß der Grundschuldgläubiger die Löschung seines Rechts bewilligen.

Die Vormerkung setzt nach § 885 eine Bewilligung durch den (bisheri- 1220
gen) Berechtigten voraus; eine Einigung im Sinne des § 873 ist nicht erforderlich. Anstelle der Bewilligung reicht auch der Erlaß einer einstweiligen Verfügung, wobei nach § 885 Abs. 1 Satz 2 keine konkrete Gefahr für den zu sichernden Anspruch glaubhaft gemacht werden muß.

Bei den Kaufverhandlungen hat man das Thema einer Vormerkung vergessen. V will sie nicht nachträglich bewilligen. K kann allein aufgrund der Tatsache, daß er einen wirksamen Übereignungsanspruch besitzt, den Erlaß einer einstweiligen Verfügung erreichen, durch die ihm die Eintragung einer Vormerkung bewilligt wird.

Dazu muß die Eintragung ins Grundbuch kommen, wobei der schon 1221
erwähnte Prioritätsgrundsatz des § 17 GBO («wer zuerst kommt, mahlt zuerst») von ganz entscheidender Bedeutung ist.

Im Beispielsfall des Grundstückskaufs tritt die Schutzwirkung der Vormerkung im Grunde ab Antragstellung beim Grundbuchamt ein; jeder später eingehende Antrag wird auf die schon im Grundbuch stehende Vormerkung treffen.

Die Rechtsnatur der Vormerkung ist umstritten.[155] Inhaltlich vermit- 1222
telt sie weder Nutzungs- noch Verwertungsbefugnisse, sondern hindert lediglich den Rechtsinhaber an bestimmten Verfügungen. Deshalb ist sie als «negatives Herrschaftsrecht» zu qualifizieren[156], da sie mit dinglicher Wirkung dem Eigentümer einen Teil seiner Befugnisse nimmt.[157]

155 Überblick bei Palandt-Bassenge § 883 Rn 2

156 Wolff-Raiser § 48 VII 2

157 Eine ähnliche Sicherungsfunktion gegenüber einem langwierigen Eintragungsverfahren entfaltet die Vorschrift des § 878 BGB, wonach der Verlust der Verfügungsbefugnis nach Antragstellung (z. B. durch Eröffnung des Konkursverfahrens) ohne Bedeutung ist. Dazu s. im einzelnen Däubler JZ 1963, 588

4.4 Die Verfügung über eine Forderung

4.4.1 Der Grundsatz

1223 Forderungen sind grundsätzlich abtretbar. Nach § 398 setzt die Abtretung (auch «Zession» genannt) einen Vertrag zwischen dem bisherigen und dem neuen Gläubiger voraus. Dieser kann mündlich oder konkludent geschlossen sein; eine **Form** ist **nicht vorgeschrieben**.

Beispiel: V hat gegen K einen Anspruch auf Zahlung des Kaufpreises in Höhe von 30000 DM. Er tritt diesen an die Bank B ab, die ihm ein Darlehen in Höhe von 25000 DM gewährt.

Nur dann, wenn eine Forderung in einem **Wertpapier** wie einem Scheck oder einem Wechsel verkörpert ist, sind bestimmte Formen zu beachten.[158]

1224 Der die Forderung Abtretende wird **«Zedent»** (von lateinisch: cedere = überlassen, abtreten), der Abtretungsempfänger wird **«Zessionar»** genannt.

1225 Der Schuldner ist an dem Abtretungsvorgang nicht beteiligt; er muß weder zustimmen noch auch nur informiert werden. Dies hat allerdings zur Folge, daß seine Interessen auf andere Weise geschützt werden müssen.[159]

4.4.2 Anwendungsfälle

1226 Die Übertragung einer Forderung geschieht vorwiegend aus zwei Anlässen:

Zum einen geht es darum, einem Darlehensgeber oder einem Lieferanten eine **Sicherheit** zu verschaffen. Dies wird dadurch erleichtert, daß auch künftige Forderungen abtretbar sind, sofern sie sich aufgrund der Umstände identifizieren lassen. Auch die Blanko- und die Globalzession sind zulässig – Einzelheiten jedoch an späterer Stelle zu erörtern.[160]

1227 Zum zweiten dient die Forderungsabtretung dazu, dem Gläubiger die Auseinandersetzungen mit dem Schuldner zu ersparen. Wichtigste Form ist die sog. **Inkassozession**, die den Zessionar verpflichtet, die

158 Näheres dazu im Wertpapierrecht. Vgl. Rehfeldt-Zöllner, 14. Aufl. München 1987
159 Dazu unten 4.4.3 (Rn 1229)
160 Dazu Bd. 2 Kap. 3 unter 4.2.3 (Rn 561 ff.)

Forderung beim Schuldner einzuziehen und den gezahlten Betrag abzüglich einer Provision an den ursprünglichen Gläubiger weiterzuleiten.[161] Dabei geht man davon aus, daß der Zedent bei wirtschaftlicher Betrachtungsweise weiter der eigentlich Interessierte ist, so daß ein Gläubiger des Zessionars oder dessen Konkursverwalter nicht auf die Forderung zugreifen kann.[162] Damit verwandt ist die sog. **Einziehungsermächtigung**, die auf § 185 gestützt wird: Der Gläubiger ermächtigt einen anderen, die Forderung in eigenem Namen geltend zu machen.[163] Warum § 185 für einen solchen Fall nicht passen soll[164], ist nicht recht ersichtlich: Durch die Entgegennahme der Leistung wird die Forderung zum Erlöschen gebracht, was unschwer als Verfügung qualifiziert werden kann.[165] Jedenfalls hat sich diese Rechtsfigur in der Praxis durchgesetzt.

Eine Weiterentwicklung der Inkassozession stellt das sog. **Factoring** 1228
dar, das in den USA entwickelt wurde. Ein Unternehmen verkauft alle oder den größten Teil seiner Forderungen an den sog. Factor, der dafür sofort einen Preis bezahlt und so die verfügbaren finanziellen Mittel kurzfristig erhöht. Gleichzeitig entlastet der Factor das Unternehmen nicht nur von lästigen Auseinandersetzungen mit den Schuldnern, sondern gewährt ihm zahlreiche Dienstleistungen wie beispielsweise die regelmäßige Überwachung der «Zahlungsmoral» der Kunden. Schließlich übernimmt er eine Garantiefunktion in dem Sinne, daß ein Forderungsausfall zu seinen Lasten geht.[166] Dies ist selbstredend nicht unentgeltlich zu bekommen; als Kaufpreis werden deshalb an das Unternehmen nur etwa 80 bis 90 % des Nominalbetrages der Forderungen ausbezahlt.[167]

---

161 Näher Esser-Schmidt § 37 I 5 b (S. 295)

162 Nachweise bei Palandt-Heinrichs § 398 Rn 27

163 BGHZ 70, 393

164 Esser-Schmidt § 37 I 5 c (S. 295); Palandt-Heinrichs § 398 Rn 29

165 Zum Begriff der Verfügung s. oben 2.2.1. (Rn 1091 ff.) § 362 Abs. 2 bestätigt dies zusätzlich

166 Darstellung des Factoring-Vertrages bei Martinek, Moderne Vertragstypen, Bd. I, S. 222 ff.

167 Martinek, a. a. O., S. 225 ff.

4.4.3 Schutz des Schuldners

1229 Da der Schuldner an der Forderungsabtretung nicht beteiligt ist, darf sich seine Rechtsstellung durch diesen Vorgang nicht verändern. Dies wird auf verschiedenen Wegen sichergestellt.

– Nach § 399 ist die **Abtretung** insgesamt **ausgeschlossen**, wenn sie zu einer Änderung des Forderungsinhalts führen würde.

Beispiel: A hat aus einem Vorvertrag einen Anspruch auf Abschluß eines Kaufvertrags über das Grundstück des X. Würde er diesen Anspruch an B abtreten können, müßte der X einen anderen Vertragspartner akzeptieren: Insbesondere wegen dessen ungeklärter Kreditwürdigkeit wäre seine Verpflichtung eine andere geworden.[168]

1230 – Nach § 404 kann der Schuldner dem neuen Gläubiger alle **Einwendungen** und **Einreden** entgegensetzen, die er dem alten Gläubiger gegenüber hatte.[169]

War die Forderung verjährt, so kann der Schuldner die Leistung auch dem neuen Gläubiger gegenüber verweigern (§ 222 Abs. 1). Der Wortlaut des § 404, der nur von «Einwendungen» spricht, wird in dem Sinne ausgelegt, daß alle «Gegenrechte» des Schuldners, also auch Einreden, erfaßt sind.[170]

1231 – Nach § 406 kann der Schuldner auch dem Zessionar gegenüber **aufrechnen**, wenn ihm gegenüber dem Zedenten eine fällige Gegenforderung zustand.[171]

1232 – Kennt der **Schuldner** die Abtretung nicht und **leistet** er deshalb **an den bisherigen Gläubiger**, so wird er nach § 407 Abs. 1 von seiner Leistungspflicht frei. Der neue Gläubiger kann von dem bisherigen nach § 816 Abs. 2 Herausgabe der erlangten Leistung verlangen; außerdem bestehen Ansprüche aus pVV und nach § 826.

1233 – § 407 findet entsprechende Anwendung, wenn der Gläubiger die Forderung nochmals an einen Dritten abtritt und der **Schuldner** in Unkenntnis der ersten Abtretung **an den Dritten leistet** (§ 408).

1234 – **Zeigt der Gläubiger** dem Schuldner **an**, daß er die Forderung **abgetreten** habe, so muß er die angezeigte Abtretung auch dann gegen sich gelten lassen, wenn sie gar nicht erfolgt oder nicht wirksam ist.

---

168 Zum Vorvertrag s. oben 2.1.5 (Rn 1086)
169 Zum Begriff «Einwendungen» und «Einreden» s. oben Kap. 6 unter 6 (Rn 438 ff.)
170 S. die Nachweise bei Palandt-Heinrichs § 404 Rn 3
171 Zur Aufrechnung und zu den Einzelheiten des § 406 s. unten Kap. 16 unter 4.3 (Rn 1453 ff.)

Dasselbe gilt, wenn der neue Gläubiger eine vom alten Gläubiger ausgestellte Urkunde über die Abtretung vorlegt: In beiden Fällen befreit die Leistung des Schuldners an den Zessionar ihn auch gegenüber dem Zedenten.

4.4.4 Ausschluß der Abtretbarkeit

Nach § 399 kann die Abtretung der Forderung durch Vertrag zwischen 1235
Gläubiger und Schuldner ausgeschlossen werden.[172] Wird gleichwohl abgetreten, ist dies dem Schuldner gegenüber unwirksam: Der Rechtsgedanke des § 185 läßt ihm die Möglichkeit einer nachträglichen Genehmigung. Der Schuldner ist so ausreichend geschützt. Die Annahme absoluter Unwirksamkeit hätte die wenig einsichtige Konsequenz, daß Dritte, die z. B. die Forderung gekauft und bereits bezahlt haben, im Konkurs des Gläubigers leer ausgehen würden.[173]

4.5 Verfügung über andere Rechte

Nach § 413 finden die Vorschriften über die Forderungsabtretung 1236
(**§§ 398 ff.**) **entsprechende Anwendung**, wenn andere Rechte übertragen werden. Versteht man den Begriff «Forderung» eng im Sinne einer schuldrechtlichen Rechtsbeziehung, so fallen sachen-, familien- und erbrechtliche Ansprüche unter § 413.[174] Im Ergebnis kommt man damit zum selben Resultat, wie wenn man das Wort «Forderung» in § 398 durch das Wort «Anspruch» im Sinne des § 194 ersetzen würde. Urheber- und Patentrechte, Mitgliedschaftsrechte und andere außerhalb des BGB stehende subjektive Rechte würden an sich von § 413 erfaßt, unterliegen jedoch meist Sonderregeln, so daß die praktische Bedeutung des § 413 relativ gering ist.[175]

---

172 Näher schon oben Kap. 7 unter 6.3 (Rn 498)
173 Richtig Esser-Schmidt § 37 I 2 e (S. 288)
174 Zur begrifflichen Unterscheidung zwischen Forderung und Anspruch s. oben Kap. 6 unter 3.1 (Rn 415 ff.)
175 Palandt-Heinrichs § 413 Rn 2

4.6 Schutz des guten Glaubens an die Rechtsinhaberschaft des Veräußernden

1237 Hält der Erwerber den Veräußerer für den Inhaber des Rechts, obwohl er dies nicht ist, so kann er unter bestimmten Voraussetzungen dennoch das fragliche Recht erwerben. Man spricht insoweit von einem «gutgläubigen Erwerb». Seine Voraussetzungen sind unterschiedlich geregelt, je nachdem, ob es sich um bewegliche Sachen, um Grundstücke oder um Forderungen und sonstige Rechte handelt.

4.6.1 Gutgläubiger Erwerb beweglicher Sachen

1238 Hält der Erwerber einer Sache den Veräußerer für den Eigentümer, obwohl das Eigentum in Wahrheit einem anderen zusteht, erwirbt er gleichwohl im Regelfall das gewünschte Eigentum: **Sein «guter Glaube» ersetzt das fehlende Recht des Veräußerers**. Der Eigentümer ist auf Rückgriffsansprüche gegen den Veräußerer beschränkt.

1239 Das BGB hat sich in diesem Punkt dem Gemeinen Recht nicht angeschlossen, das von dem Grundsatz ausging, niemand könne mehr Rechte auf einen anderen übertragen als er selbst besitze.[176] Im Interesse der **Verläßlichkeit des Rechtsverkehrs**[177] sind die Interessen des Eigentümers als des wahren Berechtigten in gewissem Umfang zurückgestellt worden.

1240 Die gesetzliche Regelung findet sich in den **§§ 932–936**. Dabei geht es in den §§ 932–934 um die vier Übereignungsformen, die wir vor kurzem[178] schon kennengelernt haben. Allerdings gibt es zwei Besonderheiten:

1241 Das Gesetz verlangt für den gutgläubigen Erwerb ein «Mehr» an Besitzübertragung als beim normalen Erwerb vom Berechtigten. Und weiter: Der Erwerber muß an das Recht des Veräußerers «glauben», was im einzelnen im Gesetz definiert ist.

1242 § 935 enthält dann eine Ausnahmeregelung für «abhandengekommene» Sachen, § 936 bezieht sich auf den Fall, daß der Erwerber ein zugunsten eines Dritten bestehendes Recht an der Sache nicht kennt.

176 Gebräuchlich auch die lateinische Umschreibung dieses Prinzips: Nemo plus iuris ad alium transferre potest quam ipse habet (Dig. 50.17.54)

177 So die Standardbegründung; s. etwa Baur-Stürner § 52 I 2; Westermann-Gursky § 45 I

178 4.2.2–4.2.5 (Rn 1178 ff.)

Erst nach Darstellung der Einzelregelungen wird es möglich sein, die hinter dem «gutgläubigen Erwerb» stehende **Leitvorstellung** herauszuarbeiten, die mit dem Gedanken der «Verläßlichkeit des Rechtsverkehrs» nur sehr unvollkommen umschrieben ist. 1243

4.6.1.1 Aufgabe des Besitzes durch den Veräußerer – Begründung des Besitzes durch den Erwerber

(1) Keine besonderen Probleme wirft der «Normalfall» der Übereig- 1244
nung durch **Einigung und Übergabe (§ 929 Satz 1)** auf: Die Übergabe reicht nach § 932 Abs. 1 Satz 1 als besitzrechtliche Grundlage auch für den gutgläubigen Erwerb aus. Dabei genügen alle Vorgänge, die oben[179] unter dem Stichwort «Übergabe» erörtert wurden.

(2) Bei der **Übereignung kurzer Hand**[180] besteht nach § 932 Abs. 1 1245
Satz 2 die Besonderheit, daß der gutgläubig Erwerbende den Besitz vom Veräußerer erlangt haben muß.

Beispiel: M hat von E ein Klavier gemietet, das er gerne erwerben möchte. Eines Tages taucht X auf und überzeugt den M durch Vorlage gefälschter Urkunden, daß in Wirklichkeit er der Eigentümer sei. M wird mit ihm schnell handelseinig und bezahlt 2000 DM. Kein gutgläubiger Erwerb, da M den Besitz nicht von dem als Veräußerer Auftretenden erhalten hat.

(3) Bei der Übereignung durch **Einigung und Begründung eines** 1246
Besitzkonstituts[181] weicht § 933 in einem entscheidenden Punkt von der Regel des § 930 ab. Wird lediglich ein Besitzmittlungsverhältnis begründet, ist noch kein gutgläubiger Erwerb erfolgt; dieser tritt vielmehr erst dann ein, wenn die Sache dem Erwerber übergeben wurde. Am Beispiel wird dies etwas klarer.

Der E hat eine wertvolle Maschine der Bank B nach § 930 übereignet. Dies bedeutet, daß die B neue Eigentümerin ist und E die Maschine aufgrund einer (in der Regel unentgeltlichen) Gebrauchsüberlassung weiterbenutzen kann. War nun in Wirklichkeit E gar nicht Eigentümer (das Eigentum stand beispielsweise noch seinem Verkäufer zu, da der Kaufpreis noch nicht voll bezahlt war), so erwirbt die B kein Eigentum. Ihr guter Glaube nützt ihr nur dann etwas, wenn die Maschine ihr übergeben wurde. Dies wäre etwa dann der Fall, wenn E seinen Verpflichtungen gegenüber B nicht nachkommt und diese die Maschine durch einen Beauftragten abholt, der sie versteigern soll.

---

179 Unter 4.2.2.2 (Rn 1184 ff.)
180 Oben 4.2.3 (Rn 1188 f.)
181 Oben 4.2.4 (Rn 1190 ff.)

1247 (4) Findet die Übereignung durch **Einigung und Abtretung des Herausgabeanspruchs** statt[182], so ist nach § 934 zu differenzieren. War der Veräußerer mittelbarer Besitzer und wurde der Anspruch gegen den unmittelbaren Besitzer abgetreten, tritt gutgläubiger Erwerb ein. War der Veräußerer dagegen nicht im mittelbaren Besitz, wird der Erwerber erst dann neuer Eigentümer, wenn er den Besitz der Sache von einem Dritten erlangt. Auch dies klingt im ersten Augenblick wie eine Einführung in das Chinesische, doch läßt es sich am Beispiel eher nachvollziehen.

V hat 100 Sack Getreide bei L eingelagert. Der mit L abgeschlossene Verwahrungsvertrag stellt ein «Besitzmittlungsverhältnis» dar, wonach L unmittelbarer und V mittelbarer Besitzer ist. Tritt nun V seinen Herausgabeanspruch gegen L an den gutgläubigen K ab, so wird dieser auch dann Eigentümer, wenn in Wirklichkeit nicht V, sondern E Eigentümer war. Dies ist die erste Variante des § 934.

Unterstellen wir nun, daß die Säcke von einem Unbekannten U auf einen Lastwagen geladen und auf Nimmerwiedersehen abtransportiert wurden. Hier ist zwar irgend jemand (z. B. U oder sein Käufer) unmittelbarer Besitzer, doch denkt dieser nicht im entferntesten daran, dem V den Besitz zu vermitteln, wie dies ein loyaler Lagerunternehmer tut. Trotzdem kommt nun V auf die Idee, die Säcke an K zu übereignen; man ist sich einig und tritt den Herausgabeanspruch gegen den im einzelnen nicht bekannten derzeitigen Besitzer an den K ab. Kein gutgläubiger Erwerb durch K, es sei denn, dieser entdecke den großen Unbekannten und veranlasse ihn, ihm das Getreide zu übergeben. Dies ist die zweite Variante des § 934. Über die Wahrscheinlichkeit eines solchen Happy-Ends wollen wir hier nicht streiten; es geht zunächst nur darum, die gesetzlichen Strukturen nachzuvollziehen.

1248 **Grundgedanke** der skizzierten besitzrechtlichen Regeln ist, daß ein gutgläubiger Erwerb nur dann stattfinden soll, wenn **auf seiten des Veräußerers keinerlei Besitz** mehr vorhanden ist und gleichzeitig der **Erwerber zumindest mittelbaren Besitz** erworben hat.[183] Warum dies so ist, wie die dahinter stehende innere Logik beschaffen ist, wird uns in Kürze beschäftigen.[184]

---

182 Oben 4.2.5 (Rn 1236)
183 Ebenso BGHZ 56, 123, 129; Baur-Stürner § 52 I 1 aaa
184 Unten 4.6.1.5 (Rn 1266)

4.6.1.2 Worauf bezieht sich der «gute Glaube»?

Der Formulierung der §§ 932–934 nach geht es ausschließlich um den Fall, daß der **Veräußerer zu Unrecht für den Eigentümer** gehalten wird. Diese Vorstellung mag den «Regeltatbestand» treffen, wenn es um Veräußerungen zwischen Privatleuten oder um Verträge mit Handwerkern und Bauern geht. In der modernen arbeitsteiligen Gesellschaft sind die Dinge ein wenig komplizierter. 1249

– Tritt – wie im Regelfall – für den Veräußerer ein Stellvertreter auf, 1250
so ändert dies nichts an der Position des Erwerbers: Das Verhalten des Stellvertreters wird dem Veräußerer in vollem Umfang zugerechnet.[185] Ist die **Vollmacht «nicht in Ordnung»**, z. B. widerrufen, so greifen die an anderer Stelle[186] skizzierten Regeln ein.

– Als zweites ist an den Fall des § 185 Abs. 1 zu denken: **Eine Person** 1251
tritt als Nichtberechtigter auf, beruft sich jedoch korrekterweise darauf, der X habe als Berechtigter seine Einwilligung zu der Veräußerung gegeben. Hält der Erwerber nun den X für den Eigentümer, obwohl dies in Wahrheit der E ist, so ist gutgläubiger Erwerb möglich: Ob der scheinbar Berechtigte selbst handelt oder nach § 185 eine Mittelsperson einschaltet macht keinen Unterschied.[187]

– Ist im eben genannten Fall der X zwar Eigentümer, jedoch die **Er-** 1252
mächtigung aus irgendeinem Grunde **unwirksam**, so ist der Erwerber nicht geschützt, da sich die §§ 932 ff. nur auf das fehlende Eigentum des Veräußerers, nicht aber auf andere Mängel beziehen. Wer sein Gegenüber zu Unrecht als verfügungsbefugt betrachtet, hat Pech gehabt; das Rechtsgeschäft kann allenfalls durch nachträgliche Genehmigung des Berechtigten nach § 185 Abs. 2 wirksam werden.[188] Davon macht **§ 366 HGB** allerdings eine gewichtige Ausnahme: Steht auf der Seite des Veräußerers ein Kaufmann, wird auch der gute Glaube an das Bestehen der Verfügungsmacht geschützt.

Beispiel: K erwirbt im Geschäft des V eine Stereoanlage. Diese hat V von dem Großhändler G bezogen, der sich das Eigentum vorbehalten hat. Da V mit seinen Zahlungspflichten in Verzug geriet, hatte G am Tag vor dem Verkauf die Sache schriftlich zurückverlangt. Damit war die (zumindest stillschweigend eingeräumte)

185 Zur Stellvertretung s. oben Kap. 13 unter 2 (Rn 934)

186 Kap. 13 unter 3.4.2 und 3.5 (Rn 999 ff.)

187 Ebenso im Ergebnis BGHZ 10, 81

188 Allerdings könnte man daran denken, die Grundsätze über den (partiellen) Schutz des guten Glaubens an das Bestehen einer Vollmacht Kap. 13 unter 3.4.2.1 (Rn 1000 f.) und unter 3.5 (Rn 1006 ff.) hierher zu übertragen

Verfügungsbefugnis des V erloschen. Der Kunde bleibt dennoch geschützt: Auch wenn er davon ausgeht, daß Elektrohändler nicht selbst Eigentümer der von ihnen verkauften Waren sind, ging er doch davon aus, V sei zur Veräußerung befugt.

1253 – Denkbar ist weiter, daß der Veräußerer zwar Eigentümer ist, daß seine Rechtsstellung jedoch durch Anfechtung rückwirkend vernichtet werden kann. Hier greift § 142 Abs. 2 ein: **Wußte der Erwerber nichts von der Anfechtbarkeit**, und konnte er diese auch nicht erkennen, so ist sie für ihn ohne Bedeutung.

1254 – Schließlich ist der Fall zu bedenken, daß der **Veräußerer in seiner Verfügungsbefugnis beschränkt** war. Lag eine gerichtliche Anordnung zugrunde, so finden nach der ausdrücklichen Vorschrift des § 135 Abs. 2 die Gutglaubensvorschriften entsprechende Anwendung. Wer von der gerichtlichen Verfügung nichts wußte, wird so behandelt, als habe es sie nicht gegeben. Dasselbe gilt dann, wenn ein Nachlaß unter Testamentsvollstreckung steht und der Erbe deshalb nicht verfügen kann, ein Dritter davon aber nichts weiß (§ 2211 Abs. 2).[189] Anders wird dann entschieden, wenn Konkurs eröffnet wurde: Nach § 7 Abs. 1 KO ist der Erwerb beweglicher Sachen vom Gemeinschuldner den Konkursgläubigern gegenüber auch dann unwirksam, wenn der Erwerber nichts von der Konkurseröffnung wußte.

1255 – Sonderregeln bestehen für den Fall, daß jemand als **Erbe** (und damit als Inhaber der Nachlaßgegenstände) auftritt, **der es in Wirklichkeit nicht ist**. Soweit ihm ein Erbschein erteilt wurde, sind Dritte nach Maßgabe der §§ 2366, 2367 in weitem Umfang geschützt.[190]

1256 – Ist die Veräußerung deshalb unwirksam, weil der **Veräußerer nicht (voll) geschäftsfähig** ist, so findet kein Gutglaubensschutz statt.[191]

4.6.1.3 Was heißt «gutgläubig»?

1257 Bislang sind wir von der relativ pauschalen Annahme ausgegangen, daß der Erwerber den Veräußerer für den Eigentümer hält und deshalb gutgläubig erwerben kann. Dies bedarf noch der Präzisierung.

189 Dasselbe gilt nach § 2113 Abs. 3, wenn ein Vorerbe ohne Zustimmung des Nacherben über ein Grundstück verfügt oder eine Schenkung macht. Näher zur Vor- und Nacherbschaft Bd. 2 Kap. 24 unter 2.3.1 (Rn 1936)

190 Dazu Bd. 2 Kap. 23 unter 5 (Rn 1911)

191 Dazu oben Kap. 11 unter 2.4 (Rn 712f)

§ 932 Abs. 2 gibt eine negative Definition: «Der Erwerber ist nicht in gutem Glauben, wenn ihm bekannt oder infolge grober Fahrlässigkeit unbekannt ist, daß die Sache nicht dem Veräußerer gehört.» Nicht gut-, sondern «bösgläubig» ist daher derjenige, der die Verhältnisse durchschaut, der also weiß, daß der Veräußerer in Wirklichkeit nicht der Eigentümer ist. Dem ist der Fall gleichgestellt, daß jemand **«infolge grober Fahrlässigkeit»** nicht weiß, daß sein Gegenüber – pauschal gesprochen – nicht zur Veräußerung befugt ist.

Wann liegt «grobe Fahrlässigkeit» vor? Der BGH verwendet in 1258
ständiger Rechtsprechung die Formel, grob fahrlässig handele derjenige, der «die bei dem betreffenden Erwerbsvorgang erforderliche Sorgfalt in ungewöhnlichem Maße verletzt und das unbeachtet läßt, was im angegebenen Fall jedem hätte einleuchten müssen»[192]. An anderer Stelle ist davon die Rede, es müsse sich um eine auch subjektiv **schlechthin unentschuldbare Pflichtverletzung** handeln, die das gewöhnliche Maß der Fahrlässigkeit erheblich übersteige.[193] Von einem **Gebrauchtwagenverkäufer** wird daher verlangt, daß er sich den Kraftfahrzeugbrief des Veräußerers vorlegen läßt.[194] War der Wagen bislang im Ausland zugelassen, muß man die Originalpapiere verlangen und sie sich ggfs. übersetzen lassen.[195] Weitere Nachforschungen sind auch dann geboten, wenn über ein importiertes Fahrzeug ein Brief ausgestellt wurde, aus dem sich nicht ergibt, wer der bisherige Halter war.[196]

Liegt keine grob fahrlässige Unkenntnis vor, so wird guter Glaube 1259
angenommen. Dies wird aus der Formulierung des § 932 Abs. 1 Satz 1 abgeleitet, die das **Fehlen des guten Glaubens** als **Ausnahmetatbestand** behandelt.[197]

Knobelfrage: Unterstellt, der Erwerber habe nur infolge leichter Fahrlässigkeit nicht erkannt, daß der Veräußerer in Wahrheit nicht der Eigentümer war. Dem gutgläubigen Erwerb schadet dies ersichtlich nicht, doch könnte man auf den Gedanken kommen, den Erwerber wegen leicht fahrlässiger Verletzung des dem wahren Berechtigten zustehenden Eigentums nach § 823 Abs. 1 zum Schadensersatz zu verpflichten. An sich liegen die Voraussetzungen des § 823 Abs. 1 vor, doch hat der BGH gleichwohl mit Recht einen Ersatzanspruch verneint: Die Beschränkung auf

192 BGH NJW 1994, 2022, 2023 mN aus der früheren Rechtsprechung
193 BGH NJW 1994, 2093, 2094
194 BGH NJW 1991, 1415
195 BGH NJW 1991, 1415 für einen in Italien zugelassenen Pkw
196 BGH NJW 1994, 2022
197 Es heißt dort: «... es sei denn, daß (der Erwerber) ... nicht in gutem Glauben ist»

grobe Fahrlässigkeit in § 932 Abs. 2 würde sonst fast jede praktische Bedeutung verlieren.[198]

1260 Bedient sich der **Erwerber** eines **Stellvertreters**, so kommt es grundsätzlich auf dessen Informationsstand an (§ 166).[199] Dasselbe gilt auch bei einer Übereignung an den, den es angeht.[200]

1261 Der **gute Glaube** muß im **Zeitpunkt** der Einigung wie der Übergabe (bzw. eines sonstigen Besitzübergangs) vorliegen. Ist die Übertragung des Eigentums allerdings aufschiebend bedingt (wie z. B. beim Kauf unter Eigentumsvorbehalt), so kommt es nur auf den Zeitpunkt des Vertragsabschlusses, nicht auf den des Bedingungseintritts an.[201]

4.6.1.4 Die Ausnahme des § 935

1262 Ein gutgläubiger Erwerb ist dann nicht möglich, wenn die Sache dem Eigentümer «gestohlen worden, verlorengegangen oder sonst abhanden gekommen war» (§ 935 Abs. 1 Satz 1). Diebstahl und Verlust sind dabei lediglich Sonderfälle des «Abhandenkommens». Dieses liegt nach einer verbreiteten Formel dann vor, wenn die Sache «dem unmittelbaren Besitzer ohne seinen Willen aus dem Besitz gekommen ist»[202]. Dies ist beispielsweise auch dann der Fall, wenn ein «Besitzdiener» die Sache an sich genommen und veräußert hat.

Beispiel: Der Autoverkäufer beschafft sich einen gefälschten Kraftfahrzeugbrief, der ihn als Halter ausweist, und veräußert das Fahrzeug an den gutgläubigen G. Als Verkäufer war er weisungsabhängig und deshalb lediglich Besitzdiener nach § 855; der unmittelbare Besitz stand seinem Arbeitgeber zu. Durch sein Tun hat der Arbeitgeber den unmittelbaren Besitz ohne eigenes Zutun eingebüßt. Damit war die Sache abhanden gekommen, und G konnte nach § 935 Abs. 1 nicht gutgläubig erwerben.

Zu beachten ist, daß das «Abhandenkommen» der Sache auch noch nach mehreren «Stationen» anhaftet.

198 BGH JZ 1956, 490 und BGHZ 37, 363, 368
199 Dazu oben Kap. 13 unter 3.3 (Rn 985 ff.)
200 Baur-Stürner § 62 III 2
201 BGHZ 10, 69, 73
202 So die von Martin Wolff entwickelte Formel (Wolff-Raiser § 69 I 1). Ebenso heute Baur-Stürner § 52 V 2; Westermann-Gursky § 49 I 1

Ein gestohlener Ferrari wird einer gutgläubigen Werkstatt überlassen, die ihn an D 1 veräußert. D 1, der erst recht ohne Argwohn ist, veräußert ihn für einen stolzen Preis an D 2 weiter, der gleichfalls besten Glaubens ist. Meldet sich nun der bestohlene Eigentümer, so nützt dem D 2 auch das höchste Maß an Gutgläubigkeit nichts; da er nicht Eigentümer werden konnte, muß er den Wagen nach § 985 herausgeben.

§ 935 Abs. 2 macht für Geld, Wertpapiere und Sachen, die im Wege öffentlicher Versteigerung veräußert werden, eine **Ausnahme**: Bei ihnen gelten die allgemeinen Gutglaubensvorschriften.[203] 1263

R hat ein eklatantes Mißverhältnis zum Privateigentum und überfällt deshalb zusammen mit einem Komplizen eine Bankfiliale. Gibt er die erbeuteten 20000 DM seinem Freund F, der von der Angelegenheit weiß, so erwirbt dieser kein Eigentum an den Geldscheinen. Kauft F nun im Auftrag des R eine Sesselgarnitur und bezahlt sie bar, so erwirbt der Verkäufer Eigentum an den Geldscheinen, es sei denn, F würde deren Herkunft mehr oder weniger deutlich zu erkennen geben.

Unter «öffentlicher Versteigerung» meint § 935 Abs. 2 nur die nach den Regeln des BGB durchgeführte. 1264

Ein Pfandleihhaus versteigert die verpfändete goldene Taschenuhr, weil ihr bisheriger Eigentümer das in Anspruch genommene Darlehen nicht rechtzeitig zurückbezahlt hat.

Wird im Rahmen der Zwangsvollstreckung nach der ZPO die Versteigerung durch einen Gerichtsvollzieher durchgeführt, gelten andere Grundsätze.[204]

Soweit die Ausnahmetatbestände des § 935 Abs. 2 nicht eingreifen, 1265
kann der Eigentümer auch noch nach sehr langer Zeit auf die Sache zugreifen, da der Anspruch aus § 985 in 30 Jahren verjährt. Ein gewisser Minimalschutz des Gutgläubigen wird dadurch sichergestellt, daß derjenige, der 10 Jahre lang eine Sache als eigene in Besitz hat, nach § 937 Abs. 1 Eigentum erwirbt. Dies wird **«Ersitzung»** genannt.

Im römischen Recht, das keinen gutgläubigen Erwerb kannte, betrug die Ersitzungsfrist nur ein Jahr: Auf diese Weise waren redliche Erwerber dann doch in gewissem Umfang geschützt.

---

203 Dem Eigentümer steht es im übrigen frei, die Verfügung des Nichtberechtigten nach § 185 Abs. 2 zu genehmigen, sie so wirksam zu machen und die Herausgabe des Veräußerungserlöses nach § 816 Abs. 1 zu verlangen. S. oben 4.6.1 (Rn 1238 ff.)

204 Der Zuschlag in der Versteigerung hat öffentlichrechtlichen Charakter und vermittelt Eigentum ohne jede Rücksicht auf Gut- oder Bösgläubigkeit. So oben RGZ 156, 395, 398

4.6.1.5 Der Grundgedanke der Einzelregelungen

1266 Die recht verschlungen wirkenden Pfade des Gesetzgebers lassen sich auf vergleichsweise einfache Strukturen zurückführen.

1267 **Ausgangspunkt** der hier gewählten Erklärung ist zunächst die Tatsache, daß das **Sacheigentum zwei unterschiedliche Funktionen** erfüllen kann. Zum einen kann es für den Eigentümer deshalb «interessant» sein, weil es für ihn von konkreter Nützlichkeit ist, also einen sog. **Gebrauchswert** besitzt.

Kleider werden getragen, Nahrungsmittel gegessen, Bücher gelesen usw.

Zum zweiten kann die Bedeutung einer Sache für den Eigentümer darin liegen, daß er sie weiterveräußern kann. Was den Eigentümer interessiert, ist das Entgelt, das sich mit ihr erzielen läßt, ist ihr sog. **Tauschwert**.

1268 Bei der Übereignung will nun der **Veräußerer** einen **Tauschwert realisieren**. Wäre er (weiter) am Gebrauchswert der Sache interessiert, würde er sie behalten. Der **Erwerber** wird seinerseits in vielen Fällen – insbesondere als Endverbraucher – die Sache konkret nutzen wollen. Bei ihm steht deshalb der **Gebrauchswert** im Vordergrund. Daß auch ein Erwerber ggfs. nur an eine Weiterveräußerung denkt, ist aus der Sicht des BGB eher die Ausnahme.

1269 Hat der Eigentümer die **Sache** einem anderen **überlassen**, so ist er typischerweise nicht mehr an ihrem Gebrauchswert interessiert. Er will sie z. B. durch Vermietung wirtschaftlich nutzen, seine Interessen sind eher tauschwertorientiert. Anders beim Abhandenkommen: Hier muß man davon ausgehen, daß der Eigentümer die Sache für seine eigene Lebensgestaltung oder für seinen Betrieb benötigte.

1270 Im **Normalfall** des gutgläubigen Erwerbs nach §§ 932–934 gibt der Gesetzgeber den **Gebrauchswertinteressen des Erwerbers den Vorrang** vor dem Tauschwertinteresse des bisherigen Eigentümers. Dies ist allerdings nur gerechtfertigt, wenn der gutgläubige Erwerber die Sache in seinen Machtbereich einverleibt hat; würde er sie wie im Falle des § 930 beim Veräußerer belassen, könnte von «Gebrauchswertinteresse» keine Rede sein. Der Vorrang des Gebrauchswertinteresses ist damit zu rechtfertigen, daß das **Tauschwertinteresse** des Eigentümers **nicht völlig zurückstehen muß**, sondern nur mehr oder weniger deutlich modifiziert wird: Der Eigentümer kann Ersatzansprüche gegen den Nichtberechtigten geltend machen, der z. B. als Mieter oder

Verwahrer vertragliche Pflichten verletzt hat, nach § 816 das Erlangte herausgeben muß und daneben meist auch nach § 826 haftet.

Die beteiligten **Interessen ändern sich im Falle des Abhandenkommens**. Hier steht Gebrauchswertinteresse gegen Gebrauchswertinteresse, so daß sich der Gesetzgeber für den bisherigen Eigentümer entscheidet. Handelt es sich um Sachen aus dem Umlaufvermögen eines Unternehmens, steht zwar beim bisherigen Eigentümer «nur» der Tauschwert auf dem Spiel. Anders als bei Sachen, die einem Mieter oder einem Verwahrer überlassen waren, sind jedoch die Ansprüche gegen einen Dieb oder einen unehrlichen Finder ohne Wert. Interessant ist in diesem Zusammenhang, daß auch die Unterschlagung durch einen Arbeitnehmer unter § 935 Abs. 1 subsumiert wird: Jedenfalls aus der Sicht des Gesetzgebers des Jahres 1896 waren Ersatzansprüche gegen Arbeitnehmer mangels ausreichenden Einkommens und Vermögens ohne größeres wirtschaftliches Interesse. Die These, der gutgläubige Erwerb nach den §§ 932–934 lasse sich damit rechtfertigen, daß das mißbräuchliche Verhalten eines Mieters oder Verwahrers zum Risikobereich des Eigentümers gehöre[205], läßt sich angesichts dieser Regelung nicht halten: Das Tun der eigenen Beschäftigten gehört noch viel stärker zur Risikosphäre des Eigentümers, und dennoch scheidet hier ein gutgläubiger Erwerb aus. Nur wenn das Tauschwertinteresse des Eigentümers noch ein gewisses Maß an Realisierungschance besitzt, soll es nach der Entscheidung des BGB hinter dem Gebrauchswertinteresse des Erwerbers zurücktreten, sonst nicht. 1271

Mit diesen Überlegungen ist die konkrete Form des Gutglaubensschutzes nach den §§ 932 ff. erklärt. Daß es eine solche Einrichtung überhaupt gibt, ist allerdings durchaus dem eingangs dieses Abschnitts erwähnten Gedanken geschuldet, daß die Verläßlichkeit des Rechtsverkehrs gewahrt bleiben muß; zu seiner Realisierung wären jedoch auch **andere Wege denkbar**.[206] So kann man sich auf der einen Seite eine «eigentümerfreundlichere» Lösung nach dem Vorbild des römischen Rechts vorstellen, bei der ein Gutgläubiger erst nach Ablauf einer bestimmten Ersitzungsfrist Eigentum erwirbt. Auf der anderen Seite wäre auch ein sehr viel «verkehrsschutzfreundlicheres» Modell denkbar, das auch in den Fällen des § 935 Abs. 1 einen gutgläubigen Erwerb zuläßt. Bei Geld, bestimmten Wertpapieren und versteigerten Sachen ist auch das geltende Recht einem solchen Modell gefolgt (§ 935 Abs. 2). 1272

205 Westermann-Gursky § 45 III 2
206 S. die rechtsvergleichende Untersuchung von Zweigert RabelsZ 23, 1 ff.

1273 Auf der Basis der hier dargelegten Konzeption lassen sich auch eine Reihe bislang noch nicht angesprochener Streitfragen lösen. So gelten die §§ 932 ff. nur für sog. **Verkehrsgeschäfte**, also dann, wenn Veräußerer und Erwerber wirtschaftlich verschiedene Subjekte sind.[207] Auch das Problem des **Rückerwerbs durch den Nichtberechtigten** läßt sich so lösen: Wird das Veräußerungsgeschäft, das zum gutgläubigen Erwerb geführt hat, rückabgewickelt, so entfällt das Schutzbedürfnis des Erwerbers wie des Rechtsverkehrs, das den Eigentumsverlust allein rechtfertigen konnte.[208] Der ursprüngliche Eigentümer erhält daher automatisch sein Recht zurück.[209]

4.6.2 Gutgläubiger Erwerb von Rechten an Grundstücken

4.6.2.1 Die Grundregeln

(1) Grundbuch, nicht Besitz

1274 Sehr viel weniger Probleme wirft der gutgläubige Erwerb im Grundstücksrecht auf. Nach den §§ 892, 893 gilt zugunsten eines gutgläubigen Erwerbers – pauschal gesprochen – das Grundbuch als richtig.

1275 **Keine Rolle** spielt, wer das Grundstück in **Besitz** hat. Auch gibt es keine dem § 935 entsprechende Vorschrift – und zwar selbst dann nicht, wenn eine falsche Grundbucheintragung durch Diebstahl oder Fälschung von Urkunden zustande gekommen ist.

(2) Gegenstand des guten Glaubens

1276 Wenn in § 892 Abs. 1 Satz 1 davon die Rede ist, zugunsten eines Gutgläubigen gelte «der Inhalt des Grundbuchs als richtig», so ist dies nur auf die **rechtlichen Verhältnisse am Grundstück** zu beziehen. Angaben zu den tatsächlichen Verhältnissen («Waldgrundstück») oder zur Person eines Berechtigten («e. V.») sind rechtlich ohne Bedeutung.[210]

1277 Eine wichtige **Ausnahme** wird dann gemacht, wenn die **Grund-**

207 Beispiel für ein fehlendes Verkehrsgeschäft: Die GmbH veräußert eine Sache an ihren alleinigen Gesellschafter

208 Dies nicht zu berücksichtigen, würde im Hinblick auf die Eigentumsgarantie des Art. 14 Abs. 1 GG Bedenken erwecken

209 Zur Problematik s. Gernhuber JuS 1988, 363

210 Baur-Stürner § 23 II 2; Westermann-Eickmann § 101 II 1 a

stücksgrenze im Kataster falsch eingetragen ist. Hier kann ein Gutgläubiger ein «vergößertes» Grundstück erwerben, sofern sich nicht die Auflassung nach den Vorstellungen der Beteiligten auf eine kleinere Einheit bezog.[211]

Ein Erwerber kann weiter nicht nur darauf vertrauen, daß die einge- 1278
tragenen Rechte auch wirklich bestehen, sondern kann darüber hinaus auch davon ausgehen, daß Beschränkungen des bisherigen Rechtsinhabers, die nicht aus dem Grundbuch ersichtlich sind, auch tatsächlich nicht existieren.

Beispiel: Durch einen Irrtum des Rechtspflegers ist der B (statt des A) als Eigentümer im Grundbuch eingetragen worden. Veräußert B das Grundstück, oder bestellt er eine Grundschuld, so sind beide Verfügungen wirksam; der wahre Berechtigte hat das Nachsehen.

Unterstellt, B sei Eigentümer und habe dem X eine Grundschuld bewilligt, die versehentlich nicht ins Grundbuch eingetragen wurde. Der C, der davon nichts weiß, erwirbt unbelastetes Eigentum.

Der Eigentümer B ist in Konkurs gefallen, doch wurde der Konkursvermerk nicht im Grundbuch eingetragen. Wie § 7 Abs. 1 KO deutlich macht, wäre eine Veräußerung durch den Gemeinschuldner zugunsten eines Gutgläubigen wirksam.

(3) Nur positive Kenntnis schadet

Der **Begriff der «Gutgläubigkeit»** wird anders als im Recht der be- 1279
weglichen Sachen bestimmt; wie § 892 Abs. 1 Satz 1 a. E. deutlich macht, ist nur derjenige nicht geschützt, der die Unrichtigkeit positiv kennt. Selbst grob fahrlässige Unkenntnis schadet nicht. § 892 Abs. 2 bestimmt außerdem den maßgebenden **Zeitpunkt**: Geht die Einigung wie in aller Regel der Antragstellung beim Grundbuchamt voraus, ist es ohne Bedeutung, wenn der Erwerber nach dem Zeitpunkt der Antragstellung bösgläubig wird, d. h. von der Unrichtigkeit des Grundbuchs erfährt.

Bemerkenswert ist schließlich, daß das Grundbuch auch dann zu- 1280
gunsten des **Erwerbers** wirkt, wenn dieser gar **nicht Einblick** in das Grundbuch **genommen hat**, sondern beispielsweise lediglich den Ausführungen seines Vertragspartners glaubte.[212]

---

211 BayObLGZ 1987, 410. Weitere Nachweise bei Westermann-Eickmann § 101 II 1 a

212 Baur-Stürner § 23 IV 1 a; Westermann-Eickmann § 101 II 4. Dazu auch MüKo-Wacke § 892 Rn 61

(4) Verfügungsgeschäfte aller Art

1281 Geschützt sind alle Verfügungsgeschäfte ohne Rücksicht auf ihre konkrete Form. Wirksam ist deshalb z. B. auch der Verzicht eines zu Unrecht Eingetragenen auf die ihm zugeschriebene Grundschuld.

Knobelfrage für Grundbuchliebhaber: Im Grundbuch ist ein Erbbaurecht zugunsten des N eingetragen, das in Wirklichkeit gar nicht besteht.[213] An diesem (scheinbaren) Erbbaurecht wird zugunsten des gutgläubigen H eine Hypothek über 30000 DM bestellt. Daß H seine Hypothek erhält, ist unbestreitbar, denn § 892 Abs. 1 Satz 1 schützt auch diejenigen, die ein «Recht an einem Recht» erwerben. Mißlich ist nur, daß Erbbaurechte meist auf 99 Jahre begründet werden; muß man also 99 Jahre lang zumindest dem H gegenüber so tun, als bestünde das Erbbaurecht? Mit Recht haben sich verschiedene Autoren für eine wirtschaftliche Betrachtungsweise ausgesprochen und dem H eine Hypothek am Grundstück selbst zugesprochen.[214]

(5) Gutgläubiger Erwerb einer Vormerkung

1282 Kann auch eine Vormerkung gutgläubig erworben werden? Da sie nicht prinzipiell anders als sonstige beschränkte dingliche Rechte die Handlungsmöglichkeiten des Eigentümers beschränkt,[215] ist § 892 auch hier anzuwenden.[216] Ist der im Grundbuch eingetragene scheinbar Berechtigte in der Lage, das Grundstück zu übertragen oder zu belasten, muß dies zugunsten des Erwerbers auch in der Weise möglich sein, daß man zunächst nur eine Sicherung nach §§ 883, 888 vornimmt und dann erst den endgültigen Rechtserwerb vollzieht.

1283 Ein bißchen komplizierter werden die Dinge, wenn die **Vormerkung zunächst zugunsten eines Bösgläubigen** bewilligt und eingetragen wurde: Hier fand kein gutgläubiger Erwerb statt, die aus dem Grundbuch ersichtliche Vormerkung existiert in Wirklichkeit nicht. Doch was geschieht, wenn der Bösgläubige – niederträchtig, wie er ist – seinen Anspruch auf Übereignung samt der (scheinbaren) Vormerkung an einen gutgläubigen Dritten abtritt? Auch hier muß gutgläubiger Erwerb möglich sein; es handelt sich um den Erwerb eines Rechts an einem Grundstück.[217]

213 Zum Erbbaurecht s. das Beispiel oben 3.2.3.2 (Rn 1148)
214 Westermann-Eickmann § 101 II 1 b gegen BGH WM 1963, 533
215 Zur Einordnung als negatives Herrschaftsrecht s. oben 4.3.4 (Rn 1218)
216 Ebenso BGHZ 57, 341; Palandt-Bassenge § 893 Rn 3; Westermann-Eickmann § 101 IV 3
217 Ebenso im Ergebnis BGHZ 25, 16, 23; Westermann-Eickmann § 101 IV 4

Wer an solchen Fragen Freude hat, hat Talent zum Richter in Grundbuchsachen oder zu Höherem. Wer ein wenig ratlos davor steht, sollte nicht an den eigenen Fähigkeiten zweifeln.

4.6.2.2 Der Schutz des Berechtigten bei unrichtigem Grundbuch

Der sehr weitgehende Gutglaubensschutz, den die §§ 892, 893 gewähren, schwächt in gleichem Maße die Stellung dessen, dem das Recht in Wirklichkeit zusteht. Nach § 894 besitzt er einen sog. **Grundbuchberichtigungsanspruch**; er kann verlangen, daß das Grundbuch an die tatsächliche Rechtslage angepaßt wird. 1284

Ist anstelle des A zu Unrecht der B als Eigentümer eingetragen, so hat A gegen B einen Grundbuchberichtigungsanspruch. Dasselbe gilt, wenn die Hypothek des H irrtümlich gelöscht wurde; H kann vom Eigentümer verlangen, daß sie wieder eingetragen wird.

Die Durchsetzung des Berichtigungsanspruchs wird insbesondere dann geraume Zeit in Anspruch nehmen, wenn der Eingetragene sein Recht verteidigt und es zu einem gerichtlichen Verfahren kommt. Der Berechtigte muß daher ein Mittel haben, um einen gutgläubigen Erwerb während dieser Zeit zu verhindern. Dieses stellt ihm § 899 zur Verfügung: Er kann die **Eintragung eines Widerspruchs** ins Grundbuch verlangen. Voraussetzung ist, daß entweder (seltener Fall!) der bisher Eingetragene den Widerspruch bewilligt oder daß das Gericht eine einstweilige Verfügung in diesem Sinne erläßt. Genau wie bei dem Fall der Vormerkung reicht es dabei aus, wenn das Bestehen eines Berichtigungsanspruchs glaubhaft gemacht wird; daß die Realisierung dieses Anspruchs gefährdet ist, versteht sich angesichts der §§ 892, 893 von selbst und muß daher – wie § 899 Abs. 2 Satz 2 verdeutlicht – im Einzelfall nicht noch einmal dargelegt werden. 1285

Soweit der Widerspruch reicht, ist ein gutgläubiger Erwerb unmöglich. 1286

A erwirkt als (angeblich) wahrer Eigentümer einen Widerspruch dagegen, daß B als Eigentümer im Grundbuch eingetragen ist. Ein gutgläubiger Erwerb des Eigentums oder eines beschränkten dinglichen Rechts von B ist nicht mehr möglich. Die Folge ist allerdings keine Grundbuchsperre: Die Erwerber handeln lediglich auf eigene Gefahr.

Hat H einen Widerspruch erwirkt, weil seine Hypothek zu Unrecht gelöscht worden ist, so bleibt der Erwerb des Eigentums am Grundstück möglich; nur ein «hypothekenfreier» gutgläubiger Erwerb ist ausgeschlossen.

4.6.3 Gutgläubiger Erwerb von Forderungen und anderen Rechten?

1287 In bemerkenswertem Gegensatz zu den sachenrechtlichen Vorschriften sehen die Bestimmungen über die Forderungsabtretung nach §§ 398 ff. **praktisch keinen Schutz des gutgläubigen Erwerbers** vor. Ist der Zedent in Wirklichkeit gar nicht Inhaber der abgetretenen Forderung, kann ihn der Zessionar ggfs. auf Schadensersatz in Anspruch nehmen, ein gutgläubiger Erwerb findet nicht statt (zu den Begriffen s. oben 4.4.1 – Rn 1224).

1288 Die einzige (beschränkte) **Ausnahme** stellt **§ 405** dar. Hat der Schuldner eine Urkunde über die Schuld ausgestellt (Schuldschein!) und ist die Forderung unter Vorlegung dieser Urkunde abgetreten worden, so kann er dem neuen Gläubiger gegenüber nicht behaupten, es habe ein Scheingeschäft vorgelegen oder die Abtretung der Forderung sei vertraglich ausgeschlossen worden. Alle anderen Einwendungen bleiben ihm jedoch nach § 404 erhalten.

1289 Wie ist es zu erklären, daß bei der Abtretung von Forderungen die Sicherheit und **Verläßlichkeit des Rechtsverkehrs**, die sonst so nachhaltig betont wird, **plötzlich keine Rolle mehr** spielt? Die Gründe werden deutlicher, wenn man sich eine gegenteilige Entscheidung des Gesetzgebers vorstellt: Wäre ein gutgläubiger Erwerb von Forderungen möglich, könnten andere Personen in fast beliebigem Umfang mit Schulden «eingedeckt» werden.

A behauptet, gegenüber S eine Forderung über 100000 DM zu besitzen, und tritt diese an den gutgläubigen B ab. S ist plötzlich um 100000 DM ärmer...

1290 Anders als im Recht der beweglichen Sachen, wo durch die Einräumung des Besitzes an einen Dritten ein (in der Regel überschaubares) Risiko geschaffen wird, und anders als im Grundstücksrecht, wo die Eintragung im Grundbuch zur Entstehung eines bestimmten Rechtsscheins führt, **fehlt** hier eine **entsprechende «Vertrauensbasis»**. Man könnte allenfalls daran denken, einem vom Schuldner ausgestellten Schuldschein diese Funktion zu geben und so auch andere als die in § 405 genannten Einwendungen auszuschließen. Davon hat der Gesetzgeber jedoch keinen Gebrauch gemacht, weil normale Forderungen nicht unter einer Vielzahl von Personen zirkulieren sollen. Dies ist vielmehr **lediglich bei Wertpapieren** der Fall, bei denen in der Tat in weitem Umfang ein **gutgläubiger Erwerb** möglich ist: So kann etwa der Schuldner einer in einem Wechsel verbürgten Verbindlichkeit nach Art. 17 Wechselgesetz (= WG – Schönfelder Nr. 54) dem Inhaber nicht entgegenhalten, die Forderung sei in Wirklichkeit gar nicht begründet worden oder mit Einwendungen oder Einreden behaftet. Andere Wertpapiere, insbesondere solche, die wie die Aktie keine Forderung, sondern ein Mitgliedschaftsrecht repräsentieren, werden den Regeln über bewegliche Sachen unterstellt.[218]

5 Bedingte und befristete Rechtsgeschäfte

Zurück zu einer allgemeinen Frage des Inhalts von Verträgen. Diese 1291
können bestimmte Rechte und Pflichten von einer Bedingung oder Befristung abhängig machen; dies gilt für Verpflichtungs- und grundsätzlich auch für Verfügungsgeschäfte.

5.1 Bedingung

Ein Verpflichtungs- wie ein Verfügungsgeschäft kann «bedingt» ab- 1292
geschlossen werden. Dabei unterscheidet man nach § 158 die **aufschiebende** und die **auflösende** Bedingung: die erstere liegt dann vor, wenn die beabsichtigten Rechtswirkungen erst mit dem Eintritt der Bedingung beginnen sollen, die letztere dann, wenn sie gleich eintreten, aber bei Eintritt der Bedingung entfallen sollen. Dies klingt sehr abstrakt; deshalb einige Beispiele.

V vereinbart mit K, daß das Eigentum an der verkauften Sache erst übergehen soll, wenn alle Raten bezahlt sind (Eigentumsvorbehalt). Hier ist die Übereignung aufschiebend bedingt. Ungewöhnlicher, wenngleich zulässig wäre eine aufschiebende Bedingung des Kaufvertrags: Seine Gültigkeit soll davon abhängen, daß der K ein bestimmtes Guthaben auf seinem Konto besitzt. Eine auflösende Bedingung liegt

218 Überblick bei Palandt-Thomas Einf. vor § 793 Rn 1 ff.

etwa dann vor, wenn der A seiner sich von ihm trennenden Lebenspartnerin einen monatlichen Unterhaltsbetrag verspricht, bis sie eine Arbeit gefunden hat oder mit einem neuen Partner zusammenzieht.

1293 Von einer Bedingung spricht man nur dann, wenn es sich um ein **Ereignis** handelt, dessen Eintritt **mehr oder weniger ungewiß** ist.

Ob K wirklich alle seine Raten bezahlen wird, mag den Umständen nach sehr wahrscheinlich sein, ganz sicher ist es nicht (sonst wäre der Eigentumsvorbehalt überflüssig).

Vereinbart der E mit dem M, dieser könne bei ihm wohnen, «unter der Bedingung, daß er, E, nicht sterbe», so ist dies keine Bedingung, da der Tod jeden einmal ereilt; vielmehr liegt eine Befristung vor.[219]

1294 Ohne Bedeutung ist, ob die Bedingung von keinem der Beteiligten zu beeinflussen ist

Der Reiseveranstalter verpflichtet sich, das Geld zurückzuzahlen, wenn es während des dreiwöchigen Afrika-Aufenthalts länger als sieben Tage regnen sollte.

oder auch in der Macht eines Beteiligten liegen. Im letzteren Fall spricht man von einer sog. **Potestativbedingung**.[220]

Ein gesetzlich geregelter Fall dieser Art ist das Widerrufsrecht nach dem VerbrKrG und dem HaustürWG.[221] Der abgeschlossene Vertrag steht dabei unter der aufschiebenden Bedingung, daß der Kunde nicht binnen der vorgesehenen Frist widerruft.

1295 **Tritt die Bedingung ein**, so wirkt dies mangels abweichender Abmachungen nur für die Zukunft (§ 159)[222]. Dies gilt auch für eine auflösende Bedingung; die erbrachten Leistungen sind im Regelfall nicht zurückzugewähren.

1296 **Tritt die Bedingung nicht ein**, ist zu unterscheiden: Bei aufschiebender Bedingung ist das Rechtsgeschäft beendet, bei auflösender Bedingung werden die zunächst nur vorläufigen Rechtswirkungen zu endgültigen.

219 Dazu unten 5.2 (Rn 1302ff.)
220 Medicus, AT, Rn 830
221 Dazu oben Kap. 12 unter 2.5 (Rn 857ff.)
222 Medicus, AT, Rn 839

Beispiel: Die Raten werden endgültig nicht bezahlt, die Bedingung für die Übereignung «fällt aus». Die Folge ist, daß der V Eigentümer bleibt.

U hat der Bank B eine Maschine zur Sicherheit mit der Maßgabe übereignet, daß das Eigentum an ihn zurückfallen soll, wenn er das erhaltene Darlehen zurückzahlt. Als dies scheitert, bleibt es beim Eigentum der Bank (die dieses allerdings nicht beliebig verwenden, sondern nur verwerten darf, um zu ihrem Geld zu kommen).

In der Zeit zwischen der Vereinbarung und dem Eintritt oder dem 1297
Ausfall der Bedingung besteht ein **Schwebezustand**. Er soll von keiner Seite zu ihren Gunsten verändert werden. Deshalb sieht das Gesetz drei wichtige Regeln vor.

– Keine Seite darf nach § 162 den Eintritt oder den Ausfall der Bedingung wider Treu und Glauben herbeiführen.

Die Lebenspartnerin bemüht sich im o. g. Beispiel (Rn 1292) nicht um eine Arbeit oder einen neuen Partner, da dies ihren Unterhaltsanspruch hinfällig machen würde.

Wann ein solcher **Verstoß gegen Treu und Glauben** vorliegt, kann 1298
sehr zweifelhaft sein. In den meisten Fällen hilft eine sachgerechte Auslegung der Klausel, die die Bedingung im einzelnen umschrieben hat.[223]

Im Falle des Unterhaltsversprechens wird man der Partnerin eine relativ große Entscheidungsfreiheit belassen, doch wäre die auflösende Bedingung eingetreten, wenn sie eine in jeder Hinsicht zumutbare Arbeit nicht annimmt.

– Beeinträchtigt oder vereitelt der (aufschiebend) bedingt Verpflich- 1299
tete die Möglichkeit zur Leistung, so ist er bei Eintritt der Bedingung nach § 160 Abs. 1 dem anderen Teil schadensersatzpflichtig.

Der Verkäufer verbraucht die Sache selbst und kann sie deshalb bei Eintritt der Bedingung nicht liefern.

– Nach § 161 sind **während der Schwebezeit vorgenommene** 1300
Verfügungen unwirksam, wenn sie die Rechte des anderen Teils beeinträchtigen.

Der Vorbehaltsverkäufer verkauft die Sache an einen Dritten.

Dies gilt nach § 161 Abs. 3 allerdings dann nicht, wenn der Dritte die 1301
bedingte Übereignung weder kannte noch infolge grober Fahrlässigkeit nicht kannte. Dann erwirbt er gutgläubig.

---

223 Medicus, AT, Rn 835

Verblieb die Sache entgegen dem Üblichen beim V und übergab sie dieser einem gutgläubigen D, so ist an sich § 932 Abs. 1 Satz 1 nicht anwendbar, da V ja immer noch Eigentümer war, D also vom «Berechtigten» erwarb. § 161 Abs. 3 mußte deshalb ausdrücklich die entsprechende Anwendung der Gutglaubensvorschriften anordnen, so daß der Gutgläubige auch gegen den Wegfall des Eigentums durch Eintritt der Bedingung geschützt ist.

5.2 Befristung

1302 Rechtsgeschäfte können nicht nur bedingt, sondern auch auf eine bestimmte Zeit befristet sein. Dabei kann ein **Anfangs-** wie ein **Endtermin** vereinbart werden.

Am 2. 1. wird ein Arbeitnehmer «bis zum 31. 3.» eingestellt (Endtermin).

Der am 10. 3. abgeschlossene Mietvertrag soll ab 1. 5. gelten (Anfangstermin).

Auch hier kann ein Schwebezustand entstehen, bei dem gemäß § 163 dieselben Schutzbestimmungen wie bei der Befristung eingreifen.[224]

1303 Von **befristeten** Forderungen spricht man dann, wenn sie erst in Zukunft entstehen sollen, von «**betagten**» dann, wenn sie bereits entstanden, aber noch nicht fällig sind.

Die Frage wird insbesondere dann praktisch, wenn vorzeitig bezahlt wird: Im ersten Fall, nicht aber im zweiten kommt eine Rückgewähr in Betracht.

224 Einzelheiten bei MüKo-H. P. Westermann, Erläuterungen zu § 163

KAPITEL 15: Rechtswidrige Verträge und Vertragsklauseln

1 Der rechtliche Rahmen von Verträgen – ein Überblick

Privatautonomie und Vertragsfreiheit sind nicht schrankenlos garantiert; dies wäre weder mit allgemeinen Interessen noch mit dem Schutz der schwächeren Seite vereinbar.[1] Das geltende Recht kennt zahlreiche Formen, wie ein «Wildwuchs» der Privatautonomie bekämpft werden kann. 1304

1.1 Beschränkung des rechtlichen Könnens

Eine der wichtigsten Schranken haben wir bereits kennengelernt. Wie in Kap. 11 im einzelnen dargelegt, können sich nur vollgeschäftsfähige Personen vertraglich verpflichten. Noch wichtiger ist, was in Kap. 7 ausgeführt wurde: **Bestimmte Gegenstände** sind von vornherein **dem Markt entzogen** – sei es, weil sie allen gleichermaßen zur Verfügung stehen sollen (Gemeingebrauch!), sei es, weil wir nicht wollen, daß bestimmte Teile der Persönlichkeit oder das politische Verhalten zum Handelsobjekt werden. Schließlich existiert im Sachenrecht, aber grundsätzlich auch im Familien- und Erbrecht, eine **geschlossene Zahl von Gestaltungsformen** («Typenzwang»), die nicht durch pri- 1305

1 Näher oben Kap. 8 unter 1.3 (Rn 507ff.) und Kap. 12 unter 1.1 (Rn 771)

vatautonome Entscheidung erweitert werden kann – ein Prinzip, das insbesondere mit dem Gedanken der Übersichtlichkeit und Verläßlichkeit des Rechtsverkehrs legitimiert wird.[2]

1.2 Erbringung bestimmter Dienstleistungen nur durch staatlich autorisierte Personen

1306 Nur am Rande angesprochen haben wir bisher die Vorschriften, die bestimmte (in der Regel qualifizierte) Dienstleistungen solchen Personen vorbehalten, die einen bestimmten «Befähigungsnachweis» erbracht haben. Nur wer eine Approbation besitzt, darf als **Arzt** Patienten behandeln. Auch **Heilpraktiker** bedürfen für ihre Berufsausübung einer staatlichen Genehmigung, die allerdings bereits dann erteilt wird, wenn von der betreffenden Person keine «Gefahr für die Volksgesundheit» ausgeht.[3] Oder ein weiteres Beispiel: Andere Personen als **Rechtsanwälte** dürfen «fremde Rechtsangelegenheiten» nur dann besorgen, wenn sie eine entsprechende behördliche Erlaubnis nach § 1 des Rechtsberatungsgesetzes (Schönfelder Nr. 99) haben. Am wichtigsten (und zugleich am umstrittensten) ist die «Monopolisierung» handwerklicher Tätigkeiten durch die **Handwerksordnung**[4]: Nur wer als Meister in der Handwerksrolle eingetragen ist, darf sich z. B. als Dachdecker, Radio- und Fernsehtechniker, als Schneider oder als Bäcker betätigen. Versuchen sich andere Personen auf diesem Gebiet, liegt ggfs. unerlaubte Schwarzarbeit vor.[5]

Wie unten unter 2.3 (Rn 1325ff.) im einzelnen dargelegt, werden Verstöße gegen diese Verbote nicht immer nach einheitlichen Maßstäben behandelt.

2 Näher oben Kap. 14 unter 2.2 (Rn 1100)

3 Vgl. BVerfG NJW 1988, 2290, wonach diese Regelung auch insoweit verfassungskonform ist, als sie auf frei praktizierende Diplompsychologen erstreckt wird

4 Sartorius Nr. 815; im Anhang zur Handwerksordnung sind die handwerklichen Tätigkeiten definiert

5 Dazu unten 2.3 (Rn 1329)

1.3 Kontrahierungszwang

Ein weiteres Stück staatlicher «Lenkung» der Vertragsfreiheit stellt die 1307
Pflicht dar, unter bestimmten Voraussetzungen Verträge mit jedem Interessierten abzuschließen. Einzelheiten wurden bereits dargestellt.[6]

1.4 Staatliche Genehmigung bestimmter Verträge

In einer Reihe von Fällen sind Verträge oder andere Rechtsgeschäfte 1308
nur dann wirksam, wenn der Staat eine «Unbedenklichkeitsbescheinigung» erteilt. Dies gilt beispielsweise für die **Gründung einer juristischen Person**, die erst mit der Eintragung in ein (staatlich geführtes) Register zur Entstehung kommt[7] oder die – im Falle der Stiftung – einer direkten staatlichen Genehmigung bedarf.[8] Zu erinnern ist weiter an die **Veräußerung landwirtschaftlicher Grundstücke**, die gleichfalls nicht ohne ein staatliches Jawort möglich ist.[9] Bestimmte Wertsicherungsklauseln bedürfen der Genehmigung der Deutschen Bundesbank.[10] Nicht weniger wichtig sind entsprechende Bestimmungen im GWB (Schönfelder Nr. 74): danach sind bestimmte **wettbewerbsbeschränkende Absprachen genehmigungsfähig**,

Beispiel: Nach § 5 Abs. 2 Satz 1 GWB dürfen wettbewerbsbeschränkende Vereinbarungen genehmigt werden, «wenn die Regelung der Rationalisierung wirtschaftlicher Vorgänge dient und geeignet ist, die Leistungsfähigkeit oder Wirtschaftlichkeit der beteiligten Unternehmen in technischer, betriebswirtschaftlicher oder organisatorischer Beziehung wesentlich zu heben und dadurch die Befriedigung des Bedarfs zu verbessern». Die Papierfabriken dürfen sich deshalb absprechen, für den deutschen Markt nur Papier im DIN-Format herzustellen

doch ermöglicht § 8 GWB weitergehend, jede wettbewerbsbeschränkende Abrede zu genehmigen, «wenn ausnahmsweise die Beschränkung des Wettbewerbs aus überwiegenden Gründen der Gesamtwirtschaft und des Gemeinwohls notwendig ist». Aus der Tagespresse ist die sog. **Fusionskontrolle** bekannt; schließen sich Unternehmen zu-

6 Oben Kap. 12 unter 4 (Rn 890 ff.)
7 Oben Kap. 5 unter 2.2 (Rn 239 ff.)
8 Oben Kap. 5 unter 4.1.2.2 (Rn 335 f.)
9 Oben Kap. 5 unter 1.2.2 (Rn 204)
10 Dazu oben Kap. 14 unter 3.2.3.3 (Rn 1150 ff.)

sammen (was schon bei einem Erwerb von mindestens 25 % der Anteile eines andern Unternehmens angenommen wird), so kann das Kartellamt innerhalb bestimmter Fristen nach § 24 GWB einschreiten und den Zusammenschluß untersagen oder von bestimmten Auflagen abhängig machen. Einzelheiten gehören ins Wirtschaftsrecht und können deshalb hier nicht dargestellt werden.[11]

1.5 Verträge mit beschränkter Wirksamkeit

1309 Eine weitere Form staatlicher Einflußnahme liegt darin, daß bestimmte Verträge zwar zugelassen, daß den daraus folgenden **Ansprüchen** jedoch die **Klagbarkeit genommen** wird: Wenn freiwillig erfüllt wird, soll es dabei bleiben, ein staatlicher «Erfüllungszwang» mit Hilfe eines gerichtlichen Verfahrens existiert jedoch nicht.

1310 Ein Fall dieser Art findet sich in § 656. Danach besitzt der sog. Ehemäkler (heute: **Heiratsvermittler**) keinen Anspruch auf das vereinbarte Entgelt, auch wenn er seine Pflichten erfüllt, also die «Gelegenheit zur Eingehung einer Ehe» verschafft oder gar das Zustandekommen einer Ehe vermittelt hat. Allerdings ist dies nur die eine Seite: Leistungen, die aufgrund des Versprechens erbracht wurden, können nach § 656 Abs. 1 Satz 2 nicht deshalb zurückgefordert werden, weil keine Verbindlichkeit bestanden habe. Man spricht insoweit im Anschluß an den Sprachgebrauch des Römischen Rechts von einer **«Naturalobligation»**. In der Praxis führt diese Bestimmung dazu, daß der Katalog mit den schönen Bildern erst dann gezeigt oder die Einladung zu einem «unverbindlichen Treffen» erst dann ausgesprochen wird, wenn vorher bereits bezahlt wurde. Das BVerfG hat diese Regelung für verfassungskonform erklärt.[12] Klagen auf Gewährung des Ehemäklerlohnes würden notwendigerweise dazu führen, daß die Motivation für die Eheschließung aufgedeckt und gewürdigt werden müßte; dies aber sei – so das Gericht – für die geschlossene Ehe recht störend. Dies rechtfertige die unterschiedliche Behandlung im Verhältnis zu anderen Verträgen; weder der Gleichheitssatz des Art. 3

11 Dazu Rittner, Wirtschaftsrecht, §§ 15, 16, 20 mwN. Kritische Einschätzung des GWB bei Wiethölter, Rechtswissenschaft, S. 252ff.

12 BVerfG NJW 1966, 1211

Abs. 1 GG noch die Berufsfreiheit der Heiratsvermittler nach Art. 12 GG seien deshalb verletzt.[13]

Einen weiteren, sehr viel wichtigeren Fall werden wir an späterer 1311
Stelle kennenlernen: Ist ein **Vertrag gesetz- oder sittenwidrig**, so kann die auf seiner Grundlage erbrachte Leistung nicht zurückgefordert werden, wenn auch der Leistende gegen ein gesetzliches Verbot oder die guten Sitten verstieß (§ 817 S. 2).

Beispiel: Der Vertrag zwischen Freier und Prostituierter ist nach herrschender Auffassung sittenwidrig und damit nichtig. Das gleichwohl bezahlte Entgelt kann aber nicht zurückgefordert werden.

Die Folge solcher Regelungen ist, daß der in Frage stehende Markt nicht etwa beseitigt, sondern auf «Vorkasse», meist auf Bargeschäfte, reduziert wird.[14]

1.6 Nichtigkeit wegen Verstoßes gegen ein gesetzliches Verbot

Bestimmte Verträge, die sich an die eben beschriebenen Schranken 1312
nicht halten oder gegen andere Vorschriften verstoßen, sind nach § 134 nichtig. Im Zusammenhang damit taucht eine Reihe von Fragen auf, die eingehendere Betrachtung verdienen (unten 2).

1.7 Nichtigkeit wegen Verstoßes gegen die guten Sitten

Verträge und andere Rechtsgeschäfte sind auch dann nichtig, wenn sie 1313
gegen die guten Sitten im Sinne des § 138 Abs. 1 verstoßen. Die dabei auftretenden Fragen sind sehr zahlreich – nicht nur deshalb, weil sich hier das Leben in seinen buntesten Seiten zeigt, sondern auch, weil § 138 Abs. 1 BGB immer mehr zu einer Norm wird, die der Durchsetzung elementarer verfassungsrechtlicher Wertungen auch im Privatrechtsverkehr dient. Näheres dazu unten 3.

13 Einzelheiten gehören ins Maklerrecht; dazu Bd. 2 Kap. 4 unter 5.4 (Rn 698 ff.)
14 Näher dazu unten 3.3 (Rn 1385)

1.8 Verstoß gegen zwingende Schutzvorschriften

1314 Eine weitere wichtige Schranke ergibt sich dadurch, daß die schwächere Seite häufig durch zwingende Schutzvorschriften abgesichert ist. Dies gilt nicht nur im Arbeitsrecht[15] sowie im Recht der Wohnungsmiete[16], sondern insbesondere bei der Verwendung von AGB. Wird gegen die in den §§ 9–11 AGBG enthaltenen Gebote verstoßen, sind die entsprechenden Vertragsklauseln unwirksam. Auch hier muß ein wenig ins Detail gegangen werden (unten 4).

1.9 Sonstige Inhaltskontrolle?

1315 Das AGBG erfaßt nicht alle denkbaren vertraglichen Abmachungen. Es nimmt nicht nur Individualvereinbarungen aus[17], sondern bezieht sich von vornherein nicht auf die Hauptleistung und den für sie geschuldeten Preis.[18] Ist insoweit nur eine Kontrolle mit Hilfe des § 138 möglich oder kann man auch – etwa in Anlehnung an § 242 – «unbilligen» Abmachungen die Anerkennung versagen? Auch dies läßt sich nicht mit zwei Sätzen beantworten (unten 5).

1.10 Rechtsdurchsetzung

1316 Gute Regeln, die schlechten Verträgen die Anerkennung verweigern, sind wenig wert, wenn sich in der Praxis niemand findet, der sich ernsthaft auf sie beruft. Gerade dort, wo es um den Schutz des Schwächeren geht, ist die Gefahr besonders groß, daß sich die «Schwäche» auch darin niederschlägt, daß man nicht zu Gericht geht oder dort mangels ausreichender Beratung von vornherein ins Hintertreffen gerät. Gerade in diesem Bereich darf deshalb die Frage der Rechtsdurchsetzung nicht ausgeklammert bleiben (unten 6).

15 Beispiel: Gesundheitsschutz am Arbeitsplatz. Dazu Däubler, Arbeitsrecht 2, unter 4.4 (S. 213 ff.)

16 Vgl. § 564 b Abs. 6: Von den Kündigungsschutzvorschriften kann im Vertrag nicht zum Nachteil des Mieters abgewichen werden

17 Oben Kap. 12 unter 2.4.3 (Rn 837 ff.)

18 § 8 AGBG

2 Nichtigkeit von Verträgen wegen Verstoßes gegen ein gesetzliches Verbot

Nach § 134 ist ein Rechtsgeschäft nichtig, das gegen ein gesetzliches 1317
Verbot verstößt, «wenn sich nicht aus dem Gesetz ein anderes ergibt». **Die «Privatrechtsgesellschaft» öffnet sich hier staatlicher Intervention**, ohne konkrete Bereiche oder Grenzen zu benennen.[19] Aus der Sicht des Jahres 1896 mag es sich dabei eher um Randbereiche gehandelt haben. 100 Jahre später erweist sich § 134 als Einfallstor für unterschiedliche Politiken. Seine Existenz hat mit dazu beigetragen, daß der Text des BGB gerade in den marktbezogenen Teilen weithin unverändert blieb[20], ließen sich doch auch so «marktwirtschaftswidrige» Dinge wie ein Preisstopp unschwer mit Hilfe des § 134 bewältigen.

2.1 Der normative Gehalt des § 134

§ 134 nennt als Voraussetzung lediglich das Vorliegen eines «gesetz- 1318
lichen Verbots», ist insoweit also eine sog. **Blankettnorm**, die durch andere Vorschriften ausgefüllt werden muß. Als Rechtsfolge nennt sie die Nichtigkeit, macht allerdings zugleich die Einschränkung, daß diese nur einträte, sofern sich aus dem Verbotsgesetz nichts anderes ergeben würde. Lediglich dann, wenn diesem auch im Wege der Interpretation nichts darüber zu entnehmen ist, wie mit verbotswidrigen zivilrechtlichen Verträgen zu verfahren ist, tritt die **«Regelsanktion» der Nichtigkeit** ein.[21] Der eigene normative Gehalt des § 134 ist somit recht gering; gleichwohl ist seine Bedeutung wegen der «Öffnung» des ansonsten so geschlossenen Zivilrechtssystems beträchtlich.

19 Vgl. AK-BGB-Damm § 134 Rn 14: Ausdruck des Primats staatlicher Wirtschaftsordnung und Wirtschaftslenkung

20 Zur Veränderung mit Hilfe der Rechtsprechung s. oben Kap. 4 unter 5 (Rn 182ff.)

21 Canaris, Gesetzliches Verbot und Rechtsgeschäft, S. 14ff.; Medicus, AT, Rn 646; a. A. Flume, AT, Bd. II, § 17, 1 (S. 341)

2.2 Die Verbotsgesetze und ihre Auslegung

1319 Um mit dem «Negativen», dem von vorne herein Auszuklammernden zu beginnen: Eine Reihe von **Vorschriften** fällt deshalb nicht unter § 134, weil sie **selbst ausdrücklich bestimmen, welche zivilrechtlichen Folgen ein Verstoß** gegen sie haben soll. Dies gilt beispielsweise für § 1 GWB, wonach (pauschal gesprochen) wettbewerbsbeschränkende Abreden «unwirksam» sind. Für «nichtig» erklärt Art. 85 Abs. 2 EGV alle Vereinbarungen, die geeignet sind, den Handel zwischen den EG-Mitgliedstaaten zu beeinträchtigen. Eine eigenständige Regelung enthält auch § 114 AktG, wonach Beraterverträge mit Aufsichtsratsmitgliedern unwirksam sind, wenn ihnen der Aufsichtsrat als Gremium nicht zustimmt.[22]

1320 **Keine «Verbotsgesetze»** (und deshalb für § 134 ohne Bedeutung) sind **ausländische Normen**[23], doch kann ein Verstoß gegen sie einen Vertrag ggfs. sittenwidrig machen.[24]

1321 Von **§ 134 erfaßt** sind einmal **Strafrechtsnormen**,

ein Vertrag, durch den sich jemand verpflichtet, an einer Steuerhinterziehung oder einer Urkundenfälschung mitzuwirken, ist unwirksam

doch entscheiden die Zivilgerichte nach eigenen Vorstellungen, ob im konkreten Fall eine Strafrechtsnorm eingreift.

In einem wenig alltäglichen Vertrag hatte sich das beklagte Unternehmen dem Kläger gegenüber verpflichtet, ein im Zweiten Weltkrieg in der Straße von Malakka (Indonesien) mit Mann und Maus gesunkenes deutsches U-Boot zu bergen. Der Versuch schlug fehl. Der Kläger machte nunmehr Aufwendungsersatz in Höhe von 357000 DM geltend. Das beklagte Unternehmen berief sich darauf, der Vertrag sei wegen Störung der Totenruhe nach § 168 StGB gemäß § 134 nichtig gewesen. Der BGH sah dessen Voraussetzungen nicht als gegeben an.[25]

1322 Bei anderen Normen ist immer danach zu fragen, ob die **Nichtigkeit des zivilrechtlichen Vertrages vom Sinn und Zweck der Vorschrift her gefordert** ist.[26] Dies ist dann anzunehmen, wenn (auch)

---

22 Dazu und zu der Spezialfrage, was mit den vor der Wahl in den Aufsichtsrat abgeschlossenen Verträgen geschieht, BGH NJW 1991, 1830 und BGH NJW 1994, 2484

23 BGHZ 59, 82, 85; BGH NJW 1994, 1868

24 Überblick bei Mayer-Maly AcP 194 (1994), 140

25 BGH NJW 1994, 2613

26 BGH NJW 1992, 2558

der mit dem Vertrag gewollte wirtschaftliche Erfolg verhindert werden soll.[27] Im Zweifel ist dies anzunehmen, wenn sich das Verbot an beide Vertragsparteien richtet, wie dies meist auch bei den Tatbeständen von Ordnungswidrigkeiten der Fall ist.

Beispiel: § 120 Abs. 1 Nr. 2 OWiG verbietet öffentliche Werbung für die Prostitution. Ein Vertrag, durch den eine «Kontaktanzeige» in einem Stadtführer plaziert wird, ist deshalb nach Auffassung des BGH unwirksam.[28] Dabei genügt es, «daß dem verständigen, nicht ganz lebensfremden Leser aus der Kontaktanzeige unter Berücksichtigung der Umstände das Anbieten, Ankündigen oder Anpreisen einer Gelegenheit zu entgeltlichen sexuellen Handlungen erkennbar ist». Viele Tageszeitungen veröffentlichen deshalb nur einen Vornamen und eine Telefonnummer; dies wird vermutlich toleriert, obwohl man als «verständiger» Mensch durchaus erkennt, um was es geht.

Richtet sich das Verbot nur an eine Seite, bleibt im Zweifel die Gültig- 1323
keit des Vertrags unberührt.[29]

Ein Kauf nach Ladenschluß ist nicht unwirksam, weil nur das Verhalten der Verkäuferseite reglementiert werden soll.

Allerdings ist auch hier immer zu fragen, ob nicht doch eine weitergehende Rechtsfolge gewollt ist; dies ist beispielsweise der Fall, wenn die **übertretene Vorschrift gerade den Schutz der anderen Vertragspartei bezweckte**.

Bloße **Soll-Vorschriften** sind keine Verbotsgesetze im Sinne des 1324
§ 134; ihre Verletzung läßt daher den Vertrag (oder das sonstige Rechtsgeschäft) bestehen.[30]

Beispiel: Nach § 564a Abs. 1 Satz 2 «sollen» bei einer Kündigung durch den Vermieter die Gründe im Kündigungsschreiben angegeben werden. Unterbleibt dies, ist die Kündigung nicht etwa nach § 134 unwirksam.[31]

27 BGH NJW 1968, 2286 und BGH NJW 1983, 231
28 BGH NJW 1992, 2559
29 BGH NJW 1992, 2558
30 Palandt-Heinrichs § 134 Rn 7
31 BayObLG NJW 1981, 2197

2.3 Einzelfälle

1325 Sehr konsequent hat die Rechtsprechung das **Rechtsberatungsgesetz** angewandt und Verträge für nichtig erklärt, die die «Besorgung fremder Rechtsangelegenheiten» zum Gegenstand hatten.

Die beklagte GmbH hatte sich seit Jahrzehnten damit befaßt, unbekannte Erben ausfindig zu machen und den Aufenthalt bekannter Erben zu ermitteln. Den Betroffenen bot sie jeweils ihre (entgeltliche) Hilfe bei der Wahrung ihrer Ansprüche an. Hiermit verdiente sie ihr Geld. Da sie keine Genehmigung nach dem Rechtsberatungsgesetz besaß, nahm der BGH[32] ein unerlaubtes Verhalten an; die klagende Rechtsanwaltskammer konnte Unterlassung verlangen. Der Schwerpunkt habe nicht beim Erben-Suchen, sondern bei der Interessenwahrung gelegen.

Die auf unerlaubte Rechtsberatung gerichteten Verträge sind unwirksam.[33] In diesen Bereich fällt auch die Regulierung fremder Schulden.[34]

1326 Ähnlich strenge Maßstäbe wurden im Bereich der **Heilbehandlung** angelegt. Ein türkischer Arzt, der nur zur Arbeit im Krankenhaus berechtigt war, übernahm vertraglich die Vertretung einer niedergelassenen Kollegin; nicht nur die mit den Patienten geschlossenen Verträge, sondern auch die Abmachung über die Vertretung als solche war nach § 134 unwirksam.[35] Nichtig ist weiter auch der Behandlungsvertrag mit einem Diplompsychologen, der keine Erlaubnis nach dem Heilpraktikergesetz besitzt.[36]

1327 In allen Fällen handelt es sich um Verbote, die sich ausschließlich an den einen Vertragspartner richten, die jedoch gleichzeitig den Schutz des anderen bezwecken. Zur Begründung wurde weiter auf die Ungereimtheit verwiesen, die sich bei Annahme wirksamer Verträge ergeben würde: Der Rechtsberater bzw. Heilbehandler müßte ggfs. zu einem unzulässigen Tun verurteilt werden. Der Gedanke des Schutzes vor unerwünschter Konkurrenz wird nicht erwähnt, obwohl es schwerfällt, ihm jede praktische Bedeutung abzusprechen.[37]

1328 Anders stellt sich die Situation bei Verstößen gegen die **Handwerksordnung** dar. Sie wolle nicht die Vertragspartner vor Gefahren schützen, sondern lediglich die hohe Qualität des deutschen Hand-

32 BGH NJW 1989, 2125
33 BGHZ 37, 292
34 BGH NJW 1987, 3003; für das Inkasso fremder Forderungen dahingestellt in BGH NJW 1994, 997, 998
35 OLG Düsseldorf NJW 1988, 2308
36 OLG München NJW 1984, 1826
37 Vgl. AK-BGB-Damm § 134 Rn 60

werks sichern. Daraus folgt, daß ein Vertrag über handwerkliche Leistungen auch dann wirksam ist, wenn der «Handwerker» nicht in der Handwerksrolle eingetragen ist.[38] Großzügig ist man auch in einem anderen Bereich: Die Abgabe von verschreibungspflichtigen **Arzneimitteln ohne Rezept** läßt die Gültigkeit des entsprechenden Kaufvertrags unberührt.[39] Dies ist nur dann akzeptabel, wenn es sich um ein Mittel handelt, das auch ohne ärztliche Überwachung keinen Schaden anrichten kann.[40]

Beträchtliche Bedeutung besitzt § 134 im Rahmen der sog. 1329
Schwarzarbeit. Verstoßen beide Seiten gegen das «Gesetz zur Bekämpfung der Schwarzarbeit»[41], so ist auch der geschlossene Werkvertrag nichtig.[42] Anders verhält es sich dann, wenn nur eine Seite das Gesetz verletzte und die andere gutgläubig war.[43] Canaris hat die Annahme eines gültigen Vertrags in diesem Fall mit dem Argument kritisiert, die Zwecke des Schwarzarbeitsgesetzes würden in gleicher Weise tangiert, wenn nur der Auftragnehmer (also der «schwarz» Arbeitende) gegen die für ihn geltenden Bestimmungen verstoße.[44] Er schlägt deshalb eine «halbseitige Teilnichtigkeit» des Inhalts vor, daß der Auftragnehmer keine Rechte aus dem Vertrag herleiten kann, während dem gesetzestreuen Auftraggeber alle Ansprüche verbleiben. Das BGB kennt zwar an sich keine solche Rechtsfigur, doch wird sie den beteiligten Interessen am ehesten gerecht. Auch kann man ergänzend darauf verweisen, daß die Figur derartiger einseitiger Rechtsfolgen auch beim Beitritt eines Minderjährigen zu einer Handelsgesellschaft verwandt wird.[45]

38 BGH NJW 1984, 230, 231. Zum Verbot der Schwarzarbeit s. sogleich im Text
39 BGH NJW 1968, 2286
40 Für generelle Nichtigkeit AK-BGB-Damm § 134 Rn 55
41 idF vom 6. 2. 1995, BGBl I, 165
42 BGHZ 111, 308, 311. Zur Rechtslage, wenn ein Arbeitsverhältnis begründet wurde, s. Däubler, Arbeitsrecht 2, unter 15.6.1 (S. 975)
43 BGHZ 89, 369, 374; BGH NJW 1985, 2404
44 Canaris NJW 1985, 2405
45 Oben Kap. 11 unter 2.5 (Rn 715)

2.4 Gesetzesumgehung

1330 Werden die Voraussetzungen eines Verbotsgesetzes seinem Wortlaut nach nicht erfüllt, könnte man daran denken, § 134 gleichwohl anzuwenden, da eine «Gesetzesumgehung» vorliege.

Beispiel: Formal wird mit einem Rechtsanwalt ein Vertrag geschlossen, obwohl die gesamte Beratungsarbeit von dessen Freund F erbracht wird, der weder Rechtsanwalt ist noch eine Erlaubnis nach dem Rechtsberatungsgesetz besitzt. Das bezahlte Honorar leitet der Anwalt sofort an F weiter.

1331 Ein Rückgriff auf diese Rechtsfigur ist allerdings nur dann notwendig, wenn man das Verbotsgesetz eng interpretiert: Stellt man statt dessen auf seinen Sinn und Zweck ab, sind derartige Tatbestände automatisch miterfaßt.[46]

Der Anwaltsvertrag ist daher unmittelbar wegen Verstoßes gegen § 134 in Verbindung mit § 1 RBeratG unwirksam.

Wird im Einzelfall das **Ladenschlußgesetz** verletzt, läßt dies die Gültigkeit des abgeschlossenen Vertrages unberührt.[47] Dies hängt damit zusammen, daß nicht der Inhalt des Geschäfts, sondern nur seine Modalitäten gesetzwidrig sind. Handelt es sich ausnahmsweise nicht um ein Bargeschäft, so kann Lieferung allerdings nur während der Ladenöffnungszeiten verlangt werden.

2.5 Teilnichtigkeit?

1332 Verstößt nur ein Teil eines Rechtsgeschäfts gegen ein gesetzliches Verbot, findet **§ 139** Anwendung. Danach ist «im Zweifel» das ganze Geschäft nichtig, es sei denn, es wäre auch ohne den gesetzwidrigen Teil vorgenommen worden.[47a]

Beispiel: Ein Kaufvertrag mit einer irakischen Firma betrifft 20 verschiedene Gegenstände; zwei von ihnen fallen unter das Irak-Embargo.[48]

---

46 Ebenso AK-BGB-Damm § 134 Rn 105; Medicus, AT, Rn 660
47 Palandt-Heinrichs § 134 Rn 8 unter Bezugnahme auf RGZ 60, 276
47a Eingehend Deubner JuS 1996, 106 ff.
48 Zu diesem s. BGHZ 125, 30

3 Nichtigkeit wegen Verstoßes gegen die guten Sitten

3.1 Was bedeutet «gute Sitten»?

Nach § 138 Abs. 1 ist ein Rechtsgeschäft, «das gegen die guten Sitten verstößt», nichtig. Diesen Begriff näher zu bestimmen und für die Rechtsanwendung wirklich handhabbar zu machen, ist bislang nicht in vollem Umfang gelungen. 1333

3.1.1 Das «Anstandsgefühl aller billig und gerecht Denkenden»

Nach traditioneller Auffassung sind die guten Sitten mit dem «Anstandsgefühl aller billig und gerecht Denkenden» identisch.[49] Damit ist eine Größe angesprochen, die Widerspruch geradezu provoziert: Wie will man «Gefühle» erfassen, wie den Kreis der «billig und gerecht Denkenden» abgrenzen?[50] Es ist denn auch keine empirische Untersuchung bekanntgeworden, mit deren Hilfe sich ein Gericht die nötigen Informationen verschafft hätte.[51] Auch kann es naheliegen, das «Anstandsgefühl» im Sinne bestimmter herrschender Auffassungen zu instrumentalisieren und so die Starken noch stärker und die Schwachen noch schwächer zu machen.[52] 1334

Die Formel vom «Anstandsgefühl aller billig und gerecht Denkenden» ersetzt im Grunde nur den sehr allgemeinen Begriff der «guten Sitten» durch einen anderen; selbst bei «fairer» Handhabung trägt sie zur inhaltlichen Präzisierung des § 138 Abs. 1 wenig bei.[53]

---

49 So zuerst RGZ 48, 114, 124, seither ständige Rechtsprechung. Aus neuerer Zeit s. etwa BGHZ 69, 297

50 Dieselben Fragen bei Medicus, AT, Rn 682; Schwab, Einf., Rn 585

51 Dies mag anders sein im Bereich des durch § 1 UWG verbotenen sittenwidrigen Verhaltens im Wettbewerb – s. etwa den Fall BGH NJW 1969, 744 (‹Stuttgarter Wochenblatt›)

52 Häufig wird in diesem Zusammenhang auf RGZ 150, 1, 4 verwiesen, wo die «guten Sitten» mit dem «gesunden Volksempfinden» gleichgesetzt und dieses aus der NS-Weltanschauung heraus bestimmt wurde

53 Zutreffend Larenz, AT, § 22 III a; Palandt-Heinrichs § 138 Rn 2

3.1.2 Ermächtigung zu richterrechtlicher Intervention

1335 Schon bei den Vorarbeiten zum BGB waren sich die handelnden Personen darüber im klaren, mit § 138 Abs. 1 dem Richter ein sehr weites Gestaltungsermessen einzuräumen. So hieß es in den Motiven:[54]

> «Die Vorschrift stellt sich als bedeutsamer juristischer Schritt dar, der vielleicht nicht ohne Bedenken ist. Dem richterlichen Ermessen wird ein Spielraum gewährt, wie ein solcher großen Rechtsgebieten bisher unbekannt ist. Fehlgriffe sind nicht ausgeschlossen. Bei der Gewissenhaftigkeit des deutschen Richterstandes darf indessen unbedenklich darauf vertraut werden, daß die Vorschrift im ganzen und großen nur in dem Sinne angewendet werden wird, in dem sie gegeben ist.»

Von dieser Möglichkeit haben die Gerichte in weitem Umfang Gebrauch gemacht und dabei zahlreiche **Fallgruppen** entwickelt. Will man die Bedeutung des § 138 für die Rechtspraxis erfassen, muß man sich notwendigerweise an diesen Fallgruppen orientieren.

1336 Bei der «Konkretisierung» der «guten Sitten» ist zu beachten, daß es kaum mehr darum geht, moralische Standards neu ins Recht zu rezipieren und ihnen juristische Geltung zu verschaffen.[55] Vielmehr greift die Rechtsprechung typischerweise auf **solche Moralvorstellungen zurück, die in der Verfassung oder in anderen Teilen des geschriebenen Rechts bereits ihren Niederschlag gefunden haben**.[56] Dabei wird allerdings nicht nur «Vorgefundenes» nachvollzogen; die Rechtsprechung hat vielmehr gestaltende Funktion in dem Sinne, daß sie bewußt bestimmten Wertungen zum Durchbruch verhilft.[57] Während § 134 das «System» des BGB den unterschiedlichsten Gesetzesnormen, insbesondere solchen wirtschaftspolitischer Art, öffnet, tut § 138 dies im Hinblick auf das nicht weniger vielfältige Richterrecht.

---

54 I, 211
55 Zur Unterscheidung von Recht und Moral s. oben Kap. 2 unter 2.3 (Rn 41 ff.)
56 Ähnlich Mayer-Maly AcP 194 (1994), 131
57 AK-BGB-Damm § 138 Rn 26: Wandlung von der Rezeptions- zur Interventionsnorm

3.1.3 Überblick über die Fallgruppen

Eine wichtige Fallgruppe des § 138 Abs. 1 haben wir bereits kennengelernt, weil ohne sie eine ganz zentrale Grenze jeder marktwirtschaftlichen Ordnung nicht darstellbar gewesen wäre: **Persönlichkeitswerte** dürfen **nicht beliebig** zum Gegenstand von Verträgen gemacht und damit **«vermarktet»** werden.[58] Ein weiterer, damit eng verwandter Bereich betrifft die **wirtschaftliche Bewegungsfreiheit des einzelnen**: Sie darf – wie das Stichwort der Knebelungsverträge deutlich macht – nicht beliebig eingeschränkt werden. Einen Mindestschutz des schwächeren Vertragspartners beabsichtigt auch das **Wucherverbot** des § 138 Abs. 2 sowie das Verbot «wucherähnlicher» Geschäfte, das von der Rechtsprechung entwickelt wurde: Leistung und Gegenleistung müssen sich zwar nicht entsprechen (man kann gute wie auch schlechte Geschäfte machen), doch gibt es Fälle, in denen – umgangssprachlich gesagt – der eine Vertragspartner von dem anderen total über den Tisch gezogen wird. § 138 Abs. 1 ist weiter für solche Verträge von Bedeutung, durch die **Dritte bewußt geschädigt** werden. 1337

Beispiel: Kleinunternehmer U überträgt seiner Hausbank zahlreiche wertvolle Gegenstände zur Sicherheit, obwohl er dort nur noch mit 10000 DM in der Kreide steht. Seine anderen Gläubiger schauen mehr oder weniger in die Röhre, wenn es zum Schwur kommt, da kaum mehr pfändbares Vermögen bei U vorhanden ist.

Schließlich greift § 138 ein, wenn **bestimmte wichtige Gemeininteressen verletzt** sind.

Beispiel:[59] Kauf eines Radar-Warngeräts, das einem Autofahrer Geschwindigkeitsmessungen der Polizei vor Erreichen der Meßstelle anzeigt. Sittenwidrig, da dadurch die Begehung von Ordnungswidrigkeiten und Straftaten sowie die Gefährdung von Leib und Leben anderer Verkehrsteilnehmer erleichtert wird.

Der knappe Überblick über die wichtigsten Fallgruppen macht deutlich, daß «Sittenwidrigkeit» im Rechtssinne ein vielfältige Erscheinungen umfassender Begriff ist, während in der Alltagssprache eher an Fragen der Sexualmoral gedacht wird.[60]

58 Dazu oben Kap. 7 unter 2 (Rn 467 ff.)
59 AG Berlin-Neukölln NJW 1995, 2173
60 Mayer-Maly AcP 194 (1994), 169 schätzt den Anteil der Fälle, die sich auf die Sexualsphäre und die Familienordnung beziehen, auf weniger als ein Zehntel

3.2 Fallgruppen im einzelnen

1338 Die nunmehr darzustellenden wichtigsten Anwendungsfälle des § 138 besitzen keinen abschließenden Charakter. Generell gilt jedoch, daß die Beteiligten nicht das Bewußtsein haben müssen, sittenwidrig zu handeln. In der Regel müssen sie jedoch die **Tatsachen kennen, an die die Rechtsordnung das Urteil «sittenwidrig» knüpft**. Dies gilt insbesondere dann, wenn nicht der Inhalt der Abmachung, sondern ihre Begleitumstände Bedenken erwecken.

Wann sollte man als Student im Rahmen einer Hausarbeit oder einer Klausur die Frage der Sittenwidrigkeit aufwerfen? Ein viel gelesener, aber wenig zitierter Autor empfiehlt hier die sog. Schweinehundtheorie:[61] Hat sich ein Beteiligter so verhalten, daß er in einem Theaterstück die Rolle des Schurken hätte, sind nähere Erörterungen auch dann angezeigt, wenn keine der im folgenden genannten Fallgruppen vorliegt.

3.2.1 Die wirtschaftliche Bewegungsfreiheit des Vertragspartners

3.2.1.1 § 310 BGB

1339 Einen extremen Fall von sittenwidriger Freiheitsbeschränkung regelt § 310. Danach ist ein Vertrag, durch den sich der eine Teil verpflichtet, sein **künftiges Vermögen** oder einen Bruchteil desselben zu **übertragen** oder mit einem Nießbrauch zu belasten, nichtig. Durch dieses Verbot soll verhindert werden, daß jemand auf seine «Vermögensfähigkeit» verzichtet und damit jedes Motiv für eine Erwerbstätigkeit verliert.[62] Eine solche **wirtschaftliche Selbstentmündigung** ist nach allgemeiner Auffassung auch dann ausgeschlossen, wenn der Vertragspartner eine Gegenleistung – etwa in Form einer monatlichen Rente – verspricht.[63]

1340 Große praktische Bedeutung hat die Vorschrift nicht erlangt, zumal sie nicht auf den wirtschaftlich gleichgelagerten Fall der hoffnungslosen Verschuldung erstreckt wird.[64] Immerhin macht sie eine Wertentscheidung des Gesetzgebers in der Richtung deutlich, daß die wirtschaftliche Bewegungsfreiheit des einzelnen nicht beliebig eingeschränkt werden

61 Braunschneider, AT, S. 164
62 So Mot. II, 186
63 Palandt-Heinrichs § 310 Rn 3
64 Dazu oben Kap. 7 unter 2.3 (Rn 478 f.)

kann. Deshalb hat die Rechtsprechung im Zusammenhang mit § 138 Abs. 1 insbesondere das Verbot der Knebelungsverträge und der überlangen Bindungen entwickelt.[65]

3.2.1.2 Knebelungsverträge

Von einer sittenwidrigen Knebelung spricht der BGH dann, «wenn die wirtschaftliche Entfaltung einer Vertragspartei in einem Maße beschnitten wird, daß diese ihre Selbständigkeit und wirtschaftliche Entschließungsfreiheit im Ganzen oder in einem wesentlichen Teil einbüßt»[66]. Gemeint sind damit Extremfälle, bei denen der «Geknebelte» **keinerlei eigenen Spielraum mehr** hat, beispielsweise für jedes Rechtsgeschäft eine Genehmigung einholen muß, gleichzeitig jedoch die volle Haftung für sein Tun übernimmt.[67] **Beispiele** vermögen dies zu verdeutlichen. 1341

Im Urteil des Reichsgerichts vom 15. 2. 1929[68] ging es um die Beschränkung der wirtschaftlichen Bewegungsfreiheit eines kleinen **Taxi-Unternehmers**, der sein Fahrzeug unter Eigentumsvorbehalt erworben hatte. Nach dem Kaufvertrag war er verpflichtet, den Wagen mit der Sorgfalt eines gewissenhaften Kraftwagenführers zu pflegen und zu benutzen, seinen Verbleib jederzeit anzuzeigen und seine Besichtigung zu ermöglichen. Außerdem durfte er ihn weder veräußern noch verpfänden noch sonstwie über ihn verfügen; eine drohende Zwangsvollstreckung war dem Verkäufer sofort anzuzeigen. Gravierend war auch die finanzielle Seite der Abmachung: Während die Pflicht zur Bezahlung der Steuern und zum Abschluß eines Versicherungsvertrages noch als bloße Gewinnminderung angesehen werden konnte, war dies bei der Verzugsregelung schon recht zweifelhaft: Geriet der Käufer mit einer Rate länger als zwei Tage in Rückstand, so wurde der gesamte Kaufpreis sowie eine Vertragsstrafe in Höhe von 4 % des noch nicht getilgten Teiles fällig. Der Verkäufer war berechtigt, das Auto im Wege der Selbsthilfe an sich zu nehmen und entweder öffentlich versteigern oder freihändig verkaufen zu lassen, wobei in 1342

65 Nicht recht verständlich ist mir die These, § 310 sei eine «freiheitswahrende Norm» und kein Spezialfall des § 138 Abs. 1 (Mayer-Maly AcP 194 [1994], 155 gegen Vollkommer ; Palandt-Heinrichs § 310 Rn 6); auch bei § 138 Abs. 1 geht es u. a. um Freiheitsschutz. Zu § 310 s. auch Singer JZ 1995, 1133 ff.

66 BGH NJW 1993, 1587, 1588 aus der früheren Rechtsprechung

67 So etwa im Fall Fn 66

68 RGZ 128, 251 ff.

letzterem Falle ein Schätzpreis nicht unterschritten werden durfte, den ein vom Verkäufer(!) bestimmter Sachverständiger festlegen sollte. Das Reichsgericht nahm eine sittenwidrige Knebelung an.

1343 Die Maßstäbe werden noch deutlicher anhand eines im Jahre 1965 vom BGH entschiedenen Falles.[69] Ein **OHG-Gesellschafter**, der nach dem Gesellschaftsvertrag von Vertretung und Geschäftsführung ausgeschlossen war, einigte sich während eines gegen ihn nach § 140 HGB durchgeführten Ausschlußverfahrens mit seinen beiden Mitgesellschaftern auf die Einsetzung eines Treuhänders, der bis zu seinem (des Gesellschafters) Tode alle aus dem Gesellschaftsvertrag erwachsenden Rechte wahrnehmen sollte, ohne an Weisungen gebunden zu sein. Die Bestellung des Treuhänders hatte auf Vorschlag des betroffenen Gesellschafters durch die beiden Mitgesellschafter zu erfolgen; kam dabei keine Einigung zustande, so sollte die zuständige Industrie- und Handelskammer drei geeignete Personen benennen, aus denen die Mitgesellschafter den Treuhänder auswählen durften. Der BGH erklärte diese Abmachung für sittenwidrig: Der betroffene Gesellschafter habe «in einem weiten Bereich seiner wirtschaftlichen Betätigung sich seiner freien Selbstbestimmung entäußert und sich insoweit auf Lebenszeit der Entscheidung eines Dritten, der nicht einmal eine Person seines Vertrauens zu sein braucht, unterworfen». Die Tatsache, daß er außerdem als persönlich haftender Gesellschafter für alle Gesellschaftschulden einstehen müsse, schaffe eine Bindung, die «für einen freien Mann unerträglich» sei.[70]

1344 Der «Geknebelte» wird häufig keine ausreichende Gegenleistung erhalten, doch sind die Voraussetzungen des § 138 Abs. 1 auch dann erfüllt, wenn das zugrundeliegende Austauschverhältnis (Autokauf, Bezahlung für den Wert eines Gesellschaftsanteils) durchaus marktkonform ist.[71] Auch juristische Personen können im übrigen «geknebelt» werden[72], doch gilt dies nicht, wenn eine konzernrechtlich zulässige Abmachung vorliegt.[73]

---

69 BGHZ 44, 158ff.

70 BGHZ 44, 158, 161. Zur OHG s. die kurzen Bemerkungen oben Kap. 5 unter 3.2.3 (Rn 259)

71 Weitere Rechtsprechung zum Knebelungsvertrag bei MüKo/Mayer-Maly § 138 Rn 64ff. und Palandt-Heinrichs § 138 Rn 39

72 Im Fall BGH NJW 1993, 1587 wurde die Knebelung einer GmbH für sittenwidrig erklärt

73 Dazu oben Kap. 5 unter 3.4 (Rn 269ff.). Es erstaunt, daß der BGH diese Möglichkeiten überhaupt nicht in seine Überlegungen einbezogen hat

3.2.1.3 Langfristbindungen

Die wirtschaftliche Entscheidungsfreiheit kann auch dadurch beeinträchtigt sein, daß sich ein Vertragspartner übermäßig lange gebunden hat. Wichtigster Beispielsfall ist der **Bierlieferungsvertrag**. 1345

Brauereien pflegen häufig mit Gaststätten Verträge zu schließen, wonach diese ausschließlich ihr Bier abzunehmen haben und dafür als Gegenleistung z. B. ein günstiges Darlehen für die Einrichtung der Gaststätte erhalten. Vertragswidriger Bierbezug von anderen Brauereien löst in der Regel eine Vertragsstrafe in Höhe von 25 bis 30% des Preises aus. Häufig wird auch eine Mindestabnahmemenge für die Gesamtdauer des Vertrages vorgesehen, was bei ausbleibenden Gästen die größten Probleme aufwirft.

Der BGH hält eine 15jährige Bindung für grundsätzlich zulässig,[74] akzeptiert bei besonders günstigen Konditionen aber auch eine Laufdauer von 20 Jahren.[75]

Als «besonders günstig» wurde dabei ein Vertrag eingeschätzt, wonach nur 50% des verkauften Bieres von der betreffenden Brauerei zu beziehen und das Gaststätteninventar kostenlos überlassen worden war. Außerdem hatte es sich um «gutes, konkurrenzfähiges» Bier gehandelt.[76]

Die zeitliche Begrenzung wird damit gerechtfertigt, daß der Gastwirt 1346
nicht mehr in der Lage sei, auf veränderte Publikumswünsche einzugehen und sich deshalb einen anderen Lieferanten zu suchen.[77] Aus ähnlichen Erwägungen hat der BGH die **unbefristete Bindung von Tankstelleninhabern an eine bestimmte Mineralölgesellschaft** für sittenwidrig erklärt.[78] Bei «harmloseren» Verträgen, die die wirtschaftliche Betätigung eher am Rande berühren, hat die Rechtsprechung längere Laufzeiten akzeptiert. Geht es beispielsweise um die Lieferung von Wärme durch ein Fernheizwerk, kann sogar auf jede zeitliche Begrenzung verzichtet werden, doch bleibt das Recht zur fristlosen Kündigung aus wichtigem Grund unberührt.[79]

---

74 BGH NJW 1992, 2145

75 BGH NJW 1970, 2243. S. weiter BGH JuS 1995, 1132

76 So der Fall Fn 75

77 Zur weiteren Frage einer Vereinbarkeit mit Art. 85 Abs. 1 EGV («Abschottung eines Marktes») s. BGH NJW 1992, 1456

78 BGH NJW 1982, 1692

79 BGH NJW 1975, 1268. Zum Ausschluß des Rechts zur ordentlichen Kündigung in einem Handelsvertretervertrag ebenso BGH NJW 1995, 2350. Für eine zwingende Grenze von 30 Jahren bei Verpflichtungen, nicht über einen Gegenstand zu verfügen

3.2.1.4 Entwicklung eines allgemeinen Rechtsgrundsatzes?

1347 Die Rechtsprechung hat sich bisher nicht dazu durchringen können, aus den drei genannten Fällen (§ 310, Knebelungsvertrag, überlange Bindung) einen etwas allgemeineren Grundsatz des Inhalts herzuleiten, daß jede langfristige Beseitigung der wirtschaftlichen Entscheidungsfreiheit des einzelnen am Maßstab des § 138 Abs. 1 überprüft werden müßte. Im Gegenteil wurde noch in jüngerer Zeit betont, der einzelne könne sich auch zu Leistungen verpflichten, die seine Einkommens- und Vermögensverhältnisse bei weitem übersteigen.[80] Dies bedeutet, daß **sich der einzelne sehenden Auges in eine Situation begeben kann, in der ihm** – unter Umständen über Jahrzehnte hinweg – **nur noch das unpfändbare Existenzminimum bleibt**. Von «wirtschaftlicher Entscheidungsfreiheit» kann hier genausowenig wie in den eben abgehandelten Fällen die Rede sein. Auf der einen Seite darf man sich nicht beliebig in die Hand eines anderen begeben, auf der anderen Seite kann man sich selbst in den Schuldturm sperren – beides erscheint nicht völlig widerspruchsfrei.[81]

Beispiel: A übernimmt sich beim Hausbau und kann Zinsen und Tilgung für das aufgenommene Darlehen in Höhe von 400000 DM nicht bezahlen. Nach einigen Jahren sind deshalb die Verbindlichkeiten auf 500000 DM angewachsen. Die Zwangsversteigerung des Hauses erbringt einen Erlös von 250000 DM. Bezüglich der verbleibenden 250000 DM besitzt die Bank ein vollstreckbares Urteil; ihre Ansprüche verjähren nach § 218 in 30 Jahren. Außerdem ist diese Summe auch für die Zukunft zu verzinsen. Unterstellt, das Netto-Einkommen des A belaufe sich auf 2500 DM monatlich und er habe noch für ein Kind zu sorgen, so daß laut der Tabelle im Anhang zur ZPO jeden Monat 411,50 DM pfändbar sind. Um die verbleibende Restschuld von 250000 DM zurückzuzahlen, wären 607,5 Monate, d. h. über 50 Jahre erforderlich. Die anfallenden Zinsen sind dabei nicht mitgerechnet. Die wirtschaftliche Lage ist in etwa der eines Gastwirts vergleichbar, der das Brauerei-Bier nicht mehr verkaufen kann, die Gaststätte deshalb schließen muß und sich einem hohen Schadensersatzanspruch ausgesetzt sieht.

(§ 137 Satz 2 – dazu oben Kap. 7 unter 6.2 – Rn 496) und bei Gesellschaftsverträgen mit persönlicher Haftung zu Recht Großfeld-Gersch JZ 1988, 946

80 BGH NJW 1994, 1278; ähnlich OLG Celle BB 1995, 219

81 Vgl. dazu auch Gernhuber JZ 1995, 1088. Wiedemann (JZ 1994, 412) verweist zu Recht auf den Schutzauftrag der Verfassung, den einzelnen vor untragbaren Belastungen aus der Teilnahme am Rechts- und Geschäftsverkehr zu bewahren. Zur Problematik s. auch oben Kap. 8 unter 1.3.2 (Rn 511 ff.)

3.2.2 Mißverhältnis von Leistung und Gegenleistung

3.2.2.1 Wucher nach § 138 Abs. 2

Nach § 138 Abs. 2 ist nichtig «insbesondere» ein Rechtsgeschäft, «durch das jemand unter Ausbeutung der Zwangslage, der Unerfahrenheit, des Mangels an Urteilsvermögen oder der erheblichen Willensschwäche eines anderen sich oder einem Dritten für eine Leistung Vermögensvorteile versprechen oder gewähren läßt, die in einem auffälligen Mißverhältnis zu der Leistung stehen». Damit ist ein Spezialfall des sittenwidrigen Geschäfts angesprochen, der an insgesamt drei Voraussetzungen geknüpft ist. 1348

(1) Zwischen Leistung und Gegenleistung muß ein **«auffälliges Mißverhältnis»** bestehen. Dies ist nur dann der Fall, wenn das vereinbarte Entgelt mindestens doppelt so hoch wie das marktübliche ist.[82] Das bedeutet zugleich, daß § 138 Abs. 2 nur für Austauschgeschäfte von Bedeutung sein kann. Eine «wucherische Bürgschaft» kommt beispielsweise nicht in Betracht. 1349

(2) Bei dem benachteiligten Vertragspartner («Bewucherter» genannt) muß eine spezifische subjektive Situation vorliegen. Das Gesetz nennt vier Fälle: 1350

– Eine **«Zwangslage»** ist nicht erst bei einer Gefährdung der wirtschaftlichen Existenz anzunehmen; vielmehr reicht es schon aus, wenn schwere wirtschaftliche Nachteile drohen.[83] Dies kann aus der Verweigerung eines Kredits, aber z. B. auch daraus folgen, daß nichts gegen einen Wasserrohrbruch unternommen wird.[84] Immer geht es aber um den Schutz des Bestehenden; drohen lediglich Zukunftspläne zu scheitern, soll dies keine Zwangslage sein, auch wenn diese noch so vielversprechend waren.[85] 1351

– **«Unerfahrenheit»** wird mit einem Mangel an Lebens- und Geschäftserfahrung gleichgesetzt.[86] Diese kann auf jugendlichem Alter, aber auch darauf zurückzuführen sein, daß jemand erst vor kurzem aus einem Land mit anderen Lebensbedingungen zugewandert ist.[87] In den 1352

82 MüKo-Mayer-Maly § 138 Rn 119 mwN. Näher dazu sogleich unter 3.2.2.2 (Rn 1357 ff.)

83 BGH NJW 1994, 1275, 1276

84 LG Nürnberg BB 1993, 777, 778

85 BGH NJW 1994, 1275, 1276; zustimmend Palandt-Heinrichs § 138 Rn 70

86 Palandt-Heinrichs § 138 Rn 71

87 OLG Hamm JNBl NRW 1974, 32: Polenaussiedler

ersten ein bis zwei Jahren nach der Einheit lag eine solche Annahme auch bei Mitbürgern aus den neuen Bundesländern nahe.[88] Bezugsgröße ist dabei die Erfahrung eines Durchschnittsmenschen, nicht die eines versierten Kaufmanns oder gar eines Spekulanten.

Wer Schwierigkeiten mit dem BGB hat und die Rechtsprechung des BGH mißversteht, ist deshalb nicht «unerfahren»; wie das LAG München[89] betonte, besitzt die Mehrheit der Bevölkerung nur «unzureichende Rechtskenntnisse». Bis auf weiteres wird sich die Rechtsordnung aber kein neues Volk aussuchen können...

1353 – **«Mangel an Urteilsvermögen»** bedeutet, daß der Betroffene nicht in der Lage ist, Vor- und Nachteile des Geschäfts richtig zu erkennen und gegeneinander abzuwägen.[90] Dies kann auf geringem Ausbildungsstand oder geringer Intelligenz, aber auch darauf beruhen, daß das von der anderen Seite vorgeschlagene Geschäft selbst für einen sachkundigen Menschen nur sehr schwer zu durchschauen ist.[91]

Wer Anschauungsmaterial benötigt, lese den Sachverhalt in der Entscheidung BGH NJW 1994, 1275

1354 – **«Erhebliche Willensschwäche»** liegt dann vor, wenn man zwar den Charakter des Geschäfts durchschaut, aber infolge psychischer Dispositionen nicht in der Lage ist, entsprechend rational zu handeln. Dies ist insbesondere bei Alkohol- und Drogenabhängigen anzunehmen.[92]

1355 (3) Der Wucherer muß diese **Situation des Bewucherten «ausgebeutet»** haben. Dies setzt voraus, daß er sie kannte und bewußt ausnützte; einen «fahrlässigen Wucher» gibt es nicht.[93]

1356 Oft ist es schwierig, das Vorliegen dieser **subjektiven Voraussetzungen zu beweisen**. Die Rechtsprechung hilft in Extremfällen: Besteht nicht nur ein «auffälliges», sondern ein «besonders grobes» Mißverhältnis, so spricht eine Vermutung dafür, daß eine Zwangslage usw. ausgebeutet wurde.[94] Dennoch besitzt der Wuchertatbestand in

88 S. die Andeutungen in BGH NJW 1994, 1475, 1476 (bezogen auf den Immobilienmarkt)

89 DB 1986, 2191

90 Palandt-Heinrichs § 138 Rn 72

91 OLG Stuttgart FamRZ 1983, 499

92 Palandt-Heinrichs § 138 Rn 73

93 BGH NJW 1994, 1275, 1276; ebenso MüKo-Mayer-Maly § 138 Rn 129; Palandt-Heinrichs § 138 Rn 174

94 BGH NJW 1994, 1275

der Praxis eine vergleichsweise geringe Bedeutung, da in den meisten Fällen durch unmittelbaren Rückgriff auf § 138 Abs. 1 auf einfacherem Wege eine Lösung gefunden werden kann.[95]

3.2.2.2 Wucherähnliche Geschäfte

§ 138 Abs. 2 schließt es nach allgemeiner Auffassung nicht aus, insbesondere dann auf die Generalklausel des § 138 Abs. 1 zurückzugreifen, wenn die subjektiven Voraussetzungen des Wuchers nicht vorliegen oder nicht nachgewiesen werden können. Eine solche **«Auffangfunktion» des § 138 Abs. 1** ist heute zusätzlich dadurch geboten, daß die Rechtsprechung des BVerfG unter bestimmten Voraussetzungen eine Inhaltskontrolle von Verträgen verlangt und § 138 Abs. 1 hierfür das geeignetste zivilrechtliche Instrument ist. 1357

Wie bereits oben dargestellt[96], ist auch der **Richter zur Entwicklung von Schutznormen verpflichtet**, wenn 1358

(1) es sich um eine typisierbare Fallgestaltung handelt, die eine **strukturelle Unterlegenheit** des einen Vertragsteils erkennen läßt, und wenn

(2) die **Folgen des Vertrages** für den unterlegenen Vertragsteil **ungewöhnlich belastend** sind.[97]

Dies bedeutet: Dort, wo die Funktionsvoraussetzungen der Privatautonomie nicht gewahrt sind, ist im Interesse der Privatautonomie der schwächeren Seite einzugreifen.[98] Damit ist die richterliche Inhaltskontrolle gegenüber Verträgen erweitert[99], freilich **auf typisierbare Situationen beschränkt**. Eine Korrektur auch in atypisch gelagerten Einzelfällen ist jedenfalls nicht von der Verfassung geboten.[100]

Bei den meisten Fragen läßt sich unmittelbar an die bisherige Rechtsprechung anknüpfen; soweit es um die Mithaftung einkommens- und vermögensloser Familienangehöriger geht, ist allerdings eine Korrektur notwendig. Insgesamt läßt sich die Fallgruppe der wucherähnlichen Geschäfte nicht mehr ohne Rückgriff auf die Rechtsprechung des BVerfG bestimmen. 1359

95 Vgl. Palandt-Heinrichs § 138 Rn 65
96 Kap. 8 unter 1.3.2 (Rn 511 ff.)
97 BVerfGE 89, 214, 232
98 Singer JZ 1995, 1137
99 Emmerich JuS 1994, 251; Köndgen NJW 1994, 1512
100 Honsell NJW 1994, 565

Dies als späten Triumph der 68er Bewegung zu bezeichnen[101], soll nicht nur das Urteil «miesmachen». Vielmehr verfehlt es auch völlig den Anspruch der 68er Bewegung, die sich vergleichsweise wenig für marktimmanente Gerechtigkeit, sondern sehr viel mehr dafür interessierte, wie die kapitalistische Marktwirtschaft durch eine demokratisch-sozialistische Gemeinwirtschaft ersetzt werden könnte.

1360 Wann sind – um mit der unproblematischeren zweiten Voraussetzung zu beginnen – die Folgen eines Vertrages **«ungewöhnlich belastend»**? In der Literatur ist die Rede von einem Vertragsinhalt, der als Interessenausgleich offensichtlich unangemessen ist.[102] Diese Voraussetzung ist jedenfalls dann gegeben, wenn ein «auffälliges» oder «grobes» Mißverhältnis zwischen Leistung und Gegenleistung besteht. Nach der Rechtsprechung ist dies dann der Fall, wenn der **Wert der Leistung knapp doppelt so hoch ist wie der Wert der Gegenleistung**.[103]

1361 Speziell **bei Kreditverträgen** ist diese Voraussetzung dann erfüllt, wenn der vertraglich vereinbarte Zins den marktüblichen Effektivzins relativ um rund 100 % und in absoluten Zahlen um 12 % übersteigt.[104] Dies gilt sowohl für einen Raten- wie für einen Kontokorrentkredit.[105] Auch spielt es keine Rolle, ob Kreditnehmer ein Privatmann oder ein Gewerbetreibender ist.[106] In Niedrigzinsphasen ist die Grenze grundsätzlich erst bei 110 % erreicht.[107] Bei Darlehen unter Privatleuten ist auf die jeweilige Situation abzustellen; eine hohe Gegenleistung für die Überlassung von Kapital kann in Wahrheit eine Form der Gewinnbeteiligung sein.[108] Die für Kredite geltenden Sätze sind im übrigen in gleicher Weise auch auf das Finanzierungsleasing zu übertragen.[109]

1362 Zu den vertraglich vereinbarten Zinsen gehört die **gesamte Gegenleistung des Kreditnehmers** einschließlich «Abschlußgebühren», «Bearbeitungsgebühren», «Provision» und «Vermittlungsgebühren» – letzteres jedenfalls dann, wenn die Vermittlung nicht vorwiegend im

101 Adomeit NJW 1994, 2468; ähnlich Grunsky, Vertragsfreiheit und Kräftegleichgewicht, S. 10
102 Wiedemann JZ 1994, 413
103 BGH NJW 1992, 899, bestätigt in BGH NJW 1994, 1344, 1347
104 BGH NJW 1990, 1595 und 1597
105 BGH NJW 1991, 832
106 BGH NJW 1987; 101; BGH NJW 1991, 1810
107 BGH NJW 1991, 834
108 BGH NJW 1994, 1056: Darlehen über 72000 DM, nach sechs Wochen sollte die Summe von 90000 DM zurückbezahlt werden
109 BGH NJW 1995, 1020. Zu dieser Vertragsform s. Bd. 2 Kap. 2 unter 4 (Rn 305 ff.)

Interesse des Kreditnehmers erfolgte.[110] Dem so ermittelten vertraglichen Zins ist der von der Deutschen Bundesbank veröffentlichte sog. Schwerpunktzins gegenüberzustellen.[111]

Liegt objektiv ein Mißverhältnis zwischen Leistung und Gegen- 1363
leistung vor, so ist damit der Tatbestand des § 138 Abs. 1 noch nicht erfüllt. Vielmehr muß eine **«verwerfliche Gesinnung» des begünstigten Teils** vorhanden sein, die sich etwa darin zeigt, daß dieser die wirtschaftlich schwächere Lage des anderen Teils oder seine Unterlegenheit bei der Festlegung der Vertragsbedingungen bewußt zu seinem Vorteil ausnutzt.[112] Dabei reicht es auch aus, daß sich der Stärkere «leichtfertig» der Erkenntnis verschließt, daß sich der andere Teil nur aufgrund seiner schwächeren Lage auf die ihn beschwerenden Bedingungen eingelassen hat.[113] Ist Benachteiligter ein privater Verbraucher, so wird eine solche **verwerfliche Gesinnung vermutet**, wenn das beschriebene Mißverhältnis zwischen Leistung und Gegenleistung vorliegt.[114] Anders verhält es sich jedoch bei Kaufleuten und Freiberuflern; sie haben im einzelnen nachzuweisen, daß der Kreditgeber ihre schwierige Lage zumindest leichtfertig verkannt hat.[115]

Diese sehr differenzierten Grundsätze bedürfen insofern der **Wei-** 1364
terentwicklung, als das BVerfG den verfassungsrechtlichen Auftrag zu einer Korrektur von Vertragsinhalten nicht vom subjektiven Element einer verwerflichen Gesinnung, sondern davon abhängig macht, daß (objektiv) eine «strukturelle Unterlegenheit» besteht. Dies schließt es zwar in keiner Weise aus, daß die Rechtsprechung korrigierend eingreift, wenn zu einem deutlichen Mißverhältnis von Leistung und Gegenleistung die beschriebene subjektive Komponente hinzukommt. Erforderlich ist jedoch eine Korrektur auch dann, wenn es an der verwerflichen Gesinnung fehlt, jedoch eine strukturelle Unterlegenheit besteht. Wann diese vorliegt, ist noch nicht ausreichend geklärt, zumal die Rechtsprechung fast nur Fälle zu entscheiden hat, in denen Privatleute betroffen sind, so daß die «verwerfliche Gesinnung» zu Lasten des Stärkeren vermutet wird.

Strukturelle Unterlegenheit besteht m. E. einmal dort, wo der 1365

110 BGH NJW 1987, 181
111 Sätze im Jahre 1995 in NJW 1995, 1074
112 So zuletzt BGH NJW 1995, 1019, 1020
113 Wie Fn 112
114 BGH NJW 1986, 2564; BGH NJW 1994, 1475, 1472; BGH NJW 1995, 1019, 1022
115 BGH NJW 1995, 1019, 1022; zustimmend Palandt-Heinrichs § 138 Rn 30

Gesetzgeber selbst durch zahlreiche Schutznormen einen **«Korrekturbedarf» deutlich gemacht** hat.[116] Dies gilt insbesondere für das Arbeits- und das Mietrecht. Soweit dort in gesetzlich nicht geregelten Bereichen ein grobes Mißverhältnis von Leistung und Gegenleistung auftritt, ist deshalb eine Korrektur geboten.

Beispiel: Mit dem Arbeitnehmer A wird ein Lohn vereinbart, der 50% unter dem (für ihn nicht maßgebenden) Tariflohn liegt.

1366 Auf anderen Gebieten ist zum zweiten eine strukturelle Unterlegenheit insbesondere dann anzunehmen, wenn der **schwächere Teil über wenig Geschäftserfahrung** verfügt[117] oder wenn er wegen mangelnder Aufklärung durch die stärkere Seite nicht in der Lage ist, Vorzüge und Nachteile des Geschäfts angemessen abzuwägen.[118] Auch das dringende Angewiesensein auf die Leistung schafft «strukturelle Unterlegenheit».

Beispiel: Der Jurist J hat eben sein Assessorexamen mit «voll ausreichend» bestanden. Justiz, Verwaltung und Wirtschaft ziehen «Prädikatsjuristen» vor. Er kann sich lediglich als Rechtsanwalt niederlassen. Hierfür benötigt er einen Bankkredit in Höhe von 100000 DM, um die Büroeinrichtung, die Miete und eine Halbtagssekretärin zu bezahlen und sich selbst einigermaßen über Wasser zu halten. Nach einem bis eineinhalb Jahren trägt sich dann das Büro selbst. Eine «strukturelle Unterlegenheit» gegenüber einem Kreditinstitut wäre zu bejahen, obwohl es sich um einen «Freiberufler» handelt.

1367 **Sonderprobleme** wirft die **Bürgschaft** auf: Typischerweise verbürgt sich ein Familienangehöriger für die Rückzahlung des Darlehens durch den Schuldner.[119] Die Schwierigkeit besteht darin, daß eine solche Bürgschaft von vornherein nicht durch eine angemessene Gegenleistung geprägt ist[120], sondern aufgrund familiärer Solidarität übernommen wird.[121] Wie die Rechtsprechung des BVerfG, die sich ja gerade auf zwei solche Fälle bezog[122], deutlich macht, kommt es hier

116 BVerfG NJW 1990, 1969, 1970

117 BGH NJW 1994, 1726

118 In diesem Sinne wohl OLG Celle BB 1995, 219; vgl. auch Grunsky, Vertragsfreiheit und Kräftegleichgewicht, S. 13

119 Gleichzustellen ist der sog. Schuldbeitritt, durch den der Beitretende in gleicher Höhe wie der Schuldner haftet; der Gläubiger kann sich aussuchen, an wen er sich halten will. Dazu mehr unten Kap. 19 unter 4.3 (Rn 1721 ff.) sowie BGH NJW 1994, 1726 und OLG Celle BB 1995, 219

120 BGH NJW 1994, 1278

121 Gernhuber JZ 1995, 1093

122 S. oben Fn 97

darauf an, ob die Bürgschaft nach den Einkommens- und Vermögensverhältnissen des Bürgen ungewöhnlich belastend ist. Dies ist dann anzunehmen, wenn im Falle der Inanspruchnahme eine Bezahlung nicht oder nur um den Preis langjähriger Entbehrungen möglich ist. Geht es um die Finanzierung eines Vorhabens, das auch dem Bürgen nützt, ist ein größeres Risiko zumutbar als in jenen Fällen, in denen ausschließlich das Interesse des Schuldners im Vordergrund steht. Ist letzteres der Fall, wird man auch dagegen Bedenken anmelden müssen, daß jemand den größten Teil seines Vermögens durch die Übernahme einer Bürgschaft aufs Spiel setzt.

Eine «strukturelle Unterlegenheit» liegt beispielsweise dann vor, 1368
wenn die Bürgschaft von einer geschäftsunerfahrenen Person übernommen wurde[123] oder wenn sich der Bürge in einer Situation befand, die es ihm moralisch unmöglich machte, zu dem vorgeschlagenen Vertrag «nein» zu sagen.[124] Dies ist insbesondere dann anzunehmen, wenn volljährig gewordene Kinder von ihren Eltern um Hilfe gebeten werden[125] oder wenn ein Ehegatte oder ein nichtehelicher Lebenspartner für den anderen bürgen soll. Weiter hat die Rechtsprechung anerkannt, daß auch eine Verharmlosung der übernommenen Verpflichtung durch die Bank den Rückschluß auf strukturelle Unterlegenheit zuläßt.[126]

Der Bankangestellte erklärt der zwanzigjährigen Tochter des Kreditnehmers, sie gehe mit der Bürgschaft praktisch kein Risiko ein, er brauche ihre Unterschrift nur für seine Akten.[127]

3.2.3 Gefährdung und Schädigung Dritter

Sittenwidrigkeit nach § 138 Abs. 1 kann sich auch daraus ergeben, daß 1369
eine Abmachung Dritte in einer Weise schädigt, die von der Rechtsordnung nicht akzeptiert wird. Dabei ist zu beachten, daß die Schädigung fremder Vermögensinteressen keineswegs generell verboten ist; in einer Wettbewerbswirtschaft gehört es geradezu zum Geschäft, anderen einen Auftrag «wegzuschnappen» und Kunden durch günstigere Angebote zu einem Wechsel des Geschäftspartners zu veranlassen.[128]

---

123 BGH NJW 1994, 1726 und BGH NJW 1995, 1887
124 BGH NJW 1995, 1887
125 BGH NJW 1994, 1278, 1280; dazu insbesondere Gernhuber JZ 1995, 1093 ff.
126 BGH NJW 1994, 1341
127 S. den Fall Fn 126
128 Mayer-Maly AcP 194 (1994), 148

Nur ein Übermaß und ein «wettbewerbsfremdes» Verhalten sind verboten. Die Rechtsprechung hat insbesondere folgende Gestaltungen für sittenwidrig erklärt.

1370 – Vertriebssysteme nach dem sog. **Schneeballsystem**. Der erste Kunde erhält zu einem recht hohen Preis eine bestimmte Ware und muß ggfs. zusätzlich noch eine Abschlußgebühr bezahlen.[129] Der Preis wird drastisch reduziert oder erlassen, wenn er seinerseits einige Kunden wirbt, die dieselben Bedingungen akzeptieren. Da für die Ware nur eine beschränkte Nachfrage besteht, gilt der Grundsatz «Den letzten beißen die Hunde»: Er muß zwar Kaufpreis und «Abschlußgebühr» bezahlen, hat jedoch nicht mehr die geringste Chance, seinerseits einen Käufer zu finden. Eine solche Vertragsgestaltung verstößt nicht nur gegen § 1 UWG, sondern macht auch die abgeschlossenen Verträge nach § 138 Abs. 1 nichtig.[130]

1371 – Sittenwidrig ist es weiter, wenn ein **Stellvertreter in bewußtem Zusammenwirken mit der anderen Seite** ein Geschäft tätigt, das den Vertretenen schädigt.[131] In vielen Fällen wird sich die Nichtigkeit allerdings hier schon daraus ergeben, daß auch der Straftatbestand der Untreue nach § 266 StGB erfüllt ist, so daß die Nichtigkeit des Vertrages bereits aus § 134 folgt.

1372 – **Veranlaßt man einen anderen zum Vertragsbruch**, so hängt die Sittenwidrigkeit von den Umständen ab. Geht es primär darum, die Rechte des ursprünglichen Vertragspartners zu vereiteln, so sind die Voraussetzungen des § 138 Abs. 1 erfüllt, ebenso in der Regel dann, wenn der andere von allen vertraglichen Ersatzansprüchen des Dritten freigestellt wird.[132]

Beispiel: E hat dem X das auf ein Jahr befristete Recht eingeräumt, sein Grundstück für 200000 DM zu kaufen.[133] Y erfährt dies; da er 250000 DM bietet, verkauft ihm E das Grundstück. Dabei wird festgelegt, daß Y den E von allen etwaigen Ersatzansprüchen des E freizustellen hat.

1373 – Eine sittenwidrige Abmachung liegt auch dann vor, wenn sich ein Gläubiger **das letzte pfändbare Vermögen seines Schuldners zur Sicherheit übertragen läßt**, ohne daß neue Mittel zugeführt würden;

129 S. die eingehende Schilderung in OLG München NJW 1986, 1880
130 OLG München NJW 1986, 1880 mwN
131 BGH NJW 1989, 26
132 BGH NJW 1981, 2184, 2186
133 Zu einer solchen Gestaltung s. oben Kap. 14 unter 2.1.5 (Rn 1086 ff.)

dies gilt jedenfalls dann, wenn ein baldiger Konkurs wahrscheinlich ist.[134]

Gewährt eine Bank ein Darlehen, ist die Absicherung auch mit dem «letzten pfändbaren Vermögen» grundsätzlich unbedenklich; es fließen dem Schuldner ja Mittel zu.

– Andere Gläubiger werden auch dann gefährdet, wenn eine **unverhältnismäßig hohe Sicherung** vereinbart wird. Lassen sich beispielsweise Lieferanten die Forderungen aus dem Weiterverkauf der gelieferten Sachen abtreten[135], so darf dadurch der Betrag der ihnen noch zustehenden Forderungen nicht um mehr als 20% überschritten werden. Um eine Nichtigkeit nach § 138 Abs. 1 zu vermeiden, muß daher eine «Freigabe» für den Fall einer Überschreitung dieser Grenze vereinbart werden.[136] Läßt sich eine Bank oder ein anderer Kreditgeber alle Außenstände abtreten[137], so ist man etwas großzügiger; eine Freigabe ist erst dann erforderlich, wenn die abgetretenen Forderungen mehr als 50% über dem Betrag liegen, den der Gesicherte (Bank usw.) zu beanspruchen hat.[138] Ähnlich wie im Bereich der Zinssätze[139] entwickelt die Rechtsprechung hier sehr konkrete Vorgaben, wie man sie sonst nur in Gesetzen findet. Für die Praxis ist dies aber hilfreich, da man so weiß, woran man ist. 1374

– Sittenwidrig ist schließlich der Einsatz von **Schmiergeldern**: Den für den Vertragspartnern handelnden Personen wird ein bestimmter Geldbetrag oder ein anderer Vermögensvorteil zugewendet.[140] Ob dies auch bei Auslandsgeschäften gilt, wird im folgenden zu erörtern sein. 1375

3.2.4 «Gemeinwohlwidrige» Verträge

§ 138 Abs. 1 greift auch dann ein, wenn die getroffenen Abmachungen in nachhaltiger Weise gegen öffentliche Interessen verstoßen. Dies gilt etwa für abgesprochene Vorbereitungshandlungen zu einer Straftat. 1376

134 BGH NJW 1995, 1668
135 Sog. erweiterter Eigentumsvorbehalt. Dazu Bd. 2 Kap. 1 unter 5.3.2 (Rn 139ff.)
136 BGHZ 120, 300
137 Sog. Globalzession. Dazu Bd. 2 Kap. 3 unter 4.2.3 (Rn 561 ff.)
138 BGHZ 98, 303
139 Oben 3.2.2.2 (Rn 1361)
140 BGH NJW 1989, 26

Beispiel: A und B wollen gemeinsam Autos knacken und sie im Ausland verkaufen. A verpflichtet sich, bei einem Bekannten das nötige Werkzeug zu beschaffen. Käme B auf die Wahnsinnsidee, den A auf Einhaltung dieser Verpflichtung zu verklagen, könnte dieser sich auf § 138 Abs. 1 berufen.

Sittenwidrig sind weiter Verträge, durch die gestohlenes Gut veräußert wird – vorausgesetzt, auch der Käufer kennt die Herkunft der Sache oder hatte sie nur infolge grober Fahrlässigkeit nicht erkannt.[141]

1377 Nimmt man das in Art. 20a GG niedergelegte Staatsziel «Umweltschutz» ernst, so müßten auch **Verträge über umweltschädliche Produkte** gegen die guten Sitten verstoßen, wenn unschwer ein Ausweichen auf umweltfreundlichere Produkte möglich wäre.[142] Auch Abmachungen, die den Sinn haben, staatliche Behörden zu täuschen, sind nichtig.[143]

1378 Das öffentliche Interesse ist auch dann verletzt, wenn ein Ehegatte bei der Scheidung auf Unterhalt verzichtet und die Beteiligten erkennen, daß für den Unterhalt in Zukunft das Sozialamt aufzukommen hat.[144] Hier sind nicht nur finanzielle Interessen des Staates verletzt; vielmehr soll die Vereinbarung auch den Grundsatz umgehen, wonach die Sozialhilfe nur dann eingreift, wenn niemand sonst zur Sicherung des Lebensbedarfs verpflichtet ist (sog. Subsidiarität).[145] Großzügigere Maßstäbe legt man demgegenüber an, wenn es darum geht, ein Testament so auszugestalten, daß der Sozialhilfeempfänger nichts erhält, was seinen Anspruch in Frage stellen könnte.[146]

1379 Das öffentliche Interesse wird schließlich auch dann bemüht, wenn es um die **Verletzung ausländischer Verbotsgesetze** geht. Da diese nicht von § 134 erfaßt werden[147], stellt man die Frage, ob man sie als unserem Rechtsdenken konforme Konkretisierungen fundamentaler Rechtsgrundsätze ansehen kann. Dabei ist man **recht selektiv** vorgegangen.[148] Auf der einen Seite wurde ein Vertrag, den der russische Schriftsteller Solschenizyn mit einem deutschen Verlag unter Verletzung des sowjetischen Außenhandelsmonopols abgeschlossen hatte,

141 BGH NJW 1992, 310
142 S. oben Kap. 7 unter 4 mit Fn 55–58 (Rn 492). Zu Art. 20a s. Uhle JuS 1996, 96
143 BGH NJW 1985, 2953
144 BGHZ 86, 82, 86ff.
145 Mayer-Maly AcP 194 (1994), 147
146 Näher dazu Bd. 2 Kap. 24 unter 2.5 (Rn 1961)
147 S. oben 2.2 (Rn 1320)
148 So ausdrücklich auch Mayer-Maly AcP 194 (1994), 143

für gültig erklärt[149], während auf der anderen Seite die Mißachtung amerikanischer Embargovorschriften gegenüber dem Ostblock zur Anwendung des § 138 Abs. 1 führte; da es bei ihnen um die Aufrechterhaltung des Friedens und der freiheitlichen Ordnung des Westens gehe, lägen sie nicht nur im amerikanischen, sondern im Interesse des gesamten freiheitlichen Westens.[150] Weniger kontrovers war eine andere Entscheidung, die es für sittenwidrig erklärte, das nigerianische Verbot zur Ausfuhr von Kulturgütern zu umgehen.[151]

3.2.5 Einzelfälle

Die hier vergleichsweise grob skizzierten Fallgruppen decken die weitaus meisten bisherigen Anwendungsfälle von § 138 BGB ab. In einigen eher atypischen Situationen können Zweifel entstehen. 1380

Wird in einem Vertrag gegen die **Überzeugungen eines Berufsstandes** verstoßen, so ist dies nur dann von rechtlicher Bedeutung, wenn zugleich Allgemeininteressen verletzt sind.[152] Ob ein solcher Fall vorliegt, wenn ein **Rechtsanwalt ein Erfolgshonorar** vereinbart oder sich einen Teilbetrag der erstrittenen Summe versprechen läßt, bedarf heute keiner Erörterung mehr; seit 1994 verbietet § 49b der Bundesrechtsanwaltsordnung (BRAO) ausdrücklich derartige Abmachungen, so daß bei Verstößen § 134 eingreift. Ein Beratervertrag mit einer Dauer von fünf Jahren und einer Monatspauschale von 5000 DM ist jedoch grundsätzlich nicht zu beanstanden[153], obwohl der «Erfolg» in der Beratung sicherlich auch für eine Verlängerung einer solchen lukrativen Abmachung nicht ganz ohne Bedeutung ist. 1381

Verpflichtet sich ein Arzt einem Sportler gegenüber, diesem **Dopingmittel** zu verabreichen, so ist § 138 Abs. 1 verletzt.[154] Der Sache nach geht es hier sowohl um die Unverfügbarkeit des Persönlichkeitswerts Gesundheit[155] wie auch um das Allgemeininteresse an korrekten Regeln im Sport; daß auch das ärztliche Berufsethos einer solchen Praxis entgegensteht, ist im Rahmen des § 138 Abs. 1 ohne entscheidende Bedeutung. 1382

149 Ebenso bei Fluchthelferverträgen: BGHZ 69, 295 ff.
150 BGHZ 34, 169 ff.
151 BGHZ 59, 82, 86. Näher zu dieser Problematik Junker JZ 1991, 699 ff.
152 Vgl. Palandt-Heinrichs § 138 Rn 57
153 BGH NJW 1995, 1425, 1430
154 Dazu Derleder-Deppe JZ 1992, 117
155 Dazu oben Kap. 7 unter 2.1 (Rn 470)

1383 **Nicht ganz alltäglich** war ein Fall, in dem der Eigentümer sein Haus an einen Arzt verkauft hatte: Als Gegenleistung waren eine lebenslängliche Rente sowie unentgeltliche ärztliche Betreuung zugesagt. Als es Streit gab, berief sich der Verkäufer auf den Interessenkonflikt, in dem der Arzt stehen würde: Je schlechter die Behandlung, um so schneller erlischt die Rentenzahlungspflicht... Der BGH hielt dies für hinnehmbar.[156] Letztlich hängt die Entscheidung von der empirisch schwer überprüfbaren Einschätzung ab, daß ein Arzt auch in einem solchen Fall seine materiellen Interessen bei der Art der Behandlung nicht berücksichtigt.

1384 In den Bereich der Unverfügbarkeit von Persönlichkeitswerten gehört es, wenn anläßlich einer Scheidung vereinbart wird, einer der Ehegatten müsse seinen Wohnsitz in einer anderen Stadt nehmen.[157] Auch darf man sich das **Umgangsrecht mit seinem Kind**[158] nicht in der Weise **«abkaufen» lassen**, daß man als «Gegenleistung» von Unterhaltspflichten freigestellt wird.[159] Auch hier geht es letztlich um Persönlichkeitswerte.

An späterer Stelle ist auf die Probleme des Mietwuchers[160] einzugehen.

3.3 Rechtsfolgen

1385 Die in § 138 angeordnete Nichtigkeit des Rechtsgeschäfts wirft einige Fragen auf.

Zum einen geht es darum, ob **nur das Verpflichtungs- oder auch das Erfüllungsgeschäft unwirksam** ist.[161] Die Rechtsprechung differenziert: Da § 138 Abs. 2 das «Gewährenlassen» erwähnt, ist auch die Verfügung des Bewucherten nichtig; umgekehrt ist eine Übereignung durch den Wucherer aber durchaus wirksam.[162] Im Falle des § 138 Abs. 1 wird demgegenüber grundsätzlich nur das Ver-

156 BGH NJW 1965, 2005

157 Für Sittenwidrigkeit BGH NJW 1972, 1414 unter Heranziehung des Grundrechts der Freizügigkeit nach Art. 11 GG

158 Das Umgangsrecht steht nach § 1634 dem nichtsorgeberechtigten Elternteil zu und umfaßt z. B. 1–2 Wochenendbesuche pro Monat

159 BGH NJW 1984, 1952

160 Bd. 2 Kap. 2 unter 2.3.1.1 (Rn 195)

161 Zur Trennung in Verpflichtungs- und Verfügungsgeschäfte s. oben Kap. 14 unter 2.3 (Rn 1106 ff.)

162 BGH NJW 1994, 1275; Palandt-Heinrichs § 138 Rn 75

pflichtungsgeschäft erfaßt; die Verfügungen sind grundsätzlich wirksam.[163]

Verstoßen **nur einzelne Abmachungen** gegen die guten Sitten, greift § 139 ein. Handelt es sich um relativ untergeordnete Fragen, wird der übrige Vertrag in Abweichung von der Regel des § 139 aufrechtzuerhalten sein. Anders, wenn es beispielsweise um ein grobes Mißverhältnis von Leistung und Gegenleistung geht: Hier ist an der Nichtigkeit nicht zu deuteln. 1386

Ist es im letzteren Falle möglich, den Vertrag mit einer **«gerade noch sittenkonformen» Leistung** aufrechtzuerhalten? Die Rechtsprechung lehnt dies zutreffend ab[164], da so das Risiko eines Verstoßes gegen § 138 minimiert wäre: Die stärkere Seite könnte einen Verstoß bewußt in Kauf nehmen, da dies nur zu einer vergleichsweise geringen Reduzierung ihrer Rechte führen würde. 1387

Ob der Vertrag mit marktüblicher Vergütung aufrechtzuerhalten ist oder ob es bei der Nichtigkeit bleibt, hängt davon ab, wie die Interessen der schwächeren Seite beschaffen sind: Ist sie auf die Leistung angewiesen, ist die erste Lösung vorzuziehen.[165] 1388

4 Inhaltskontrolle von Allgemeinen Geschäftsbedingungen

Nach §9 Abs. 1 AGBG sind Bestimmungen in AGB unwirksam, «wenn sie den Vertragspartner des Verwenders entgegen den Geboten von Treu und Glauben unangemessen benachteiligen». Dies bedeutet, daß im Bereich der AGB ein **strengerer Kontrollmaßstab** existiert; die Grenze des Zulässigen ist bereits bei «unangemessenen» Nachteilen und einem darin liegenden Verstoß gegen Treu und Glauben erreicht.[166] 1389

Die §§ 9–11 AGBG konkretisieren die danach geltenden rechtlichen Vorgaben: § 11 verbietet bestimmte Klauseln, bei deren Handhabung 1390

163 Zu den Fällen der «Fehleridentität», in denen auch das Erfüllungsgeschäft erfaßt ist, s. Kap. 14 unter 2.3.2.3 (Rn 1115 f.)

164 Nachweise bei Palandt-Heinrichs § 138 Rn 19

165 Dazu auch Esser-Schmidt § 10 II 2b; Roth JZ 1989, 411 ff.

166 Esser-Schmidt § 11 II 3b

keine Wertungsmöglichkeit besteht, § 10 AGBG enthält eine Reihe von «weicheren» Klauseln («Klauseln mit Wertungsmöglichkeit»), die gleichfalls nicht in AGB aufgenommen werden dürfen. In § 9 Abs. 2 AGBG findet sich eine Generalklausel, die in der Praxis die größte Bedeutung gewonnen hat. Zunächst sind allerdings die Bestimmungen zu skizzieren, die bestimmte Bereiche von der Inhaltskontrolle ausnehmen – das AGBG ist kein Allheilmittel gegen unerfreuliche Verträge.

4.1 Anwendungsbereich

1391 Selbstverständliche Voraussetzung für das Eingreifen der §§ 9–11 AGBG ist, daß Allgemeine Geschäftsbedingungen in den Vertrag einbezogen wurden. Wann dies der Fall ist und wann eine nicht erfaßte Individualabrede vorliegt, wurde bereits herausgearbeitet.[167]

1392 Nach § 23 Abs. 1 AGBG findet das Gesetz weiter keine Anwendung bei **Verträgen auf dem Gebiet des Arbeits-, des Erb-, des Familien- und des Gesellschaftsrechts**. Während die Rechtsprechung der Arbeitsgerichte eigene Wege gegangen ist, die zu einem ähnlichen Schutzniveau geführt haben[168], kommt der Ausklammerung des Gesellschaftsrechts große Bedeutung zu: Arbeiten Hauptproduzent und Zulieferer langfristig eng zusammen und verzahnen sie ihre Produktion, läßt sich eine «Billigkeitskontrolle» nur dann praktizieren, wenn ein Austausch- und kein Gesellschaftsverhältnis vorliegt.[169]

1393 Nach § 24 Satz 1 Nr. 1 AGBG finden die «Klauselverbote» der §§ 10, 11 AGBG keine Anwendung, wenn die **AGB gegenüber einem Kaufmann** Verwendung finden; insoweit ist nur ein Rückgriff auf § 9 AGBG möglich.

1394 Die wohl **wichtigste Ausnahme** enthält § 8 AGBG. Danach gelten die §§ 9–11 nur für Bestimmungen in AGB, «durch die von Rechtsvorschriften abweichende oder diese ergänzende Regelungen vereinbart werden». Dort, wo es kein Leitbild gibt, soll daher auch die Inhaltskontrolle entfallen. Erfaßt sind damit insbesondere **die Leistungsbeschreibungen und das Entgelt**.[170] Dahinter steht die Über-

167 Oben Kap. 12 unter 2.4.3 (Rn 842ff.)
168 Überblick bei Däubler, Arbeitsrecht 2, unter 3.3 (S. 116ff.)
169 Dazu etwa Gebhardt, Der Zuliefervertrag, S. 50ff.; Lehmann BB 1990, 1849ff.
170 Esser-Schmidt § 11 II 3c; Medicus, AT, Rn 429b

legung, die Preisbildung auf dem Markt nicht über § 138 hinaus durch richterliche Kontrolle zu behindern. Konsequenterweise werden deshalb auch die «Hauptkonditionen» überprüft, wo es – wie bei Architekten und Ärzten – eine staatliche Gebührenfestsetzung gibt, von der abzuweichen nur unter Wahrung der Grundsätze von Treu und Glauben möglich ist.[171] Auch soweit kein solcher Ausnahmefall vorliegt, ist lediglich eine Angemessenheitskontrolle ausgeschlossen; eine Kontrolle dahingehend, daß der Preisgestaltung die nötige **Transparenz** fehlte, ist weiterhin möglich.[172]

Was gehört im einzelnen zur «Leistungsbeschreibung» und zum 1395
«Entgelt»? Die Rechtsprechung hat lediglich den «Hauptgegenstand» des Vertrages aus der Kontrolle ausgenommen, die **«Modalitäten» der Leistung** jedoch einbezogen.[173] Dabei spielt es keine Rolle, daß auch die Modalitäten, ja praktisch alle Vertragsklauseln mittelbar die Kostenstruktur beeinflussen und damit auch in den Preis eingehen. Darüber hinaus hat die Rechtsprechung den Begriff der «Modalitäten» eher weit ausgelegt. Dazu gehört beispielsweise eine Klausel in den AGB der Banken, wonach für jede einzelne Ein- und Auszahlung der Kunde mit einem bestimmten Betrag belastet wird.[174] Ist vorgesehen, daß der **Zins nach dem Stand des Darlehens am Ende des Vorjahres** berechnet wird (so daß die im laufenden Jahr geleisteten Tilgungen außer Betracht bleiben), so unterliegt auch dies der Inhaltskontrolle.

Der BGH hat diese Klausel allerdings nicht wegen Übervorteilung des Kunden, sondern wegen mangelnder Transparenz für unzulässig erklärt.[175]

Eine unbillige Beeinträchtigung des Kunden (und damit einen Verstoß gegen § 9 AGBG) nahm das Gericht allerdings dann an, wenn Einzahlungen immer erst vom folgenden Tag an auf dem Konto gutgeschrieben und verzinst werden.[176]

Die Hauptleistung ist jedoch dann betroffen, wenn man einen Rohrreiniger kommen läßt und in dessen AGB eine Fahrtkostenpauschale vorgesehen ist.[177]

---

171 BGHZ 81, 229, 236 (Honorarordnung für Architekten und Ingenieure – HOAI); BGH JZ 1992, 373 (Gebührenordnung für Ärzte – GOÄ)

172 BGH NJW 1989, 222, 224. Zum Transparenzgebot und seiner Weiterentwicklung durch EG-Recht s. eingehend Reich NJW 1995, 1857

173 Dazu Reifner JZ 1994, 455, der im Anschluß an das EG-Recht nicht von «Hauptleistung» spricht, da dieser Begriff nicht die nötige Trennschärfe aufweise

174 BGH JZ 1994, 474

175 BGH NJW 1989, 222

176 BGH NJW 1989, 582

177 BGH NJW 1992, 688

4.2 Die strikten Klauselverbote des § 11 AGBG

1396 § 11 AGBG nennt in insgesamt 16 Ziffern zahlreiche Klauseln, die der Verwender von AGB unter keinen Umständen benutzen darf. Dabei handelt es sich um recht klare und eindeutige Vorgaben, die jedoch sinnvollerweise erst im Zusammenhang mit den entsprechenden BGB-Regeln zu behandeln sind.

§ 11 Nr. 3 erklärt eine Klausel für unzulässig, wonach der Vertragspartner des Verwenders nicht berechtigt sein soll, mit einer unbestrittenen oder rechtskräftig festgestellten Forderung aufzurechnen: Dies ist sinnvollerweise dort zu erörtern, wo es um die Aufrechnung als spezielle Art der Erfüllung geht.[178]

Als praktisch besonders wichtige Beispiele seien schon hier genannt:

1397 – § 11 Nr. 1 verbietet einen **Vorbehalt, den vereinbarten Preis nachträglich zu erhöhen**, sofern die Lieferung der Ware bzw. die Erbringung der Leistung innerhalb von vier Monaten nach Vertragsabschluß erfolgen soll. Hier hat der Gesetzgeber selbst eine «Modalität» der Hauptleistung in bestimmter Weise reglementiert.

1398 – § 11 Nr. 7 verbietet es, die **Haftung für grobe Fahrlässigkeit auszuschließen** – und zwar nicht nur in bezug auf die eigene Person, sondern auch in bezug auf jeden Erfüllungsgehilfen.[179]

1399 – § 11 Nr. 10 Buchstabe a verbietet es, **in bezug auf neu hergestellte Sachen alle Gewährleistungsansprüche einschließlich Nachbesserung und Ersatzlieferung auszuschließen**. Nur bei gebrauchten Sachen ist Derartiges noch möglich.

1400 – Nach § 11 Nr. 15 ist es unzulässig, daß der AGB-Verwender dem Kunden die **Beweislast** für Umstände auferlegt, die in seinem Verantwortungsbereich liegen.

178 Dazu unten Kap. 16 unter 4.3 (Rn 1453 ff.)
179 Zum Begriff des Erfüllungsgehilfen s. oben Kap. 13 unter 5.1.2 (Rn 1038 ff.)

4.3 Die Klauselverbote mit Wertungsmöglichkeit nach § 10 AGBG

§ 10 enthält in 7 Ziffern einen Katalog von verbotenen Klauseln, bei denen «offene», ausfüllungsbedürftige Begriffe wie «angemessen», «sachlich gerechtfertigt» usw. verwendet werden. Erfaßt sind insbesondere solche Bestimmungen, durch die der AGB-Verwender seine Leistungspflicht in gegenständlicher oder zeitlicher Hinsicht abschwächen möchte. Auch hier können nur einige Beispiele genannt werden. 1401
– Nach § 10 Nr. 1 ist es unzulässig, wenn er sich **für die Erbringung seiner Leistung** eine «nicht hinreichend bestimmte» oder eine **«unangemessen lange» Frist** ausbedingt.

Der Handwerksbetrieb H schreibt in seine AGB: «Aufträge führen wir aus, sobald es unser Geschäftsanfall und unser Personalstand erlauben.»

Im Kfz-Neugeschäft ist eine Lieferfrist von 6 Wochen nicht nur hinreichend bestimmt, sondern auch (noch) angemessen.[180]

– Nach § 10 Nr. 3 darf sich der Verwender nicht ohne sachlich gerechtfertigten und im Vertrag angegebenen Grund ein **Rücktrittsrecht** vorbehalten. 1402

– Nach § 10 Nr. 6 ist eine Bestimmung untersagt, wonach eine Erklärung des Verwenders von besonderer Bedeutung dem anderen Vertragsteil **als zugegangen gilt.** 1403

Beispiel: Eine (zulässige) Kündigungserklärung gilt schon dann als zugegangen, wenn sie als Einschreiben der Post übergeben wurde.[181]

4.4 Die Generalklausel des § 9 AGBG

Nach § 9 Abs. 1 AGBG sind Klauseln unwirksam, wenn sie den Vertragspartner des Verwenders entgegen den Geboten von Treu und Glauben unangemessen benachteiligen. § 9 Abs. 2 AGBG konkretisiert dies: Eine **unangemessene Benachteiligung** sei **im Zweifel anzunehmen**, wenn eine Bestimmung 1404

180 BGH NJW 1982, 333
181 Vgl. den Fall BAG AP Nr. 9 zu § 130 BGB

«1. mit wesentlichen Grundgedanken der gesetzlichen Regelung, von der abgewichen wird, nicht zu vereinbaren ist, oder

2. wesentliche Rechte oder Pflichten, die sich aus der Natur des Vertrages ergeben, so einschränkt, daß die Erreichung des Vertragszwecks gefährdet ist».

1405 Der Rückgriff auf diese Bestimmung ist einmal dann möglich, wenn es um eine Klausel geht, die in den §§ 10, 11 AGBG nicht angesprochen ist. Zum anderen ist es aber auch denkbar, daß sich einzelne Vertragsbestimmungen zwar gerade noch mit diesen Vorschriften vereinbaren lassen, daß sie in ihrer Gesamtheit jedoch eine unangemessene Benachteiligung der schwächeren Seite darstellen. Schließlich gelten die §§ 10, 11 AGBG nicht gegenüber Kaufleuten, doch greift § 9 AGBG ein, der diese Lücke schließt.[182]

Auch hier können nur einige Beispiele gegeben werden.

1406 § 9 Abs. 2 Nr. 1 erfaßt nicht jede kleine Abweichung vom dispositiven Gesetzesrecht; vielmehr muß ein **Widerspruch zu «wesentlichen Grundgedanken»** vorhanden sein. Dies ist etwa dann der Fall, wenn sich ein Makler eine erfolgsunabhängige Provision ausbedingt.[183]

Nach § 652 Abs. 1 Satz 1 ist der Auftraggeber zur Zahlung der vereinbarten Vergütung nur dann verpflichtet, wenn der in Aussicht genommene Vertrag infolge des Nachweises oder infolge der Vermittlung des Maklers zustande gekommen ist. Die darin zum Ausdruck kommende Erfolgsabhängigkeit der Maklerprovision darf nicht in AGB in ihr Gegenteil verwandelt werden.

1407 Ist der Vertrag mit einem Eheanbahnungsinstitut – wie in der Regel – als Dienstvertrag ausgestaltet, so steht dem Kunden nach § 627 das Recht zu, jederzeit ohne Einhaltung einer Frist das Rechtsverhältnis zu kündigen. In AGB kann davon nicht abgewichen werden.[184]

Zur Erklärung: Der Dienstvertrag verlangt nur Bemühung, keinen Erfolg. Sind «Dienste höherer Art» wie beim Arzt, beim Anwalt oder eben auch bei einem solchen Institut versprochen, gibt § 627 ein Kündigungsrecht, weil die Fortführung der Tätigkeit «Vertrauenssache» ist.

---

182 BGHZ 89, 273, 278

183 BGHZ 99, 382

184 BGH NJW 1989, 1479, 1480

In § 9 Abs. 2 Nr. 1 sind als Bezugsgröße im übrigen nicht nur die Regelungen bestimmter Vertragstypen gemeint; einbezogen sind beispielsweise auch die Normen über Willensmängel[185] sowie Richterrecht und herrschende Auslegung.[186] 1408

Die Regelung des § 9 Abs. 2 Nr. 2 erfaßt insbesondere atypische Verträge.[187] Die in den AGB enthaltene Abweichung muß sich auf die sog. **Kardinalpflichten** (= wesentlichen Vertragspflichten) beziehen. Im Vertrag mit dem Krankenhaus kann daher nicht die Haftung der Ärzte für leichte Fahrlässigkeit ausgeschlossen werden.[188] 1409

Beschränkt das Krankenhaus jedoch seine Haftung für mitgebrachte Sachen des Patienten auf Vorsatz und grobe Fahrlässigkeit, so ist dies grundsätzlich zulässig, da nur relativ untergeordnete Pflichten in Rede stehen.[189]

Bisweilen wird auch unmittelbar auf § 9 Abs. 1 AGBG zurückgegriffen. Dies ist etwa dann der Fall, wenn für künftige Vertragsänderungen generell die Schriftform vorgeschrieben wird.[190] Interesse verdient auch die These, daß § 9 eine Regelung verbietet, wonach weniger zahlungskräftige Kunden stärker als zahlungskräftige belastet werden.[191] 1410

Beispiel: Besondere Bankgebühren für Barabhebungen und Bareinzahlungen belasten Personen mit geringerem Einkommen stärker als solche mit höherem, da letztere sich eher bargeldloser Zahlungsformen bedienen.

4.5 Umgehungsschutz

Keine große Bedeutung hat die Vorschrift des § 7 AGBG, wonach das Gesetz auch dann Anwendung findet, wenn seine Vorschriften durch anderweitige Gestaltungen umgangen werden.[192] Immerhin ist denkbar, daß in gesellschaftsrechtliche Gestaltungen ausgewichen wird, die nach § 23 Abs. 1 vom Gesetz ausgenommen sind. 1411

185 BGH NJW 1983, 1671, 1672: Abweichung von den §§ 119ff. grundsätzlich unzulässig
186 S. Fn 184
187 Palandt-Heinrichs § 9 AGBG Rn 25
188 BGH NJW 1990, 761, 764
189 wie Fn 188
190 BGH NJW 1991, 2558, 2559
191 Reifner JZ 1994, 457
192 Vgl. MüKo-Kötz § 7 AGBG Rn 2

Beispiel:[193] Der Großhändler schließt sich mit den Einzelhändlern zu einer Gesellschaft des Bürgerlichen Rechts zusammen, die den Zweck «Förderung des Absatzes» verfolgt. Im Gesellschaftsvertrag werden die Bedingungen festgelegt, unter denen die Einzelhändler von ihm beliefert werden.

4.6 Rechtsfolgen

1412 Klauseln, die gegen die §§ 9–11 AGBG verstoßen, sind unwirksam. Nach § 6 Abs. 2 werden sie durch die abbedungene gesetzliche Regelung ersetzt. Eine sog. **geltungserhaltende Reduktion**, die die Abmachungen mit einem gerade noch zulässigen Inhalt aufrechterhalten würde, wird von der Rechtsprechung zu Recht **abgelehnt**.[194] Wäre es anders, könnte der Verwender ohne großes Risiko austesten, wie weit er im Einzelfall gehen kann.[195] Insoweit besteht dieselbe Problematik wie bei sittenwidrigen Vertragsklauseln.[196]

1413 Fehlt es an einer gesetzlichen Regelung, die die entstandene Lücke füllen könnte, so muß eine **ergänzende Vertragsauslegung** stattfinden:[197] Es ist danach zu fragen, welche Regelung die Parteien bei sachgerechter Abwägung der beiderseitigen Interessen getroffen haben würden, wenn ihnen die Unwirksamkeit der Klausel bekannt gewesen wäre.[198] Dabei müssen allerdings die Vorstellungen außer Betracht bleiben, die die eine Seite zur Vereinbarung der unzulässigen Klausel veranlaßt haben: Andernfalls wäre der Schritt zur geltungserhaltenden Reduktion nicht mehr weit. Der Sache nach läuft diese Vorgehensweise darauf hinaus, daß man den hypothetischen Willen zweier fairer Vertragspartner, genauer: solcher zugrundelegt, wie sie sich im Streitfall das entscheidende Gericht vorstellt.

1414 § 6 Abs. 2 AGBG macht deutlich, daß die Unwirksamkeit einzelner Klauseln **den übrigen Vertrag unberührt** läßt. § 6 Abs. 3 AGBG macht davon dann eine Ausnahme, wenn der **Fortbestand des Vertrages eine «unzumutbare Härte»** für eine Vertragspartei darstellen würde. Für den Verwender ist eine solche Situation kaum vorstellbar,

193 Nach Brox AT, Rn 204q
194 BGH NJW 1982, 2311; BGH NJW 1984, 48; BGH NJW 1993, 326, 330
195 Zutreffend Schwab, Einf., Rn 719
196 Dazu oben 3.3 (Rn 1387)
197 Zur ergänzenden Vertragsauslegung s. oben Kap. 12 unter 2.6.2.2 (Rn 871)
198 BGH NJW 1993, 326, 330

zumal er sich die Rückkehr zur gesetzlichen Regelung selbst zuzuschreiben hat.[199]

Auch beim anderen Teil dürften dies absolute Ausnahmefälle sein; in der Rechtsprechung ist lediglich die Situation aufgetaucht, daß bei einem gesetzlich nicht geregelten Vertragstyp aufgrund der Unwirksamkeit zahlreicher Klauseln völlige Ungewißheit über den künftigen Vertragsinhalt bestand.[200]

5 Inhaltskontrolle außerhalb des AGB-Gesetzes?

Wir erinnern uns: Das AGBG hat einen weiten, aber keinen universellen Anwendungsbereich: Es erstreckt sich nicht auf Individualabreden, es nimmt Vereinbarungen u. a. auf dem Gebiet des Arbeits- und des Gesellschaftsrechts aus und es sieht keine Überprüfung des Verhältnisses von Leistung und Gegenleistung vor.[201] Kann in diesem Bereich unter Rückgriff auf § 242 BGB oder auf verfassungsrechtliche Wertungen eine Inhaltskontrolle stattfinden, die über § 138 hinausgeht? 1415

Die geringsten Probleme ergeben sich im **Arbeits- und im Gesellschaftsrecht**: Unter Bezugnahme insbesondere auf § 242 BGB wird dort eine Inhaltskontrolle praktiziert, die nur wenig von der des AGBG abweicht.[202] 1416

Bei den Individualvereinbarungen läßt sich ein über § 138 hinausgehender Kontrollbedarf mit guten Gründen in Zweifel ziehen: Wer in der Lage ist, Vertragsbedingungen effektiv auszuhandeln,[203] bedarf nur in Extremfällen des Schutzes. 1417

Es bleibt das **Problem des Verhältnisses von Leistung und Gegenleistung** – übrigens auch in den Ausnahmesektoren Arbeitsrecht und Gesellschaftsrecht. Die im Zusammenhang mit § 8 AGBG ergan- 1418

199 Vgl. Müko-Kötz § 6 AGBG Rn 19

200 So erstmals BGH NJW 1969, 230; dazu Däubler JuS 1971, 398 ff.; weitere Nachweise bei Palandt-Heinrichs § 6 AGBG Rn 9

201 S. oben unter 4.1 (Rn 1394)

202 Zum Arbeitsrecht s. oben Fn 168; zum Gesellschaftsrecht s. insbesondere BGH NJW 1975, 1318 und MüKo-Basedow § 23 AGBG Rn 10, 11

203 Zum Begriff AGB und Individualabrede s. oben Kap. 12 unter 2.4.3 (Rn 837 ff.)

gene Rechtsprechung hat bislang insoweit eine Inhaltskontrolle abgelehnt.[204] Das BVerfG hat sich in seiner Bürgschafts-Entscheidung[205] nicht eindeutig festgelegt: Neben einer strukturellen Unterlegenheit verlangt es, daß die Folgen des Vertrages für den unterlegenen Teil «ungewöhnlich belastend» sind. Damit ist eine Formel gewählt, die weder der für die Sittenwidrigkeit gebrauchten («auffälliges Mißverhältnis») noch der für die Inhaltskontrolle verwandten («unangemessen benachteiligt») entspricht. Zu überlegen wäre, eine **Inhaltskontrolle dort** zu praktizieren, **wo der schwächere Teil in besonderem Maße auf die Leistung angewiesen** ist. Damit könnte auch eine wertungsmäßige Übereinstimmung mit den Grundsätzen über den Kontrahierungszwang[206] erreicht werden: Dieser kann seinerseits nur dann seinen Zweck erfüllen, wenn die vom einzelnen zu erbringende Gegenleistung in einem angemessenen Verhältnis zum Wert der benötigten Leistung steht. Welchen Weg man dabei beschreitet, ist letztlich nicht ausschlaggebend, doch scheint § 242 das flexiblere Mittel zu sein.[207]

6 Rechtsdurchsetzung

1419 Die Feststellung, daß einzelne Verträge oder Vertragsklauseln unwirksam sind, führt nicht automatisch dazu, daß sie in der Praxis auch nicht angewandt werden. Einen Prozeß zu führen, ist nicht jedermanns Sache – man muß über die Rechtslage informiert sein, Zeit aufwenden und auch ein mehr oder weniger großes finanzielles Risiko in Kauf nehmen. Es steht zu vermuten, daß in der Praxis viele Verträge hingenommen und auch eingehalten werden, die sich in Wirklichkeit nicht mit dem Gesetz und der Rechtsprechung vereinbaren lassen. Abhilfe ist lediglich im Bereich der AGB möglich; außerhalb dieses Bereichs bewegt man sich auf schwankendem Grund.

---

204 S. die Nachweise oben 4.1 (Rn 1394)
205 BVerfGE 89, 214, 232
206 Dazu oben Kap. 12 unter 4 (Rn 890ff.)
207 Preis AuR 1994, 139ff. Zum Ganzen s. weiter Schick, in: Jahrbuch Junger Zivilrechtswissenschaftler 1994, 45ff.

6.1 Die Verbandsklage nach § 13 AGB-Gesetz

Nach § 13 Abs. 2 AGBG haben u. a. Verbraucherverbände das Recht, bei Verstößen gegen die §§ 9–11 AGBG ein gerichtliches Verfahren einzuleiten. Dabei kann der Verwender von AGB **verurteilt** werden, **bestimmte Klauseln in Zukunft nicht mehr zu benutzen**. Wer die Verwendung von AGB empfohlen hat (typischerweise: ein Verband), kann auf Widerruf in Anspruch genommen werden. Der Verbraucherverband muß im Bereich der Aufklärung und Beratung der Verbraucher aktiv sein oder mindestens 75 natürliche Personen als Mitglieder haben.[208] Nach § 20 AGBG führt das Bundeskartellamt ein Register, in das alle anhängigen Klagen und alle rechtskräftigen Urteile eingetragen werden. 1420

1421 Wichtig ist die Vorschrift des § 21 Satz 1 AGBG: Handelt der verurteilte Verwender dem Unterlassungsgebot zuwider, legt er seinen Verträgen also weiter die unzulässige Klausel zugrunde, kann sich **jeder Vertragspartner auf ihre Unwirksamkeit berufen**. Der unzulässige Vertragsinhalt ist nicht etwa automatisch verschwunden; wer von dem Urteil nichts weiß oder sich nicht darauf berufen will, steht so, als wäre es nicht ergangen.

6.2 Weitere Möglichkeiten?

1422 Außerhalb des AGBG kann eine Korrektur unzulässiger Vertragsinhalte grundsätzlich nur aufgrund einer Klage des einzelnen benachteiligten Vertragspartners erfolgen. Stellt die Verletzung des § 134 oder des § 138 zugleich einen Wettbewerbsverstoß dar, so können Verbraucherverbände nach § 13 Abs. 2 Nr. 3 UWG gleichfalls auf Unterlassung klagen. Hier könnte ein bislang nur wenig gegangener Ausweg liegen.

1423 In Zukunft werden sich der Gesetzgeber sowie die Rechtsprechung auch mit der Frage befassen müssen, daß der Schutz des schwächeren Vertragspartners einem verfassungsrechtlichen Gebot entspricht:[209] Der Staat ist verpflichtet, den einzelnen im Interesse seiner Privat-

208 Einzelheiten bei MüKo-Gerlach § 13 AGBG Rn 70
209 S. Fn 205

autonomie vor Fremdbestimmung zu schützen. Dem ist jedoch nicht schon dadurch Rechnung getragen, daß bestimmte gesetzliche und richterrechtliche Schutznormen entwickelt werden. Vielmehr gehört dazu auch die **Aufgabe, für ein Verfahren zu sorgen, mit dessen Hilfe Recht und Rechtswirklichkeit in Einklang gebracht werden können**. Reicht der Individualprozeß hierfür nicht aus, muß von Verfassungs wegen eine Verbandsklage oder eine andere Form der Rechtsdurchsetzung geschaffen werden.[210]

210 Zur gleichliegenden Problematik im Arbeitsrecht s. Däubler AuR 1995, 305ff.

KAPITEL 16: Die planmäßige Erbringung der Leistung

1 Einleitung

Ist ein wirksamer und inhaltlich nicht zu beanstandender Vertrag zustande gekommen, so ergeben sich eine Reihe von Einzelfragen, die meist weniger kontrovers sind und die deshalb relativ knapp abgehandelt werden können. 1424

An welchem Ort und zu welchem Zeitpunkt ist der Schuldner zur Leistung verpflichtet? Ist er auch berechtigt, Stück für Stück zu liefern? Zu diesen sog. **Leistungsmodalitäten** näher unten 2.

Was bedeutet konkret «Erfüllung»? Genügt es beispielsweise, wenn der bestellte Sessel vor der Glastüre abgestellt wird? Wann hat man im Falle einer Überweisung definitiv bezahlt? Welche Bedeutung hat eine Quittung? Zu diesen **Erfüllungsmodalitäten** näher unten 3.

Neben der Erbringung der geschuldeten Leistung sind andere Formen der Erfüllung denkbar. Gläubiger und Schuldner kommen beispielsweise überein, daß der Gläubiger eine bestimmte Sache «in Zahlung nimmt», weil der Schuldner im Moment nicht liquide ist. Von großer praktischer Bedeutung ist die Aufrechnung: Statt zu bezahlen, beruft sich der Schuldner auf eine ihm zustehende Gegenforderung und erklärt seine Verpflichtung insoweit für erledigt. Näher zu diesen sog. **Erfüllungssurrogaten** unten 4.

Das Interesse an der Durchführung des Vertrages kann bei der einen oder der anderen Seite zurückgehen – sei es, daß man finanziell in der Klemme ist, sei es, daß man den gekauften Gegenstand nicht mehr unbedingt benötigt, sei es, daß man schlicht anderen Sinnes geworden ist. Für solche Fälle hat das Gesetz bestimmte Mechanismen vorgesehen, die durch «sanften Druck» vertragskonformes Verhalten sicherstellen sollen. Dazu gehört etwa die **Einrede des nicht erfüllten Vertrages** sowie insbesondere das **Zurückbehaltungsrecht**: Wenn der andere seine Verpflichtungen nicht erfüllt, kann ich meinerseits auch auf weitere Aktivitäten verzichten. Außerdem ist es grundsätzlich zulässig, für den Fall einer nicht korrekten Erfüllung eine **Vertragsstrafe** vorzusehen – ein nicht unbeträchtliches Disziplinierungsmittel insbesondere bei Bauvorhaben. Näher zu diesen **Sicherungen des Leistungsvollzugs** unten 5.

Soweit diese Mechanismen nicht «greifen», liegt eine sog. Leistungsstörung vor. Sie wirft zahlreiche Fragen auf, die in Kapitel 17 separat erörtert werden sollen.

1425 Die Regelungen des BGB zu allen diesen Fragen weisen drei Besonderheiten auf, die dazu führen, daß man Lösungen nicht immer direkt aus dem Gesetzestext herleiten kann.

Zum einen finden sich die einschlägigen **Vorschriften im Allgemeinen Schuldrecht**, gelten also gleichermaßen für rechtsgeschäftlich begründete wie für gesetzliche Schuldverhältnisse. Ob der A einen Kaufpreis bezahlt oder dem von ihm Geschädigten ein Schmerzensgeld überweist, macht rechtlich keinen Unterschied: In beiden Fällen liegt die Erfüllung einer Geldschuld vor.

Zum zweiten steht bei den gesetzlichen Regelungen die Erfüllung der «**Hauptleistungspflicht**» völlig im Vordergrund. Was geschieht, wenn eine Nebenleistungspflicht nicht erfüllt wird (der PC wird ohne Bedienungsanleitung geliefert), hat keine ausdrückliche Regelung erfahren. Erst recht gilt dies für die sog. Schutzpflichten gegenüber den Rechtsgütern der jeweiligen Vertragspartner.[1] Insoweit ist verstärkt die Rechtsprechung in den Blick zu nehmen.

Zum dritten ist das allgemeine Schuldrecht am Modell eines einmaligen Leistungsaustausches orientiert, wie er für Umsatzgeschäfte typisch ist. Bei **Dauerschuldverhältnissen** können sich daher **Besonderheiten** ergeben.[2]

1 Zu den Nebenleistungs- und Schutzpflichten s. oben Kap. 6 unter 3.2 (Rn 422ff.)
2 Zum Begriff des Dauerschuldverhältnisses s. oben Kap. 14 unter 2.1.4 (Rn 1083)

2 Die Leistungsmodalitäten

2.1 Der Leistungsort

2.1.1 Die Regel des § 269 und vertragliche Abweichungen

Nach § 269 Abs. 1 ist die Leistung am **Wohnsitz des Schuldners** zu erbringen; handelt es sich um einen Gewerbetreibenden, ist der Ort seiner Niederlassung entscheidend. Dies ist allerdings nur eine «Auffanglösung». **Den Parteien steht es frei**, z. B. eine Bringschuld zu vereinbaren und so den **Wohnsitz des Gläubigers** zum Leistungsort zu machen.[3] Außerdem kann sich aus den Umständen, insbesondere aus der Natur des Schuldverhältnisses ergeben, daß die Leistung dem Gläubiger an seinem Wohnsitz zu erbringen ist. Wer etwa eine Zeitung abonniert, bekommt diese ins Haus geliefert. 1426

Im Einzelfall können sich Probleme ergeben. Was geschieht, wenn die Zustellerin die Zeitung nicht zur Haustüre bringt, sondern an der Grundstücksgrenze ablegt, weil sie zweimal von einem Hund erschreckt worden ist? Nach Auffassung des Amtsgerichts Hanau[4] hat der Zeitungsverlag seine Pflichten erfüllt; es sei Sache des Abonnenten, durch Aufstellen eines Zeitungsrohres oder eines großen Briefkastens dafür zu sorgen, daß die Zeitung nicht vom Wind weggeweht oder vom Regen durchnäßt werde. Der Hund spielte keine Rolle.

Auch bei der Lieferung von Heizöl oder von Möbeln ist Leistungsort die Wohnung des Käufers.[5]

Wird vereinbart, daß der Schuldner für die **Versendung** der Sache zu sorgen hat, so ändert dies allein – wie § 269 Abs. 3 klarstellt – noch nichts am Leistungsort. 1427

A bestellt eine Kücheneinrichtung beim Versandhaus V. Leistungsort bleibt dessen Sitz. Etwas anderes gilt nur, wenn auch die Montage durch Mitarbeiter des V vereinbart ist.

Etwas anderes gilt nur bei den im internationalen Handelsverkehr üblichen Klauseln **«cif»** (= cost, insurance, freight) und **«fob»** (= free on

---

3 Zu den Begriffen Bringschuld, Holschuld und Schickschuld s. oben Kap. 14 unter 3.1.2 (Rn 1127 ff.)

4 NJW 1989, 398

5 OLG Oldenburg NJW-RR 1989, 398

board). Das erstere bedeutet, daß Leistungsort der Abladehafen ist, das letztere macht das Schiff zum Leistungsort.[6]

2.1.2 Probleme beim gegenseitigen Vertrag

1428 Wird aus einem Vertrag nicht nur eine Partei verpflichtet, können sich nach der Regel des § 269 Abs. 1 unterschiedliche Leistungsorte für die einzelnen Verpflichtungen ergeben. Dies ist mißlich, weil der jeweilige Schuldner nach § 29 ZPO am Leistungsort verklagt werden kann, so daß ggfs. zwei Prozesse um einen Vertrag geführt werden müssen. Die Rechtsprechung neigt deshalb dazu, jedenfalls bei gegenseitigen Verträgen dort den Leistungsort anzunehmen, wo **die für den Vertag charakteristische Leistung erbracht** wird.[7]

2.1.3 Platzgeschäfte

1429 Bei sog. Platzgeschäften, d. h. dann, wenn Gläubiger und Schuldner in derselben Gemeinde wohnen, finden die zu § 269 entwickelten Grundsätze entsprechende Anwendung.[8]

2.1.4 Leistungsort = Erfüllungsort?

1430 Der Leistungsort wird häufig auch als «Erfüllungsort» bezeichnet, obwohl dies eher zur Verwirrung beiträgt: Wie etwa das Beispiel der Schickschuld zeigt, ist es sehr wohl denkbar, daß die Leistungshandlung («aussuchen und auf den Weg bringen») an einem Ort vorgenommen werden muß, während die Erfüllungswirkung («Gläubiger hat, was er will») an einem anderen Ort eintritt.

2.1.5 Sonderregeln für die Geldschuld

1431 Für die Geldschuld enthält § 270 eine Sonderregelung. Auch für sie gilt zwar, daß der Leistungsort mangels abweichender Vereinbarung und abweichender Umstände der Wohnsitz des Schuldners ist (§ 270 Abs. 4), doch hat dieser das Geld dem Gläubiger nach § 270 Abs. 1 auf seine Gefahr und seine Kosten an dessen Wohnsitz zu übermitteln.

---

6 Esser-Schmidt § 15 I 1 (S. 252); MüKo-Keller § 269 Rn 58
7 Nachweise bei Palandt-Heinrichs § 269 Rn 12, 13
8 BGHZ 87, 104, 110

Kommt der an den Gläubiger gerichtete Brief ohne das beigefügte Geld oder den beigefügten Scheck an, muß der Schuldner noch einmal bezahlen.

Kommt das Geld an, so hat der Schuldner doppeltes Glück gehabt: Da Leistungsort im Zweifel sein Wohnsitz ist, gilt als Zeitpunkt der Zahlung die Absendung. Dies kann für die Berechnung von Verzugszinsen u. ä. durchaus wichtig sein.[9]

Hat der Schuldner dem Gläubiger eine **Abbuchungsermächtigung** erteilt, so ist es Sache des Gläubigers, sich zu bedienen; unterläßt er dies und meldet die Bank in der Zwischenzeit Konkurs an (glücklicherweise in Deutschland ein sehr seltener Fall), so ist dies sein Risiko. 1432

Für die Praxis wichtig ist das Recht des Kontoinhabers, einer Abbuchung innerhalb einer Frist von 6 Wochen zu widersprechen und sich auf diese Weise das Geld zurückzuholen. Dies beruht auf einer Abmachung der Banken.

2.2 Der Zeitpunkt der Leistung

Ist nichts anderes vereinbart oder aus den Umständen zu entnehmen, so sind Leistungen nach § 271 Abs. 1 **sofort fällig**. Ist dagegen ein Zeitpunkt bestimmt, ist nach § 271 Abs. 2 im Zweifel anzunehmen, daß der Gläubiger die Leistung nicht vorher verlangen darf, der Schuldner aber zu einer vorzeitigen Leistung berechtigt ist. Sind für eine Geldschuld Zinsen vereinbart, würde eine vorzeitige Bezahlung dem Gläubiger allerdings einen Vorteil nehmen, so daß die Vermutungsregel des § 271 Abs. 2 hier nicht eingreifen kann. 1433

Genaue Menschen möchten manchmal wissen: Kann man auch nachts um 2.00 Uhr seine Schulden begleichen? Radio Eriwan antwortet: Im Prinzip ja. Allerdings muß auch der Gläubiger eine Nachteule sein, denn ihn aus dem Bett zu klingeln, wäre eine Verletzung der Gebote von Treu und Glauben: Er könnte mit Recht die Annahme verweigern. Unter Kaufleuten sind die Dinge klar: § 358 HGB läßt die Bewirkung einer Leistung nur während der gewöhnlichen Geschäftszeit zu.

Zahlt der Schuldner vor Fälligkeit, so wendet er dem Gläubiger zwar etwas zu (nämlich die Möglichkeit, das Geld für einen bestimmten Zeitraum verzinslich anzulegen oder eine Verbindlichkeit zu tilgen und so Zinsen zu sparen), doch schließt § 272 aus, deshalb den geschuldeten Betrag zu mindern. In der Praxis wird häufig ein Abzug 1434

9 BSG NJW 1988, 2501

(«**Skonto**») vereinbart, wenn der Schuldner seine Rechnungen sehr schnell begleicht.

1435 Dem Gläubiger steht es frei, dem Schuldner **Stundung** zu gewähren. Dies bedeutet, daß die Fälligkeit hinausgeschoben wird, der Schuldner aber gleichwohl zur Leistung berechtigt bleibt.[10] Ist der Schuldner in einer vorübergehenden Zwangslage, kann sich aus Treu und Glauben auch eine Pflicht zur Stundung ergeben.

Beispiel: Drei Bürger der ehemaligen DDR ließen sich in den 70er Jahren durch eine Fluchthilfeorganisation in den Westen ausschleusen und mußten dafür insgesamt 45 000 DM bezahlen. Da sie in der ersten Zeit über keinerlei Ersparnisse verfügten, war eine Stundung geboten.[11]

In vielen Fällen liegt es im Eigeninteresse des Gläubigers, die wirtschaftliche Existenz des Schuldners nicht durch rücksichtslose Zwangsvollstreckungsmaßnahmen zu zerstören.[12] Dennoch ist es besser, insoweit auch einen juristischen Riegel vorzuschieben und nicht nur auf die Vernunft eines Beteiligten zu setzen.

2.3 Zulässigkeit von Teilleistungen?

1436 Nach § 266 ist der Schuldner nicht berechtigt, Teilleistungen zu erbringen. Man will dem Gläubiger die damit verbundenen Unannehmlichkeiten ersparen. Abweichendes zu vereinbaren ist jederzeit möglich. **Sukzessivlieferungsverträge**[13] und Käufe auf Raten[14] sind hierfür die bekanntesten Beispiele.

10 Esser-Schmidt § 15 II 2 (S. 254)
11 BGH NJW 1977, 2358
12 Esser-Schmidt § 15 II 2 (S. 255)
13 Dazu oben Kap. 14 unter 2.1.4 (Rn 1084)
14 Zum Ratenkauf s. Bd. 2 Kap. 1 unter 5 (Rn 124ff.)

3 Die Erfüllung

3.1 Bewirkung der Leistung

Nach § 362 Abs. 1 erlischt das Schuldverhältnis, «wenn die geschuldete Leistung an den Gläubiger bewirkt wird». «Geschuldete Leistung» meint dabei nach heutigem Verständnis nicht nur die Hauptleistung, sondern alles, was zur Erreichung des Vertragszwecks erforderlich ist. 1437

Wer einen Mikrowellenherd kauft, ist in der Regel nicht damit zufrieden, nur das Gerät in der Küche stehen zu haben; er benötigt auch eine Bedienungsanleitung. Nur wenn sie mitgeliefert wird, sind die Voraussetzungen des § 362 Abs. 1 erfüllt.

Die Leistung kann – je nach Inhalt des Schuldverhältnisses – in einem Rechtsgeschäft (z. B. in der Übereignung der Kaufsache), in einem rein tatsächlichen Verhalten (die Bäume im Garten werden geschnitten) oder in einem Unterlassen (keine Gaststätte auf dem Nachbargrundstück) bestehen.[15] Abgesehen von bestimmten höchstpersönlichen Tätigkeiten 1438

Behandlung durch einen bestimmten Arzt, Erstattung eines Gutachtens durch einen bestimmten Sachverständigen

steht es dem Schuldner frei, nicht selbst tätig zu werden, sondern Hilfspersonen einzuschalten.

Die Sache wird durch einen angestellten Verkäufer übereignet, die Autoreparatur macht der Lehrling unter Aufsicht des Meisters.

Eine **Uralt-Kontroverse** betrifft die Frage, ob schon die Erbringung der Leistung als solche die Erfüllungswirkung herbeiführt oder ob es hierfür einer vertraglichen Abmachung zwischen Gläubiger und Schuldner bedarf.[16] In der Gegenwart hat sie etwas an Attraktivität verloren, da sich BGH[17] und BAG[18] ausdrücklich der ersten Auffassung, und d. h. der sog. **Theorie der realen Leistungsbewirkung,** angeschlossen haben und diese Position auch in der Literatur zuneh- 1439

---

15 Zum möglichen Inhalt von Schuldverhältnissen s. bereits oben Kap. 14 unter 2.1 (Rn 1068 ff.)

16 In Mot. II, 81 wollte man die Frage Wissenschaft und Rechtsprechung überlassen

17 BGH NJW 1991, 1294, 1295; BGH NJW 1992, 2698, 2699

18 BAG NJW 1993, 2397, 2398

mend Anhänger gewinnt.[19] In der Tat enthält der Wortlaut des § 362 Abs. 1 keinerlei Anhaltspunkte dafür, daß über das Bewirken der Leistung hinaus auch noch eine vertragliche Abmachung geschlossen werden müßte. Geht es um ein Unterlassen oder ein rein tatsächliches Handeln, würde eine solche Voraussetzung nachgerade lebensfremd wirken. Auch könnte der Gläubiger die Leistung annehmen und gleichzeitig den Erfüllungsvertrag verweigern; nur durch Rückgriff auf § 242 wäre in einem solchen Fall zu vermeiden, daß er die Leistung zweimal verlangen kann.[20]

3.2 Insbesondere: Erfüllung einer Geldschuld

1440 Die Pflicht zur Zahlung eines größeren Betrages wird heute normalerweise bargeldlos, d. h. durch Hingabe eines Schecks, durch Überweisung oder durch Belastung des Kreditkartenkontos erfüllt. Der Gläubiger muß sich darauf nicht einlassen, doch wird dem allgemein Üblichen entsprechend sein Einverständnis mit einer Überweisung unterstellt, wenn er dem Schuldner – und sei es vorgedruckt auf dem Briefkopf – sein Bankkonto mitgeteilt hat. Erfüllt ist in diesem Falle dann, wenn der Gläubiger über den betreffenden Betrag wie über bares Geld verfügen kann.[21] Dies ist vom **Moment der Gutschrift** auf seinem Konto an der Fall.[22] Wird per **Scheck** bezahlt, stellt die Annahme des Schecks nur eine sog. **Leistung Erfüllungs halber** im Sinne des § 364 Abs. 2 dar; es geht gewissermaßen um ein Vorstadium der Erfüllung. Diese selbst tritt erst ein, wenn der Scheck durch Bargeld oder Kontogutschrift «honoriert» wird.[23] Dasselbe gilt bei Bezahlung mit Hilfe einer Kreditkarte.[24]

19 Überblick bei MüKo-Heinrichs § 362 Rn 5–10
20 Weitere Einwände gegen die Vertragstheorie bei MüKo-Heinrichs § 362 Rn 12
21 Esser-Schmidt § 17 V 2
22 Näher zur Geldschuld bereits oben Kap. 14 unter 3.2.2 (Rn 1138ff.)
23 Häuser WM 1988, 1505; Palandt-Heinrichs § 364 Rn 10
24 Zu den Kreditkartenverträgen eingehend Martinek, Moderne Vertragstypen, Bd. III, S. 59ff. mwN sowie Bd. 2 Kap. 4 unter 4.5 (Rn 676ff.)

3.3 Erteilung einer Quittung und Rückgabe des Schuldscheins

Nach § 368 Satz 1 ist der Gläubiger verpflichtet, gegen Empfang der Leistung «ein schriftliches Empfangsbekenntnis (Quittung)» zu erteilen. Damit ist der Schuldner gegen eine weitere Inanspruchnahme geschützt. 1441

Recht perfektionistisch erwies sich der Gesetzgeber im Falle des § 369. Nach dessen Abs. 1 hat der **Schuldner** die **Kosten der Quittung** zu tragen (normalerweise nur Papier und Porto), es sei denn, er habe eine unentgeltliche Leistung erbracht, z. B. eine Sache für den Gläubiger in Verwahrung genommen. Doch damit nicht genug: Stirbt der Gläubiger und sieht sich der Schuldner deshalb einer Mehrzahl von Erben gegenüber, so fallen die dadurch bedingten Mehrkosten (5 Quittungsbriefe!) den Gläubigern zur Last. Interessant wird diese Regelung erst, wenn die Quittung für eine Berichtigung des Grundbuchs benötigt wird: In diesem Fall bedarf sie der notariellen Beglaubigung, was regelungsbedürftige Kosten verursacht.

Interesse verdient die Vorschrift des § 370. Danach gilt der **Überbringer einer Quittung** als ermächtigt, die Leistung zu empfangen, sofern der Leistende nicht «bösgläubig» war, d. h. von der fehlenden Ermächtigung wußte. § 370 stellt einen Spezialfall der Anscheinsvollmacht dar[25] und greift nur dann ein, wenn die Quittung echt ist, also vom Gläubiger oder einem Bevollmächtigten eigenhändig unterschrieben wurde.[26] 1442

Ist über die Forderung ein **Schuldschein** ausgestellt worden, so kann der Schuldner nach § 371 dessen Rückgabe verlangen. Auch dies soll gegen eine erneute Inanspruchnahme schützen. 1443

Was geschieht, wenn der Gläubiger den Schuldschein nicht mehr findet? In diesem Fall kann der Schuldner nach § 371 Satz 2 vom Gläubiger das öffentlich beglaubigte Anerkenntnis verlangen, daß die Schuld erloschen sei. Auch an unordentliche Menschen hat das BGB gedacht.

25 Dazu oben Kap. 13 unter 3.5.2 (Rn 1008)
26 MüKo-Heinrichs § 370 Rn 3

3.4 Leistung unter Vorbehalt

1444 Möglich ist, daß der Schuldner unter dem Vorbehalt leistet, daß die Verbindlichkeit überhaupt bestehe. Würde man dies nicht zulassen, wären gutwillige Schuldner benachteiligt: Sie könnten ihre Leistung wegen der Sondervorschrift des § 814 auch dann nicht zurückverlangen, wenn sich nachträglich herausstellt, daß sie Recht hatten und die Schuld definitiv nicht bestand.[27] Dem Gläubiger widerfährt durch den Vorbehalt kein Unrecht; er erhält, was er will, ist jedoch zugleich in dem Sinne gewarnt, daß möglicherweise ein Rückforderungsanspruch auf ihn zukommt.[28]

3.5 Wahlrecht des Schuldners bei Existenz mehrerer Verpflichtungen

1445 Besitzt der Gläubiger mehrere gleichartige Forderungen gegenüber dem Schuldner, reichen dessen Leistungen aber nicht zur Tilgung sämtlicher Schulden aus, so wird nach § 366 Abs. 1 diejenige Schuld getilgt, welche der Schuldner bei der Leistung bestimmt.

Beispiel: Die Bank B hat fällige Darlehensansprüche gegen A in Höhe von DM 60 000, DM 40 000 und DM 30 000. A zahlt 50 000 zurück. Er kann frei bestimmen, welches der Darlehen in welchem Umfang zurückgeführt wird.

Mittelbar ergibt sich dadurch eine Bestätigung der oben[29] vertretenen Theorie der realen Leistungsbewirkung, da jedenfalls bei einer Mehrzahl von Forderungen der Schuldner ohne einen Vertrag mit dem Gläubiger bestimmen kann, inwieweit die Erfüllungswirkung eintritt.

27 Zu § 814 näher unten Kap. 18 unter 2.3.1 (Rn 1621). Für Zulässigkeit der Leistung unter Vorbehalt BGH NJW 1982, 2301, 2302

28 Esser-Schmidt § 17 V 2 (S. 209)

29 3.1 (Rn 1439)

4 Erfüllungssurrogate

Unter bestimmten Voraussetzungen ist es zulässig, die übernommene Verpflichtung anders als durch «Bewirkung der geschuldeten Leistung» zu erfüllen. Das BGB unterscheidet verschiedene Fälle solcher **«Ersatzformen»** der Erfüllung. 1446

4.1 Leistung an Erfüllungs Statt

Nach § 364 Abs. 1 erlischt das Schuldverhältnis auch dann, wenn der Gläubiger eine andere als die geschuldete Leistung an Erfüllungs Statt annimmt. 1447

Anstelle des eigentlich geschuldeten Gemäldes «Marktfrau mit Hund» wird ein vom gleichen Maler stammendes Exemplar «Engel auf der Wiese» akzeptiert.

Notwendig ist, daß Gläubiger und Schuldner hierüber einig sind; der Sache nach handelt es sich um eine Vertragsänderung («geschuldet wird nicht Leistung A, sondern Leistung B»), die der Erfüllung gewissermaßen eine logische Sekunde vorausgeht.[30]

An Erfüllungs Statt können Leistungen jeder Art vorgesehen werden;[31] am häufigsten wird vermutlich die Leistung einer Sache statt der Zahlung eines bestimmten Geldbetrags sein. Besteht die **«Ersatzleistung» in einer neuen Verpflichtung** des Schuldners, 1448

Beispiel: Hingabe eines Schecks, für dessen Einlösung der Schuldner als Aussteller haftet; Übergabe eines vom Schuldner akzeptierten Wechsels

so liegt nach § 364 Abs. 2 im Zweifel nur eine **Leistung «Erfüllungs halber»** vor. Dies bedeutet, daß der Gläubiger zunächst versuchen soll, sich aufgrund dieser neuen Verbindlichkeit die ihm gebührende Leistung zu verschaffen.

Der Scheck wird eingelöst, der Wechsel an eine Bank verkauft («diskontiert»)

Während dieses «Erfüllungsversuchs» ist die ursprüngliche Forderung gestundet.[32] Kommt der Gläubiger nicht zum Ziel, kann er wieder auf diese zurückgreifen.

---

30 Vgl. auch Esser-Schmidt § 18 I 2 (S. 294): Inhaltsändernder Vertrag
31 MüKo-Heinrichs § 364 Rn 4
32 MüKo-Heinrichs § 364 Rn 13

4.2 Hinterlegung und Selbsthilfeverkauf

1449 Die Bewirkung der geschuldeten Leistung kann daran scheitern, daß der **Gläubiger die Annahme verweigert**[33], daß der Schuldner aus einem in der Person des Gläubigers liegenden Grunde nicht leisten kann[34] oder daß der **Schuldner im Ungewissen über die Person des Gläubigers** ist[35]. Liegt einer dieser Fälle vor, so kann der Schuldner nach § 372 Satz 1 «Geld, Wertpapiere und sonstige Urkunden sowie Kostbarkeiten» beim Amtsgericht hinterlegen.

Das Hinterlegungsverfahren ist im einzelnen in der sog. **Hinterlegungsordnung** (Schönfelder Nr. 121) geregelt. Durch die Abgabe der Sachen beim Amtsgericht wird ein öffentlich-rechtliches Verwahrungsverhältnis zum Land begründet.

1450 **Verzichtet der Hinterlegende auf die Rücknahme** der hinterlegten Sache, **so wird er** nach § 378 von seiner Verbindlichkeit **frei**. Es ist Sache des Gläubigers, sich dann an das Amtsgericht zu wenden. Behält der Schuldner das Recht zur Rücknahme, so kann er nach § 379 Abs. 1 den Gläubiger auf die hinterlegte Sache verweisen. Nur soweit sie nicht zur Befriedigung des Gläubigers ausreicht, kann dieser wieder seine eigentliche Forderung geltend machen. Insofern ist die Situation praktisch dieselbe wie bei der Begründung einer Verbindlichkeit Erfüllungs halber.[36]

1451 Ist das **Bestehen der Verbindlichkeit zweifelhaft**, so greift die Hinterlegungsmöglichkeit nach § 372 nicht ein.[37] Allerdings ist es möglich, im Wege der Vereinbarung eine Hinterlegung auch über die gesetzlich vorgesehenen Fälle hinaus vorzusehen.[38]

1452 Ist die geschuldete bewegliche Sache zur Hinterlegung nicht geeignet (also weder Geld, Wertpapier, Urkunde noch Kostbarkeit), so kann sie der Schuldner nach näherer Maßgabe der §§ 383 ff. am Leistungsort **versteigern** lassen. Allerdings gilt dies uneingeschränkt nur dann, wenn der Gläubiger die Annahme abgelehnt hat. In den anderen Fällen eines Leistungshindernisses kann zu einem solchen **Selbsthilfeverkauf** nur dann geschritten werden, wenn der Verderb der Sa-

---

33 Zum sog. Annahmeverzug s. unten Kap. 17 unter 4 (Rn 1553 ff.)
34 Dazu näher MüKo-Heinrichs § 372 Rn 7
35 Diese Ungewißheit darf jedoch nicht auf Fahrlässigkeit beruhen – § 372 Satz 2
36 Dazu oben 4.1 (Rn 1448)
37 BGHZ 92, 374, 386
38 BGH NJW 1993, 55

che zu besorgen oder ihre Aufbewahrung mit unverhältnismäßigen Kosten verbunden ist (§ 383 Abs. 1 Satz 2).[39] Das bei der Versteigerung erlöste Entgelt kann dann hinterlegt werden.

4.3 Die Aufrechnung

4.3.1 Begriffliche Vorklärung oder: Probleme der Gesetzeslektüre

§ 387 bestimmt: «Schulden zwei Personen einander Leistungen, die 1453
ihrem Gegenstande nach gleichartig sind, so kann jeder Teil seine Forderung gegen die Forderung des anderen Teiles aufrechnen, sobald er die ihm gebührende Leistung fordern und die ihm obliegende Leistung bewirken kann.»

Wer dies auf Anhieb verstanden hat, kommt einem juristischen Genie verdächtig nahe. Nach zwei bis dreimaliger Lektüre das Gefühl zu haben, «irgend etwas» verstanden zu haben, ist normal.

Beginnen wir am Anfang des schönen Satzes. Vorausgesetzt ist, daß 1454
zwei Personen einander Leistungen schulden.

Der Verkäufer schuldet Übereignung, der Käufer Zahlung des Kaufpreises

Dies allein genügt jedoch nicht. Die geschuldeten Leistungen müssen vielmehr **«gleichartig»** sein, also beide auf Geld oder auf Leistung aus einer bestimmten Gattung gehen.

Die zwischen Verkäufer und Käufer bestehende Situation reicht also offensichtlich nicht aus. Unproblematisch wäre jedoch, wenn K noch einen Restkaufpreis von 6000 DM schuldet und eine Gegenforderung über 8000 DM gegen V aus Darlehen hat.

Stehen sich also zwei gleichartige Forderungen gegenüber – man nennt dies **«Aufrechnungslage»** –, so kann jeder Teil seine Forderung gegen die Forderung des anderen Teiles aufrechnen.

Statt an V 6000 DM zu bezahlen, kann K in dieser Höhe mit seiner Gegenforderung aus Darlehen aufrechnen. V kann seinerseits von der Aufrechnungsmöglichkeit Gebrauch machen: Statt das ganze Darlehen zurückzuzahlen, kann er in Höhe seiner noch ausstehenden Forderung von 6000 DM die Aufrechnung erklären und seine Zahlung auf 2000 DM beschränken.

---

39 Einzelheiten bei Esser-Schmidt § 18 II 2

1455 Die Forderung, gegen die aufgerechnet wird, nennt man «**Passivforderung**», die Forderung, die als «Aufrechnungsmittel» eingesetzt wird, nennt man «**Aktivforderung**».

Erklärt in unserem Beispiel K die Aufrechnung, so ist die Forderung auf Zahlung des Restkaufpreises «Passivforderung», die Darlehensforderung Aktivforderung. Erklärt V die Aufrechnung, kehren sich die Bezeichnungen um: Hier wird die Restkaufpreisforderung aktiviert.

§ 387 verlangt nun jedoch noch zwei weitere Dinge.

1456 **Der** die Aufrechnung **Erklärende muß** die ihm gebührende **Leistung fordern können**. Dies bedeutet, daß sie nicht erst künftig entstehen oder aufschiebend bedingt sein darf;[40] vielmehr muß sie schon in der Gegenwart nicht nur existieren, sondern auch fällig sein.[41] Andernfalls würde sich der Aufrechnende einen Vorteil (z. B. eine vorzeitige Leistung) verschaffen, auf die er kein Anrecht hat.

1457 Zweitens muß der Aufrechnende die ihm obliegende Leistung bewirken können. Wer noch gar nicht leisten darf, kann sich auch im Wege der Aufrechnung nicht von seiner Verpflichtung befreien.

Der X hat ein Darlehen über 50000 DM aufgenommen, das eine feste Laufzeit von 4 Jahren und einen festen Zinssatz von 9% besitzt. Vor Ablauf der 4 Jahre ist eine ganze oder teilweise Rückzahlung des Darlehens vertraglich ausgeschlossen. Unterstellt, X hätte eine fällige Forderung gegen den Darlehensgeber: Er könnte nicht aufrechnen.

1458 Liegen alle diese Voraussetzungen in der Person von mindestens einem der Vertragspartner vor, kann er in Höhe der ihm zustehenden Forderungen die Aufrechnung erklären. In dieser Höhe hat er dann seine Verpflichtung gegenüber der Gegenseite erfüllt. Gleichzeitig hat er für seine Forderung in Höhe des aufgerechneten Betrages Befriedigung gefunden. Statt Geldscheine hin und her zu schieben oder zwei Überweisungen zu tätigen, hat man denselben Effekt durch **Verrechnung** erreicht.

Zurück zum obigen Beispiel (Rn 1454): Statt aufzurechnen, hätte K auch dem V sechs 1000-DM-Scheine in die Hand drücken und sich diese anschließend wieder zur (teilweisen) Rückzahlung des Darlehens übergeben lassen können. § 387 erspart einen solchen Umweg.

40 Zu aufschiebend bedingten Rechten s. oben Kap. 14 unter 5.1 (Rn 1292)
41 Esser-Schmidt § 18 III 1 c mwN

4.3.2 Einzelfragen der Zulässigkeit

Das Gesetz enthält eine Reihe von Bestimmungen, die die Möglichkeit zur Aufrechnung beschränken. 1459

– Nach § 390 Satz 1 kann **mit einer Forderung, der eine Einrede entgegensteht, nicht aufgerechnet** werden.[42] Hintergrund ist, daß sich der Aufrechnende für seine Forderung durch einseitige Erklärung Befriedigung verschafft; gäbe es § 390 Satz 1 nicht, hätte die andere Seite gar keine Chance mehr, sich auf ihre Einrede zu berufen. § 390 Satz 2 macht allerdings eine **Ausnahme**: Steht der Forderung des Aufrechnenden die Einrede der Verjährung entgegen, wäre die Aufrechnung aber schon vor Eintritt der Verjährung möglich gewesen, bleibt diese weiterhin möglich. Keine Probleme ergeben sich, wenn die **Passivforderung einredebehaftet** war: Wenn der Schuldner gleichwohl mit seiner Gegenforderung aufrechnet, gibt er lediglich eigene Möglichkeiten preis, und daran will ihn keiner hindern.

– Nach § 393 ist eine **Aufrechnung gegen eine Forderung aus vorsätzlich begangener unerlaubter Handlung** unzulässig. Wer einen anderen bewußt geschädigt hat, soll diesem auch tatsächlichen Ersatz leisten und sich nicht durch Aufrechnung aus der Affäre ziehen können. 1460

G hat sich über S geärgert, weil dieser sein fälliges Darlehen über 20000 DM nicht zurückzahlen will. Gleichzeitig würde G in der kleinstädtischen Öffentlichkeit schlecht dastehen, wenn er die Gerichte bemühen würde. In seiner Wut zündet er den Heuschober des S an, was einen Schaden von 15000 DM verursacht. Gegen den dadurch entstandenen Ersatzanspruch des S in Höhe von 15000 DM kann er nicht in entsprechender Höhe mit seiner Darlehensforderung aufrechnen. Dies ist vernünftig, als andernfalls nicht zahlungsfähige oder nicht zahlungswillige Schuldner allzu leicht Opfer von Racheakten werden könnten; der Gläubiger wird oft die durchaus realistische Einschätzung haben, sowieso nicht mehr zu seinem Geld zu kommen.

Vorsätzliche Vertragsverletzungen sind nicht erfaßt[43], was zwar dem Wortlaut, nicht aber unbedingt dem Sinn der Vorschrift entspricht.[44] Keine Probleme entstehen im umgekehrten Fall, daß der In- 1461

42 Zum Begriff der Einrede s. oben Kap. 6 unter 6 (Rn 438)

43 BGH NJW 1975, 1120

44 Ist gleichzeitig eine vorsätzliche Vertragsverletzung und eine vorsätzliche unerlaubte Handlung begangen worden, greift § 393 dagegen ein, und zwar auch dann, wenn der Anspruch aus unerlaubter Handlung verjährt ist: BGH NJW 1977, 529

haber eines Schadensersatzanspruchs wegen vorsätzlicher unerlaubter Handlung diesen für Zwecke der Aufrechnung verwendet.[45]

1462 – Nach § 394 darf **gegen eine unpfändbare Forderung nicht aufgerechnet** werden. Erfaßt sind damit insbesondere Ansprüche auf Gehaltszahlung, die nach §§ 850a ff. ZPO bis zu einer bestimmten Höhe von der Pfändung ausgenommen sind. Würde man hier eine Aufrechnung mit Gegenansprüchen zulassen, wäre das Existenzminimum des Betroffenen unterschritten, was in vielen Fällen zur Inanspruchnahme von Sozialhilfe führen würde. Beides soll verhindert werden. Eine **Ausnahme** wird allerdings dann gemacht, wenn der Anspruch, mit dem aufgerechnet wird, auf vorsätzlicher unerlaubter Handlung beruht.[46]

Wer den Arbeitgeber bewußt schädigt, kann nicht trotzdem von ihm die Auszahlung der unpfändbaren Bezüge verlangen.

1463 – § 406 erhält dem Schuldner die **Aufrechnungsbefugnis** auch für den Fall, daß die **Forderung an einen anderen abgetreten** wurde.

V tritt seine Restkaufgeldforderung in Höhe von 6000 DM an den X ab. K kann auch dem X gegenüber in dieser Höhe mit seiner Darlehensforderung aufrechnen.

1464 Eine **Ausnahme** gilt dann, wenn der Schuldner seine Gegenforderung erst erwarb, als er bereits von der Abtretung Kenntnis hatte, oder daß er sie zwar vorher erwarb, daß sie jedoch später als die abgetretene Forderung fällig wurde.

Unterstellt, der K hat seine Darlehensforderung gegen V in einem Moment erworben, als er noch nichts davon wußte, daß V den Anspruch auf die 6000 DM an X abgetreten hatte. Aufrechnungsmöglichkeit bleibt erhalten. Anders, wenn K beim Erwerb seiner Forderung schon von der Abtretung durch V informiert war. Eine Ausnahme gilt auch dann, wenn die Forderung zwar vor Kenntnis erworben wurde, aber erst danach und später als die abgetretene Forderung fällig wurde: Hier hätte der Aufrechnende sowieso nicht darauf vertrauen können, überhaupt in eine Aufrechnungslage zu kommen.[47]

1465 Eine sog. **Inkassozession** ändert nichts an der wirtschaftlichen Zugehörigkeit der Forderung zum Vermögen des bisherigen Inhabers; von daher kann weiter diesem gegenüber aufgerechnet werden.[48]

---

45 Palandt-Heinrichs § 393 Rn 2
46 BGHZ 123, 49, 54
47 Dazu MüKo-Roth § 406 Rn 10
48 Esser-Schmidt § 18 III 1 a (S. 299)

4.3.3 Wirkung der Aufrechnung

Die Aufrechnungserklärung ist nach § 388 Satz 1 eine **einseitige empfangsbedürftige Willenserklärung**. Als solche darf sie nicht bedingt oder befristet sein (was § 388 Satz 2 noch einmal klarstellt). Die Aufrechnungserklärung hat Rückwirkung. Nach § 389 gelten die Forderungen von dem Zeitpunkt an als erloschen, in welchem sie sich als zur Aufrechnung geeignet gegenübergestanden sind. Dies gilt selbstredend nur, soweit sie sich inhaltlich decken; überschießende Teile einer Forderung bleiben unberührt. 1466

Hat A gegen B seit 1.3. einen Anspruch über 15000 DM und besitzt B gegen A seit dem 15.4. einen Gegenanspruch in Höhe von 10000 DM und wird am 30.4. die Aufrechnung erklärt, so ist mit Wirkung vom 15.4. die Forderung des B ganz, die des A in Höhe von 10000 DM erloschen. Das Verbot von Teilleistungen nach § 266 gilt hier nicht!

4.3.4 Vertragliche Abweichungen

Soweit nicht zwingende Schutzvorschriften wie §§ 393, 394 in Rede stehen, können die Aufrechnungsmöglichkeiten durch Vertrag erweitert oder auch eingeschränkt werden. Eine Erweiterung stellt beispielsweise die **Konzernverrechnungsklausel** dar: Alle Forderungen der Konzernunternehmen[49] werden zusammengefaßt und den Gegenansprüchen eines anderen Unternehmens oder Konzerns gegenübergestellt. Möglich wäre auch, einredebehaftete Forderungen als solche anzuerkennen, mit denen aufgerechnet werden kann. Umgekehrt steht nichts im Wege, die Aufrechnung bei Ansprüchen aus bestimmten Verträgen von vornherein auszuschließen. Eine entsprechende Abmachung kann auch aus dem Vertragszweck geschlossen werden. 1467

Wer Geld von seinem Schuldner erhält, um für diesen in eigenem Namen ein Gemälde zu kaufen[50], kann einen Anspruch auf Rückgewähr nicht dadurch vereiteln, daß er mit einem Darlehensanspruch aufrechnet.

---

49 Zum Konzernbegriff s. oben Kap. 5 unter 3.4.3 (Rn 273 ff.)

50 Zum Fall einer solchen mittelbaren Stellvertretung s. oben Kap. 13 unter 2.3.2 (Rn 945)

5 Sicherung des Leistungsvollzugs

1468 Wird das im Vertrag festgelegte «Programm» von einer Seite nicht eingehalten, so kann die andere auf Erfüllung klagen. Daneben stehen weitere Rechtsbehelfe zur Verfügung, die unter dem Stichwort der «Leistungsstörungen» im nächsten Kapitel erörtert werden sollen.[51] Klage, Schadensersatz usw. sind jedoch relativ grobe Mittel; viel sinnvoller ist es, an das Eigeninteresse der Beteiligten anzuknüpfen, um sie damit zu veranlassen, die übernommenen Verpflichtungen freiwillig einzuhalten.

Systemtheoretiker würden vermutlich die Vertragsparteien als sich selbst regulierendes System sehen, was gerne noch mit dem besonders gelehrt klingenden Begriff «Autopoiese» bezeichnet wird. Ein Erkenntnisgewinn ist damit nicht verbunden, man schafft nur Verständigungsprobleme und – wenn auch nur für einige Zeit – einen wissenschaftlichen Nimbus.

Wie sehen nun diese Mechanismen aus?

5.1 Einrede des nichterfüllten Vertrages

1469 Bei allen gegenseitigen Verträgen wie Kauf, Werkvertrag usw. ist die Leistung der einen Seite nur im Hinblick darauf versprochen, daß auch die andere Seite leistet.[52]

Man bezahlt den Kaufpreis für ein Auto nur deshalb, weil man dieses übereignet erhält, man bezahlt den Handwerker für die Reparatur der Ölheizung usw.

Daraus folgt notwendigerweise, daß mangels anderer Abreden niemand zur Vorleistung verpflichtet ist. Jeder kann erklären, nur dann leisten zu wollen, wenn gleichzeitig auch die Gegenleistung erfolgt.

Ich kann den im Spielwarenladen gekauften Teddybär nur mitnehmen, wenn ich den dafür vorgesehenen Preis bezahle.

1470 Im BGB ist dies in § 320 Abs. 1 Satz 1 geregelt: Jeder Partner eines gegenseitigen Vertrages kann seine Leistung «bis zur Bewirkung der Gegenleistung» verweigern, ihm steht die sog. **Einrede des nicht-**

51 Kap. 17 (Rn 1488 ff.)
52 Zum Begriff des gegenseitigen Vertrages s. schon oben Kap. 14 unter 2.1.1 (Rn 1069)

erfüllten Vertrages zu. Das Interesse an der Gegenleistung zwingt so zu vertragsgemäßem Verhalten.

Eine Reihe von Einzelfragen bedürfen der Erwähnung. 1471

– Hat eine Seite nicht ganz vollständig geleistet, so darf die Gegenleistung insoweit nicht verweigert werden, als dies nach den Umständen, insbesondere wegen verhältnismäßiger **Geringfügigkeit des rückständigen Teiles**, gegen Treu und Glauben verstoßen würde.

Beispiel: Wer ein Hausgrundstück kauft, kann nicht den Kaufpreis mit der Begründung zurückbehalten, der mitverkaufte Rasenmäher sei derzeit nicht einsatzfähig.

Allerdings muß es sich um wirkliche (relative) «Kleinigkeiten» handeln. Bei **Baumängeln** geht die Rechtsprechung davon aus, man könne das Zwei- bis Dreifache der Nachbesserungskosten zurückbehalten, da nur so der nötige Druck auf die andere Seite ausgeübt werde.[53]

– Ist **eine Seite zur Vorleistung verpflichtet**, kann sie nach § 321 1472
dennoch ihre Leistung verweigern, bis die Gegenleistung bewirkt oder Sicherheit geleistet wird, «wenn nach dem Abschluß des Vertrages in den Vermögensverhältnissen des anderen Teiles eine wesentliche Verschlechterung» eingetreten ist.

Der Handwerker braucht also nicht vorzuleisten, wenn den Umständen nach klar ist, daß der Kunde in Vermögensverfall geraten ist, was z. B. darin deutlich wird, daß er regelmäßig keine Rechnungen mehr bezahlt oder daß seine Schecks nicht eingelöst werden.

Was geschieht, wenn die **Vermögensverhältnisse schon im Zeitpunkt des Vertragsabschlusses schlecht** waren, durch geschickte Selbstdarstellung dies aber «unter den Teppich gekehrt» wurde? In einem solchen Fall ist § 321 seinem eindeutigen Wortlaut nach nicht anwendbar, doch kommt eine Anfechtung wegen arglistiger Täuschung nach § 123 oder wegen Irrtums über die Kreditwürdigkeit nach § 119 Abs. 2 in Betracht.[54] Möglicherweise besteht auch ein Schadensersatzanspruch wegen Verschuldens bei Vertragsverhandlungen.[55]

– Ob die Einrede des nichterfüllten Vertrages wirklich eine «Einrede» 1473
ist, ist Gegenstand eines Streits, der hier nicht referiert werden soll.[56]

---

53 BGH NJW 1992, 1632, 1633

54 Palandt-Heinrichs § 321 Rn 2; zur Anfechtung nach §§ 123 u. 119 Abs. 2 s. oben Kap. 10 unter 4 (Rn 674 ff.) und unter 3.3 (Rn 644 ff.)

55 Oben Kap. 12 unter 5.3 (Rn 925 ff.)

56 Dazu Esser-Schmidt § 16 II 2 (S. 263)

5.2 Zurückbehaltungsrecht

1474 Nicht nur im Rahmen gegenseitiger Verträge ist die Situation denkbar, daß jeder der Beteiligten zugleich Gläubiger und Schuldner ist.

Im Zusammenhang mit einem Bauvorhaben werden verschiedene Verträge mit demselben Bauhandwerker abgeschlossen. Bei Vertrag 1 steht die volle Zahlung des Bauherrn noch aus, bei Vertrag 3 hat der Unternehmer noch nicht voll erfüllt.

Auch hier gibt es die Möglichkeit, die eigene Verpflichtung als «Faustpfand» zu verwenden, um so die andere Seite zur Erfüllung ihrer vertraglichen Verpflichtungen zu veranlassen.[57]

5.2.1 Voraussetzungen

1475 Wer ein Zurückbehaltungsrecht an seiner Leistung geltend machen möchte, muß nach § 273 Abs. 1 einen **fälligen Anspruch gegen den Gläubiger** besitzen. Insoweit gilt nichts anderes als im Rahmen der Aufrechnung – allerdings mit dem wesentlichen Unterschied, daß die sich gegenüberstehenden Ansprüche nicht gleichartig sind. In entsprechender Anwendung des § 390 sind einredebehaftete Ansprüche nicht ausreichend, doch spielt die Verjährung keine Rolle, wenn das Zurückbehaltungsrecht auch schon vor ihrem Eintritt bestand.

1476 Der Gegenanspruch des Schuldners muß zum zweiten **auf «demselben rechtlichen Verhältnis»** beruhen. Man spricht insoweit von der **«Konnexität» der Ansprüche**. Die Rechtsprechung legt diesen Begriff weit aus; es reicht, daß die Ansprüche im Rahmen derselben wirtschaftlichen Dauerbeziehung entstanden sind.[58]

S. das eben genannte Beispiel der mehreren Verträge mit einem Bauhandwerker

Die Abgrenzung richtet sich letztlich danach, ob es mit Treu und Glauben vereinbar wäre, wenn die eine Forderung durchgesetzt wird, dieses jedoch bei der anderen nicht der Fall wäre.[59]

---

57 Esser-Schmidt § 16 I 1 (S. 261); Larenz, Schuldrecht I, § 16 (S. 214)
58 Nachweise bei Larenz, Schuldrecht I, § 16 (S. 214)
59 BGHZ 115, 99, 103

5.2.2 Rechtsfolgen

Sind diese Voraussetzungen erfüllt, kann der Schuldner seine Leistung so lange verweigern, bis er die ihm gebührende Leistung der anderen Seite erhält. **Beide Seiten** haben – wie § 274 ausdrücklich sagt – «**Zug um Zug**» zu erfüllen. 1477

Bauherr H klagt auf Beseitigung der Baumängel. Der Bauunternehmer wird dazu nur in der Weise verurteilt, daß er seinerseits den noch ausstehenden Betrag aus einem früheren Vertrag erhält.

Das Zurückbehaltungsrecht ist eine **(aufschiebende) Einrede**; es muß ausdrücklich oder konkludent geltend gemacht werden.

Weiter geht das sog. **kaufmännische Zurückbehaltungsrecht** 1478
nach §§ 369 ff. HGB, das keine Konnexität voraussetzt und ein Befriedigungsrecht nach Art eines Pfandrechts gewährt. Es ist hier nicht näher darzustellen.

5.2.3 Ausnahmen

Bestimmte Ansprüche dürfen nicht durch ein Zurückbehaltungsrecht 1479
blockiert werden, weil sie für den Gläubiger von existentieller Bedeutung sind. Dies gilt etwa für unpfändbare Forderungen (§ 394 analog) oder für Ansprüche auf Auskunft und Rechenschaftslegung.[60] Außerdem kann die Ausübung des Zurückbehaltungsrechts **im Einzelfall gegen Treu und Glauben** verstoßen. Dies gilt etwa entsprechend § 320 Abs. 2 dann, wenn wegen einer verhältnismäßig kleinen Gegenforderung ein sehr viel wertvollerer Anspruch nicht erfüllt wird, sowie in dem Fall, daß der Schuldner bereits auf andere Weise, etwa durch ein Grundpfandrecht, hinreichend gesichert ist:[61] Hier hat er bereits andere Mittel in der Hand, um sein Gegenüber zur Vertragstreue anzuhalten.

---

60 BGH NJW 1978, 1157
61 Larenz, Schuldrecht I, § 16 mit Fn 21

5.3 Vereinbarte Sanktionen

1480 Über die im Gesetz vorgesehenen Rechtsbehelfe hinaus kann durch Vertragsgestaltung sichergestellt werden, daß sich Vertragsbruch für den einzelnen nicht lohnt. In Betracht kommen verschiedene Möglichkeiten.

5.3.1 Die Vertragsstrafe

1481 Für den Fall, daß eine vertragliche Verpflichtung nicht oder nicht gehörig erfüllt wird, kann eine Vertragsstrafe vorgesehen werden. Auf sie sind die §§ 339 bis 345 anwendbar. Ist die vertragliche Abmachung als solche unwirksam (etwa nach § 138), gilt nach § 344 dasselbe auch für die vereinbarte Vertragsstrafe. Diese ist **grundsätzlich «unselbständig»**. Denkbar, wenn auch praktisch selten, ist eine sog. **selbständige Vertragsstrafe**: Der Schuldner ist zu nichts verpflichtet, doch muß er bei einem bestimmten Verhalten die vereinbarte Summe bezahlen.[62] Dies kann allerdings nur dann in Betracht kommen, wenn eine entsprechende rechtsgeschäftliche Verpflichtung nicht an übergeordneten Grundsätzen wie den Verboten der §§ 134, 138 scheitern würde.

1482 Vertragsstrafen werden in vielen Verträgen vorgesehen, bei denen es auf pünktliche Leistungserbringung ankommt. Weiter ist an jene Fälle zu denken, in denen sich jemand verpflichtet, eine bestimmte Behauptung nicht mehr aufzustellen oder auf ein bestimmtes Verhalten im Wettbewerb zu verzichten: Üblicherweise wird hier für jeden Fall der Zuwiderhandlung eine Vertragsstrafe vorgesehen. Das gleiche Mittel benutzte die Treuhandanstalt im Rahmen der Veräußerung früher volkseigener Betriebe: Die Garantie einer bestimmten Zahl von Arbeitsplätzen erfolgte in der Weise, daß für jeden nicht besetzten Arbeitsplatz ein «Zusatzentgelt» in Höhe von z. B. 2000 DM pro Monat bezahlt werden mußte.

1483 Nach § 339 Satz 1 besteht die Vertragsstrafe in der **Zahlung einer bestimmten Geldsumme**; diese ist fällig, wenn der Schuldner in Verzug gerät.[63] Dieser setzt grundsätzlich Verschulden voraus, doch kann auch etwas anderes vereinbart werden.[64]

62 Zum selbständigen Strafversprechen s. Palandt-Heinrichs Vorbem. vor § 339 Rn 4; anders Esser-Schmidt § 16 III 1 b (S. 270)

63 Zu den Verzugsvoraussetzungen s. unten Kap. 17 unter 3 (Rn 1534 ff.)

64 S. die Nachweise bei Palandt-Heinrichs § 339 Rn 3

Ist das so häufig entrichtete Flaschenpfand eine im voraus bezahlte Vertragsstrafe, die dann «definitiv» wird, wenn man die Flasche nicht zurückbringt? Martinek[65] verneint dies und nimmt einen Flaschenkauf und einen Flaschenrückkauf an – was er zur Freude an lebensfremden Konstruktionen schreibt, ist ungleich wichtiger als die Sache selbst.

Nach § 343 Abs. 1 kann eine **unverhältnismäßige Vertragsstrafe** auf Antrag des Schuldners auf einen angemessenen Betrag herabgesetzt werden. Die Höhe unterliegt so einer Billigkeits-, nicht nur einer Sittenwidrigkeitskontrolle. Die Kriterien sind im Gesetz nicht festgelegt, doch ist primär nach der Funktion der Vertragsstrafe zu fragen. Will diese primär die Einhaltung des Vertrages sichern, kommt es auf die Gefährlichkeit der Zuwiderhandlung für den Gläubiger, auf die Schwere des Verschuldens beim Verletzer sowie auf die Gefahr einer Wiederholung an. Geht es andererseits primär darum, einen aus einer Vertragsverletzung folgenden Schaden pauschal abzugelten, ist dessen mutmaßliche Höhe zu schätzen.[66] 1484

Liegen einem Vertrag **AGB** zugrunde, ist die Unzulässigkeit von Vertragsstrafen nach § 11 Nr. 6 AGBG zu beachten. Strafen, die von Verbänden gegen ihre Mitglieder verhängt werden, unterliegen gleichfalls der gerichtlichen Überprüfung.[67] 1485

5.3.2 Die Verfallklausel

Anstelle einer Vertragsstrafe können die Parteien auch eine sog. Verfallklausel vereinbaren, wonach dem Schuldner bestimmte Rechte verlorengehen, wenn er seine Verpflichtungen nicht korrekt erfüllt. 1486

Eine Anzahlung wird hinfällig, ein Recht auf Vertragsverlängerung kann nicht mehr ausgeübt werden.

Da es wirtschaftlich keinen Unterschied macht, ob eine Zusatzleistung versprochen oder ein an sich bestehendes Recht aufgegeben wird, sind die § 339 ff. in einem solchen Fall entsprechend anwendbar.[68]

65 JuS 1987, 514 ff.
66 BGH NJW 1994, 45 für den Fall, daß die Höhe der Vertragsstrafe von vornherein nach Billigkeitsgesichtspunkten festzulegen war, doch kann im Fall des § 343 nichts anderes gelten.
67 Näher Esser-Schmidt § 16 III 2 (s. 270) mwN
68 Nachweise bei Palandt-Heinrichs Vorbem. vor § 339 Rn 5

5.3.3 Rücktrittsrecht und Kündigung

1487 Den Vertragsparteien steht es jederzeit frei, nach § 346 ein Recht zum Rücktritt vom Vertrag zu vereinbaren. Weshalb sie dies tun wollen, ist allein ihrer privatautonomen Entscheidung überlassen. Möglich ist deshalb auch, ein Rücktrittsrecht für den Fall vorzusehen, daß die andere Partei ihren vertraglichen Verpflichtungen nicht ausreichend nachkommt. Wird der Rücktritt erklärt, müssen die schon erbrachten Leistungen nach Maßgabe des § 347 zurückgewährt werden. Bei Dauerschuldverhältnissen wäre dies schwer möglich und würde über den Sinn einer solchen Abmachung hinausgehen, da auch in der Vergangenheit liegende, völlig reibungslos verlaufene Transaktionen wieder rückgängig gemacht werden müßten. Deshalb kommt insoweit nur ein Kündigungsrecht in Betracht.[69]

69 Zur Kündigung von Dauerschuldverhältnissen s. Oetker. Dauerschuldverhältnis, S. 248 ff.

KAPITEL 17: Leistungsstörungen

1 Überblick

Trotz der geschilderten Anreize, sich vertragstreu zu verhalten, kommt es nicht selten vor, daß das im Vertrag festgelegte Programm nicht oder nicht vollständig umgesetzt wird. Es tritt eine sog. Leistungsstörung ein,[1] auf die die Rechtsordnung in bestimmter Weise reagiert. Ein solches Phänomen kann nicht nur bei rechtsgeschäftlich begründeten, sondern auch bei gesetzlichen Schuldverhältnissen eintreten. Das BGB hat auch diesen Bereich **nur lückenhaft geregelt**, so daß dem Richterrecht eine beträchtliche Rolle zukommt. 1488

Die größte Aufmerksamkeit hat der Gesetzgeber dem Phänomen 1489
der «**Unmöglichkeit**» der Leistung gewidmet. Dabei wird danach unterschieden, ob die Erfüllung für jedermann unmöglich ist (sog. **objektive** Unmöglichkeit)

Das verkaufte Gemälde von Renoir fällt einem Brand zum Opfer. Dieses Gemälde kann nun niemand mehr liefern (nicht etwa nur der Galerieinhaber) – objektive Unmöglichkeit

oder ob nur gerade dem Schuldner die Leistung unmöglich ist, andere Personen damit aber keine Probleme hätten (sog. **subjektive** Unmöglichkeit, auch Unvermögen genannt).

V verkauft an K ein Gemälde, das nicht ihm, sondern dem E gehört, dem es gestohlen wurde. Genehmigt der E nicht entgegen allen Erwartungen das Geschäft, so kann V nicht erfüllen (dem E wäre es aber durchaus möglich).

---

1 Der Begriff ist von Heinrich Stoll entwickelt worden. Dazu nunmehr Anke Sessler, Die Lehre von den Leistungsstörungen. Heinrich Stolls Bedeutung für die Entwicklung des allgemeinen Schuldrechts, Berlin 1994

Weiter sind die Rechtsfolgen meist verschieden, je nachdem, ob der Schuldner Unmöglichkeit oder Unvermögen «zu vertreten» hat oder ob das eine oder das andere bereits bei Vertragsabschluß bestanden hat bzw. erst später eingetreten ist. Im einzelnen ist dies unter 2 darzustellen.

1490 Ist die Leistung zwar weiter möglich, erfolgt sie aber nicht zur rechten Zeit, so gerät der Schuldner unter bestimmten Voraussetzungen in **Verzug**. Die hierbei auftauchenden Fragen sind vergleichsweise weniger kompliziert; sie sollen unter 3 erörtert werden.

1491 Schwierigkeiten können sich bei der Durchführung des Vertrages auch dadurch ergeben, daß der Gläubiger «nicht mitmacht», indem er die Annahme verweigert. Ein solcher **Annahmeverzug** bewirkt gleichfalls bestimmte Veränderungen im Schuldverhältnis, so daß es gerechtfertigt ist, auch ihn unter die «Leistungsstörungen» einzuordnen (unten 4).

1492 Das BGB enthält keine generelle Regelung, was dann geschehen soll, wenn die Leistung mangelhaft ist. Dazu gibt es zwar Bestimmungen bei Kauf, Miete, Reise- und Werkvertrag, nicht aber bei sonstigen Vertragstypen.

Versehentlich werden dem G von seiner Bank statt 5000 DM nur 3000 DM gutgeschrieben. Dies veranlaßt ihn, einen Kauf nicht zu tätigen, der ihm 50% Gewinn gebracht hätte.

Erst recht fehlt eine Regelung zu der Frage, welche Folgen die Verletzung von Nebenleistungs- und Schutzpflichten haben soll.[2]

Die Waschmaschine wird ohne Bedienungsanleitung geliefert, der in der Tierhandlung gekaufte Hund wird – da in früher Jugend schlecht behandelt – bisweilen aggressiv und beißt einen Besucher.

Für Fälle dieser Art hat sich im Anschluß an Untersuchungen von Staub[3] die Bezeichnung **«positive Vertragsverletzung»** eingebürgert.[4]

Der Handelsrechtler Hermann Staub war bis 1933 einer der bekanntesten deutschen Juristen, der u. a. einen vierbändigen Kommentar zum HGB veröffentlicht hatte.[5]

---

2 Zu diesen Kategorien s. oben Kap. 6 unter 3.2 (Rn 422ff.)

3 Über die positiven Vertragsverletzungen und ihre Rechtsfolgen, in: Gutenbergische Festschrift für den 30. DJT, 1902; eingehender Staub, Die positiven Vertragsverletzungen, 1904, zitiert nach Heck, Schuldrecht, § 40 Fn 1

4 Die Bezeichnung ist ungenau. Nicht nur bei Verträgen können Neben- und Schutzpflichten verletzt werden. Außerdem kann die Pflichtverletzung nicht allein in einem positiven Tun, sondern auch in einem Unterlassen liegen. Dennoch läßt sich an der durch die eingängige Abkürzung «pVV» ergänzten Terminologie nichts mehr ändern.

5 14. Aufl., Berlin 1932/33

Aus rassischen Gründen konnte er seine Arbeit dann nicht mehr fortsetzen. 1939 erschien in zwei Bänden der neue «Großkommentar» zum HGB, herausgegeben von Schlegelberger, dem damaligen Staatssekretär im Reichsjustizministerium.[6] An vielen Stellen ergaben sich Ähnlichkeiten (Handel und Wandel waren nach 1933 so unterschiedlich nun auch wieder nicht), was den Verfassern des Schlegelbergerschen Kommentars die Bezeichnung «Staubsauger» eintrug.

Die Rechtsfigur der positiven Vertragsverletzung besitzt heute **gewohnheitsrechtlichen Charakter**[7] und stellt einen «Auffangtatbestand» für alle Formen von Leistungsstörungen dar. Die damit zusammenhängenden Rechtsfragen sind unter 5 dargestellt.

Verträge oder andere Rechtsgeschäfte können schließlich dadurch 1493
fragwürdig werden, daß sich Umstände verändern, von denen man als selbstverständlich ausgegangen ist. Dies wird rechtlich unter dem Stichwort des **Wegfalls der Geschäftsgrundlage** behandelt, die gleichfalls im BGB keine Erwähnung gefunden hat (unten 6).

2 Die Unmöglichkeit der Leistung

2.1 Wann ist eine Leistung «unmöglich»?

Die Unmöglichkeit der Leistung kann auf tatsächlichen wie auf rechtlichen Gründen beruhen. 1494

2.1.1 Unmöglichkeit aus tatsächlichen Gründen

Ein tatsächlicher Grund liegt beispielsweise vor, wenn der Vertragsgegenstand (die zu reparierende Sache) untergegangen ist. Auch Dienstleistungen können unmöglich werden – sei es, daß der seine Dienste Zusagende dauerhaft erkrankt, sei es, daß er die Eignung für die vorgesehene Tätigkeit verliert. 1495

6 Schlegelberger (Hrsg.), Kommentar zum HGB, 2 Bde., Berlin 1939

7 Larenz, Schuldrecht I, § 24 I a (S. 367); Palandt-Heinrichs § 276 Rn 105; Staudinger-Löwisch vor § 275 Rn 21

Der eingeschleuste Detektiv wird enttarnt und kann deshalb nicht mehr feststellen, wer immer wieder von den Lagerbeständen einiges mitgehen läßt.[8]

1496 Unmöglichkeit aus tatsächlichen Gründen liegt auch dann vor, wenn das Verstreichenlassen eines bestimmten Zeitpunkts die Leistung sinnlos macht (sog. **absolutes Fixgeschäft**).

Das für eine Fahrt zum Flughafen bestellte Taxi kommt 3 Stunden später, das Charterflugzeug ist bereits in der Luft.

1497 «Unmöglichkeit» ist im übrigen nicht im naturwissenschaftlichen Sinne gemeint; es reichen **praktische Schwierigkeiten**, bei denen jeder vernünftige Mensch von einem Erfüllungsversuch Abstand nimmt.[9]

Gern wird in diesem Zusammenhang auf den verkauften Ring verwiesen, der vom Schiff aus ins Wasser gefallen ist und sich auf dem Meeresgrund befindet. Das Leben in den Büchern ist manchmal bildhaft, wenngleich dem etwas komplizierteren tatsächlichen Leben etwas entrückt.

Auch unzumutbare wirtschaftliche Schwierigkeiten bei der Beschaffung des Vertragsgegenstands sind hier einzuordnen.

2.1.2 Unmöglichkeit aus rechtlichen Gründen

1498 Auch rechtliche Gründe können zur Unmöglichkeit führen. Dies gilt beispielsweise für ein Einfuhrverbot[10], dessen Umgehung durch Schmuggel nicht als zumutbare Alternative gilt. Auf einen rechtlich unmöglichen Erfolg ist ein Vertrag gerichtet, wonach der Käufer Eigentümer des Grundstücks werden, das darauf stehende Haus jedoch weiter dem Verkäufer zustehen soll.[11] Wird eine Sache verkauft, die dem Käufer bereits gehört, ist der Vertrag gleichfalls auf eine unmögliche Leistung gerichtet.[12]

Dem Juraprofessor P ist sein geliebter Palandt entwendet worden, den er mit zahlreichen Randnotizen und Fragezeichen versehen hatte. Zwei Monate später findet er zu seiner Freude in einem Buchantiquariat die neueste Auflage des Palandt für 60 DM und greift sofort zu. Zuhause stellt er anhand der Randbemerkungen fest, daß es sich um sein Exemplar handelte. Auch der von ihm als besonders originell

---

8 So der Fall BGH NJW 1990, 2549, 2550

9 So BGH NJW 1983, 2873, 2874

10 S. die Entscheidung Fn 9

11 Näher dazu oben Kap. 6 unter 2.3.3 (Rn 386)

12 RG JW 1924, 1360

eingestufte Satz «Heinrichs, mir graut vor Dir» steht drin. Da der Antiquar (oder ein anderer) nicht gutgläubig erwerben konnte[13], P also weiter Eigentümer war, war der Vertrag von vornherein auf eine unmögliche Leistung gerichtet. Dies hat – wie wir noch sehen werden – zur Folge, daß er nach § 306 nichtig ist und P die 60 DM zurückverlangen kann. So sorgt das BGB für seine Professoren.

2.1.3 Leistungshandlung oder Leistungserfolg?

Ob Unmöglichkeit vorliegt, entscheidet sich immer danach, ob der Leistungserfolg noch erreichbar ist. Auf die Leistungshandlung als solche kommt es nicht an. Wichtig ist dies etwa dann, wenn der Gegenstand, auf den sich die Leistung bezieht, wegfällt 1499

das zu streichende Haus brennt ab

oder wenn der Vertragszweck auf andere Weise erreicht wird.[14]

Als das alarmierte Abschleppunternehmen kommt, ist das Auto schon wieder flottgemacht.

Inwieweit die «Leistungsbereitschaft» des Schuldners in einem solchen Fall zu honorieren ist, wird uns an späterer Stelle interessieren.[15]

2.1.4 Unvermögen

Unvermögen, d. h. subjektive Unmöglichkeit, liegt insbesondere dann vor, wenn ein und **dieselbe Sache zweimal verkauft** oder vermietet wurde. 1500

Unterstellt, die Sache ist dem zweiten Käufer übereignet worden, so liegt im Verhältnis zum ersten Käufer Unvermögen vor. Dies ändert sich allerdings, wenn der zweite Käufer zur Rückgewähr bereit ist.[16]

2.1.5 Grenzfälle

«Unmöglich» ist eine Leistung nur dann, wenn sie auf Dauer nicht mehr erbracht werden kann. Zeitweilige Leistungshindernisse (der Verkäufer wird seinerseits nicht beliefert) stehen einer späteren Erfüllung nicht im Wege; ggfs. tritt Verzug ein. 1501

13 Dazu oben Kap. 14 unter 4.6.1.4 (Rn 1262 ff.)
14 Palandt-Heinrichs § 275 Rn 9
15 Dazu Bd. 2 Kap. 4 unter 3.2.7 (Rn 651 ff.)
16 BGH NJW 1992, 3224, 3225

Allerdings kann es Abgrenzungsprobleme geben. Konnten wegen der politischen Verhältnisse im Iran Bauarbeiten 3 Jahre lang nicht begonnen werden und war auch nicht absehbar, daß sich an den politischen Verhältnissen etwas ändern würde, so war dies wie ein Fall eines dauernden Leistungshindernisses und damit als «Unmöglichkeit» zu behandeln.[17]

2.2 Wann ist die Unmöglichkeit «zu vertreten»?

1502 Die Rechtsfolgen, die eine Unmöglichkeit der Leistung auslöst, hängen meist (wenn auch nicht immer) davon ab, ob der Schuldner die Unmöglichkeit «zu vertreten» hat. Für den Regelfall gilt § 276 Abs. 1 Satz 1, wonach der Schuldner «Vorsatz und Fahrlässigkeit» zu vertreten hat. Während Vorsatz bewußtes Handeln meint, definiert § 276 Abs. 1 Satz 2 die Fahrlässigkeit als **«Außerachtlassung der im Verkehr erforderlichen Sorgfalt»**. Dies ist eine objektive Größe; vom Schuldner (oder einem anderen Beteiligten) wird daher das Maß an Bemühungen verlangt, das von einem «vernünftigen Menschen» erwartet werden kann. Dies hängt vom Charakter des Vertrages und den Umständen ab. Da die Anforderungen an das Verhalten des einzelnen vorwiegend im Deliktsrecht von Bedeutung sind, sollen sie dort behandelt werden.[18]

1503 In manchen Fällen hat der Schuldner nicht jede (sondern z. B. nur «grobe») Fahrlässigkeit zu vertreten. Dies gilt nach § 300 Abs. 1 z. B. dann, wenn sich der Gläubiger in Annahmeverzug befindet.

Wenn es am Gläubiger liegt, daß die Leistung noch nicht erbracht wurde, soll der Schuldner nicht für jede leichte Unachtsamkeit einstehen müssen.

Umgekehrt sind Fälle denkbar, in denen der Schuldner auch die «zufällige», von niemandem zu verantwortende Unmöglichkeit zu vertreten hat. Dies gilt beispielsweise dann, wenn er sich in Verzug befindet (§ 287 Satz 2) oder wenn er die Sache durch eine unerlaubte Handlung erlangt hat (§ 848).

Der Dieb soll sich nicht darauf berufen können, daß ihm die Sache abhanden gekommen ist. An dieser Bestimmung wird im übrigen deutlich, daß die skizzierten Regelungen auch für gesetzliche Schuldverhältnisse wie das durch eine unerlaubte Handlung Begründete Geltung haben.

---

17 BGHZ 83, 200

18 Dazu Bd. 2 Kap. 8 unter 2.3.3.2 (Rn 1030ff.)

Hat der Schuldner **Hilfspersonen** eingesetzt, muß er sich deren Verhalten nach § 278 zurechnen lassen.[19]

Eine Sonderregelung trifft § 279 für sog. **Gattungsschulden**.[20] Solange die Gattung als solche existiert, hat der Schuldner sein Unvermögen auch dann zu vertreten, wenn ihm kein Verschulden zur Last fällt. 1504

Der Großhändler G verkauft an Tante Emma 30 Packungen Müsli der Firma S «Tropische Früchte». Da er angeblich verschiedene Rechnungen nicht bezahlt hat, hat ihn die Firma S auf eine «schwarze Liste» gesetzt und beliefert ihn nicht.[21] Da die Ware aber sonst ohne Schwierigkeiten auf dem Markt erhältlich ist, muß G sein Unvermögen vertreten.

2.3 Die objektive Unmöglichkeit

2.3.1 Bei Abschluß des Vertrages

§ 306 bestimmt in bemerkenswerter Kürze: «Ein auf eine unmögliche Leistung gerichteter Vertrag ist nichtig.» Dies ist insofern bemerkenswert, als nicht etwa nur die einzelne Leistungspflicht, sondern der gesamte Vertrag hinfällig ist. Dabei wird vorausgesetzt, daß die Unmöglichkeit im oben beschriebenen Sinne schon im Zeitpunkt des Vertragsabschlusses besteht, weshalb man von **«anfänglicher» Unmöglichkeit** spricht. Tritt das **Leistungshindernis erst nach Vertragsabschluß** ein, spricht man von **«nachträglicher»** Unmöglichkeit, die besonderen, im Anschluß (unter 2.3.2) zu behandelnden Regeln unterliegt. 1505

§ 306 setzt objektive Unmöglichkeit voraus; bloßes **Unvermögen reicht** nach allgemeiner Auffassung **nicht**.[22] 1506

In einem vom LG Kassel[23] entschiedenen Fall hatte sich die Beklagte verpflichtet, «auf parapsychologischer Grundlage» mental auf den Freund der Klägerin in dem Sinne einzuwirken, daß er wieder zu ihr zurückkehren würde. Innerhalb eines Zeitraumes von 8 bis 13 Wochen sei ein Erfolg garantiert. Für die Bemühungen bezahlte die Klägerin 3000 DM. Als sich der Freund auch nach 13 Wochen noch nicht wieder eingestellt hatte, erfuhr die Klägerin auf Nachfrage, bei ihrer Partnerbeziehung

19 Dazu bereits oben Kap. 13 unter 5.1 (Rn 1036 ff.)
20 Dazu oben Kap. 14 unter 3.1 (Rn 1123 ff.)
21 Zur Liefersperre, die hier wohl rechtmäßig sein dürfte, s. oben Kap. 12 unter 4.3 (Rn 899 ff.)
22 MüKo-Thode § 306 Rn 2; Schwab, Einf., Rn 757
23 NJW 1985, 1642

handle es sich um einen besonders schwierigen Fall; für notwendige «Nacharbeiten» seien weitere 3000 DM zu bezahlen. Nun wurde ihr die Sache zu dumm, und sie verlangte Rückzahlung der schon erbrachten 3000 DM. Hier erwies sich § 306 als hilfreich, da das LG Kasssel den Standpunkt vertrat, der Vertrag sei von vornherein auf eine unmögliche Leistung gerichtet gewesen. Dies sei offenkundig, so daß die angebotenen Sachverständigen nicht gehört werden müßten. In etwas angreifbarer Weise wurde die Offenkundigkeit u. a. auch damit begründet, die Beklagte habe in der Öffentlichkeit behauptet, sie habe auch schon Personen «totgehext», doch habe sich niemand darüber aufgeregt.

1507 Der Vertrag ist nichtig, ohne daß es darauf ankäme, ob die Unmöglichkeit von der einen oder von der anderen Seite zu vertreten ist. Mittelbar spielt dies allerdings bei der **Schadensersatzpflicht nach § 307** eine Rolle: Wer bei Vertragsabschluß die Unmöglichkeit der Leistung kennt oder kennen muß, ist dem anderen Teil zum Ersatz des Schadens verpflichtet, den dieser dadurch erleidet, daß er auf die Gültigkeit des Vertrags vertraut. Die Ersatzpflicht fällt allerdings weg, wenn auch der andere Teil die Unmöglichkeit kannte oder hätte kennen müssen. Diese Regelung entspricht der des § 122[24] und stellt einen gesetzlich geregelten Anwendungsfall der culpa in contrahendo dar.[25]

2.3.2 Die nachträglich eintretende Unmöglichkeit

1508 Tritt die Unmöglichkeit nach Vertragsabschluß ein, so kommt es in erster Linie darauf an, ob der Schuldner sie zu vertreten hatte oder nicht.

2.3.2.1 Unmöglichkeit vom Schuldner nicht zu vertreten

(1) Wegfall der Leistungspflicht und Anspruch auf das stellvertretende Commodum

1509 Wird die Leistung nach Vertragsabschluß unmöglich, ohne daß dies der Schuldner im oben[26] skizzierten Sinne zu vertreten hat, so wird er nach § 275 Abs. 1 von seiner Leistungspflicht frei.

---

24 Dazu oben Kap. 10 unter 3.6.3 (Rn 670 ff.)
25 Dazu oben Kap. 12 unter 5.3 (Rn 925 ff.)
26 2.2 (Rn 1502 f.)

V und K haben vereinbart, daß V die gekaufte Sesselgarnitur dem K ins Haus liefert, daß also eine sog. Bringschuld vorliegt. Auf der Fahrt kommt es ohne Verschulden des V oder seines Fahrers zu einem schweren Unfall, bei dem auch die Sesselgarnitur total ramponiert wird. V wird von seiner Lieferpflicht frei.

Die andere Seite kann lediglich nach § 281 Herausgabe dessen verlan- 1510
gen, was der Schuldner als Ersatz für den untergegangenen Vertragsgegenstand erworben hat. Man nennt dies das sog. **stellvertretende Commodum** (lat. commodum = Vorteil).

Waren die Möbel gegen Transportschäden versichert, so könnte der Käufer (wenn er dies will) verlangen, daß er die Versicherungssumme bzw. den darauf gerichteten Anspruch erhält.

(2) Anspruch auf die Gegenleistung?

Was geschieht mit der **Pflicht** des anderen Teiles, **die Gegenleistung** 1511
zu erbringen, also z. B. den Preis für die (untergegangene) Kaufsache zu bezahlen? Regelungen darüber finden sich in den §§ 323 ff., die den gegenseitigen Verträgen gewidmet sind. Danach ist zu unterscheiden:

– **Hat keine der beiden Seiten die Unmöglichkeit zu vertreten**, 1512
so erlischt nach § 323 Abs. 1 auch der Anspruch auf die Gegenleistung. Für beide Seiten kommt nur der Abschluß eines neuen Vertrages in Betracht. Ist die Gegenleistung schon erbracht worden, ist sie nach § 323 Abs. 3 zurückzugewähren. Verlangt der Gläubiger das stellvertretende Commodum nach § 281, so bleibt er nach § 323 Abs. 2 in dem Umfang zur Gegenleistung verpflichtet, in dem der Ersatz wertmäßig zur eigentlich geschuldeten Leistung steht.

Im Falle der Sesselgarnitur ist § 281 daher für den K in aller Regel ohne Interesse, da die Versicherungssumme wohl kaum über den Kaufpreis hinausgehen wird.

– Ist die **Unmöglichkeit der Leistung vom Gläubiger zu vertre-** 1513
ten, bleibt der Anspruch auf die Gegenleistung nach § 324 Abs. 1 bestehen. Dies sind relativ seltene Fälle.

Beispiel: K hat den Unfall verschuldet, der die Sesselgarnitur unbrauchbar gemacht hat.

Dasselbe gilt nach § 324 Abs. 2 dann, wenn sich der **Gläubiger in Annahmeverzug** befand. Dieser Fall wird sehr viel häufiger eintreten.

Unterstellt, die Sesselgarnitur war zum vereinbarten Termin von K nicht abgenommen worden, weil niemand zu Hause war. Kommt es nun beim zweiten Erfüllungsversuch zu dem Unfall, so liegt das Risiko bei K, der bezahlen muß, obwohl er nichts erhält.[27]

2.3.2.2 Unmöglichkeit vom Schuldner zu vertreten

(1) Schadensersatz und Anspruch auf das stellvertretende Commudum

1514 Hat der Schuldner die Unmöglichkeit zu vertreten, so verwandelt sich seine Pflicht zur Leistung nach § 280 Abs. 1 in eine Pflicht zur Bezahlung von Schadensersatz.[28] Obwohl dies § 280 Abs. 1 nicht ausdrücklich erwähnt, wird die Leistungspflicht hinfällig; Unmögliches wird auch von einem unsorgfältigen Schuldner nicht verlangt.

Unterstellt, K war ein Händler, der belegen kann, daß er die Sesselgarnitur innerhalb einer Woche mit 1500 DM Gewinn verkauft hätte: Diesen Betrag müßte V ihm als Schaden nach § 280 Abs. 1 ersetzen, nicht jedoch die zerstörte Garnitur liefern.

Daneben kann der Gläubiger nach § 281 Abs. 1 das stellvertretende Commodum verlangen, doch muß er sich dessen Wert nach § 281 Abs. 2 auf seinen Schadensersatzanspruch anrechnen lassen.

(2) Sonderregeln für gegenseitige Verträge

1515 Die komplizierteren Fragen ergeben sich im Zusammenhang mit gegenseitigen Verträgen. Sie sind in § 325 geregelt. Danach hat der **Gläubiger die Wahl** zwischen drei Vorgehensweisen.

(a) Er kann **Schadensersatz wegen Nichterfüllung** fordern, also verlangen, so gestellt zu werden, wie wenn der Vertrag ordnungsgemäß abgewickelt worden wäre. § 325 Abs. 1 S. 1 nimmt insoweit den Gedanken des § 280 auf, ist aber die speziellere Norm, die bei gegenseitigen Verträgen § 280 verdrängt.

(b) Er kann statt dessen **vom Vertrag zurücktreten** und so die Rückgewähr einer etwa bereits erbrachten Gegenleistung erreichen. Beides ergibt sich aus § 325 Abs. 1 Satz 1.

(c) Er kann schließlich nach § 325 Abs. 1 Satz 3 die **Rechte aus § 323** geltend machen, also sich so verhalten, wie wenn der Schuldner die Unmöglichkeit nicht zu vertreten hätte.

1516 Zu (a): In der Regel ist der Anspruch auf **Schadensersatz** für den Gläubiger die **günstigste Variante**, zumal ihm die Rechtsprechung

---

27 Zu den Voraussetzungen des Annahmeverzugs im einzelnen s. unten 4 (Rn 1553 ff.)
28 Palandt-Heinrichs § 280 Rn 1

bei der Berechnung des Schadens in vielerlei Hinsicht entgegenkommt:

Der Gläubiger kann alle Nachteile geltend machen, die ihm auf- 1517
grund des Verhaltens des Schuldners entstanden sind. Dazu gehört insbes. der Gewinn, den er bei vertragsgemäßer Erfüllung gemacht hätte.[29] Wenn er dies für sinnvoll hält, kann er seine Gegenleistung noch erbringen und deren Wert als Schadensposten geltend machen.[30]

K hat bei V einen fabrikneuen PKW für 30000 DM gekauft und vereinbart, daß V sein altes Fahrzeug für 5000 DM in Zahlung nimmt. Noch vor der Übergabe fährt ein Fahrer des V den neuen PKW zu Schrott. Verlangt K Schadensersatz wegen Nichterfüllung[31], so kann er den Gebrauchtwagen gleichwohl loswerden und die dafür veranschlagten 5000 DM als Schadensersatz geltend machen. Außerdem bekommt er seine Aufwendungen für den Abschluß des Kaufvertrages sowie den Schaden ersetzt, der ihm dadurch entsteht, daß ein gleichwertiges Modell inzwischen 3 % mehr kostet.[32]

Hat der Gläubiger seine **Gegenleistung schon erbracht**, muß er sie 1518
grundsätzlich dem Schuldner belassen, kann jedoch Geldersatz für den darin liegenden Rechtsverlust verlangen. Dabei wird die im Vertrag vorgenommene Bewertung als «Mindestschaden» zugrunde gelegt.[33] Hat sich der Gläubiger das Eigentum vorbehalten oder war dieses aus anderen Gründen noch nicht übergegangen, kann er einen Herausgabeanspruch nach § 985 geltend machen.

Zu (b): Erklärt der Gläubiger statt dessen den **Rücktritt** vom Ver- 1519
trag, so entsteht ein sog. **Rückgewährschuldverhältnis**, dessen Inhalt sich nach den §§ 347 ff. bestimmt. **Daneben** kann **kein Schadensersatz** mehr geltend gemacht werden, insbes. Folgeschäden (Gewinnentgang!) bleiben außer Betracht. Von daher ist der Rücktritt nur in den seltenen Fällen der dem Gläubiger günstigere Rechtsbehelf, in denen die schon erbrachte Gegenleistung des Gläubigers einen höheren Wert als die Leistung des Schuldners zuzüglich der aus der Nichterbringung folgenden Schäden besitzt. Wer als Rechtsanwalt einen

29 Zu den beiden Formen der Berechnung des entgangenen Gewinns nach § 252 s. Bd. 2 Kap. 12 unter 1.1.2 (Rn 1262 ff.) sowie AK-BGB-Dubischar § 325 Rn 42 ff.

30 Nachweise bei Palandt-Heinrichs § 325 Rn 12

31 Dies wird durch kaufrechtliche Regeln nicht ausgeschlossen: BGH NJW 1995, 1737, 1738

32 Palandt-Heinrichs § 325 Rn 13

33 Vgl. BGH NJW 1982, 1279, 1280

Mandanten darauf nicht nachhaltig hinweist, macht sich schadensersatzpflichtig, wenn dieser die falsche Entscheidung trifft.[34]

Zu (c): Die dritte Möglichkeit – Geltendmachung der Rechte aus § 323 – ist im Vergleich damit in aller Regel noch weniger interessant. Der Gläubiger kann nach § 323 Abs. 1 schlicht erklären, die Gegenleistung zu verweigern und damit den Vertrag gegenstandslos machen. Zum zweiten kann er das stellvertretende Commodum verlangen und schuldet dann nach § 323 Abs. 2 einen entsprechenden Teil seiner Gegenleistung. Schließlich kann er nach § 323 Abs. 3 eine bereits erbrachte Gegenleistung zurückfordern, wobei allerdings der Schuldner weniger streng als im Falle des Rücktritts haftet.

1521 Die **drei Rechtsbehelfe** stehen dem Gläubiger alternativ zur Verfügung. Auch steht es ihm frei, **vom einen zum anderen überzugehen**, solange noch keine Abwicklung erfolgt, also z. B. Schadensersatz bezahlt ist. Davon gibt es jedoch eine wichtige **Ausnahme**: Da der Rücktritt das Schuldverhältnis umgestaltet, hat er grundsätzlich definitive Wirkung. Damit gewinnt die Frage an Bedeutung, wie bei unklaren Äußerungen zu verfahren ist.

Der wütende Gläubiger erklärt: Ich trete zurück und verlange Schadensersatz. BGH:[35] jedenfalls keine Rücktrittserklärung. Dies hätte sich auch damit begründen lassen, daß widersprüchliche Willenserklärungen keine Rechtsfolge herbeiführen können.[36]

Im Zweifel ist anzunehmen, daß der Gläubiger den seiner Interessenlage besser entsprechenden Rechtsbehelf wählen wollte.

2.3.3 Teilunmöglichkeit

1522 Wird nur ein Teil der versprochenen Leistung unmöglich,

Von mehreren verkauften Sachen geht eine unter

so gelten zunächst für den betroffenen Teil der Gesamtleistung die oben genannten Grundsätze: Hat der Schuldner den **«Teilausfall» nicht zu vertreten**, wird er insoweit von einer Leistungspflicht frei.[37] Die Gegenleistungspflicht des Gläubigers mindert sich entsprechend § 323 Abs. 1 letzter Halbsatz.

34 BGH NJW 1995, 449, 451
35 NJW 1982, 1279, 1280
36 Dazu oben Kap. 9 unter 3.4 (Rn 619)
37 Vgl. den Wortlaut des § 275 Abs. 1 («... soweit die Leistung ... unmöglich wird»).

Ist die **Teil-Unmöglichkeit zu vertreten**, so bestehen die Ansprüche nach §§ 280 Abs. 1, 325 Abs. 1 zunächst in bezug auf den «ausgefallenen» Teil. Ist die Erfüllung der restlichen Verbindlichkeit für den Gläubiger ohne Interesse, kann er nach § 280 Abs. 2 unter Ablehnung des noch möglichen Teils Schadensersatz wegen Nichterfüllung der ganzen Verbindlichkeit verlangen. Unter derselben Voraussetzung sieht § 325 Abs. 1 Satz 2 Schadensersatz wegen Nichterfüllung oder Rücktritt in bezug auf den ganzen Vertrag vor, wobei § 325 Abs. 1 Satz 3 dem auch für diesen Fall die Rechte aus § 323 hinzufügt. 1523

Über den Gesetzeswortlaut hinaus wird man im Fall der vom Schuldner nicht zu vertretenden Unmöglichkeit dem Gläubiger das Recht einräumen, sich vom Vertrag insgesamt zu lösen: Er soll nicht an einem Schuldverhältnis festgehalten werden, das er in dieser Form nicht wollte und das für ihn auch inhaltlich kein Interesse hat. 1524

Beispiel: Beim Kauf von Computersoftware gehört die Lieferung des Softwarehandbuches zur Hauptleistung. Unterbleibt sie, ist nur teilweise erfüllt.[38] Unterstellt, das Handbuch ist ohne Verschulden des Verkäufers untergegangen und es scheide auch eine Neubeschaffung aus: Hier hat der Käufer am ganzen Vertragsgegenstand kein Interesse mehr und kann deshalb nach § 323 die Gegenleistung insgesamt verweigern und schon bezahlte Beträge zurückverlangen.

2.3.4 Anderweitige Erledigung des mit der Leistung verbundenen Zwecks

Unmöglichkeit liegt auch dann vor, wenn der mit der Leistung gewollte Zweck auf andere Weise erreicht wird. 1525

Ein hilfsbereiter Nachbar hat das Auto repariert, bevor die Reparaturwerkstätte mit ihrem Abschleppwagen auftaucht.

Hier liegt nicht etwa Annahmeverzug vor, da die Leistung definitiv nicht mehr erbracht werden kann.[39] Fraglich ist nur, ob der ohne sein Verschulden zu spät Kommende **Ersatz für seine Aufwendungen** und etwa schon geleistete (Vor-)Arbeit verlangen kann. In entsprechender Anwendung des § 645 wird dies zu Recht bejaht.[40] Dahinter steht die berechtigte Überlegung, daß das «Leistungshindernis» in der Sphäre des Gläubigers eintrat und es deshalb ungerecht wäre, den

38 BGH NJW 1993, 461, 462
39 Larenz, Schuldrecht I, § 21 I (S. 315); Palandt-Heinrichs § 275 Rn 9
40 Nachweise bei Palandt-Heinrichs § 275 Rn 10

Schuldner Nachteile tragen zu lassen. **Ein Anspruch auf die ganze Gegenleistung** wäre nach § 324 Abs. 1 dann gegeben, wenn der Gläubiger die Zweckerreichung «zu vertreten» hat; die Tatsache, daß man sich als Betroffener selbst um eine Bereinigung des Problems bemüht oder die Hilfe Dritter nicht zurückweist, erfüllt diese Voraussetzung nicht.

1526 Dieselbe Lösung ist dann geboten, wenn die (Dienst-)Leistung deshalb unmöglich wird, weil die Sache oder die Person, auf die sie sich beziehen soll, nicht mehr existiert.

Das zu rahmende Bild ist gestohlen worden, der zu behandelnde Patient lebt nicht mehr.

Auch hier sorgt eine entsprechende Anwendung des § 645 für einen angemessenen Ausgleich.[41]

2.4 Das Unvermögen

2.4.1 Der geregelte Fall: Nachträgliches Unvermögen

1527 Nach § 275 Abs. 2 steht das nachträglich eintretende Unvermögen des Schuldners der (objektiven) Unmöglichkeit gleich. Für den Gläubiger wie für den Schuldner spielt es keine Rolle, ob Dritte zur Erbringung der Leistung in der Lage wären oder nicht; sie können deren Verhalten nicht beeinflussen. Die Leistungspflicht erlischt. Dies gilt auch im Falle des § 280, d. h. bei zu vertretendem Unvermögen.[42] Auch im übrigen treten dieselben Rechtsfolgen wie bei objektiver Unmöglichkeit ein; bei zu vertretendem Unvermögen gelten daher die §§ 280, 325. Zwei Besonderheiten sind jedoch zu berücksichtigen:

1528 – Liegt eine **Gattungsschuld** vor,[43] so hat der Schuldner sein Unvermögen nach § 279 immer zu vertreten, solange überhaupt Exemplare der betreffenden Gattung vorhanden sind. Er kann sich also nicht dar-

41 Anders liegen die Fälle der sog. Zweckstörung, bei denen die Leistung rein äußerlich möglich bleibt, aber nicht mehr den eigentlich gewollten Zweck erreichen kann. Schulbeispiel: Der für den Karnevalsumzug versprochene Fensterplatz kann auch dann zur Verfügung gestellt werden, wenn der Umzug ausfällt, doch wird der Berechtigte keine große Freude haben. Näher zu diesen Fällen unten 6 (Rn 1576 ff.)

42 MüKo-Emmerich § 245 Rn 92

43 Zum Begriff der Gattungsschuld s. oben Kap. 14 unter 3.1 (Rn 1123 ff.)

auf berufen, daß ihm aus Geldmangel oder aus sonstigen Gründen eine Beschaffung nicht möglich oder nicht zumutbar ist. Bei der sog. beschränkten Gattungsschuld gilt dasselbe, soweit der im Vertrag festgelegte Teil der Gattung noch objektiv verfügbar ist.

Der Weinhändler W verspricht, 30 Flaschen «Kröver Nacktarsch» zu liefern. Er wird von seiner Verpflichtung nur frei, wenn diese Weinsorte nicht mehr auf dem Markt ist.

– Der Anspruch auf die Herausgabe des sog. **stellvertretenden** 1529
Commodums nach § 281 Abs. 1 ist dann von besonderem Interesse, wenn der Schuldner durch Veräußerung des Vertragsgegenstands an einen Dritten sein Unvermögen selbst herbeigeführt hat. Hier kann der Gläubiger den vom Schuldner erlangten Gegenwert[44] herausverlangen und sich so die Früchte eines günstigeren Zweitverkaufs aneignen.[45] Würde man anders entscheiden, gäbe es bei schwankenden Preisen geradezu einen Anreiz zum Vertragsbruch: Der Schuldner könnte nach gestiegenen Preisen an einen Dritten veräußern, und zwar in der Erwartung, daß der eventuelle Schadensersatzanspruch des ersten Käufers auf der Basis wieder gesunkener Preise erfüllt werden müßte.

Ging die Initiative zu der Zweitveräußerung vom Dritten aus, kommt ggfs. auch ein Schadensersatzanspruch nach § 826 in Betracht.[46]

2.4.2 Der nicht geregelte Fall: Anfängliches Unvermögen

Keine Erwähnung findet im Gesetzestext der Fall, daß die Leistung bei 1530
Vertragsabschluß zwar objektiv möglich, der Schuldner zu ihr jedoch nicht imstande war. Schon bei den Vorarbeiten zum BGB wurde deutlich, daß die Gültigkeit des abgeschlossenen Vertrages daran nicht scheitern sollte.[47] Umstritten ist lediglich, ob der Schuldner sein Unvermögen auch dann zu vertreten hat, wenn ihn an diesem Umstand kein Verschulden trifft. Die herrschende Meinung bejaht dies[48]; eine eher wachsende Mindermeinung widerspricht[49]. M. E. muß entschei-

44 Sog. commodum ex negotiatione (= Vorteil aus Veräußerungsgeschäft)
45 BGHZ 46, 260, 264; MüKo-Emmerich § 281 Rn 16; Palandt-Heinrichs § 281 Rn 6
46 Dazu Bd. 2 Kap. 8 unter 4.2.1 (Rn 1071 ff.)
47 Mot. II 46, 176 f.
48 Nachweise bei MüKo-Emmerich Vor § 275 Rn 16; Palandt-Heinrichs § 306 Rn 9
49 Esser-Schmidt § 22 III 2; MüKo-Emmerich Vor § 275 Rn 17 mwN. S. weiter Wolff JZ 1995, 280

dend sein, daß derjenige, der einen Vertrag schließt, die Verantwortung für seine Rechtsgütersphäre trägt: Spätere Zufälle lassen sich nie ausschließen (weshalb unter ihnen nach §§ 275, 323 beide Parteien leiden), während man Verträge durchaus auf Gegenstände beschränken kann, über deren Verfügbarkeit man sich vergewissert hat. Im Ergebnis ist daher der herrschenden Meinung zuzustimmen. Der Gläubiger kann die Rechte aus den §§ 280, 325 geltend machen. Für Rechtsmängel beim Kauf[50] ist dies in § 440 ausdrücklich angeordnet.

2.5 Beweisprobleme

1531 Wird der Schuldner auf Erfüllung in Anspruch genommen und macht er geltend, daß die Leistung unmöglich geworden sei, so hat er für diese rechtsvernichtende Einwendung[51] die Beweislast. Gelingt ihm der Beweis nicht, so wird er zur Leistung verurteilt. Der Gläubiger kann versuchen, durch Zwangsvollstreckung definitiv zu seinem Recht zu kommen. Statt dessen gibt ihm **§ 283 Abs. 1** auch die Möglichkeit, dem Schuldner eine **Frist** zu setzen und **anschließend Schadensersatz** wegen Nichterfüllung zu verlangen.

1532 Ist die Unmöglichkeit unstrittig oder vom Schuldner bewiesen, so hängen – wie eingehend dargelegt – die Rechtsfolgen davon ab, ob der Schuldner sie zu vertreten hat. Insoweit greift **§ 282** ein: Es ist Sache des Schuldners, sich zu exkulpieren, d. h. den Nachweis zu erbringen, daß sein Verhalten für die Unmöglichkeit nicht kausal oder ihm jedenfalls nicht vorzuwerfen war.[52]

2.6 Nachbemerkung zur Gesetzessystematik

1533 Die hier skizzierten Regelungen sind nicht in einem bestimmten Abschnitt zusammengefaßt. Gleichwohl ist eine Orientierung anhand einiger «Eckpunkte» möglich. Sie seien kurz zusammengefaßt:

---

50 Dazu Bd. 2 Kap. 1 unter 3.2 (Rn 33 f.)

51 Zu diesem Begriff s. oben Kap. 6 unter 6 (Rn 441)

52 Daß § 282 über seinen engeren Wortlaut hinaus in diesem Sinne zu interpretieren ist, wird mit Recht allgemein angenommen. S. die Nachweise bei MüKo-Emmerich § 282 Rn 15

– Die anfängliche objektive Unmöglichkeit ist in den §§ 306ff. geregelt. Das anfängliche Unvermögen wird wie nachträgliches behandelt, nach herrschender Auffassung allerdings mit der wichtigen Modifikation, daß es vom Schuldner immer zu vertreten ist.
– Die nachträgliche Unmöglichkeit ist Gegenstand der §§ 275 bis 283. Über § 275 Abs. 2 wird das nachträgliche Unvermögen gleichgestellt. Diese Regelungen gelten für jedes Schuldverhältnis.
– In bezug auf die Hauptleistungen bei gegenseitigen Verträgen enthalten die §§ 323 bis 325 eine Sonderregelung. Diese betrifft einmal die Frage, inwieweit der Gläubiger trotz Unmöglichkeit zur Erbringung der Gegenleistung verpflichtet bleibt (§§ 323, 324). Zum zweiten geht es um die dem Gläubiger im Falle zu vertretender Unmöglichkeit zustehenden Rechte (§ 325).
– Im Bereich einzelner Vertragstypen wie Kauf und Werkvertrag werden diese Regeln in gewissem Umfang modifiziert. Dies kann erst später dargestellt werden.

3 Der Schuldnerverzug

3.1 Voraussetzungen

3.1.1 Abgrenzung von der Unmöglichkeit

Von «Verzug» kann nur die Rede sein, wenn die Leistung **nicht termingerecht** erfolgt, wenn sie jedoch weiter möglich bleibt. Beim sog. **absoluten Fixgeschäft**[53] ist dies nicht gegeben, wohl aber beim sog. **relativen Fixgeschäft** des § 361. Es erfaßt solche Fälle, in denen das Geschäft mit der zeitgerechten Leistung «stehen und fallen soll»[54], ohne daß eine Terminüberschreitung die Leistung völlig sinnlos macht. 1534

Weihnachtskugeln können auch ein Jahr später noch verkauft werden. Auch am nächsten Tag fliegt noch ein Linienflugzeug.

53 Dazu oben 2.1.1 (R 1496)
54 BGHZ 110, 96

1535 Wird zwischen einem Zulieferer und einem Hauptproduzenten «**Just-in-Time**»**-Produktion** vereinbart, so kann das ausgebliebene Vorprodukt gleichwohl noch nachgeliefert werden.[55] Allerdings ist in allen Fällen dem besonderen Interesse des Gläubigers an pünktlicher Belieferung bei der Bestimmung der Rechtsfolgen Rechnung zu tragen.[56]

3.1.2 Fälliger Anspruch

1536 Der in diesem Sinne bestehende **Anspruch** muß «**fällig**» sein, d. h. der Schuldner muß jetzt (und nicht erst in Zukunft) leisten. Weitere Voraussetzung ist die «Durchsetzbarkeit».[57] Daran fehlt es, wenn sich der Schuldner mit einer Einrede verteidigen kann; ob er davon effektiv Gebrauch macht, spielt im Rahmen des Verzuges keine Rolle. Verzichtet er allerdings in einem nachfolgenden Prozeß darauf, sich auf Stundung, Verjährung usw. zu berufen, so muß er sich so behandeln lassen, als wäre er in Verzug geraten.[58]

1537 Beim gegenseitigen Vertrag muß der Gläubiger zugleich seine eigene Leistung anbieten, und zwar so, daß sie der Schuldner nur noch anzunehmen braucht.[59] Dies gilt in ähnlicher Weise, wenn der Schuldner einen sonstigen Gegenanspruch und deshalb ein Zurückbehaltungsrecht hat[60]. Er muß allerdings nicht diesen Weg wählen, sondern kann so tun, als stünde seiner Forderung keine Einrede entgegen: Nach der Rechtsprechung muß sich der Schuldner auf das Zurückbehaltungsrecht auch außerhalb eines Prozesses ausdrücklich berufen, was evtl. unterbleibt. Außerdem kann er notfalls dem Zurückbehaltungsrecht nach § 273 Abs. 3 durch Sicherheitsleistung die Grundlage entziehen[61].

Beispiel: K hat gegen V einen Anspruch auf Lieferung von 100 Mänteln, made in Taiwan, die er schon bezahlt hat. Aus einem früheren Vertrag ist jedoch noch eine Gegenforderung des V in Höhe von 2000 DM offen. K kann an sich den V in Verzug setzen, doch wird sich dieser alsbald auf seine noch ausstehende Forderung berufen. Zahlt K, fällt das Zurückbehaltungsrecht weg, und es tritt Verzug ein. Ist die Gegen-

---

55 Nagel DB 1991, 320
56 Dazu unten 3.2 (Rn 1542ff.)
57 Esser-Schmidt § 28 I 1a (S. 106); MüKo-Thode § 284 Rn 13; Palandt-Heinrichs § 284 Rn 11
58 Larenz, Schuldrecht I, § 23 I c (S. 350f.)
59 BGHZ 116, 249. Der Schuldner muß in Annahmeverzug versetzt werden; dazu unten 4 (Rn 1553ff.)
60 BGHZ 60, 323
61 BGH WM 1971, 1021

forderung umstritten, kann K nach § 273 Abs. 3 (z. B. durch Hinterlegung eines entsprechenden Betrags oder durch Bankbürgschaft) Sicherheit leisten und so das Zurückbehaltungsrecht hinfällig machen.

3.1.3 Mahnung

Liegt ein fälliger und durchsetzbarer Anspruch vor, so muß der Gläu- 1538
biger nach § 284 Abs. 1 Satz 1 eine Mahnung schicken, also den Schuldner zur Leistung auffordern; ihr steht die Erhebung einer Klage sowie die Zustellung eines Mahnbescheids nach § 284 Abs. 1 Satz 2 gleich. Die Mahnung ist **entbehrlich**, wenn für die Leistung ein **kalendermäßiger Zeitpunkt** bestimmt ist (§ 284 Abs. 2).

Die Leistung soll am 18. 3. 1997 erfolgen. Hier gilt der Grundsatz «dies interpellat pro homine» («der Tag greift anstelle des Menschen ein»).

Gleichgestellt ist der Fall, daß der Leistungstermin von einer sog. **Fälligkeitskündigung** an kalendermäßig bestimmt werden kann («Lieferung spätestens 14 Tage nach Abruf»).

Die Mahnung muß nach Fälligkeit erfolgen.[62] Muß der Gläubiger 1539
bei der Erbringung der Leistung mitwirken (Holschuld!), so muß er die erforderliche Handlung zumindest anbieten.[63]

Die Mahnung ist eine **geschäftsähnliche Handlung**, auf die die 1540
Regeln über Willenserklärungen entsprechende Anwendung finden.[64] Eine einseitige Rücknahme ist nicht möglich.[65]

3.1.4 Verschulden

Liegen diese Voraussetzungen vor (fällige, nicht einredebehaftete For- 1541
derung, Mahnung oder kalendermäßig bestimmter Zeitpunkt), so tritt Verzug ein, es sei denn, der Schuldner könne beweisen, daß er die Verzögerung nicht zu vertreten habe (§ 285).

Beispiel: Im Winter ist das Transportsystem zusammengebrochen.

Bei Gattungsschulden gilt auch hier § 279; Schwierigkeiten bei der Beschaffung gehen automatisch zu Lasten des Schuldners.[66]

62 BGH NJW 1992, 1956
63 BGH DB 1971, 2155
64 BGH NJW 1987, 1546, 1547. Dazu schon oben Kap. 8 unter 3.2 (Rn 541 ff.)
65 BGH wie Fn 63
66 Esser-Schmidt § 48 I 1 b (S. 108)

3.2 Rechtsfolgen

3.2.1 Schadensersatz

1542 Nach § 286 Abs. 1 kann der Gläubiger den durch den Verzug entstehenden Schaden ersetzt verlangen. Dazu gehört nicht der Aufwand, der durch die Mahnung selbst entstanden ist, wohl aber das Honorar eines nach Verzugseintritt eingeschalteten Inkassobüros.[67] Bei dessen Vergütung dürfen allerdings die BRAGO-Sätze nicht überschritten werden.[68] Im Einzelfall können die Schadensbeträge durchaus ins Gewicht fallen, so etwa, wenn die für einen bestimmten Termin fest zugesagte Wohnung nicht beziehbar ist und der Vertragspartner deshalb im Hotel wohnt, oder wenn die gleichfalls für einen exakten Termin zugesagte Reparatur eines Taxis erst später erfolgt und dem Taxiunternehmer in der Zwischenzeit Einnahmen entgehen.[69]

1543 Bei **Geldschulden** bestehen **Besonderheiten**. Nach § 288 Abs. 1 muß der in Verzug geratene Schuldner 4 % **Verzugszinsen** bezahlen, und zwar auch dann, wenn der Gläubiger bei rechtzeitiger Erfüllung gar keine Anlage in dieser Höhe getätigt, sondern das Geld auf seinem Girokonto hätte stehen lassen. Offen bleibt dem Gläubiger der Nachweis eines weitergehenden Schadens (§ 288 Abs. 2). Dieser kann im Verlust von Anlagezinsen (mit Staatsanleihen hätte der Gläubiger 5 % erreicht), aber auch in Aufwendungen für Kreditzinsen liegen (der Gläubiger hat bei seiner Bank einen Kontokorrentkredit mit 10 % Zinsen jährlich erhalten). Bei Kaufleuten besteht eine Vermutung, daß sie eingehendes Geld zur Rückzahlung von Darlehen verwendet hätten.[70] Banken können ihre Durchschnittsgewinne als normalen Verzugsschaden geltend machen, was sie in erheblichem Umfang privilegiert.[71] Bei Schulden in Fremdwährung[72], die nach der Lebenserfahrung in DM umgetauscht worden wären, gehört auch die Verschlechterung des Umtauschkurses zum Verzugsschaden.[73] § 289 schließt es in Satz 1 aus, daß für fällige Zinsen automatisch Verzugszinsen bezahlt

67 Esser-Schmidt § 28 I 2 a (S. 110)
68 MüKo-Thode § 286 Rn 8
69 Vgl. Esser-Schmidt § 28 I 2 a (S. 110/111)
70 Palandt-Heinrichs § 288 Rn 7
71 Kritisch deshalb Esser-Schmidt § 28 I 2 b (S. 112)
72 Dazu oben Kap. 14 unter 3.2.4 (Rn 1155 ff.)
73 Vgl. OLG München NJW 1979, 2480

werden, doch bleibt nach § 289 Satz 2 die Geltendmachung eines entsprechenden Verzugsschadens unberührt.[74]

Der Ersatz des Verzugsschadens steht neben dem fortbestehenden Erfüllungsanspruch. 1544

3.2.2 Lösung vom Vertrag

Im Einzelfall kann der Gläubiger durch die Verzögerung das Interesse 1545
am Vertrag verlieren. Dem hat das Gesetz an verschiedenen Stellen Rechnung getragen.

Liegt ein sog. **relatives Fixgeschäft** vor, gibt § 361 dem Gläubiger 1546
ein Rücktrittsrecht – und zwar auch dann, wenn lediglich der vereinbarte Termin überschritten, die sonstigen Verzugsvoraussetzungen aber nicht vorliegen.[75]

3.2.3 Schadensersatz wegen Nichterfüllung des ganzen Vertrags

Nach § 286 Abs. 2 kann der Gläubiger Schadensersatz wegen Nichter- 1547
füllung verlangen, wenn die Leistung infolge des Verzuges für ihn kein Interesse mehr hat.

Da der Händler seinen Kunden gegenüber lieferbereit bleiben muß, führt der Verzug des Großhändlers dazu, daß er sich bei einem anderen eindeckt. Die dadurch entstehenden Mehrkosten gehören zum Schadensersatz wegen Nichterfüllung.

3.2.4 Die Sonderregelung des § 326

Für gegenseitige Verträge enthält § 326 eine wichtige Sondervor- 1548
schrift. Ihr Grundgedanke liegt darin, daß es dem Gläubiger nicht zuzumuten ist, beliebig lange selbst leistungsbereit zu bleiben; vielmehr muß er die Möglichkeit haben, sich vom Vertrag zu lösen. Hierfür reicht jedoch der Eintritt des Verzuges als solcher nicht aus; dem Schuldner muß zusätzlich eine sog. **Nachfrist** gesetzt werden, gewissermaßen eine «letzte Chance», den Vertrag doch noch wie geplant abzuwickeln. Sie ist mit der Ankündigung zu verbinden, daß nach Ablauf der Frist die Annahme verweigert werde (§ 326 Abs. 1 S. 1).

Die Nachfrist muß «angemessen» sein, was sich nach dem Gegen- 1549

74 Dazu schon oben Kap. 14 unter 3.2.5 (Rn 1162)

75 Palandt-Heinrichs § 361 Rn 3

stand der Leistung bestimmt; bei besonderer Eilbedürftigkeit können wenige Tage genügen. Eine zu kurze wird in eine angemessene Nachfrist umgedeutet.[76] Mahnung und Nachfristsetzung können nach verbreiteter Auffassung verbunden werden.[77]

1550 Die **Nachfrist** ist **entbehrlich**, wenn der Gläubiger infolge des Verzugs kein Interesse mehr an dem Vertrag besitzt. Insoweit deckt sich § 326 Abs. 2 mit der eben erwähnten Vorschrift des § 286 Abs. 2. Auf die «letzte Frist» kann auch dann verzichtet werden, wenn der Schuldner in aller Deutlichkeit erklärt, auf keinen Fall leisten zu wollen.

1551 Ist die gesetzte Frist fruchtlos abgelaufen, kann der Gläubiger entweder Schadensersatz wegen Nichterfüllung verlangen oder vom Vertrag zurücktreten. Insoweit gelten die gleichen Grundsätze wie im Rahmen des § 325, so daß auf die dort gemachten Ausführungen verwiesen werden kann.[78] Dasselbe gilt für den Verzug mit einem Teil der Leistung.[79]

1552 In der Praxis hat § 326 sehr große Bedeutung, sind doch seine Voraussetzungen leichter herbeizuführen und zu beweisen als die des § 325, wo man sich trefflich um das Vorliegen der «Unmöglichkeit» streiten kann.[80] Allerdings besteht die Einschränkung, daß sich der Gläubiger selbst vertragstreu verhalten muß, wenn er die Rechte aus § 326 geltend machen will.[81]

4 Der Gläubigerverzug

4.1 Die Voraussetzungen im einzelnen

1553 Die geplante Durchführung des Schuldverhältnisses kann dadurch vorübergehend verhindert werden, daß der Gläubiger die ihm angebotene Leistung ablehnt. Man spricht insoweit von «Gläubigerverzug»

76 BGH NJW 1985, 2640
77 BGH NJW-RR 1990, 444
78 Oben 2.3.2.2 (Rn 1515 ff.), s. weiter Benicke JuS 1996, 196 ff.
79 Oben 2.3.3 (Rn 1522 ff.)
80 Vgl. Palandt-Heinrichs § 326 Rn 1
81 Einzelheiten bei Palandt-Heinrichs § 326 Rn 10–13

oder von «**Annahmeverzug**»; die gesetzliche Regelung findet sich in den §§ 293 ff.

Zum «Anbieten» der Leistung gehört alles, wozu der Schuldner ver- 1554
pflichtet ist. Ist eine **Bringschuld** vereinbart, muß er diese dem Gläubiger an seiner Wohnung bzw. seiner gewerblichen Niederlassung anbieten.[82] Bei der Schickschuld gilt im Ergebnis dasselbe, auch wenn die Ware in diesem Fall schon auf Gefahr des Gläubigers «reist».

Hat der Gläubiger von vornherein erklärt, daß er die Leistung nicht 1555
annehmen werde, so reicht nach § 295 ein wörtliches Angebot. Dasselbe gilt, wenn eine «Mitwirkungshandlung» des Gläubigers vorgesehen ist und er diese nicht vornimmt.

Die Parteien haben vereinbart, daß die verkaufte Sache beim Verkäufer abzuholen ist. Es reicht, wenn V dem K mitteilt, sie liege zum vorgesehenen Zeitpunkt bereit.

Ist für die Leistung ein **kalendermäßiger Zeitpunkt** bestimmt, ist nicht einmal ein wörtliches Angebot erforderlich (§ 296); der Gläubiger weiß ja, woran er ist.

Dies alles steht unter dem Vorbehalt, daß der **Schuldner** über- 1556
haupt **zur Leistung in der Lage** ist (§ 297). Beim tatsächlichen Angebot versteht sich dies von selbst, beim wörtlichen Angebot ist die gesetzliche Klarstellung nützlich. Das Vorliegen der Unmöglichkeit bestimmt sich nach den oben skizzierten Grundsätzen.[83]

Hat der Schuldner seine Leistung nach Maßgabe dieser Bestimmun- 1557
gen angeboten, so **kommt es nicht darauf an, weshalb der Gläubiger die Annahme verweigert**. Ob er sein Verhalten «vertreten muß» oder nicht, ob er sich vernünftig oder unvernünftig verhalten hat, spielt keine Rolle.

Zur Klarstellung: Bietet der Schuldner eine mangelhafte oder eine andersartige Ware an, hat er kein vertragsgemäßes Angebot gemacht; insoweit kann auch nicht von Gläubigerverzug die Rede sein.

---

82 Zur Frage des Leistungsorts s. oben Kap. 16 unter 2.1 (Rn 1426 ff.)

83 Oben 2.1 (Rn 1494 ff.)

4.2 Rechtsfolgen

1558 Der Eintritt des Annahmeverzugs läßt das Schuldverhältnis als solches einschließlich des Erfüllungsanspruchs des Gläubigers unberührt. Dem Schuldner steht auch nicht etwa ein Rücktrittsrecht oder ein Anspruch auf Schadensersatz zu.

Dies ist ggfs. dann anders, wenn der Gläubiger zur Abnahme verpflichtet ist. Der wichtigste Fall hierfür findet sich im Kaufrecht (§ 433 Abs. 2).[84]

Die **Rechtsposition des Schuldners verbessert sich** jedoch in zwei Punkten.

1559 Zum einen kann er – wie schon ausgeführt[85] – sich von seiner Leistungspflicht dadurch befreien, daß er die geschuldete **Sache hinterlegt** bzw. einen Selbsthilfeverkauf vornimmt. Er kann daraufhin die Gegenleistung verlangen.

1560 Zum zweiten wird sein Risiko durch § 300 deutlich verringert. Nach Abs. 1 dieser Vorschrift hat er **lediglich Vorsatz und grobe Fahrlässigkeit zu vertreten**. Bei leicht fahrlässig herbeigeführter Unmöglichkeit wird er von seiner Leistungspflicht frei. Für den Fall der Gattungsschuld schränkt § 300 Abs. 2 das Beschaffungsrisiko ein; geht die einmal dem Gläubiger angediente Leistung ohne grobe Fahrlässigkeit des Schuldners unter, wird er auch hier von seiner Leistungspflicht frei.[86] In beiden Fällen bleibt – was ihm viel wichtiger sein wird – nach § 324 Abs. 2 der **Anspruch auf die Gegenleistung** erhalten.

Der Schuldner will ein Darlehen über 5000 DM in der Weise zurückzahlen, daß er dem Gläubiger in seiner Wohnung fünfzig 100-DM-Scheine übergibt und sich das Ganze quittieren läßt. In der Praxis kommt so etwas am ehesten vor, wenn das Finanzamt nicht unbedingt von der Existenz des Geldes erfahren soll. Verweigert G die Annahme («die Geldscheine fühlen sich so komisch an»), so greift § 300 Abs. 2 ein. Obwohl nach § 271 Geld auf Gefahr des Schuldners reist und dieses auch für die «Rückreise» gilt, wird der Darlehensnehmer von seiner Verbindlichkeit frei, wenn er auf der Rückfahrt von einem unfriedlichen Zeitgenossen überfallen oder ihm das Geld gestohlen wird, ohne daß man ihm grobe Fahrlässigkeit vorwerfen könnte.

1561 Daneben bestehen noch einige weitere Verbesserungen (§§ 301 bis 303), die jedoch ihres singulären Charakters wegen hier nicht näher darzustellen sind.

---

84 Dazu Bd. 2 Kap. 1 unter 2.3. (Rn 27)

85 Dazu oben Kap. 16 unter 4.2 (Rn 1449 ff.)

86 Zur eigenständigen Bedeutung des § 300 Abs. 2 neben § 324 Abs. 2 s. Palandt-Heinrichs § 300 Rn 5

5 Die sog. positive Vertragsverletzung (pVV)

5.1 Voraussetzungen

Schuldhafte Verletzungen von Pflichten aus dem Schuldverhältnis, die weder zur Unmöglichkeit der Leistung noch zum Verzug führen, werden – wie oben dargelegt[87] – als sog. positive Vertragsverletzungen qualifiziert. Damit sind zwei Gruppen von Verhaltensweisen erfaßt, die sich nicht unter die BGB-Regeln über Unmöglichkeit und Verzug subsumieren lassen. 1562

5.1.1 Schlechtleistung

Zum einen geht es um die sog. **Schlechtleistung**. Sie kann auch bei all jenen Vertragstypen auftreten, bei denen es anders als bei Kauf-, Miet-, Reise- und Werkvertrag keine Bestimmungen über «Mängelhaftung» gibt. Ein Beispiel hierfür ist der Dienstvertrag. 1563

A geht zum Rechtsanwalt, weil er seinen Nachbarn wegen ruhehstörenden Lärms verklagen möchte. Der Anwalt ist auch sogleich zu einem Gespräch bereit und schickt einen Klageschriftsatz innerhalb angemessener Frist ans Gericht. Er hat jedoch versäumt, den A darauf hinzuweisen, daß nach der Rechtsprechung des BGH nur geringe Erfolgsaussichten bestehen.

Dasselbe gilt beispielsweise für einen Behandlungsvertrag, den man mit einem Arzt geschlossen hat, sowie dann, wenn eine Bank mangelhafte Anlageberatung betreibt.

Auch dort, wo es wie beispielsweise im Kaufrecht Vorschriften über die Mängelhaftung gibt («Gewährleistungsrechte»), kann jedoch die positive Vertragsverletzung eingreifen, und zwar überall dort, wo ein nicht von den gesetzlichen Vorschriften erfaßter Schaden in Rede steht. 1564

Auf der verkauften Diskette ist ein Virus, der den PC des Käufers «infiziert».

Mit einer Beseitigung des Mangels oder der Lieferung einer neuen, mangelfreien Sache ist in diesem Fall dem anderen Teil nicht gedient. Die sog. **Mangelfolgeschäden** lassen sich nur über pVV erfassen. 1565

---

87 Unter 1 (Rn 1492)

5.1.2 Verletzung von Nebenleistungs- und von Schutzpflichten

1566 Zweite große Gruppe ist die **Verletzung von Nebenpflichten.**[88] Sie kann z. B. darin liegen, daß der Vertragszweck nicht gefördert, sondern sabotiert wird.

Dem Mieter wird gekündigt, obwohl der Vermieter genau weiß, daß gar kein Kündigungsgrund vorliegt.

1567 Zum zweiten geht es um die Verletzung sog. Schutzpflichten, die in bezug auf Leben, Gesundheit, Eigentum und Vermögen des Vertragspartners bestehen.

Harmloses Beispiel: Bei der Anlieferung der Waschmaschine wird eine Glastür beschädigt.

Wichtig ist, daß auf diesem Wege auch reine Vermögensschäden erfaßt werden.

Der Wirtschaftsprüfer plaudert am Stammtisch Daten des überprüften Unternehmens aus, die einem Konkurrenten zu Ohren kommen. Dem Unternehmen entsteht dadurch ein Schaden von 500000 DM.

1568 Praktisch bedeutsam sind auch die Fälle verletzter Aufklärungs- und Informationspflichten. Dies gilt insbes. für Hinweise auf Risiken, die mit der Durchführung des Vertrages verbunden sind.

Der Anlageberater meint, sein Tip sei «todsicher», obwohl die Gefahr, das eingesetzte Geld einzubüßen, mindestens 40% beträgt. Inhaltlich bestehen weitgehende Übereinstimmungen mit den Pflichten bei Vertragsverhandlungen; allein der Zeitpunkt der Pflichtverletzung entscheidet darüber, ob Ansprüche aus culpa in contrahendo oder aus pVV in Betracht kommen.

5.1.3 Vom Schuldner zu vertreten

1569 Liegt eine Pflichtverletzung dieser Art vor, muß sie vom Schuldner zu vertreten sein. Dabei hat er entsprechend § 276 Abs. 1 Satz 1 für Vorsatz und Fahrlässigkeit einzustehen. Die erweiterte Haftung bei Verzug nach § 287 Satz 2 bezieht sich nur auf eine etwa eintretende Unmöglichkeit, kann hier also keine Anwendung finden. Umge-

88 Die hier gewählte Einteilung folgt im wesentlichen Palandt-Heinrichs § 276 Rn 109ff. Anders Esser-Schmidt § 29 III 2 (S. 145ff.).

kehrt wird trotz des weniger eindeutigen Wortlauts die Beschränkung des Vertretenmüssens auf Vorsatz und grobe Fahrlässigkeit in § 300 Abs. 1 gleichfalls nicht auf die positive Vertragsverletzung erstreckt.[89]

5.2 Rechtsfolgen

Liegt eine pVV in diesem Sinne vor, so ist derjenige, der sie begangen 1570
hat, zum Schadensersatz verpflichtet. Die Ansprüche des anderen Teils bleiben daneben bestehen.

Wird beim Transport der Waschmaschine die Glastür beschädigt, so verpflichtet dies zwar zum Ersatz, doch bleibt der Kaufvertrag im übrigen unberührt.

Im Einzelfall ist allerdings denkbar, daß dem von der Vertragsverletzung Betroffenen ein weiteres Festhalten am Vertrag nicht mehr zumutbar ist:[90] Die Vertrauensgrundlage muß nachhaltig erschüttert sein.[91] Dies wird bei längerer Zusammenarbeit eher geschehen können als bei einem schlichten Umsatzgeschäft, das sich in einem einmaligen Leistungsaustausch erschöpft.

Die beschädigte Glastür macht die weitere Abwicklung des Kaufvertrags nicht unzumutbar. Anders verhält es sich mit dem allzu mitteilsamen Wirtschaftsprüfer oder mit einem Arzt, der einen Patienten nicht über Risiken aufklärt.

In einem solchen Fall hat der von der pVV Betroffene in entsprechen- 1571
der Anwendung der §§ 325 Abs. 1, 326 Abs. 1 das Recht, **Schadensersatz wegen Nichterfüllung zu verlangen oder vom Vertrag zurückzutreten.**[92] Was dies im einzelnen bedeutet, ist wie im Rahmen der §§ 325, 326 zu bestimmen.[93] Eine Nachfristsetzung nach § 326 Abs. 1 kann allenfalls in Grenzfällen in Betracht kommen, bei denen der Schuldner durch zukünftig korrektes Verhalten die Fortsetzung des Vertrags «gerade noch» zumutbar machen kann.

89 MüKo-Thode § 300 Rn 2 mwN (Fn 4)
90 BGHZ 11, 80, 84; Esser-Schmidt § 29 III 4 (S. 150)
91 Larenz, Schuldrecht I, § 24 I (S. 369); Palandt-Heinrichs § 276 Rn 124
92 BGHZ 11, 80, 84, ständige Rechtsprechung
93 Oben 2.3.2.2 (Rn 1515 ff.) und 3.2.4 (Rn 1548 ff.)

Dieser Fall war nicht gegeben, als der Verkäufer eines fabrikneuen PKW ohne Wissen des Käufers neue durch gebrauchte Teile ersetzt hatte: Hier war die Vertrauensgrundlage irreparabel geschädigt, auch wenn das Fahrzeug zunächst keinerlei äußerliche Mängel zeigte.[94]

1572 Bei länger dauernden Vertragsbeziehungen spielt auch die Zahl der Vertragsverletzungen eine wesentliche Rolle; viele Tropfen können das Faß zum Überlaufen bringen. Bei **Dauerschuldverhältnissen** ist allerdings zu beachten, daß das Rücktrittsrecht durch ein für die Zukunft wirkendes Kündigungsrecht ersetzt wird.[95]

5.3 Beweisprobleme

1573 Nach allgemeinen Grundsätzen muß derjenige, der einen Anspruch geltend macht oder vom Vertrag zurücktreten will, die Voraussetzungen seines Rechts beweisen. Dazu würde im vorliegenden Fall auch der Nachweis gehören, daß die andere Seite pflichtwidrig gehandelt und ihr Verhalten den Schaden verursacht hat. Dies kann erhebliche Probleme bereiten.

Beispiel:[96] Der Kläger hat sein Turnierpferd gegen einen monatlichen «Pensionspreis» von 300 DM bei dem Bauern B untergebracht. Das Pferd stirbt an einer Kolik, weil es verdorbenes Futter erhalten hat. Wie das Futter ans Pferd (oder das Pferd ans Futter) kam, läßt sich nicht klären.

1574 In den Fällen der Unmöglichkeit und des Verzugs wird der Gläubiger dadurch entlastet, daß der Schuldner den Beweis führen muß, daß er nicht pflichtwidrig gehandelt hat. Diese **Umkehr der Beweislast** nimmt die Rechtsprechung grundsätzlich auch bei der positiven Vertragsverletzung vor, **modifiziert** sie allerdings insoweit, als jede Seite für die Vorgänge beweisbelastet ist, die sich in ihrer Sphäre, in ihrem Verantwortungsbereich abspielen.[97]

Im Fall des verstorbenen Reitpferdes müßte der Bauer den Nachweis führen, daß er (sowie etwaige Erfüllungsgehilfen) jede Sorgfalt angewandt hat, um das vergiftete Futter von dem Pferd fernzuhalten.

Im Glastürfall sind beide Seiten gewissermaßen gleich «nahe dran»; es bleibt da-

94 Fall nach BGH NJW 1978, 260

95 Oetker, Dauerschuldverhältnis, S. 248 ff.

96 Nach BGH NJW 1980, 2186

97 Nachweise bei Palandt-Heinrichs § 282 Rn 8. S. auch Larenz, Schuldrecht I, § 24 Ib (S. 373)

her bei dem allgemeinen Grundsatz, daß der Geschädigte alle Voraussetzungen seines Ersatzanspruchs belegen muß.

Die §§ 282, 285 werden daher nicht generell, sondern gewissermaßen selektiv auf die pVV erstreckt.

5.4 Verjährung

Ansprüche aus pVV verjähren nach § 195 in 30 Jahren.[98] Ausnahmen 1575
sind im Zusammenhang mit einzelnen Vertragstypen zu erörtern.

6 Der sog. Wegfall der Geschäftsgrundlage

Eine (in weitem Sinne verstandene) Leistungsstörung liegt auch dann 1576
vor, wenn sich die «Umwelt» des Vertrages grundlegend ändert.

Beispiel: Im November 1978 schließen eine deutsche Brauerei und ein iranischer Importeur einen Kaufvertrag über 12000 Kartons mit je 24 Dosen Exportbier. Bevor die Lieferung im Iran ankommt, hat dort (im Januar 1979) Ayatollah Khomeini die Macht ergriffen; nach dem neuen islamischen Recht wird jeder Alkoholkonsum verboten und jeder Handel mit Alkohol aufs schwerste bestraft.[99]

Vergleichbare Schwierigkeiten ergeben sich in dem schon erwähnten Fall, daß ein Erbbauzins für die Dauer vieler Jahrzehnte festgelegt wird, obwohl nach 30 oder 40 Jahren der in Rede stehende Betrag nur noch einen kleinen Bruchteil seiner ursprünglichen Kaufkraft repräsentiert.[100]

Im älteren Gemeinen Recht war man noch davon ausgegangen, daß 1577
jeder Vertrag stillschweigend eine sog. **clausula rebus sic stantibus**, also einen Vorbehalt gleichbleibender Verhältnisse, enthielt.[101] Das BGB hat diesen Gedanken nicht übernommen – einerseits vermutlich deshalb, weil man im Jahre 1896 von relativ stabilen Verhältnissen aus-

---

98 BGHZ 67, 1, 9; weitere Nachweise bei Palandt-Heinrichs § 276 Rn 123
99 Fall nach BGH NJW 1984, 1746
100 Oben Kap. 14 unter 3.2.3 (Rn 1146ff.)
101 Palandt-Heinrichs § 242 Rn 110

ging, andererseits aber auch aus dem Grunde, weil man damit entgegen wirtschaftsliberaler Grundüberzeugung ein Element materialer Verantwortungsethik in das geltende Recht hineingenommen hätte.[102] So finden sich im Gesetzestext nur einzelne weniger bedeutsame Sonderregelungen.

Erinnert sei an die im vorigen Kapitel[103] erwähnte Vorschrift des § 321: Der vorleistungspflichtige Schuldner muß nicht vorleisten, wenn der Gläubiger inzwischen in Vermögensverfall geraten ist und so die Gefahr besteht, daß der Schuldner die Gegenleistung nie zu sehen bekommt.

1578 Wie auch in anderen Bereichen[104] entwickelte die Rechtsprechung innerhalb vergleichsweise kurzer Zeit die nötigen Korrektive, um die Akzeptanz des geltenden Rechts zumindest bei den einflußreicheren Teilen der Bevölkerung zu sichern. Im vorliegenden Fall zwang die **galoppierende Inflation der Jahre nach dem Ersten Weltkrieg** dazu, den ursprünglich hochgehaltenen Grundsatz «Mark gleich Mark» aufzugeben und Verträge an geänderte Bedingungen anzupassen. Im Anschluß an Oertmann entwickelte deshalb das Reichsgericht die sog. Lehre vom Wegfall der Geschäftsgrundlage, die vom BGH aufgegriffen und weiter verfeinert wurde.[105] Nunmehr gilt folgendes:

6.1 Die Voraussetzungen im einzelnen

6.1.1 Was bedeutet «Geschäftsgrundlage»?

1579 In der Rechtsprechung des BGH[106] wie des BAG[107] hat sich eine **Formel** herausgebildet, mit der das Phänomen «Geschäftsgrundlage» umschrieben wird. Danach geht es um «die bei Abschluß des Vertrages zutage getretenen, dem anderen Teil erkennbar gewordenen und von ihm nicht beanstandeten Vorstellungen einer Partei oder die ge-

102 Vgl. Larenz, Schuldrecht I, § 21 II (S. 321); zum Sozialmodell des BGB s. oben Kap. 4 unter 4 (Rn 176ff.)

103 Kap. 16 unter 5.1 (Rn 1472)

104 S. z. B. das Problem des Kontrahierungszwangs (oben Kap. 12 unter 4 Rn 890ff.), der Haftung bei Vertragsverhandlungen (Kap. 12 unter 5.3 – Rn 925ff.) oder positiven Vertragsverletzung (oben 5 – Rn 1562ff.)

105 Zur Preisgabe des Grundsatzes «Mark gleich Mark» s. oben Kap. 14 unter 3.2.3 (Rn 1146ff.)

106 BGHZ 25, 390, 392

107 S. etwa BAG NJW 1991, 1562, 1563

meinsamen Vorstellungen beider Parteien vom Vorhandensein oder dem künftigen Eintritt gewisser Umstände, sofern der Geschäftswille der Parteien hierauf aufbaut». Dies ist wenig verbraucherfreundlich formuliert und meint folgendes:

(1) Die Parteien haben **bestimmte Vorstellungen** vom Vorhandensein oder dem künftigen Eintritt gewisser Umstände.

(2) Die Vorstellungen sind **beiden Parteien gemeinsam** oder zwar nur bei einer Partei vorhanden, jedoch für die andere erkennbar und von ihr nicht beanstandet.

(3) Der **«Geschäftswille»** der Parteien, d. h. die konkrete, von ihnen gewollte Rechtsfolge,[108] muß auf den vorgestellten Umständen **«aufbauen»**.

Wären diese Umstände unmittelbar Vertragsinhalt geworden, könnte man mit traditionellen Mitteln eine Lösung finden.

Hätten die deutsche Brauerei und der iranische Importeur die künftige Entwicklung im Iran im Vertrag selbst mitbedacht, hätten sie vermutlich die Bierlieferung für den Fall eines Sieges der islamischen Revolution ausgeschlossen oder genauer: Die Verpflichtung zur Lieferung wie zur Abnahme von der Bedingung abhängig gemacht, daß Ayatollah Khomeini weiter im französischen Exil bleibt.

Gleichzeitig wird deutlich, daß nur **einseitige Erwartungen** und 1580
Wünsche noch **keine «Geschäftsgrundlage»** bilden; auch die andere Seite muß in der Weise eingebunden sein, daß ihr diese Vorstellungen zumindest erkennbar waren und sie nicht dagegen protestiert hat.

Würde man diese Formeln wörtlich nehmen, käme man in 1581
große Schwierigkeiten. Typischerweise pflegt man nämlich überhaupt nicht an jene Dinge zu denken, die später den Vertrag in Frage stellen; andernfalls hätte man in der Regel Vorsorge getroffen. Der Sache nach geht es um die Umstände, die von vernünftigen Beteiligten **als selbstverständlich vorausgesetzt werden**. Dies gilt für die Geldwertstabilität nicht anders als für bestehende politische Verhältnisse.

Beispiel: Ein VEB hat von der Staatsbank der DDR einen Investitionskredit aufgenommen, der mit sehr niedrigen Sätzen zu verzinsen und mit Hilfe staatlicher Zuschüsse zurückzuzahlen war. Beim Übergang in die Marktwirtschaft fielen die staatlichen Zuschüsse plötzlich weg; auch wurde das Zinsniveau angepaßt. Damit war die Geschäftsgrundlage verändert.[109]

---

108 Zu diesem Begriff s. oben Kap. 9 unter 1.1 (Rn 573 ff.)

109 S. den Fall BGH NJW 1995, 47

6.1.2 Der «Wegfall» der Geschäftsgrundlage

1582 Rechtliche Bedeutung gewinnt die Geschäftsgrundlage nur dann, wenn sie später wegfällt.[110] Dies setzt eine wesentliche Veränderung voraus, die die im Vertrag übernommenen Risiken zumindest einer Seite in nicht vorhersehbarer Weise verändert.

Ein Importeur trägt zwar immer das Risiko, die gekauften Sachen nicht loszuwerden, doch muß er nicht damit rechnen, plötzlich mit einem totalen Verbot konfrontiert zu sein, bei dessen Übertretung er Leib und Leben riskiert.

Im Darlehensfall aus der DDR war das Risiko des VEB zunächst sehr gering, während es sich später trotz der Umstellung im Verhältnis 2:1 wegen der wegfallenden Zuschüsse als recht gravierend erwies.

1583 Gefahren, die nach den Abmachungen der Parteien sowieso eine Seite zu tragen hat, spielen im Rahmen des Wegfalls der Geschäftsgrundlage keine Rolle. Insoweit bleibt es – im Rahmen des § 138 – bei der im Vertrag vorgenommenen «Zuteilung».

Dies ist etwa der Grund dafür, daß man Spekulationsgeschäfte nicht mit Hilfe der Lehre vom Wegfall der Geschäftsgrundlage in Frage stellen kann. Wer in der Erwartung, die Maschinenbaufirma G sei «grundsolide», Aktien kauft, die 3 Tage später die Hälfte ihres Wertes verloren haben, wird sich ärgern, kann seine Aktien aber nicht wegen Wegfalls der Geschäftsgrundlage zurückgeben. Eine Chance, von seinen Verlusten wegzukommen, hat er nur, wenn seine Bank ihn nicht ausreichend beraten hat.

6.1.3 Unzumutbarkeit

1584 Der Wegfall der Geschäftsgrundlage hat nur dann rechtliche Konsequenzen, wenn das Festhalten am Vertrag für die eine oder andere Seite unzumutbar ist. Dies wird oft, aber keineswegs immer der Fall sein.

Hat sich das Geld innerhalb von 3 Jahren auf 10% seiner ursprünglichen Kaufkraft entwertet, ist es für einen Darlehensgeber unzumutbar, einen Betrag zurückzuerhalten, der von der Kaufkraft her nur einem Zehntel der hingegebenen Summe entspricht.

Umgekehrt hat der BGH im Fall des inzwischen in eine GmbH umgewandelten VEB gemeint, angesichts der freigegebenen Preise und beendeter staatlicher Reglementierung sei die Rückzahlung des Darlehens trotz grundlegend gewandelter Umstände zumutbar.[111]

---

110 Zum Fall des Irrtums über die Geschäftsgrundlage s. oben Kap. 10 unter 3.5 (Rn 658 ff.)

111 BGH NJW 1995, 47, 48

6.1.4 Einseitige Rechtsgeschäfte

Der **BGH** beschränkt diese Grundsätze auf Verträge und **nimmt einseitige Rechtsgeschäfte** wie z. B. ein Vermächtnis ausdrücklich **aus**.[112] Dies ist nicht einzusehen; wer beispielsweise eine ihm in der früheren DDR angefallene Erbschaft ausgeschlagen hat, weil andernfalls der Nachlaß unter staatliche Verwaltung gestellt worden wäre, müßte die Möglichkeit haben, diese Entscheidung unter den grundlegend veränderten Bedingungen der Gegenwart wieder rückgängig zu machen.[113] 1585

6.2 Rechtsfolgen

6.2.1 Anpassung des Vertragsinhalts

Ist die Geschäftsgrundlage weggefallen, muß nach § 242 in erster Linie der **Vertrag an die veränderten Umstände angepaßt** werden. Sinnvollerweise werden die Beteiligten darüber verhandeln; werden sie sich nicht einig, entscheidet das zuständige Gericht. Wenig überzeugend ist, wenn der BGH[114] den Standpunkt vertritt, die Anpassung erfolge automatisch kraft Gesetzes, der Richter vollziehe nur nach, was bereits geltende Verpflichtung sei. In Wirklichkeit handelt es sich bei der Lehre vom Wegfall der Geschäftsgrundlage um ein ausgeprägtes Stück Richterrecht, das dem im konkreten Fall entscheidenden Gericht einen relativ großen Spielraum insbes. bei der Frage der Unzumutbarkeit gelassen hat. 1586

Im Einzelfall kann die **Leistung** der durch die Entwicklung begünstigten Partei **erhöht oder** die der belasteten Partei reduziert **werden**. Auch kommt in Betracht, die eingetretenen Nachteile zu Lasten beider Seiten gehen zu lassen. Entsprechend ist der BGH im Fall des Iran-Bieres verfahren.[115] 1587

---

112 BGH NJW 1993, 850

113 Zu den Versuchen, eine Irrtumsanfechtung zu begründen, s. Palandt-Edenhofer § 1954 Rn 10

114 NJW 1972, 152

115 BGH NJW 1984, 1746ff.

6.2.2 Rücktritt vom Vertrag

1588 Kann auch eine Anpassung den Vertrag für die benachteiligte Partei nicht zumutbar machen, steht ihr ein Rücktrittsrecht zu.

Schulbeispiel: Die monarchisch gesinnte Tante T bezahlt 100 DM für einen Fensterplatz, um den Krönungszug der englischen Königin zu beobachten. Am Krönungstag wird der Zug umgeleitet. Da in der anderen Straße kein Fensterplatz zur Verfügung steht, kommt eine Anpassung des Vertrages nicht in Betracht. Rücktritt daher gerechtfertigt.

6.3 Fallgruppen

1589 Die unterschiedlichen Anwendungsfälle der Lehre vom Wegfall der Geschäftsgrundlage werden zu zwei Fallgruppen zusammengefaßt. Die eine betrifft die «**Äquivalenzstörung**»; durch Geldentwertung, politische Veränderungen usw. ist das Verhältnis von Leistung und Gegenleistung total aus dem Lot gekommen.

1590 Die zweite Fallgruppe wird unter dem Stichwort der «**Zweckstörung**» abgehandelt: Die versprochene Leistung wäre zwar an sich noch weiter möglich, doch würde sie ihren erkennbaren Zweck nicht mehr erreichen. Dazu zählt etwa der eben genannte Fall des umgeleiteten Krönungszuges.[116] In Fällen dieser Art ist freilich immer zu berücksichtigen, daß einseitige Zwecksetzungen, von denen die andere Seite nichts ahnte, ohne Bedeutung bleiben. Auch wird oft stillschweigend eine bestimmte Risikoverteilung zugrunde gelegt.

Wer zwei Eheringe kauft, dann aber doch nicht heiratet, kann nicht zum Juwelier gehen und die Ringe zurückgeben.

1591 Im Einzelfall ist zu fragen, ob die andere Seite sich die Zwecksetzung soweit zu eigen gemacht hat, daß ein Rückfall auf den bloßen Vertragswortlaut als Verstoß gegen Treu und Glauben erscheinen würde. Dies läßt sich insbes. daran ablesen, daß mit Rücksicht auf den besonderen Anlaß ein bestimmter Preis verlangt wurde.[117]

Weil für den Fensterplatz beim Krönungszug 100 DM verlangt wurden, wäre es «unfair», würde der Wohnungsinhaber auch dann auf Vertragserfüllung beharren, wenn es gar kein gekröntes Haupt zu sehen gibt.

---

116 Dazu auch Larenz, Schuldrecht I, § 21 II 1 (S. 327)
117 Palandt-Heinrichs § 242 Rn 146

7 Wiederholungsfall

Zum Abschluß noch ein kleiner **Fall**. Am 28. 2. 1990 schloß eine aus sechs Personen bestehende Tanzkapelle mit einem Karnevalsverein einen Vertrag, wonach sie knapp ein Jahr später – am 7. 2. und 11. 2. 1991 – auf Karnevalsveranstaltungen auftreten sollte. Für die Musiker war ein Entgelt von 75% bzw. 70% des Eintrittsgeldes vorgesehen. Wegen des Golfkrieges im Führjahr 1991 stellte die Gemeinde keine Halle zur Verfügung; beide Veranstaltungen fielen aus. Die Musiker klagten auf 12000 DM Entgelt, das ihnen als Minimum zugesichert worden war. Mit Aussicht auf Erfolg?[118] 1592

Die Musiker könnten ihren Anspruch auf § 611 Abs. 1 stützen, wonach derjenige, der Dienste zusagt, die Gewährung der vereinbarten Vergütung verlangen kann.

Der Karnevalsverein könnte zunächst versuchen, den Musikern die Vorschrift des § 323 Abs. 1 entgegenzuhalten, wonach der Anspruch auf die Gegenleistung entfällt, wenn dem Schuldner die Erbringung der Leistung aus einem Umstand unmöglich geworden ist, den keine der Vertragsparteien zu vertreten hat. «Unmöglichkeit» bezieht sich jedoch immer auf den jeweiligen Vertragsgegenstand; dieser aber war auf das Musikmachen bezogen, und insoweit war die Band ja ohne weiteres zur Leistung in der Lage. Ob der Karneval stattfindet oder nicht, war nicht Gegenstand der vertraglichen Abmachungen. Von daher kann mangels «Unmöglichkeit» auch die Berufung auf § 323 Abs. 1 nicht durchgreifen.

Der Karnevalsverein könnte sich jedoch auf die Grundsätze über den Wegfall der Geschäftsgrundlage berufen. Geschäftsgrundlage sind alle Umstände, von denen beide Parteien als «selbstverständlich» ausgingen und auf denen deshalb ihr Geschäftswille «aufbaute». Dies war hier der Fall; beide unterstellten ohne weiteres Nachdenken, daß auch 1991 alles wie in früheren Jahren sein würde. Diese Vorstellung wurde von den tatsächlichen Ereignissen überholt. Die Geschäftsgrundlage für den Dienstvertrag ist weggefallen.

Nach § 242 findet in solchen Fällen eine Anpassung der Vertragsbestimmungen an die veränderten Umstände statt. Notfalls ist der benachteiligten Partei ein Kündigungsrecht einzuräumen.

118 Nach OLG Karlsruhe NJW 1992, 3176

Bei der Anpassung ist im vorliegenden Fall zu berücksichtigen, daß auch dem Verein durch die Absage des Karnevals erhebliche Einnahmen entgangen waren. Das Risiko von Ereignissen, die außerhalb der Sphäre der Vertragsparteien liegen, müssen beide Parteien gleichermaßen tragen (so etwa der BGH in dem o. g. Fall zum Bier-Export in den Iran). Im konkreten Fall meinte das OLG Karlsruhe, die wirtschaftlichen Nachteile seien bei der Absage der Veranstaltung in etwa gleichmäßig auf den Verein und die Musiker verteilt. Letztere könnten daher kein Honorar verlangen; dies wäre dem Gericht als unangemessene Verschiebung des Risikos erschienen.

KAPITEL 18: Rückabwicklung von Schuldverhältnissen

1 Die unterschiedlichen Sachverhalte

1.1 Unwirksame Rechtsgeschäfte

Im Laufe der bisherigen Ausführungen ist (hoffentlich) deutlich geworden, daß es eine ganze Reihe von Gründen geben kann, weshalb Rechtsgeschäfte, insbes. Verträge, unwirksam sind: Ein beschränkt Geschäftsfähiger hat ohne Zustimmung seines gesetzlichen Vertreters gehandelt.[1] Der Vertrag verstieß gegen ein gesetzliches Verbot oder die guten Sitten.[2] Die Anfechtung wegen bestimmter Willensmängel führt dazu, daß das Rechtsgeschäft von Anfang an ohne Wirkung bleibt.[3] 1593

1.1.1 Sachprobleme

In allen diesen Fällen kann es passieren, daß die **vorgesehenen Leistungen ganz oder teilweise schon erbracht** wurden. 1594

Das Gemälde ist übereignet und der Kaufpreis bezahlt, ehe der Verkäufer wegen Irrtums über eine verkehrswesentliche Eigenschaft nach § 119 Abs. 2 anficht.

In solchen Fällen stellt sich das Problem der Rückabwicklung. Sind die Dinge noch «wie geleistet» vorhanden, kann man aufatmen: Schon

1 Oben Kap. 11 unter 3.5 (Rn 740 ff.)
2 Oben Kap. 15 unter 2 und 3 (Rn 1317 ff.)
3 Oben Kap. 10 unter 3.6.2, 4.4 und 5.3 (Rn 668 ff.)

der gesunde Menschenverstand sagt einem, daß dann eben jede Seite das Erhaltene zurückgewähren muß.

So einfach liegen die Dinge allerdings meistens nicht. Im tatsächlichen Leben (und erst recht in den juristischen Lehrbüchern) stellen sich Komplikationen ein. Dabei lassen sich verschiedene Fälle unterscheiden:

1595 – Die **erlangte Leistung** hat **an Wert verloren** oder ist gar untergegangen. Das aufgrund nichtigen Vertrags übereignete Gemälde ist einem Brand zum Opfer gefallen, der Verkäufer mußte Konkurs anmelden, so daß die Rückzahlung des Kaufpreises Probleme macht.

Oder ein weiteres Beispiel: Der Käufer eines fabrikneuen Autos fährt mit diesem in 3 Monaten 10000 km. Die Preisdifferenz zwischen einem Neuwagen und einem solchen «Gebrauchtwagen» ist beträchtlich.

1596 – Zum zweiten kann die Schwierigkeit auftreten, daß die erbrachte **Leistung** insgesamt **nicht mehr «zurückerstattet» werden** kann. Die Sache wurde beispielsweise an einen Dritten weiterübereignet. Praktisch wichtiger ist der Fall, daß es sich um eine Werk- oder Dienstleistung handelte, die keine «sichtbaren Spuren» hinterläßt. Im ersten Fall geht es darum, ob der Erlös aus dem Weiterverkauf herausgegeben werden muß, im zweiten interessiert, ob der «Wert» der erhaltenen Dienstleistung in Geld zu erstatten ist.

1597 – Insbes. bei der Übereignung von Sachen stellt sich das weitere Problem, ob der Leistungsempfänger die gezogenen **Nutzungen herauszugeben** hat.

Der Käufer ist die 3 Monate lang mit dem Auto gefahren, was als solches (und ohne Rücksicht auf die dem Fahrzeug zugefügte Wertminderung) einen eigenständigen wirtschaftlichen Vorteil darstellt.

Dasselbe Problem stellt sich auch bei demjenigen, der eine bestimmte Geldsumme erhalten hat: Muß er die Zinsen herausgeben, die er durch Anlage auf einem Festgeldkonto erzielt hat? Darf er wenigstens einen Spekulationsgewinn behalten?

1598 – Schließlich können dem Empfänger der Leistung Aufwendungen entstanden sein. Das aufgrund angefochtenen Kaufvertrags übereignete Reitpferd hat z. B. eine Menge Hafer gefressen – dürfen dessen Kosten bei der Rückabwicklung berücksichtigt werden?

1.1.2 Ungerechtfertigte Bereicherung

Das BGB enthält keine spezielle «Rückabwicklungsordnung» für nichtige und angefochtene Verträge. Einschlägig sind hier vielmehr die Vorschriften über die sog. ungerechtfertigte Bereicherung nach den §§ 812–822. Danach muß – grob gesprochen – derjenige, der durch die Leistung eines anderen etwas ohne rechtlichen Grund erlangt hat, dieses wieder herausgeben. Unter 2 werden wir uns sehr eingehend damit befassen, wie die Lösungen aussehen, die das «Bereicherungsrecht» für die hier skizzierten Fragen bereithält. 1599

1.1.3 Andere Fälle fehlgegangener Leistungen (ein Exkurs)

Nicht verwirren lassen darf man sich durch die Tatsache, daß eine «Leistung» auch dann fehlgehen kann, wenn es sich nicht um einen nichtigen oder angefochtenen Vertrag handelt. Dabei geht es kurz gesagt um folgende Fälle: 1600

– Die **Leistung** wurde **an** eine **Person** erbracht, **die sie nicht zu beanspruchen** hatte. Irrtümlich wird an Max M. Müller bezahlt, obwohl die Forderung Max Müller zusteht. 1601

Um derlei Dinge auszuschließen, pflegen Rechtsanwälte mit vergleichbarem Sammelnamen sich als «Müller II» oder «Meyer III» zu bezeichnen.

Die an die unrichtige Person erbrachte Leistung kann – da ohne rechtlichen Grund – zurückgefordert werden. Man spricht insoweit von einer **condictio indebiti**, wobei das Wort «condictio» für «Bereicherungsanspruch» (auch «Kondiktion» genannt) und das Wort «indebiti» für «des nicht Geschuldeten» steht.

– Denkbar ist weiter, daß zunächst ein Rechtsgrund vorhanden war, dieser dann aber nachträglich wegfiel. Dieser Fall ist in § 812 Abs. 1 Satz 2 erster Halbsatz ausdrücklich genannt und wird oft mit dem lateinischen Begriff **«condictio ob causam finitam»** bezeichnet. 1602

Es wird ein Vorschuß für einen beabsichtigten Vertrag bezahlt, der jedoch nicht zustande kommt.

– Möglich ist außerdem, daß sich zwei Beteiligte darüber einig sind, daß eine **Leistung im Hinblick auf ein künftiges Verhalten** der anderen Seite erfolgen soll, auf das jedoch kein Anspruch besteht. 1603

Ein unverzinsliches Darlehen wird im Hinblick darauf gewährt, daß der Darlehensgeber später zum Erben eingesetzt wird.

Schlägt die Erwartung fehl, d. h. wird die in Aussicht genommene Handlung nicht vorgenommen, kann das Geleistete nach der zweiten Alternative von § 812 Abs. 1 Satz 2 zurückgefordert werden.[4]

1604 Bei der praktischen Handhabung ergeben sich so gut wie keine Unterschiede zu den Bereicherungsansprüchen wegen fehlgeschlagener Verträge; insoweit kann auch für diese Fälle auf das unter 2 Ausgeführte verwiesen werden.

1.2 Rücktritt

1605 Ein Rückabwicklungsproblem stellt sich nicht nur dann, wenn ein Vertrag von vornherein nichtig ist. Möglich ist auch, daß eine Partei nachträglich zurücktritt – sei es, daß sie sich ein Rücktrittsrecht ausdrücklich vorbehalten hat, sei es, daß sie von ihren Rechten nach den §§ 325, 326[5] Gebrauch macht.

1606 An sich könnte man vermuten, daß vom Augenblick der Rücktrittserklärung an die Bereicherungsregeln nach §§ 812 ff. Anwendung finden. So ist es jedoch nicht (was die Dinge komplizierter macht und den Laien in vielen Fällen zwingt, einen Juristen einzuschalten).

1607 Eine eingehende Regelung hat der Gesetzgeber in den §§ 346 bis 361 für das **vereinbarte Rücktrittsrecht** getroffen. Danach verwandelt sich der Vertrag in ein «Rückabwicklungsverhältnis», was sich u. a. darin zeigt, daß § 348 bei hinfällig gewordenen gegenseitigen Verträgen eine Rückgewähr «Zug um Zug» vorschreibt. Im übrigen verweist § 347 auf die Regeln, die das Verhältnis zwischen dem Eigentümer und einem nichtberechtigten Besitzer bestimmen. Sie finden sich in den §§ 987 ff. und sprechen alle hier skizzierten Fragen (Wertminderung, Untergang, Nutzungen usw.) an. Inhaltlich liegt der Hauptunterschied darin, daß der Bereicherungsschuldner grundsätzlich nur das herausgeben muß, was er noch besitzt (§ 818 Abs. 3), während der Besitzer zum Ersatz verpflichtet bleibt, wenn er schuldhaft die Entwer-

---

4 Hier spricht man von «condictio ob rem» (wörtlich: Bereicherungsanspruch wegen Nichtgewährung der Sache) oder von «condictio causa data causa non secuta» (wörtlich: Bereicherungsanspruch bei zunächst bestehendem, aber dann nicht fortexistierendem Rechtsgrund)

5 Dazu oben Kap. 17 unter 2.3.2.2 (Rn 1514 ff.) und 3.2.4 (Rn 1548 ff.)